Karlheinz Deschner

Das Kreuz mit der Kirche

Eine Sexualgeschichte des Christentums

Genehmigte Lizenzausgabe für
EDITION ENFER
im Rhenania Buchversand GmbH & Co. KG
56061 Koblenz

Copyright © by Dr. Karlheinz Deschner
97437 Hassfurt

Projektleitung: Heike Kröly, Lahnstein

Umschlaggestaltung: Daniel M. Scholl, Lahnstein

ISBN 978-3-9811483-9-8

20011 2010 2009
Die letzte Jahreszahl gibt die aktuelle Lizenzausgabe an

Alle Rechte vorbehalten.

www.book-service.de

Für Dr. Hedwig Katzenberger
und Dr. Klaus Katzenberger

»Solange man nicht die *Moral* des Christentums als *Kapitalverbrechen am Leben* empfindet, haben dessen Verteidiger gutes Spiel.«
Friedrich Nietzsche[1]

»Die Kultur muß begreifen, daß sie mit dem Versuch, das Christentum zu absorbieren, etwas für sie selbst Tödliches absorbiert. Sie versucht, etwas zuzulassen, das sie nicht zulassen kann; etwas, das sie verneint.« *André Gide*[2]

»Der Kern des Lebensglücks ist das *sexuelle* Glück.« »Es ist wichtig, sich völlig klarzumachen, daß es heute Menschen mit durchgearbeiteter, ruhig entwickelter, sexualbejahender Struktur nicht gibt, denn wir alle sind durch die autoritäre, religiöse, sexualverneinende Erziehungsmaschinerie beeinflußt worden.« *Wilhelm Reich*[3]

»Die bedeutendste negative Leistung des Christentums war die ›Problematisierung‹ der Sexualität... Wir brauchen eine Geisteshaltung, die in der Sexualität kein ›Problem‹, sondern ein ›Vergnügen‹ sieht. Den meisten Leuten fehlt dazu die Sicherheit – und oft auch die Liebe.«
Alex Comfort[4]

INHALT

EINLEITUNG – SAKRALE SEXUALITÄT _____ 21

1. Kapitel – Die göttliche Mutter _____ 23
   Die »Urmütter« 23 · Die Frau – »die Fortsetzung der Erde« 24 · Das älteste Menschheitsidol 25 · Die Heraufkunft des männlichen Gottes 28

2. Kapitel – Il Santo Membro _____ 30
   Symbol der Auferstehung 31 · Fernöstliche Phallusverehrung 32 · Phalluskult in Ägypten, Griechenland und Rom 32 · St-Foutin 34 ·

3. Kapitel – Kultischer Geschlechtsverkehr _____ 35
   Entjungferung im Tempel 35 · Die heiligen Freudenmädchen 36 · Hieròs gámos 37 · Vermischung mit dem Roß 39 · Sakrale Massenorgien 40 · »Schwarze Messen« 41 · Warum Entsagung statt Lust? 42

ERSTES BUCH – DIE HERAUFKUNFT DER ASKESE ___ 45

4. Kapitel – Kultische Keuschheit und Frauenverachtung im monotheistischen Judentum _____ 47
   Der Gott mit dem großen Glied 47 · Baumkult 49 · Jahwe: »Reißt ihre Altäre nieder...« 49 · Baal und Ašera 50 · Tod für Ehebrecher und unkeusche Tiere 52 · Nicht der Mann, die Frau verführt 52 · Vielweiberei und Abscheu vor Jungfräulichkeit 54

5. Kapitel – Die Askese im hellenistischen Mysterienwesen _____ 55
   Vom Glück der Kasteiung 55 · Antike Reinigung und Weißwäscherei 57 · Vorspiel zum Zölibat 58 · Kultische Kastrierung 59 · Vom Sumpf des Heidentums 60

ZWEITES BUCH – DER CHRISTLICHE AUSGANGSPUNKT 61

6. Kapitel – Jesus _____ 63
   Keine Rede von Zölibat 63 · Kein Wort gegen Frau und Ehe 64 · Der »Fresser und Weinsäufer« – ein Asket? 65

7. Kapitel – Paulus _____ 66
»Kot und Wohlgeruch« 66 · Geburt der christlichen Moral 67 · Maulkorb und Schleier für die Frau 67 · ».. . gut, kein Weib zu berühren« 68

DRITTES BUCH – DIE RELIGIOSEN _____ 69

8. Kapitel – Die Entstehung von Mönchs- und Nonnenorden ___ 71
1. Die Asketen _____ 71
Die Vorbilder des christlichen Mönchtums 72 · Wie und warum es zu christlichen Mönchen kam 73
2. Die »Heiligen Jungfrauen« _____ 75
Aufreizung zum Reizlosen 75 · »... und deinen Bauch berühren« 76 · Gar nicht erfahren, daß es Männer gibt! 77 · Verführung Minderjähriger 78 · Bei Andersgläubigen ist Keuschheit wertlos, ja Verbrechen 78

9. Kapitel – Die christliche Askese in der Antike _____ 80
... ein kleiner, bigotter Befehlsempfänger bloß 81 · Wie's mancher gern gehabt hätte 82 · ... und wie's gewesen ist 83 · »... und lache nie!« 85 · Tränen und Dreck 85 · Ein christliches Leben mit Grasfressen verbringen 86 · »... vertieftere Formen religiösen Bewußtseins 87 · »Vertreibst du die Natur ...« 88 · »Zufälle« und Weiber »in jeder Stellung« 89 · Vom Eunuchentum zum Genitalientest 90

10. Kapitel – Die Askese in Mittelalter und Neuzeit _____ 91
Pissintunicis oder Ein Bild für Götter 92 · Fasten nach alter Art und auf modern 93 · Ein böses Glied gut geißeln 93 · Ein lebensfroher Mensch 94 · »Es scheint manchmal, sie haben ihre Natürlichkeit verloren...« 95 · Flagellantismus, Fäkalienfreuden und Herz-Jesu-Kult 96 · »...zarteste Offenbarung des christlichen Geistes« 97 · Tod dem Phallus oder Die Kunst der Skopzen 99 · »...der heiligen Jungfrau ein Christuslein machen« 100 · Kunst auf katholisch 100

11. Kapitel – Die Mystiker _____ 102
Marienminne und Christuserotik _____ 102
1. »Caritas Mariae urget nos« _____ 103
2. Die Jesusbräute _____ 105

Ein Haus, ein Bett, ein Fleisch 105 · Milch und Müslein für den Herrn 106 · Mechthild von Magdeburg oder »in dem bette der minne« 107 · Liebe im »Totstellreflex« 109 · Die tiefe Wunde und der Beichtvater 110 · Bestia mystica 110

3. Theresia von Avila – »und pflanzte in mir die Liebe auf« 111
Ein geiler Teufel knirscht mit den Zähnen 112 · Allmähliche Gewöhnung an göttliche Glieder 113 · »...dem Herrn die Feige zeigen« 114 · Durchbohrung mit dem Pfeil 115 · Häufige Erscheinungen von Lanzen und Stoßdegen 115 · Erhebungen und Trockenheiten 116

4. Vorhautmystik in der Neuzeit _____ 118
»Tief'nein, tief'nein... 119 · Vorhautprobleme 120 · Jesu Vorhaut als Verlobungsring 121 · Das Vorhautmenü der Blannbekin 122 · Therese Neumann und Minnesangs Ende 122

12. Kapitel – Aus der chronique scandaleuse der Mönche _____ 124
Murmeln von Psalmen? 125 · Frauen – »...im Kloster weder ein- noch ausgehen« 125 · »Und so nährten sie das Fleisch in Gelüsten« 126 · Allein im Dienste der himmlischen Dame Maria 128 · Bemühungen um Brüder und weibliche Tiere 128 · Gnadenspendungen per Peitsche 129 · Im Osten Orgien zu Füßen der Altäre 131

13. Kapitel – Die Nonnen _____ 132
Gefahr durch Eunuchen und Beichtväter 132 · »...das eine Glied bedarf des anderen« 134 · »...fast alle dicke Bäuche« 135 · Barbarische Bußen 136 · Der singende Mund von Gandersheim 137 · »Die Klöster sind die reinen Bordelle...« 137 · Kryptosexuelle Grausamkeit 140 · Geistliches Rüstzeug oder Die Sünde »per machinam« 140 · Bijoux de religieuse 141 · Therapeutikum gegen »Melancholie« 143 · Die incubi daemones 143 · Die Teufel von Loudon 145 · Der selige Räuber 147

VIERTES BUCH – DER KLERUS _____ 149

14. Kapitel – Die Verbreitung der Priesterehe _____ 151
Unius uxoris vir oder Die biblisch fundierte Lebensform 152 · Das trullanische Konzil 152 · Auch das Papsttum tolerierte lang die Priesterehe 153

15. Kapitel – Die Gründe für das Zölibat _____ 155

Die »Unreinheit« des ehelichen Lebens 155 · Wer wird das bezahlen? 155 · Die Geschäfte des Herrn 156 · »...mich flieht mehr die Venus als ich sie« 157

16. Kapitel – Die Unterdrückung der Priesterehe _____ 158
Tag und Nacht bewacht 159 · Für verehelichte Priester: »immerwährendes Gefängnis« 160 · Die Priesterfrau: gepeitscht, verkauft, versklavt 162 · Abaelard, Kopernikus, Bochard 164 · Die Priesterkinder 165 · »Dieser Einsatz von... Rücksicht« 168 · »...bis zur völligen Vernichtung« 169 · Zwölf Jahre Zölibatskrieg in Mailand 170 · Papst Gregor VII.: »Verflucht ist der Mann, der sein Schwert vom Blutvergießen abhält!« 171 · »...von der Hölle ausgespien« 172 · Statt Ehefrau nun Konkubinen und »Hurenzins« 173 · »Keusche Pfaffen sind dem Bischof nicht zuträglich...« 174 · Der Angriff der Protestanten 174 · Konzilsfluch über jede Antizölibatsbestrebung 175 · Antizölibatskampf in der Neuzeit 176 · Von den Brüdern Theiner zu Papst Paul 177 · »Zölibatskrise« oder Agonie des Christentums? 179

17. Kapitel – Die Zölibatsmoral _____ 181
Kasteiung im gemeinsamen Bett 182 · Notorisches Saufen als Kompensation? 183 · »...viel schlimmer als die Laien« 184 · Statt einer Ehe ein Harem 184 · »...wie das Vieh im Miste« 185 · Frilluhald klerka oder Zölibatsblüte im Norden 187 · »Solang der Bauer Weiber hat...« 187 · Nur im Bistum Speyer die Unzucht eine Sünde? 189 · Die Madonnen der Prälaten oder Wer hat die größten Glieder? 190 · ...als stünde es gut 191 · Eine glückliche rheinische Natur 192 · Von der Preisgabe des Gliedes – bis zu der des Lebens 193 · Stoßseufzer der Zölibatäre und kanonisches Alter 194 · Mit Müttern, Schwestern, Töchterlein 195 · »Ein Kurtisan ist ein Bube...« 196 · Intim mit Tieren 196 · Die Sollizitation oder Eros im Beichtstuhl 197 · Ausgeburt einer gewissen »Schmutzliteratur«? 198 · »...nur was schreit, ist eine Sünde« 199 · »Aber man achte darauf, daß es heimlich geschehe...« 200 · Keine »lahmen Enten« oder »Das versteht Gott sicher auch...« 202

FÜNFTES BUCH – DIE LAIEN _____ 203

18. Kapitel – Die Diffamierung der Frau _____ 205
   1. Die Beschimpfung durch die Theologen _____ 206

Erst als Priesterin geschätzt... 206 · ...dann von den Priestern verdammt 206 · Weiberverachtung bei Mönchen und antiken Kirchenvätern 208 · »Tota mulier sexus« 209 · Thomas von Aquin: »...ein verfehltes Männchen« 210 · Von der Predigt zum Scheiterhaufen 211 · Schimpfexzesse im Barock 212 · Auch in der Gegenwart keinerlei »Gleichmacherei« 213 · Frauenachtung und -verachtung bei »Ketzern« 214

2. Die Marienverhimmelung – Ausdruck der Verteufelung der Frau _____ 215

Die biblische Maria und das Kirchenidol 215 · Weißer als weiß oder Defeminierung einer Madonna 216 · Maria kontra Eva 217

3. Die Benachteiligung der Frau im kirchlichen Leben _____ 218

Der Mohr hat seine Schuldigkeit getan... 218 · Menstruierende und Schwangere unrein 218 · Auch die Geburt beschmutzt 219 · Das Zweite Vatikanum und die Frau 220

19. Kapitel – Die Unterdrückung der Frau _____ 221
    1. Die besser Situierte _____ 221

Stellung bei Römern und Germanen 221 · Ohne Erbrecht und Vermögen 223 · »...sie sol nach seinem willen leben« 223 · Peitschen der Gattin – kanonisch verbrieft bis 1918 225 · »...äußerstes Erziehungsmittel« oder Rücksicht auf Folklore? 225 · In Frankreich aufs Schafott 226 · In England billiger als ein Pferd 227 · Bertha von Suttner und die »dicke Berta« 228

    2. Die Proletarierin _____ 228

»...wie Vieh und Grundbesitz« 228 · Im Frühkapitalismus: mit Händen und Füßen zugleich 230

    3. Frau und Bildung _____ 231
    4. Frau und Medizin _____ 232
    5. Beginnende Frauenbefreiung _____ 234

Rückschlag unter dem Faschismus 234 · Benachteiligt auch in der Gegenwart 234

20. Kapitel – Die Ehe _____ 236
    1. Die Herabsetzung der Ehe _____ 236

Nirgends etwas »sonderlich Gutes vom Ehestand« 237 · Von Justin bis Origenes: Besser Eunuch als Ehemann? 238 · Hieronymus, Augustin, Ambrosius 238 · Zivilehe bis ins 16. Jahrhundert anerkannt 239

    2. Die Erschwerung der Eheschließung _____ 240

Je ferner der Gefahr... 241 · Die Zweitehe 242

3. Die rigorose Einschränkung des ehelichen Geschlechtsverkehrs _____ 242
»...tatsächlich nicht mehr viel freie Zeit« 243 · Die »Josefsehe« oder Viermal in einer Nacht? 244

4. Warum man die Ehe überhaupt geduldet hat _____ 245
So früh wie möglich 246 · »...laß sie nur todt tragen, sie sind darum da« 247 · »Citoyennes, donnez des enfants à la patrie!« 248 · Rettung der Familie oder »Ideal des heutigen Philisters« 249 · »Hauskatechumenat« oder »diu zunge an daz hackel legen...« 250 · Weniger Vermehrung, mehr Lust! 251

5. Die Verpönung der Lust in der Ehe _____ 252
Fast jeder Eheverkehr galt als sündhaft 252 · Der Reformator und »die häßliche Lust« 253 · »Anomale« Gattenliebe – schlimm wie Mord 254 · Vom Stagnieren der Gesetze... 255 · ...und vom Fortschritt der Moral 256 · Die »dunkle Zwangsläufigkeit des Geschlechtlichen« 256 · Coitus Catholicus – »ganz... adelig keusch« 258 · Schwachsinn statt Sex 258 · Die Ritter im schwarzen Ornat 259 · Von den Kosten des Trieblebens 260 · Fast unbegrenzt orgasmusfähig... 261 · ...und kaum glaublich frigid 261 · Koitieren – aus Liebe zu Christus? 262

6. Der Ehebruch _____ 263
Todesstrafe nach weltlichem Recht 263 · »...der Ehebruch des Weibes schwerer« 264

7. Die Ehescheidung _____ 265
Die »geschmeidigere Praxis« in der »konkreten Pastoral« 266 · Wegjagen der Ehefrau mit kirchlichem Segen 266 · Über Fälschungen zur Unauflöslichkeit der Ehe 267 · Scheidung bei Lutheranern und Orthodoxen 268 · Katholischer Fortschritt 268

8. Das uneheliche Kind _____ 269
Entrechtet und enterbt 269 · Die üblichen Ausnahmen 270 · Noch in der Gegenwart zurückgesetzt 270

21. Kapitel – Das Verbot der Empfängnisverhütung _____ 272
Pygmäen, Buschmänner und Katholiken 272 · Geißel Gottes und »englische Kapuze« 273 · Die »verruchten Artikel« des Jahres 1913... 274 · ...und der »heilige« Krieg 275 · Von christlichem Anstand und christlichem Recht 275 · Vom »Attentat der Ehegatten« 276 · Wo die Frau aufhört, Frau zu sein 277 · Die »Heiligsprechung« von Knaus-Ogino 278 · Vom unmenschlichen »Menschlichen Leben« 279 · ...und von

der Last des Heiligen Geistes 280 · Zorn und Kritik 281 · »...völlig verkalkt« 282 · Nur nach den »Regeln der Natur« oder »als Bruder und Schwester« 282 · »Ständig Opfer« oder Die »Standesgnaden« der Katholiken 284 · Den Phallus der Armen verlöten... 285 · ...oder ihre Kinder in den Fabriken verbrauchen 286 · Kann die Menschheit überleben? 286 · »Aufblick zu den ewigen Sternen des christlichen Sittengesetzes« 288 · Auch wenn die Welt zugrunde ginge... 288 · Zwiespältige Haltung der evangelischen Kirchen 289

22. Kapitel – Das Abtreibungsverbot 291
»Auch Mütter müssen Europa retten!« 292 · »Aus tiefer Not schrei ich zu Dir...« oder »die Bequemlichkeit des Wassers« 293 · Bundesdeutsche Odyssee 294 · Strafen – »geringer als wenn jemand einen Hasen wildert...« 295 · Die eigentlichen Kriegsverbrecher 296 · Das »neue Euthanasie-Programm« 296 · Aufforderung zum Geistersehen 297 · »Kultur der Kirche« oder »die Mutter sterbe gottselig« 298 · Der »Bescheidene Vorschlag« Jonathan Swifts 298 · Kinderparadiese der Gegenwart 299 · Der höchste Blutzoll von den Armen gezahlt 300 · Legalisierung der Abtreibung und enormer Rückgang der Sterblichkeit 301

23. Kapitel – Die Erbsünde 303
Beginn des christlichen Sündenwahns 304 · Erektion im Paradies? 305 · Jesus und Paulus kennen noch keine Erbsündenlehre 306 · Augustinus und »das Dynamische des sittlichen Lebens« 307 · Der pelagianische Streit (411–431) 307 ·

24. Kapitel – Onanie, Homosexualität, Verkehr mit Tieren und Blutsverwandten 309
 1. Prügel und Weihwasser gegen Onanie 309
Warum Masturbieren Sünde sein muß 309 · Klingelalarm bei Erektion 311 · Wann Jucken erlaubt ist 311
 2. Kastration oder Feuertod für Homosexuelle 312
Die Sünde, die zum Himmel schreit 313 · Todesstrafe nach weltlichem Recht 314 · Hitler und die christliche Moral 315
 3. Tod für Sodomiten und unkeusche Tiere 316
Leumundszeugnis für eine Eselin 317
 4. Schwert und Strang für Inzest bis ins späte 19. Jahrhundert 318
Das kirchliche Inzesttabu wirkt weiter bis heute 319 · Auch die »naturwissenschaftliche« Begründung ist nichtig 319

25. Kapitel – Moraltheologische Details oder »...diese schlüpfrige Materie« _____ 321
   1. Die »Delectatio morosa« in der Vergangenheit _____ 321
   Zur »praktischen Anwendung kirchlicher Rechtsnormen« 322 · Das »Deutsche Kirchenbußbuch« oder Sexualverkehr mit einem Astloch 322 · Sonderfälle und Kontroverses 323 · Die »verengte Frau« 324 · Alfons von Liguori oder Die »weise Maßhaltung« 324 · Unzucht vom Kirchhof bis zur Kirchturmspitze 326 · Die ehrbaren, weniger ehrbaren und unehrbaren Körperteile 327 · Vom »Kinderküzeln« bis zur Pollution beim Studium der Medizin 328 · Die Notwendigkeit der Zensur und der Schmutz der Klassiker 329 · Über das Teuflische von Theater und Kino 330 · Von dem Betrachten »nackter« Bilder und anderen Perversitäten 331 · Wie man mit Modellen und Tieren (nicht) sündigt 332
   2. Wandelt sich heute die Moraltheologie? _____ 333
   Alius et idem 333 · Weitere Ausflüchte 334 · Der Revolutionär in der Kutte 337 · Fast stets dieselbe Bauernfängerei 339 · Der Geschlechtstrieb erniedrigt den Menschen noch unter das Tier 339 · Kurienkardinal Garrone spricht vom »betäubenden Gestank des Sex« 340

26. Kapitel – Christliche Sexualaufklärung oder Ignoti nulla cupido _____ 342
   Ahnungslose Erwachsene 343 · Streunende Hunde informativer 344 · Theologie im Courths-Mahler-Stil 345 · Hätte aber die Liebe nicht – und die Hölle! 347 · »Sexualpädagogik... ohne daß auch nur ein Wort über Geschlechtliches gesagt wird« 348 · Keine Federbetten – und eine Seele voller Ideale 349 · »Wenn alle Brünnlein fließen« oder »Herr Präfekt« ins Wasser geht 350 · Warum man die Sexualerziehung den Eltern überlassen will 351 · Unterhalb der Gürtellinie »Schweinerei« und »Pfui« 351 · Wie man Christ wird 352 · Der unvergeßliche Eheunterricht des Bischofs von Streng 353

27. Kapitel – Über die Schamlosigkeit von Mode, Tanz und (Nackt-)Bad _____ 355
   »Entweder bedecke oder prostituiere dich!« 355 · »Du eingewickelter Kot...« 356 · »Stille Gewissenserforschung« zwischen zwei Weltkriegen 356 · Geschminkte Affen und falsche Schlangen 357 · Tanz nur nach ihrer Pfeife 358 · »...weilen das Baden der jungen Menschen und Buben... viel schlimbes nach sich ziehet...« 359

28. Kapitel – Aus der Praxis christlicher Sexualmoral _____ 361
   1. Die Ehrbaren _____ 361
   Orgien bereits in der antiken Kirche 361 · »Etwas Seltsames hängt dem Mann zwischen den Beinen...« 362 · »Die Krönung ihrer Bemühungen...« 363 · »Probenächte« und »Aristokratenlaster« 364 · Libertinismus im Spätmittelalter 365 · »...schwanger ward Mutter und Tochter, Magd und Hund« 366
   2. Die Huren oder Peregrinari pro Christo _____ 368
   Die ersten umherziehenden Dirnen Europas 368 · Kreuzzüge und Kirchenversammlungen stets mit Scharen von Huren 369 · Florierende Prostitution auf Konzilien und in Papststädten 369 · Die Bordelle standen gleich bei der Kirche 370 · Sie förderten die Unbefleckte Empfängnis und bauten Bordelle 371 · Seelsorge im Puff und Syphilis 372 · Man brauchte die Dirnen – und rächte sich dafür 373

29. Kapitel – Das Bußsakrament _____ 375
   1. Geschichtliche Entwicklung _____ 375
   Von der einmaligen Lossprechung zur Beichte 376 · Zweierlei Maß für Laien und Priester 377 · Kirchenbuße in Antike und Mittelalter 378 · Erst in der Neuzeit wurde Gott milde 379 · Reue ohne Reue 379
   2. Zweck der Sache _____ 380
   Der Theologen liebstes Kind 382 · »Hasset heftig!« 383

30. Kapitel – Vom Lustmord zur Mordlust _____ 385
   1. Folgen der Verdrängung _____ 385
   Sexuell freizügige Völker sind friedlicher 386 · Von der Keuschheit bei Kopf- und Hodenjägern 387 · Das »wenig schöne Wort« Befriedigung 388 · Ein Christ ist nie er selbst 389 · Warum man so gern die Geschlechtsteile foltert 390 · Von der Grausamkeit der Asketen 391 · »Und David brachte ihre Vorhäute...« 392 · Von Paulus bis zur »Heilsarmee« 393 · Drei keusche Damen 395
   2. Salus mundi Maria _____ 396
   »...die wahrhaft marianische Dynamik der Geschichte« 397
   3. Die Moral der Kirche _____ 398
   Vom guten Genickschuß und bösen Genuß 398 · Und diese Religion nimmt man noch ernst! 399 · Vom Geist der Liebe in Vietnam 400 · ...und vom Unheil einer Illustrierten 400 · Im Namen des Vaters, des Sohnes und des Heiligen Geistes 401

Das Verhältnis der katholischen Kirche zur Sexualität in der Zeit
vom Zweiten Vatikanum bis zu Johannes Paul II. _____ 402
»Die ›kluge Geschlechtserziehung‹ des Zweiten Vatikanums,
Rosenkränze vor dem Bayerischen Kultusministerium und ›geballte‹ hl. Messen gegen den Sexualkundeunterricht« 402 · Das
Lavieren der Bischöfe nach »Humanae vitae« von Europa bis
Australien 406 · Vom standfesten polnischen Episkopat 409 ·
Johannes Paul II. als Propagandist der »Keuschheit« und Feind
der »Fleischeslust« 411 · Johannes Paul II. als Verfechter der
postmodernen Ehe: möglichst keusch und möglichst kinderreich
414 · Johannes Paul II. oder Abtreibung als Vorstufe des
Atomkriegs 416 · »Hermine im Fummel...« 418 · »... solange
Ihr Thron fest steht, wackelt auch mein Bett nicht« 419 · Von den
»Werten der Keuschheit im Zölibat« und den Alimenten der
Kirchenleitung für die Kinder 420 · Papstappelle an die Jugend
oder Von der »Kultur des Todes«: »Terror, Erotismus ...« 421 ·
Neue Prüderie oder: »Die Wende unserer Nachbarländer« 423

Anmerkungen _____ 428

Abkürzungen antiker Literatur _____ 485

Benutzte Sekundärliteratur _____ 488

Personenregister _____ 507

Vorwort

Obwohl das Christentum heute geistig beinah bankrott ist, prägt es noch immer entscheidend unsere Sexualmoral, sind die formalen Beschränkungen unseres Geschlechtslebens grundsätzlich noch fast wie im 15. oder 5. Jahrhundert, wie zur Zeit von Luther oder Augustin[1].
Das aber betrifft jeden in der westlichen Welt, selbst Nichtchristen und Antichristen. Denn noch immer bestimmt, was irgendwelche nomadisierende Ziegenhirten vor zweieinhalbtausend Jahren dachten, die offiziellen Kodices von Europa bis Amerika; besteht ein handgreiflicher Zusammenhang zwischen den Sexualanschauungen der alttestamentlichen Propheten oder des Paulus und der strafrechtlichen Verfolgung von Unzucht in Rom, Paris oder New York. Und vielleicht ist nicht zufällig einer der wortmächtigsten Fürsprecher sexueller Freizügigkeit, der verstorbene Franzose René Guyon, der ein Verbot aller antisexuellen Tabus sowie die Ausrottung sämtlicher Vorstellungen forderte, die geschlechtliche Aktivität mit dem Begriff der Unsittlichkeit assoziieren, Jurist gewesen[2].
In der Bundesrepublik Deutschland neigt man noch heute zur Gleichsetzung von Recht und Moral, besonders von Sittlichkeit und Sexualmoral, ein eindeutiges Erbe christlicher Triebunterdrückung[3]. Mit ermüdender Monotonie hebt der Gesetzgeber hier ab auf das »sittliche Empfinden«, »die bisherige Sittenordnung«, die »sittlichen Grundanschauungen des Volkes« et cetera[4] – Formulierungen, hinter denen nichts steht als die alte Sexualfeindschaft der Kirchenväter. Wie sich denn das Bundesverfassungsgericht ganz offen auf »die öffentlichen Religionsgesellschaften« berufen kann, »insbesondere die beiden großen christlichen Konfessionen, aus deren Lehren große Teile des Volkes die Maßstäbe für ihr sittliches Verhalten entnehmen«[5]. Dementsprechend werden die gesetzlichen Regelungen über Ehe, Empfängnisverhütung, Notzucht, Verkehr mit Minderjährigen und so weiter maßgeblich geprägt, so daß Ernst-Walter Hanack das geltende Sexualstrafrecht lapidar das nennen kann, was es ist: »in erheblichem Umfang unsachgemäß, überflüssig oder unehrlich«[6].
In anderen europäischen Ländern aber liegen die Dinge ganz ähnlich; beeinflußt beispielsweise das kirchliche Inzest- oder Abtreibungsverbot entscheidend die Justiz; wird der Begriff der Unzucht selbst auf Ehepaare ausgedehnt und ein entsprechendes Vergehen horrend hoch

bedroht; können im Ehebruch erzeugte Kinder nicht einmal durch nachfolgende Heirat legitimiert werden; verfolgt man die Reklame für Empfängnisverhütung mit Geld- oder Gefängnisstrafen oder beidem; überwacht man zum Schutz der Ehe das Hotel- und Touristengewerbe; und all dies und mehr in prinzipieller Übereinstimmung mit der Kirchenmoral[7].

Wie denn auch in den USA die Religion stärkstens das Recht, zumal die Entscheidung über das Sexualverhalten, bestimmt und jenes Klima von Heuchelei und Prüderie erzeugt, das die Puritaner-Staaten noch charakterisiert[8].

Ganz unabhängig aber vom herrschenden Recht bzw. Unrecht (bekanntlich immer das Recht bzw. Unrecht der Herrschenden): Die tradierte Sexualmoral wirkt weiter, die Tabus gelten fort. Sie sitzen in allen Schichten noch viel zu tief. Freizügigkeit und Toleranz werden nach wie vor unterdrückt, Moral ist noch immer weiterhin gleich Sexualmoral, selbst in Schweden[9]. Über die Theologie, die Justiz, ja gewisse Gebiete der Medizin und Psychologie beeinträchtigt biblischer Aberglaube auch unser Sexualleben und damit unser Leben überhaupt[10].

Töricht also zu glauben, das klerikale Tabureglement sei gefallen, die Lustfeindschaft beseitigt, die Frau emanzipiert. Wie uns nun das mittelalterliche Mönchshemd amüsiert (S. 268), lachen Künftige über uns und unsere »freie Liebe«: – ein Geschlechtsleben, das sich öffentlich nicht zeigen darf, von Wänden umstellt, meist auf das Dunkel der Nacht verwiesen ist wie alle finsteren Geschäfte[11], ein Höhepunkt der Freude, der Lust, von Zensurbehörden eingeschränkt, von Gesetzen gemaßregelt, von Strafen bedroht, umtuschelt, umzotet, eine einzige lebenslange Geheimniskrämerei.

Von Paulus über Augustin, die Scholastiker bis zu den berüchtigten Piuspäpsten der Faschistenära haben die größten Geister der Catholica eine immerwährende Geschlechtsangst gezüchtet, Sexualsyndrome sondergleichen, eine einmalige Atmosphäre von Prüderie und Heuchelei, von Verdrängung, Aggressionen, Schuldkomplexen, sie haben das ganze Leben des Menschen, seine Daseins-, seine Sinnesfreude, seine biologischen Lustprozesse und Leidenschaftsstürme, von der Kindheit bis ins Alter mit moralischen Tabus, mit Diabolisierungen umzingelt, systematisch Scham und Angst, den inneren Notstand erzeugt und systematisch ihn dann ausgebeutet – aus purer Herrschgier oder weil sie meist selber Triebgeplagte, Triebverdränger waren, weil sie selber gefoltert wurden, haben sie andere gefoltert, im übertragenen sowie buchstäblichen Sinn.

Neidzerfressen und klug kalkulierend zugleich, vergällten sie ihren

Gläubigen gerade das Harmloseste, Freudvollste: die Empfindung der Lust, das Erleben der Liebe. Fast alle Werte des Sexuallebens hat die Kirche pervertiert, das Gute schlecht, das Schlechte gut genannt, das Sittliche zum Unsittlichen gestempelt, das Positive zu einem Negativum. Sie hat die Erfüllung natürlicher Wünsche verhindert oder erschwert, die Erfüllung unnatürlicher Gebote aber, bei Strafe des ewigen Lebens und bei höchst irdischen, höchst barbarischen Bußen, zur Pflicht gemacht.

Und wirklich, man kann sich fragen, ob nicht alle weiteren Untaten des Christentums – seine Ausrottung der Heiden, seine Abschlachtung der Juden, die Verbrennung der Ketzer und Hexen, die Kreuzzüge, die Religionskriege, die Ermordung der Indios und Schwarzen sowie all die anderen christlichen Greuel (bis hin zu den Millionen und Abermillionen Blutopfern des Ersten, des Zweiten Weltkriegs und des langen Kriegs in Vietnam), man darf sich wirklich fragen, ob diese einzigartige Geschichte von Verbrechen nicht weniger verheerend war als die ungeheure moralische Verkrüppelung und Fehlerziehung durch diese die Entsagung, die Zwänge, den Geschlechtshaß züchtende Kirche, zumal die Ausstrahlung der klerikalen Sexualunterdrückung von der privaten Neurose, dem unglücklichen Leben des einzelnen bis zu den Massakern ganzer Völker reicht und selbst viele der größten christlichen Gemetzel, direkt oder indirekt, gerade die Folgen der Moral gewesen sind.

Eine Gesellschaft aber, die an ihrer Moral krankt, kann nur gesunden, wenn sie ihre Moral preisgibt, das heißt: ihre Religion. Das heißt nicht: Eine Welt ohne Christentum müßte schon per se gesund sein. Aber mit dem Christentum, mit der Kirche, *muß* sie krank sein. Zweitausend Jahre sind dafür immerhin Beweis genug. Auch hier also gilt Lichtenbergs Satz: »Ich kann freilich nicht sagen, ob es besser werden wird, wenn es anders wird; aber so viel kann ich sagen, es muß anders werden, wenn es gut werden soll.«

Karlheinz Deschner

EINLEITUNG
SAKRALE SEXUALITÄT

»Das Christentum hat uns um die Ernte der antiken Kultur gebracht...«

Friedrich Nietzsche

1. Kapitel
Die göttliche Mutter

>»Der früheste heilige Bezirk der Urzeit ist wahrscheinlich der, in dem die Frauen geboren haben.«
>
> *Erich Neumann*[1]

>»Für diejenigen, die eine wahre Kenntnis der göttlichen Dinge haben, gibt es nichts Größeres als die Mutter.«
>
> *Griechischer Dichter des 4. Jahrhunderts*[2]

Sexualität erschöpft sich nicht im Physiologischen. Sie ist auch nicht nur ein Teil unseres Daseins, sondern durchdringt es total. Sie begleitet den Menschen, wie ein christlicher Theologe schreibt, von der Wiege bis zum letzten Atemzug. »Könnte man eine ›Sexualkurve‹ des Lebens aufzeichnen, sie wäre das getreue Spiegelbild des Lebens überhaupt[3].«

Die fundamentale Bedeutung des Sexus drückt sich im Glauben aller Völker aus, ursprünglich stets positiv.

Die »Urmütter«

In vorgeschichtlicher Zeit[4], als die Menschheit klein, die Lebensdauer kurz und die Kindersterblichkeit groß war, ist die Gebärfähigkeit der Frau die Hauptchance für ein Überleben der Sippe, der Horde, des Stammes gewesen[5]. Die weibliche Fruchtbarkeit aber, noch nicht als Folge der Begattung erkannt, wurde als Eingriff einer numinosen Macht vermutet, was der Frau besondere Bedeutung verlieh, magischen Charakter. Sie war ein Urmysterium[6]. Der Vater dagegen blieb unbekannt – und unbekannt auch der Vatergott. (»Mater semper certa, pater semper incertus«, sagt sogar noch das römische Recht[7].)

So ist es kaum Zufall, daß die ältesten uns erhaltenen Statuetten der Altsteinzeit größtenteils Frauendarstellungen sind, »Urmütter« oder Fruchtbarkeitsidole, wie die meisten Forscher annehmen, und nicht etwa eiszeitliche Obszönitäten[8]. Fast ausnahmslos sind es ältere Frauen, Muttergestalten. Alles Individuelle, zumal das Gesicht, wird gänzlich unterdrückt, der Geschlechtscharakter aber (Brüste, Bauch, Unterleib) derart stark hervorgehoben, daß sie als das »Einzig-Wirkliche« erscheinen. Sämtlich hochschwanger, sind sie offenbar kultische Verkörperungen der gebärenden und vermehrenden Urkraft des Weibes, früheste Vorboten der Muttergottheiten[9].

Ist das Matriarchat, wie die Forschung immer mehr bestätigt[10], älter als das Patriarchat, geht aller Wahrscheinlichkeit nach der Kult der Großen Muttergöttin dem des Vatergottes voran; ihre Priorität wird von Griechenland bis Mexiko vielfach bezeugt[11]. Auch ist die älteste menschliche Sozialbeziehung wohl die zwischen Mutter und Kind. Die Mutter verbindet in der Urfamilie, sie betreut, sie gebiert. So wird sie Vertreterin der Erdmutter, der Mondmutter, der Großen Mutter.

Gefördert hatte diese Verehrung des Großen Weiblichen die wirtschaftliche Entwicklung in der Späteiszeit, die vorübergehende Seßhaftigkeit der mitteleurasischen Jäger. Denn nun garantierte die Ahn- und Stammutter nicht nur den Bestand der Sippe, sondern sorgte auch für Nahrung und Kleidung, ja schloß als Mittelpunkt der Behausung die Angesiedelten näher zusammen. Als deren Seßhaftigkeit aber endet, verschwinden auch die Frauenskulpturen.

Doch in der Jungsteinzeit, wo allmählich phallische Bildnisse und männliche Fruchtbarkeitssymbole aufzufallen beginnen, gibt es, etwa vom 5. und 4. Jahrtausend an, eine Unmenge von Frauenstatuetten. Die ältesten stammen aus Vorderasien, besonders aus der Umgebung von Tempeln. Der Kopf ist kaum angedeutet, dagegen das Geschlechtsmerkmal (Brüste, Bauch und Vulva) wieder stark betont. Überdies sind die meisten im Vorstadium des Gebärens dargestellt, nämlich kauernd – wie man noch heute im Vorderen Orient gebiert[12]. Derartige Figuren werden damals schon fabriksmäßig produziert und an Tempelbesucher vertrieben[13]. Auch in Südosteuropa entstehen massenhaft kultische Frauenfiguren und gehören wohl zu jedem Hausstand. Schließlich gibt es sie überall in Europa, in Spanien, Frankreich und Irland ebenso wie im Nordosten[14].

Die Frau – »die Fortsetzung der Erde«

So bildet sich, besonders in den bäuerlichen Siedlungsgebieten, allmählich die Vorstellung einer göttlichen Mutter heraus[15]. Ihre Religion hängt eng mit der großen ökonomischen Umwälzung, der beginnenden Bodenbearbeitung zusammen, einer agrarischen Wirtschafts- und Lebensform, die viele Jahrtausende v. Chr. von Asien ausgeht und der Frau wieder zunehmende Achtung verschafft. Ja sie bekommt nun, als Zentrum der Sippe und Bereiterin der Nahrung (der »Herd« war auch der ursprüngliche Altar!)[16], als Verwalterin der Vorräte, Herstellerin von Gefäßen und Kleidung, kurz als Schöpferin der Grundlage menschlicher Kultur, oft ein außergewöhnliches Prestige: rechtlich vor allem charakterisiert durch das Mutterrecht, die weibliche Erbfolge, religiös eben durch die Muttergöttinnen. Denn mit der Bindung an Boden und Besitz gewinnt die Nachkommenschaft noch an Bedeutung, und mit der Fruchtbarkeit der Frau auch die des Bodens, den sie bearbeitet und mit dem sie der Mann, im Glauben an eine Korrelation der Gebärfunktion beider, mystisch geradezu gleichsetzt[17].

Die Erde, der Mutterschoß alles Lebendigen, seit je als mütterliche Gottheit gedacht, ist »die älteste und ehrwürdigste, auch die geheimnisvollste Gottesgestalt« oder, wie schon Sophokles sagt, »der Götter höchste«[18]. Aus ihr kommt, nach ältestem griechischem Glauben, nicht nur was wächst und fließt, sondern ihr entstammen selbst Menschen und Götter[19]. Der Allmutter Erde, der großen Gottheit frühhellenistischer Religion, galten in Griechenland weitverbreitete Kulte; in Olympia ging sie dem Zeus, in Delphi dem Apollon voran, in Sparta und Tegea standen ihr geweihte Altäre[20]. Doch auch im ältesten heiligen Schrifttum Indiens erschallt schon der Ruf »Mutter Erde«[21].

Der Erde aber wird die Frau in den matriarchalischen Kulturen gleichgestellt, denn aus beider Leib bricht das Leben, durch beide lebt die Sippe fort. In der Frau inkarnieren sich Keimkraft und Fruchtbarkeit der Natur, und die Natur schenkt Leben in Analogie zur gebärenden Frau. Kinder und Ernten erscheinen wie übernatürliche Gaben, Produkte einer magischen Macht[22]. Bis in die Neuzeit wird die Frau mit Fruchtbarkeitsfesten und Ackerbauriten enger verbunden als der Mann[23]. »Der Mann ist das Fremde, die Frau das Einheimische auf Erden ... Sie ist die Fortsetzung der Erde.« So noch der Romantiker und Physiker Johann Wilhelm Ritter[24].

Das älteste Menschheitsidol

In der beginnenden Epoche bäuerlicher Kultur entstehen nun überall die weiblichen Gottheiten, in denen man das Geheimnis der Fertilität verehrt, den ewigen Zyklus von Werden und Vergehn. Im ganzen Mittelmeergebiet, im gesamten Vorderen Orient, selbst in der vorarischen Religion Indiens feiert man Fruchtbarkeits- und Muttergöttinnen: alle überstrahlt von der Großen Mutter, der Schöpferin jedweden Lebens, die freilich auch schon als jungfräulich empfunden, in Kanaan einmal, fast im gleichen Atemzug, als »Jungfrau« und »Ahnfrau der Völker« gefeiert werden kann[25].

Man errichtet ihr Tempel über Tempel, stellt sie vieltausendfach dar, in monumentalen Standbildern, in kleinen Idolen, majestätisch, vital, mit ausladenden Hüften und hervorgehobener Vulva, aber auch vamphaft schlank, großäugig, rätselhaft blickend, dämonisch. Sie steht oder thront und säugt das göttliche Kind, strahlt Energie und Kraft, das sacrum sexuale aus. Sie zeigt, mit weitgespreizten Beinen sitzend, ihr Geschlecht (während Götter ihr zu Füßen liegen). Sie preßt die Hände an die üppigen Brüste, segnet, schwingt Fruchtbarkeitssymbole: Lilienstengel, Getreidebüschel, Schlangen. Sie hebt eine Schale, aus der das Wasser des Lebens fließt[26], und aus den Falten ihres Gewandes quillt es mitunter von Früchten.

Schon um 3200 v. Chr. ist sie als eine Hauptgottheit bezeugt[27]. Die früheste aller uns bekannten Religionen, die sumerische, kennt sie bereits – »von einem Allvater war damals noch nicht die Rede«[28]. Im heiligen Schrein des Tempels von Uruk, der ins Vorgeschichtliche zurückreichenden Stadt Babyloniens, steht schon ihr Bild. Man verehrt sie in Ninive, Babylon, Assur und Memphis. Man findet sie auch in Gestalt der indischen Mahādevī (große Göttin), bemerkt sie in ungezählten Matres oder Matrae, den mit Blumen, Früchten, Füllhörnern oder Kindern behängten Muttergöttinnen der Kelten, und man gewahrt sie nicht zuletzt in Ägypten unter den Zügen der Isis, dem fast haargenauen Vorbild der christlichen Maria[29].

Denn wie ihr Aussehen wechselt, wie sie als Mutter auftritt, als »Jungfräuliche« und »unbefleckt Empfangende«[30], manchmal auch als Göttin des Kampfes zu Pferd und in Waffen, ja selbst in Tierform, als Fischgestalt etwa, Stute oder Kuh, so wechseln ihre Namen. Inanna nennen sie die Sumerer, Sauska die Churriten, Mylitta die Assyrer, Istar die Babylonier, Atargatis die Syrer, Astarte die Phönizier, als Ašera, 'Anat oder Baalat (die Partnerin Baals) bezeichnen sie die Schriften des Alten Testaments, als Kybele die Phrygier, als Gaia, Rhea oder Aphrodite die Griechen, als Magna Mater die Römer. Kaiser Augustus baute ihren durch Feuersbrunst zerstörten (Kybele-)Tempel auf dem Paladin wieder auf, und kein Geringerer als Kaiser Julian trat für sie ein. Seit prähistorischer Zeit verehrt, ist ihr Bild »das älteste Idol der Menschheit« und das beständigste Charakteristikum in den archäologischen Zeugnissen der ganzen Welt[31].

Die Große Mutter, die auf Bergen, in Wäldern, an Quellen erscheint, deren Lebenskraft und Segen man Jahr für Jahr erfährt, ist die Behüterin alles Pflanzlichen, der fruchtbringenden Erde, Inbegriff der Schönheit, sinnlichen Liebe, der überschäumenden Sexualität, Herrin auch der Tiere. Heilig vor allem sind ihr Tauben, Fische und Schlangen – die Taube ist ein altes Sinnbild des Lebens, vermutlich schon in der Jungsteinzeit; der Fisch ein typisches Penis- und Fruchtbarkeitssymbol; und auch die Schlange, wegen ihrer Ähnlichkeit mit dem Phallus, ein Geschlechtstier, Ausdruck der Zeugung und Kraft[32]. (Im oft pervertierenden Christentum stellt dann die Taube den Heiligen Geist dar, der Fisch wird Symbol der Eucharistie – das griechische Wort, ichthys, bildet ein Anagramm für den Namen »Jesus, Christus, Gottes Sohn, Heiland« [Jesus Christos Theou Hyios Soter]; und die Schlange, schon im ersten Buch der Bibel Verkörperung des Negativen, depraviert zum Symbol des Bösen, das sich an Sockeln und in Säulenwinkeln mittelalterlicher Kirchen verkriecht[33].)

Die Große Mutter wird aber nicht nur mit der Erde, dem Tellurischen, verbunden. Sie strahlt – schon bei den Sumerern – auch »auf der Himmelshalde auf«, ist »Himmelsherrin«, Göttin des Istar-Sterns, des Morgen- und Abendsterns, mit dem man sie um 2000 v. Chr. gleichsetzt; sie ist Belti, wie die Babylonier sie auch nennen, »meine Herrin«, wörtlich also »Madonna«; ist (nach Apuleius) »Herrin und Mutter aller Dinge«, die Heilige, Gnädige und Barmherzige, die Jungfräuliche, eine Göttin, die nicht empfängt, doch gebiert[34].

Und sie steigt, nach ältesten Zeugnissen bereits, in die Unterwelt, wobei alles Leben auf Erden erlischt, bis der Gott Ea, bei Sumerern und Babyloniern Herr der Wassertiefe und der ihr entströmenden Quellen, sie wieder befreit.

Die Große Mutter wird geliebt, verherrlicht und umworben, ihr gewidmete Hymnen erinnern an alttestamentliche Psalmen, denen sie weder an Schönheit noch Innigkeit nachstehen. In der griechischen Mythologie ist sie die Magna Mater Deorum, die Mutter von Zeus, Poseidon, Hades, daher »die Königin aller Götter«, die »Göttermutter«, »die Grundlage des gesamten Götterstaates«[35]. In ihren hinduistischen Varianten nennt man sie Uma, Annapūrna, die »an Speisen reiche«, oder auch Kalī, die »Schwarze«, oder Canī, die »Wilde«[36]. Denn sie zeigt, im mediterranen, vorderasiatischen wie hinduistischen Pantheon, gleichsam ein doppeltes Gesicht, hat neben ihrem lebenschaffenden, lebenschützenden Wesen ein kämpferisches, grausames, vernichtendes – und auch dies kehrt bei Maria wieder (S. 396 ff.). Aus der »Fruchtbaren Mutter« wird die »Furchtbare Mutter«, bei den Assyrern besonders, doch auch in Sparta wird sie die Göttin des Krieges, bei den Indern gar »die Dunkle, die allesverschlingende Zeit, die knochenbekränzte Herrin der Schädelstätte«[37]. »Die Köpfe deiner frisch getöteten Söhne hängen um deinen Hals wie ein Halsband«, besingt sie ein Hindu-Dichter. »Deine Gestalt ist schön wie die Regenwolken, deine Füße sind voller Blut[38].« Sie spiegelt den Kreislauf natürlichen Lebens, die generativen Kräfte jedoch vor allem. Denn wie sie zerstört, erschafft sie wieder, wo sie tötet, erweckt sie auch, Nacht und Tag, Geburt und Tod, Entstehen und Vergehen, die Schrecken des Lebens und seine Freuden entstammen derselben Quelle, aus dem Schoß der Großen Mutter gehen alle Wesen hervor, und in ihn kehren sie zurück.

Die Heraufkunft des männlichen Gottes

Wie aber neben die einst vorherrschenden Fruchtbarkeitsidole, neben die »Urmütter«, in der Jungsteinzeit zunehmend phallische Fertilitätsdämonen treten, so erscheint neben der Muttergöttin nun der männliche Gott, was nicht zuletzt wieder eine agrarsoziologische Situation reflektiert: die durch Viehzucht und Pflugkultur bedingte wachsende wirtschaftliche Bedeutung des Mannes. Denn als Pfleger des Viehs und Pflüger des Bodens tritt er allmählich gleichberechtigt neben die pflanzende und sammelnde Frau, zumal man ihn auch als Zeugenden mehr und mehr beachtet[39]. Und eben diese enge ökonomische Zusammenarbeit sowie der wachsende bäuerliche Familiensinn, die Elternfunktion erhalten jetzt ihre Entsprechung in der Götterwelt. Immer mehr männliche Gottheiten entstehen, zunächst den weiblichen – als Sohn oder Liebhaber – oft noch untergeordnet, dann aber gleichrangig und schließlich, in vaterrechtlichen Kulturen, dominierend. Die Große Mutter wird entthront und zu einer subalternen Gottheit, später einer Göttin der Unterwelt – Ausdruck der Verbannung der Mutterreligion. Ebenso wird die Frau, die Mutter, erniedrigt, ihr Gebärvermögen herabgesetzt, während das Ansehen des Mannes, des Vaters, steigt. Allein dem Phallus erkennt man nun Potenz und Lebenskraft zu. So verkündet Apollon in den »Eumeniden« des Aischylos: »Die Mutter gibt dem Kinde nicht das Leben, wie man wohl sagt. Sie nährt den jungen Keim. Das Leben zeugt der Vater[40].«

Immerhin taucht die männliche Gottheit in der Religionsgeschichte erst spät auf und erhält ihre Würde als Sohn-Gottheit von der Muttergöttin[41]. Das Kind der Göttermutter wird oft zu ihrem Geliebten, und so entsteht der für die archaischen Hochkulturen charakteristische Dualismus, das Denken in Polaritäten, das Mythologem vom Götter- und Welteltenpaar: »Vater Himmel« und »Mutter Erde«, deren Heilige Hochzeit den Mittelpunkt von Kult und Glauben bildet (S. 37 ff.).

Himmel und Erde sind das »urerste Paar«, im griechischen Mythos ebenso wie in dem des weit entfernten Neuseeland, wo es Rangi und Papa heißt[42]. Während man sich den Himmel meist männlich denkt, empfindet man die Erde seit den ältesten Zeiten als weiblich, ja sie erscheint wiederholt als »horizontal liegendes Weib«, aus dessen Vagina das Menschengeschlecht hervorging[43]. Demeter (vielleicht »Mutter Erde«), die Fruchtbarkeit schenkende griechische Erdgöttin, vereinigt sich, nach einem schon Homer bekannten Mythos, mit Iasion »im dreimal gepflügten Feld«[44] und gebiert den Plutos (griechisch »Reichtum«), die üppigen Ernten. Die göttlichen Gatten oder auch (inzestuös verkehrenden) Geschwister werden wie ein Menschenpaar vorgestellt, allerdings gleichsam in unendlicher Umarmung, in einer dauernden Begattung begriffen: »unaufhörlich befruchtet der Himmelsgott (mit Regen, Tau, Sonnenstrahlen) die Erdmutter«[45], eine Anschauung, die eben zu dem großen Frühlingsritus, der Heiligen Hochzeit führt. »Der reine Himmel trachtet die Erde zu verletzen«, schreibt Aischylos, »und der Ackerboden ist von Sehnsucht nach Hochzeit ergriffen. Regen fällt von dem liebesuchenden Himmel und schwängert die Erde. Und sie gebiert den Sterblichen Gras für das Vieh und Korn für die Menschen; und die Stunde des Waldes erfüllt sich...[46]«

2. Kapitel
Il Santo Membro

»Am Zeugungsglied des Mannes hängt das Herz der Weiber und an der Vulva das Herz der Männer; im Zeichen der Vulva und des Penis steht diese ganze lebendige Welt.«
Ausspruch Shivas[1]

»*Der Gott der Fruchtbarkeit* ist das Organ der Fortpflanzung selbst.« *Alain (Emile Chartier)*[2]

Früh schon suchte man Potenz und Fruchtbarkeit zu fördern und glaubte, durch intensives Kopulieren auch das Wachstum der Felder zu steigern. Saat und Ernte, Zeugung und Geburt wurden im Grunde als das gleiche betrachtet. Das Weib ist des Mannes Acker in Indien wie bei Mohammed[3]. Und auch bei den Etruskern war die Orgie essentieller Bestandteil jener Welt, in der Pflug und Phallus, Säen und Zeugen als vertauschbar galten[4].

Riten aller Zeiten demonstrieren oft drastisch den Zusammenhang. So graben die Dschagga, ein (ostafrikanischer) Bantunegerstamm, die Saat, nackt auf der Erde liegend, ein. So spritzen die Indianer am oberen Rio Negro in Nordwestbrasilien bei Phallustänzen unter Koitalbewegungen ihren Samen auf die Felder[5]. Die Furche wird mit der Vulva, der ausgesäte Samen mit dem Sperma gleichgesetzt[6] oder auch der Phallus mit dem Pflug. In einigen ostasiatischen Sprachen bedeutet das Wort »Jak« zugleich Phallus und Grabscheit, und ein assyrisches Gebet gilt einem Gott, dessen »Pflugschar die Erde fruchtbar gemacht«[7]. Wie man denn schon früh Pflüger mit erigiertem Glied und den Pflug selbst als Phallus darstellt, ja in Athen den Brauch kennt, die Vollehe auf einem Pflug zu schließen – kommen doch nach der attischen Hochzeitsformel Mann und Frau zum Pflügen ehelicher Kinder zusammen[8]. Und noch heute ackert man in der Herzegowina beim Aufgehen der Wintersaat den Umriß eines erigierten Penis mit Hoden ins Feld, ein früher auf dem Balkan allgemein angewandter Fruchtbarkeitszauber[9].

Symbol der Auferstehung

Falsch freilich wäre es, den Phalluskult bloß priapisch, nur naturalistisch zu deuten oder gar als Zeichen von Obszönität. Gewiß verband sich unbefangene Sinnenfreude mit ihm, nichts selbstverständlicher, natürlicher; zugleich aber war er Ausdruck von Religion[10]. Vulva und Phallus sind als Träger der Gebär- und Zeugungsfähigkeit dem frühen Menschen heilig und seine wirksamsten Kräfte gegenüber dem Tod. Schön zeigt dies die indische Legende vom Hervorbrechen des Gottes Shiva aus einem Linga (Phallus), um den Gott des Totenreiches, Yama, zu erschlagen und seinen eigenen Anbeter zu retten[11]. Doch ist Shiva auch in der Vulva des verlockenden Weibes verkörpert[12].

In China war der Phalluskult mit der Elternverehrung verwoben. Die älteste chinesische Schrift verknüpfte »Erde« mit Phallus, und das gleiche Zeichen bedeutete »Vorvater«[13].

Das ägyptische Henkelkreuz (crux ansata), dem Buchstaben T gleichend, mit einem ovalen Henkel oben (ursprünglich die Hieroglyphe ankh, Leben), eine graphische Kombination der männlichen und weiblichen Genitalien, galt als Sinnbild des Lebens. Es wurde von Osiris, einem Unsterblichkeit verbürgenden Vegetationsgott, und anderen Göttern getragen und später (im alles verkehrenden Christentum) von den Kopten übernommen, als Zeichen der lebenspendenden Kraft des Kreuzes Christi. Ja noch heute findet sich dies phallische Symbol – seit dem 4. Jahrhundert ein päpstliches, seit dem 6. Jahrhundert ein erzbischöfliches Würdezeichen – bei den katholischen Prälaten als Pallium über dem Meßgewand, wobei der Halsausschnitt dem Henkel der crux ansata entspricht.

Aber selbst mit dem Glauben an ein Fortleben verband sich der Phalluskult. So hält der ithyphallische große Gott Osiris auf Statuen und Abbildungen den Penis oder weist auf ihn zur Demonstration seiner Auferstehung, Prototyp der Auferstehung seiner Verehrer[14]. »O ihr Götter«, lautet eine ägyptische Inschrift neben der Gestalt eines Toten, der sich aus dem Grab erhebt, »die ihr dem *phallus* entsprungen seid, öffnet mir die Arme[15].« Doch auch in Griechenland und Rom figurierte das Glied als Sinnbild der unerschöpflichen, noch den Tod überwindenden Zeugungskraft der Natur über den Gräbern[16].

Als Inbegriff der Potenz aber spielt der Penis in vielen Religionen eine zentrale Rolle.

Bereits an den antropomorphen Tiergestalten eiszeitlicher Bilder sticht der übergroße Geschlechtsteil immer wieder hervor[17]. Er taucht in der Altsteinzeit, neben den weiblichen Genitalmerkmalen, vielfach schon als Kultsymbol, als zauberkräftiges Fruchtbarkeitsmittel auf[18]. Und schließlich gibt es eine Fülle solcher Embleme im Glauben zahlreicher östlicher und westlicher Völker, kehren die sexuellen Symbole in Riten, Mythen und Märchen immer wieder.

Fernöstliche Phallusverehrung

In Indien heißen schon die Vor-Arier im Rigveda, in der ältesten heiligen Literatur des Landes, die »Phallusverehrer«[19]. Indra, Hauptgott der vedischen Religion, als Inbegriff der Zeugungstüchtigkeit vom Stier begleitet, hat die Hoden des »geilsten« aller Tiere, des Ziegenbocks, ja er hat tausend Hoden. »Du, Wunderkräftiger«, rühmt ihn der Rigveda, »machst den männlichen Schlauch (den Penis) schwellen.« »Ihr Penismänner, stellt den Penis empor, setzt ihn in raschen Gang, vögelt zur Beutegewinnung, treibt ihn drängend hinzu (oder: macht ihn ausfließen), den Sohn der Nishtigri, den *Indra*.« Und er selbst schwängert als mächtiger Zeugungsheld »die Unvermählten«, die dabei »wie hervorbrechende Quellen« wirbeln, »und die hinschmelzenden jungen Frauen«[20].

In allen Tempeln des Shiva, eines hinduistischen Hauptgottes, steht das Linga als Shivas häufigste und »hervorragendste Form«[21] neben der Yoni. Es ist noch immer eines der meistverehrten Idole Indiens, wird von vielen als Amulett am Hals getragen, in Häusern und auf Feldern vergöttert und steht, wie einst in Rom der Phallus, als Symbol der Wiedergeburt noch auf Grabhügeln[22]. Ein gewaltiges, von zahlreichen Tempeln flankiertes Linga in Nepal ist seit alter Zeit Nationalheiligtum[23]. Wie überhaupt die vedisch-brahmanische und hinduistische Religion ganz und gar von Geschlechtlichkeit durchdrungen sind und von daher Vulva- und Phallus-Verehrung selbst in den Buddhismus Eingang fand[24].

Auch im japanischen, von Fruchtbarkeitsgedanken strotzenden Shintoismus kannte man bis tief in die neueste Zeit einen ausgedehnten Peniskult mit großen Tempeln, inbrünstigen Gebeten, Votiv-Phallen[25]. Und manche Afrikanerstämme praktizieren heute noch den rituellen Koitus[26].

Phalluskult in Ägypten, Griechenland und Rom

In Ägypten, wo man Tempelreliefs mit großen göttlichen Geschlechtsorganen zierte, wurde der Fruchtbarkeitsgott Min ithyphallisch präsentiert. Bei religiösen Prozessionen trug man Statuen des Osiris als Stier mit dreifachem Penis voran, wobei Frauen, die hier lange hoch geachtet waren, das mit riesigem Phallus prahlende Gottesbild durch einen Schnurmechanismus aufreizend bewegten[27]. »Es gibt keinen (ägyptischen) Tempel«, entsetzt sich im 3. Jahrhundert Bischof Hippolyt von Rom,

»vor dessen Eingang nicht nackt das Verborgene steht, von unten nach oben gerichtet und mit allerlei Früchten des Werdens bekränzt. Es steht nicht nur in den heiligsten Tempeln vor den Bildern, sondern auch ... an allen Wegen und auf allen Straßen und in den Häusern als Grenz- und Malstein[28].«

Im Tempel von Hierapolis in Syrien ragte eine ganze Front gewaltiger, etwa fünfzig Meter hoher Phallen, deren Errichtung man dem Dionysos zuschrieb, jenem Gott, der »dem Christentum länger widerstanden hat als alle Olympier und etwas von seiner Heiterkeit noch in finstere Jahrhunderte hinüberleuchten ließ«[29].

Auch in Griechenland genossen die menschlichen Genitalien nahezu kultische Huldigung, wurde der Phallus, ähnlich wie in Indien, zum religiösen Symbol[30]. Man verherrlichte ihn auf Vasen und Gemälden, durch Lieder und Tänze[31]. Er gehörte zum Schauspielerkostüm. Phallusumzüge waren allgemein üblich, fanden selbst bei Staatsfesten statt; Satyrn und Silene trugen dabei starre männliche Glieder als Symbole einer heiligen Sache[32].

Auch in den Aphroditemysterien kam dem Penis besondere Bedeutung zu; ebenso im Kult der Athena, an den Arretophoria, einer attischen Festivität im Monat Skirophorion (Mai–Juni), oder bei den attischen Haloa, einer orgiastischen Feier für Demeter und Kore (und vielleicht Dionysos) zur Wintersonnenwende[33].

Als besonderes Idol der Zeugungskraft und Fruchtbarkeit verehrte man in Griechenland, Kleinasien und schließlich allen Teilen des Imperium Romanum den populären Priapos, der allmählich eine Fülle anderer phallischer Götter unter seinem Namen vereinte und von römischen Dichtern in heiter-obszönen Versen verewigt worden ist[34]. Er war der Sohn von Dionysos und Aphrodite, der Schutzherr der Gärten, Felder und Herden, sein heiliges Tier der sprichwörtlich geile Esel. Als Glücksbringer fand sich der Gott oft an Haustüren, und auf seinem steifen übergroßen rotgefärbten Glied ritten Jungfrauen und Matronen, um fruchtbar zu werden[35].

Auch Hermes – nach einigen Genealogien (mit Aphrodite) Erzeuger des Priapos –, Gott der Fruchtbarkeit, der Tiere und des Glücks, Patron der Jugend, der Gymnasien auch, in denen man glaubte, seine abgeschlaffte Potenz regenerieren zu können, wurde mit erigiertem Penis abgebildet, das »Herma«, ein aufgestelltes Stück Holz oder ein Stein, geschmückt, gesalbt, geküßt und noch spät in Griechenland und Italien als Straßen- und Gartenverzierung verwendet[36].

In Rom zelebrierte man mit Pomp die Liberalia, ein uraltes Fest des Gottes Liber oder Bacchus, das, zumindest in Lavinium, einen ganzen Monat dauerte und voller Ausschweifung war. Ein riesiger Phallus durchrollte dabei auf prunkvollem Gefährt die Stadt und das Land, und die prominentesten Matronen dekorierten vor allem Volk das »membrum inhonestum«, wie Augustin sagt, mit Blumenkränzen[37]. Beim Fest der Venus im August führten die Damen das geliebte Glied in feierlicher Prozession vom Quirinal zum Venustempel und legten es der Göttin in den Schoß[38]. Das römische Volk trug den Phallus als Talisman; und seine Imperatoren hatten das dann auch in den Kaiserkult eindringende Emblem vor ihrem Triumphwagen aufgepflanzt[39].

In Uppsala protzte Freyr (»der Herr«), der nordische Fruchtbarkeitsdämon, der Gebieter über Sonne und Regen, Beschützer der Ernten, des Friedens, der Lust, neben Odin und Thor, in seinem Haupttempel mit einer ungeheuren Freudenkeule[40]. Und die Stärke von Thor selbst, dem populärsten germanischen Gott, dem der Bock heilig war, wurde durch seinen Phallus signalisiert[41].

Kurz, von Indien bis Afrika, von Ägypten bis ins Aztekenland paradieren zahlreiche Zeugungsgötter mit dem penis erectus in der Hand. Und bis in die Neuzeit werden die genitalen Kultobjekte innig verehrt und gefeiert, mit Schmelzbutter und Palmöl gepflegt, mit Fett, das »die Schwanzenden einsalbt«[42].

St-Foutin

Selbst im christlichen Mittelalter hat man zeitweise, von der Kirche freilich verteufelt und verdammt, das Hochzeitsgebäck in Form männlicher und weiblicher Geschlechtsorgane gebacken, Gefäße und Kerzen nach Art erigierter Glieder gemacht, ithyphallischen Heiligenbildern gehuldigt und ihnen Penisimitationen geopfert[43]. In Frankreich, wo man mehrere Heilige mit großem Glied bestückte, wurden dem des St-Foutin besondere Kräfte zugetraut. Die Frauen übergossen es mit Wein und wuschen sich dann die Genitalien damit zur Förderung der Fruchtbarkeit[44].

St-Foutin oder Futinus soll der erste Bischof von Lyon, Photin, gewesen sein und sein Avancement zum Sexualpatron der Verschiebung seines Namens zu Foutin verdanken, das an das Verb »foutre« erinnerte. Aus gleicher Wurzel stammt das frühneuhochdeutsche »fut« und unsere Vulgärvokabel »Fotze«[45].

Noch im 18. Jahrhundert führte man in Triani, in Süditalien, »il Santo Membro« im Karnevalszug mit, einen Priap, dem der Penis bis ans Kinn stand[46]. Und noch zur gleichen Zeit trugen oberbayerische Mädchen einen Phallus-Fetisch, den »St-Leonhards-Nagel«, durch die Felder, umarmten und küßten ihn[47].

3. Kapitel
Kultischer Geschlechtsverkehr

> »Der Sexualakt erfüllte ... einerseits die allgemeine Funktion einer Opferhandlung, durch die die Anwesenheit von Gottheiten beschworen und wiederbelebt wurde; eine zweite Funktion war strukturell mit der Eucharistie identisch: der Geschlechtsakt war der Weg zur Teilnahme des Mannes am sacrum, das in diesem Fall von der Frau getragen und verwaltet wurde.«
>
> *Julius Evola*[1]

Im 3. Jahrtausend kannten die hochzivilisierten Länder des Orients überall den Beischlaf im Tempel. Zumal im Kult der Großen Mutter und ihm verwandter Vegetationsmysterien feierte man Orgien mit sakralem Koitus. Mittels Analogie, kraft eines (Gleiches durch Gleiches erstrebenden) magischen Aktes sollte so, vor allem durch die Frauen, die Gegenwart der Gottheit bewirkt und deren Stärke übertragen werden.

Der kultische Geschlechtsverkehr wurde in drei Hauptformen praktiziert.

Entjungferung im Tempel

Einmal bestand der Brauch einer allgemeinen vorehelichen Defloration im Tempel. Kein Mädchen durfte heiraten, bevor es sakral entjungfert worden war. Als Vertreter des Gottes fungierte dabei ein beliebiger, völlig anonym bleibender Mann. Die Sache war in Indien ebenso bekannt wie bei manchen Negerstämmen und nicht zuletzt in Vorderasien. Im Tempelbezirk der babylonischen Ištar warteten die Mädchen in langen Reihen an schnurgeraden Straßen, bis ihnen einer der sondierenden Männer mit den Worten »Zu Ehren der Göttin« irgendeine Münze zuwarf, worauf die Erwählte mitgehen und sich preisgeben mußte. Herodot, weit zuverlässiger, als man früher meinte, betont: »Mit dem ersten besten, der ihr etwas in den Schoß wirft, muß sie also abziehen und darf sich keinem versagen. Hat sie sich beschlafen lassen und damit ihre Pflicht gegen die Göttin erfüllt, so geht sie nach Hause und würde sich für keine noch so große Summe ein zweites Mal dazu verstehen[2].«

Die heiligen Freudenmädchen

Dazu verstanden sich nun freilich noch genügend andere. Wurde der Tempelbeischlaf doch, als zweite Hauptform sakralen Geschlechtsverkehrs (und ohne einer blühenden weltlichen Prostitution Abbruch zu tun), von vielen beruflich betrieben; vor allem in semitischen und kleinasiatischen Städten; laut Herodot sogar bei fast allen Völkern[3].

Die in Babylonien ḳadištu (Heilige) genannten Tempelmädchen hießen in Griechenland Hierodulen (heilige Mägde), in Jerusalem Kadeschen (Geweihte), in Indien Devadasis (Dienerinnen der Gottheit). Von den Portugiesen als Bajaderen bezeichnet (s. Goethes bekannte Ballade) und von der christlichen Moderne als Prostituierte diffamiert, waren sie ursprünglich keinesfalls verachtet, vielmehr oft höher angesehen als andere Frauen. Auch die Kinder Vornehmer konnten sich lange kultisch hingeben, ohne daß es jemand verschmäht hätte, sie nachher zu heiraten[4]. Selbst Könige weihten den Heiligtümern ihre Töchter und ließen sie bei großen Festen als Freudenmädchen fungieren[5]. Die Tempeldirnen – in der Kunst kurzgewandet dargestellt, auf Zehen tanzend und die Arme hoch erhoben – galten als Repräsentantinnen, ja gewissermaßen Emanationen der Großen Mutter[6] und ermöglichten durch ihre Hingabe dem Mann die Unio mystica, die Teilnahme am Heiligen, die möglichst innige, sinnenfällige, fühlbare Vereinigung mit der Gottheit[7].

Im Lied von Gilgamesch – es ist das älteste Großepos der Weltliteratur – erfährt der erst noch tierartige, Gras fressende und seine Tränke mit dem Wild teilende Enkidu durch eine Tempeldirne seine Menschwerdung. Sechs Tage und sieben Nächte lang wird er in den Armen der Vertreterin der Muttergöttin seiner Tierheit beraubt und gleichsam zum Menschen umgeboren[8]. Übrigens sind auch die ersten griechischen Lehrbücher des Liebeslebens meist von Hetären geschrieben worden[9].

Von Babylonien, wo man eine Religion ohne Jenseitsglauben und wohl auch am frühesten Tempelmädchen hatte (die der Kodex Hammurapi, die älteste Rechtssammlung der Welt, begünstigte), kam die Sitte nach Syrien, Phönizien, Kanaan, Kleinasien, Griechenland, Persien und Südindien[10]. Tausende von Hierodulen waren an manchen Tempeln tätig: in Komana, der Hauptstadt Kappadoziens, am Heiligtum der Göttin Mâ (Mutter)[11]; in Pontos, an einem vom Iris umflossenen, auf steilem Felsen stehenden Tempel der Anāhitā, einer semitischen Gottheit, die mit der Fruchtbarkeitsgöttin Ardvisūrā verschmolz[12]; im Aphroditetempel von Korinth, dessen Frauen, wegen ihrer Anmut berühmt, Pindar in einer seiner schönsten Oden besang – während mehr als zweitausend Jahre später ein gewisser Ulrich Megerle aus Meßkirch in Baden, der Augustiner-Barfüßer Abraham a Sancta Clara, über »die corinthischen

Weiber« zetert, die »Närrinnen«, die man täglich tausendweise »zu Ehren Veneris in ihrem Tempel den Huren-Hengsten und der Huren-Zucht ausgesetzt«, und die so »unverschämt gewesen«, daß sie, um ihre »Huren-Buben« anzureizen, »mit entdecktem Haupt, bloßem Angesicht, offenen Augen hergetreten, ihre schöne Gestalt zu zeigen«[13].

Selbst im Jahwetempel zu Jerusalem bestand zeitweise, von den Propheten freilich scharf bekämpft, ein sakrales Bordell[14]. Auch soll bei den Germanen, im Dienst des Fruchtbarkeitsgottes Freyr, religiöse Prostitution praktiziert worden sein[15]. Und in Indien, wo wahrscheinlich im 3. Jahrtausend der Kult einer Muttergöttin schon weit verbreitet und der Koitus als rituelles Mittel längst bekannt gewesen ist, gab es nicht nur im ersten nachchristlichen Jahrtausend noch Heiligtümer mit Hunderten hochgeschätzter Devadasis, sondern die Sitte erhielt sich in einigen südindischen Tempeln bis heute[16].

Hieròs gámos

Eine dritte Form antiken kultischen Geschlechtsverkehrs, ja der Ursprung des Hierodulentums überhaupt, war die Heilige Hochzeit (hieròs gámos) – der größte aller religiösen Kulte des Altertums[17]. Dabei suchte man durch die sakrale Paarung zweier Menschen Potenz, Fruchtbarkeit und Volkswohl überhaupt zu mehren und dachte sich in der erwählten Frau die Göttin vorübergehend so verkörpert – wie im Katholizismus den Herrn in der Hostie[18].

Schon bei den Sumerern, in der wohl ältesten Hochkultur, wurde die Heilige Hochzeit begangen[19]. Der Priesterkönig vollzog sie beim Neujahrsfest mit der Hohenpriesterin auf der obersten Plattform von kolossalen, unter der babylonischen Bezeichnung Zikkurat (Bergspitze, Gipfel) bekannten Terrassentürmen – den Urbildern des biblischen Turmbaus zu Babel. Herodot hat in Babylon ein solches, aus acht übereinander gebauten Türmen bestehendes, über Außenwendeltreppen besteigbares und etwa neunzig Meter hohes Bauwerk bewundert und beschrieben. Ganz oben sei ein Tempel mit einer großen, wohlvorbereiteten Schlafstätte, worin niemand nächtige als »ein Weib, das der Gott sich unter den Töchtern des Landes ausgesucht«. Dieser Gott komme »selbst in den Tempel und lege sich dort zu Bett, wie das nach Meinung der ägyptischen Priester auch in Theben in Ägypten der Fall sein soll«[20]. In Mesopotamien, wo man wahrscheinlich nur jene Könige deifizierte, denen die Göttin befahl, ihr Lager zu teilen, tafelte man nach der Begattung auf dem mit Gras und Pflanzen geschmückten Pfühl, um die Wohltätigkeit der Vorsehung zu versinnbildlichen und wirksam zu machen[21].

Auch die iranische Religion der Vor-Zarathustrazeit verband mit dem in sexuellen Ekstasen gipfelnden Neujahrsfest eine Götterhochzeit[22]. In Ägypten kulminierte darin wahrscheinlich »Das schöne Fest in Opet«, das den Besuch des Amun in seinem Harem darstellte[23]. In Irland begingen die Kelten, die ihre Frauen im gesellschaftlichen Leben besonders bevorzugten, den Brauch, wobei die Erdgöttin dem von ihr designierten König die Herrschaft verlieh[24]. Und auch die Germanen, die seit prähistorischer Zeit Fruchtbarkeitsfeste feierten, vermutlich schon mit kultischen Begattungen, kannten den hieròs gámos[25].

Nicht zuletzt vollzog das vorchristliche Judentum, das. viele fremde Götter verehrt und intensiv sakraler Prostitution gehuldigt hat, den Ritus alljährlich in einem wilden Kult[26]. Auch der semitische Mythus von Baals Begattung einer Jungkuh – wohl eine Offenbarungsform der Muttergöttin – hängt allem Anschein nach damit zusammen[27]. Sogar das biblische Hohe Lied, von den Christen als Allegorie der Liebe Gottes zu Israel (oder Christi zur Kirche oder des Logos zu Maria) ausgegeben, dann als Ausdruck »profaner« Liebeslyrik erkannt, hatte offenbar seinen »Sitz im Leben« in der Hieròs-gámos-Feier eines palästinensischen Götterpaares[28].

In Indien aber begeht man die Heilige Hochzeit noch in später Zeit. So verkehrt König Harṣa von Kashmir (um 1089–1101) rituell mit jungen Sklavinnen, sogenannten Göttinnen, um lang zu leben[29]. Doch selbst in der Neuzeit bewahrt der Hinduismus die Sitte noch als Höhepunkt der Sakramentsmystik im Kult der Śakti, einer Erbin der antiken Großen Mutter. In der Śrī-Cakra-Zeremonie (hehres Rad) sitzen Männer und Frauen, Kokotten und Nonnen, Damen der höchsten Kaste und Wäscherinnen, nackt, nur mit Schmuck behängt, in bunter Reihe, in »Zauberkreisen« und vereinigen sich nach erhaltener Weihe mit den Männern[30]. Und auch im tantrischen Buddhismus, der Buddha Worte in den Mund legt, wie »die Frauen sind die Gottheiten, sie sind das Leben«, weiht der Meister das Mädchen, das schön und zwölf bis sechzehn Jahre alt sein soll, hinter einem Vorhang mit seinem Phallus (vajra = Diamant) und befiehlt dann einem Jünger, die Konsekrierte (vidyā = Wissen genannt) anzubeten und mit ihr zu koitieren[31].

Hieròs-gámos-Zeremonien praktizierte man sogar mit Tieren, galten sie doch seit ältesten Zeiten als heilig[32]. Manche wurden zu Symbolen oder Begleitern von Fruchtbarkeitsgöttern. So gab man das Pferd dem Freyr bei, den Ziegenbock dem Thor, Stute und Schwein der Demeter, Sperling und Taube der Aphrodite, Löwe und Schlange der kleinasiatischen Magna Mater[33]. Und der Stier, Inbegriff der Zeugungskraft, in Syrien sowie im Iran schon 4000 v. Chr. verehrt, wurde Partner der großen orientalischen Göttin der Fruchtbarkeit – und bringt nicht zufällig die Europa aus Asien ins Abendland[34].

Paarungen von Menschen mit (heiligen) Tieren begegnen uns in Märchen und Mythen, sind aber auch geschichtlich bezeugt. Herodot berichtet vom heiligen Bock von Mendes, »Herr der jungen Frauen« genannt, weil es die Damen mit ihm trieben, um »göttliche« Kinder zu bekommen[35]. Auch Ovid kennt den heiligen Bock, der die Sabinerinnen schwängern sollte[36]. Der Bock, im griechischen Mythos Kulttier der Aphrodite, des Osiris und anderer, galt seit je als geschlechtlich besonders aktiv[37]. Dionysos' häufigste Verkörperungen waren Stier und Ziegenbock. Der mythenumwobene Pan, ebenso lüstern wie potent, Sohn eines Hirten und einer Ziege, von Orphikern und Stoikern sogar zum »Allgott« erhoben, erscheint stets mit Hörnern, Ohren und Füßen eines Bocks[38]. (Im Alten Testament wurde der Bock zum »Sündenbock«, den man, beladen mit allen Vergehen des Volkes, in die Wüste »zum Teufel« schickt; im Neuen Testament zum Symbol der Verdammten beim Endgericht; im christlichen Mittelalter zum stinkenden Satan selbst[39].)

Vermischung mit dem Roß

Bei den Kelten, deren Herrscher ihre Würde durch die kultische Hochzeit mit einer Muttergöttin erlangten (S. 38), gab es bei der Investitur einen Hieròs-gámos-Ritus mit einem Pferd: der künftige König mußte mit einer Stute geschlechtlich verkehren[40]. Das Motiv ist auch enthalten im equus october der Römer, im nordgermanischen Völsi-Ritus, vor allem aber im indischen aśva-medha (»Pferdeopfer«, wörtlich: die Vermischung mit dem Roß) – wahrscheinlich das größte Opfer der Welt.

Nach einjähriger Vorbereitung erstickte man dabei einen sorgfältig gehegten, brünstig gemachten Hengst und belegte ihn mit einer Decke, unter die schließlich die vornehmste Gattin (mahishī) des Königs kroch, um das Glied des Tieres in ihren Schoß zu nehmen[41]. Nun folgen äußerst geile Reden, kommt es zu einem »Koitus in Worten«. So sagt der Adhvaryu-Priester zum Roß: »Lege den Samen nieder in den Kanal derer, die die Schenkel aufgetan hat! Setze den Einsalber in Bewegung, o Manneskräftiger, ihn, der der Weiber Tausendleben ist...« Die Mahishī: »Mamma, Mammachen, Mammali! Niemand vögelt mich!« Der Opferherr, ihr Gatte: »Strecke sie [die Vulva] hoch empor, wie man an einem Berg eine Tracht Rohr emporlehnt...« Der Adhvaryu zur Prinzessin: »Das elende weibliche Vögelchen dort, es tummelt sich mit plitscheplatsch. Der Zumpt stößt in den tiefen Spalt. Gierig verschlingt ihn die Scheide.« Die Mahishī: »Mamma, Mammachen, Mammali! Niemand...« und so weiter. Und der Hotar-Priester sagt zur ausrangierten Gemahlin: »Wenn an das kleine Ding dieser Engspaltigen [das heißt an die Klitoris deiner Vulva] das große Ding [der Penis] ruckweise stößt, dann regen sich ihre zwei großen Schamlippen wie zwei Fischlein in einer Kuhfußpfütze.« Die Mahishī: »Mamma, Mammachen, Mammali! Niemand...«[42]

Das altindische »Pferdeopfer« sollte das gesamte Geschlechts- und Vegetationsleben fördern; weshalb wohl auch der Herrscher nicht nur das aus vierhundert Schönen bestehende Gefolge der vier am Opfer beteiligten Gemahlinnen den vier Priestern schenkte, sondern auch diese vier Frauen selbst, die er in einem älteren Brauch einfach öffentlich preisgegeben haben dürfte[43].

Der Ritus der Hierogamie wurde später oft nur noch symbolisch verrichtet. In Griechenland, wo es eine Unzahl solcher Traditionen gab, beging man besonders die Vermählung von Zeus und Hera jährlich als hieròs gámos[44]. Ebenso die Verbindung von Zeus und Demeter in Eleusis, dessen sakrales Sinnbild das weibliche Geschlechtsorgan war. »Die Hehre hat einen heiligen Knaben geboren«, rief hier der Hierophant. Und die Mysten murmelten: »Ich bin in das Brautbett geschlüpft.« Oder: »Eingegangen bin ich in den Schoß der unterirdischen Königin[45].« Im Sabazios-Kult steckte man den Eingeweihten eine Schlange in den Busen und zog sie unten wieder heraus[46].

Sakrale Massenorgien

Ursprünglich jedoch folgten der Heiligen Hochzeit gewaltige Massenbegattungen, wie bei den großen Vegetationsfesten im Ištar-Kult, wo erst der König mit der Oberpriesterin vor den Augen des ganzen Volkes koitierte und dann die Versammelten sich mehr oder minder wahllos vermischten[47]. »Man paarte sich nicht mit dem Wesen, das man liebte, weil es schön, jung, kräftig, klug, viril, potent oder in irgendeiner anderen Weise anziehend war. Man opferte sich und kopulierte auch mit den Alten, den Häßlichen, den Kranken und Lahmen... Alt und jung, schön und häßlich, Mensch und Tier, Vater und Tochter, Mutter und Sohn, Bruder und Schwester, Mann und Mann, Frau und Frau, Kind und Kind – alle vereinten sich gemeinsam vor den Augen aller[48].« Solche Promiskuität war Orgie im ursprünglichen Sinn, war Opfer, Gottesdienst. Die christliche Welt hat diese Bedeutung dann ins Gegenteil verkehrt, diabolisiert, die Orgie, einst der heiligste Ritus alter Religionen, wurde zum Sammelbegriff für allerlei Teufelsdienste, Hexenritte, Schwarze Messen und dergleichen.

Doch lebte selbst im Christentum das sacrum sexuale fort, gab es immer wieder von der Großkirche verketzerte Strömungen, die ganz anderen Überlieferungen huldigten, Gott auch im Sexus wirken sahen, die weder den katholischen Askesewahn noch Sündenbegriff akzeptierten: die Almrizianer, Begarden, die »Brüder vom Freien Geiste«.

Schon in der Antike übte man in gewissen Kreisen christlicher Gnostiker neben einer mystisch-symbolischen auch die reale rituelle Liebesvereinigung aus[49]. Im Sperma-Kult der Phibioniten genossen die Eheleute nach dem Koitus den Samen als Kommunion[50]. Und die Karpokratianer kamen über die Verwerfung der Ehe schließlich zur Weibergemeinschaft. »Eine unselige Sitte«, klagt Kirchenvater Clemens von Alexandrien, »herrscht bei den Karpokratianern, denn sobald sie zum Mahle kommen, sollen Männer und Weiber ihre Begierden aufreizen, dann die Lichter auslöschen und sich nach Belieben vermischen. Dies heißen sie Erfüllung des Gesetzes[51].«

»Schwarze Messen«

Auch im Mittelalter bestanden Relikte alter ekstatischer Kulte fort, betrieb man mannigfache sexuelle Praktiken, die häufig in Defloration und allgemeiner Paarung kulminierten, im Koitus gipfelten »wie in einem Sakrament«[52], bezeichnenderweise oft bei den Ruinen heidnischer Tempel oder anderen antiken Überresten. Selbst unter den Fundamenten von Notre-Dame in Paris entdeckte man einen (der gehörnten Gottheit Cernunnos geweihten) Altar, auf dem man »Schwarze Messen« zelebrierte. Und es ist des Festhaltens immerhin wert, daß die Teilnehmer auch an diesen Feiern tief durchdrungen waren von deren Sinn, ja überzeugt, sich so die Unsterblichkeit gesichert zu haben, daß sie ohne Furcht und Gewissensbisse starben. Junge Frauen rühmten solche aus archaischen Substraten und dem Leben selbst gespeisten Orgien als »erhabenste Religion«, Quelle unbeschreiblicher Wonnen und Verzückungen »und gingen dem Tod mit der gleichen ruhigen Standhaftigkeit entgegen wie die ersten Christen«[53]. Die angebliche Formel eines Kultes, der bis zum 12. Jahrhundert in Slawonien bezeugt wird: »Heute wollen wir uns freuen, daß Christus besiegt ist[54].«

Immer wieder gab es Christen, denen die Idee der Sündhaftigkeit des Sexus absurd erschien. So bekannte im 18. Jahrhundert die junge Äbtissin des Dominikanerinnenklosters »Zur Heiligen Katharina von Prato« bei einem Verfahren: »Da unser Geist frei ist, macht nur die Absicht eine Handlung böse. Es genügt also, sich geistig zu Gott zu erheben, damit nichts Sünde werde.« Sie setzte das Aufgehen in Gott der Kopula der Liebenden gleich und erblickte das ewige Leben der Seele und das Paradies auf dieser Welt in der »Transsubstantiation der Vereinigung des Mannes mit der Frau«. Man genießt Gott durch den Akt »mittels des Zusammenwirkens von Mann und Frau«, des »Mannes, in dem ich Gott erkenne«. Sie schloß: »Das tun, was wir irrigerweise Unreinheit nennen, ist die wahre Reinheit; es ist die Reinheit, die Gott uns befiehlt und die wir nach seinem Willen ausüben sollen; ohne diese gibt es keinen Weg, Gott zu finden, der die Wahrheit ist[55].«

Auch gewisse Geheimströmungen der Kabbalistik übten Sexualmagie. So hat Baron Jacob Franck (1712–1791), Stifter der Sekte der Soharíten oder Contra-Talmudisten, die »Ankunft des Messias«, die Erlösung, nicht historisch gedeutet, sondern symbolisch und sexuell orgiastisch, durch das individuelle innere Erwachen des Menschen, die engste Gemeinschaft mit einer Frau. »Ich sage euch, daß alle Juden im großen Unglück sind, weil sie das Kommen des Erlösers erwarten und nicht das Kommen des Mädchens.« Im Mädchen sah Franck »ein Tor zu Gott«[56].

Warum Entsagung statt Lust?

Längst vor dem Christentum freilich waren nicht nur der Sexualität, dem Zentrum vieler früher Religionen, immer einflußreichere Feinde entstanden, sondern auch der Verehrung der Muttergöttinnen und der Frau. Es kamen, und zwar stets unter religiöser Ägide, Kräfte auf, die das eine oder andere bekämpften oder auch beides zusammen. Es begann ein Krieg zwischen den Geschlechtern und gegen das Geschlecht überhaupt.

Wie war dieser Umschwung möglich, diese Verkehrung selbst der natürlichsten Lebensfunktionen? Wie konnte der doch die Freude, die Lust begehrende Mensch unterdrücken, was er am liebsten tat? Wie sich Askese, triebverdrängender Moral verschreiben, Selbstzerfleischungsbravouren und finsterer Bußzucht, wie alles mit dem Stigma der Sünde versehen und preisgeben, was ihn beglückt?

Nun, der primitive Mensch verzichtete – wie der Christgläubige noch heute – nicht aus Altruismus, Seelenadel, sondern nur um andres dafür einzutauschen, zu erbitten, zu ertrotzen gleichsam, von der Natur oder den Göttern, um etwas einzuhandeln also durch ein *Opfer*. Und je größer, anstrengender, schmerzlicher dies war, desto wirksamer scheinbar. So gab man allmählich sogar sein Geschlechtsleben auf, kasteite sich um der Ernte, des Fischfangs, einer ergiebigen Jagd willen, enthielt sich vor Kampf und langer Reise – doch immer aus Gier, aus Selbstsucht bloß, um dies und jenes sich zu unterjochen, andres zu vermeiden, durch Leistungen Gegenleistungen zu erfeilschen, Triumph der Angst, der Sucht, des scheelen Blicks, Ausdruck jenes alten egoistischen Prinzips, das die Inder »dehi me dadami te«, die Römer »do ut des« nannten und das noch immer den Frommen bestimmt, wenn er, im Gefühl religiöser Befriedigung oder Selbstgerechtigkeit, ein Gelübde macht, eine Wallfahrt, wenn er fastet, sich foltert oder wie immer »büßt«, um mehr zu bekommen: Erfolg, Gesundheit, ewiges Leben[57].

Damit aber hängt eng die Heraufkunft jenes »priesterlichen« Typs zusammen, der die Schutz-und-Angst-Instinkte solcher Menschen für sich selbst zu nützen, ihre Furcht und Unsicherheit noch zu intensivieren, ihr Vertrauen ins Dasein weiter zu erschüttern suchte, um den Ängstlichen, Unsicheren, Erschütterten dann eben seine Dienste, Betäubungen, Narkosen anbieten zu können, seine Hoffnungen, sein Heil.

Manchmal mögen solche »Retter«, »Heiler« und »Heilande« selbst physiologisch schwach, behindert gewesen sein, konstitutionell Schlechtweggekommene, die aus der eigenen vitalen Benachteiligung gerade ihre Stärke, aus der Not eine Tugend machten, ehrgeizige Versuche, nicht nur am Leben ungeschmälert teilzunehmen, sondern darüber zu herrschen noch durch den Anspruch auf das Leben anderer, auch und gerade auf das der Gesunden, die man beneidete und mit den Schwachen um sich sammelte und an sich band und so lange infizierte, mißvergnügt, marode machte, bis sie krank waren und die Hilfe eben jener brauchten, die sie krank gemacht hatten.

So können Begriffe wie »Sünde«, »Verderbnis«, »Verdammnis« entstanden und groß geworden, mag es schließlich zu jener »Art Zusammendrängung und Organisation der Kranken« gekommen sein, für die das Wort »Kirche«, wie Nietzsche sagt, »der populärste Name« ist – »hier wird ein Versuch gemacht, die Kraft zu gebrauchen, um die Quellen der Kraft zu verstopfen; hier richtet sich der Blick grün und hämisch gegen das physiologische Gedeihen selbst, insonderheit gegen dessen Ausdruck, die Schönheit, die Freude; während am Mißraten, Verkümmern, am Schmerz, am Unfall, am Häßlichen, an der willkürlichen Einbuße, an der Entselbstung, Selbstgeißelung, Selbstopferung ein Wohlgefallen empfunden und *gesucht* wird ... Sie wandeln unter uns herum als leibhafte Vorwürfe, als Warnungen an uns – wie als ob Gesundheit, Wohlgeratenheit, Stärke, Stolz, Machtgefühl an sich schon lasterhafte Dinge seien, für die man einst büßen, bitter büßen müsse: o wie sie im Grunde dazu selbst bereit sind, büßen zu *machen*, wie sie darnach dürsten, *Henker* zu sein[58].«

Diese schroff gegen Natur und Diesseits gerichtete, Jahrtausende verdunkelnde Tendenz, eine typische Reaktionsbildung sicherlich, entwickelte sich nicht zuletzt in jenen zwei Religions- und Kulturkreisen, die dann den größten Einfluß auf das Christentum ausüben: im monotheistischen Judentum und im hellenistischen Mysterienwesen.

ERSTES BUCH
DIE HERAUFKUNFT DER ASKESE

»Die Predigt der Keuschheit ist eine öffentliche Aufreizung zur Widernatur. Jede Verachtung des geschlechtlichen Lebens, jede Verunreinigung desselben durch den Begriff ›unrein‹ ist die eigentliche Sünde wider den heiligen Geist des Lebens.«
Friedrich Nietzsche

4. Kapitel
Kultische Keuschheit und Frauenverachtung im monotheistischen Judentum

»Der biblische Schöpfungsmythos beginnt dort, wo der babylonische Mythos endet... Im Gegensatz zu den Tatsachen wird der Mann nicht durch die Frau geboren, sondern die Frau wird aus dem Manne geschaffen.« *Erich Fromm*[1]

»Die ersten Blätter der Bibel haben nachhaltend... das Bewußtsein der physischen und moralischen Überlegenheit des Mannes über die Frau begründet, die per se unrein und personifizierte Sünde seit Urbeginn.«
Die katholischen Theologen Johann und Augustin Theiner[2]

»Frauen werden in mancher religiöser Beziehung den Mißgeburten, Taubstummen, Blödsinnigen, Sklaven, Zwittern und ähnlichen gleichgestellt... Jeder Mann darf seine Tochter als Sklavin verkaufen.« *Erich Brock*[3]

Die Religion Altisraels war noch nicht der supranaturale Monotheismus der nachexilischen Zeit, sondern polytheistisch und polydämonisch wie die aller anderen Semiten. Auch der Glaube an eine Auferstehung der Toten ist da nirgends bezeugt und wohl erst unter persischem Einfluß entstanden; der früheste Beleg dafür wahrscheinlich die sogenannte Jesaja-Apokalypse, wo die Wiederbelebung durch den Tau eintritt, was an Vorstellungen der kanaanäischen Fruchtbarkeitsreligion erinnert[4].

Der Gott mit dem großen Glied

Außer Jahwe, den Moses anscheinend im Kult seines Schwiegervaters Jethro fand, verehrten die sogenannten Patriarchen oder Erzväter Abraham, Isaak und Jakob – von der christlichen Tradition als Säulen des Monotheismus gepriesen – unter anderen auch den an der Spitze des kanaanäischen Pantheons stehenden semitischen Gott El, dessen

Namen »Der eigentliche Gott« bedeutet und dessen Titel »Stier« seine unwiderstehliche Potenz ausdrückt: er betört Frauen durch die Größe seines männlichen Gliedes[5]. Im Jerusalem der vordavidischen Zeit wird er als Hochgott angebetet, in den frühesten Teilen des Alten Testaments oft genannt, sogar »der Höchste«, »Schöpfer des Himmels und der Erde« (qōnēh šāmayim wā-ʾāreṣ) – der älteste Erweis für den biblischen Schöpfungsglauben! Später identifizierte man El einfach mit Jahwe, wobei aber der heidnische Hochgott einige positive Züge ins israelitische Gottesbild brachte[6].

Zum altjüdischen Kult gehörte jedoch nicht nur der großgliedrige Weltschöpfer El, sondern auch die Verehrung heiliger Steine, die über die ganze Erde verbreitet war und mit ihren Ausläufern noch unser Jahrhundert streift[7]. Heilige Steine aber wurden gleichfalls mit dem Geschlechtsleben verbunden, galten weithin als lebendig, machtgeladen und Träger der Fruchtbarkeit[8]. Haben doch auch die über die Kontinente verstreuten Menhire, oft genau als Phallus gebildet oder damit verziert, wenigstens teilweise genitale Bedeutung[9].

Besonders in der kanaanäischen Religion waren heilige Steine (in der Größe heutiger Grabmäler etwa) als Malsteine oder Masseben (hebräisch maṣṣēbāh) Brauch. Neben den Ašera-Pfählen und -Säulen, den Sinnbildern der Mutter- und Fruchtbarkeitsgöttin, symbolisierten sie den männlichen Gott, und vielleicht befanden sich solche Objekte sogar in der Bundeslade der Israeliten[10]. Jedenfalls erkennt der in der Bibel auf einem Stein schlafende, noch mit vier Frauen gesegnete Erzvater Jakob[11], dem Gott eben, nebst seinem mehrfach genannten »Samen«, im Traum viel verheißen, dieser Stein sei bēt'ēl, »Haus des Gottes« (El!). »Wie heilig«, ruft der fromme Mann, »ist diese Stätte; hier ist wahrhaftig Gottes Haus und des Himmels Pforte« (was später zum Introitus der Liturgie des römischen Kirchweihfestes wird). Und er richtet den Stein auf »zum Zeichen« und begießt ihn mit Öl[12]. Wie Jakob denn auch in zwei weiteren, wieder von Samen, Kindern und Kindeskindern kündenden Bibelstellen solch phallische Embleme baut, die dann freilich, beständig schöner und kostbarer geformt, im 5. Buch Mose verboten, von den Propheten verdammt und schließlich, mit vielen anderen heidnischen Kultrelikten, 620 unter König Josia vernichtet werden[13].

Noch heute aber stehen in Palästina und seinen Nachbarländern zahlreiche Masseben, noch immer salben Araber heilige Steine mit Öl, umtanzen die Primitiven sie im Glauben an ihre fruchtbarkeitsfördernde Kraft mit dem Penis in der Hand, reiben Geschlechtsteile und Brüste daran, um schwanger zu werden und Milch zu erhalten[14].

Die Israeliten, die beschnitten wurden und beim Phallus schwuren, kannten selbstverständlich den Phalluskult[15]. Wir besitzen Masseben, die phallisch aussehen; Jesaia erwähnt einen priapischen Hausgott; Hesekiel Mannsbilder aus Gold und Silber, mit denen man Unzucht treibt; bei Jeremia sagen die Israeliten vom Stein: »du hast uns erzeugt«; und im Predigerbuch bedeutet das neben dem »Umarmen« genannte Steinwerfen soviel wie Kindermachen[16]. Noch das christliche Mittelalter kennt die »petra genetrix«, den mütterlich gebärenden Stein, und, laut einer Aachener Münster-Inschrift, die »lapides vivi«, das lebendige Gestein[17]. Ja die Christusminnerin Mechthild von Magdeburg (S. 107ff.) apostrophiert instinktsicher ihren Bräutigam: »Du hoher Stein . . .«[18]

Baumkult

Die gepriesenen »Erzväter« huldigten aber nicht nur der Vielgötterei und dem Phalluskult. Auch Spuren ihrer Baumverehrung verrät das Alte Testament. Der Baum, seit je bedeutend für die Mythen der Völker, war weithin ein Zeichen der Lebenskraft und Sinnbild genitaler Qualitäten. Oft wurde er als Frau, Mann oder auch als zweigeschlechtlich und Herkunftsort der Kinder angesehen, als lebendige Gottheit[19]. Und gerade in der kanaanäischen Religion und dem baumarmen Palästina war er das besondere Symbol der Fruchtbarkeit. »Unter grünen Bäumen« hat man im alten Kanaan, wo die Baumdämonen 'ēl oder 'ēlon hießen, nicht nur an heiligen Stein und Pfählen sich erbaut, sondern auch die Fertilitätsfeste gefeiert[20]. Und so pflanzt selbst Erzvater Abraham eine Tamariske (bei Beer-Seba) und ruft dort den berühmten El an – 'adonaj 'ēl 'olam[21]. (Überläßt der tolerante Patriarch doch wiederholt sogar die eigene Frau dem Harem eines Fürsten[22].)

Später eifern die christlichen Synoden immer wieder gegen die fortdauernde Vergötterung von Bäumen, Laubhütten, Quellen, Felsen und bestrafen deshalb die Gläubigen, wie 693 die Synode von Toledo, »wenn vornehm, mit drei Pfund Gold, wenn gering, mit hundert Rutenstreichen«[23]; oder wie die Synode von Paderborn 785: »den Edlen mit sechzig, den Freien mit dreißig, den Litus mit fünfzehn Solidi. Kann er die Strafe nicht zahlen, wird er Knecht der Kirche, bis die Zahlung geleistet ist[24].«

Jahwe: »Reißt ihre Altäre nieder . . .«

Im Laufe der Zeit freilich schlug Jahwe, ursprünglich ein Naturdämon, ein Sturm-, Gewitter- oder Vulkangott, der, wie bezeichnend, fast keine weiblichen Züge[25], übrigens auch keine Priesterinnen hat, in Israel alle Konkurrenten aus dem Feld. Er ließ sich, als einziger Götze der alten Welt, bilderlos anbeten, jeder agrarreligiöse Enthusiasmus wurde

verteufelt, die einst sakrale Sphäre des Kosmischen folgenschwer
»entmythisiert«.
Die Israeliten, die wahrscheinlich im 13. Jahrhundert v. Chr. Teile
Palästinas besetzten und rasch mit den ihnen verwandten, schon früher
eingedrungenen Hebräern verschmolzen, führten bald nach allen Seiten
Eroberungs- und Vernichtungskriege[26], wie Jahwe es befahl: »Reißt
ihre Altäre nieder und zerbrecht ihre Bilder, verbrennt ihre Wälder im
Feuer und schlagt ihre Abgötter in kleine Stücke[27].« Nachdem man so,
beispielgebend für eine lange christliche Geschichte, Moabiter und
Ammoniter, Philister, Tsikal, Midianiter und Aramäer gemetzelt,
besonders aber die Kanaanäer – im Alten Testament auch »Amoriter«
oder »Hethiter« genannt und als völlig verkommen charakterisiert[28] –
oft genug zusammengeschlagen hatte, begnügte man sich mit ihrer
Vertreibung oder Tributpflicht[29].

Baal und Ašera

In Kanaan aber, wo die isrealitischen Nomaden oder Halbnomaden
ein altes Kulturland kennenlernten, die Große Mutter, die Götter El
und Baal, Heilige Hochzeit, sakrale Prostitution und Defloration, kurz,
eine Religion farbenprächtiger Feste und wollüstiger Reize, kam es
schließlich zu allerlei Assimilierungen. Begonnen zwar hatte dies bereits
zur Patriarchenzeit, zunächst jedoch bloß den bäuerlichen Jahwekult
unter freiem Himmel betroffen, wo man der Göttin Ašera – bei berauschenden Getränken und allgemeiner Paarung in den Feldern – die nach
ihr benannten Bäume pflanzte[30]. Allmählich ergriff aber der Synkretismus
auch die zentralen Heiligtümer des Reiches. So errichtete Salomo
(ca. 965–928) in Jerusalem nicht nur fremden Göttern Tempel, sondern
er ließ auch den Jahwes, nach phönizischen Mustern von einem kanaanäischen Architekten erbaut, mit vielen Symbolen der Fruchtbarkeitskulte, Lilien, Löwen, Stieren, versehen – gehörte sein Herz doch, »verführt« schließlich durch seine ausländischen Frauen, »nicht mehr ungeteilt dem Herrn«[31]. Und sein Nachfolger Jerobeam I. (928–907) setzte
diese Tradition fort und stellte in den neuen Jahwe-Tempeln in Bethel
und Dan den Jahwe als unsichtbare, auf einem goldenen Jungstier (die
»goldenen Kälber« der Bibel) stehende Gestalt dar – wie sich die Kanaanäer ihren obersten Gott Baal auf einem Stier stehend dachten[32].
Es kam zu immer intensiverer Verehrung dieses Baal, doch auch der
Großen Muttergöttin, von der man zahlreiche, meist nackte Statuetten
in Palästina fand, der noch spät König Manasse im Tempel von Jerusalem eine Ašera errichtete und die Frauen noch zu Jeremias Zeiten
Kuchen buken[33]. Es kam selbst zur Tempelprostitution. In Silo schlafen

die Söhne des Jahwe-Priesters »bei den Weibern, die am Eingang des heiligen Zeltes Dienst taten«; auch viele andere »opfern mit den geweihten Buhlen«; »Sohn und Vater gehen zur Dirne... strecken sich aus auf gepfändeten Kleidern neben jedem Altar[34].« Und auch Jeremias jammert über das Gelaufe der Jerusalemer zu den Kadeschen[35].

Unausgesetzt verdammen Elia (er ließ 450 Baalspropheten ergreifen und tötete sie[36]) und Elisa im 9., Amos, Hosea und Jesaia im 8. Jahrhundert den Kult besonders Baals, doch auch den der Asera, obwohl sie oft selbst nicht recht wissen, was kanaanäischer, was ursprünglich israelitischer Religionsbrauch ist[37]. Wie überhaupt die biblische Polemik voller Anklänge an kanaanäisches Literaturgut steckt, sprachlich also gerade abhängt von dem, was sie bekämpft[38].

Immer wieder befiehlt Jahwe: »Du sollst ihre Altäre zerstören, ihre Bilder zerbrechen und ihre Wälder abhauen«; immer wieder verbietet er Gemeinschaft mit jenen, die »mit ihren Göttern Hurerei treiben«[39]. Immer wieder wettern die Propheten, tobt am meisten, in Vers und Prosa, Hosea – dessen eigene Frau Gomer (für fünfzehn Lot Silber und eineinhalb Homer Gerste gekauft[40]) ihn bei den kanaanäischen Fruchtbarkeitsriten betrog, was ihn vermutlich erst zum Propheten machte[41] – gegen den »Geist der Unzucht«, »die Tage der Baale, da sie ihnen opferte und sich schmückte mit Ring und Geschmeide und ihren Buhlen nachlief und meiner vergaß, spricht Jahwe (!)«[42]. (Eine mit Gomer gezeugte Tochter nannte der Prophet »Unbegnadet«, einen Sohn »Nicht-mein-Volk«[43].) Jesaia eifert gegen die »Brut des Ehebrechers und der Dirne«, »die ihr in Brunst geratet bei den Terebinthen, unter jedem grünen Baum«. »Auf hohem und ragendem Berg hast du dein Lager bereitet..., hast du dein Bette aufgedeckt und bezogen, hast es weit gemacht und dir welche erkauft, deren Beilager du liebtest[44].« Hesekiel, symbolstark und bildhaft wie kaum einer, meldet von Mal zu Mal »noch größere Greuel«, Hurereien der Töchter Israels mit den Assyrern, Babyloniern, den Ägyptern, »deren Glieder waren wie die Glieder von Eseln und deren Erguß wie der Erguß von Hengsten«[45]. Und auch Israels Söhne wurden, laut Jeremias, »Ehebrecher«, »Gäste im Haus der Hure. Wohlgenährte, geile Hengste sind sie geworden, sie wiehern ein jeder nach des Nächsten Weib[46].«

Nicht unbedacht verbot der heilige Benedikt seinen Mönchen zu abendlicher Stunde die Lektüre des Heptateuch (der fünf Bücher Mose, des Josua- und Richterbuches). »Man mag sie zu anderen Zeiten lesen«, meint er[47] – leichtsinnigerweise.

Tod für Ehebrecher und unkeusche Tiere

Dabei war all dies nicht zuletzt um der Keuschheit willen geschrieben worden! Wie denn die Bibel von Anfang an das Sexuelle als Übel brandmarkt und mit dem entsetzlichen Geschlechtsverkehr von Adam und Eva die Katastrophe beginnt, bis Jahwe schließlich die Geduld verliert und die ganze Menschheit vertilgt, Familie Noah ausgenommen[48]. So kommt die schreckliche Sünde wieder, reißen die Warnungen davor, ein Charakteristikum jüdischer Moral, nicht ab; die Unkeuschheit wird zum Hauptlaster. Immerzu verflucht der sogenannte sexuelle Dodekalog die Unzucht[49]. Bereits in einer alten Überlieferung der Septuaginta tritt im Dekalog das Verbot des Ehebruchs noch vor das des Mordes[50]! Ehebruch aber belegt die Bibel mit der Todesstrafe, auch inzestuöse Beziehungen, Homosexualität und Verkehr mit Tieren, wobei sogar die lasterhaften Bestien getötet werden mußten[51].

Überdies gab es eine Fülle kultischer Reinheitsgebote. Was immer nämlich die Geschlechtsfunktionen betraf, Zeugung, Menstruation, Geburt, machte unrein (ṭāmēʼ), ebenso unrein wie Aussatz und alles, was mit dem Tod zusammenhängt[52]. »Liegt ein Mann bei einer Frau und erfolgt Samenerguß, so müssen sie sich im Wasser baden; sie sind unrein bis zum Abend[53].« Schon bloße Pollution befleckt. »Hat ein Mann einen Samenerguß, so bade er seinen ganzen Leib; er ist unrein bis zum Abend[54].« Alles aber, was mit dem Unreinen zusammenkommt, Bett, Sattel, Kleid, Mensch, wird ebenfalls unrein[55]. Und jeder Unreine ist selbstverständlich vom Heiligtum ausgeschlossen, bis er sich durch ein Schuld- und Sündopfer – die Hauptsache! – gereinigt hat[56].

Das Bedecken der »Scham«, schon seit Adam und Eva entscheidend, war zumal im kultischen Leben obligatorisch[57]. Priester durften den Tempel nur mit Beinkleidern betreten, damit sie nicht den heiligen Boden entweihten, »nicht Schuld auf sich laden und sterben müssen«[58]. Einer Frau aber, die im Streit einen (anderen) Mann an den Geschlechtsteilen zerrte, war dafür die Hand abzuhauen. »Du sollst kein Erbarmen kennen«, ermuntert Gottes Wort[59].

Nicht der Mann, die Frau verführt

Erbarmen mit Frauen hatten die Juden überhaupt wenig, was im Christentum ebenso nachwirkt wie die kultische Keuschheit.

Schon im Schöpfungsbericht, also vom ersten Augenblick an, manifestiert die Bibel die Abhängigkeit der Frau vom Mann und ihre Schuld – der eigentliche Sinn der Geschichte. Die Frau ist die Verführerin, der Mann der Verführte, der von Anfang an entschuldigt, entlastet wird.

Der ganze Mythos redet ihn gleichsam heraus. Nicht sein Penis versucht die Frau, sondern der Penis wird, leicht durchschaubar, in der Schlange, dem alten Phallussymbol, objektiviert, und die Schlange versucht und überredet nun die Frau, die ihrerseits dann den Mann betört. »Die Frau, die du mir gabst, gab mir von der Frucht, und ich aß«, verteidigt sich Adam vor Jahwe, der darauf Eva zum Gebären mit Schmerzen verdammt und zur Magd des Mannes: »Er soll über dich Herr sein[60].« Die jüdische Sündenfallstory hat mehrere Parallelen, im sumerischen Mythos etwa oder im buddhistischen[61]. Und wie in der Bibel, gibt es ein erstes Menschenpaar auch in der germanischen Mythologie, Askr und Embla; doch wird deren Vereinigung nirgends als Sünde verurteilt!

Der Kampf des männlichen Jahwe-Kultes gegen die weiblichen Gottheiten und ihre Religionen mußte sich auch gegen deren Prinzip wenden, das Weibliche überhaupt, und die Frau aus dem öffentlichen Leben verdrängen. War sie zuvor geheiligt, wurde sie nun unrein, unterdrückt und verachtet.

Im Alten Testament zeigt schon der Name des Ehemannes, »ba'al«, ihn als Eigentümer und Herrn der Frau (»b'eulah«). Der Leviticus setzt die Frau den Haustieren gleich, und zur Zeit Jesu steht sie noch immer auf einer Stufe mit Kind und Knecht[62]. Ja, noch im 20. Jahrhundert betet man in der Synagoge: »Ich danke Dir, Gott, daß Du mich nicht als Ungläubigen ... als Knecht ... als Frau geschaffen[63].«

Im jüdischen Gottesdienst wurde die Frau, wie später im Katholizismus, rigoros zurückgesetzt. Von jeder aktiven Teilnahme schloß man sie aus. Gebet, Vorlesung, Predigt waren Aufgaben des Mannes. Man verbot ihr das Thorastudium, das doch als heilsnotwendig galt, und ließ sie im Tempel nur bis in den Vorhof. Selbst die Opfertiere sollten männlichen Geschlechtes sein[64]! Auch wußten die Juden, daß sich Gott so gut wie nie mit einem Weib unterhält; daß von einer Frau die erste Sünde kam und wir ihretwegen alle sterben müssen; ja man behauptet: »Die Schlechtigkeit des Mannes ist besser als die Tugend der Frau[65].«

Auch im Alltag wurde die Frau diskreditiert. Mehr als das Nötigste mit ihr zu reden oder nach ihrem Rat sich zu richten war bei Höllenstrafen verboten; man grüßte keine Frau und ließ sie nicht grüßen[66]. Ihr Leben galt weniger; die Geburt eines Knaben erfreute, die eines Mädchens nahm man hin[67]. Bei Anführung der Nachkommenschaft übergeht das Alte Testament die Töchter; sie konnte man auch in die Sklaverei verkaufen[68].

Vielweiberei und Abscheu vor Jungfräulichkeit

Weiter erlaubte das Buch der Bücher die Polygamie, das Konkubinat mit Sklavinnen und Kriegsgefangenen, den sexuellen Verkehr mit Prostituierten und unverheirateten Frauen, die nicht mehr der väterlichen Obhut unterstanden, sowie die Scheidung (Babylonier und Ägypter billigten auch der Frau ein Scheidungsrecht zu); ja der Vater konnte den Söhnen, gleich nach Erlangung der Pubertät, eine Sklavin zum »Beilager« geben[69]. Jeder außereheliche Verkehr dagegen der verheirateten Frau wurde mit dem Tode bestraft[70].

Die Polygamie, die mitunter beträchtliche Ausmaße annahm – Roboam hatte achtzehn Frauen und sechzig Kebsweiber, König Salomo, der Weise, angeblich Autor mehrerer Bücher der Heiligen Schrift, siebenhundert Gattinnen nebst dreihundert Kebsen[71] –, wurde von den Propheten nicht bekämpft und bis ins 9. nachchristliche Jahrhundert gestattet[72]. Die Talmudisten stellten geradezu die Regel auf, kein Jude dürfe mehr als vier Weiber zugleich haben und der König deren höchstens achtzehn. Das Schlagen der Frau freilich erlaubte weder die Bibel noch der (von der Kirche immer wieder verbrannte) Talmud, sondern erst das auf Einehe drängende mittelalterliche christliche Recht[73].

Auch keine Ehediffamierung gab es bei den Juden, kein Virginitätsideal, kein Zölibat. Leviten und Priester sollten verheiratet sein, allerdings nur mit ehrbaren Jungfrauen aus Israel[74]. Das der Ehe vorausgehende Verlöbnis hieß kidduschin (Anheilung), Ehelosigkeit aber galt als Unglück, als Strafe Gottes[75]. So hat das alttestamentliche Hebräisch überhaupt kein Wort für Junggeselle, weil die Vorstellung ganz ungewöhnlich war[76]. In nachexilischer Zeit nötigte man die Eltern förmlich, ihre Kinder möglichst früh zu verheiraten, Töchter mit fünfzehn, Söhne mit achtzehn Jahren[77]. Auch Unfruchtbarkeit wurde als Schande empfunden; deshalb ließen sich Lots Töchter von ihrem eigenen Vater beschlafen[78]. Und noch im Neuen Testament spricht Maria von der »Niedrigkeit« ihres jungfräulichen Standes[79]! Träumte man doch davon, daß zur Zeit des Messias die Weiber täglich gebären würden[80]. Später verpflichtete sogar der Talmud – und ebenso, beiläufig, der gleichfalls die Ehe hocheinschätzende Koran – zur Heirat, und der Rabbi sollte, anders als der ungeistige Mensch, »jede Nacht mit seiner Frau koitieren, um sein Gehirn für seine Studien rein zu halten«[81].

Weder aus ihrer Geringschätzung der Frau noch aus der Fülle ihrer Reinheitsgebote aber resultierten bei den Juden asketische Tendenzen, sieht man von sektiererischen Außenseitern, wie Rechabiten, Therapeuten und Essenern, ab[82].

Dagegen spielte die Askese in der hellenistischen Welt schließlich eine immer größere Rolle.

5. Kapitel
Die Askese im hellenistischen Mysterienwesen

> »Der Selbstverlaß des alten Griechenthums ist hier gebrochen; schwachmüthig sieht der Fromme nach fremder Hilfe aus; es bedarf der Offenbarungen und Vermittlungen ›Orpheus des Gebieters‹, um den Weg zum Heil zu finden.«
>
> *Erwin Rohde*[1]

Zunächst freilich dominierte in Griechenland noch lange die Religion Homers, herrschten Weltbejahung, Daseinsfreude, keine religiöse Angst, keinerlei Gespensterglauben. Das eigentliche Leben war für die Griechen das körperliche, physiologische, das sinnliche Leben, die Seele allein ein wesenloser Schatten im Hades.

Allmählich aber schlug eine resolute Sinneswandlung durch. Man substituierte Freude und Liebe durch Schmerzfähigkeit, Mißvergnügen, Verzicht, der Leib wurde ausgehungert, das Diesseits zugunsten eines Jenseits verfemt, der Horizont umzog sich, die Wahnsymptome künftiger Jahrtausende dämmerten herauf. Eine pessimistische Stimmung, die Polarität von »Schuld« und »Sühne« entstand, das »böse Gewissen«, dies »grewliche thier«, wie Luther, dies »grüne Auge«, wie Nietzsche sagt[2], verkündet durch eine Spezies, viel »zu gut« für diese Welt, für um so »besser« offenbar, je »schlechter« alles um sie war. Ein tief ruinöser, im Grunde negierender, doch als selbstloser Helfer, Heiler und Heiland auftretender Typ, etwas hilfreich Scheeles, subtil Hinterrückses kam hervor. Und gleichzeitig begann eine Abwertung des Geschlechtsverkehrs mit Frauen, deren gesellschaftlicher Status stetig sank.

Vom Glück der Kasteiung

Bereits Homer kennt die »mit ungewaschenen Füßen auf bloßer Erde schlafenden« Selloi, die Wahrsagepriester des dodonäischen Zeus[3]. Vom 8. bis 6. Jahrhundert predigen weissagende Wundertäter, sektiererische Sühneschreier, Bakiden genannt – Abaris[4], Aristeas[5] oder der bekannteste, Epimenides[6] –, die körperliche Kasteiung als seelenbeglückendes, geiststärkendes Mittel[7].

Allerdings blieb derartiges bis ins 5. Jahrhundert im Untergrund. Von den Gebildeten verachtet und den offiziellen Staatskulten abgelehnt, übte es auf das griechische Leben gerade in seinem höchsten kulturellen Glanz kaum Einfluß aus[8]. Erst nach dem Elend des Peloponnesischen Krieges mehrten sich die Bußprediger, die Bekämpfer des Geschlechtlichen, und allerlei asketische Winkelkulte, düstere Mysterien und rigorose, den Körper auf Kosten der Seele verteufelnden Philosophien florierten.

Im 6. Jahrhundert entstand die erste »Erlösungsreligion« Griechenlands, die Orphik. Man führte sie auf Orpheus, den mythischen Sänger, zurück und produzierte massenweise »heilige Schriften«. Wer ihnen nachlebe, hieß es, habe ein seliges Leben, wer verstockt sei, ein fürchterliches Schicksal nach dem Tod[9]. Orphischem Glauben zufolge liegt die Seele wie ein Gefangener im Körper, wie der Leichnam im Grab[10]. In immer neuen Gestalten von Menschen und Tieren kehrt sie zur Erde zurück, bis zu ihrer Errettung durch Verleugnung des Leibes, durch Askese[11]. So mieden die Orphiker, die sich selbst die »Reinen« nannten[12], schon eine Art »Ablaß« praktizierten (Zauberformeln zur Befreiung Lebender und Verstorbener von jenseitigen Strafen) und auch den »Seelenmessen« Vergleichbares[13], Fleisch, Eier, Bohnen sowie Wolle bei der Kleidung[14], vertrauten jedoch nicht eigner Kraft, sondern göttlicher Gnade und Erlösung.

Vermutlich hängt die Orphik von der – ihr vielfach analogen – Lehre des Pythagoras (ca. 580—510) ab, der schon zu Lebzeiten fast göttliche Verehrung genoß, Kranke an Leib und Seele heilte, einen Meersturm stillte, Spott und Verfolgung erlitt, zur Hölle fuhr und schließlich von den Toten auferstand[15] – eine Antizipation vieler Züge des Neuen Testaments. Auch setzt Pythagoras bereits die Frau herab. »Es gibt ein gutes Prinzip«, sagt er, »das die Ordnung, das Licht und den Mann, und ein schlechtes Prinzip, das das Chaos, die Finsternis und die Frau geschaffen hat[16].«

Von Pythagoras' Seelenlehre wurde Platon beeinflußt, der die Verwendung der Mythen zum frommen Betrug erlaubte und schließlich immer nebuloserer Mystik und Moral zutrieb, ja in seiner letzten Schrift hartnäckige Gottesleugner getötet sehen wollte[17]. Auch für Platon – Verkünder eines schroffen Leib-Seele-Gegensatzes, in seiner »Politaia« aber auch der Weibergemeinschaft – ist der Körper ein Kerker, der böse Nachbar der Seele, die Lust des Teufels[18], liegt nicht im Diesseits das Heil, sondern im Jenseits, womit Platon der schlimmste Widersacher Homers wurde, der »griechisch sprechende Moses«, laut Clemens Alexandrinus, oder, laut Nietzsche, der »›Jenseitige‹ besten Willens«, der »große Verleumder des Lebens«, »das größte Malheur Europas«[19].

Prägten doch seine, im leib- und lebensfeindlichen Sexualpessimismus der Stoiker und Neuplatoniker fortwirkenden Gedanken Christentum und Abendland bis heute.

Antike Reinigung und Weißwäscherei

Wie das Judentum, kannte auch die hellenistische Welt die kultische Keuschheit, die dann im Katholizismus zum Zölibat führt. Zugrunde lag ein Befleckungswahn, der bei vielen Völkern grassierte und der Furcht vor gefährlichen Tabukräften, vor überall drohender dämonischer Infektion entsprang, einer zunächst nur rituellen, nicht sittlichen »Unreinheit«. Was immer mit Tod, Geburt, Geschlechtsverkehr zu tun hatte, hielt man für »unrein«, weil durch böse Geister verseucht[20]. Wer oder was unrein war, bedurfte kultischer Reinigung: der Mörder und Totschläger nicht nur, seine Kleider und Wohnung sowie jeder, der mit ihm verkehrte, sondern auch die Wöchnerin, wer sie berührte, eine Fehlgeburt hatte oder an einer Entbindung teilnahm, das neugeborene Kind, das Haus, in dem es zur Welt kam, wer auf einem Begräbnis war, an einem Grab und so weiter[21]. Zur Beseitigung all solcher Schrecken nahm man, wie später im Frühchristentum, fließendes Wasser, doch auch Lehm, Kleie, Feigen, Wolle, Eier, Tierblut, geschlachtete junge Hunde, denn all dies desinfizierte, purgierte, saugte auf[22], all dies reinigte religiös, rieb ab religiös, kurz, machte quasi einen »neuen« Menschen.

Auch die Sünde wurde zunächst als materieller Schmutz gedacht – in vielen Sprachen bedeutet dasselbe Wort Sünde und Schmutz[23] –, und wie man zuerst den Leib säuberte, so nachher die Seele, die man auf einmal schon durch den Leib befleckt empfand und durch dessen Kasteiung wieder »rein« und »weiß« machen wollte. Die zunächst kultische Versehrtheit war zur moralischen geworden, eben zur Sünde.

Die griechischen Mysterien, die ein seliges Leben nach dem Tod verhießen, hatten den Gedanken der Purifikation besonders ausgeprägt. Kein »Befleckter« durfte in einen Tempel. Jeder mußte katharos sein, sich am Eingang mit Wasser besprengen, gelegentlich ein Reinigungsopfer darbringen[24] oder, wie bei Isis, zusätzlich noch Fleisch- und Weingenuß meiden[25].

Das Fasten hatte überhaupt eine unterstützende Funktion. So ließ man manche Tempelbesucher kein Schweine- und Pökelfleisch oder gar kein Fleisch essen, verbot anderwärts Fische oder berauschende Getränke[26]. Am 24. März, am Todestag des Gottes Attis (der am 26. März – am dritten Tag – wieder auferstand), durfte man nichts aus gesätem Samen genießen[27]. Auch in Eleusis, zu dessen Mysten

Sulla, Cicero, Augustus, Hadrian und Mark Aurel gehörten, mußte man während der Vorbereitung und Feier bestimmter Speisen sich enthalten und an einem Tag ganz fasten, worauf man den heiligen Gerstenmehltrank einnahm, zweifellos ein Sakrament[28].

Vorspiel zum Zölibat

Vor allem aber setzte der Verkehr mit Göttern sexuelle Abstinenz voraus, intimer Umgang machte kultunfähig[29], selbst schon Laien. Laut Demosthenes war vor jedem Tempelbesuch und dem Berühren heiliger Geräte »eine bestimmte Zahl von Tagen« Enthaltung auferlegt[30]. Auch Tibull (geb. um 50 v. Chr.) singt:
»Ferne weg heiß' ich euch bleiben, vom Altar fern einen jeden,
Der in der gestrigen Nacht Freuden der Liebe genoß[31].«
Und ebenso warnt (der etwa hundert Jahre später geborene) Plutarch vor Tempelgang und Opfer nach Sexualkontakt. Wenigstens »die Nacht und der Schlaf« sollten dazwischenliegen[32]. Die Enthaltsamkeitsfristen schwanken jedoch bis zu zehn Tagen. Dabei zählte zunächst nur die Tatsache des Verkehrs. Erst später begann man die Sünde zu taxieren. So forderte eine Tempelinschrift von Pergamon nach ehelichem Umgang einen, nach außerehelichem zwei Tage der Reinigung[33]. Am attischen Frauenfest der Thesmophoria mußten sich die im Kultdienst stehenden »Schöpfweiber« drei Tage vorher sexuell versagen, bei der entsprechenden kyprischen Feier neun Tage[34].

Besonders aber hatte der Priester Befleckung und copula carnalis zu meiden. War er doch als der den Göttern Nächste auch am meisten dämonengefährdet und gerade beim Koitus durch böse Geister bedroht, da sie dabei gern in die Frau eindringen und überhaupt durch Köperöffnungen ihren Weg nehmen sollten.

So walteten in vielen Kulten Jungfrauen, bei Hera, Artemis, Athene, Isis, aber auch bei Dionysos, Herakles, Poseidon, Zeus und Apollon[35]. Doch war man human und suchte, wo man schon Enthaltung oktroyierte, oft solche aus, denen sie leichtfiel, wie alte Frauen, die überdies frei waren von der kultunfähig machenden Menstruation, oder Greise, wie im Herakles-Tempel in Phokis[36]. Platon forderte in seinen »Gesetzen« als Priester geradezu Leute ab sechzig[37]. Zuweilen bediensete man sogar Kinder, Knaben wie Mädchen, jedoch meist nur bis zum Eintritt der Pubertät[38]. Von einigen Priestern, an einem thespischen Tempel etwa oder dem der Artemis in Orchomenos, wurde allerdings lebenslänglich Keuschheit verlangt[39].

Strenge Abstinenz befahl man in Rom, wo man Askese sonst nicht eben schätzte, den virgines sacrae der Vesta, in historischer Zeit sechs.

Wenigstens dreißig Jahre hatten sie, hochgeehrt zwar, doch in einer Art Klausur, das Feuer der Göttin zu hüten, dehnten ihren Dienst manchmal aber noch freiwillig aus. In die alte römische Hochzeitstracht gehüllt, galten sie als geistliche Gattinnen des Pontifex maximus, der sie ursprünglich auch selbst designierte, während man später unter zwanzig von ihm genannten Mädchen das Los entscheiden ließ[40]. Außer diesem Pontifex durfte kein Mann den Vesta-Tempel betreten. Doch erscheint ein geheimer Geschlechtsverkehr mit dem »Gott« nicht unmöglich, noch weniger wohl Tribadie[41]. Verletzte eine Vestalin die Keuschheit, mauerte man sie, was ungefähr zwölfmal geschah, lebendig auf dem canyus sceleratus ein: in einem winzigen unterirdischen Raum, mit einem Lager, einem Licht, etwas Wasser, Öl und Milch, während man ihren Schänder zu Tode peitschte[42]. (Auch die mexikanischen Tempelpriesterinnen und die peruanischen »Sonnenjungfrauen« wurden bei Bruch ihres Virginitätsgelübdes getötet[43].)

Kultische Kastrierung

Sexuelle Enthaltung in radikalster Form herrschte bei den Kybelepriestern, die man kultisch kastrierte, mit einer Scherbe, wie Juvenal sagt, oder, wie es bei Ovid heißt, einem scharfen Stein, was auf hohes Alter der Sitte schließen läßt. Das abgeschnittene Glied brachte man der Gottheit dar – ursprünglich wohl zu deren Stärkung[44]. Allerdings gaben sich keine Griechen dazu her und Römer erst in christlicher Zeit[45], als Vernunft und Skepsis immer mehr im Dunstkreis pseudoreligiöser Massenpsychosen verschwanden.

Mit der Vernichtung des Genitalorgans wurde das Übel gleichsam an der Wurzel ausgerissen und der Vollkommenheitswahn absolut. »Ihr brennender Glaube«, schreibt Henri Graillot von den Eunuchenpriestern der Kybele, »ihre enthaltsame Lebensweise und ihre strenge Disziplin waren ein höchst wirksames Vorbild. Viele zweifelnde Seelen fühlten sich zu diesen Deutern des Götterworts hingezogen, die anderen Männern eben aus dem Grund überlegen waren, weil sie selbst keine Männer mehr waren; die Beichte hörten und Gewissensforschungen anregten, aber auch Trost und göttliche Hoffnung spendeten[46].«

Bei den Griechen indes war sexuelle Askese doch weitaus seltener und das Zölibat keinesfalls die Regel. Nur eine zweite Ehe wurde Priestern und Priesterinnen oft verwehrt[47].

Vom Sumpf des Heidentums

Immerhin war das Feld für die christliche Keuschheitskampagne bereitet. Außer vielen Mysterienreligionen[48] predigten auch einige Denker Moral. Epiktet verurteilt sogar schon Lüsternheit im Umgang mit Frauen[49], und zumindest theoretisch setzt man in der Stoa und anderen Philosophenschulen die Frau dem Mann gleich, ebenso im Roman[50]. Stehen doch überhaupt ethische Postulate vorchristlicher Zeit in Fülle im Neuen Testament[51].

Während so Nietzsches Freund Franz Overbeck, einer der aufrichtigsten Theologen, die Gott je wachsen ließ, äußerte, das Christentum sei in eine Welt eingetreten, »die auf einer Höhe der Kultur stand, von der mit Grund gefragt werden kann, ob sie die heutige Menschheit wieder erreicht hat...«[52], sehen die Katholiken das gern anders. Da strotzt dann das Heidentum von »Verderben«, »Brutstätten perverser Laster«, ist alles »vor Christus« ein einziger »Sumpf«. Selbst der Buddhismus, der Unzucht und Ehebruch doch streng verwirft, bringt »keinen freundlichen Zug« herein. Und die hohe Stellung der Ägypterin muß man erst gar »nicht näher« schildern, denn sie paßt nicht ins Konzept. Dafür aber ist das »Bild der Sittenlosigkeit römischer Frauen im Zeitalter Christi... so abstoßend, daß...« – daß man gar nicht »die Parallelen zu unserer Zeit zu ziehen« braucht. »Sie drängen sich geradezu auf und erfüllen den denkenden Menschen mit banger Sorge[53].« Also ist man, nach all der christlichen Erziehung, so weit wie am Anfang? (Vgl. S. 361 ff.)

Verfolgen wir den fast zweitausendjährigen Kreuzzug gegen die Lust.

ZWEITES BUCH
DER CHRISTLICHE AUSGANGSPUNKT

»Der ›frohen Botschaft‹ folgte auf dem Fuß die *allerschlimmste*: die des Paulus. In Paulus verkörpert sich der Gegensatz-Typus zum ›frohen Botschafter‹, das Genie im Haß, in der Vision des Hasses, in der unerbittlichen Logik des Hasses. *Was* hat dieser Dysangelist alles dem Hasse zum Opfer gebracht! Vor allem den Erlöser.«

Friedrich Nietzsche

6. Kapitel
Jesus

>». . . Freude, daß der Mensch zur Welt geboren ist.«
> *Jh. 16, 21*
>
> »Ihr sind viele Sünden vergeben, denn sie hat viel geliebt.«
> *Lk. 7, 47*
>
> »Eifrig, fast leidenschaftlich nimmt sich Jesus der Ehe an.«
> *Der Theologe Martin Rade*[1]
>
> »Geschlechtsleben als solches ist ihm nicht schon Sünde.«
> *Der Theologe Herbert Preisker*[2]

An Jesus[3] hat die christliche Askese keine Stütze. Zölibat, Frauen- und Ehediskriminierung, die Fasten- und anderen Kasteiungspraktiken vertritt er so wenig wie Militarismus oder Ausbeuterei[4].

Nie hat sich Jesus gegen die Libido als solche gewandt, nie das Sexuelle per se als gottwidrig betrachtet. Auch spielt in der allen Evangelien gemeinsamen älteren Überlieferungsschicht geschlechtliche Enthaltung überhaupt keine Rolle[5]. Es fällt nicht schwer, sich die Radikalität vorzustellen, mit der Jesus das Triebleben verdammt hätte, wäre es ihm darum zu tun gewesen. Doch pflegte er Umgang selbst mit Sündern und Huren[6]. Und noch die Legenden seiner jungfräulichen Geburt – nach dem Vorbild genauso geborener Gottessöhne erst in den jüngeren Evangelien erfunden[7] – zeigen keinerlei asketischen Kommentar[8].

Keine Rede von Zölibat

Ein mysteriöser Bibelspruch zwar lautet: »Es gibt Eunuchen, die aus dem Leib der Mutter so geboren wurden. Und es gibt Eunuchen, die zu Eunuchen gemacht wurden von Menschenhand. Und es gibt Eunuchen, die sich selbst zu Eunuchen machten um des Himmelreiches willen. Wer es fassen kann, der fasse es[9].« Doch diese Stelle, die Christen immerhin bis zur Selbstkastration trieb (S. 90), steht nur bei Matthäus. Sie fehlt in allen anderen Evangelien – angeblich, weil sie »die Ohren der Heiden« schockiert haben würde[10], wahrscheinlich aber, weil Jesus dies nie gesagt, Matthäus es eingeschoben hat. Zur Zeit des Paulus war es kaum bekannt. Wie hätte es sonst der Frauen- und Ehediffamierer ignorieren, wie in seinem ersten Korintherbrief Kapitel 7 unterschlagen können? Und räumte er nicht ausdrücklich ein, zur Jungfräulichkeit kein Herrenwort zu haben? Bemerkenswert auch, daß Jesus nicht von Ledigen, Ehelosen (agamoi) spricht, sondern von Verschnittenen, also Eheuntauglichen (eunuchoi). Gewiß ist der Passus schwer und sehr verschieden deutbar. Fest steht aber, der Kreis der Eunuchen wird da nicht näher fixiert, weshalb das Wort auch kein allgemeines Zölibat begründen kann[11]. Übrigens wurde es selbst von Päpsten und Synoden nur selten so erklärt[12].

Kein Wort gegen Frau und Ehe

Mit Frauen verkehrte Jesus in voller Freiheit[13]. Er hielt sie nicht für minderwertig und setzte sie nirgends zurück; auch ihr Fehlen im Zwölferkreis der Apostel widerlegt das nicht, ist dieser doch eine spätere, den zwölf Stammvätern und Stämmen Israels entsprechende rein symbolische Konstruktion[14]. Frauen gehörten zu Jesu Schülern und waren unter seinem späteren Anhang vielleicht zahlreicher als die Männer. Nach einer alten Lesart bei Lukas wurde Jesus auch darum von den Juden verklagt, weil er die Frauen (und Kinder) zum Abfall verführte[15]. Jesus sprach Frauen an, was für einen Mann, einen Rabbi zumal, als unschicklich galt (vgl. S. 53) und seine Jünger »wunderte«[16]. Er brach um einer Frau willen den Sabbat, heilte auffallend viele Frauen, und die dankten ihm das, halfen ihm und harrten noch unterm Kreuz aus, als seine Jünger, Josef von Arimathäa ausgenommen, längst das Weite gesucht[17].

Jesus nahm nicht nur an einer Hochzeitsfeier teil, sondern verurteilte selbst eine Ehebrecherin nicht. »Ihr sind viele Sünden vergeben«, kann er sagen, »denn sie hat viel geliebt[18]«, was freilich schon die ältesten Christen erregte. An keinem anderen neutestamentlichen Text wurde so viel herumkorrigiert, ja immer wieder versuchte man, ihn überhaupt zu entfernen[19]. Luther zog aus der Geschichte den Schluß, Jesus habe wahrscheinlich selbst mit Maria Magdalena (von den Katharern für seine Frau oder Konkubine gehalten) und andern die Ehe gebrochen, um ganz der menschlichen Natur teilhaftig zu sein[20]. Wie ihm jedenfalls die Frau nicht als Sache galt, so auch Ehebruch nicht als Eigentumsdelikt[21]. Ob er selbst verheiratet war, was man mitunter für naheliegend hält[22], bleibt unbeweisbar, mag auch manches dafür sprechen.

Jesus faßt die Ehe zwar so streng auf wie kaum jemand zuvor[23], sagt aber nicht das geringste über ihren Zweck. Und kein Wort findet sich bei ihm gegen sie. Wie begierig hätte dies sonst der ehefeindliche Paulus im 1. Korintherbrief aufgegriffen. Statt dessen muß er zugeben, kein betreffendes Gebot des Herrn zu haben[24]. Offenbar teilte also Jesus hier die Haltung der Juden. Jede Dämpfung der Libido innerhalb der Ehe – die unentwegte Forderung der Kirche dann (S. 242 ff.) – mußte da absurd erscheinen, was auch sein Wort von dem »einen Fleisch« andeutet, das die Ehegatten sein sollen, ganz unverkennbar doch eine Bejahung leibhafter Liebe[25].

Auch Jesu eigene Brüder[26], die später der Gemeinde beitraten, waren verheiratet, ebenso seine ältesten Jünger. Einige führten ihre Frauen sogar auf den Missionsreisen mit, unter ihnen der Apostelfürst Petrus, der allerdings durch sein Martyrium, mit Kirchenlehrer Hieronymus zu sprechen, »den Schmutz der Ehe abgewaschen hat«[27].

Der »Fresser und Weinsäufer« – ein Asket?

Endlich aber war Jesus selbst kein Asket[28]. Sein vierzigtägiges Fasten steht nur in der Versuchungslegende, die deutlich das Mythische streift, zudem zahlreiche vorchristliche Parallelen hat, bei Herakles, Zarathustra, Buddha. Auch ist dies dubiose Hungern gänzlich singulär[29]. Jesus haust nicht, wie Johannes der Täufer, in der Wüste, trennt sich vielmehr von ihm, gerade weil er seine Kasteiung verwirft[30]. Er bekämpft ja auch die Askese der Pharisäer. Er meidet nicht die Welt, die Freuden, die Feste, fastet so wenig hingegen, daß ihn seine Feinde »Fresser und Weinsäufer« schelten[31]. Fällt doch auf, wie oft er Gast oder Gastgeber ist[32]. Und auch seine Jünger, sagt die Bibel, »fasteten nicht«; sie tafelten »mit Jubel« – der ihnen freilich verging, als statt des Herrn das Fasten kam[33].

Doch noch zu Beginn des 2. Jahrhunderts wußte man, daß Jesus nicht Abtötung gelehrt, nicht gerufen hatte – schon die Vorstellung ist albern: Setzt Fasttage ein! Schlagt euch die Rücken blutig! Vielmehr befiehlt der Barnabasbrief, eine Unterweisung aus dem Kreis der Apostolischen Väter: »Was soll mir euer Fasten?... Und wenn ihr euren Nacken bis zu einem Kreis beugt und euch in einen Bußsack werft und auf Asche euch bettet, haltet es deshalb nicht für ein wohlgefälliges Fasten...; aber jeder löse sich von der Fessel der Ungerechtigkeit und schalte aus die Schlinge gewaltsamer Verträge und gebe die Bedrückten frei und zerreiße jeden schlechten Handel. Teile dein Brot mit den Hungrigen, und siehst du einen Nackten, bekleide ihn, und Obdachlose nimm zu dir auf[34].«

Indes hatte die entscheidende Reaktion schon bei Paulus begonnen.

7. Kapitel
Paulus

»Denn das Trachten des Fleisches bedeutet Tod...«
                                                        Röm. 8, 6

»... für Paulus steht im Lasterkatalog die Unzuchtsünde fast immer allen andern voran.«
                    Der Theologe Bousset[1]

»Die Frau ist bei ihm als Geschlechtswesen von starker Mißachtung getroffen.«
                    Der Theologe Preisker[2]

»So wie Paulus ... kann nur ein Asket reden, für den die Ehe als Schöpfungsordnung jeden positiven Wert verloren hat.«
                Der Theologe Campenhausen[3]

»Als Kronzeuge für den Zölibat diente zu allen Zeiten der Apostel Paulus, der seine ehelose Lebensweise allen Christen anempfahl (1. Kor. 7, 6), aber sogleich hinzufügte, daß er in dieser Frage keine Anordnung des Herrn besitze, sondern nur einen ganz persönlichen Rat geben könne (1. Kor. 7, 25).«   *Der Theologe Denzler*[4]

Kot und Wohlgeruch

Paulus, der außer Christus und seiner Lehre »alles für Schaden«, »alles für Kot« hält, sich und seinesgleichen aber für »Christi Wohlgeruch«[5], induzierte nicht nur eine Reihe scharf antijesuanischer, das Christentum recht eigentlich erst begründender Dogmen[6], sondern führte auch schon die Diffamierung der Sexualität ein, die Zurücksetzung der Frau, die Geringschätzung der Ehe und die Askese. (Es spricht für sich, daß das von Quellenhinweisen wimmelnde Buch eines Katholiken die abenteuerlichen Behauptungen, nicht erst Paulus habe die Askese ins Christentum gebracht, vielmehr sei dem »Christentum Christi« die »Askese keineswegs fremd« und Pauli Ideal »auch das Ideal Christi« gewesen, durch keine Stelle aus dem Evangelium stützt[7].)

Geburt der christlichen Moral

Der Wortstamm askein (S. 71) begegnet uns im ganzen Neuen Testament ein einziges Mal und wird dabei dem Paulus in den Mund gelegt, einem angeblich kleinen, glatzköpfigen und O-beinigen Mann, der überdies an halluzinatorischen Anfällen, vielleicht epileptischen Ursprungs, litt[8]. Im krassen Gegensatz zum Evangelium jedenfalls durchdröhnen seine Briefe Kasteiung, Affektertötung, Leibeshaß. Die Sarx, das Fleisch, erscheint geradezu als Sitz der Sünde. Im Körper ist überhaupt »nichts Gutes«, er ist ein »Todesleib«, alles, was er will, »bedeutet Tod« und »Feindschaft gegen Gott«. Der Christ muß »den Leib martern und knechten«, »ans Kreuz schlagen«, »töten«[9] und so fort.

Immer wieder bekämpft Paulus – vielleicht von Kind an impotent[10], zumindest aber randvoll von sexuellen Komplexen[11] – die »Unzucht« (porneia), das »Laster«, »die Werke der Finsternis«, »Schwelgereien und Trinkgelage«, »Unzucht und Ausschweifungen«, den »Verkehr mit unzüchtigen Leuten«, »Unzüchtige«, »Ehebrecher«, »Lüstlinge und Knabenschänder«[12] – Homosexuelle nennt das Neue Testament »Hunde«[13] –, »Unsittlichkeit, Unzucht und ausschweifende Lebensweise«[14]. Dies steht an der Spitze. Erst dann folgen Götzendienst, Feindseligkeit, Zank, Zerwürfnis und anderes[15]. Immer wieder liest man: »So ertötet denn eure Glieder, die an der Erde haften, in denen Unzucht, Unsittlichkeit, Leidenschaft, böse Begierde wohnen...« »Fliehet die Unzucht! Jede andere Sünde, die ein Mensch begeht, bleibt außerhalb seines Leibes, der Unzüchtige aber sündigt gegen seinen eigenen Leib[16].«

Mit solchen Attacken gegen die Lust – es ist die Geburtsstunde der christlichen Moral – sinkt Paulus noch unter das Judentum seiner Zeit. Vermochten die Thoragelehrten mit ihrer Weiberverachtung doch immerhin eine Hochschätzung des Sexus zu verbinden (S. 54). Paulus aber, der in seinem Hohe Lied der Liebe alles dulden, alles ertragen, alles hoffen heißt, übergibt in Korinth einen (vermutlich Tochter oder Stieftochter) liebenden Mann dem Teufel und erklärt ihn reif für die Hölle[17].

Maulkorb und Schleier für die Frau

Als Missionar zwar brauchte der Apostel Frauen: er feiert sie in den Grußlisten seiner Briefe als »Mitarbeiterinnen« und »Mitkämpferinnen«. Auch *vor Gott* stellt er sie (wie die Sklaven den Herrn!) dem Mann gleich[18] – eine Parität, die freilich schon bei Isis und ähnlich in den Mysterien von Eleusis und Andania bestand[19]. *Praktisch* aber verbietet Paulus der Frau im Kult prinzipiell das Wort. »Die Frauen sollen in den Gemeindeversammlungen schweigen, denn es kann ihnen nicht gestattet werden zu reden, sondern sie haben sich unterzuordnen...«[20], das berüchtigte, nicht nur Kirchengeschichte machende: Mulier taceat in ecclesia. Selbst Maria wird von Paulus gänzlich übergangen.

Wie gering er von der Frau denkt, demonstriert die Stufenfolge im 1. Korintherbrief: Gott – Christus – Mann – Frau. Überdies befiehlt er ihr – »ganze 16 Verse lang« (Karl Barth) – die Verschleierung bei Gebet und Gottesdienst: ein Zeichen ihrer Niedrigkeit, heißt doch den Schleier tragen, »sich schämen ob der durch die Frau in die Welt gebrachten Sünde«[21]. Der Mann dagegen, diffamiert Paulus die Frau weiter, ist »Gottes Abbild und Abglanz«, die Frau nur »der Abglanz des Mannes. Der Mann stammt ja doch nicht von der Frau, sondern die Frau vom Manne; auch ist der Mann nicht um der Frau willen geschaffen, sondern die Frau um des Mannes willen[22].« Noch die Sage vom Engelfall im Alten Testament spielt Paulus prompt antifeministisch aus: »Darum soll die Frau ein Zeichen der Herrschaft auf dem Haupte tragen, wegen der Engel[23].«

Man muß schon begnadet kirchenhörig sein, um schreiben zu können, es werde da »weder der Mann über die Frau gestellt noch die Frau über den Mann«, ja, »genau besehen« habe Paulus die Stellung des Mannes sogar beschränkt und »indirekt« die Emanzipation der Frau eingeleitet![24]

»... gut, kein Weib zu berühren«

In heillose Schwierigkeiten stürzt die Exegeten auch die paulinische Herabsetzung der Ehe. Kennt der Apostel doch weder eine geistige noch emotionelle oder soziale Gemeinschaft zwischen Mann und Frau, sondern bloß eine sexuelle[25].

Paulus eröffnet die Diskussion mit dem fundamentalen Satz, es sei »für den Mann gut, kein Weib zu berühren«. Er verbietet die Ehe nicht, hält sie für besser sogar als Brunst leiden, wünscht aber dennoch, »daß alle Menschen so wären wie ich«, also ehelos. Er nennt dies ausdrücklich »empfehlenswert«. Männer, Frauen, Witwen, Mädchen, alle möchte er am liebsten von der Ehe »verschont«, ohne Ehe »glücklicher« sehen[26] – eine Konzession doch nur an das sündige Fleisch, ein notwendiges Übel, bloß erlaubt »um (der Vermeidung) der Hurerei willen«, und unverheiratet bleiben ist »besser«[27].

Glasklar also, was der Apostel in eigener Sache da lehrt[28]. Gleichwohl eröffnet Paulus nach katholischer Exegese »den Frauen eine neue Periode«, entwirft er ein ganz »neues Frauenideal« und singt »das ›Hohe Lied‹ der Ehe«[29].

Wir werden ihm noch lauschen.

DRITTES BUCH
DIE RELIGIOSEN

»... ganz und gar das Gegenstück eines starken Geistes«. *Friedrich Nietzsche*

8. Kapitel
Die Entstehung von Mönchs- und Nonnenorden

1.
DIE ASKETEN

»Zweifellos ist eine Wertung der asketischen Phänomene nur in Verbindung mit der Psychopathologie möglich.« *K. Schjelderup*[1]

»Jede Form der Askese ist eine Form der Eitelkeit, denn sie schätzt die Wohlfahrt der eigenen Seele höher als die des anderen.«
Ernest Borneman[2]

»Ein religiöser Mensch denkt nur an sich.«
Friedrich Nietzsche[3]

Die Askese, von Jesus weder gelehrt noch praktiziert, wurde ein Charakteristikum des Christentums, war jedoch, wie ausnahmslos alles in ihm[4], nichtchristlicher Herkunft, von der Sache her (S. 55ff.) wie vom Begriff. Das griechische askein, üben, etwas mit Sorgfalt tun, begegnet zuerst im Sinne künstlerischer oder technischer Bearbeitung bei Homer und Herodot und bezeichnet dann, bei Thukydides, Xenophon, Platon, vor allem das körperliche Training[5]. Schließlich wechselt der Begriff vom artistischen und athletischen Bereich in den religiösen hinüber – mit einer typischen Sinnverschiebung fast ins Gegenteil: statt Stählung des Körpers nun seine »Abtötung«; statt »irdischen« Ruhm erlechzt man jetzt »die Krone des ewigen Lebens«.

Ähnliche Umwertungen geschahen zumal im Christentum nicht selten; mit »Gymnasium« etwa, »Pädagoge«, »platonischer Liebe« oder dem Wort »Keuschheit«, dessen lateinische Wurzel (castimonia), von carere, entbehren, sich enthalten, abgeleitet, negative Bedeutung hat, doch von agnizio stammt, einem der Heiligen Hochzeit zugehörigen Begriff: die »Gottesbraut«, die Priesterin, durfte zwar geschlechtlich nicht mit Außenstehenden verkehren, koitierte aber rituell mit dem Priester[6]!

Askese ist am schärfsten stets dort, wo Leib und Seele, Welt und Gott dualistisch schroff einander gegenüberstehen und man, vom Wahn tiefen Zwiespalts gepeinigt, durch Weltflucht, Abstinenz und welchen

Modus der Verneinung immer, die Befreiung vom »bösen« und Hinwendung zum »guten« Prinzip, die Entsinnlichung, Entfleischung, Erlösung erstrebt, jene, wie Nietzsche höhnt, »endlich erreichte Gesamthypnotisierung und Stille«[7].

Die Vorbilder des christlichen Mönchtums

Indien, das klassische Land der Erlösung, wurde auch die Heimat der Askese.

Bereits der Rigveda, polytheistisch noch, diesseitsfroh, sinnlich vital (S. 32), spricht von ekstatischen Geheimbünden, »langhaarigen Verzückten, in braunen Schmutz gekleidet, die im Wehen des Windes einhergehen, wenn die Götter in sie gefahren sind«[8]. Ja, in den jüngeren Teilen des Werkes, besonders im letzten, zehnten Buch, tritt die innere Glut, Tapas, schon deutlich hervor[9]. Ursprünglich zwar mag dies bloß eine Technik zur Schaffung erhöhter Körperwärme im nordindischen Winter gewesen sein. Allmählich aber wurde aus der rein physiologischen Zielsetzung eine mystisch-religiöse, die auf immer strengere Selbstüberwindung drang[10]. In wesentlich jüngeren Veden-Texten, den Āraṇyakas oder Waldbüchern, erteilen dann priesterliche Anachoreten schon asketische Instruktionen. Doch ist Polygamie nach wie vor erlaubt, und selbst Heilige, wie der im »Großen Waldbuch« gefeierte Yājnavalkya, lieben den Prunk der Fürstenhöfe und leben in Doppelehe[11]!

Die eng an die Āraṇyakas sich anschließenden ältesten Upanishaden aber, weltmüd und pessimistisch geprägt, proklamieren die Kasteiung bereits als Ideal[12]. Wie überhaupt im jüngeren Brahmanismus, in dem Schopenhauer eigenes Gedankengut wiedererkannte, die Welt als Blendwerk (mâyâ) erscheint und ein Erlösungsverlangen wach wird, das die alte vedische Religion nicht kennt. »Aus dem Dunkel führe mich ins Licht./Aus dem Tode führe mich zum Übertod[13].«

Nachdem schon im 8. Jahrhundert der Königssohn Pārśva Männer- und Frauenorden gegründet hatte, war um 600 das Eremiten- und Mönchstum in Indien verbreitet und der Asket, seiner angeblich übernatürlichen Kräfte wegen, hoch geachtet. Viele hausen, enttäuscht von Genuß oder Mißgeschick, mit Lendentuch oder nackt, geschoren und aschebedeckt, als Einsiedler in Wäldern, Felsenhöhlen, auf Bergen. Andere ziehen bettelnd und büßend umher. Die Fanatiker postieren sich in sengender Sonne zwischen vier Feuern, baumeln kopfunter von Bäumen, stehen monatelang auf einem Bein, verharren starr, halb in Ameisenhügeln steckend, bis Vögel in ihren Haaren nisten, oder verstümmeln sich entsetzlich[14]. Ganz ähnliche Shows ziehen dann ja auch die christlichen Kasteiungskünstler ab. Und tatsächlich wurde der längst vermutete, meist aber erbittert bestrittene asketische Einfluß Indiens auf das frühe Christentum durch neuere Forschungen weitgehend erwiesen[15].

Ein Vierteljahrtausend nach Pārśva reformierte Prinz Mahāvīra (gest. um 477 v. Chr.) als nackt auftretender Bettler die Orden[16], die wieder drakonische Askese übten, vor allem Fasten, im verdienstvollsten Fall bis zum Tod[17]. Und auch Mahāvīras Zeitgenosse Buddha (ca. 560–480) lebte, den »Leichenacker« seines Harems hinter sich, jahrelang von einer Minimaldiät, so daß er schließlich »einer zusammengeschrumpften Melone, ja einem schwarzen Schatten glich«[18], bis er, ähnlich wie später Jesus oder Mohammed, die (harte) Askese als nutzlos verwarf[19]. Das noch zu seiner Zeit entstehende Mönchtum aber, das Ideal des Buddhismus (und darin stets bloß eine Minorität), war doch stark asketisch gestimmt[20], auch misogyn[21], wie später das christliche, das überhaupt frappierende Parallelen bietet[22].

Vor den katholischen Orden gab es weiter die Reclusi und Reclusae der ägyptischen Serapeen. Und gerade der erste Organisator christlichen Mönchtums, der Kopte Pachomius (S. 74), ist möglicherweise Serapispriester gewesen[23]. Jedenfalls hatte er zunächst bei einem Serapistempel domiziliert und dann bei seinen Mönchen die im Serapisdienst übliche Tonsur eingeführt[24].

Endlich wirkten noch auf die Bildung des christlichen Mönchtums ein: der Neupythagoreismus, der klosterähnliche Gesellschaften, Gütergemeinschaft und mannigfache Enthaltungsformen kannte; die Gnosis, in der es, neben Libertinismus (S. 361), krasse Kasteiung gab; und seit dem 3. Jahrhundert die manichäische Askese, die zwischen Vollkommenen und Mitläufern unterschied, den Verkehr mit Frauen, den Genuß von Fleisch und Wein verbot, die Zurückgezogenheit forderte, völlige Armut, das Auslöschen aller Liebe zu Eltern und Kindern – mittelbar wenigstens auch Infiltrationen indischen Mönchtums, das Mani kennengelernt hatte[25].

Wie und warum es zu christlichen Mönchen kam

In vieler Hinsicht aber stellten die »Spezialisten des Leides«, die »Ringkämpfer Christi«, die – ausgerechnet – »Nietzsches Parole ›gefährlich leben‹ jahrhundertelang vorweggenommen« haben sollen[26], alles in den Schatten.

In der ältesten Zeit zwar gab es sie nicht, obwohl das Leben der frühen Christen bis tief ins 2. Jahrhundert hinein tatsächlich weltflüchtig war. Erwarteten diese Menschen doch allgemein das als ganz nah gedachte Weltende! Jesus, die Apostel, die gesamte Urchristenheit, sie alle haben fanatisch daran geglaubt, bis es sich als Trug erwies und die

Kirche die anfängliche Naherwartung des Endes durch die Fernerwartung und das ersehnte irdische Messiasreich durch die »ewige Seligkeit« ersetzte[27].

In der Hoffnung auf den wiederkehrenden Herrn[28] aber lebten die Christen streng zurückgezogen. Sie gingen weder ins Theater noch in die Arena, noch zu den Festen der Götter und Kaiser. Überall darbten Asketen[29]. Und als im späteren 2. Jahrhundert, besonders im nun aufkommenden Katholizismus, die Mitläufer sich mehrten, verkörperten die Asketen den Gemeindekern. Sie übten gänzliche geschlechtliche Enthaltsamkeit, fasteten und beteten häufig und bildeten allmählich einen eigenen Stand. Schließlich flohen sie Familie und Gesellschaft, eine Art Auswanderung setzte ein. Manche blieben noch in der Nähe von Städten und Dörfern, andere zogen in die Wüste, den »Mutterboden des Mönchtums«[30], der Fata Morganen – und der Kamele.

Das Wort »Mönch« (von mónos – allein) taucht in christlicher Umgebung zum erstenmal um 180 auf – bei einem »Ketzer«, dem Ebjoniten Symmachus[31]. Doch gibt es ein eigentliches christliches Mönchtum erst seit der Wende zum 4. Jahrhundert. Man hauste für sich oder in Gruppen, aber ohne feste Vorschrift und Gesetze. Dann entstand um 320 in Tabennisi in Ägypten ein Kloster unter Pachomius, einem ehemaligen römischen Soldaten. Er schrieb auch die erste, auf militärischen Drill dringende Mönchsregel, die direkt oder indirekt die Regeln von Basilius, Cassianus, Benedikt beeinflußt hat[32]. Schon im 5. Jahrhundert wuchs das könobitische Mönchtum derart, daß die staatlichen Steuereingänge sanken[33], und breitete sich rasch auch in Syrien, im ganzen Osten und schließlich im Abendland aus.

Die Ursache dieser Spaltung der Christenheit, das Auseinanderbrechen in eine seit langem als »zwei Wege zu Gott« verteidigte doppelte Moral[34], die lax-bürgerliche und rigoros-asketische, war der gewaltige Säkularisierungsprozeß, die totale Politisierung der großkirchlichen Führer. Es kam häufig zu heftigen Auseinandersetzungen zwischen Klöstern und Bischöfen[35]. Doch konnte die Kirche Askese und Mönchtum sich bald dienstbar machen und so noch durch das, was als mystischer Protest gegen sie, als Weltflucht und Weltentsagung begonnen hatte, ihre Weltherrschaft stärken.

2.
DIE »HEILIGEN JUNGFRAUEN«

> »Nicht deshalb verherrliche ich die Jungfräulichkeit, weil auch Märtyrer dieselbe besitzen, sondern weil sie selbst zu Märtyrern macht.«
> *Kirchenlehrer Ambrosius*[36]

> »Wenn dein Vater sich über die Schwelle geworfen hätte, wenn deine Mutter mit entblößtem Busen dir die Brüste zeigte, an denen sie dich nährte ... – tritt mit Füßen über deinen Vater! tritt mit Füßen über deine Mutter! und trockenen Auges enteile zum Panier des Kreuzes!«
> *Kirchenlehrer Bernhard von Clairvaux*[37]

Auch unter den christlichen Frauen bildeten allmählich Mädchen und Witwen, die »heiligen« oder »gottgeweihten Jungfrauen«, einen eigenen Kreis[38]. Im 2. Jahrhundert werden diese – bei Eltern oder Verwandten lebenden – »Sanktimonialen« noch spärlich erwähnt, im späten 3. Jahrhundert gedeihen sie in Ägypten bereits kaserniert. Zu immerwährender Ehelosigkeit verpflichtet, hüteten sie nun ihr Heiligstes in Jungfrauenhäusern, die offenbar noch vor den Mönchsklöstern existierten[39]. Im 4. Jahrhundert, wo man auch öffentliche Gelübde und dann eine förmliche Einkleidung der »Gottgeweihten« kennt, sind ihre Gemeinschaften im Osten schon ziemlich häufig. Im 5. Jahrhundert mehren sie sich im Abendland, und im 6. Jahrhundert gibt es auch da Frauenklöster in großer Zahl[40].

Aufreizung zum Reizlosen

Die Initiative ging dabei von Anfang an von der Kirche aus. War doch »das Erdreich der Familie«, wie man im gehegten Klerikalkitsch älteren Datums frömmelt, »den zarten Pflanzen nicht günstig, und als besorgte Gärtnerin suchte die Mutter Kirche die edlen Sprößlinge an geschützten Orten unter ihrer besonderen Leitung großzuziehen«[41].

Sie isolierte also diese armen Wesen und bewachte sie mit Argusaugen. Man empfiehlt Schweigsamkeit, Zurückgezogenheit, warnt vor öffentlichen Bädern, Hochzeitsgelagen, Besuchen überhaupt, zumal bei Eheleuten; ja man rät den Jüngeren, seltener zur Kirche zu gehen, wo man sie überdies in einen eigenen, durch Schranken abgeriegelten Raum steckt[42]. Man läßt sie oft fasten, beten, geistliche Lieder singen und lehrt sie nicht zuletzt den »Segen der Arbeit« schätzen – ora et labora. Denn schon damals wußte man, was Wieland im »Oberon« so formuliert: »Nichts unterhält so gut ... die Sinne mit der Pflicht in Frieden, als fleißig sie durch Arbeit zu ermüden.« Außerdem brachte es Geld. Ein doppelter Segen somit – ein dreifacher. Präsentierte man diese Reinen doch nun der bösen Welt als die eigentlichen, besseren Christen, eben als Heilige. Die Heiligenverehrung hatte mit dem Märtyrerkult begonnen. Weil es aber dann keine Märtyrer mehr gab, unter Katholiken jedenfalls, denn sonst gab es bald immer mehr, galt das Bewahren der Jungfräulichkeit als eine Art Martyriumsersatz.

Die Kirchenväter reizten hierzu unermüdlich auf (falls man von Reiz da sprechen darf). Vom 3., mehr noch 4. Jahrhundert an häuften sich die virginitätsverhimmelnden Traktate, weihrauchsüße Narkosen, worin die Jungfrauen als »Tempel des Logos« glänzen, »Schmuck und Zier«, »Blüte am Lebensbaum der Kirche«, als der »bessere Teil der Herde Christi«, »die Familie der Engel«[43]. Man winkt mit himmlischem Lohn, dem »unverwelklichen Kranz«, der »Siegespalme«, malt ihnen Engelscharen vor und Paradiesesauen, Maria, die sie umarmen, Jesus, der sie Gott selbst ans Herz legen werde: »Heiliger Vater, das sind jene ... .«[44]. Denn an Verheißung ließ man's da nie mangeln – auf der einen Seite und nicht an Dummheit auf der anderen. »Das Volk hat lange, graue Ohren«, schreibt Arno Holz, »und seine Treiber nennen sich/Rabbiner, Pfarrer und Pastoren[45].« Viele »Väter« verfassen eigene Opera zum Lobe der Jungfräulichkeit: Athanasius, Ambrosius, Methodius von Olympos, Johannes Chrysostomos, Gregor von Nyssa, Basilius von Ankyra. Auf der ganzen Linie übertrumpft man blandiloquent-pathetisch das Asketentum des Hellenismus und spielt noch das Hohe Lied, berauschende Preisung doch erotisch-sexueller Liebe (S. 38), zum Ruhm des unverletzten Jungfernhäutchens aus[46].

». . . und deinen Bauch berühren«

Kirchenlehrer Hieronymus, einst selbst arg gestrauchelt »auf dem schlüpfrigen Pfade der Tugend«[47], erkennt jetzt zwar klar, mit andern seines Schlags, Virginität als »tägliches Martyrium«[48], propagiert sie gleichwohl aber in excessu, sich über Mädchen entsetzend, die »gesund« (!) sind, »fein, fett und rot«, im Bad »unter Ehemännern und Jünglingen« stecken, die Haare locken, Brüste stützen, mit seidnen Hosen rascheln, die »weißen Schultern in ihrer schönen Nacktheit« räkeln und überhaupt immer sehen lassen, »was am meisten gefällt«[49]; statt doch, wozu Hieronymus jetzt animiert, nur mit dem Seelenbräutigam im Schlafgemach zu sprechen, zu seufzen und zu scherzen. Hat Dich aber

erst der Schlummer überfallen, so flötet er dem Mädchen vor, wobei die Erinnerung an die eigene lockere Jugend (und vielleicht nicht nur sie) ihn mehr inspiriert haben mag als der Heilige Geist, so wird er kommen »und Deinen Bauch berühren« (et tanget ventrem tuum)[50].
Unermüdlich beschäftigt Hieronymus das Thema solcher Seelenverlobung! Ob er, der viele Damen der Gesellschaft, die Marcella, Asella, Paula und so weiter, wie keiner sonst angezogen haben soll[51], sie auch ausgezogen hat? Gerüchte kursierten – und werden kaum verstummt sein, als er, in Rom unmöglich geworden, mit seiner engsten Freundin Paula nach Bethlehem floh, wohin auch jene Schöne folgte, deren Bauch er die berühmte Berührung prophezeite. »Die Eustochia«, meint Luther mit dem ihm eigenen unasketischen Instinkt, »hätte Hieronymo können helfen und rathen[52].«

Gar nicht erfahren, daß es Männer gibt!

Man muß einmal das Erziehungsprogramm dieses Kirchenlehrers für die kleine Tochter seiner römischen Verehrerin lesen, um einen Begriff von krimineller Pädagogik zu bekommen. »Musik ist verboten; das Kind soll gar nicht wissen, wozu Flöten, Leiern und Zithern da sind. Lesen lernen soll es an den Namen der Apostel und Propheten und am Stammbaum Christi (Matth. 1, Luk. 3). Es soll keine hübschen und gepflegten Gesellschafterinnen haben, sondern eine ernsthafte, blasse, ungepflegte (sordidata) alte Jungfer, die es nachts zu Gebet und Psalmensingen aufstehen heißt und bei Tag das Stundengebet mit ihm übt ... Es soll keine Bäder erhalten, sie verletzen das Schamgefühl eines jungen Mädchens, das sich niemals unbekleidet sehen sollte. Am besten wird das Kind, sobald es von der Mutterbrust entwöhnt ist (!), möglichst rasch aus dem sündigen Rom von der Mutter weg nach Bethlehem gebracht, wo es unter der Aufsicht von Großmutter und Tante im Kloster aufgezogen wird und keine Männer zu Gesicht bekommt und gar nicht erfährt, daß es ein anderes Geschlecht gibt (!). Dann ist auch die Mutter der Sorge um das Kind enthoben und kann sich ungehindert dem asketischen Leben widmen[53].«
Nicht gering rühmt auch Augustinus die Keuschheit, und zwar, versichert uns ein Augustiner, »um so mehr, je weiter er in seinen Jugendjahren von ihr abgeirrt«[54]. In der Tat war gerade Augustin, der erst, wie er selbst sagt, »in Unzucht und Hurerei« seine »Kraft verspritzte«, dann seiner Geliebten kurzerhand den Laufpaß gab, mit einer Minderjährigen sich verlobte und gleichzeitig eine neue Mätresse nahm, also immerhin von seinem 18. bis 31. Lebensjahr als Konkubinarier lebte (auch einen Sohn Adeodatus – Gottesgabe! – hatte) und später noch so eindringlich

»das Jucken der Lust« beschwor[55] (vgl. S. 304), der berufene Laudator der Jungfräulichkeit. »Wenn doch alle so leben wollten«, wünscht er – »*der* Theologe der christlichen Ehe[56]«.

Verführung Minderjähriger

Kirchenlehrer Ambrosius aber, der die Virgines sacrae »ein Geschenk Gottes« nennt – auch die Sklaverei nennt er so! –, ermahnt nicht nur die Eltern, heilige Jungfrauen heranzubilden, »auf daß Ihr jemand habt, durch dessen Verdienste Eure Vergehen (delicta) gesühnt werden«[57], sondern er überredet auch die Mädchen, ehelos selbst gegen den elterlichen Willen zu bleiben. »Die Eltern widersetzen sich, doch sie wollen überwunden werden«, schreibt er und rät: »Überwinde, Jungfrau, erst die kindliche Dankbarkeit. Überwindest Du die Familie, überwindest Du auch die Welt[58].«

Denn wie man die Kinder nicht früh genug taufen konnte – wogegen noch um die Wende zum 3. Jahrhundert Tertullian kämpft[59] –, so konnte man sie nicht bald genug ins Kloster locken. Wie nämlich, sagt Schopenhauer, »die Abrichtung der Thiere, so gelingt auch die des Menschen nur in früher Jugend vollkommen«[60]. Viele Zehnjährige schon ließ man einkleiden und lebenslang Keuschheit geloben, ja Sechs-, Fünfjährige, noch Jüngere selbst. Von einer kaum Dreijährigen bekundet ein oberitalienisches Epitaph, sie habe »deswegen nur so kurz gelebt, um desto heiliger zu Gott hinüberzugehen«[61]. Doch hat nicht jeder das Glück, gleich nach der Geburt zu sterben.

Noch zu Zeiten der heiligen Theresia, im späten 16. Jahrhundert, gab man Kindern vom zwölften Lebensjahr an das Ordenskleid. Theresia (S. 111 ff.) erzählt wiederholt in aller Breite, wie man junge Mädchen, sogar gegen den Willen von Vater, Mutter und Verlobten, im Kloster aufnahm, wie sich schleunigst die Türen hinter solchen Kindern schlossen, ja wie man an der Pforte geradezu auf sie gelauert hatte und sie allenfalls auf königlichen Befehl wieder herausgab. »So bevölkert der Herr dieses Haus mit Seelen . . .[62]«

Bei Andersgläubigen ist Keuschheit wertlos, ja Verbrechen

Dabei interessierten schon bald nicht mehr Virginität, Keuschheit, Sexualmoral an sich, sondern die Beherrschbarkeit der Menschen natürlich, die Macht! »Nicht das rühmen wir an den Jungfrauen«, gesteht Augustinus, »daß sie Jungfrauen sind, sondern daß sie gottgeweihte Jungfrauen sind[63].« Ein Gedanke, Thomas von Aquin ebenso vertraut wie der modernen Theologie, für die Virginität als solche »keinen sittlichen Wert« hat, diesen vielmehr erst gewinnt durch ungeteilte Hingabe an »Gott«[64]. Noch deutlicher nannte bereits Kirchenlehrer Chrysostomos Jungfräulichkeit bloß bei den Katholiken gut, bei Juden und Ketzern aber »schlimmer als selbst Ehebruch«[65]!

Nicht um der Keuschheit willen also predigte man Keuschheit, stellte man sie über alles, zumindest im idealen Fall. Wie bewundert der Mönch und spätere Bischof Palladius die Römerin, die den Tod durchs Schwert einem verliebten Präfekten vorzog[66]! Wie preist Johannes Moschos eine Alexandrinerin, die um eines Verehrers willen sich die Augen ausstach[67]! Wie applaudiert auch das Mittelalter jener Nonne, die sich lieber das Augenlicht nahm als einen König zu lieben[68]! Derartige Histörchen durchziehen die ganze christliche (Legenden-)Geschichte.

Gestattet doch noch die moderne Moraltheologie, trotz ihres Selbstmordverbots, einer Frau, »sich von einem hohen Punkte herabzustürzen..., um sich aus den Händen eines Wüstlings zu retten, der sie ergreifen und vergewaltigen will«[69]. Nicht genug. Sie darf ihn töten! Solange jedenfalls sein Penis ihre Scheide nicht erreicht hat. Danach aus Rache umzubringen ist verboten[70].

Um einer Keuschheit willen also, um die es im Grunde gar nicht ging und geht, kasteien sich Generationen von Narren beinah bis auf den heutigen Tag; wobei ihr Tun auch dann fast immer sexualasketischer Natur war, wenn es dem Sexus scheinbar gar nicht galt.

9. Kapitel
Die christliche Askese in der Antike

>»Seit ich die Wüste betrat, aß ich weder Lattich noch andere grüne Kräuter, weder Obst noch Trauben, noch Fleisch, und niemals nahm ich ein Bad.«
> *Euagrius Pontikus*[1]

>»Was will ich dieses Licht sehen, das nur zu dieser Zeitlichkeit gehört und keinerlei Nutzen hat!«
> *Abt Silvanus (beim Verlassen seiner Zelle)*[2]

>»Lache nie, trauere über deine Sünden, wie einer trauert, der einen Toten bei sich hat.«
> *Antoniusregel*[3]

>». . . eine der köstlichsten Früchte des Friedens von 313.«
> *Die Jesuiten Viller/Rahner*[4]

Nach Walter Nigg demonstriert das Sexualdelikt die »Nachtseite« des Mönchtums, die dessen Feinde gewöhnlich »mit Frohlocken« anführten, ohne auch nur zu ahnen, »welch schlechtes Zeugnis sie sich damit selbst ausstellen . . .«[5].

Tatsächlich aber ist die »Nachtseite« klösterlichen Lebens gar nicht der Geschlechtsverkehr – von der Heuchelei dabei einmal abgesehen –, Nacht vielmehr ist, was Nigg nicht zu ahnen scheint, die von ihm etwas süßlich gerühmte, »rein auf das Ewige ausgerichtete Gottesliebe, die im Monasterium wie ein Rosenstrauch erblüht«[6]; Nacht zumal, wenn sie das Ergebnis starrsinniger Kasteiung, blutiger Hintern oder gar gekappter Genitalien ist – weniger Rosenstrauch dann als Neurose, um nicht zu sagen Geisteskrankheit.

Gewiß ist Askese ein komplexes Phänomen mit sehr konträren Motiven und konträren Wirkungen. Zeitweise Weltflucht, temporäre Abstinenz kann durchaus nützlich, sinnvoll, unerläßlich sein; biologisches Bedürfnis, Ausdruck konzentrierten Strebens, der Selbstbesinnung, optimale Bedingung hoher Geistigkeit. Askese gehört zur Ökonomie des Lebensstils und den Voraussetzungen schöpferischen Schaffens. Ohne Askese kaum Kultur[7]. Eine Liebesnacht, behauptet Balzac vielleicht gar nicht überspitzt, bedeute einen ungeschriebenen Roman. Und Hemingway befürchtet derart immerhin, »den besten Teil des Buches im Bett zu lassen«[8]. Bei anderen freilich ist das gerade umgekehrt, macht nicht der Verzicht, sondern die Erfüllung produktiv[9]. So schreibt Schopenhauer, übrigens ganz konform mit entsprechenden Empfehlungen der Talmudisten (S. 54), ein Philosoph solle »nicht bloß mit dem Kopfe, sondern auch mit dem Genitale aktiv sein«, weshalb er ja die – oft falsch verstandene – Ehe à quatre anrät[10].

Die Askese aber, die aus Sexualfurcht und Antifeminismus resultiert, das Schöne verachtet, alle Natur mit Füßen tritt, Freude am Mißvergnügtsein hat, am Ekel, Schmerz, die den eignen Körper haßt und schindet, kurzum das Leiden zum Metier erhebt, um den »individuellen«, den »unmittelbaren Weg zu Gott« zu gehen, das »persönliche Charisma« zu gewinnen, das eigene »Seelenheil« (»Das ›Heil der Seele‹ – auf deutsch: ›die Welt dreht sich um mich‹«, Nietzsche), diese eiferndem Egoismus entspringende Askese ist schwärzeste Nacht, eine Domäne besonders jener, wie Rutilius Claudius Namatianus 417 im Itinerarium seiner Reise von Rom nach Gallien notiert, das Licht fliehenden Menschen, die aus krankhafter Angst vor dem Elend des Lebens gleich freiwillig das Elend wählen[11]; – eine Mixtur aus Aberglauben, Fanatismus und Nervenkrankheit.

... ein kleiner, bigotter Befehlsempfänger bloß

Durch zwei Jahrtausende aber wurde der Asket als exemplarisch willensstark und heldenhaft gefeiert – und war es doch nicht! Denn einmal gibt es von vornherein apathische Naturen, Unterentwickelte, Frigide, Leute mit defekter Sinnlichkeit, denen kasteiende Kontrolle leichtfällt und deren Abstinenz so wenig Ausdruck von »Tugend«, Spiritualisierung oder Stärke ist wie Sehschwäche eine Stärke der Augen. Und dann ist der vom Klerus seit je glorifizierte Typ des Keuschen, Sichkasteienden, der oft stupende Energien entfaltende Asket auch sonst der kraftvoll Große nicht, der Heros und Bezwinger seiner selbst, sondern ein ideologisch hereingelegter Schwächling, ein kleiner, bigotter Befehlsempfänger bloß, der gar nicht aus eignem Antrieb keusch sein will, sondern nur, weil man es ihm suggeriert, ja förmlich eingetrichtert hat, von klein auf schon. Denn nicht aus Festigkeit, aus geistiger Autarkie wird ein solcher Mensch Fanatiker, sondern aus Unselbständigkeit und Schwäche. Er muß sich ganz in einen Wahn verrennen, um überhaupt bestehen zu können. Wie denn Nietzsche Fanatismus die einzige »Willensstärke« nennt, zu der auch der Schwache gebracht werden kann, und die Asketen »bloß starke Esel« und »ganz und gar das Gegenstück eines starken Geistes«[12].

In Wahrheit erliegt der sogenannte Keusche meist nur dem Druck der Gesellschaft, die ihn hindert, das zu leben, wozu seine Natur ihn drängt, und ihm statt dessen einen »Sieg über sich selbst« aufschwätzt, über den »niederen Trieb«, das »Tier in uns«, »das Böse«. »Während der Angepaßte noch stolz ist auf die Verzichte, in die er sich quält, während er meint, sie entsprächen seinem wahren, besseren Selbst, seinem höchst eigenen Ideal vom Menschen, während noch sein Nervenarzt ihn so einschätzt, wissen die Ideologen der ›Sittlichkeit‹ ganz genau, wie solche Ideale entstehen[13].«

Aber – gibt es denn nicht auch ein ganz anderes Christentum? Ein aktives, fröhliches, genießendes? Natürlich. Welches Christentum gibt's nicht?! Jede Art von Christentum gibt es. Und paßt der Kirche dies nicht ins Konzept, beruft sie sich auf jenes, paßt jenes nicht, beruft sie sich auf dies. So bürdete sie die Kasteiung den Fanatikern auf, um sie desto besser bevormunden zu können, und von der Masse, den Laxen, verlangte sie immer weniger – aus demselben Grund. Da lehrte sie die äußerste Verachtung des Lebens (S. 91), dort pries sie die Welt als Wunderwerk Gottes! Was freilich Ausdruck nur jener speziellen Theo-Logik ist, die man jüngst in Rom – mit der Ekklesiarchen eigenen Gelassenheit – als »zentrales Merkmal des christlichen Glaubens« erklärte, als »zum Wesen des Christentums« gehörig und »jenseits dessen, was logisch ist« – die theologische Umschreibung für unlogisch[14].

Als Ideal, als Vorbild galt allerdings immer nur das asketische Christentum. Denn je mehr einer zur Entsagung, zum Verzicht selbst auf seine elementarsten Bedürfnisse bereit war, um so müheloser ließ er sich kommandieren. Glaubensprägend, beispielgebend wirkte also stets bloß die Askese, und dies derart, daß sogar ein Katholik konzediert: »Nur sind es leider die asketisch Voreingenommenen gewesen, die in der Entwicklung der kirchlichen Lehre ›Geschichte machen‹ sollten. Sie haben die gesamte christliche Tradition verhängnisvoll beeinflußt[15].«

Wie's mancher gern gehabt hätte...

Eben. Und deshalb interessiert hier – und überhaupt – nicht und niemals, wie gerade *im Moment* eine gewisse Theologie Askese verstanden wissen *will*, sondern wie man sie seit zwei Jahrtausenden verstanden und praktiziert *hat*. Uns kümmern Geschichte und Leben von sechzig christlichen Generationen, aber nicht die Ausflüchte jener Theologen, denen man da fix schon »Fortschritt« addiziert, nur weil sie mit so ostensiv heraushängender Zunge den sich wandelnden Zeiten folgen – stets bereit, beim ersten Pfiff ihres Herrn wieder umzukehren.

Kaltblütig konstatieren solche nun, Askese gelte als »unzeitgemäß«, trage (!) nicht mehr in einer »Konsumgesellschaft«, finde keinen Anklang selbst »bei den Ordensleuten, die einmal von Berufs wegen Asketen waren«[16]. Also zeigen sie, wie denn »eigentlich« alles gemeint sei. Zunächst durchkämmt man dann ein wenig die Terminologie, tauft ein bißchen um da und dort, jedermann suggerierend, mit dem anderen Wort auch eine andere Sache zu haben: nicht mehr Askese somit, sondern »Triebformung«, »Triebsteuerung«, was so übel nicht klingt, fast als Wohltat erscheint, kleines Glück gar, als Remedur jedenfalls – wenn sich auch der allzu deutliche »Triebverzicht« nicht immer vermeiden läßt. Dann betont man, trotz gegenteiliger Lehre zwei Jahrtausende lang: daß Jesus gar »kein asketisches Programm« gegeben, und behauptet frech: »Ähnlich denkt auch der Apostel Paulus« (vgl. S. 66 ff.). Was darauf folgte, waren radikale »Mißverständnisse«, die überdies »keine kirchliche Anerkennung« fanden! Dagegen florierte die Leib- und Geschlechtsfeindlichkeit im Platonismus und Manichäismus. Ferner ist Askese »gnostisch« und »stoisch«, innerhalb des Christentums allenfalls »apokryph«. Denn christliche Askese – und dies postuliert man nur noch (andere abermals zeihend, wessen man auch selbst schuldig) – »muß (!) frei bleiben von buddhistisch (!) anmutender Weltflucht«, habe ja gerade der Christ »aufgrund seines Weltauftrages und seines Auferstehungsglaubens« (doch stets Hauptursache der Askese!) »eigentlich am wenigsten Anlaß zu einer welt- und leibfeindlichen Haltung«. Schließlich gesteht man, solche »positiven theologischen Ansätze« seien noch nicht »Allgemeingut theologischen und christlichen Denkens«[17], heißt: seit Paulus galt das Gegenteil.

Im übrigen wollen (und dürfen) die »Progressisten« die Askese keinesfalls abschaffen. Sie versuchen bloß, sie der »Konsumgesellschaft« akzeptabler zu machen. Nichts Negierendes also, Asoziales, keine Absonderung und Weltverneinung mehr. Das sind ja Mißverständnisse nur der letzten zweitausend Jahre. Sondern »Raumschaffen für Besseres«[18], »Einübung humaner (!) Verhaltensweisen«[19], »Initiative«, »Verantwortung der Welt«, leidenschaftliches »Einstehen für die Welt«, »Flucht mit der Welt ›nach vorn‹«; habe Askese doch »geradezu revolutionäres Pathos an sich« und dergleichen Dummdreistes mehr[20].

... und wie's gewesen ist

In Wirklichkeit sah das christliche Askese-Ideal *immer* ganz anders aus, war es *stets* die Kehrseite von human, weltfreundlich, revolutionär, nämlich absondernd, verachtend, welt-, leib- und sexualfeindlich.

So untersagt um die Wende zum 3. Jahrhundert Clemens von Alexandrien, der als erster die extrem abstinenten Christen Asketen nennt[21],

Schminke, Schmuck, Tanz und empfiehlt bis zum Alter Enthaltung von Fleisch und Wein[22]. So fordert sein Nachfolger Origenes ein Leben bei ständiger Buße und tränenreichen Gedanken an das Jüngste Gericht[23]. Bischof Basilius, Heiliger und Kirchenlehrer (der höchste Titel, den die Catholica vergibt, von 261 Päpsten haben ihn nur zwei), verbietet Christen jeden Spaß, ja schon das Lachen[24]! Gregor von Nyssa vergleicht das ganze Dasein mit einem »schmutzigen Bodensatz«, Laktanz wittert noch im Duft einer Blume eine Waffe des Teufels, für Zeno von Verona ist es der größte Ruhm christlicher Tugend, »die Natur mit Füßen zu treten«[25]. Und ein Augustinus erklärt: »Ich... verachte das, was gegenwärtig ist, fliehe das irdische Glück und freue mich der Verheißungen Gottes. Während jene sagen: Laßt uns essen und trinken; denn morgen müssen wir sterben (1. Kor. 15, 32), spreche ich: Laßt uns fasten und beten; denn morgen kommt der Tod[26].«

Was nun die Mönche im besonderen betrifft, so befiehlt bereits der heilige Antonius, »Antonius eremita« oder »Antonius abbas« (eremitarum), wie sein Titel in der Literatur kirchlicher Heiliger lautet, der erste bekannte christliche Mönch überhaupt[27], »sich den Tieren gleich zu halten«; ein Gebot, das auch Benedikt von Nursia in seine Regel aufnimmt[28] und im 7. Jahrhundert Johannes Climacus so variiert: »Der Mönch soll sein ein gehorsames, mit Vernunft begabtes Tier«, was noch ein moderner Ordensmann als klassische Formulierung feiert[29].

Mit Vorliebe berief man sich bei dieser nun gepredigten »Torheit um Christi willen« auf Paulus und seine Sprüche: »Was vor der Welt töricht ist, hat Gott auserwählt, um die Weisen zu beschämen«; »Wenn aber jemand in dieser Welt sich weise dünkt, so werde er ein Tor, um weise zu werden«, und derart Scheintiefes mehr[30]. Denn ist, wer ohne jede Narrheit lebt, nach La Rochefoucauld, auch nicht so weise, wie er glaubt, so ist doch, scheint mir, wer sich wie ein Narr aufführt, deshalb noch kein Weiser.

Es gab aber genug Christen, die gerade das glaubten und mit allen Mitteln die Rolle des Narren spielten, und oft, zugegeben, mit besten Voraussetzungen auch – bis in die Neuzeit hinein[31]. Wurde doch noch im 14. Jahrhundert der selige Johannes Columbini sogar Stifter einer eigenen Bruderschaft »heiliger Narren«, der Jesuaten. Devise: »Stellt euch verrückt, so sehr ihr nur könnt, aus Liebe zu Christus, dann seid ihr die Weisen.« Mit einem Ölzweig ums Haupt ritten seine Jünger rittlings auf einem Esel, dessen Schwanz in der Hand, während er, Johannes selbst, singend hinterdreinlief: »Vivat, vivat Jesus Christus!«[32]

». . . und lache nie!«

Derart heiter lebten freilich die wenigsten Asketen, von denen es gegen Ende des 4. Jahrhunderts allein in den Wüsteneien Ägyptens angeblich 24 000 gab. Sie vegetierten – »Flucht mit der Welt ›nach vorn‹« und »revolutionäres Pathos« demonstrierend (S. 83) – in Gräbern, kleinsten Zellen und Käfigen, in Tierlagern, hohlen Bäumen oder auf Säulen.

»Fliehe die Menschen, bleib in deiner Zelle sitzen und beweine deine Sünden«, lehrt Abt Makarios. »Geh, setz dich in deiner Zelle nieder, und deine Zelle wird dich alles lehren«, meint Abt Moses. »Bete meinetwegen überhaupt nicht, aber bleibe in deiner Zelle sitzen«, rät Abt Johannes[33]. Die Mönchszelle wird nicht nur als Grab empfunden, sondern gelegentlich geradezu Grab genannt[34].

Verachtung der Freude, des Glücks, Auflehnung gegen das Dasein, Widerwillen, Ekel, totales Abtöten – das ist das klassische Christentum, das Christentum der Erstklassigen, der Asketen, die ihr Leben als ein Leben der »Gekreuzigten« leben, ein »Angenageltsein an das Kreuz Christi«, ein »Sterben gegenüber allen Worten und Taten, die der Ordnung dieser Zeit angehören«[35]. Jahrhundertelang war die Selbstqual ein Hauptmaßstab christlicher Vollkommenheit.

Tränen und Dreck

Da die Asketen unablässig ihre Sünden beklagen sollten – »einen andern Weg gibt es nicht außer diesem«[36] –, flennten viele Tag und Nacht: das berühmte donum lacrimarum. Kirchenlehrer Ephraem, ein fanatischer Antisemit[37], weinte so selbstverständlich, wie andere atmen. »Nie hat ihn jemand trockenen Auges gesehn[38].« Schenute, ein koptischer Heiliger, der seine Mönche prügelte, bis ihr Geschrei im ganzen Dorf zu hören war, soll Tränen von solcher Fruchtbarkeit vergossen haben, daß die Erde unter ihm zum Mistbeet wurde[39]. Dem heiligen Arsenius, der seine Zelle mit Gestank anfüllte, um sich den Pestgeruch der Hölle zu ersparen, fielen vom steten Weinen sogar die Augenlider aus; er trug vorn eigens einen Latz für seine Tränenbäche[40].

Sonst freilich kam kaum Wasser an den Körper der christlichen Heroen. Hieß es zweitausend Jahre früher im Gilgamesch-Epos (S. 36): »Tag und Nacht tanze und belustige dich / deine Kleider sollen sauber sein / wasche deinen Kopf und bade«[41]!, so starrten jetzt die »Ringkämpfer Christi« vor Schmutz. Bereits der heilige Antonius – der nach ihm benannte Antoniterorden bekam das Privileg der Schweinezucht und ein Schwein als Attribut, Antonius selbst avancierte zum Patron der Haustiere – badete in seinem langen Eremitenleben nie, ja er wusch sich nicht einmal die Füße[42]. Auch in den Klöstern war das Baden später drastisch eingeschränkt, in Monte Cassino beispielsweise auf zwei- bis dreimal im Jahr[43]! Dabei konnten sich die dreckigen christlichen Asketen auf keinen Geringeren als Kirchenlehrer Hieronymus beziehen, der ein versautes Äußeres als Zeichen innerer Reinheit proklamierte[44].

Ein christliches Leben mit Grasfressen verbringen

Obligatorisch war das Fasten[45].

Man hatte es bereits in den Mysterien geübt (S. 57 f.), im Attis-, Isis-, Mithraskult, in Eleusis, bei Orphikern und Pythagoräern, im Jainismus und Buddhismus[46]. Auch das Alte Testament spricht schon davon[47] und verlangt es einmal, buchstäblich, von »Ochsen und Schafen«[48]. Doch noch laut moderner Moraltheologie ist Fasten ein Naturgesetz – »indem von Natur (!) jeder (!) die Pflicht hat, so viel zu fasten, als nötig ist, um seine Begierden zu zähmen«[49]. Und so konnte das Papsttum Menschen zum Tode verurteilen lassen, nur weil sie in der Fastenzeit Pferdefleisch gegessen hatten[50]!

Während aber die Laien bloß zu bestimmten Zeiten fasteten, im Frühchristentum am Mittwoch und Freitag[51], fasteten die Profis permanent[52]. Gemäß den alten Asketenparolen »Wahres Fasten ist beständiges Hungern«, »Je üppiger der Körper, desto dünner die Seele, und umgekehrt«, pickte man gelegentlich aus Kamelmist ein Gerstenkorn, blieb aber auch drei, vier Tage, eine ganze Woche abstinent[53].

Schenute, der große Prügler und Dauerflenner (S. 85), hatte bereits mit sechzehn Jahren so viel gefastet, »daß sein Leib«, wie sein Schüler Visa schreibt, »ganz ausgetrocknet war und die Haut ihm an den Knochen klebte«. »Oft aß er nur einmal in der Woche ... Seine Kräfte ließen stark nach, sein Leib verlor an Flüssigkeit, seine Tränen wurden süß wie Honig, und die Augen waren ihm tief wie Löcher in einem Boot in die Höhlen gesunken und ganz schwarz wegen der Tränen, die er in Strömen vergoß[54].«

Der heilige Hieronymus erzählt mit Wonne, daß er einen Mönch gesehen, der seit dreißig Jahren von etwas Gerstenbrot und schmutzigem Wasser gelebt; einen anderen, der in einer Grube lag und niemals mehr als täglich fünf Feigen genoß; einen dritten, der sich das Haar nur am Ostersonntag schor, nie die Kleider säuberte, die Kutte erst wechselte, wenn sie in Stücke fiel, hungerte, bis seine Haut »wie Bimsstein« und sein Blick düster wurde, kurz, dessen asketische Bravour zu erzählen selbst ein Homer außerstande gewesen wäre[55].

Andere christliche Fromme essen bloß Gras. Sie weiden es wie Vieh vom Boden ab und werden allmählich »wilden Tieren ähnlich«[56]. Eine Gruppe solcher Boskoi oder »Grasesser« vegetierte – »gemäß kirchlicher Satzung« beständig singend und betend – obdachlos in den Bergen um Nisibis in Mesopotamien[57]. Auch die ägyptischen Omophagen lebten nur von Gras, Kräutern oder rohen Getreidekörnern[58]. Ja in Äthiopien hatten die Eremiten in der Gegend von Chimezana alles so sauber abgegrast, daß für das Vieh nichts mehr übrigblieb. Die Bauern jagten sie deshalb in ihre Grotten, worin sie verhungerten[59].

Das »Goldene Zeitalter« der »Weidenden« kam allerdings erst im 6. Jahrhundert, wo es bereits ganz natürlich erscheint, ein christliches Leben mit Grasessen zu verbringen. Weiden wurde geradezu ein Beruf. Vorstellung eines Anachoreten: »Ich bin Petrus, Weidender am heiligen Jordan[60].« Apa Sophronias graste damals siebzig Jahre lang gänzlich nackt am Toten Meer[61].

». . . vertieftere Formen religiösen Bewußtseins«

Die syrischen Asketen, von denen Bischof Theodoret spricht, aßen nur Verdorbenes oder rohe Kräuter, hausten in Zellen, in denen sie weder stehen noch liegen konnten[62]. Der Dentrit David von Thessalonike saß drei Jahre in einem Klosterhof auf einem Mandelbaum[63]. In der Sketis, einer bekannten ägyptischen Mönchskolonie, war genau geregelt, wieviel Schritte man tun oder wieviel Wassertropfen man trinken durfte[64]. Die christlichen Heilsucher behingen sich auch mit scharf ins Fleisch schneidenden Eisen aller Art oder schleppten, in Befolgung des unechten Jesuswortes: »Wer nicht sein Kreuz auf sich nimmt« und so weiter, fortwährend schwere Kreuze auf ihren Schultern[65]. Andere lebten im Sommer und Winter unter freiem Himmel oder ließen sich jahrelang einmauern, doch so, daß sie die Sonne unbarmherzig traf. Wieder andere tauchten in Eiswasser. Manche sprangen, um ihre Seele zu retten, sogar in Abgründe oder erhängten sich. Etliche auch gingen zeitweise splitternackt, und Mönchsvater Makarios (gest. um 391), ein Begründer der christlichen Mystik, erklärte: Wer es nicht bis zu dieser äußersten Verzichtleistung bringe, solle in seiner Zelle sitzen und seine Sünden beweinen[66].

Mitunter kam es gar zu förmlichen Kasteiungswettkämpfen, grandiosen Askeseturnieren zwischen großkirchlichen und schismatischen Mönchen – »*sportsmen* der ›Heiligkeit‹«[67]. Jede Seite suchte Rekorde aufzustellen und zu brechen, wollte die längsten Faster und Steher, die besten Beter und Kniebeuger haben, die beständigsten Schweiger und Tränenvergießer[68].

Wirklich, hieße Nietzsches Devise nicht »gefährlich«, sondern »verrückt leben« – wer exemplifizierte sie wie diese Monomanen und Exzentriker, deren unbeugsamen Schwachsinn die Katholiken noch heute »nur staunend bewundern können«, als beispielhaft und »Heroismus« feiern, »Heiligkeit« und »Selbstheiligung« der »Besten unter den Christen«, als »unwiderstehliche Kraft«, die »fasziniert, zur Nachfolge bewegt und neue, vertieftere Formen religiösen Bewußtseins schafft«, als Produkt »einer herrlichen Blüte der Einwirkung des Heiligen Geistes«, »ganz nach den Lehren des Evangeliums gestaltet«[69]. Wie die moderne katholische Theologie ja auch die Heiligen Jungfrauen noch für »den schönsten Teil der christlichen Altertumskunde« hält, »eine der lieblichsten und zugleich großartigsten Institutionen«, eine »Blüte des Evangeliums« und so weiter und so weiter[70].

»Vertreibst du die Natur ...«

Im Mittelpunkt der von Klerikern bis heute so bewunderten Debilitätsexzesse aber stand der Kampf mit dem »Fleisch«, die Enthaltung vom Geschlechtsverkehr. Unter allen asketischen Praktiken, Abstinenzaskese, Peinigungs- oder Folteraskese, gelegentlich im Selbstmord gipfelnd, war die Bewahrung der Keuschheit im Christentum stets »die Krone und das Centrum«[71].

Sexualaskese nämlich fällt am schwersten – und sie versklavt auch wohl am meisten. Zwar verkündete sie schon Augustin als Quelle geistiger Freiheit[72], tatsächlich aber gibt es kaum Menschen, die so geistig unfrei, von Brunst erregt, von Wollustvisionen geplagt sind wie die Asketen. Nicht zufällig war die schlimmste Zeit des christlichen Kasteiungswahns nach dem Niedergang Roms auch die kulturloseste! Denn wer dauernd den Sexus beherrschen will, wird dauernd von ihm beherrscht. Gerade der Verzicht läßt ihn ungeheuer, unwiderstehlich werden, macht, wie Luther sagt, »ein recht Hurhaus« aus des Keuschen Herz, »das Tag und Nacht gedenkt zu huren«, fällt ihn an »als ein toller Hund«[73]. Ob er sich nackt, wie Makarios, zwischen Ameisen wirft, wie Benedikt in Dornen wälzt (»legt' sich in die Dörner und zukratzt den Ars gar wohl«, Luther, Tischreden)[74], ob er den Körper peitscht oder das Fleisch von ihm reißt, der unterjochte Trieb rächt sich, wird nur um so wilder, flammender, kurz, je rigoroser die Natur negiert wird, desto ungestümer sucht die den Asketen heim, und seine ganze Kraft wird oft im Kampf gegen die Versuchung verbraucht.

Man hat dies früh erkannt, auf allen Seiten. Denn nicht nur Horaz schrieb: »Vertreibst du die Natur auch mit zweizackiger Gabel, sie kehrt doch wieder zurück« – »Chassez le naturel«, wie später P. N. Destouches schwungvoll nachschreibt, »il revient au galop[75].« Auch

Mönchsvater Cassian wußte: »In Proportion zu jemandes Stärke und menschlichem Fortschritt wächst die Schwierigkeit des Kampfes[76].« Gleichwohl zog man nicht die einzig vernünftige Konsequenz daraus, sondern rief immer erneut dazu auf, so daß viele von einer Neurose in die andere taumelten, in immer größere Düsternisse, Wahnsinnsanfälle, in Wahnsinn selbst, wie sogar Hieronymus zugibt, der überdies von sich bekennt, noch als Genosse von Skorpionen und Bestien, vom Sinnenkitzel überreizt, mitten unter tanzende Mädchen versetzt worden zu sein. »Mein Gesicht war bleich von Fasten, aber der Geist glühte im kalten Körper vor heißen Begierden, und in der Phantasie eines Menschen, der dem Fleisch nach längst gestorben, kochte nur noch das Feuer böser Lust[77].«

»Zufälle« und Weiber »in jeder Stellung«

Die Enthaltsamen, klagt ein alter Chronist, seien in ihren Einsiedeleien »so oft Opfer eines nur allzu gewöhnlichen nächtlichen Zufalls« geworden. Selbst tagsüber habe dieser »Zufall« die Eremiten drangsaliert und fast ganz vom Gebet abgehalten. Ein Mönch soll den »Zufall« sogar stets gehabt haben, wenn er kommunizieren wollte. Und je strenger die Frommen fasten, meldet der Chronist, desto häufiger polluieren sie. In der Welt, vermutet er, wäre dies weit seltener geschehen – »denn die Weiber, die man sieht, sind doch meistenteils weniger gefährlich als die Weiber, an die man denkt«[78].

Konnten Frauen die Asketen zwar auch in natura gefährden – wie das bösartige Geschwür am Phallus des Einsiedlers Stephanus bei Marmarike beweist[79] –, die vorgestellten beherrschten sie total. Denn was die Mönche für äußere Versuchungen, für Gaukelbilder der Hölle hielten oder halten wollten, was ihnen scheinbar in Fleisch und Blut erschien in der Dunkelheit ihrer Grotten und Gräber, wenn nachts der Wüstenwind um ihre Zelle heulte und das Gebrüll der wilden Tiere an ihr Ohr schlug oder wenn der »Dämon des Mittags« sie überfiel mit oft kaum erträglicher Hitze und Fieberschauern – es waren nichts als Manifestationen ihrer eigenen (unbewußten) Wünsche, was übrigens schon der heilige Antonius ahnt. »Die Dämonen passen ihre Scheingestalten den Gedanken an, die sie in uns finden; was wir aus uns selber denken, schmücken sie weiter aus[80].«

Dauernd wurden diese Keuschen somit geschlechtlich bedrängt und geschunden, von Träumen und ausschweifenden Gesichten tyrannisiert. Immer wieder zeigten sich ihnen Satan und seine Gesellen in Gestalt schöner Mädchen, in »ganzen Legionen nackter Frauen«, »in jeder Stellung«[81].

Der fromme Hilarion betrommelte sich bei sexuellen Regungen die Asketenbrust, Evagrius sprang noch zu winterlicher Zeit in einen Brunnen und kühlte seine Glut darin die ganze Nacht[82]. Der Mönch Ammonios, so gottesfürchtig, daß er, um nicht Bischof zu werden, sich ein Ohr abschnitt (»omnimodis monachum fugere debere mulieres et episcopos«), verbrannte bei aufkommender Geilheit sich »bald an diesem, bald an jenem Gliede«[83]. Ja, der arg sekkierte Eremit Pachon war drauf und dran, seinen Phallus von einer Schlange abbeißen zu lassen, folgte aber dann der inneren Stimme: »Geh hin und kämpfe![84]«

Vom Eunuchentum zum Genitalientest

Viele Mönche nahmen zur Bewahrung der Keuschheit die Infibulation vor. Je schwerer der Ring an ihrem Glied – mancher soll sechs Zoll Umfang gehabt und ein Viertelpfund gewogen haben –, desto größer ihr Stolz. Andere banden sich dicke Eisen an den Penis und wurden allmählich den Eunuchen ähnlich[85].

Tatsächlich aber half da weder der Wille noch der Selbsthaß, die »Gnade« oder sonst eine Methode, die radikalste ausgenommen, die das Übel mit der Wurzel ausriß: die Kastration. Sie galt nicht zu Unrecht als schnellstes Mittel zur Erhaltung der »Reinheit« und wurde, erzählt Epiphanius ohne allen Tadel, auch häufig praktiziert[86]. Mehrere altkirchliche Autoritäten rühmten »das Eunuchentum um des Gottesreiches willen«[87]. Der Christ Sextus propagierte es noch um 200 in einer vielgelesenen Sentenzen-Sammlung[88]. Der antiochenische Priester Leontius, der sich, suspekt geworden durch seine Syneisakte, selbst verschnitt, verlor zwar zunächst sein Priesteramt, avancierte dann aber zum Bischof[89]. Und sogar Origenes, der größte Theologe der ersten drei Jahrhunderte, der die Frauen Satanstöchter schimpfte, entmannte sich aus asketischen Gründen selbst – »ein herrliches Zeugnis seines Glaubens und seiner Enthaltsamkeit«, lobt Kirchengeschichtsschreiber Bischof Euseb[90].

Mit dem Umsichgreifen dieses Irrsinns aber schritt man dagegen ein. So wurden die Valesianer, die nicht nur ihre Anhänger kastrierten, sondern auch jeden, der das Pech hatte, in ihre Gewalt zu fallen, 249 von einer Synode verdammt[91]. Und später soll man, falls die Nachrichten darüber stimmen, sogar bei Päpsten das Vorhandensein der Genitalien gefordert und sie in Augenschein genommen haben: auf einem besonderen Sessel (ein Exemplar davon steht noch im Louvre) mit einem hufeisenförmigen Sitz, sehr ähnlich einem altmodischen Kreißstuhl; die Kardinäle defilierten, überzeugten sich und verkündeten: »Testiculos habet et bene pendentes[92].«

10. Kapitel
Die Askese in Mittelalter und Neuzeit

»Hingegen sollen wir den Leib mit seinen Lastern und Sünden hassen, weil er fleischlich leben ... will.«
Franz von Assisi[1]

»Wie ekelt mich die Erde an, wenn ich den Himmel betrachte!«
Ignatius von Loyola[2]

»Es ekelt mich schon an, diese Freuden hier auch nur als Vergleich zu gebrauchen.«
Theresia von Avila[3]

Noch das ganze christliche Mittelalter sieht in der leib- und triebfeindlichen Existenz hysterischer Asketen das höchste Ideal. Fast alles Sexuelle ist für sie schwer sündhaft, das pathologisch Keusche heilig. Die Lust wird verteufelt, die Kasteiung in den Himmel gehoben. Sämtliche masochistischen Exzesse der Antike kehren wieder, die Dauerdepressionen ebenso wie die Tränenbäche, die Unsauberkeit, das Fasten, der Schlafentzug, das Geißeln, und neue Monstrositäten kommen dazu. Zwar gelang es nie, die Sexualverbote faktisch durchzusetzen, wohl aber belastete man damit, wie G. R. Taylor schreibt, die Gewissen derart, daß daraus die verschiedensten Geistesstörungen erwuchsen. »Es ist kaum übertrieben, wenn man behauptet, daß das mittelalterliche Europa beinahe einem großen Irrenhause glich[4].«

Die Kirche hat stets Kasteiung verlangt, Papst Innozenz XI. (1676 bis 1689) ihre Abschaffung strikt untersagt und die Synode von Issy jeden gegenteiligen Glauben als »eine irrige ketzerische Lehre« verdammt[5].

Die Prediger schmähen den Körper »Dunggrube«, »Gefäß der Fäulnis«, er ist »voll Schmutz und Scheußlichkeit«[6]. »Verachte den Leib«, lehrt Johannes von Avila, noch 1926 zum Kirchenlehrer erhoben. »Betrachte ihn als einen schneebedeckten Misthaufen, als etwas, das dir Ekel bereitet, wenn du nur daran denkst[7]. »Und bewahren wir uns«, befiehlt die Franziskanerregel, »vor der Weisheit dieser Welt und vor der Klugheit des Fleisches; denn der Trieb des Fleisches drängt ungestüm nach vielen Worten, aber wenig nach Werken ... Der Geist des Herrn jedoch will, daß das Fleisch abgetötet und verachtet, geringgeschätzt, zurückgesetzt und schimpflich behandelt werde ...[8]«

Pissintunicis oder Ein Bild für Götter

Ungezählte Mönche, nicht nur der heilige Franz, ließen so ihren Körper völlig verkommen, badeten beispielsweise nie; unter ihnen der heilige Benedikt von Aniane, Erneuerer der Benediktinerklöster in Frankreich und Berater Ludwigs des Frommen[9]. Doch war die Unsauberkeit keineswegs auf jene beschränkt, die ein mittelalterlicher Chronist einmal, hocharomatisch, »pissintunicis« nennt[10] (Kuttenbrunzer). Auch prominenteste Kirchenfürsten badeten nicht, im 10. Jahrhundert etwa der heilige Bruno, Erzbischof von Köln, im 11. Jahrhundert Erzbischof Adalbert von Bremen[11].

Es war System, war konsequent. Wer den Körper geringschätzte, mußte ihn vernachlässigen, ein auch von Nietzsche angedeuteter Aspekt. »Hier wird der Leib verachtet, die Hygiene als Sinnlichkeit abgelehnt; die Kirche wehrt sich selbst gegen die Reinlichkeit (die erste christliche Maßregel nach Vertreibung der Mauren war die Schließung der öffentlichen Bäder, von denen Cordova allein 270 besaß)[12].« Noch im 20. Jahrhundert steht es in Kleruskreisen mit dem Baden nicht zum besten[13], so daß man da, 1968, »die Beobachtung der Hygiene ausdrücklich als nicht nur erlaubt, sondern auch geboten« bezeichnen muß[14].

Selbstverständlich gab es immer auch saubere Mönche. Zumal nach Pollutionen (und erst recht nach dem Kontakt mit einer Frau!) stiegen viele flugs in irgendein Gewässer. So stand Abt Wandregisilus, Ende des 6. Jahrhunderts bei Verdun geboren, nach einem nächtlichen »Zufall« unverweilt auf und sprang »voll Schmerz in den Fluß; selbst im Winter sang er mitten im eisigen Wasser die Psalmen und machte die üblichen Kniebeugen bis auf den Grund«[15]. Ein Bild für Götter – nein: für Gott! Die heiligen Bischöfe Wilfried von York, Aldhelm von Sherborne, der heilige König Erich von Schweden und andere Heilige tauchten aber bereits prophylaktisch selbst zu den kältesten Zeiten[16]. Auch Bernhard von Clairvaux, der »große Seelenarzt und Seelenlenker«, »das religiöse Genie seines Jahrhunderts«[17], dem freilich vor Kasteiung, wie Luther wußte, »der Odem so übel stank und roch, daß niemand um ihn bleiben konnte«, stürzte einmal, als er allzu wohlgefällig eine Frau gemustert, auf der Stelle in einen Teich[18].

Man empfand weiter das Weib als Zumutung, die Welt als Jammertal und das Leben als Last, zelebrierte die Traurigkeit und vergoß Tränen in Strömen. Benedikt von Aniane ist so begnadet, daß er weint, sooft er will[19]. Der heilige Romuald (gest. 1027) – er hätte am liebsten aus der Welt »eine einzige Einsiedelei« gemacht – konnte gleichfalls nach Belieben heulen, bei der Messe, der Predigt, hoch zu Roß sogar, und manchmal schmolz dabei »sein ganzes Herz hin wie Wachs« – »ein religiöser

Feuergeist . . . altchristlichen Formates«[20]. Und selbst dem abgebrühten Gregor VII. (S. 171 f.) soll »die gleiche Gunst« zuteil geworden sein[21].

Weiter praktiziert wurde auch das Schweigen, das nicht zuletzt mit der Angst vor der Sünde zusammenhing und schon bei den alten Indern und Chinesen in Übung war[22]. Manche Eremiten redeten nur am Sonntag, andere sprachen hundert Tage und länger nicht; die Kartäuser, Kamaldulenser und mehr noch Trappisten schwiegen so, daß etliche in Wahnsinn fielen[23].

Fasten nach alter Art und auf modern

Intensiv setzte man das Fasten fort, zumal man, mit Thomas von Aquin, allen tierischen Produkten, am meisten den Eiern, einen starken Einfluß auf das Sexualleben zuschrieb[24]. Die christlichen Hungerkünstler erzielten Rekorde, blieben 15, 20 oder, wie die heilige Lidwina, 28 Jahre ohne Nahrung. Noch im 19. Jahrhundert brachten es die Domenica Lazzari und Louise Lateau auf eine wenigstens zwölfjährige Abstinenz – die heilige Kommunion immer ausgenommen[25].

Wie generös dagegen ist doch die Kirche heute! Nicht nur erklärt sie die »Gaumenlust«, wird der Bauch nicht gerade »zum Gott«, bloß zur läßlichen Sünde[26], sondern sie verfügt selbst bei ausgesprochenen Fastenpflichten: »Hat jemand an einem Fasttage *zweimal* eine völlige Sättigung eingenommen (bewußt oder unbewußt), so ist ihm das Fasten an diesem Tage unmöglich geworden. Daher kann er sich an diesem Tage auch noch fernerhin satt essen[27].« Wenn das nicht progressiv ist! Zwar untersagt man noch freitags Fleischgenuß, gibt aber eine Fülle von Dispensen und erlaubt überdies Delikatessen en masse: Eier, Milch, Fische, Frösche, Schildkröten, Schnecken, Muscheln, Austern, Krebse, ja, kraft allerhöchsten Indultes »im ehemaligen Deutschen Reich und Österreich« (man kennt seit den Faschistenpäpsten das Faible der »Stellvertreter« für die Deutschen) »*Fleischbrühe* an allen Tagen«, ausgenommen Karfreitag[28].

Ein böses Glied gut geißeln

Um die Jahrtausendwende behängte man sich wieder mit Ketten und Panzern, trug Bußgürtel mit Bleikugeln und Stacheln auf der bloßen Haut, und zur Zerfleischung der Beine Strafstrumpfbänder aus eisernen Zacken[29].

Geradezu Mode wurde es damals, sich peitschen zu lassen oder sich selbst zu peitschen. Dreitausend Hiebe (oder dreitausend Psalmen) entsprachen einem Bußjahr[30]. Als Champion dieser speziellen Seelenrettungsart gilt ein gewisser Dominikus aus dem Kloster Fontavellano, der nicht nur fünfzehn Jahre lang in einer Eisenrüstung steckte, was ihm den Ehrennamen Loricatus, der Gepanzerte, einbrachte, sondern der auch in wenigen Wochen Hunderte von Bußjahren absolvieren konnte[31].

Das Geißeln wurde fast überall eingeführt und kirchlich gefördert. Ist eine Disziplin von fünfzig Schlägen erlaubt und gut, schloß Kardinal und Kirchenlehrer Damiani, dann erst recht natürlich eine von sechzig, hundert, zweihundert, ja tausend und zweitausend Schlägen. Denn unvernünftig nannte Damiani es, mit verblüffender Logik, den größten Teil einer Sache zu tadeln, deren kleinsten man doch gutheiße[32]. Als weitere Prophylaxe empfahl der Heilige: Flucht vor dem Anblick der Weiber, häufiges Kommunizieren und Wassertrinken; endlich erzählt er auch, wie ein Mönch mit einem glühenden Eisen sein Glied bändigte[33].

Dominikus de Guzman, der Stifter des Dominikanerordens (1215), peitschte sich oft bis zur Bewußtlosigkeit. Überhaupt sollen sich die Dominikaner geprügelt haben »wie die Hunde«[34].

Der Dominikaner Heinrich Seuse (gest. 1366), hochbegabter Schüler Meister Eckeharts, geißelte sich täglich und trug acht Jahre lang, Tag und Nacht, ein mit dreißig Nägeln gespicktes Kreuz auf dem Rücken. »Wo er saß oder stand, war es ihm, als läge eine Igelhaut auf ihm; so jemand ihn unvermutet anrührte oder an sein Gewand stieß, das verwundete ihn... Mit diesem Kreuz nahm er lange Zeit hindurch alle Tage zwei Disziplinen auf solche Weise: Er schlug hinten mit der Faust auf das Kreuz, dann drangen die Nägel in das Fleisch und staken darin, daß er sie mit dem Gewande herausziehen mußte[35].« Seuse soll oft von eiternden Wunden nur so übersät gewesen sein und sich nie gesäubert haben[36].

Ein lebensfroher Mensch

Als großer Keuscher vor dem Herrn glänzt Aloysius Gonzaga. Der 1591 erst dreiundzwanzigjährig verstorbene Jesuit, dessen Attribute Lilienstengel, Kreuz, Geißel und Totenkopf sind[37], errötete schon vor Scham, war er mit seiner Mutter allein. Er fiel bei seiner ersten Beichte in Ohnmacht, sprach auf jeder Stufe einer Treppe ein Ave Maria, betete oft stundenlang bäuchlings vor einem Kruzifix und flennte, daß sogar das Zimmer feucht davon wurde. Außerdem fastete er wöchentlich mindestens drei Tage bei Wasser und Brot, und wenigstens dreimal disziplinierte er sich entsetzlich, später sogar jeden Tag und außerdem dreimal zwischen Tag und Nacht. »Seine Hemden, die der Marchesa gezeigt wurden, waren wegen der Züchtigungen alle blutig[38].« Und dabei, versichert ein moderner Jesuit, war er »ein lebensfroher, gesund empfindender Mensch«[39]! Er avancierte denn auch, im Jahrhundert der Aufklärung, zum Patron der studierenden Jugend[40]. Und noch heute sieht einer der »fortschrittlichsten« Moraltheologen, dem das aloysianische Ideal der »engelgleichen Unschuld« zwar »einigermaßen fragwürdig« wurde, in diesem komischen Heiligen doch »tatsächlich etwas Faszinierendes«[41].

Der gleichfalls kanonisierte, gleichfalls sehr jung (1621 zweiundzwanzigjährig) verstorbene belgische Jesuit Johannes Berchmanns floh nicht nur den Anblick der Frauen, sondern auch den der Männer. Dafür rutschte er noch nach Mitternacht mit nackten Knien betend auf der Erde herum, seufzte und stöhnte und küßte inbrünstig ein Bild der allerheiligsten Jungfrau Maria, der er unaufhörlich die schönsten Namen gab. Wagte er sich aber ins Bett, teilte er zuvor dessen verschiedene Plätze an diverse Heilige, die Beschützer seiner Keuschheit, auf, und ans Fußende legte er noch den gekreuzigten Christus. Auch geißelte er sich drei- bis viermal wöchentlich und trug an Festtagen ein Büßerhemd[42].

Daß diese lebensfrohen Leute so früh starben! Jener Kleriker, der 1727 in Paris siebenundzwanzigjährig an seiner Kasteiung zugrunde ging (worauf um sein Grab eine wilde Konvulsionsepidemie ausbrach mit gegenseitigen Mißhandlungen, mit Kotverzehr, Aussaugen fauliger Wunden und dergleichen)[43], wird schwerlich das letzte Opfer kirchlichen Askesewahns gewesen sein.

Auch in neuester Zeit jedenfalls soll es kaum einen »kanonisierten Heiligen« geben, der nicht Selbstgeißelung praktiziert habe[44]. Und vermutlich traktieren sich ja nicht die Jesuiten allein noch im 20. Jahrhundert mit Peitschen und Stahlspitzen[45] – ist doch, nach einem Wort des heiligen Franz von Sales, die äußere Abtötung *der Hafer für den Esel, damit er schneller laufe*[46]!

»Es scheint manchmal, sie haben ihre Natürlichkeit verloren...«

Fast alles, was die Kirche in die Hand bekam, wurde ruiniert oder zu ruinieren versucht. Fast alles, was sich verführen ließ, wurde fit gemacht für den Himmel und »fertig« für die Welt. Fast alles wurde »abgetötet« (ein prächtiger Terminus!) – auch die armen Klosterfrauen. Sie, die so oft von anderen sich schlagen lassen mußten, schlugen sich, wie die Mönche, noch selbst »für vergangene, für später einmal zu begehende Sünden, dann für die lebenden Verwandten, für die Seelen im Fegefeuer, zur größeren Ehre Gottes und aus hundert andern Gründen«[47].

Noch die Nonnen der Neuzeit sind besessen von der Sucht, sich zu schinden und ihr Fleisch zum Verstummen zu bringen. »Schmerz allein macht das Leben erträglich«, behauptet die heilige Marguerite Marie Alacoque; »Immer leiden und dann sterben!« ruft die heilige Theresia; »Immer leiden, ohne doch zu sterben«, korrigiert die heilige Maria Magdalena dei Pazzi[48]. Maria von der Trinität »möchte vom Leiden zerbrochen werden«. Maria du Bourg bekannte noch vor kurzem, daß sie, wäre Schmerz auf dem Markte feil, »hineilen würde, um ihn dort zu kaufen«[49]. Und bei dieser Tradition des unvermischten Irrsinns wundert sich heute eine Nonne über ihre Mitschwestern: »Es scheint manchmal, sie haben ihre Natürlichkeit verloren. Es scheint, sie sind irgendwie verkümmert, verarmt, auch ihrer menschlichen Substanz nach[50].«

Die unbeschuhten Karmeliterinnen erhielten satzungsgemäß die Disziplin in der vierzigtägigen Fastenzeit, der Adventszeit, an jedem Montag, Mittwoch und Freitag. An Freitagen mußten sie sich außerdem noch selbst peitschen »für die Ausbreitung des Glaubens, für die Wohltäter, für die Seelen im Fegfeuer« und anderes mehr. Zusätzliche Prügel bezog man ferner für eine »mittlere Schuld«, so wenn man unüblich sang oder las, im Kapitel ohne Erlaubnis redete, Ungeziemendes sprach et cetera. Und erst recht geschlagen wurde man für jede »schwere Schuld«[51].

Flagellantismus, Fäkalienfreuden und Herz-Jesu-Kult

Bereits beim Eintritt in viele Orden bekamen die Novizen eine Geißel mit der Mahnung, sie fleißig zu gebrauchen[52]. Starb eine Nonne, mußten sich die übrigen für die Tote noch wochenlang zerfleischen. Etliche züchtigten sich zweimal täglich, andere, besonders während der Fastenzeit, drei- und viermal, viele schlugen sich selbst in der Nacht[53]. Und manchen machte es zweifellos Spaß, beruhen doch mannigfache masochistische Praktiken auf der Umwandlung von Schmerz in Wollust, von Ekel in Glück. Die Mysophilie wurde eine Spezialform christlicher Askese, eine Art Reinigungsritual; infolge der ungewöhnlichen Erniedrigung erhoffte man Befreiung seiner Sünden.

Man wird nie ermitteln, wie viele Asketen Tortur und Selbsttortur genossen, wie sehr das Unterdrücken der Lust da oft Lust gemacht hat. Welche der frommen Tauchheroen etwa bloß Kältefetischisten waren, narzistische Hauterotiker. Auch mancher Nichtasket jedenfalls stürzt sich in Hecken oder Nadelkissen, läßt sich verhauen und malträtieren, glühende Hufeisen auf die Sohlen nageln, den Phallus ansengen, die Vorhaut wegbrennen, die Bauchhaut aufschlitzen[54] und wird dabei auch ohne jede Metaphysik befriedigt (oder nicht) – ganz wie die großen Heilsneurotiker und Himmelsstürmer.

Die heilige Maria Magdalena dei Pazzi (1566–1607), eine Karmeliterin aus Florenz, eine der »hervorragendsten Mystikerinnen ihres Ordens«[55], wälzte sich in Dornen, ließ sich heißes Wachs auf die Haut träufeln, beschimpfen, aufs Gesicht treten und peitschen, was sie offenbar am meisten entzückte, tat es die Priorin im Beisein aller. Dabei stöhnte sie: »Es ist genug, entfache nicht stärker diese Flamme, die mich verzehrt. Nicht diese Todesart ist es, die ich mir wünsche. Sie ist mit allzuviel Vergnügungen und Seligkeit verbunden« – das »klassische Beispiel einer sexuell pervertierten, asketischen Flagellantin«[56] (vgl. S. 110).

Die französische Salesianerin Marguerite Marie Alacoque (1647–1690) schnitt sich ein Jesusmonogramm in die Brust und brannte es, als es zu schnell heilte, mit einer Kerze wieder aus. Sie trank zeitweise nur Waschwasser, aß verschimmeltes Brot, faules Obst, wischte einmal mit ihrer Zunge den Auswurf eines Patienten auf und beschreibt uns in ihrer Selbstbiographie das Glück, das sie empfand, als sie ihren Mund mit den Fäkalien eines Mannes gefüllt hatte, der an Durchfall litt[57]. Für derlei Kotfetischismus aber durfte sie nachts lange das Herz Jesu küssen, der sie eigenhändig dabei hielt[58]. Papst Pius IX. (»Non Possumus«) sprach sie 1864 heilig! Herz-Jesu-Orden, Herz-Jesu-Andacht und Herz-Jesu-Fest gehen auf die »Offenbarungen« dieser Nonne zurück[59].

Katharina von Genua (1447–1510) kaute Schmutz von alten Armenkleidern, wobei sie Dreck und Läuse verschluckte. Sie wurde 1737 kanonisiert[60] (vgl. S. 109 f.).

Die heilige Angela von Foligno (1248–1309) genoß das Waschwasser von Aussätzigen. »Nie hatte ich mit solcher Wonne getrunken«, bekennt sie. »Ein Stück der schorfigen Haut aus den Wunden der Aussätzigen war in meiner Kehle steckengeblieben. Statt es auszuspucken, gab ich mir große Mühe, es herunterzuschlucken, und es gelang mir auch. Ich meinte, ich habe eben kommuniziert. Nie vermag ich die Wonnen auszudrücken, die mich überliefen[61]« (vgl. S. 110 f.).

Die Nonne Katharina von Cardona floh vom spanischen Hof in die Einöde, wo sie acht Jahre in einer Höhle hauste und selbst im Winter auf blankem Boden schlief. Sie trug ein peinigendes Bußgewand, behängte ihren Körper zusätzlich mit Ketten und bearbeitete sich oft zwei, drei Stunden mit den verschiedensten Folterwerkzeugen. Zuletzt wurde sie Weidende. Sie kroch auf der Erde und fraß das Gras wie ein Tier[62].

». . . zarteste Offenbarung des christlichen Geistes«

Das ist sie: die mittelalterliche Asketik, »jene tiefste und zarteste Offenbarung des christlichen Geistes«[63] – Tränen, Blut, Mißachtung des Leibes, der Libido, der Welt überhaupt. Lehrt doch auch die größte Mystikerin der Catholica, Theresia von Avila, deren »ausgeglichene

Persönlichkeit« die Katholiken rühmen[64], »alles, was ein Ende nimmt, gering zu achten«. Das »ganze Leben« ist für Theresia »voll Betrug und Falschheit«, »alles nur Lüge«, »nichts als Unrat«, »alles Irdische zum Ekel«, selbst Wasser, Felder, Blumen – »alles dies erscheint mir wie Kehrricht«[65]. Und wie alles, so hassen sie auch sich selbst über die Maßen – oder geben es wenigstens vor. »Und ihr Selbsthaß war größer, als sie ertragen konnte«, heißt es von der heiligen Katharina von Genua[66] (vgl. S. 383 f.).

Denn auch die Asketinnen »sündigten« selbstverständlich immer wieder, wurden unaufhörlich vom Sexus, vom »Satan« versucht – »ein großer Maler«, wie die heilige Theresia wußte, hinter der der Höllenfürst allein und mit großem Gefolge her war (S. 112 f.). »Jedes Laster wurde wieder in mir geweckt«, sagt Angela von Foligno, »ich hätte mich lieber auf dem Roste verbrennen lassen, als solche Qualen zu erdulden[67].« Die heilige Katharina von Siena drangsalierten ganze Scharen von Teufeln, geilten sie in ihrer Zelle und sogar in der Kirche auf[68]. Ebenso litt Katharina von Cardona unter den bösen Geistern, die ihr bald als große Schäferhunde auf die Schultern sprangen, bald als Schlangen erschienen[69] – das alte Penissymbol! Von Micaela de Aguirre, einer spanischen Nonne des 17. Jahrhunderts, berichtet ihr Biograph: »Während die Dienerin Gottes nachts auf ihrem armseligen Bett lag, kam der Teufel zu ihr in Gestalt eines gut beschlagenen Pferdes; indem er auf das Bett stieg, stellte er sich mit den Füßen auf Micaela, und mit der Schwere seines ganzen Gewichtes trat und malträtierte er sie ...[70]«

Da das Christentum die Kasteiung seit Paulus predigte, da man die Asketen zu Idolen machte und zu Heiligen erhob, den großen Vorbildern für jedermann, mußte die dauernd propagierte Unnatur schließlich von den Klöstern und Höhlen der Eremiten her auch die Laien ergreifen. Selbst Fürstinnen und Fürsten, die man freilich stets zuerst zu gängeln suchte, hat sie erfaßt. So trug Kaiser Heinrich III., einer der mächtigsten deutschen Herrscher des Mittelalters, nie die Insignien seiner Würde ohne vorhergehende Geißelung. So wurde Ludwig dem Heiligen wöchentlich bei der Beichte die »Disziplin« verpaßt[71]. So torturierten sich Margarete von Ungarn, Elisabeth von Thüringen, die der eigene Beichtvater rechts und links zu ohrfeigen pflegte[72], oder die polnische Herzogin Hedwig, von der Laurentius Surius berichtet: »Unter ihrer schmutzigen und bleichen Haut, welche durch die unaufhörlichen Geißelstreiche eine ganz eigene Farbe erhalten hatte und stets mit Striemen und Wunden überdeckt war, schienen nichts mehr als Knochen übrig zu sein[73].«

Selbst auf christlicher Seite gestand man: »Was ehedem im frommen Übereifer von dem einen oder anderen geübt wurde ..., das wird nun bewußt als reguläres Mittel im Heiligkeitsstreben übernommen[74].« Es zeigt allerdings nur die heillose Unlogik theologischen Denkens, wenn ein oft überraschend redlicher Katholik des 19. Jahrhunderts seiner Feststellung, es sei »längst allgemeine (!) und weitverbreitete Sitte geworden, zur Buße sich zu geißeln oder geißeln zu lassen«, hinzufügt: schließlich artete »der in seinem Ursprung wohlgemeinte Eifer in krankhafte Übertreibung und seuchenartig um sich greifend in das Unwesen der Flagellanten- oder Geißlervereine aus«[75]. Als wäre das alles nicht längst krankhaft und Ausartung gewesen! Als würde eine Krankheit erst Krankheit bei einer Epidemie! Ein Schwachsinn erst Schwachsinn, wenn er alle erfaßt! Als unterschiede sich der Kasteiungsfuror hinter Klostermauern prinzipiell von den Delirien der Masse draußen!

Tod dem Phallus oder Die Kunst der Skopzen

Sogar die Kastration florierte in der Neuzeit wieder, allerdings nur im östlichen Christentum, bei der russischen Sekte der Skopzen (Verschnittenen), der Altgläubigen, wie Dostojewskij einmal sagt. Sie lehnten Kirche und Staat als Reich des Antichrist sowie Popen und Bischöfe als Diener Satans ab, erkannten jedoch Jesus an, wenn auch nur als Vorläufer des zweiten, größeren Gottessohnes, ihres 1832 gestorbenen Gründers Seliwanow, der sich der »Feuertaufe« unterzogen: der Ausmerzung seines Gliedes durch ein glühendes Eisen. Mit seiner Lehre, die Erbsünde sei der Geschlechtsakt, nur durch den Tod des Phallus werde die Menschheit erlöst und die Pforte des Paradieses den Frommen geöffnet, überzeugte er Tausende von religiös nicht minder Geprellten[76].

Man kreierte hauptsächlich zwei Klassen, zwei Grade der »Reinheit«: die des kleinen Siegels (Engelrang), die niedere Klasse, die »nur« Entfernung der Hoden erforderte, und die des kaiserlichen, des großen Siegels (Erzengelrang), wobei auch das Glied dem Glauben zum Opfer fiel. Die Operateure, Virtuosen ihrer Kunst, sollen mit simpelstem Besteck, Messer und Serviette, vorzügliche Arbeit geleistet, Fanatiker jedoch die Prozedur (auch per Axt) an sich selbst vorgenommen haben. Ein glühendes Eisen stillte das Blut[77].

Bei den Frauen gab es gleichfalls zwei Weihegrade, eine erste und zweite »Reinheit«: man zerstörte, durch Eisen oder Feuer, eine beziehungsweise zwei Warzen; nahm eine beziehungsweise beide Brüste ab; oder man verunstaltete die Geschlechtsteile, indem man die kleinen Schamlippen oder die Klitoris kappte[78].

Um ihre Sekte zu vermehren, ließen die Skopzen sich gewöhnlich erst dann entmannen, wenn sie Kinder hatten. Auch erlaubten manche ihren Frauen, mit andern Männern zu verkehren, und der so entstehende Nachwuchs wurde natürlich wieder kastriert. Außerdem schickte man

Scharen von Agenten zum Ankauf von Proselyten und Kindern aus. Da
erdrückende Armut herrschte, viele Skopzen aber wohlhabende Kaufleute,
Juweliere, Geldwechsler waren, die oft ihr ganzes Vermögen für neue
Mitglieder ausgaben, gedieh die Sekte, die Deserteure und Verräter,
selbst noch im Ausland, rücksichtslos verfolgt und auch alle, die aus
Neugier ihren Konventikeln beiwohnten, ergriffen, auf ein Kreuz gebunden und gewaltsam verschnitten haben soll[79].

». . . der heiligen Jungfrau ein Christuslein machen«

Eine Skopiza, die – wunderbarerweise – schwanger geworden war,
hatte die Rolle der heiligen Jungfrau zu spielen, ihr Sohn galt als Sohn
Gottes und mußte den Martertod sterben. Am achten Tag nach seiner
Geburt durchstach man dem Kind das Herz, trank sein Blut als Kommunion und verarbeitete den getrockneten Körper zu Brötchen, mit denen
man zu Ostern kommunizierte[80]. »Gewöhnlich wird bei diesen Barbaren
die Jungfrau, die man als Bogorodiza oder Gottesmutter erklärt, schon
bei ihrer Installation mit diesen Worten begrüßt: ›Gebenedeit seiest du
unter den Weibern, du wirst einen Heiland gebären!‹ Dann entkleidet
man sie, legt sie auf einen Altar und treibt einen schändlichen Kultus
mit ihrem nackten Leibe; die Fanatiker drängen sich herzu, um ihn an
allen Stellen abzuküssen. Man betet, der heilige Geist möge der heiligen
Jungfrau ein Christuslein machen, auf daß es den Frommen übers Jahr
vergönnt wäre, von diesem heiligen Leibe zu kommunizieren[81].« Kam
das Christuslein, stach man es wieder ab, um es in der Kommunion zu
genießen, oder man schlachtete auch die Bogorodiza selbst[82].

Nicht einmal die Verstümmelung setzte also dem Trieb ein Ende.
Luther, der von jenem Waldenser hörte, der nach der Kastrierung nur
noch geiler geworden, behauptete geradezu, die Kastraten hätten »größer
Lust und Brunst als andere, denn die Lust und Begierde vergehet nicht,
sondern das Vermögen«[83].

Kunst auf katholisch

Im Abendland wurde die Entmannung nur noch aus künstlerischen
Gründen »kultiviert«, zur Vermeidung des Stimmbruchs bei Sängern
fürstlicher und päpstlicher Kapellen – vor allem eine italienische Sitte
und noch im 18. Jahrhundert weithin in Schwang. Beschnitt man aber
auch anderwärts zur größeren Ehre Gottes Knabenglieder, so war es
doch besonders das Land des Papstes, das ganz Europa mit singenden
Eunuchen versorgt hat; anscheinend Hauptsitz dieser »Belcanto«-Indu-
strie das Städtchen Norica im Kirchenstaat[84]. (Fast hätte man auch

Joseph Haydn als Chorist am Wiener Stephansdom der katholischen »Ästhetik« ans Messer geliefert und ihn, wie es damals hieß, »sopranisiert«. Nur der energische Protest seines Vaters bewahrte ihn davor[85]. In der Sixtinischen Kapelle aber – errichtet von Papst Sixtus IV., einem Sexualprotz sondergleichen, auch Erbauer eines Bordells (S. 371) – jubilierten jahrhundertelang Kastraten: bis gegen 1920! Nicht weniger als zweiunddreißig »Heilige Väter« (beginnend mit Sixtus V., einem ehemaligen Mönch und Inquisitor, der als Papst auch die Todesstrafe für Inzest, Kuppelei, Abtreibung und Ehebruch befahl[86]) ließen so rücksichtslos junge Menschen verstümmeln – »der letzte und unverhüllte, auch der schärfste Ausdruck eines klerikalen Kastrationswunsches gegen die mit Sexualneid betrachteten Laien«[87]. Ausdruck aber auch der Abneigung gegen die Frau, deren Gesang man so in den Chören vermied.

Ein Sexualersatz für Phantasiebegabte, die Romantiker oder Hysteriker unter den Zölibatären, zugleich eine Art Kompensation für das elende Leben der Askese wurde im Laufe der Zeit immer mehr eine gewisse mystische Form der Frömmigkeit, wobei die versagte Liebe zum anderen Geschlecht ins sogenannte Höhere, Edlere »vergeistigt« und »verfeinert« worden ist. Das unterdrückte Triebleben fand in der forcierten Verehrung einiger Figuren des christlichen Olymps ein Äquivalent. »Man muß«, schreibt der Theologe Hans Hartmann, »die brünstigen Hymnen von Mönchen an Maria und die noch brünstigeren von Nonnen an Jesus lesen, um das in seiner ganzen Tiefe zu verstehen[88].«

11. Kapitel
Die Mystiker

MARIENMINNE UND CHRISTUSEROTIK

> »Ach, zu oft nur drückt der Gottesliebe Aphrodite ihren Stempel auf.« *Friedrich Schiller*[1]
>
> »Es gibt nur einen Deutungsschlüssel für das Geheimnis der mystischen Psyche, den sexuologischen.« *Ernst Bergmann*[2]

Mystik ist der fast rührende, literarisch mitunter bezaubernde Versuch, der Mumie Metaphysik Leben einzugießen – was vom subtilsten Seelenprickeln bis zum schrillsten Hysterierausch reicht; forcierte Autosuggestion als Glaubensvergewisserung, als religiöses Seelenstimulans, ein ästhetisch-psychologisches Schauspiel, das – in den verschiedensten Inszenierungen – der späte Brahmanismus kennt, der Buddhismus, chinesische Taoismus, die Gnosis, der Manichäismus, der Islam.

Die griechische Religion, die den Begriff mystikos schon früh metaphorisch verwendet, bezeichnet damit, ernsthaft oder ironisch, das, worüber nicht gesprochen werden darf. Es ist das sanctum silentium, das »stille swîgen« der altdeutschen Mystiker, das hier als eigentliches und erhabenstes »Ausdrucksmittel« gilt[3].

Freilich, hat man sich ausgedrückt, ging es da oft so erhaben nicht zu. Und wie immer Mystik geprägt sein mag, mehr sensitiv, mehr voluntaristisch oder philosophisch, stets zählt hier Wissen weniger als Emotion, die Ratio weniger als der Rausch, immer soll Gott spontan verifiziert, soll er erlebt und besessen, »umbevâhen und umbehalsen«, wie Mechthild von Magdeburg, »brünstiglich umfangen« werden, wie Zinzendorf sagt[4].

Wie der Liebende im Geliebten aufzugehen sucht, so der Mystiker im »Absoluten«. Wollustschauder und Ekstasen da wie dort. Mystik ist ohne Erotik nicht denkbar, geradezu ihr Geschöpf, ein hochfahrender Bastard freilich, der seine Herkunft leugnet und doch nur durch Triebunterdrückung entstehen, nur durch Triebsublimierung den visionären Überschwang, den ganzen Gottestaumel erst erzeugen kann, all die psychischen Veitstänze und seelengewaltigen Grotesken jener Frommen, die sich, entlarvend genug, ihre Beziehung zum Metaphysischen bloß unter den Symbolen von Liebe und Ehe vorstellen können.

Die Sprache dieser fehlgeleiteten Verzückten ist mit Metaphern massiver Fleischlichkeit gespickt und die erotische Komponente schon gar nicht beseitigt oder auch nur bagatellisiert durch die Erklärung, daß kein Mensch imstande sei, »das Sexuelle aus irgendeinem Verhältnis, auch nicht aus demjenigen zur Gottheit, völlig zu entfernen«[5], was ja gerade Jesus- und Marienminne drastisch zeigen. Ergo: Gott kann nicht ganz ohne Sex genossen werden – doch der Sexus ohne Gott! Wer aber Gott genießt, wie flammend und fanatisch auch immer, wer sich vereint mit ihm, verlobt, verheiratet glaubt, ist er mehr als das Opfer perverser Phantasie, Schauplatz eines Gefühlsspektakels sui generis?

Oder sollte es Zufall sein, daß das mystische Surrogat für Männer meist eine Frau und für Frauen ein Mann geworden? Daß die Sehnsucht der Mönche so oft und glühend der Maria, die der Nonnen noch hitziger dem Herrn Jesus galt? Dem Küssen des Madonnenbusens, dem manchmal kaum kaschierten Koitieren mit dem Seelenbräutigam[6]?

1.
»CARITAS MARIAE URGET NOS«

»Wir wollen deine Liebessklaven sein.«
*Josef, Bischof von Leiria, im »Heiligen Jahre,
dem Jubeljahre der Erlosung«*, 1933[7]

In ungezählten Legenden des Mittelalters erscheint Maria, gewährt neben geistlichen Freuden auch sehr sinnliche, reizt und charmiert, überschüttet ihre Liebhaber mit Milch, läßt sich selbst umschwärmen, liebkosen, nötigt ihre Verehrer zur Preisgabe von Bräuten und zum Eintritt ins Kloster[8].

Gerade die frömmsten Mönche übertrugen alle ihnen verwehrten Sexualgefühle auf die heilige Jungfrau, machten sie zu ihrer »Braut«, hatten ein Ersatzideal für das Weib, das sie mieden und verachteten oder doch wenigstens meiden und verachten sollten. Der Taumel der Marienminne war nicht sehr verschieden von dem der »freien Liebe« jener Zeit[9].

Lange vor den Zisterziensern grassierte eine schwüle Madonnenmystik schon im späten 10. und im 11. Jahrhundert in Cluny, dessen bekannter Abt Odilo sich bei Nennung von Mariens Namen jedesmal zur Erde warf[10]. Der junge Prämonstratenser Hermann führte im Kloster Steinfeld ein vollständiges Liebesleben mit der Jungfrau[11]. Ähnlich der erste Abt der Zisterzienser, Robert von Molesme[12]. Heiße Marienverehrer waren auch die Zölibatsfanatiker und Frauenverächter Gregor VII. und Damiani[13] (vgl. S. 169, 171 f.).

Die klerikalen Intimitäten gingen recht weit. Zahlreichen Frommen wurde der marianische Busen präsentiert[14]. So malte man etwa den heiligen Dominikus, und auch unter dem Bild des Dominikaners Alanus de Rupe (15. Jahrhundert) prangte der Passus: »Wie Maria seine Liebe gegen ihn also vergolten, daß sie im Beisein des Sohns Gottes selbst samt vielen Engeln und Auserwählten sich mit Alano vermählt, mit ihrem jungfräulichen Munde einen Kuß des ewigen Friedens gegeben, ihn aus ihren keuschesten Brüsten getränket und mit einem Ring« (aus Mariens Haar, wie Alanus selbst behauptet!) »zum Zeichen der Vermählung beschenkt[15].«

Kirchenlehrer Bernhard von Clairvaux, von Friedrich Schiller als geistlicher »Schuft« freilich fast ohnegleichen gerühmt, als Beförderer »dickste[r] Mönchsdummheit, auch war er selbst nur ein Mönchskopf und besaß nichts als Klugheit und Heuchelei«[16], kam ebenfalls in den Genuß intimer Madonnengnaden. »Dieser heilige Kuß«, heißt es in Bernhards neunter Predigt über das Hohe Lied, das er umfassend auf seine Art interpretiert, »ist von so heftiger Wirkung, daß die Braut gleich von selbst empfängt, was daraus hervorgeht, daß ihre Brüste deutlich schwellen und von Milch sozusagen strotzen[17].« Bernhard selber erquickte sich daran (der Meister des Marienlebens zeigt ihn denn auch, wie ihm Engel aus Mariens Busen Milch zuspritzen), was seine »honigsüße Beredsamkeit« zur Folge hatte[18]. »Monstra te esse matrem«, betet Bernhard vor dem Bild der Gottesmutter, die darauf sogleich ihre Brust bloßlegt und den durstigen Beter stillt: »monstro me esse matrem«[19].

Auch Mariens Uterus fesselte den Heiligen enorm – wie die Nonnen Beschneidung und Vorhaut Jesu (S. 120 ff.). Schon als Knabe sah Bernhard in einem Gesicht das Jesuskind »ex utero matris virginis« hervorgehn. Und erklärt er später das Wort: »Jesus ging in ein Haus hinein und ein Weib namens Martha empfing ihn«, gleitet er von Marthas Haus stets in Marias »uterus« über[20].

In der Neuzeit florierte diese Art der Marienminne, evidenter Ausdruck religiös maskierten Sexualtriebs, selbstverständlich weiter, wie noch der Text der »zukünftigen völligen Hochzeit« veranschaulichen soll: »In Wahrheit alle Wollust der Jugend und alle vermeinte Vergnügung der leiblich Verlobten ist weniger als nichts zu rechnen gegen diese himmlische Ergötzung ... Man darf sich so dann getrost an ihre Brust legen und saugen bis zur Sättigung, und alle ihre reinen Kräfte stehen offen, sie im paradiesischen Liebesspiel in sich zu ziehen ... In ihrer ganzen Beiwohnung ist reine Wollust. Nimmermehr kann eine irdische Braut einem Manne geschmückter, keuscher, züchtiger und anmutiger vorkommen als diese hochgelobte Jungfrau ... O reine Wollust, komme und besuche die deinigen noch öfter und laß es ferner an deinen Liebes-Reizungen nicht fehlen ... würdige uns deiner geheimen Beiwohnung immerfort, meine eine und reine Turteltaube[21].«

2.
DIE JESUSBRÄUTE

»Für schwache Weiblein, die wie ich nur geringe Stärke besitzen, scheint es mir allerdings angemessen zu sein, wenn sie der Herr mit Wonnegenüssen unterstützt.« »Es ist wie auf Erden zwischen zwei Personen, die einander sehr liebhaben.«
Theresia von Avila[22]

»Vollbring es, Herr, sogleich an mir.«
Mechthild von Magdeburg[23]

»Religion ist ein Teil des weiblichen Geschlechtslebens.«
Die Gebrüder Goncourt[24]

Der mystische Geschlechtsersatz für die Nonnen wurde Jesus, ihnen seit der Antike als herrlichster Mann, als Bräutigam vorgestellt, während man sie, die Gottgeweihten selbst, als seine »Bräute« feierte, »Tempel des Herrn«, »Tabernakel Christi« und dergleichen[25]; »Vergeistigungen«, die man freilich, weniger extrem, mutatis mutandis schon aus früheren Religionen kannte[26].

Ein Haus, ein Bett, ein Fleisch

Im Mittelalter impften die Berater dann den Novizinnen entsprechende Ersatzobjekte ein, die richtigen »religiösen Verinnerlichungen«[27]: nie das Fegfeuer, den Ablaß oder ähnlich Lästiges, intensiv aber die Liebe der »geistliken brud« zum himmlischen Liebhaber im »geistliken gardeken«, wo ungeahnte Wonnen mit Jesus sie erwarten würden[28]. »Sie haben Ein Erbe, Ein Haus, Einen Tisch, Ein Bett und sind in Wahrheit Ein Fleisch«, weiß der heilige Bernhard[29]. Und noch die moderne Moraltheologie kann die Jungfräulichen durch »kein sprechenderes Bild« düpieren als durch »die ganz besondere Liebe der Ehegatten zueinander« und die Metapher des »himmlischen Hochzeitsfestes«, »die Hochzeit mit Christus in voller Wahrheit und Wirklichkeit«[30].

Auch rituell half die Kirche nach, indem sie schon im Altertum der Jungfrauenweihe den Charakter einer Vermählung mit Überreichung von Schleier, Brautkrone und Brautring gab – hatte doch auch das Gewand der Vestalinnen (S. 58 f.) seinen Ursprung in der altrömischen Hochzeitstracht[31]. Die Benediktinerinnen erwartete schließlich ein blumengeschmücktes Brautbett mit einem Kruzifixus als Bräutigam auf dem Kopfkissen[32], wie wiederum freilich bereits in manchen Mysterienkulten die Mysten ein Brautbett hatten zur visionären Vereinigung mit der Gottheit[33]. Und in der mittelalterlichen Mystik ist das Bild vom Braut- oder Minnebett, »das minnekliche brutbette«, wie Tauler schreibt, begreiflicherweise sehr beliebt[34]. Geben doch die »sponsae Christi« und »Christo copulatae« nicht nur ihre Seele, sondern, wie schon der versierte Hieronymus wußte (vgl. S. 76 f.), auch ihren Leib dem himmlischen Bräutigam hin[35].

Milch und Müslein für den Herrn

Verzückt tändeln Nonnen, Mutter- und Sexualtrieb verdrängend, mit dem Jesuskind, es muß neben ihrem Bett liegen, sie nähren es, ja fühlen sich von ihm schwanger[36].

Margareta Ebner (1291–1351), eine bayerische Dominikanerin, die Jesus, aus Holz geschnitzt, in einer Wiege bei sich hat, hört eines Tages die Stimme des Herrn: »Säugest du mich nicht, so werde ich mich dir entziehen, wenn du mich am allerliebsten hast.« Gehorsam legt Margareta die Figur an ihre nackte Brust und fühlt große Lust dabei. Doch Jesus gibt nicht nach, wird aufdringlich, erscheint ihr noch im Traum, so daß sie ihn zur Rede stellt: »›Warum bist Du nicht züchtig und läßt mich nicht schlafen?‹ Da sprach das Kind: ›Ich will Dich nicht schlafen lassen, Du mußt mich zu Dir nehmen.‹ So nahm ich es mit Begierden und mit Freuden aus der Wiege und stellte es auf meinen Schoß. Da war es ein leibhaftiges Kind. Da sprach ich: ›Küsse mich, so will ich es vergessen, daß Du mir die Ruh' benommen hast!‹ Da umfing es mich mit seinen Armen und halste und küßte mich. Danach verlangte ich von ihm, zu wissen um die heilige Beschneidung...[37]« Ein Thema, das fast alle Gottesbräute angelegentlich beschäftigt.

Zu Elisabeth Becklin kam der junge Jesus »gar heimlich« und setzte sich auf eine Bank vor ihr. »Da sprang sie voll Begier auf, wie ein Mensch, der außer sich gekommen, und riß ihn an sich und nahm ihn auf ihren Schoß und setzte sich an die Stelle, wo er gesessen war, und tat ihm immer mehr Gütlichstes kund, nur daß sie sich nicht getraute, ihn zu küssen. Da

sprach sie in herzlicher Minne: ›Ach, Herztraut, wag' ich's, dich zu küssen?‹ Da sprach er: ›Ja, nach deines Herzens Gier, so viel du willst.‹[38]«
Soviel sie wollte, bekam auch jene Jesusbraut, die ihren »Geliebten« als »ausgeschüttete Salbe« besang und unablässigen »freundlichen Beweger, der mit dem lieblichsten Feuer mich entzündet und aufreibt. Die Ergötzlichkeiten meiner Seele trachten sich ins Äußere zu ergießen und in den unteren Teil (!), aber der Geist schickt Alles wieder aufwärts[39].«

Mechthild von Magdeburg oder »in dem bette der minne«

Sehr entzündet und aufgerieben an der »nakkenden Minne« hatte sich im 13. Jahrhundert auch Mechthild von Magdeburg, die schließlich, hochbetagt und erblindet, als Zisterzienserin im Kloster Helfta bei Eisleben starb. Jahrzehntelang bekämpfte sie ihre Libido mit »sufzen, weinen, bihten, vasten, wachen, besemenschlege« und anderem mehr, ehe sie in den vollen Genuß Gottes, der fruitio Dei, kam und die Visionen an die Stelle der Kasteiungen traten[40]. »Denn während zwanzig Jahren hatte ich nie Ruhe vor meinem Fleische und wurde müde, krank und schwach zuallerletzt von Reue und von Leid, darnach von heiliger Sehnsucht und von geistlicher Anstrengung, und hinzu kamen viele schwere natürliche Krankheiten«[41] – womit sie übrigens den Lebens- und Leidensweg vieler Nonnen skizziert. Die Verdrängung gelang ihr dann derart, daß fromme Abschreiber und Übersetzer ihre (dichterisch teilweise bedeutende) mystische Hinterlassenschaft immer wieder gekürzt oder umgeformt haben[42].
Kaum zuviel sagt die Überschrift des Werkes: »Der Inhalt dieses Buches ist gesehen, gehört und empfunden an allen Gliedern[43].« Denn mit allen Gliedern mußte Mechthild minnen, ».... muß minnen und muß minnen / Und kann anderes nicht beginnen«, sie kann sich »nie mehr von der Minne kehren«, muß von »Minne fließen«[44], was bei ihr früh begann. »Ich unwürdige Sünderin«, bekennt sie, »wurde in meinem zwölften Jahre, als ich allein war, in überaus seligem Fließen vom heiligen Geiste gegrüßt[45].« Und später fließt sie immer häufiger. Ob sie singt: »Minnefließen, / ein süßes Gießen«, oder: »O du fließender Gott in Deiner Minne!« Oder ob sie sich als »dürrer Acker« fühlt und fleht:

»Eia, liebster Jesus Christ,
Nun sende mir den süßen Regen Deiner Menschheit[46].«

Dabei ist ihr stetes Beteuern, »unbefleckt« oder »rein« lieben und fließen zu wollen, symptomatisch für den Verdrängungsvorgang.

»Eia, mein einziges Gut, nun hilf mir, daß ich
Unbefleckt fließen könne in Dich!«
»Eia, Herr!
Liebe mich innig,
Und liebe mich häufig und lang!
Denn je öfter Du mich liebst, desto reiner werde ich.«
»Gedenke, wie Du herzen kannst,
Die reine Seele in Deinem Schoß.
Vollbring es, Herr, sogleich an mir[47].«

Doch nicht nur sie ist hinter dem Herrn her; auch er ist scharf auf sie, ist »minnesiech«. »Herr, Du bist allzeit liebeskrank nach mir«, enthüllt sie ihm. Und er schreckt süß: »Du mußt unendlich Weh verspüren / An Deinem Leib«, apostrophiert sie als sein »Lagerkissen«, »Minnebett«, »Bach meiner Hitze«[48] – und fließt seinerseits, und läßt sie wieder fluten – panta rhei!

»Wenn ich scheine, mußt du gluten,
Wenn ich fließe, mußt du fluten[49].«

Der »hohe Stein« (S. 49) will mit ihr in »Brautschaft leben«, verspricht »ein süßes Mundküssen«, ja bettelt sie an: »Gönne es Mir, daß ich die Glut Meiner Gottheit, das Verlangen Meiner Menschheit und die Lust des Heiligen Geistes an dir kühle![50]« Wiederholt reißen sich so gleich alle drei göttlichen Personen um die fließende Mechthild, deren »Wonne« darauf auch »sehr mannigfalt« wird[51] – hatten doch bereits bei Maria, »bei der Empfängnis unseres Herrn«, die drei aus der Höhe ihre Hand (oder was immer) hitzig im Spiel:

»War die Kraft der Heiligen Dreifaltigkeit
Und das selige Himmelsfeuer
in Maria so heiß[52].«

Nur natürlich, wenn Mechthild, eingedenk solch göttlicher Gnadenergießungen über oder in Maria, seufzt:

»O Herr, Du schonst allzusehr meinen pfuhligen Kerker.«

Repliziert der Göttergatte:

»Liebes Herz, Meine Königin,
Was quält dich ungeduldiger Sinn?

Wenn Ich dich allertiefst verwunde,
Salbe Ich dich liebevollst zur Stunde[53].«

So »trutet« sie denn Gott oft »mit voller maht in dem bette der minne«[54]. Und man glaubt dem modernen Interpreten die Behauptung: »Daß Mechthild unter den religiösen Frauen ihrer Zeit so unvergleichlich hervorragt, verdankt sie der Gabe, Worte zu finden für das, was anderen unsagbar blieb[55].«

Liebe im »Totstellreflex«

Manche Jungfrauen liebten buchstäblich bis zur Bewußtlosigkeit, ein gar nicht seltener Fall. So wurde die Nonne Herburgis von Herkenheim, bei der die »Süße aus dem Himmel« wie »eine lebendig sprudelnde Quelle in das Innere ihres Körpers« drang, derart von Brunst gebeutelt, daß sie zu Boden fiel und die Besinnung verlor[56].

Über die Dominikanerin Elisabeth von Weiler schreibt eine Mitschwester: »Ihr Schauen war so hoch und so mit Gnade durchgossen, daß sie häufig ein, zwei, drei Tage so dalag, daß ihre äußeren Sinne nichts wahrnahmen. Als sie einmal in solcher Gnade dalag, kam eine Edelfrau ins Kloster. Sie wollte nicht glauben, daß jene durch die Gnade ihr Bewußtsein verloren, ging deshalb zu ihr und steckte ihr eine Nadel bis zum Öhr in die Fersen. Aber Elisabeth empfand infolge ihrer brennenden Minne nichts davon[57].«

Auch die heilige Katharina von Siena (1347–1380), Schutzheilige des Dominikanerordens und Patronin Roms, lag stundenlang im »Totstellreflex« und wurde dann gelegentlich von wundersüchtigen Skeptikerinnen mit der Nadelprobe traktiert; doch band »das Gefühl der Liebe alle Glieder«[58].

Die Schmutz und Läuse schluckende heilige Katharina von Genua (S. 97) hielt es manchmal im Bett vor Brennen nicht mehr aus. »Alles Wasser, das die Welt enthält«, schrie sie, »könnte mir nicht die geringste Kühlung bringen.« Sie warf sich auf die Erde: »Liebe, Liebe, ich kann nicht mehr.« Übernatürliches Feuer (fuoco) verzehrte sie. Kaltes Wasser, in das sie ihre Hände streckte, begann sofort zu sieden, und noch der Becher erhitzte sich! Auch trafen sie scharfe Pfeile »himmlischer Liebe«. Eine Wunde (ferita) war so tief, daß sie drei Stunden lang Sprache und Gesicht verlor. »Mit der Hand gab sie Zeichen, die verständlich machten, daß glühende Zangen ihr Herz und andere innere Organe einklemmten[59].«

Die tiefe Wunde und der Beichtvater

Wie so viele Verzückte, hatte Katharina ein Faible für ihren Beichtvater. Einmal schnupperte sie an seiner Hand. »Ein himmlischer Geruch«, sagte sie, »dessen Annehmlichkeit Tote erwecken könnte.« Katharina war unglücklich verheiratet und bei der Begegnung mit diesem Beichtvater sechsundzwanzig Jahre alt. Und just in dem Augenblick, »als sie vor ihm kniete, empfing sie in ihrem Herzen die Wunde der unermeßlichen Liebe Gottes«[60].

Es war die berühmte Wunde, die bei so vielen Kontemplativen klaffte, beispielsweise bei Madame Guyon (1648–1717). Und auch sie fühlte, damals neunzehnjährig, gerade beim ersten Tête-à-tête mit ihrem Beichtvater, den eine »geheime Macht« in ihre Nähe geführt, die Wunde, spürte, genau wie Katharina, »in diesem Augenblick eine *tiefe Wunde*, die mich mit Liebe und Entzücken erfüllte – eine Wunde, so süß, daß ich wünschte, sie möchte niemals heilen«[61].

Die heilige Maria Magdalena dei Pazzi, scharf auf Auspeitschungen und Dornenstechereien (S. 96 f.), stand oft unbeweglich, »bis die Liebesergießung kam und mit ihr neues Leben ihre Glieder durchdrang«. Häufig sprang sie vom Bett und ergriff in höchster Raserei eine Schwester: »Komm und laufe mit mir, um die Liebe zu rufen.« Sie tobte dann mänadisch durchs Kloster und schrie: »Liebe, Liebe, Liebe, ach nicht mehr Liebe, es ist zuviel!« Im Garten riß sie aus, berichtet ihr Beichtvater Cepari, »was ihr unter die Hände kam«, zerfetzte die Kleider, Sommer wie Winter, wegen »der verzehrenden großen Flamme der himmlischen Liebe« – die sie manchmal am Brunnen löschte, indem sie Wasser auch »in ihren Busen hinunter« goß[62]. »Sie bewegte sich mit unglaublicher Geschwindigkeit«, bezeugt Cepari und versichert, daß sie am Fest der Kreuzauffindung, am 3. Mai 1592, im Chor der Kapelle (amor vincit omnia) nicht weniger als neun Meter hoch sprang, um sich ein Kruzifix zu greifen. Dann löste sie den heiligen Korpus, pflanzte ihn zwischen ihre Brüste und bot den Herrn den Nonnen zum Kuß[63].

Bestia mystica

Da hatte es die Angela von Foligno, die das Waschwasser Aussätziger trank (S. 97), doch leichter. Sie sprang nicht Jesus nach, schon gar nicht neun Meter hoch: er war selbst hinter ihr her – bis über beide Ohren in sie verknallt. »Meine süße, meine liebe Tochter, meine Geliebte, mein Tempel!« so schmachtete er sie an. »Dein ganzes Leben, dein Essen, dein Trinken, dein Schlafen, ja, dein ganzes Leben gefällt mir. Ich werde in den Augen der Völker große Dinge durch dich tun ... Liebe Tochter, meine süße Gattin, ich liebe dich sehr. Der allmächtige Gott hat dir viel Liebe angetan, *mehr als irgendeiner Frau dieser Stadt.* Er hat aus dir seine Wonne gemacht« und so weiter[64].

Um derlei erleben zu können, mußte die »Engelgleiche« freilich erst ihre Familie loswerden, was ihr mit Gottes Hilfe auch gelang und sie »mit mörderischer Freude« genoß! »Zu jener Zeit starb nach Gottes Ratschluß meine Mutter, die mir ein großes Hindernis (!) auf dem Wege zu Gott war. Desgleichen starb mein Mann, und in kurzer Zeit starben auch alle meine Kinder. Und da ich angefangen hatte, den besagten Weg zu gehen, und Gott gebeten hatte, mich von ihnen zu befreien (!), war ihr Tod mir ein großer Trost, obwohl ich um sie trauerte[65].«

Eine mystische Bestie andern Schlags, eine Sphinx sozusagen, bei der man, von ihrer krassen Herrsch- und Geldgier einmal abgesehen, nie recht weiß, ob sie mehr Heuchelei oder Hysterie zelebriert oder Zynismus oder auch alles zusammen, ist Theresia von Avila, die größte katholische Mystikerin – ma bête noire.

3.
THERESIA VON AVILA
»UND PFLANZTE IN MIR DIE LIEBE AUF«

> »Darum vorwärts, meine Schwestern! Da wir einigermaßen schon auf Erden den Himmel genießen können ...«
> *Die heilige Theresia*[66]

> ».. . katholisch vom Scheitel bis zur Sohle«.
> *Der Theologe Nigg*[67]

Ihre besonderen Freuden erntete Theresia von Avila (1515–1582) – wie Augustinus (S. 304) und so mancher andre Heilige – erst in reiferen Jahren. Bis um die Vierzig fand sie »keinen Genuß in Gott« oder »Seiner Majestät«, wie sie oft lieber sagt, eine dem Allmächtigen doch auch angemessenere Apostrophierung als die ihm widerfahrende plumpe Duzerei durch jedermann. Nein, zwanzig Jahre lang war Theresia voller Frevel, Maria Magdalena verwandt, ein »böses Weib«, die »Schlimmste unter den Schlimmen«, würdig »der Gesellschaft höllischer Geister«[68]. Aber dann notiert sie, beinah beiläufig, inmitten dieser Sturzflut schwerster Selbstanklagen, ihre Verirrungen, selbst die schändlichsten, seien »nicht von der Art« gewesen, daß sie sich »im Stande der Todsünde befunden hätte«[69].

Welch Licht fällt da auf sie! Welche Wolke von Weihrauch! Welch raffinierte Regie! Man versteht, daß sogar Geistliche oft vor ihr warnten, sie der Überspanntheit und Teufelsbesessenheit ziehen, daß sie zwei Jahrzehnte lang »keinen Beichtvater« fand, der sie »verstanden hätte«[70]. Der erste aber, der sie endlich befriedigte, war nicht nur »ein großer Verehrer« der Jungfrau Maria, insbesondere »ihrer Empfängnis«, sondern auch »einer Frauensperson desselben Ortes«, mit der er es, viele Jahre lang, höchst unplatonisch trieb und mit dem nun eben auch Theresia, in ganz anderer Weise, »sehr lieb« umging, »einen häufigen wechselseitigen Verkehr« pflog. Allerdings starb der Mönch, den verschiedenen Strapazen offensichtlich nicht gewachsen, schon ein Jahr darauf[71].

Gräßlicher noch als Theresias Laster aber waren ihre Leiden: Fieber, Kopfweh, Blutspucken; »fast nie« fühlte sie sich, wie sie vorsichtig formulierte, »wie ich meine..., ohne mancherlei Schmerzen«[72]. Eine Herzschwäche befiel sie mit »so außerordentlicher Heftigkeit..., daß alle... darüber erschraken«. Schnell und immer häufiger wurde sie bewußtlos oder war in einem Zustand, »der beständig an Bewußtlosigkeit grenzte«. Überrascht es, daß man glaubte, sie würde »rasend werden«? Einmal schreibt sie: »Schon seit anderthalb Tagen stand in meinem Kloster das Grab offen, das meinen Leichnam aufnehmen sollte.« Immerhin »drei Jahre« war sie »gelähmt«. Danach kroch sie zuerst bloß »auf Händen und Füßen«. Und gleich »zwanzig Jahre« litt sie »alle Morgen an Erbrechen«, und später noch regelmäßig »nachts vor dem Schlafengehen«, ja »mit viel größerer Beschwerde«. »Ich muß nämlich dem Reize dazu mit Federn oder anderen dergleichen Dingen nachhelfen[73].« Häufig heulte sie. Hatte doch der Herr auch sie »mit der Gabe der Tränen begnadigt«. Aber dann bangte sie, eben dieser Gnadengabe wegen, zu erblinden[74]!

Ein geiler Teufel knirscht mit den Zähnen

Dieser geschlagenen Natur fliegen nun Visionen aller Art so munter zu wie den Bienenstöcken die Bienen. Wiederholt sieht sie den Himmel offen, den Thron, die Gottheit, unvergleichlich schöne Engel und erkennt, »daß hier alles vereinigt sei, was man verlangen kann«[75]. Sie schaut die heilige Klara, »unsere Liebe Frau«, den heiligen »Vater Joseph«, und immer wieder, im Himmel oder gerade, »vom Herrn begleitet«, zum Himmel auffahrend, die Jesuiten, die sie sehr verehrt[76] – bis sie, aus pekuniären Gründen, sie zu Handlangern des Teufels erklärt[77]!

Apropos Teufel. Er ist hinter Theresia her und wird durch Kreuzzeichen (»so gut ich konnte«) und Weihwasser geschreckt, mit wechselndem Erfolg. Einmal peinigt sie Beelzebub »fünf Stunden lang mit so grausamen Schmerzen und einer so großen inneren und äußeren Unruhe, daß ich meinte, ich könnte es nimmer aushalten«. Selbst ihre geistlichen Töchter waren verstört[78].

Ein anderes Mal sieht Theresia neben sich »einen kleinen, sehr abscheulichen Mohren, der wie ein Verzweifelter mit den Zähnen knirschte«, weil er nicht bekam, wonach ihm der schlechte Sinn stand. Doch attackierte er die Heilige hart, und die armen Nonnen, die ihre Mutter erneut in den greulichsten Verrenkungen erlebten, mögen wieder verwirrt genug gewesen sein. »Ich mußte nämlich mit dem ganzen Leibe, mit dem Haupte und mit den Armen heftig stoßen und ausschlagen, ohne mich zurückhalten zu können[79].«

Allmähliche Gewöhnung an göttliche Glieder

Wohin jedoch das Höllenpack nie kam, dorthin drang mühelos der Herr. Im Kloster zu Veas steckte er ihr zum Zeichen der Verlobung zunächst bloß einen Ring »selbst an den Finger«, zeigte sich ihr aber nur peu à peu, erst die Hände, später das Gesicht und schließlich ganz, denn alles auf einmal, nein, sie hätte »es nicht ertragen«[80]. So aber gewöhnte sie sich, sozusagen Stück für Stück, an die göttlichen Glieder.

Wie selbst viele gemeine Sterbliche, macht auch Theresia die Liebe zur Dichterin. Voll greift die größte katholische Mystikerin in die Leier und singt:

»Welch ein Glück, Geliebter mein,
Ganz vereint mit dir zu sein!«

»Als der Jäger süß und holde
Mich getroffen, mich verwundet,
Sank in seiner Liebe Arme
Meine Seele, minnetrunken.«

»Gib mir Liebe, die dich minnt,
Bis sie dich für stets gewinnt,
Daß ich bau' ein Nestlein warm,
Drin ich ruhe sonder Harm[81].«

Jesu Beschneidung entlockte Theresia natürlich ein eigenes Gedicht[82]. Und am »Festtage der heiligen Magdalena« sann sie »über die Liebe nach, die ich Unserem Herrn in betreff dessen schuldig war, was er mir über diese Heilige mitgeteilt hatte; ich war von heftigem Verlangen beseelt, sie nachzuahmen«[83].

». . . dem Herrn die Feige zeigen«

Ach, wüßten wir doch, was das heißt, das ist, das war – Theresias »Feige«... So phantasieanregend wieder, wie die leider gleichfalls verschwiegene Eröffnung (aus erster Quelle doch!) betreffs der großen Sünderin. Wie viele Spekulationen über die heilige Hure hätte Theresia klären, welches Gerede und Geraune beenden können! Doch nein, da war das Geheimnis der synoptischen Horizontalistin – da war Theresias Feige (provenzalisch figa, lateinisch ficus). In der Antike hatten Feige und Feigenbaum erotische Bedeutung. Die Volksetymologie leitete auch das Verb sündigen, peccare, vom Hebräischen pag (Feige) her. Und noch heute bezeichnen die Jäger mit dem Feigenblatt (spanisch fig hoja) das weibliche Glied des Rotwildes[84].

Was und wie indes auch immer, jetzt wird »die Fahne Christi ganz erhoben«, steigt gleichsam »der Befehlshaber der Festung zum höchsten Turme auf«, beginnen »die Bäume sich mit Saft zu füllen«. »Dieser Vergleich erweckt in mir ein süßes Gefühl[85].« Auch spürt sie »in jener inneren Tiefe ein Feuerbecken« und einen »Stoß der Liebe«; »eine sehr große Pein und ein durchdringender Schmerz« ist es, »verbunden mit einer überaus großen Wonne« – »in Wahrheit«, wieder einmal, »eine Wunde«[86]. Dabei dringt der göttliche Gemahl »bis in das Mark ein«, steigt die Erregung zuweilen so, »daß sie durch Schluchzen sich kundgibt« und der Seele »gewisse zärtliche Worte entlockt werden, die sie allem Anscheine nach nicht zurückzuhalten vermag, wie zum Beispiel ›O Leben meines Lebens!‹ ›O Nahrung, die du mich erhältst!‹« Und da wird ihr endlich auch »ins innerste Mark die köstlichste, lieblichen Geruch verbreitende Salbe eingegossen«, »kommen Strahlen von Milch hervor...«[87] Sie ist in Seine Majestät »versenkt«, ist »ganz in den Herrn selbst versenkt«. Entweder steckt er in ihr oder sie in ihm. Jedenfalls spürt sie ihn so, daß sie »ganz und gar nicht zweifeln konnte, er sei in mir oder ich sei in ihn versenkt«[88]. »Oftmals spricht Seine Majestät« dann zu ihr: »Du bist jetzt mein und ich bin dein.« Und sie oder vielmehr ihre Seele, denn nur damit haben wir es zu tun, gerät außer sich und ruft: »Und pflanzte in mir die Liebe auf[89].«

Durchbohrung mit dem Pfeil

Zuweilen wird dieser Seele auch »ein Pfeil in das Innerste des Herzens und ihrer Eingeweide gestoßen, so daß sie nicht weiß, wie ihr ist und was sie will. Sie erkennt, daß sie nach Gott verlangt und daß dieser Pfeil in ein Gift getaucht zu sein scheint...« Und »Gift« und »Pein« und »Liebespein«, das alles ist »so süß, daß es in diesem Leben kein wonnevolleres Vergnügen gibt«. »Man kann da weder die Arme noch die Füße bewegen... Man vermag kaum mehr Atem zu schöpfen; nur einige Seufzer kann man noch ausstoßen[90].«

Hierher gehört natürlich auch jene bekannte, von Bernini in der römischen Kirche S. Maria della Vittoria so »erschreckend anzüglich«[91] und eben deshalb so situationsgerecht verewigte Vision, in der ein Engel Theresia ein langes goldenes Schwert immer wieder ins Herz stößt. »Ich sah neben mir«, so schildert sie die (um 1562 sich ereignende) Erscheinung oder vielmehr, verbessert Evelyn Underhill, »das wirkliche Erlebnis der Durchbohrung[92]«, »gegen meine linke Seite zu, einen Engel in leiblicher Gestalt... Er war nicht groß, sondern klein und sehr schön. Sein Angesicht war so entflammt, daß er mir als einer der erhabensten Engel vorkam, die ganz in Flammen zu stehen scheinen. Es müssen dies jene sein, die man Cherubim nennt... In den Händen... sah ich einen langen goldenen Wurfpfeil, und an der Spitze des Eisens schien mir ein wenig Feuer zu sein. Es kam mir vor, als durchbohre er mit dem Pfeile einigemale mein Herz bis aufs Innerste, und wenn er ihn wieder herauszog, war es mir, als zöge er diesen innersten Herzteil mit heraus. Als er mich verließ, war ich ganz entzündet von feuriger Liebe zu Gott. Der Schmerz dieser Verwundung war so groß, daß er mir die erwähnten Klageseufzer auspreßte; aber auch die Wonne, die dieser ungemeine Schmerz verursachte, war so überschwenglich, daß ich unmöglich von ihm frei zu werden verlangen noch mit etwas Geringerem mich begnügen konnte als mit Gott[93].«

Genug, der lange goldene Speer nebst rotglühender Spitze (»ein wenig Feuer«), die überschwengliche Süße des Schmerzes und das Gestöhn beim Hin und Her der himmlischen Stecherei, da fehlt denn allenfalls der »geistliche Leim« noch, von dem ein englischer Mystiker spricht, eine Metapher – »wenn auch plump, so doch gänzlich unschuldig«[94].

Häufige Erscheinungen von Lanzen und Stoßdegen

Wen wundert's, daß Theresia die Gnade del dardo, des Pfeiles, »öfters« zuteil ward? Daß sie erklärt, es sei ihr etwas zugestoßen[95]?

Es ist ihr etwas »zugestoßen«. Immer wieder auch sieht sie Pfeile, Lanzen, Stoßdegen oder »Schwerter in den Händen« von Patres. Vorsichtig formuliert sie: »Ich denke, damit war angedeutet, daß sie den Glauben verteidigen würden. Denn ein anderes Mal, als im Gebet mein Geist verzückt wurde, glaubte ich mich auf einem Felde zu befinden, wo viele miteinander kämpften, und unter diesen sah ich auch jene Ordensleute mit großem Eifer streiten. Ihr Antlitz war schön und ganz entflammt. Sie überwanden viele und schlugen sie zu Boden; andere töteten sie. Das Ganze schien mir ein Kampf gegen die Ketzer zu sein[96].«

Doch gibt es verwandte Visionen, die eindeutiger sind. »Ich sah mich während des Gebetes ganz allein auf einem weiten Felde; und um mich herum standen viele Leute von verschiedener Art, die mich eingeschlossen hielten. Alle schienen Waffen in den Händen zu haben: Lanzen, Schwerter, Dolche und sehr lange Stoßdegen, um damit auf mich loszustürmen.« Rechtzeitig aber reicht ihr Christus vom Himmel die Hand und errettet sie – »so konnten mir diese Leute, obschon sie es wollten, nicht schaden«[97].

Nichts selbstverständlicher, als daß derlei sie häufiger heimsucht, sie sich schon »kurz darauf beinah dem nämlichen Angriffe ausgesetzt« sieht. Dabei behelligten sie keinesfalls wildfremde Menschen, nein: »Ich rede hier von den Freunden, Verwandten und, was noch mehr zu verwundern ist, von sehr frommen Personen. In der Meinung, etwas Gutes zu tun, bedrängten mich diese nachher so sehr, daß ich nicht wußte, wie ich mich schützen oder was ich tun sollte[98].«

Auch wenn ihr der Teufel naht, fällt ihr, außer dem »schrecklichen Mund«, dessen Betrachtung sie »besonders« reizt, etwas Langes, Zudringliches auf: »Aus seinem Leibe schien eine große Feuerflamme zu lodern, die ganz hell und ohne Schatten war[99].«

Erhebungen und Trockenheiten

Die – geistigen – Begattungen der Theresia, gewöhnlich ein »schneller, heftiger Angriff«, ließen sie meist »wie zermalmt« zurück. Noch am nächsten Tag fühlt sie »den Schmerz an den Pulsen und im ganzen Körper, so daß es mir vorkommt, als wären alle meine Glieder verrenkt«. »O erhabene Kunst des Herrn!« stöhnt sie im Nachgenuß[100].

So folgt Vision auf Vision und Ekstase auf Ekstase – »eine glorreiche Verrücktheit, eine himmlische Torheit«[101], wobei ihre Aufschwünge immer kühner werden, sie immer mehr erheben, buchstäblich. Denn gemäß dem Herrenwort: »Ich will, daß du fortan nicht mehr mit Menschen, sondern mit Engeln verkehrst«, was »vollkommen in Erfüllung«

ging[102], bekam diese »äußerst kritische Natur« zumindest ein »Vorgefühl der Engelnatur« (Nigg). Erhob sie sich doch in mystischer Trance, die Gesetze der Schwerkraft durchbrechend, wiederholt vom Boden und schwebte selig in der Luft – mitunter eine halbe Stunde lang! Zeugen: Nonnen und »Damen der Gesellschaft« (Nigg)[103]. Und sie selbst natürlich. *»Ich wenigstens war so bei mir, daß ich deutlich sah, wie ich emporgehoben ward*[104].«

Wundern und Verzückungen von andren freilich – bloßen »Weiberohnmachten«[105] – stand die doctora mystica auffallend skeptisch, um nicht zu sagen diffamierend gegenüber. »Man findet Menschen«, meint sie, »und ich habe selbst solche gekannt, deren Hirn und Phantasie so schwach sind, daß sie glauben, alles, woran sie denken, wirklich zu sehen, und dies ist eine sehr gefährliche Anlage.« »Wie Sie wissen, gibt es ja, wenn auch nicht in unseren Klöstern, Personen von so schwacher Einbildungskraft, daß sie alles, was ihnen einfällt, wirklich zu schauen vermeinen; dabei muß wohl auch der Teufel mit im Spiele sein[106].« Aus ihr hingegen sprach »ganz offenbar der Geist Gottes«[107].

Nun sprach er allerdings nicht immer. Und da trat dann die Sünde der »acedia« ein, »ennui spirituel«, der »Schlaf der Seele«, wie Cassian, die »dunkle Nacht«, wie Johannes vom Kreuz sagt, jener betrübliche Zustand, den Mechthild von Magdeburg mit den Worten beklagt: »Wenn die treue Braut erwacht, denkt sie an ihren Geliebten. Kann sie ihn dann nicht haben, so beginnt sie zu weinen. Eia, wie häufig das den Bräuten Gottes geistlicherweise widerfährt[108]!« Es ist jenes Elend, über das Arnulf Øverland mit Mechthild selbst stöhnt: »Dann fiel sie auf ihre Knie und sehnte sich danach, ihm nahe zu kommen. Er umarmte sie mit seinen göttlichen Armen, legte seine väterliche Hand auf ihre Brüste und blickte ihr dabei tief in die Augen. Und wie wurde sie nicht geküßt[109]!«

Achtzehn Jahre leidet Theresia so unter »großen Trockenheiten«, meldet sie »Einsamkeit und Trockenheit«. »Ich befand mich damals in großer Trockenheit« und so weiter. Doch hält sie auch »diese Trockenheit für eine große Gnade«[110]. Denn um so schöner dann der göttliche Erguß – weshalb Theresia, »um gewisse Gegenstände des geistlichen Lebens zu erklären«, stets auf ihr »Lieblingsbild« zurückkommt, die »Bewässerung der Seele durch ein kunstvolles Röhrensystem des Gärtners«[111]. Der Herr ist präsent wie ein Schwamm, »der ganz mit Wasser durchtränkt ist«. Sie schwärmt von den »Quellbächen« des »Bräutigams«, dem »gebenedeiten Brunnen«, der ihren »Lustgarten« bewässert, wobei sie, ganz realistisch, fühlt, wie die »Gewalt des Feuers mit einem Wasser gedämpft wird, das seine Glut vermehrt«[112]. Und da fließt, da sprudelt und spritzt es nun, »den Quellen gleich«. »Die Liebe wallt immer.« Zwar trocknet man, entsetzlich genug, stets von neuem aus. Doch kommt es auch wieder, »denn ein Wasser zieht das andere nach sich«[113].

4.
VORHAUTMYSTIK IN DER NEUZEIT

> »Die sexualärztliche Erfahrung lehrt, daß Sexualunterdrückung krank, pervers oder lüstern macht.«
> *Wilhelm Reich*[114]

Das Unnatürliche der christlichen Moral ließ die Braut- und Brunstmystik auch später noch allerlei Blüten treiben.

Angelus Silesius, der klerikale Sänger aus Schlesien (»Mir nach! spricht Christus, unser Held«), schreibt 1657 in der Vorrede seines bekannten Büchleins »Heilige Seelen-Lust oder geistliche Hirtenlieder der in ihren Jesum verliebten Psyche«: »Verliebte Seele! Ich geb' dir hier die geistlichen Hirtenlieder und liebreichen Begierden der Braut Christi zu ihrem Bräutigam, mit welchem du dich nach deinem Gefallen erlustigen und in der Wüsten dieser Welt als ein keusches Turteltäubchen nach Jesu, deinem Geliebten, inniglich und lieblich seufzen kannst[115].«

Das hört sich dann so an:

> »Ach, wie süß ist Dein Geschmack
> Wohl dem, der ihn kosten mag!
> Ach, wie lauter, rein und helle
> Ist Dein Ausfluß, Deine Quelle
> Ach, wie voller Trost und Lust
> spritzet Deine milde Brust[116].«

Die kirchlichen Gesangbücher strotzen damals von Liedern, wie »O Rosenmund, komm küsse mich!«, »Nordstern der verliebten Seelen«, »Das ich verliebt bin, das machst du mit verliebtem Sinn«, »Prinz aus der Höh', der du mir die Eh' versprochen« und dergleichen mehr[117].

Ein (nach der Melodie »Mein Herzens-Jesu, meine Lust« zu singendes) Kirchenpoem beginnt:

> »Komm, Taubengatte, reinste Lust,
> Komm, unser Bette blühet!«

Und enthält die Verse:

»O hitz'ge Lust, o keusches Bett,
Darin mein Lieb mich findet,
. . .
Du kannst der süßen Ehe Joch
Nun zwischen uns bereiten:
Drum gibst du dich, drum dringst du ein,
Mein Geist will nur durchflossen sein
Von dir, Dein Spiel zu leiden . . .[118].«

Ausgerechnet im »Geistreichen Gesangbuch« des beginnenden 18. Jahrhunderts prangen die Strophen:

»Dich such ich im Bette des Nachts bis am Morgen
wenn ich im Zimmer des Herzens verborgen:
so heimlich als öffentlich unter dem Haufen
sieht man mich vor Liebe dir, Jesu, nachlaufen.«

»Ich hab ihn, ich halt ihn, ich will ihn nicht lassen,
ich will ihn umhalsen, ich will ihn umfassen,
ich will ihn ins Zimmer zur Mutter heimführen,
da werd ich erst völlige Gnade verspüren[119].«

Aus einer Fülle anderer »Erbauungsschriften« dieser Zeit kommt das gleiche geistliche Girren:

»Mein Lieb, mein Schatz, mein Bräut'gam, ich lege mich in deinen Schoß,
Ich dräng mich in dein Herz hinein, du wirst mich nimmer von dir los,
Ich will von dir geschwängert sein . . .« und so fort[120].

»Tief 'nein, tief 'nein . . .«

Mit verkitschten Metaphern eindeutiger Herkunft intensivierte auch die im 18. Jahrhundert von Nikolaus Ludwig Graf von Zinzendorf gegründete (im Kern lutherische) Herrnhuter »Brüdergemeine« das Glaubensleben. Besonders die Seitenwunde des Gekreuzigten, das sogenannte »Seitenhöhlchen«, wurde in den pietistischen Erbauungszirkeln als weibliches Geschlechtsorgan aufgefaßt und entsprechend literarisch verwertet.

>»Tief 'nein, tief 'nein ins Seitelein:
wie wohl ist einem Vögelein,
das einmal angelanget da
und singet Pleurae gloria;
da hängt's am Ur-Magnet,
da hängt es steif und steht;
da hat es seinen nahen Mann
mehr nah, als man was haben kann[121].«

Man machte Jesu Seitenwunde hier zum »Wundenbienelein«, »Wundentücherlein«, »Blutwundenfischlein«, »kriecht in das Seitenhöhlchen«, »wühlt sich hinein«, »frißt sich ein«, »beleckt es«[122].

>»Ach Höhlingen von dem Speer,
Halt schon dein Mäulgen her,
Geküßt, geküßt muß seyn...«

Und selbst der Phallus wird im Gesangbuch als »geheimnisvolles Glied« der »ehelichen Salben« verherrlicht[123].

Vorhautprobleme

Wenn ein Papst noch 1728 zur Vorhaut *Abrahams* wallfahrtete[124], überrascht es wohl nicht, daß erst recht die Vorhaut Jesu die frommen Christen tief bewegt hat.

Schon eine lange Reihe von Kirchenvätern quälte das ungewisse Schicksal dieser Vorhaut, die Gott am achten Tag seines irdischen Lebens verloren haben mußte[125]. War sie verwest, zu klein geworden oder wunderbarerweise gewachsen? Schuf sich der Herr eine neue? Besaß er sie beim letzten Abendmahl, als er das Brot in seinen Leib verwandelte? Hat er eine Vorhaut nun im Himmel und ist sie seinen Proportionen adäquat? Wie verhält sich seine Gottheit zum Präputium? Erstreckt sie sich darauf? Und die Reliquie? Kann sie echt sein? Muß sie angebetet oder, wie andere Reliquien, bloß verehrt werden?

Endlich: Warum gibt es so viele Vorhäute Jesu? Die von dem ehemaligen Dominikaner A. V. Müller verfaßte Monographie »Die hochheilige Vorhaut Christi« (1907) führt immerhin 13 Stätten auf, die sich des Besitzes einer »echten« göttlichen Vorhaut rühmen: den Lateran, Charroux bei Poitiers, Antwerpen, Paris, Brügge, Boulogne, Besançon, Nancy, Metz, Le Puy, Conques, Hildesheim, Calcata »und wohl noch andere Orte«. Nach Rom kam das kostbare Gut durch Karl den Großen, der es seinerseits von einem Engel hatte[126].

Allmählich entwickelte sich ein regelrechter Vorhautkult. 1427 gründete man gar eine »Brüderschaft von der Heiligen Vorhaut«[127]. Zu dem in Charroux befindlichen Häutchen, dem man – zur Zeit Pierre Bayles, Voltaires und Goethes – eine günstige Wirkung auf den Geburtsverlauf zuschrieb, pilgerten besonders Schwangere[128]. Das in Antwerpen aufbewahrte Stück bedienten spezielle Präputiumkapläne. Wöchentlich zelebrierte man hier ein feierliches Hochamt zu Ehren der heiligen Vorhaut, und einmal im Jahr trug man sie »im Triumph« durch die Straßen[129]. War sie auch klein und unsichtbar, mag doch der Segen, der von ihr ausging, groß gewesen sein ...

Jesu Vorhaut als Verlobungsring

Einfühlsam feiert der Jesuit Salmeron die Vorhaut des Herrn als Verlobungsring für seine Bräute. »Jesus schickt also in diesem Beschneidungsgeheimnis seinen Bräuten (wie eine heilig gesprochene Jungfrau schriftlich hinterlassen hat) den fleischenen Ring des höchst kostbaren Präputiums. Nicht *hart* ist er; mit sardischem Stein gerötet, trägt er die Aufschrift: wegen des vergossenen Blutes. Er trägt auch eine (andere) Inschrift, die an die Liebe erinnert, nämlich den Namen Jesu. Der Hersteller dieses Ringes ist der heilige Geist, seine Werkstätte ist Marias reinster Schoß ... Das Ringlein ist *weich*, und wenn du es an den Finger deines Herzens steckst, so verwandelt es dein steinernes Herz in ein (fleischiges) mitfühlendes ... *Weißglänzend* und *rot* ist das Ringlein, weil es uns bis zum Blutverguß fähig macht, der Sünde zu widerstehen und uns rein und gottliebend verwandelt[130].«

Sinnierte schon eine große und gelehrte Theologenschar über das ungeklärte Verbleiben des Relikts, wie groß und hingerissen mag erst der Kreis vorhautverzückter Jungfrauen gewesen sein? Die heilige Katharina von Siena, die sich kreischend auf dem Boden wälzen und um die »Umarmungen« ihres »süßesten und geliebtesten Jünglings« Jesus betteln konnte, trug seine Vorhaut, von ihm selbst spendiert, unsichtbar am Finger[131]. Oft und mit arger Schüchternheit, überliefert Katharinas Beichtvater, habe sie ihm bekannt, den Ring immer zu sehen, ja »daß es keinen Augenblick gebe, in dem sie ihn nicht wahrnehme«[132]. Und als Katharinas Finger selbst Reliquie wurde, erblickten »verschiedene fromme Personen«, die davor beteten, ebenfalls den Ring, obwohl er sonst unsichtbar war[133]. Noch 1874 beglückte er auch die beiden jungen Stigmatisierten Célestine Fenouil und Marie-Julie Jahenny; bei dieser sahen ihn gleich vierzehn Männer anschwellen und »unter der Haut rot« werden. Ihr Bischof war »voll Begeisterung«[134].

Das Vorhautmenü der Blannbekin

Und doch, was ist all dies neben dem Vorhauterlebnis der 1715 in Wien verstorbenen Nonne Agnes Blannbekin, deren »Offenbarungen« der österreichische Benediktiner Pez 1731 dokumentarisch machte.

Fast von Jugend auf, berichtet Pater Pez, habe die Blannbekin dem Teil nachgetrauert, den der junge Jesus dereinst verlor. Besonders pflegte sie »immer am Feste der Beschneidung innig aus großem Herze-Mitleid den Blutverlust zu beweinen, den Christus so früh beim Beginn seiner Kindheit zu erleiden sich herabließ«, das unauffindbare Häutchen vom Penis des Herrn. Und just an einem solchen Fest, gleich nach dem Kommunionempfang, geschah es dann, lag's ihr buchstäblich auf der Zunge. »So Christus beweinend und bemitleidend«, überliefert der kundige Pez, »fing sie an darüber nachzudenken, wo das Präputium sei. Und siehe da! Bald fühlte sie auf der Zunge ein kleines Häutchen, gleich dem Häutchen eines Eies, voller übergroßer Süßigkeit, und sie schluckte es hinunter. Kaum hatte sie es hinuntergeschluckt, da fühlte sie schon wiederum das Häutchen mit der Süßigkeit von neuem auf der Zunge, und sie schluckte es nochmals hinunter. Und so machte sie es wohl hundertmal... Und es wurde ihr offenbart, daß das Präputium mit dem Herrn am Auferstehungstage auferstanden ist. So groß war die Süßigkeit beim Hinunterschlucken dieses Häutchens, daß sie in allen Gliedern und in allen Muskeln der Glieder eine süße Umwandlung fühlte[135].«

Die libidinöse Basis dieses ganzen Minnezirkus mit Jesus und der Jungfrau, Vorhaut und Zitzen, Phallus und Muttermilch, könnte sie überhaupt evidenter sein? Dabei gibt es, den rein literarischen Aspekt einmal beiseite, keinerlei relevanten Unterschied zwischen einer »echten« und »nichtechten«, einer hohen und niederen Mystik, zwischen Mystik und Mystizismus. Überall erscheint die Natur in der »Über-Natur«, die Sexualität in der »Spiritualität«, Eros in der Agape, zwar in der Art der Äußerung verschieden, doch nicht im Grund. Ob man sich auf dem Boden wälzend nach Jesus schreit oder mit dem Kruzifix masturbiert[136], stets sind es Surrogate bloß des leibhaft unterdrückten Triebs.

Therese Neumann und Minnesangs Ende

Die jüngsten »Mystikerinnen« der Catholica freilich sind trostlos nüchtern oft und ausdrucksarm, jedenfalls verbal. Denn Jesusminne nach Art mittelalterlicher Spitzenkräfte ist passé.

Bei Therese Neumann von Konnersreuth etwa (gest. 1962) wirkte zwar die Aufführung, besonders ihre Mimik, laut Kaplan Fahsel, noch

»so eindringlich und wunderbar abwechselnd, wie ich es selbst bei der besten Schauspielerin niemals bemerkt habe«[137] (sehr gut!), ihre Aussagen aber waren bestürzend knapp. Was ihrer geschwätzigen spanischen Namensschwester doch ganze Bände abgenötigt, erklärte sie oberpfälzisch karg: »O, do kann i nix mehr seh'n, do kann i nix mehr hör'n, do kann i nix mehr denk'n, do kann i nix mehr tun[138].«

Entsprechend der zunehmenden Aufklärung, der allgemeinen Versachlichung, der mehr rational bestimmten Lebensführung überhaupt, sterben die christlichen Mystizisten und Mystifizierer allmählich aus. Die Hysterie geht in allen westlichen Ländern zurück, und der Affektbereich ist besser integriert[139]. Man versteht die Klage des Eiferers: »Wie war doch die Liebe zur ewigen Weisheit und die Marienminne einstens vor 400 Jahren, in der katholischen Zeit des deutschen Volkes, so ganz anders als heute! Damals, wo der Rauhreif einer sogenannten Reformation diese edelste Blüte (!) deutschen Volkstums, die zarte mittelalterliche Christus- und Marien-Mystik noch nicht ein für allemal zerstört hatte! Ein für allemal? Nein, das hoffe ich bestimmt nicht!« Und nun heißt es im Fettdruck: »Einmal, wenn der Winter des Protestantismus vorüber sein wird, wenn alle jene in ihrem eigenen Blute (!) ertrunken sein werden, die heute gegen Jesus, Maria und die Kirche protestieren, wenn die Ideen des Protestantismus, Liberalismus und Sozialismus in einem Kampf auf Leben und Tod (!) sich gegenseitig aufgerieben haben werden, dann, ja dann wird ein katholischer Frühling mittelalterlicher Christus- und Marienmystik wiederum unter unserem Volke seine Blütenpracht entfalten[140].«

Wie sehr indes auf dieser Seite Blütezeit und Blutvergießen stets zusammenfallen – fromme Ersatzobjekte, mystische Aufgeilungen und Abreaktionen allein befriedigten die meisten Religiosen schon früher nicht. Mochte der marianische Busen noch so strotzend und milchreich, die Vorhaut des Herrn noch so süß sein, mochte man da wie auch immer geistlich schnäbeln, schlecken, sich entzünden und aufreiben oder klaffende Wunden salben, leimen und sonstwie stopfen und füllen, ja sich scheintot lieben oder in die Luft erheben lassen – im allgemeinen bevorzugte man doch die profanere Art.

12. Kapitel
Aus der chronique scandaleuse der Mönche

>»... dieser Augiasstall, der sich Kirche Christi nennt und doch nur ein Bordell des Antichrist ist«.
> *Der österreichische Augustinerchorherr Konrad Waldhauser (14. Jahrhundert)*[1]

>»Die Ordensleut sollen das Salz der Erde sein; sie sein aber versalzen mit Hoffart und Geiligkeit, mit Unkeuschheit, daß man ihnen nicht mehr kann zuhilf kommen.«
> *Domprediger Geiler von Kaysersberg (15. Jahrhundert)*[2]

>»Dagegen wandeln auf dem Wege wahrer klösterlicher Vollkommenheit so wenige, daß ein Ordensmann oder eine Nonne, die ernstlich beginnen wollen, ihrem Berufe vollständig nachzukommen, die eigenen Hausgenossen mehr zu fürchten haben als alle höllischen Geister zusammengenommen.«
> *Die heilige Theresia von Avila (16. Jahrhundert)*[3]

>»Deine Schwelle soll nicht betreten irgendein Bruder oder Mönch oder Priester, diese flieh: keine Pest ist nämlich wüster... Die Mysten und die verschmitzten Kutten, die keusch sein sollten, sind öffentlich brünstig mit Dirnen (pellicibus) oder verstohlen mit Knaben, Ehefrauen Tag und Nacht... viele auch begatten sich mit Vieh (ineunt pecudes), und Land und Wälder sind voll Schande und jede Stadt ein Bordell.«
> *Der dem Inquisitionsgericht überantwortete P. A. Manzolli*[4]

Seit alter Zeit strömte in den Klöstern alles mögliche zusammen, und oft keineswegs aus religiösen Gründen.

Schon in der Antike jedenfalls ging man so wenig freiwillig ins Kloster wie heute in die Fabriken[5]. Im Mittelalter ließ der Adel manche seiner Kinder einkleiden, um sie zu versorgen oder weil sie häßlich waren. »Hat ein Edelmann ein Kind, das schielt, hinkt, kröpfig, lahm oder ein Krüppel ist«, sagt der Barfüßer Pauli, »so gibt es ... eine Nonne oder einen guten Mönch, gleich als hätte Gott nicht auch gern etwas Hübsches[6].« Oft auch verließ man die »Welt«, wie manchmal noch heute, aus enttäuschter Liebe oder aus Furcht vor verhaßter Ehe, mitunter sogar wegen eines Verbrechens, da die Klöster das Asylrecht besaßen[7].

Murmeln von Psalmen?

Zu allen Zeiten aber nahm man die Kutte, um leichter leben – und lieben zu können. Denn nicht jeder eben war für das geschaffen, was der Theologe Petrus von Blois 1185 das »Murmeln von Psalmen und deren ungeordnete Wiederholung bis zum Ekel« nannte[8].

Bereits Augustin, der noch die Mönche rühmt, lernte doch »auch keine schlechteren kennen als jene, die in Klöstern fielen«[9]. Im 5. Jahrhundert klagt Kirchenvater Salvian: »... unter dem Deckmantel des Ordens frönen sie den Lastern der Welt[10].«

Im 6. Jahrhundert schreibt der Brite Gildas: »Sie lehren die Völker, geben ihnen die schlimmsten Beispiele, indem sie ihnen beibringen, Laster und Unsittlichkeit auszuüben...[11]« »Viele Männer«, bezeugt im frühen Mittelalter der heilige Beda, »wählen das Klosterleben nur, um von allen Staatsdiensten befreit zu werden und ungestörter ihre Lüste befriedigen zu können. Diese sogenannten Mönche befolgen nicht nur selbst kein Gelübde der Keuschheit, sondern sie mißbrauchen sogar die Jungfrauen, welche die Gelübde getan haben[12].«

Das blieb unter allen Himmelsstrichen, die römische Dogmatik und Heuchelei heimgesucht, ganz gleich. Im Hochmittelalter kann Petrus Venerabilis, der kanonisierte Cluniacenserabt, fast in ganz Europa außer Platte und Kutte vom Mönch nichts mehr entdecken[13]. Im Spätmittelalter bekennt Nikolaus von Clemanges, Geheimschreiber Papst Benedikts XIII., die Ordensleute seien gerade das Gegenteil dessen, was sie sein sollten, haßten nichts mehr als Zelle und Kloster, Lesen und Gebet, Regel und Religion[14]. Zu Beginn der Neuzeit spricht Giordano Bruno generell vom »schweinischen Mönchtum«[15]. Und noch Voltaire ruft: »Überall sind es die Mönche, die die Menschen verdorben haben[16].«

Frauen – »... im Kloster weder ein- noch ausgehen«

Gewiß ergriff die Ecclesia alle erdenkbaren Schutzmaßnahmen. Bereits unter Pachomius durften Frauen, wie ein moderner Katholik schreibt, »*im Kloster weder ein- noch ausgehen*«[17]! Redete »eine Frauenperson« die Mönche unterwegs an, hatte ihr »der Bejahrteste ... mit niedergeschlagenen Augen zu antworten«[18]. Auch bei den Benediktinern herrschte strengste Klausur[19]. Die Cluniacenser ließen nicht einmal in der Nähe ihrer Klöster – die Grenze lag bei zwei Meilen – Frauen siedeln[20]. Die Franziskaner mußten sich vor ihnen, wie es in ihrer Zweiten Ordensregel heißt, »in acht nehmen, und keiner soll sich mit ihnen unterhalten oder allein des Weges gehen oder bei Tisch aus einer Schüssel mit ihnen speisen«[21]. Und auch in einer Dritten Regel verbot Franziskus »nachdrücklich allen Brüdern, verdächtige Beziehungen oder Beratungen mit Frauen zu unterhalten und Frauenklöster zu betreten«[22]. »Verdächtige Türen«, verfügte 1212 die Synode von Paris, »und Räume in den Abteien, Prioraten und allen Aufenthaltsorten der Religiosen sollen, damit dem Teufel keine Gelegenheit gegeben werde, durch die Bischöfe verrammelt werden[23].« Auch ließ man die Mönche, stets das beste Überwachungssystem, ständig beichten, in den irischen Klöstern der Frühzeit nicht weniger als zweimal täglich[24].

Übertretungen ahndete man hart. So bedrohten die frühmittelalterlichen Bußbücher einen Mönch, der ein Mädchen beschlief, mit einer dreijährigen Buße; bestieg er eine Nonne, bekam er sieben Jahre; trieb er Ehebruch: zehn Jahre Buße, sechs bei Wasser und Brot; verkehrte er inzestuös: zwölf Jahre Buße, sechs bei Wasser und Brot[25]. Verehelichten sich gar Religiose untereinander, forderte bereits Siricius in der ersten uns erhaltenen päpstlichen Dekretale, daß sie, »eingeschlossen in ihre Zimmer«, lebenslang (!) sühnen sollten, im Prinzip durch Jahrhunderte die übliche Bestrafung. Unter Berufung darauf befahl beispielsweise 747 Papst Zacharias – ausgezeichnet »vor allem durch Güte«[26] –, gelübdebrechende Mönche und Nonnen in ein Zuchthaus (ergastulum) zu werfen und sie dort *beständig büßen* zu *lassen bis zum Tod*[27].

»Und so nährten sie das Fleisch in Gelüsten«

Aber alles Vorbeugen und Strafen, Predigen und Prügeln war vergeblich, die Libertinage der Ordensleute sprichwörtlich (S. 148), ja der Hautgout des Unmoralischen um sie so stark, daß mancher Ritter, ehe er auf Abenteuer zog, in eine Kutte kroch[28].

Überdies forderten die Isoliertheit der Klöster, der Schutz der Klausur und der Müßiggang geradezu Ausschweifungen heraus. Tanzte man doch selbst in den Kirchen und sang Schlager dort[29]. Mönche unterhielten Schenken mit Possenreißern und Dirnen[30]. In Jütland wurden die Religiosen wegen ihrer Hurerei verjagt oder dauernd versetzt; bei Halle trieben sie es mit Mädchen in einem abgelegenen Klosterraum; in Magdeburg walzten Bettelmönche mit Weibern herum, die sie Marthae nannten[31]. In Straßburg tanzten und hurten die Dominikaner in Zivil mit den Nonnen von St. Marx, St. Katharinen und St. Nicolai[32]. In

Salamanca huschten die unbeschuhten Karmeliter »bei Frauenspersonen aus und ein«[33]. In Farfa bei Rom lebten die Benediktiner ganz offen mit ihren Mätressen[34]. In einem Kloster der Erzdiözese Arles steckten die noch übriggebliebenen Asketen wie in einem Bordell mit Frauen zusammen[35]. Und auch die Kuttenträger des Erzbischofs von Narbonne hatten öffentlich Konkubinen (focarias), darunter selbst Weiber, die sie den Ehemännern abspenstig gemacht[36].

Um Frauen leichter zu bekommen, banden ihnen die Patres auf, mit Mönchen in Abwesenheit des Gatten zu schlafen, verhüte verschiedene Krankheiten[37]. Immer wieder auch erschlichen sie sich den Geschlechtsverkehr durch die Behauptung, mit ihnen sei er eine viel leichtere, ja hundertmal geringere Sünde als mit einem fremden Ehemann[38]. Die Kalmückinnen sollen dem Koitus mit Klerikern geradezu aus religiösen Gründen geneigt gewesen sein. Offenbar hatte man ihnen weisgemacht, sie nähmen dann an deren Heiligkeit teil[39].

Ein plastisches Bild dieses geistlichen Lebens gibt auch der Oxforder Theologe John Wiclif (1320–1384): »So groß ist der Verderb und die Freiheit im Sündigen«, schreibt er, »daß Priester und Mönche ... die Jungfrauen, die ihnen das Beisammensein weigerten, töteten. Ich übergehe ihre Sodomie, die jedes Maß übersteigt ... Unter Kapuzen, Kutten und Gewändern führten sie ihre jungen Weiber (juvenculas), manchmal nachdem ihr Haar geschoren war ... Die Bettelmönche mißbrauchten, wenn sie Beichte gehört hatten, während die adligen Männer im Kriege waren, die Geschäftsleute in Geschäften, die Handelsleute beim Handel und die Bauern auf dem Felde, deren Frauen ... Prälaten besaßen Nonnen und Witwen. Und so nährten sie das Fleisch in Gelüsten[40].«

Die Äbte aber gingen oft, wie etwa Bernharius vom Kloster Hersfeld, »allen mit dem schlechtesten Beispiel voran«, hatten haufenweise Kinder, Abt Clarembald von St. Augustin in Canterbury zeugte allein in einem Dorf siebzehn, oder begatteten sogar ihre nächsten Verwandten, wie der Abt von Nervesa, Brandolino Waldemarino, der seinen Bruder ermorden ließ und mit seiner Schwester koitierte[41]. Noch im späten 18. Jahrhundert gab es Klostervorsteher, wie den Abt Trauttmannsdorff im böhmischen Tepl, die jahrelang nicht Konvent und Chor betraten und die Kirche meist nur an den Hochfesten, im Kloster aber, umdienert von Lakaien in gleißenden Livreen, glanzvolle Parties und Bälle gaben, kurzum große Vermögen verpraßten. Das gilt selbst für Bettelorden, wie die irischen Franziskaner, die sogenannten Hiberner in Prag. In der Zelle ihres Guardians wurde bis Mitternacht gesungen und getanzt, auch in der Sakristei neben dem Hochaltar getafelt, und während die alten Brüder die jungen blutig schlugen, strichen die Patres mit Frauen in den Weingärten herum[42].

Allein im Dienste der himmlischen Dame Maria

Eine prächtige Vitalität demonstrierten auch die Ritter des Deutschen Ordens. Denn wie sie ihre Feindesliebe nicht im geringsten hinderte, den halben Osten auszumorden[43], so hielt auch ihr votum castitatis, ein Leben »allein im Dienste ihrer himmlischen Dame Maria«, sie nicht ab, alles zu vögeln, was eine Vagina hatte, Ehefrauen, Jungfrauen, kleine Mädchen und, wie wir nicht ohne Grund vermuten dürfen, sogar weibliche Tiere[44]. In ihrer Residenzstadt Marienburg verließen die Ehemänner abends kaum noch das Haus vor Angst, ihre Frauen und Töchter würden dann auf die Burg geschleppt und mißbraucht. Lang noch hieß ein Teil der Schloßfreiheit in Erinnerung an die Sexpassionen der geistlichen Ritter »der Jungferngrund«. »Aus den Strafakten des Marienburger Ordenshauses hat sich ergeben, daß unter dem Deckmantel der christlichen Beichte Jungfrauen und Ehefrauen systematisch verführt, Vergewaltigungen selbst an neunjährigen Mädchen von den Ordenskaplanen verübt wurden[45].«

Bemühungen um Brüder und weibliche Tiere

Andererseits freilich mußte gerade die häufige Erschwerung heterosexuellen Verkehrs viele Mönche zu homosexuellem Umgang und sonstigen Geschlechtskontakten treiben.

Gewiß traf man auch da alle erdenklichen Vorkehrungen. Schon im ältesten Mönchtum durfte keiner mit dem anderen im Dunkeln sprechen, keiner des andern Hand ergreifen, ihn waschen, salben, tonsurieren, mußte noch beim Gehen und Stehen zwischen ihnen ein kleiner Abstand bleiben. Und es sollten auch »nicht zwei auf dem Rücken eines nackten Esels reiten«[46]. Man ließ die Mönche nicht gern in Einzelzellen nächtigen. Im Saal aber hatte jeder angekleidet im eigenen Bett zu liegen, meist ein Älterer zwischen Jüngeren, und der Schlafraum bis zum Morgen ununterbrochen beleuchtet zu sein, überdies eine kleine Gruppe abwechselnd zu wachen[47].

Doch wie umfassend immer die Bespitzelung war, stets blieben die Klöster, wie die Gefängnisse, Zentren des homosexuellen Verkehrs, und er wurde auch vor allem durch Mönche verbreitet[48].

In der Antike geschah dies offener, zerstörte man durch Päderastie ganze Kirchengemeinschaften[49]. Heute wahrt man Diskretion. Ein fünfunddreißigjähriger Anonymus gesteht: »In der reinen Männerwirtschaft der Klosterschule verstärkte sich in mir eine homoerotische Neigung.« Er führt Buben »einzeln oder in kleinen Gruppen in die Geschlechtlichkeit ein«, auch durch »sexuelle Handlungen«. Doch hat er

»Angst vor Entdeckung«, und so war es »bis auf eine Ausnahme eigentlich nicht viel gewesen. Die Ausnahme war ein Junge, mit dem ich mehrere Male regelrechten Geschlechtsverkehr hatte.« Ein zweiter Ordensmann, Universitätsdozent: »Mein Verlangen führte mich zu einigen Freunden und zu homosexuellen Beziehungen mit ihnen ... Niemand konnte mir etwas anderes bieten.« Ein dritter: »Durch das völlige Abgeschnittensein von Mädchen im Internat (berufsgebunden) hat sich diese Neigung einseitig weiterentwickelt und ist bis heute geblieben[50].«

Koitierten die Mönche doch selbst mit Wesen, die man sonst im Christentum nicht eben schätzt. So entfernte der Abt Plato, als es im frühen 9. Jahrhundert im Osten wegen ständiger Skandale zur Beseitigung der Doppelklöster kam (worin beide Geschlechter getrennt unter einem Dach dem Himmel zustrebten), mit staunenswerter Konsequenz auch noch alle weiblichen Tiere aus seinem Klosterbereich[51]! Sogar Tierfreund Franziskus sah sich in seiner Zweiten Regel genötigt, allen Brüdern, »den Klerikern wie den Laien«, zu verbieten, »daß sie in keiner Weise selbst oder bei andern oder sonst irgendwie ein Tier halten«[52]. Und im 14. Jahrhundert tolerierte auch Ordensmeister Konrad von Jungingen wieder »kein weibliches Tier im Ordenshaus zu Marienburg«[53].

Gnadenspendungen per Peitsche

Ein seltsamer Sexualbefriedigungsversuch war das in den Klöstern seit je praktizierte Prügeln, das kurioserweise nicht zuletzt der Sühnung sexueller Sünden diente. Denn was der Strafende um des Bestraften willen tut, was er Ordnung, Zucht, Moral oder wie immer nennt, bezweckt oft nur die eigene Lust, die sadistische Besänftigung seiner Libido, was häufig bis zur Pollution (oder bei der Frau zum Orgasmus) während des Geißelns führt. Manche Erzieher genossen das Hose-stramm-Ziehen oder Übers-Knie-Legen derart, daß sie nicht mehr koitieren konnten[54].

Freilich war der Genuß mitunter gegenseitig; bewirkt passive Flagellation doch, besonders in der Jugend, Erigierung von Penis oder Klitoris, ja manchmal, bei Schlägen auf den Rücken, Ejakulation, was schon der Talmud weiß[55].

Auch das bei christlichen Büßern übliche Mißhandeln mit Brennesseln – viele Klöster pflanzten sie deshalb an – wurde bereits in der Antike als Aphrodisiakum benutzt. Wie denn Frauen in Frankreich lange mit Brennesseln masturbierten und noch die flagellantischen Bordelle des 18. Jahrhunderts stets frische Stauden für sadomasochistische Praktiken vorrätig hatten[56].

Ein mittelalterlicher Holzschnitt präsentiert eine Äbtissin, die eifrig mit der Birkenrute den nackten Hintern eines Bischofs peitscht, offensichtlich mit beiderseitigem Pläsier[57]. Im Doppelkloster von Fontevrault, wo die Jurisdiktion in der Hand einer Äbtissin lag, den Schwestern die Herrschaft zukam, den Mönchen der Dienst, durfte jede Nonne nach Belieben einen Mönch auf Schulter, Rücken oder Unterleib geißeln. Beschwerte er sich, klopfte die Äbtissin ihn abermals. Doch geschah das nicht zu streng, und züchtigte man Mönch und Nonne zusammen, fungierten Beichtvater und Äbtissin als »Gnadenspender«[58].

Die »Disziplinierung« der Frauen aber, auch solcher der Hocharistokratie, wurde im Mittelalter geradezu ein Gesellschaftsspiel, besonders der Jesuiten. Satzungsgemäß verpflichtet, »die Reinheit der Engel durch strahlende Lauterkeit von Leib und Geist nachzuahmen...«[59], stäupten sie nicht nur ihre Schüler, sondern auch beichtende Mädchen, um sie nackt betrachten zu können[60]. Pater Gersen S. J. war von diesem Bedürfnis so besessen, daß er die Bauerntöchter bei der Arbeit auf dem Feld überfiel. Die lateinisch versifizierte Ordensstatistik meldet darüber: »Pater Gersen, virgines suas nudas caedebat flagris in agris. O quale speculum ac spectaculum, videre virgunculas rimas imas[61].«

In den Niederlanden gründeten die Jesuiten unter vornehmen und reichen Frauen eine förmliche Brüderschaft, deren Mitglieder sich einmal wöchentlich geißeln ließen. Sie bekamen aber nicht die »Buße« auf den bloßen Rücken, die disciplina secundum supra, sondern, angeblich aus Rücksichtnahme, die weit beliebtere, doch durchaus umstrittene »spanische« disciplina secundum sub, die auf den nackten Unterleib, auf Beine, Lenden und Gesäß. Gerade bei Mädchen und Frauen soll sie häufig angewandt worden sein und natürlich geile Bewegungen ausgelöst haben[62]. Die niederländischen Damen genossen damals diese Art des Strafens sehr und spornten die Patres an, »mit der väterlichen Zucht immer fortzufahren«[63].

In Spanien waren körperliche Pönitenzen für Frauen nach der Beichte gang und gäbe. Selbst in den Vorzimmern der Königin beglückten die Jesuiten damit entblößte junge Hofdamen, fremde Prinzessinnen sowie die Gattinnen und Töchter der Gesandten. »Ich habe von ausgezeichneten Spaniern gehört«, schreibt G. Frusta im 19. Jahrhundert, »daß die Jesuiten und Dominikaner, welche als Beichtväter fast jedem nur etwas angesehenen Hause sich zu unentbehrlichen Hausfreunden gemacht, Dinge, wie die angeführten, in Menge getrieben und daß sie namentlich in Klöstern, wohin man widerspenstige oder leichtsinnige Frauen, verliebte Mädchen u. dgl. einzusperren pflegte (was auch jetzt noch geschieht), den verordneten Züchtigungen, auf vorher erhaltenen Wink, entweder sichtbar oder versteckt beiwohnten. Bei Damen, die besonders hübsch waren, leiteten sie die Execution selbst[64].«

Im Osten Orgien zu Füßen der Altäre

Auch in russischen Klöstern huldigte man dem Flagellantismus bis ins 19. Jahrhundert hinein. Besonders bekannt dafür waren das Iwanowsky- und das Jungfernkloster in Moskau, wo alt und jung »in wunderbarer Weise Religion und Erotik, Mystik und Wollust zu vereinigen wußten«[65].
Überhaupt herrschten natürlich unter den russischen Religiosen die gleichen Zustände wie im Westen. So mußte etwa 1503 Zar Iwan III. verfügen, »daß Mönche und Nonnen nie zusammen leben, sondern Manns- und Frauenklöster stets getrennt sein sollen«[66]. Und Iwan IV., kurioserweise Einsetzer eines Laiengerichts zur Überwachung der Priestermoral, konstatierte 1552: »Die Mönche halten sich Diener und sind so schamlos, daß sie Frauenzimmer in das Kloster bringen, um in Saus und Braus die Güter des Klosters zu verprassen und der gemeinsten Unzucht zu frönen ... Endlich – und dies ist das Bejammernswerteste, das was über ein Volk den göttlichen Zorn, Krieg, Hunger und Pestilenz bringt – man ergibt sich der Sodomie[67].«
Im 18. Jahrhundert, in dem ein deutscher Reisender aus Rußland meldet: »Das Hauptgeschäft der orthodoxen Priester und Nonnen ist der Handel mit Aberglauben, Verbrechen und Unsittlichkeit«[68], wählte die fromme Zarin Elisabeth nicht zufällig gerade die Klöster zu Absteigequartieren und kultivierte dort, zynisch-verzückt und beispielhaft fast für den ganzen Klerus, wahre Apotheosen des Fleisches, wonach sie sich manchmal noch an Ort und Stelle durch ihren Beichtvater Dubjanskij, die »wichtigste Person« am Hofe, absolvieren ließ. »Der Historiker, der es sich zur Aufgabe macht, diese religiösen und erotischen Possen, die in toller Abwechslung einander den Schauplatz überließen, genau zu schildern, erscheint als ein getreuer Abschreiber der Werke eines Sade. Wie in den wahnsinnigsten Szenen, die dieses teuflische Genie gemalt hat, sehen wir im Rußland Elisabeths in den Klöstern die furchtbarsten und blutigsten erotischen Dramen sich abspielen. Zu den Füßen der Altäre werden Orgien gefeiert; mit den Heiligenbildern in den Händen opfert man der raffiniertesten Unzucht. Völlerei und Ausschweifungen greifen gleich epidemischen Krankheiten im ganzen russischen Kirchen- und Klosterstaat um sich. Ein Archimandrit« (ein Erzabt) »vergewaltigt ein Mädchen auf offener Straße« – und es passiert ihm nicht das geringste[69].
Was nun die Nonnen betrifft, die sich damals in Rußland öffentlich Liebhaber hielten und ebenso öffentlich ihre Kinder erzogen, die gewöhnlich wieder Nonnen und Mönche wurden[70], so standen sie selbstverständlich den Brüdern in puncto sexti nicht nach.

13. Kapitel
Die Nonnen

>»Ich weiß nicht, welches schier das best wer, ein tochter in ein semlich closter thuon oder in ein frawenhauss. Wann warumb? ym closter ist sie ein huor...«
>
>*Domprediger Geiler von Kaysersberg*[1]

>»Heutzutage ein Mädchen verschleiern heißt geradezu, es der Prostitution auszuliefern.«
>
>*Nikolaus von Clemanges,
Theologe und Rektor der Pariser Universität*[2]

>»Geistlich um den Kopf, weltlich um den Bauch, itzunder aller Nonnen Brauch.«
>
>*Mittelalterliches Sprichwort*[3]

Gefahr durch Eunuchen und Beichtväter

Wie viele Männer, traten auch Mädchen und Frauen oft höchst unfreiwillig in einen Orden ein[4].

Zuerst schob der ärmere Adel gern seine Töchter dahin ab.

>»Bemerket: wenn ein Edelmann
>Sein Kind jetzt nicht vermählen kann
>Und hat kein Geld ihr mitzugeben,
>So muß sie in dem Kloster leben«,

schreibt der Franziskaner und Luthergegner Thomas Murner[5]. Dann landete dort die überschüssige Frauenwelt des Bürgertums[6]. Mitunter verschwanden auch Kinder illegitimer Herkunft, zumal von Geistlichen, in den frommen Häusern, wie etwa im 16. Jahrhundert eine Tochter des berüchtigten Kardinals Wolsey (Stifter des Oxforder Christ Church College) in der Shaftesburey Abbey[7]. »Gott geb ihm ein verdorben Jahr, Der mich macht zu einer Nonne...«, so sang man Mitte des 14. Jahrhunderts in ganz Deutschland[8].

Die Sicherungen zum Schutz des Allerheiligsten der Schwestern waren gewiß nicht gering. Schon Chrysostomos, der einerseits die Gottgeweihte »ein Leben der Engel« führen, andererseits aber »auch«

unter »diesen Heiligen« bereits »Tausende von Übeln« grassieren sieht, ordnet an: »Sie darf also nicht ohne Not und auch nicht oft Ausgänge machen ... Wer ihr aber befiehlt, stets zu Hause zu bleiben, muß ihr auch jeden Vorwand zum Ausgehen benehmen, ihr das Nötige darreichen oder ihr eine Dienerin (!) geben, die das Notwendige herbeischafft. Er muß sie auch von Leichenbegängnissen und vom nächtlichen Gottesdienst zurückhalten ... Eine solche Jungfrau muß man von allen Seiten umschanzen[9].«

Augustinus möchte in seinen 388 verfaßten »Sitten der katholischen Kirche« die Klosterfrauen von den Mönchen »möglichst weit entfernt« sehen, »ihnen nur verbunden in frommer Liebe und im Tugendstreben«. Junge Männer, berichtet er, hätten bei ihnen keinen Zutritt, und selbst »ganz würdige und erprobte Greise« kämen bloß bis zur Vorhalle[10]. Da die Nonnen jedoch Priester zum Gottesdienst brauchten, bewilligte Kaiser Justinian ihnen nur Greise – oder Eunuchen[11]. Auch der Arzt mußte in manchen Frauenklöstern, war er nicht sehr alt, Eunuch sein[12]. Aber selbst Verschnittenen mißtraute man. Befahl die heilige Paula (S. 77) doch: »Nonnen sollen nicht nur vor allen Männern fliehen, sondern vollends vor Kastraten[13].«

Im Westen ließ im frühen 6. Jahrhundert Cäsarius von Arles, Schöpfer einer Mönchs- und Nonnenregel, an einem Frauenkloster sämtliche Türen bis auf das Kirchenportal zumauern, »auf daß niemand bis zum Tode hinausgehe«[14]. Auch mußten weltliche Herrscher, wie Karl der Große, die strenge Bewachung der Frauenkonvente befehlen und verbieten, Mönchsklöster »in allzu bequemer Nachbarschaft der Nonnenklöster« zu bauen[15]. Unaufhörlich mißbilligten die Synoden die »vielen Winkel und dunklen Orte« dort, »weil Gott für die daselbst begangenen Verbrechen zur Rache aufgefordert wird«. Sie verfügen: »alle Zellen der Nonnen sollen eingerissen, alle verdächtigen Ausgänge und Türen verrammelt werden«[16]. Sie verlangen »bejahrte und würdige Aufseher« und erlauben ein Gespräch mit Nonnen »nur in Gegenwart von zwei bis drei Schwestern«[17]. Sie bestimmen: »Kanoniker und Mönche sollen keine Nonnenklöster besuchen. Nach der Messe soll zwischen den Geistlichen und den Nonnen kein Gespräch stattfinden; die Beichte soll den Nonnen nur *in* der Kirche *vor* dem heiligen *Altare* und in *Nähe* von *Zeugen* abgehört werden[18].«

Die Satzung der unbeschuhten Karmelitinnen schreibt vor: »Keine Schwester darf ohne die Erlaubnis der Priorin in die Zelle einer anderen gehen! Dies verpflichtet unter schwerer Strafe.« »Eine jede habe ihr Bett für sich allein!« »Keine der Schwestern darf eine andere umarmen noch sie im Gesichte oder bei den Händen berühren!« »Vor jeder Person erscheine man verschleiert, außer vor Vater, Mutter und Geschwistern oder in einem Falle, in dem Nichtverschleierung ebenso gerechtfertigt wäre!« »Wenn ein Arzt oder ein Chirurg oder andere im Hause benötigte Personen oder der Beichtvater in die (Klausur) eintreten, sollen immer zwei Schwestern vorausgehen. Beichtet eine Kranke, so halte sich eine andere Schwester in solcher Entfernung auf, daß sie den Beichtvater sehen kann[19].«

Das Thema Beichtväter spinnt sich durch die weit über vierhundert Episteln der heiligen Theresia, und kaum zufällig sind gerade einige dieser Briefstellen verstümmelt oder ganz beseitigt worden[20]. Obwohl aber die sonst so Gesprächige hier, wo es ja nicht um göttliche Lanzen geht (S. 115), begreiflicherweise diskret ist, bemäkelt sie doch immer wieder den häufigen Umgang der Nonnen mit den Beichtvätern, legt sie diesen »eindringlich ans Herz«, wenig mit den Schwestern zu verkehren, da man »... sehr vorsichtig sein muß«, »tausenderlei Unheil« daraus entstehe, habe sie »ja so vieles beobachtet, wodurch die Klöster, wenn man es für unbedeutend hält, allmählich zugrunde gehen werden«[21].

»... das eine Glied bedarf des anderen«

Das Konzil von Trient bedrohte wegen der ungeheuren Hurerei der Gottgeweihten jeden, der ohne schriftliche Erlaubnis eines Bischofs ein Frauenkloster betrat, mit Exkommunikation[22]. Aber auch der Bischof durfte da nur in Ausnahmefällen erscheinen und in Begleitung von »einigen älteren Regularen«[23].

Schickt die Kirche doch noch heute gern ungefährliche Kleriker in Nonnenklöster, »ausgediente, kranke Priester«, wie eine Schwester klagt, indem sie an die »Härten« des Nonnendaseins erinnert, an dies Leben »vielfach contra naturam« und das Wort des heiligen Franz von Sales, »das weibliche Geschlecht will geführt werden«. Aber durch »ausgediente, kranke Priester«? Nie und nimmer! Dabei ist »das Amt eines Seelsorgers in einem weiblichen Kloster« doch »ein Amt größter Möglichkeiten..., die ein Priester nutzen kann« – vorausgesetzt eben, daß er »verwendbar« ist[24].

Ach, wie leicht doch hätte dieser empfindungsvolle Appell weitere Autoritäten ins Feld führen können! Den Kirchenlehrer Basilius zum Beispiel: »Die Brüder haben im Frauenkloster Dienste zu leisten, die die Sorge der Seelen betreffen und die Bedürfnisse des Leibes; es kommt vor, daß die Schwestern ihre Hilfe nötig haben[25].« Oder den Kirchenlehrer Ambrosius: »Die Kirche ist *ein* Leib, aber mit verschiedenen Gliedern; das eine Glied bedarf des anderen[26].« Oder Kirchenlehrer Gregor von Nazianz: »... an die Stelle der fleischlichen Vererbung tritt die geistliche Zeugung[27].«

». . . fast alle dicke Bäuche«

Besondere Maßnahmen und Bespitzelungen gab es naturgemäß in den Doppelklöstern, die man, interessanterweise, von Anfang an hatte. Schon unter Pachomius durften die Mönche selbst verwandte Nonnen nur mit Erlaubnis ihrer Oberen und in Gegenwart »mehrerer erprobter Ordensfrauen« besuchen[28]. In den »heiligen Häusern« des Alypius, eines Säulenstehers bei Chalkedon, erhielten die »heiligen Frauen als Regel und Gebot, nie von Männerblicken gesehen zu werden«[29]. Nach den Direktiven des Basilius sollte sogar die Beichte einer Nonne in Gegenwart der Oberin erfolgen, und auch diese selbst mit dem Vorsteher nur selten und kurz zusammensein[30].

Allein, wie sehr die Quellen die strenge Separierung von Männlein und Weiblein stets betonen, allmählich, als hätte sie die scharfe Trennung erst recht aufeinander scharfgemacht, wurden die Kontakte immer enger. Selbst die Gläubigen beanstanden, »daß bei den Klöstern, die nahe zusammenliegen, die Mönche im Frauenkloster ein- und ausgehen, daß Mönche und Nonnen in *einem* Hause wohnen«, ja sie fürchten, »die Nonnen dienten dem Dirnenberufe«[31].

Ahnt man, wie zäh die Religiosen an dieser Einrichtung hingen? Erst ein langer Kampf führte im frühen 9. Jahrhundert zu ihrer Beseitigung im Osten[32].

Im Westen aber, wo das System der Doppel- oder Nachbarklöster erst aufkam, als man es im Orient bereits verdammte, hielt es sich, allen kirchlichen Widerständen zum Trotz, bis ins 16. Jahrhundert[33].

In den von Gilbert von Sempringham 1148 gestifteten Häusern – 700 Mönche und 1100 Nonnen strebten da, nur durch eine Mauer getrennt, nach Heiligkeit – sprach man durch Drehfenster, die, einen Finger lang und einen Daumen breit, keinen Blick auf den andern ermöglichten und überdies stets bewacht wurden, innen von zwei Nonnen, außen von einem Mönch. Bei Predigten oder Prozessionen im Kreuzgang schied man die Geschlechter durch aufgehängte Tücher voneinander, und selbst in der Kirche durften die Nonnen nicht singen, um auch derart keine Asketen zu gefährden[34]. Gleichwohl bekamen die »heiligen Jungfrauen . . . fast alle dicke Bäuche« und »beseitigten heimlich ihre Kinder . . . Dies war der Grund dafür, daß zur Zeit der Reformation so viele Knochen von kleinen Kindern in ihren Klöstern teils begraben, teils an jenen Orten gefunden wurden, wo man für gewöhnlich seine Notdurft verrichtet[35].«

Barbarische Bußen

Die Strafen, die Nonnen (oder die frei lebenden Sanktimonialen) gegebenenfalls trafen, waren hart; am härtesten in der Antike und beim Bruch des Keuschheitsgelübdes durch die Ehe. Man verhängte dann meist die Exkommunikation und verlangte gelegentlich selbst von Reuigen Buße bis ans Lebensende[36]. So verordnete die erste Synode von Toledo im Jahr 400: »Wenn die gottgeweihte Tochter eines Bischofs, Priesters oder Diakons fällt oder heiratet, dürfen sie ihr Vater oder ihre Mutter nicht mehr aufnehmen; der Vater habe sich vor dem Konzil zu verantworten; das Weib werde nicht zur Kommunion zugelassen, wenn sie nicht nach dem Tode ihres Mannes Buße tut; verläßt sie ihn aber und begehrt die Buße, so soll sie am Ende die heilige Wegzehrung erhalten.« Welche Konflikte wurden derart geschaffen! Wie viele Menschenleben für immer ruiniert! »Eine gefallene Nonne«, beschloß dieselbe Synode, »treffe wie ihren Verführer eine Buße von zehn Jahren, während welcher keine Frau sie zu Gast laden darf. Heiratet sie, so werde sie erst dann zur Buße zugelassen, wenn sie sich trennt oder er gestorben ist[37].«

Für geringere Verstöße war das Peitschen der Nonnen seit der Antike im Schwang. Sowohl Pachomius, Vorstand zugleich des ersten Klosters und Doppelklosters, und selbst von seiner Libido bis ins Alter »keinen einzigen Augenblick, Tag und Nacht hindurch« in Ruhe gelassen, als auch der koptische Heilige Schenute, der über 2200 Mönche und 1800 Nonnen gebot, entwickelten ein verdächtiges Faible für Prügelstrafen[38].

Später ging man in Spanien gegen Verfehlungen der Nonnen mit hundert Peitschenhieben, Kerker oder Ausstoßung vor; die Synode von Rouen befahl Mitte des 7. Jahrhunderts, eine unkeusche Ordensfrau einzusperren und heftig zu schlagen; eine von Bischof Donatius von Besançon (gest. 660) verfaßte Nonnenregel drohte für Vergehen der Bräute Christi 6, 12, 50 und mehr Geißelhiebe an[39]. Das 742 oder 743 von König Karlmann berufene Concilium Germanicum, das erste deutsche Nationalkonzil, bestimmte für eine unkeusche »Magd Christi« Buße »im Gefängnis bei Wasser und Brot«, außerdem dreimaliges Stäupen und dann Kahlscheren[40] – im Mittelalter besonders entehrend, im übrigen ein sexuelles Symbol für Kastration. Selbstverständlich trafen diese Strafen gegebenenfalls auch jene, die ihr Gelübde gezwungen oder als ahnungslose Kinder abgelegt hatten[41] (vgl. S. 78).

Der singende Mund von Gandersheim

Doch wie auch immer, die ganze Atmosphäre der Klöster, die Einsamkeit, die Heimlichkeit der Häuser, das süße Nichtstun, alles beflügelte die erotische Vorstellungskraft.
Ein berühmtes Beispiel dafür ist im 10. Jahrhundert die Nonne Roswitha, die erste deutsche Dichterin. Der »singende Mund«, »die helltönende Stimme von Gandersheim«, die »wohltönende Gottesmagd«, erhitzte sich und ihre müßiggängerischen Schwestern, indem sie eindringlich das Thema Liebe variierte: gern die »unanständigen Stellen« des Terenz kopierte, mehr oder weniger detailliert das Treiben in den »Frauenhäusern« schilderte, homosexuelle Männer, geile Mönche, das Auspeitschen nackter Mädchen, Notzucht und Leichenschande. Nur zur Abschreckung selbstverständlich und als Kontrastmittel zu »der löblichen Keuschheit heiliger Jungfrauen« – wie sie denn selbst beim Niederschreiben »oft mit Schamröte übergossen gewesen«[42].

Indes blieb es nur selten bei Phantasieekstasen. Bereits die Synode von Elvira (306) unterscheidet zwischen heiligen Jungfrauen, die einmal (semel), und anderen, die dauernd koitieren (libidini servierint)[43].

Bonifatius, der Apostel der Deutschen, der im 8. Jahrhundert in einem Brief an den Bischof Cuthbert von Canterbury die scheußlichen Zustände der englischen Kirche geißelt (wann waren die kirchlichen Zustände nicht scheußlich!), schlägt seinem britischen Kollegen vor: »Zur Minderung der Schmach würde dienen, wenn eine Synode und euere Fürsten den Weibspersonen und verschleierten Frauen die häufigen Reisen nach Rom verböten; denn viele gehen dabei (sittlich) zugrunde und wenige kehren unverletzt zurück.« Moderner katholischer Kommentar: »Ein außergewöhnlich großes Verlangen, die heilige Stadt mit den Apostelgräbern zu besuchen, lebte in diesen englischen Nonnen[44].« Dabei höhnte bereits der Franziskaner Berthold von Regensburg: »einer Frauen Romfahrt und einer Henne Flug über den Zaun ist beides gleich nütze[45]«. Tatsächlich initiierten die nach Rom ziehenden Pilgerinnen und Nonnen die ambulante Prostitution (S. 368).

»Die Klöster sind die reinen Bordelle ...«

Schon zur Zeit Karls des Großen gab es Verschleierte, die gegen Entlohnung kopulierten, so daß der Kaiser den Ordensfrauen das Umherschweifen und Huren untersagen und sie besonders bewachen lassen mußte[46]. Bald darauf erklärte die Synode von Aachen, die Nonnenklöster seien mehr Hurenhäuser (lupanaria) als Klöster – ein schon im 9. Jahrhundert sich häufig wiederholender Vergleich[47].

Dann aber übertreffen gewisse Klöster die Bordelle noch[48]. »Die Scham verbietet zu sagen, was sie sich im Geheimen erlauben«, meint Propst Gerhoh von Reichersberg (1093–1169). »Arg genug ist, was offen am Tage liegt[49].« Und ein Papst Benedikt XIII. nahestehender Theologe äußert analog: »Den Lebenswandel der Nonnen zu schildern, verbietet mir tatsächlich das Schamgefühl[50].« In England, wo die Gottesbräute sich fast gänzlich aus den upper classes rekrutierten, war der Geschlechtsverkehr zwischen Fürsten und Nonnen geradezu traditionell[51]. In den rumänischen Frauenklöstern genossen die Reisenden noch in neuerer Zeit »eine Gastfreundschaft wie in Bordellen«[52]. Und in Rußland galten die Nonnenhäuser seit je als »förmliche Lasterhöhlen« und wurden manchmal offen in Freudenhäuser verwandelt[53].

Den engen Zusammenhang zwischen Kloster und Prostitution, deren religiöse Wurzeln ohnedies evident sind (S. 35 ff.), macht auch die Sprache deutlich. So hieß im mittelalterlichen Frankreich die vereidigte Puffmutter »abbesse«. Auch »Äbtissin« hatte im Volksmund einen ähnlichen Sinn. In Amerika benutzt man den Ausdruck »nun« (Nonne) – s. Faulkners »Requiem for a Nun« – noch heute für Dirne[54]. Sogar ein katholischer Theologe nennt es »charakteristisch, daß Bordelle in früheren Zeiten auch als ›Klöster‹, ›Abteien‹, ihre Insassinnen als ›Nonnen‹ bezeichnet wurden«. »So hatten Avignon und Montpellier solche obscönen Abteien. Toulouse hatte in der Rue de Comenge ein Bordell, die Grant-Abbaye usw.[55]«

Obwohl nun aber die Affären der Ordensleute größtenteils vertuscht worden sind – von Exzessen schlimmster Art »war viel totzuschweigen«, gesteht im 12. Jahrhundert Bischof Stephan von Tournay[56], und ähnliche Versicherungen macht man oft –, ließe sich doch mit den (meist von Geistlichen!) tradierten Skandalosa noch immer eine Bibliothek füllen. Vom hohen Norden, wo Schwedens Nationalheilige Brigitte (1303 bis 1373) klagt, daß die Pforte der Frauenklöster Tag und Nacht Laien und Klerikern geöffnet sei[57], bis nach Italien wurden die Frommen aus vielen Orten vertrieben – da ihr Kloster, wie es bei der Aussiedlung der Nonnen von Chiemsee hieß, eher einem Bordell als einem Bethaus glich[58], ein, wie gesagt, immer wiederkehrender Vergleich. »Nicht die Stätte frommer Klosterfrauen, sondern ein Hurenhaus satanischer Weiber«, urteilte der 1116 gestorbene Bischof Ivo von Chartres über das Kloster zu St. Fara[59].

Mit der starken Zunahme der Frauenorden im Spätmittelalter[60] aber stieg deren Sexualisierung noch. Rauschende Orgien durchtobten das Nonnenkloster zu Kirchheim unter Teck, das Kloster Oberndorf im Thal hieß geradezu des Adels »hurhaus«, ebenso Kloster Kirchberg bei Sulz[61]. Im schwäbischen Gnadenzell (!), »Offenhausen« genannt, standen die Nonnen »Tag und Nacht« für wohlhabende Gäste zur Verfügung. 1587 freilich ließ man dort die Äbtissin, eine geborene von Warberg, wegen ihrer Liaison mit dem Stiftsverwalter lebendig begraben[62] – auch eine charakteristische christliche Reaktion.

In Klingenthal bei Basel wehrten sich die Nonnen 1482 mit Prügeln und Bratspießen, als man sie »bessern« wollte; in Basel selbst steckten Unzufriedene ihr Kloster in Brand[63].

Als offene Bordelle waren weiter die Klöster in Interlaken, Frauenbrunn, Trub, Gottstadt bei Bern, Ulm und Mühlhausen bekannt[64]. Der Stadtrat von Lausanne befahl den Nonnen, den Dirnen keinen Abbruch zu tun. Und der Stadtrat von Zürich erließ 1493 eine scharfe Verordnung »wider das unzüchtige Geläuf in die Frauenklöster«[65]. Konsequent eilten dann 1526 Schwestern von St. Clara in Nürnberg von ihrem Konvent geradewegs ins Freudenhaus[66]. Das Leipziger Thomaskloster nannte man ein Weltwunder, weil es so viele Kinder und doch keine Weiber habe[67].

Der Franziskaner Murner spottete:

»Wer die meisten Kinder macht,
Wird als Aebtissin geacht[68]«.

Doch galt auch der Bibelspruch: »Selig sind die Unfruchtbaren«, da man nicht überall den geistlichen Nachwuchs kurzerhand liquidieren konnte wie im Stralsunder Birgittenkloster oder im Kloster Mariakron, bei dessen Abbruch man »in den heimlichen Gemächern und sonst – Kinderköpfe, auch ganze Körperlein versteckt und vergraben« fand[69]. (Schützt das keimende Leben!) Und wie immer es sich mit den schon früh aus einem römischen Klosterteich gefischten angeblich drei- oder sechstausend Kinderköpfen[70] verhalten mag – se non è vero, è ben trovato. Daß die mannstollen Nonnen nicht zuletzt die Mönche buchstäblich »mit offenen Armen« aufnahmen, steht fest[71]. Der fromme Katholik Sebastian Brant berichtet ähnliches[72].

Die italienischen Schriftsteller der Renaissance überschütten die Religiosen mit Schimpf und Spott. Der am Hof von Neapel lebende Tommaso Masuccio, einer der bedeutendsten Novellisten seiner Zeit, beteuert, daß die Nonnen ausschließlich den Mönchen gehören mußten, daß sie mit ihnen förmlich und feierlich Hochzeit hielten – mit gesungenen Messen sogar und Kontrakten. Nur sobald sie den Laien nachstiegen, habe man sie verfolgt. »Ich selber«, versichert der Autor, »bin nicht ein, sondern mehrere Male dabei gewesen, habe es gesehen und mit Händen gegriffen. Solche Nonnen gebären dann entweder niedliche Mönchlein oder sie treiben die Frucht ab... Freilich machen einander

die Mönche es in der Beichte bequem und diktieren ein Paternoster für
Dinge, um derentwillen sie einem Laien alle Absolution versagen würden
gleich einem Ketzer[73].«

Kryptosexuelle Grausamkeit

Als der Bischof von Kastell einst das Kloster von Söflingen bei
Ulm visitierte, weil das Gerede über die Stätte der Versenkung nicht
verstummen wollte, fand er in den Zellen lauter Nachschlüssel, aufreizende Kleider, brünstige Briefe – und fast alle Nonnen schwanger[74].
Dies aber war das Schlimmste: wenn die Sünde ruchbar wurde, wenn
sie buchstäblich zu schreien begann. Die Niederkunft einer Nonne galt
als besonders kriminell, und die Schwestern rächten sich mitunter
grausam an Geschwängerten, weil deren Zustand ihr eigenes Dolce vita
zu gefährden drohte.

Im Kloster Wattun, berichtet Abt Ailred von Revesby, kam im
12. Jahrhundert eine Nonne in andere Umstände. Darauf rieten einige,
sie zu schinden, andere, sie zu verbrennen, wieder andere, sie auf
glühende Kohlen zu legen. Schließlich warf man sie, beredet durch
einige sanftere ältere Frauen, gefesselt ins Gefängnis und schikanierte
sie bei Wasser und Brot. Als sie aber vor der Geburt um Entlassung
flehte, da ihr Geliebter, ein geflohener Mönch, sie nachts auf ein Zeichen
hin holen wollte, entlockten ihr die Schwestern den Treffpunkt und
postierten dort einen verschleierten Pater sowie, versteckt ringsum,
weitere Brüder mit Knütteln. Pünktlich kam der Gerufene, umschlang
die vermummte Gestalt, wurde aber sogleich gepackt, worauf die
Nonnen die Schwangere zwangen, ihn zu entmannen. Dann stopften
sie ihr die blutigen Genitalien in den Mund und schleppten sie und den
Mönch in den Kerker[75].

Ein ganz anderes Beispiel kryptosexueller Grausamkeit. In einem
russischen Kloster des späten 19. Jahrhunderts hatten die heiligen
Frauen einen jungen Mann vier Wochen festgehalten und fast zu Tode
gehurt. Vor Schwäche vermochte er nicht mehr fortzugehen. Er siechte
dahin und wurde, aus Furcht vor einem Skandal, von den Nonnen
zuletzt zerschnitten und stückeweise in einen Brunnen versenkt[76].

Geistliches Rüstzeug oder Die Sünde »per machinam«

Da es die Schwestern so schwer hatten, Männer zu lieben, huldigten
sie selbstverständlich, wie die Mönche, auch anderen Sparten der
Befriedigung.

Tribadie soll im Mittelalter zwar selten, in Klöstern aber häufig gewesen sein. Die Bräute des Herrn entbrannten oft heftig zueinander, ja gebrauchten, faute de mieux, allein oder gegenseitig, künstliche Glieder. Bereits das »Poenitentiale Bedae« droht so: »Sündigt eine Gottgeweihte Jungfrau mit einer Gottgeweihten Jungfrau durch ein Instrument (per machinam), sieben Jahre Buße[77].«

Leider hat die Kirche solch geistliches Rüstzeug uns nicht erhalten. Als Reliquie mochte es untauglich scheinen – und spielte doch eine so denkwürdige Rolle im jungfräulichen Martyrium!

Oft zwar werden die Schwestern einfach das Nächstbeste genommen haben, die Hand etwa – immerhin »der geistigste Teil des Leibes«: »gar fein gebaut, vielgegliedert, beweglich und von empfindlich fühlenden Nerven durchzogen. So recht ein Gerät, in welchem der Mensch seine eigene Seele offenbaren kann . . .«[78]

Aber auch anderes, nicht ad hoc erst Zugespitztes mag sich da förmlich angeboten haben, zum Beispiel – wie naheliegend doch im Kloster – eine Kerze. »Fühlst du vor ihr nicht etwas ganz Edles erwachen? Sieh doch, wie sie steht, wankellos auf ihrem Platz, hoch aufgerichtet, rein und adelig. Spüre, wie alles an ihr spricht: ›Ich bin bereit!‹[79]«

Es wird nicht überraschen, daß Romano Guardini, der sensible Pseudomystiker, der »Erzieher . . . der jungen katholischen Deutschen zwischen den beiden Weltkriegen«[80], in seinem Kapitel »Die Kerze« (umwerfend originell beginnend mit dem Satz: »Wie ist es um unsere Seele doch so eigen bestellt!«) jene Kerzenstummel übergeht, die man gelegentlich aus den Scheiden jungfräulicher Nonnen gefischt[81]. Dabei wäre der Gedanke daran gar nicht so deplaciert gewesen. Der phallische Sinngehalt der Kerze ist alt. Und Spuren einer Sexualsymbolik finden sich selbst im Osterritus der Kirche, besonders der griechisch-orthodoxen, wo man die Kerze dreimal ins Taufwasser, Symbol des weiblichen Prinzips der Wasser, stößt und die Weihformel spricht: »Es steige herab in diesen vollen Born die Kraft des Heiligen Geistes . . . und er befruchte all dieses Wasser, auf daß es wirke die neue Geburt[82].«

Bijoux de religieuse

Nicht jeder Nonne freilich mochte eine Kerze oder selbst der geistigste Teil des Leibes genügen. Zwar tappte die Forschung über Form und Qualität spezieller Lustapparate zur Befriedigung der Unbefriedigten lange im dunkeln. Aber Mitte des 19. Jahrhunderts gelang es, ein so kostbares und einst (wer weiß wie) begehrtes Godemiché (lateinisch gaude mihi, es macht mir Freude) oder auch »plaisir des dames« genanntes Objekt in einem österreichischen Frauenkloster aufzutreiben: ». . . ein Rohrstück von 21,25 cm Länge, das sich gegen das eine Ende hin etwas verjüngt, so daß der Durchmesser der breiteren Öffnung 4 cm, derjenige der engeren 3,5 cm beträgt. Die Ränder beider Enden sind wulstig erhaben und eingekerbt, offenbar in der Absicht, die Friktion beim Gebrauch zu verstärken. Die Oberfläche ist mit obszönen Zeichnungen verziert, die offenbar erotisch wirken sollen: eine rohe Umrißzeichnung einer Vulva, eine andere eines erigierten Penis und endlich eine nackte, stark steatopyge Menschenfigur mit erigiertem Penis oder vorgebundenem Phallus. Das Innere des Rohres war stark mit Unschlitt verschmiert[83].«

Die armen Nonnen! Selbst als Onanistinnen und Tribaden kamen sie zu kurz, besaßen sie noch Tröster wie in vorgeschichtlicher Zeit. Dabei waren derartige Artikel, besonders seit der italienischen Renaissance, immer raffinierter geworden, hatte man künstliche Phallen mit anhängendem Hodensack voller Milch, die man sich im entscheidenden Moment, die Ejakulation vortäuschend, in die Scheide jubeln konnte. Nicht weniger als vier solche ›articles de voyage‹ – auch Bienfaiteurs (Wohltäter) genannt – fand Katharina von Medici einmal im Koffer einer ihrer Hofdamen[84].

Immerhin gelangten auch Gottesbräute, zumal in zivilisierteren Gegenden, in den Genuß so hochentwickelter Erzeugnisse. Nicht grundlos hieß in Frankreich der künstliche Penis zur Selbsbefriedigung der Frau unter anderem auch »bijoux de religieuse« (Nonnenkleinod)! Und als 1783 die Bordellbesitzerin Marguerite Gourdan (»Petite Comtesse«), die berühmteste Puffmutter des Jahrhunderts, starb, fand man bei ihr Hunderte von Bestellungen solcher »bijoux« von Nonnen aus französischen Klöstern[85]. Die Gourdan hatte eine Art Penisfabrik, in der sie die begehrten Stücke verfeinert haben soll durch ein Skrotum mit Flüssigkeit, die man beim Orgasmus zum Spritzen brachte[86].

Auf die Dauer freilich mochte den Nonnen der Verkehr mit zwar weniger kunstvollen, doch um so natürlicheren Gliedern bekömmlicher sein. Und kamen nicht die von Männern in Betracht, nahm man auch mit anderen vorlieb. 1231 verfügte deshalb die Synode von Rouen »propter scandala«, daß die Nonnen »keine Kinder in Klöstern auf- und erziehen sollen; sie müssen gemeinsam essen und schlafen, jede in einem besonderen Bett«[87]. Ähnlich befahl man 1583 in Spanien wegen der »Mißstände« beim Zusammenleben mit Kindern, »daß niemand, der nicht die Absicht habe, in den Orden zu treten, weder ein Kind noch eine Erwachsene, im Kloster verbleiben dürfe«[88]. So genoß manche Schwester zuletzt nur noch die Liebe zum Tier. Vor allem in englischen Klöstern betreuten zahlreiche Nonnen Kaninchen, Hunde und Affen, mit denen sie sogar zur Kirche kamen, bis man ihnen schließlich bloß noch eine Katze ließ[89].

Therapeutikum gegen »Melancholie«

Tragisch wurde es für viele Jesusbräute erst, wenn ihnen weder die Glieder Gesalbter noch die von Laien, Kindern, Rüden oder Rammlern zur Verfügung standen und auch Onanie und Tribadie manchen Wunsch offenließen, wenn somit das monotone Dasein in ihrer Zelle, der Mangel an Frischluft und ein Übermaß an Weihrauch, kurz wenn die ganze Melancholie ihrer erzwungenen Enthaltsamkeit zur Hysterie sich verdichtete und sie visionär und halluzinativ erlebten, was ihnen Stiefmutter Kirche versagte.

Nichts selbstverständlicher, als daß viele von schweren Depressionen gequält wurden und werden. Zu einem perversen Leben gezwungen, mußten sie entsprechend reagieren. Wie ging man gegen sie vor?

Eine Ordensoberin wie Theresia von Avila empfiehlt zur Behandlung von »Melancholikerinnen«, also doch wohl solchen, die natürlicher, empfindsamer, kritischer als andere waren, das bis heute in klerikalen Kreisen klassische Rezept: »Die Priorinnen sollen wohl beachten, daß das beste Mittel darin besteht, sie viel mit Klosterämtern zu beschäftigen, damit sie keine Zeit mehr haben, ihren Einbildungen nachzugehen; denn darin besteht ihr ganzes Übel[90].« (Schon in den alten Mönchsklöstern hatte die Arbeit auch eine asketische Funktion. Ihr eigentlicher Siegeszug als »moderne Tugend« begann freilich erst mit Luther, der auch den sinnigen Vergleich fand: »Der Mensch ist zur Arbeit geboren, wie der Vogel zum Fliegen[91].«)

Manchmal gelangen den vital Frustrierten noch Entspannungen mit mehr komischen Akzenten. Es kam zu kuriosen Infektionen, die ganze Klöster ergriffen. So biß im 15. Jahrhundert eine deutsche Nonne eine andere ins Ohr, was der so gefiel, daß sie wieder eine andere biß, worauf sich dies Beißen von einem Kloster zum andern verbreitete[92].

In einem französischen Stift biß man nicht ins Ohr, man begann (vielleicht in Ermangelung eines Katers) bei jeder Gelegenheit zu miauen. Es nahm so überhand, daß die Regierung dagegen einschreiten mußte[93].

Die incubi daemones

Die (meist epidemisch auftretenden) Fälle sexueller »Besessenheit« in Frauenklöstern sind ungezählt.

Bereits im Hochmittelalter höhnt der Dominikaner Thomas von Chantimpré, die incubi daemones bedrängten die Nonnen so sehr, daß weder Kreuzzeichen noch Weihwasser noch das Sakrament Christi vor ihnen sicher[94]. Indes kulminierte diese Art klösterlicher Erotomanie erst im 16. und 17. Jahrhundert: durchaus nicht, wie man selbst damals noch glaubte, eine Spezialform teuflischer Besessenheit, sondern im Gegenteil natürlich ein vehementer psychotischer Befreiungsvorgang, bei dem das Verdrängte hervorbrach, um den Körper vor totaler Selbstzerstörung zu bewahren. »Junge Mädchen«, beschreibt man heute diese Sexualpsychose, »die noch nie Geschlechtsverkehr gehabt haben, vollführen im erotischen Delirium Koitusbewegungen, entblößen sich, onanieren mit einer Art von exhibitionistischem Stolz, den der Laie sich kaum vorstellen kann, und sprechen obszöne Worte aus, von denen ihre Mütter, Väter, Brüder und Schwestern schwören, daß sie sie nie im Leben gehört haben[95].«

Der niederländische Arzt Johannes Weyer, der als erster öffentlich gegen den christlichen Hexenwahn protestierte – seine 1563 erschienene Schrift »De praestigiis daemonum« wurde von der Kirche indiziert –, gehörte 1565 einer Kommission an, die im Kölner Kloster Nazareth neue »Verzauberungen« untersuchte. »Ihr erotischer Charakter war eindeutig. Die Nonnen hatten Anfälle von Krämpfen, in denen sie mit geschlossenen Augen auf dem Rücken lagen, entweder stocksteif oder in Koitusbewegungen. Begonnen hatte das bei einem jungen Mädchen, das unter der Vorstellung litt, sie werde nachts von ihrem Geliebten besucht. Die Krämpfe, von denen bald das ganze Kloster angesteckt worden war, hatten eingesetzt, nachdem man ein paar Burschen festgenommen hatte, die heimlich nachts bei den Nonnen zu Besuch gekommen waren[96].«

Ein Jahrhundert später wurden die Ursulinerinnen von Auxonne von Teufeln begattet. Die durch das Parlament Burgunds herbeizitierten Ärzte fanden zwar dafür keine Beweise, wohl aber bei fast allen Nonnen Zeichen einer Krankheit, die man früher »furor uterinus« nannte. Die Symptome: »eine Hitze, begleitet von einer unauslöschlichen Gier nach Geschlechtsgenuß«, und, bei den jüngeren Schwestern, eine Unfähigkeit, »an irgend etwas andres als Geschlechtliches zu denken oder davon zu reden«[97]. Acht Nonnen wollten von den Geistern entjungfert worden sein. Dagegen war kein ärztliches Kraut gewachsen. Der geistliche Zauber jedoch heilte sie »augenblicks von den Zerreißungen des Schoßes« und brachte »mittels in den Mund eingeflößten Weihwassers die durch Kopulation mit Teufeln und Hexenmeistern verursachten Schwellungen des Bauchs zum Verschwinden«[98]. Leider verschwanden dann auch jene mit luziferischen Vorhäuten und Zungen bestückten Sonden und Stummel, die man aus den virginalen Spalten zog – handgreifliche Beweise doch höllischer Brunst[99].

Die Teufel von Loudon

Einen analogen Verkehr hatten im gleichen Jahrhundert Nonnen desselben Ordens, die Ursulinerinnen von Loudon – einer der berüchtigsten dieser Skandale überhaupt.

Die Oberin des Klosters, Jeanne des Anges, hübsch, blutjung und allzu anfällig für die Versuchungen des Fleisches, wurde trotz mancherlei Torturen immer wieder (»mehr, als ich sagen kann«) vom wilden Kitzel ihrer Sinne bedrängt, von bösen Geistern, wie in ihrer Selbstbiographie steht, die ihr in aufreizenden Stellungen ungestüm Anträge machten, das Bettzeug wegrissen, jedes Fetzchen ihrer Haut befingerten und sie bestürmten, sich ihnen hinzugeben[100].

»Eines Nachts«, schreibt sie zum Beispiel, »schien ich jemandes Atem zu spüren und hörte eine Stimme sagen: die Zeit des Widerstandes ist nun vorüber ... Dann empfand ich unreine Eindrücke in meiner Phantasie und unregelmäßige Bewegungen meines Körpers ... Dann hörte ich ein starkes Geräusch in meinem Zimmer und hatte die Empfindung, daß jemand sich mir näherte, seine Hand in mein Bett schob und mich berührte ... Einige Tage darauf fing ich um Mitternacht am ganzen Körper an zu zittern und empfand eine große geistige Beklemmung, ohne den Grund zu kennen. Nachdem dies eine Weile gedauert hatte, hörte ich Geräusche in verschiedenen Teilen des Zimmers. Der Betschemel, der dicht an meinem Bett stand, wurde umgeworfen. Ich ... wurde gefragt, ob ich mir das vorteilhafte Anerbieten, das mir gemacht worden sei, überlegt habe, und es wurde hinzugefügt ...: ›Ich gebe dir drei Tage Bedenkzeit.‹ Ich erhob mich und ging zum heiligen Abendmahl mit ängstlich banger Sorge. – Als ich, in mein Zimmer zurückgekehrt, mich auf einen Stuhl setzte, wurde er unter mir weggezogen und ich fiel zu Boden. Ich hörte die Stimme eines Mannes, die lascive und angenehme Dinge sagte, um mich zu betören. Er bat mich, ihm Raum in meinem Bett zu geben, er versuchte, mich in unanständiger Weise zu berühren. Ich wehrte mich und verhinderte es, indem ich die Nonnen rief, die in der Nähe meines Zimmers waren. Das Fenster war offen gewesen, jetzt war es geschlossen. Ich empfand starke Liebesgefühle für eine gewisse Person und ein unschickliches Verlangen nach unehrenhaften Dingen[101].«

Die »gewisse Person«, die ihr leider nicht, wie sie ein anderes Mal sagte, den »gewissen Genuß« verschaffte (weshalb ihr Dämon Asmodeus, einer ihrer nicht weniger als sieben Teufel, dafür einsprang), war der Priester Urbain Grandier, ein ebenso gescheiter wie charmanter Beau, den sie zwar nie gesehen, dessen Bettgeschichten ihr aber derart das Köpfchen verdrehten, daß sie ihn sehnlichst für ihr Kloster als Beichtvater begehrte! Allein Grandier, von einer eifersüchtigen Maitresse hart im Griff gehalten, winkte ab, worauf sich bei Sœur Jeanne und einigen der Ihren Visionen einstellten – und bald darauf auch gleich drei kirchliche Teufelsaustreiber, ehrwürdige Patres, die so erfolgreich operierten, wie Aldous Huxley höhnt, daß in wenigen Tagen sämtliche Nonnen, zwei, drei der älteren ausgenommen, besessen waren und nächtliche Besuche von dem Pfarrer hatten[102]: »Die Austreibung böser Geister gehört zu den Gnadengaben[103].«

Jahrelange Schaustellungen folgten. Fürsten und Priester gafften und das Volk strömte zu Tausenden. Das Extempore der chronisch ausgehungerten, stets affektiv einander aufputschenden Frauen war jedesmal von neuem ungeheur. Sie verfielen in Krämpfen und verrenkten sich. Sie hoben die Röcke, die Hemden, nahmen die bedenkenlosesten Posen ein, sie gebärdeten sich so, daß die Zuschauer, die doch hergeeilt waren, um zu sehen, zu studieren, ihr Gesicht bedeckt haben sollen. Sie sprangen den Patres an den Hals und versuchten sie zu küssen, sie masturbierten mit dem Kreuz, sie heulten Geilheiten, kreischten Zoten, bedienten sich eines solch unflätigen Gossenjargons, »daß die lasterhaftesten Männer dabei schamrot wurden, und ihre Handlungen, sowohl indem sie sich entblößten, als auch indem sie die Anwesenden zu unzüchtigem Benehmen aufforderten, die Insassen des gemeinsten Freudenhauses im Lande in Erstaunen versetzt hätten« – kurz, es zeigten sich alle Symptome, die später Jean Charcot, der französische Neurologe, an seinen dressierten hystericae demonstrierte[104].

Wie begreiflich, daß einer der Exorzisten, der Jesuit Surin, gestand, in all der Zeit fast unaufhörlichen Anfechtungen des Fleisches ausgesetzt gewesen zu sein, zumal er, Herr und Meister der »Behexten«, das Vorrecht hatte, »mit diesen Geschöpfen einer niederen Ordnung zu tun, was er wollte – sie Kunststücke ausführen zu lassen, sie in Krämpfe zu versetzen, handgreiflich mit ihnen umzugehen, als wären sie widerspenstige Säue oder Kühe, ihnen Abführmittel oder die Peitsche zu verschreiben«[105]. Zwei weitere Teufelsaustreiber und ein assistierender Amtsarzt wurden verrückt. Erst als die Kirche nach sechsjährigem Ringen mit den Geistern dem behexten Ensemble die Subsidien strich, fuhren die Dämonen aus den Nonnenbäuchen aus. – Abbé Grandier freilich hatte man längst lebendig verbrannt.

Aufsehenerregende Fälle von Besessenheit waren gerade damals nicht selten, bei den Nonnen von Lille etwa, Louviers, Chinon, Nimes und anderen, wiederholten sich selbst noch im 18. Jahrhundert und suchten sogar protestantische Länder heim[106].

Der selige Räuber

Von den Reformationskirchen wurde das Klosterwesen abgelehnt und die Beseitigung aller Orden mit bindendem Gelübde gefordert. Sie galten nun als »unrechte, falsche Gottesdienste und daher unbündig«, als »Teufelsdienst« (servitus Satanae)[107] und dergleichen.

Mit der ihm eigenen Rabiatheit widerlegte Luther die Meinung von der Überlegenheit des jungfräulichen Standes und machte deutlich, daß eine Magd, die – im Glauben – das Haus kehre, bessere Arbeit leiste und Gott wohlgefälliger sei als eine sich kasteiende Nonne. »Gleichwie St. Antonio geschah, da er lernen mußte, daß ein Schuster oder Gerber zu Alexandria besserer Christ wäre, denn er mit seiner Müncherei[108].«

Luther betonte nun nicht nur, Keuschheit sei »so wenig in unserer Macht ..., als Wunder zu tun«, sondern wagte auch die – kaum sehr verfehlte – Behauptung: »Soviel als ihr unter dem Papsttum sind, wenn man sie zusammenschmiedet, sollt man nicht einen finden, der bis in sein vierzigstes Jahr Keuschheit gehalten hätte. Noch wollen sie viel sagen von der Jungfrauschaft und alle Welt tadeln. Stecken selbs im Dreck bis an die Ohren[109].«

Da Luther diesen »Dreck« genau kannte, da er zu wissen glaubte, »daß solche Nonnen in Klöstern müssen unwillig keusch sein und ungern Männer entbehren«[110], zögerte er nicht, ihnen die »evangelische Freiheit« zuweilen sogar durch den (einst so hoch bestraften) Nonnenraub zu verschaffen. So ließ er 1523, ausgerechnet auf Karsamstag nachts, einige Geweihte aus dem Kloster holen, seinem Beauftragten, dem Bürger Koppe, dem »seligen Räuber«, attestierend: »Wie Christus habt ihr auch diese armen Seelen aus dem Gefängnis menschlicher Tyrannei geführt eben um die rechte Zeit auf Ostern, da Christus auch der Seinen Gefängnis gefangennahm[111].«

Solch gottgefällige Aktionen, aus deren Mitte Luthers Schrift kam, »Ursache und Antwort, daß Jungfrauen Klöster göttlich verlassen mögen«, geschahen damals nicht selten, und mitunter bot man danach die Befreiten förmlich feil. »Neue sind zu uns gekommen«, meldet ein entlaufener Priester dem andern, »sie sind schön, fein und alle vom Adel, unter welchen ich keine Fünfzigjährige finde. Die Älteste habe ich dir, mein lieber Bruder, zugerechnet zu einer ehelichen Gemahlin. Willst du aber eine Jüngere haben, so sollst du die Wahl unter den Schönsten haben[112].« Und der Freiberger Chronist schreibt von jener Zeit, da »das Evangelium zum ersten allhier gepredigt«: »Es gab schier keinen Tag, daß nicht Mönche, Pfaffen und Nonnen, auch andere Mägde getraut wurden; es war alle Tage ein Schmaus daselbst«[113] – während man noch im 20. Jahrhundert faselt: »Diese beklagenswerten Opfer der Verführung verloren begreiflicherweise außerhalb des Klosters den sittlichen Halt[114].«

Wie der im Kloster aussah, wissen wir. War man doch einst so generös, die Darstellung klerikaler Hurerei selbst in den Kirchen zu dulden. Bis ins 19. Jahrhundert konnte man da, auf Leinwand oder in Stein, allerlei Liebenswürdiges bewundern: in der Straßburger Kathedrale einen Mönch zu Füßen einer Betschwester, der er den Unterrock lüpfte; am Eingang des Erfurter Domes einen Mönch, der eine Braut Christi beschlief; in der Hauptkirche von Nördlingen eine von Beelzebub im Beisein höchster geistlicher Würdenträger genotzüchtigte Frau und dergleichen mehr. Ja noch heute bespringt an einer Kirche in Beaujolais ein Ziegenbock eine Nonne[115].

Schließlich war der »sittliche Halt« der Religiosen doch geradezu sprichwörtlich: Wer's mit Frommen hält, wird fromm! sprach der Mönch und schlief in einer Nacht bei sechs Nonnen. – Wir fehlen alle, sagte die Äbtissin, da ihr der Bauch schwoll. – Müßig gehn mag ich nicht! sagte die Nonne, da stieg sie zum Pater ins Bett. – Ich thu es nit, ich thu es nit! rief der Mönch, der der Nonne einen Bischof machen sollte, und machte ihr ein Töchterlein[116]. Wollte man jemandem besondere Ausschweifung vorwerfen, sagte man: er hurt wie ein Karmeliter[117]. Die Ordensleute waren, wie einer der ihren selbst schreibt, »*zum Witz geworden* ... über euch lacht der Greis, über euch der Knabe und die geschwätzige Frau«[118].

Und heute?

Heute empfiehlt nicht einmal der Klerus mehr das Kloster, wird besonders »der weibliche Ordensstand« von ihm »*allgemein abgelehnt*« oder »zumindest mit Interesselosigkeit« betrachtet. Dies jedenfalls die Auskunft einer Nonne, die auch bekennt: »*Viele Priester stehen dem weiblichen Ordensberuf ablehnend, reserviert, distanziert, skeptisch gegenüber*. Sie raten den jungen Mädchen und auch den Frauen, den Witwen ab, ins Kloster zu gehen, und zwar nicht etwa aus stichhaltigen Gründen (Gesundheit, mangelnder Ordensberuf, unversorgte Eltern usw.), sondern weil sie für den Ordensstand als solchen nichts übrig haben, ihn als veraltet, überholt, unzeitgemäß ansehen und meinen, ein junges Mädchen sei doch zu schade, um sich in ein Kloster einzusperren.« Und die Schwester setzt ausdrücklich hinzu: »Nicht nur von beschaulichen Orden wird abgeraten, nicht nur von bestimmten Klöstern, mit denen man vielleicht schlechte Erfahrungen gemacht hat, sondern vom Ordensstand als solchem ... Anstatt einer Hilfe bietet der Klerus ein Hindernis[119].«

Wie es mit dem Klerus selbst stand und steht, soll das nächste Buch zeigen.

VIERTES BUCH
DER KLERUS

»Eure Gesichter sind immer eurem Glauben schädlicher gewesen als unsere Gründe!«
Friedrich Nietzsche

14. Kapitel
Die Verbreitung der Priesterehe

»So muß denn der Bischof unbescholten sein, eines Weibes Mann...«
1. Tim. 3, 2

»Fürwahr, auch den Mann Einer Frau nimmt die Kirche wohl auf, mag er Priester sein oder Diakon oder Laie, wenn er von der Ehe nur einen tadellosen Gebrauch macht; er wird des Heils teilhaftig werden durch Kindererzeugung.«
Kirchenvater Clemens von Alexandrien[1]

»Jeder erwähle sich, was er will.«
Kirchenlehrer Athanasius[2]

Kritik am Zölibat ist für »fortschrittliche« Kleriker heute selbstverständlich. Unerschrocken schreiben sie, das älteste christliche »Priestertum« habe Frau und Sexus nicht gescheut, die Urkirche niemand zur Ehelosigkeit verpflichtet, ein Verheirateter lange Priester und Bischof werden können und derlei mehr[3].

Warum aber verschweigt man den gewaltigen Gegensatz zwischen Jesus und Klerus, Evangelium und Hierarchie überhaupt? Weil man das Zölibat wohl gern preisgäbe, nicht aber die Pfründe? Zwar das Weib gern hätte, doch nicht ohne Amt? »Wir fragen: Was heißt hier ›Verrat‹?«, begehrt 1970 eine das Zölibat attackierende »Aktionsgemeinschaft« deutscher Geistlicher auf. »Wem wird hier ›die Treue gebrochen‹? Wir sind zum priesterlichen Dienst geweiht. Ihm haben wir uns verpflichtet. Ihm gilt unsere Treue. Viele Priester, die heiraten, sind bereit, ihr Ja zum priesterlichen Dienst aufrechtzuerhalten[4].«

Traurig genug. In der ganzen apostolischen Zeit jedenfalls gab es keine Trennung zwischen Klerikern und Laien, keine Priester, Kirche, keinen Altar, war der Gottesdienst weder an heilige Räume noch Beamte gebunden[5]. Erst allmählich schlich sich der »Priester« ein, wurde das Abendmahl – ein ganz gewöhnliches antikes Essen zunächst –, unter krasser Verkehrung seines ursprünglichen Sinnes, zu einem Kultmahl und schließlich zum Mittelpunkt der Messe: eine komplette Mixtur aus jüdischen und hellenistischen Elementen[6].

Unius uxoris vir oder Die biblisch fundierte Lebensform

Mit Jesus freilich hat das nichts zu tun. Auch nicht mit seinen Jüngern, die doch noch als Missionare ihre Frauen mitführten (S. 65) und schon deshalb keine Ehelosigkeit verlangen konnten. Auch ist nirgends im Neuen Testament von Zölibat die Rede. Vielmehr müssen laut 1. Tim. 3, 2 und 3, 12 Bischof und Diakon »*eines* Weibes Mann« (unius uxoris vir) sein. Nicht weniger als dreimal nennen allein die Pastoralbriefe verheiratete Amtsdiener[7], ja es wird ausdrücklich vor Falschlehrern gewarnt, »die zu heiraten verbieten«. (Trotzdem propagiert noch heute der deutsche Primas, Kardinal Döpfner, das Zölibat als »eine biblisch fundierte und orientierte Lebensform«[8].)

Das urchristliche Leben aber spielt sich zu Hause ab, unter Frauen und Kindern. Und als Kleriker aufkommen, sind es jahrhundertelang Familienväter. Die Mehrzahl der frühchristlichen Geistlichkeit war verheiratet, wahrscheinlich die Mehrzahl des höheren Klerus in vormittelalterlicher Zeit überhaupt[9]. Viele Priester lebten sogar ohne formale Bindung mit Frauen zusammen, waren Konkubinarier und Polygamisten, fornicatores notorii[10]. Nach der Ordination heirateten sie allerdings selten. Bestand ihre Ehe jedoch schon vorher, untersagte ihnen auch während des ganzen 3. Jahrhunderts keine Vorschrift den Verkehr[11].

Noch im 4. Jahrhundert traten die Apostolischen Konstitutionen, das umfangreichste Gesetzbuch der alten Kirche, für die Klerikerehe ein; ebenso die Synode von Ankyra in Galatien und Gangra in Paphlagonien, welch letztere Christen geradezu anathematisierte, die behaupteten, man dürfe keinen Gottesdienst verheirateter Priester besuchen[12]. Selbst Kirchenlehrer Athanasius fand seinerzeit unter Bischöfen und Mönchen Väter und erklärte, »jeder erwähle sich, was er will«[13]. Der heilige Gregor von Nyssa heiratete Theosebia und blieb auch als Bischof bei ihr; Kirchenlehrer Gregor von Nazianz war Kind eines Bischofs; und auch im 5. Jahrhundert berichtet man, daß viele Bischöfe Kinder zeugten, alle ehelosen aber freiwillig abstinent seien[14]. Standen doch sogar auf Grabsteinen verheirateter Würdenträger nicht selten scharfe Proteste gegen das Zölibat[15].

Das trullanische Konzil

Noch im ausgehenden 7. Jahrhundert dokumentiert die von über zweihundert Episkopen besuchte Kirchenversammlung, »daß in Afrika, Libyen und anderen Orten die gottesfürchtigsten Bischöfe ihren Frauen beiwohnen«[16]. Zwar wendet sich das Trullanum selbst gegen den ehelichen Verkehr der Bischöfe, gestattet aber diesen den Subdiakonen,

Diakonen und Priestern, sofern sie vor der Subdiakonatsweihe geheiratet hatten. »Nachdem wir vernommen«, heißt es in dem berühmten Kanon, »daß es in der römischen Kirche Brauch ist, daß die, welche zu Diakonen oder Priestern geweiht werden, versprechen müssen, nicht mehr mit ihren Frauen ehelichen Umgang pflegen zu wollen, so verordnen wir folgend dem alten Gesetze der apostolischen Sorgfalt und Anordnung, daß die rechtmäßigen Ehen der heiligen Männer auch von nun an bestehen sollen, und lösen keineswegs ihre Verbindung mit ihren Frauen und berauben sie keineswegs der beiderseitigen Beiwohnung zur schicklichen Zeit[17].«

Auch später ließ man sich im Orient nie das Zölibat aufschwatzen. Als Kardinal Humbert, einer der maßgeblichen Kurialen seiner Zeit, 1054 in Konstantinopel gegen die Priesterehe auftrat und sagte: »Junge Ehemänner, soeben von fleischlicher Lust erschöpft, dienen am Altar. Und unmittelbar danach umarmen sie mit ihren vom unbefleckten Leib geheiligten Händen wieder ihre Frauen. Das ist nicht das Kennzeichen des wahren Glaubens, sondern eine Erfindung des Satans«, hielt ihn der Abt Niketas vom Studiu-Kloster »für dümmer noch als einen Esel«[18]. Das ganze Abendland, das die Klerikerehe allmählich verabscheute, galt im theologisch führenden Osten als barbarisch[19].

Auch das Papsttum tolerierte lang die Priesterehe

Zur Zeit des heiligen Patrick (372–461), den Rom zur Missionierung Irlands ermächtigte und zum Nationalheiligen erhob, empfand man verheiratete Geistliche als durchaus normal[20]. Auch während der ganzen Merowingerzeit brauchten sie die Ehe nicht aufzulösen und verkehrten offenbar meist auch geschlechtlich[21]. Nicht einmal in Spanien, wo doch das älteste Zölibatsdekret entstand (S. 158), erwähnen die Synoden bis zum Beginn des 6. Jahrhunderts eine Abstinenz des Klerus in der Ehe[22].

In Deutschland erlaubt 816 die große Kirchenversammlung von Aachen die Weihespendung an Verheiratete; und noch 1019 ahndet die Synode von Goslar die Amtsbehinderung verehelichter Geistlicher mit Exkommunikation[23].

In Rom gab es bis ins 10. Jahrhundert Priestersprößlinge, die Päpste wurden: Bonifaz I., Felix III., Agapet I., Theodor I., Hadrian II., Martin II., Bonifaz VI. und andere. Mehrere von ihnen wurden kanonisiert: St. Bonifaz I., St. Silverius und St. Deusdedit. Ja, einige Päpste waren die Söhne von Päpsten: Silverius der Sohn von Papst Hormisdas; Johannes XI. der Sohn von Papst Sergius III. Noch im 11. Jahrhundert lebten im Süden Italiens alle Geistlichen in offener Ehe[24]. Und über den Norden schreibt Wido von Ferrara, ein Augenzeuge: »In der ganzen

Aemilia und in Ligurien führten Diakone und Presbyter öffentlich Frauen heim, feierten Hochzeiten, verheirateten ihre Töchter, verbanden ihre Söhne, welche sie gezeugt, mit recht vornehmen und reichen Gattinnen[25]. « Nicht die wenigsten »sacerdotes concubinati« aber gab es noch Mitte des 11. Jahrhunderts in Rom[26].

Besonders spät setzte die Entwicklung zum Zölibat im nüchternen England ein. Dort war im 8. und 9. Jahrhundert die Ehe selbst bei Bischöfen gewöhnlich; dem Landklerus gestatteten die Synoden sogar bis ins Hochmittelalter Ehefrauen; und dann tröstete sich ein britischer Prälat: »Man kann wohl den Priestern die Weiber, aber nicht den Weibern die Priester nehmen[27].«

In Ungarn, Dänemark und Schweden gab es noch im 13. Jahrhundert verheiratete Geistliche; in Nordschweden und Island bestand die Klerikerehe, bis sie die Reformation von neuem sanktionierte[28].

15. Kapitel
Die Gründe für das Zölibat

»Rom wollte herrschen, dazu brauchte es blinde Werkzeuge, willenlose Sklaven, und diese fand es in einem ehelosen Clerus, der durch kein Familienband an Vaterland und König geknüpft war, dessen Haupt- ja einzige Pflicht in unbedingtem Gehorsam gegen Rom bestand.«
Ein (anonymer) katholischer Geistlicher des 19. Jahrhunderts[1]

Die »Unreinheit« des ehelichen Lebens

Bestimmend für das Zölibat war zunächst der weitverbreitete antike Glaube, der Erfolg des Rituals hänge von der priesterlichen Keuschheit ab. Geschlechtsverkehr und Gottesdienst, die »Unreinheit« ehelichen Lebens und die »Heiligkeit« geistlichen Tuns hielt man für unvereinbar (vgl. S. 58 f.). Dabei rechtfertigte man die aus dem Heidentum übernommene Kontinenzforderung durch das Alte Testament, das alles Sexuelle vom Tempelbezirk verbannt hatte (S. 52 f.) – ein kultischer Reinheitswahn, den das Neue Testament gar nicht kennt[2]. Jedenfalls verlangte die Kirche im Orient, wo man meist bloß am Sonntag, Mittwoch und Freitag zelebrierte, nur an diesen Tagen vom Priester Abstinenz; im Abendland dagegen, wo die Messe täglich stattfand – zuerst in Rom –, drang man auf gänzliche Enthaltung in der Ehe[3].

Die fast übermenschliche Entsagung sollte dem Geistlichen mehr Ansehen verschaffen beim Volk, sollte ihn glaub- und ehrwürdiger erscheinen lassen, als ein Idol, eine himmlische Führer- und Vaterfigur gleichsam, zu der man aufsah und von der man sich eben deshalb auch beherrschen ließ – ein erst heute im vollen Abbau begriffenes Priesterimage.

Wer wird das bezahlen?

Da aber der Zwang weniger zur Keuschheit als zur Ausschweifung des Klerus führte (S. 181 ff.), kann die kultische Motivation nicht entscheidend gewesen sein. Eine finanzpolitische kam bald hinzu: für die

Bischöfe waren ehelose Geistliche natürlich billiger als solche mit Frau und Kindern.

Das ökonomische Motiv begegnet in ungezählten Gesetzen und Synodalerlassen bis in die Neuzeit, wo noch unlängst das verstorbene »Finanzgenie« des Papstes, Kardinal Spellman von New York, sich fragte: »Wer wird das bezahlen?[4]«

Die ersten christlichen Herrscher hatten weder die verehelichten Geistlichen noch deren Familien benachteiligt. 528 aber verfügte Kaiser Justinian, wer Kinder habe (nicht: wer verheiratet ist!), könne kein Bischof werden. Der Grund für dieses häufig wiederholte Dekret war eindeutig vermögensrechtlicher Natur[5]. Und schon zwei Jahre darauf wandte sich Justinian auch gegen solche, die nach empfangener Weihe heirateten und »mit Weibspersonen Kinder erzeugen«. Jede nach der Ordination geschlossene Priesterehe erklärte er jetzt für ungültig und alle daraus hervorgehenden oder schon hervorgegangenen Nachkommen für illegitim, ja infam und ohne Erbrecht[6]. Mitte des 6. Jahrhunderts weihte Papst Pelagius I. für Syrakus einen Familienvater zum Bischof, bestimmte jedoch, daß dessen Kinder keine »Kirchengüter« erben dürften[7]. Die dritte Synode von Lyon (583) drohte mit Absetzung nur, »wenn ein Kind geboren wurde«[8]. Und mit fortschreitender Verchristlichung entrechtete man die Priesterdeszendenz immer mehr (S. 165 ff.).

Die Geschäfte des Herrn

Wichtiger aber noch als der finanzielle Faktor war den Ekklesiarchen sicherlich die ständige freie Verfügbarkeit über einen unbeweibten Klerus[9]. Immerhin wußte schon Paulus: »Der Unverheiratete kümmert sich um die Dinge des Herrn; der Verheiratete dagegen sorgt sich um die Dinge der Welt, wie er seiner Frau gefalle, und ist geteilt[10].« Und bis heute wurde (ungeachtet der – meist unterschlagenen – Tatsache, daß Paulus damit Priester selbstverständlich gar nicht meinen konnte) zur Zölibatsbegründung kein Bibelwort häufiger bemüht als dieses[11], das klar zeigt, was man braucht: allzeit disponible, an keine Familie, keine Gesellschaft, keinen Staat gebundene willenlose Werkzeuge, mittels deren man herrschen kann.

Als darum während des Tridentinums (1545–1563) Pius IV. die christlichen Fürsten um Verbesserungsvorschläge bat und der deutsche Kaiser Ferdinand I., der französische und böhmische König die Klerikerehe verlangten, widersetzten sich die Prälaten entschieden. »Die Verehelichung der Priester!«, so apostrophierte Kardinal von Carpi den Papst, »haben Sie es überlegt, daß sie von dem Augenblicke an *nicht mehr vom Papst abhängen* würden, sondern von ihrem Fürsten, dem sie sich *in allen Stücken wohlgefällig bezeigen würden, zum Nachteil der Kirche und aus Liebe zu ihren Weibern und Kindern?*[12]«

Und als bei einer Zölibatsdiskussion im 18. Jahrhundert Kardinal Rezzonico riet, die kurialen Finanzen dadurch zu sanieren, daß man jedem Eheerlaubnis erbittenden Priester Dispensation gewähre gegen eine Gebühr – »eine Zechine sogleich ... und dann noch jährlich ein paar Taler« –, soll dies der Papst zunächst mit der Bemerkung »bester Vorschlag« (optima propositio) quittiert, dann aber freilich abgelehnt haben[13]. Denn ein eheloser Klerus sichert die Geschäfte des Herrn (und der Herren) eben doch weit wirksamer als einer mit Familie – selbst wenn man dafür auch noch zahlte!

». . . *mich flieht mehr die Venus als ich sie*«

Ein biologischer Umstand beeinflußt die Zölibatsproblematik zweifellos: die Tatsache, daß die Kirche fast stets alte Männer regieren. Denn mögen sie in der Jugend noch so genußfroh oder frivol, noch so beredte Propagandisten der Klerikerehe gewesen sein, im Alter, müde, impotent und sadistisch geworden, verlangen sie das Zölibat.

Ein typisches Beispiel hierfür: Enea Silvio de' Piccolomini. Auf dem Konzil von Basel erinnerte er an verheiratete Päpste, an den beweibten Apostelfürsten Petrus und meinte: »Man hat den Geistlichen aus gutem Grunde die Ehe verboten, aber aus noch besserem sollte man sie ihnen wieder erlauben[14].« Doch als Papst Pius II. indizierte Enea nicht nur die von ihm selbst verfaßten Erotica, sondern ermahnte auch einen befreundeten Priester, der seine Dispens vom Zölibat begehrte, zur Kontinenz, ihm ratend, das ganze weibliche Geschlecht wie die Pest zu fliehen und jede Frau für einen Teufel zu halten. »Du wirst freilich sagen«, fuhr der Papst darauf fort, »seht, wie streng ist doch Aeneas. Jetzt preist er mir die Keuschheit und ganz anders redete er zu mir in Wien und Neustadt. Es ist wahr, aber die Jahre nehmen ab, der Tod rückt heran ... Die Venus ekelt mich an. Freilich nehmen auch meine Kräfte ab. Mein Haar ist grau, meine Nerven sind ausgetrocknet, mein Gebein ist morsch und mein Körper übersät mit Runzeln. Ich kann keinem Weibe mehr zur Lust dienen und keine mir ... Wahr ist es, mich flieht die Venus als ich sie[15].«

Zu diesem biologischen Motiv kommt oft ein mehr psychologisches, freilich nicht nur bei Päpsten. Vermutet man doch (wiederum auf katholischer Seite selbst), das Eintreten zahlreicher älterer Amtsinhaber für das Zölibat resultiere insgeheim aus der Vergeltungssucht, »einer zukünftigen Generation deshalb kein offeneres und erfüllteres Leben zu gönnen, weil man selbst darauf verzichten mußte«[16].

16. Kapitel
Die Unterdrückung der Priesterehe

»Tausend und Abertausend der glücklichsten Priesterfamilien wurden in dieser Weise (›mit Feuer und Schwert‹) von der im Abendland herrschend gewordenen Mönchspartei ins Elend gestürzt.«
Der Theologe Gschwind[1]

»Die Strafmöglichkeiten waren sehr groß, weil die Kleriker durch Amt und Stand völlig von der Kirche abhängig waren.«
Der katholische Theologe Martin Boelens[2]

»Aber die Hexenverfolgung ist noch nicht zu Ende. Die Inquisitoren, die Richter, die Gefängniswärter und die Henker in Gestalt von Papst, Bischöfen, Priestern und Laien sind immer noch am Werk.«
Der Katholik Fritz Leist[3]

Wie lange auch immer die Priesterehe bestand, die entscheidende Wendung hatte bereits 306 mit der Synode von Elvira in Südspanien begonnen, die das erste Zölibatsdekret erließ: »Die Bischöfe, Priester und Diakone, überhaupt alle Kleriker, die den heiligen Dienst, nämlich den am Altare verwalten, müssen sich ihrer Frauen enthalten bei Strafe der Absetzung[4].«
Dieses Verbot, das die gesamte Entwicklung im Westen bestimmte, galt zunächst freilich nur für einen Teil der spanischen Kirche[5]. Denn darüber hinaus drängte man den Klerus weniger zu ehelicher Enthaltsamkeit als zur Vermeidung außerehelichen Umgangs und analoger »Verbrechen«[6]. Erst um die Wende zum 5. Jahrhundert wurde die Norm von Elvira von den Päpsten Siricius und Innozenz I. übernommen und im Abendland verbreitet[7].
Immerhin verlangte man weder prinzipielle Ehelosigkeit noch die Auflösung einer bestehenden Ehe, sondern »nur« Beendigung des sexuellen Verkehrs[8]. Auch war lange keine Trennung von der Frau Diakon, Frau Priester, Frau Bischof, von denen die Synoden immer wieder reden[9], erforderlich. Versprachen Verheiratete, ihre »Weiber« fortan zu haben, »als hätten sie sie nicht, auf daß sowohl«, wie Leo I. (458 oder 459) den Bischof Rusticus von Narbonne – denkwürdig pervers – belehrte, »die

eheliche Liebe bewahrt bleibe als auch das eheliche Werk aufhöre«[10], konnten sie Priester werden oder weiterhin sein, womit man freilich Unmögliches erheischte und sie zur Heuchelei direkt trieb.

Die Erlasse differieren im übrigen, waren nicht immer eindeutig, wurden abgewandelt und den Umständen angepaßt, milder und strenger gehandhabt und gelegentlich ganz ignoriert.

Tag und Nacht bewacht

Vor allem und immer wieder verpönte man das gemeinsame Hausen der Kleriker mit den »mulieres extraneae« oder »subintroductae«, die das Papsttum, lange vergeblich, besonders bekämpfte und das Trullanum selbst kastrierten Priestern vorenthielt[11]!

Bereits die Synode von Elvira erlaubte den Geistlichen das Zusammenleben nur mit der Gattin sowie der Schwester oder Tochter, die sich Gott geweiht[12], nicht jedoch mit einer fremden Frau, der »mulier extranea«, die meist den Haushalt führte und eben zunächst Hauptobjekt der synodalen Präventionen wurde[13]. Später aber verwehrte man allen, Sklavinnen und Freien, sogar schon den Gang in eine Priesterwohnung, ja verbot auch den Geistlichen das Besuchen von Frauen entweder überhaupt oder doch am Nachmittag und Abend. Nur wenn dies unerläßlich war, wurde es gestattet, aber bloß in Begleitung eines Klerikers als Zeugen[14]. Und auch der Frau des Priesters verweigerte man schon im 5. Jahrhundert das Betreten seines Schlafzimmers[15].

Natürlich wurden die Dekrete weithin nicht beachtet. Zumal vom gemeinsamen Bett vermochten sich die Kleriker nur schwer zu trennen. Selbst Bischof Simplicius von Auxerre nebst Gattin behielten es bei – »im Vertrauen auf ihre Tugendstärke«[16].

Die Synode von Tours (567) brachte dann einen vorläufigen Höhepunkt aller derartigen Befehle und Bespitzelungen. Nicht nur versagte man wieder einmal allen Priestern »extraneas« (hier als Schlangen figurierend); nicht nur sollten die Kleriker aus der Umgebung eines Bischofs in keinen Kontakt kommen mit den Mägden seiner Frau, der episcopa, die er selbst bloß wie seine Schwester betrachten und von seinen Geistlichen beschattet sehen durfte; nicht nur hatten diese das Recht, »extraneas« aus dem Haus zu werfen, sondern man befand auch: »Weil sehr viele Erzpriester auf dem Land, ebenso Diakone und Subdiakone, im Verdacht stehen, den Umgang mit ihren Frauen fortzusetzen, soll der Erzpriester stets einen Kleriker bei sich haben, der ihn überall begleitet und in derselben Zelle mit ihm sein Bett hat.« Sieben Subdiakone oder auch Laien (!) mußten, wöchentlich einander abwechselnd, den Erzpriester bewachen und wurden im Weigerungsfall verprügelt[17].

Später halste man zuweilen auch den Bischöfen Bewacher auf. So beschloß 633 eine Synode unter dem Vorsitz des heiligen Isidor von Sevilla: »Da die Geistlichen durch ihr Leben nicht wenig Skandal verursacht haben, so sollen, damit den Laien aller böse Argwohn benommen werde, die Bischöfe in ihren Zimmern Zeugen ihres Lebenswandels bei sich haben[18].« Und die Synode von Braga verbot 675 überhaupt jedem Kleriker, ohne verlässigen Aufpasser mit einer Frau zusammenzukommen, ausgenommen die Mutter[19]. Früher hatte man häufig noch die Schwester, Tochter oder gar Nichte geduldet[20]; denn: »Bezüglich dieser Personen ist es Frevel, anderes zu vermuten, als die Natur festsetzte[21].« Die Synode von Macon genehmigte 581 außerdem sogar die Großmutter[22].

Doch dann argwöhnten die Konzilsväter auch da allerlei. Man untersagte nun der Enkelin, der Nichte, Tochter, Schwester und der Mutter den Aufenthalt im Priesterhaus, zuerst wohl im Süden, darauf in Deutschland, Frankreich und schließlich in England[23], da die Geistlichen, wie 888 die Mainzer Synode bekannte, es schon oft mit Verwandten getrieben[24]. Zudem bestünde die Gefahr, gab 889 der Bischof von Soissons zu bedenken, daß mit diesen auch andere Frauen kämen[25]. Hatte daher ein Kleriker für die Seinen zu sorgen, sollte es weit von seinem Haus entfernt geschehen[26]. Deshalb bespitzelte man auch die Kirche und deren Umgebung, mußte der Visitator prüfen, wie Regino von Prüm 906 in seiner (vom Trierer Erzbischof Ratbod veranlaßten) Anweisung zur Pfarrerkontrolle forderte, »ob der Priester neben der Kirche ein Kämmerlein« habe oder »ob verdächtige Türlein im Umkreis« seien und so weiter[27].

Für verehelichte Priester: »immerwährendes Gefängnis«

Nun blieb es selbstverständlich nicht bei Vorschriften. Vielmehr wandte man über ein Jahrtausend die verschiedensten Zwangsmittel an: Fasten, Geldstrafen, Verlust des Amtes, Exkommunikation, Infamerklärung, Folter, jahre- oder lebenslange Buße im Kerker, Erbunfähigkeit und Versklavung[28]. Das Verfolgen, mit Paulus zu sprechen, der »Dinge des Herrn« hatte, wie stets, die ungeheuerlichsten Folgen.

Häufig strafte man Kleriker, die mit ihrer Frau geschlechtlich verkehrten – von den Synoden gern als »Rückkehr des Hundes zu seinem Gespei« charakterisiert[29] –, durch Entlassung. Abgesehen von seltenen Fällen einer Restitution schloß dies auf immer vom Kirchendienst aus[30]. Sehr oft aber wurden »Unenthaltsame« auch in ein Kloster gesperrt, wo man sie fasten, fesseln, peitschen und auf vielerlei Weise schikanieren ließ[31]. (Schon ohne Strafverschärfung führte diese Haft oft zur völligen Erschöpfung eines Menschen[32].) Doch mußten selbst gewaltsam Ordinierte bei weiterem Zusammensein mit ihrer Frau »zeitlebens« in einem Klosterkerker büßen[33].

Papst Zacharias, der Mitte des 8. Jahrhunderts auch gelübdebrechende Mönche und Nonnen ins Gefängnis zu werfen befahl bis zu ihrem Tod (S. 126), hetzte die Gallier und Franken zur Vertreibung des beweibten Klerus auf, ihnen versprechend: »So wird kein Volk vor euch Stand halten, alle heidnischen Völker werden vor euch zusammenstürzen, und ihr werdet Sieger sein und noch dazu das ewige Leben besitzen[34].«

In England gebieten später die unter König Edgar gegebenen Kirchengesetze: »Wenn ein Priester, ein Mönch oder ein Diakon eine rechtmäßige Frau hat, ehe er geweiht worden ist, so muß er sie vor seiner Ordination verlassen. Pflegt er dann öfter mit ihr den Beischlaf, so soll er *wie für einen Menschenmord fasten*[35].« Das lag meist auf *einer* Linie – für die Religion der Liebe!

Auch die libri poenitentiales, die Bußbücher jener Zeit, gehen hart gegen »Unenthaltsame« vor. So ließ man Priester, die heirateten, zehn Jahre sühnen, drei davon bei Wasser und Brot, man strafte sie durch Absetzung, Exkommunikation, steckte sie geschoren in einen Sack und für immer ins Kloster[36]. Begingen sie Ehebruch, bekamen sie zehn Jahre Buße, drei Jahre nur Wasser und Brot; für Sexualverkehr mit einer Gottgeweihten zwölf Jahre Buße, fast die halbe Zeit davon nur Wasser und Brot[37].

Mitte des 8. Jahrhunderts erlegt die »regula canonicorum« Chrodegangs einem Geistlichen für Mord, Unzucht, Ehebruch – wieder ganz gleich gewertet! – zuerst eine körperliche Züchtigung auf; dann kommt er, solang es dem Bischof oder dessen Vertreter paßt, in den Kerker, wo niemand ohne Erlaubnis mit dem »Verbrecher« reden oder umgehn darf. Nach seiner Freilassung muß er büßen und zu den kanonischen Stunden vor der Kirchentür liegen, bis alle hinein- und hinausgegangen sind[38]. Diese Regel des Metzer Bischofs wurde beispielhaft für die fränkische Kirche und beherrschte jahrhundertelang das Leben des Klerus[39].

Ein weitverbreitetes spätmittelalterliches Poenitentiale, »das vorzüglichste Document«, nach katholischer Auskunft, »für die Beurtheilung der Bußdisziplin in der nachgratianischen Zeit bis zum Concil von Trient«[40], verordnet für Hurerei eines Geistlichen eine zehnjährige Buße: Zuerst muß er drei Monate eingelocht in einem Strafkleid auf der Erde liegen und erhält, ausgenommen Sonn- und Feiertage, nur abends etwas Wasser und Brot. Danach läßt man ihn frei, doch darf er sich, um kein »Ärgernis« zu erregen, nicht dem Volk zeigen, und muß weiter eineinhalb Jahre bei Wasser und Brot vegetieren. Dann bekommt er dies bis nach Ablauf des siebten Jahres am Montag, Mittwoch und Freitag, darf das Fasten am Mittwoch jedoch durch einen Psalter oder einen Denar ablösen. Schließlich muß er bis zum Ende des zehnten Jahres an jedem Freitag fasten, kann aber zuvor wieder in sein Amt eingesetzt werden[41].

Verheiratete Kleriker hat man häufig ihres ganzen Besitzes beraubt und sogar umgebracht – bis in die Neuzeit hinein. Noch Melanchthon, ein Hauptmitarbeiter Luthers, schreibt, daß man »die *ehrenhaften Priester ermordet wegen frommer Ehe*«[42]. Der 1628 unter dem Erzbischof von Gran in Preßburg tagende Konvent sichert allen, die sich »künftig zu *verehelichen* oder die sich Verehelichenden zu trauen erkühnen sollten..., *immerwährendes Gefängnis* gewiß zu«[43]. Ferner putscht man die Laien auf, keine Verbindung von Frauen mit Pfarrern zu dulden, und mahnt die domini terrestres, alle Untertanen, die dabei »auf irgendeine Weise mitgewirkt haben, sowohl an ihren Personen als an ihren Sachen streng zu züchtigen«[44]. Die Synode von Osnabrück droht 1651: »Wir werden... die Häuser der Verdächtigen bei Tag und Nacht visitieren und die *schändlichen Personen öffentlich durch den Henker brandmarken* lassen, und sollten die Obrigkeiten lässig oder nachlässig sein, so sollen sie von uns bestraft werden[45].« Bischof Ferdinand von Paderborn ließ noch im späten 17. Jahrhundert einen Geistlichen wegen seines Sexuallebens exekutieren[46].

Dagegen prophezeite man den »Enthaltsamen« gern Gottes Erbarmen und gestand ihnen sogar spezielle, staatlich garantierte Rechte zu, wie besondere Glaubwürdigkeit[47]!

Die Priesterfrau: gepeitscht, verkauft, versklavt

Man strafte diese Frau schon dadurch barbarisch, daß man ihr, obgleich legitim verheiratet, den ehelichen Umgang rundweg versagte. Ging sie daraufhin, was nahe genug lag, ein außereheliches Verhältnis ein, mußte sie ihr Mann entlassen. Tat er es nicht, wurde er, wie bereits die Synode von Elvira vorschrieb, lebenslang exkommuniziert[48]. Noch nach dem Tod eines Klerikers verbot man der Witwe die Wiederverehelichung und bedrohte sie für diesen Fall mit Trennung und Ausschluß, ebenso den Mann, der sie zu heiraten wagte[49]. Die Synode von Agde erlaubte die Ordination eines Ehemanns nur, wenn seine Frau selbst den Schleier nahm[50]. Und die erste Synode von Toledo verordnete anno 400: »Hat das Weib eines Klerikers gesündigt, so hat er, mit Ausnahme der Tötung, das Recht, sie zu bewachen, zu binden, sie fasten zu lassen[51].«

Noch härter ging man mit den extraneis um. Gerieten sie in Verdacht, wurden sie gegeißelt, vertrieben oder versklavt. In Spanien begann die Prügelei bereits unter dem westgotischen König Rekkiswinth; und auch der Fuero Juzgo, das von einer Bischofsversammlung verfaßte spanische Rechtsbuch, schrieb für jede verheiratete oder unverheiratete Frau, die mit einem Kleriker geschlechtlich verkehrte, hundert Peitschenhiebe vor (während man ihn selbst in ein Strafkloster verbannte)[52]. Schon vom späten 6. Jahrhundert an aber hat die Kirche »Verdächtige«, das heißt mit Geistlichen zusammenwohnende »Weibspersonen« sowie Mägde, einfach verkauft, etwa an ein Kloster, zuweilen jedoch auch den Richtern geschenkt[53].

Einen Höhepunkt kirchlicher Kultur brachte 653 das achte »heilige Concilium« von Toledo, das nicht nur, wie frühere Synoden, den Verkauf verdächtiger oder übel beleumundeter Frauen vorschrieb, sondern, bei Entdeckung der Unenthaltsamkeit, auch den der regulären Ehefrau[54]!

Das Verhältnis zur Gattin des Priesters und seine andern Amouren, Verbindungen, die man vordem streng unterschied, werden nun gleich bestraft. Immer weniger interessierte nämlich, ob eine legitime oder illegitime Vereinigung vorlag. Der eheliche Verkehr wird allmählich ganz wie der außereheliche als fornicatio, »Unreinheit«, »Schmutz«, verdammt. Und dementsprechend stellt man auch die Begriffe Ehefrau (uxor) und Konkubine (concubina) immer häufiger einander gleich, ja, das Wort »uxor« verschwindet fast ganz, und »concubina« bezeichnet schließlich jede Frau, die ein Priester zu beschlafen pflegt, also auch die, mit der er, oft noch unter Beachtung der kirchlichen Form, verheiratet ist[55].

Mitte des 11. Jahrhunderts machte Leo IX. alle Frauen Roms, die mit Geistlichen zusammenlebten, zu Sklavinnen seines Palastes[56]. Und die Synode von Melfi (1089), der Papst Urban II. vorstand – Initiator des ersten, in der Abschlachtung von fast 70 000 Sarazenen in Jerusalem kulminierenden Kreuzzuges und 1881 (!) seliggesprochen –, ordnete im Falle fortgesetzter Klerikerehe den Verkauf der Ehefrau als Sklavin durch die weltliche Macht an, die man derart sogar für das Zölibat interessierte[57].

Erzbischof Manasses II. erlaubte 1099 dem Grafen Robert von Flandern, die Frauen der exkommunizierten Kleriker in allen seinen Diözesen einzufangen. Ähnlich verfuhr man in Ungarn und anderwärts. »Gräuliche Scenen kamen überall, namentlich aber in Franken, wieder zum Vorschein: schrecklich zeigte sich der Fanatismus der Mönche; das nackte Leben blieb vielen Geistlichen, die Weib und Kind nicht preiszugeben vermochten, noch allein übrig[58].«

Verkauf, Versklavung, Übergang der Priesterfrauen mit ihrem ganzen Besitz auf die Bischöfe sowie Verlust des Erbrechts – immer wieder hat dies die Kirche von Spanien bis Ungarn und England befohlen[59]. Weiterhin verhängte sie über die »notorischen Konkubinen« bis in die Neuzeit den Bann, Ausschluß von den Sakramenten, Scheren des Haars, »öffentlich in der Kirche am Sonntag oder an einem Feiertag in Gegenwart des Volkes«, wie die Synode von Rouen 1231 verfügt[60] (im Mittelalter derart diskriminierend, daß man nach altburgundischem Gesetz einen Sklaven tötete, schnitt er einer Freien das Haar ab[61]); die Kirche bedrohte die Priesterfrau mit Verweigerung der Beerdigung, Verscharren auf dem Schindanger und immer wieder auch mit der Übergabe an den Staat, was dann häufig mit Vertreibung oder Gefängnis endete[62]. Noch im 17. Jahrhundert appellierte der Bamberger Bischof Gottfried von Aschhausen an die »weltliche Gewalt«, »damit sie in die Pfarrhöfe eindringe, die Konkubinen heraushole, öffentlich auspeitsche und in Haft setze«[63].

Das Schicksal der Frauen, die mit den Geistlichen, in oder außerhalb einer Ehe, verbunden waren, kümmerte die Catholica nicht im geringsten. Sie hat diese Menschen (und ihre Familien) vielmehr rücksichtslos und auf jede Weise zugrunde gerichtet[64]. Von persönlichen Rechten der Priesterfrau ist in der immensen Fülle von Dekretalen und Konzilskanones so wenig die Rede wie von einer personalen Begegnung der Partner.

Für den Heiligen und Kirchenlehrer Petrus Damiani waren die Klerikerfrauen, wie er in einer einzigen schäumenden Suada an Bischof Kunibert von Turin tobt, nur Lockspeise des Satans, Auswurf des Paradieses, Gift der Geister, Schwert der Seelen, Wolfsmilch für die Trinkenden, Gift für die Essenden, Quelle der Sünde, Anlaß des Verderbens, Eulen, Nachtkäuze, Wölfinnen, Blutegel, Metzen, Buhlerinnen, Lustdirnen, Suhlplätze fetter Säue (volutabra porcorum pinquium) und so weiter und so weiter[65].

Die ungezählten, von Generation zu Generation sich wiederholenden individuellen Tragödien der Liebe und Freundschaft sind fast alle verschollen.

Abælard, Kopernikus, Bochard

Am bekanntesten die Affäre Abælards, der sich bei seinen theologischen Vorlesungen in Paris in Héloïse, die Nichte des Abts Fulbert, verliebte, sie auch heiratete, dann aber, auf Anstiften des Abts, von Héloïses Verwandten überfallen und entmannt worden ist.

Nicht minder bezeichnend die Geschichte des Nikolaus Kopernikus. Er hatte die geistlichen Weihen erhalten und ein Kanonikat am Dom in Frauenburg. Nachdem er lange mit einer entfernten Verwandten, Anna Schilling, gelebt, befahl sein Bischof und Jugendfreund Dantiskus deren Entlassung. »Eure Mahnung, hochwürdiger Herr«, replizierte darauf das dreiundsechzigjährige Genie, »ist väterlich genug und mehr als väterlich, ich gebe es zu und habe sie mir zu Herzen genommen. Was die frühere Weisung, Euer Hochwürden, in der gleichen Sache anlangt, so war es mir fern, sie zu vergessen. Ich hatte im Sinne, ihr entsprechend zu handeln.

Obwohl es nicht leicht war, eine geeignete Person in meiner Verwandtschaft zu finden, beabsichtige ich nichtsdestoweniger, die Angelegenheit vor Ostern in Ordnung zu bringen[66].« Aber Kopernikus traf sich insgeheim weiter mit Anna, bis er auf wiederholtes Drängen des Bischofs auch diese Begegnungen aufgab und vier Jahre später einsam und verlassen starb.

Erschütternd der Fall des Subdiakons Bochard. Er war Kantor zu Laon, Kanonikus von Tournay und hatte von einer Adligen, Schwester der Gräfin Johanna von Flandern, zwei Kinder. Innozenz III. – Initiator des Albigensermassakers –, der in der Klerikerehe nur eine »Mistpfütze« sah, bannte Bochard und befahl dem Erzbischof von Reims, jeden Sonntag bei Glockengeläut und brennenden Kerzen den Bann zu erneuern sowie überall, wo Bochard weile, den Gottesdienst auszusetzen, bis er das Weib entlassen und Buße getan. Bochard unterzog sich der Strafe und focht ein Jahr im Orient gegen die »Ungläubigen«. Als er aber, heimgekehrt, Frau und Kinder wiedersah, rief er: »Lieber will ich mich lebendig schinden lassen, als euch verlassen.« Darauf wurde er in Gent ergriffen, enthauptet und sein Kopf durch alle Städte Flanderns und des Hennegaus getragen[67] – »Denn der Mensch ist für die Liebe geschaffen«, wie es heute im »Holländischen Katechismus« heißt[68].

Nach dem Zisterzienser Cäsarius von Heisterbach lebten auch im 13. Jahrhundert weitaus die meisten Geistlichen verheiratet oder, wie er sagt, im Konkubinat. Mit Weib und Kind führten sie ihr Familienleben. Erst die von Fanatikern geschürte Gewissensangst brachte Unfrieden. Erwähnt wird eine Priesterfrau, die sich aus Verzweiflung in einen glühenden Bäckerofen stürzt[69].

Die Priesterkinder

Wie die Frauen der Kleriker, wurden auch ihre Söhne und Töchter seit der ausgehenden Antike immer rigoroser entrechtet.

Schon 655 fällte die neunte Synode von Toledo über alle Priesterkinder das Verdikt, sie »sollen nicht bloß ihre Eltern nicht beerben, sondern auf immer als Sklaven der Kirche gehören, bei der ihre Väter, die sie schandmäßig erzeugten, angestellt waren« (sed etiam in servitutem eius ecclesiae de cuius sacerdotis vel ministri ignominio nati sunt jure perenni manebunt)[70]. Alle Nachkommen von Geistlichen, gleichgültig ob mit freien oder unfreien Frauen gezeugt, hatten somit (in den westgotischen Gebieten) keinerlei Erbrechte gegenüber ihren Eltern und wurden lebenslänglich Kirchenknechte[71].

Im 11. Jahrhundert versklavte auch die große Synode von Pavia sämtliche Söhne und Töchter der Priester, »seien sie von Freien oder Unfreien,

Frauen oder Konkubinen geboren«, für immer. Weiter beschloß das von Papst Benedikt VIII. selbst geleitete Konzil: »Wer Söhne von solchen Klerikern, die Sklaven der Kirche sind, für frei erklärt, weil von freien Frauen geboren, sei Anathema, weil er die Kirche beraubt. Kein Knecht einer Kirche, sei er Kleriker oder Laie, darf auf den Namen oder durch die Vermittlung eines Freien irgend etwas erwerben. Tut er es doch, so wird er gepeitscht und eingesperrt, bis die Kirche ihre Urkunden zurückerhält. Der Freie, der ihm geholfen, muß der Kirche vollständigen Ersatz leisten, oder er wird mit den Kirchendieben verflucht. Der Richter oder Notar, der jene Urkunden abgefaßt, wird anathematisiert[72].«

Um derartige Bestimmungen zu verstehen, muß man sich bewußt machen, daß der niedere Klerus damals meist von Sklaven stammte, also weder freies Eigentum haben noch testieren durfte[73]. Was immer solche Leute erwarben oder ersparten, gehörte restlos dem Bischof, der schon deshalb das größte Interesse an der Nichtigkeit der Priesterehe und mehr noch an der Erbunfähigkeit der Kinder hatte. Erbunfähig aber war die Deszendenz von Kirchensklavinnen von vornherein. Sie diente zur völlig willkürlichen Verfügung der Prälaten, die es deshalb gar nicht so ungern sahen, wenn ein Kleriker mit einer Kirchensklavin sich verband. Das aber war schon die Regel wegen der allgemein herrschenden Unfreiheit[74]. Und somit folgten die Kinder der »ärgeren Hand«, der unfreien Frau, das heißt eben automatisch in die Sklaverei.

Heirateten jedoch unfreie Geistliche freie Frauen, so waren deren Kinder frei, besitz- und erbfähig und von den weltlichen Gesetzen geschützt. Ein arger Jammer für die Mutter Kirche. »Selbst die Kleriker«, klagt Papst Benedikt, »*welche aus dem Gesinde der Kirche sind*, sofern man sie noch Kleriker nennen kann, erzeugen, da sie doch durch die Gesetze jedes Rechtes, irgendein Weib zu haben, beraubt sind, von freien Weibern Kinder, und *meiden die Sklavinnen der Kirche* (!) nur allein aus der betrügerischen Absicht, damit die Söhne, von der freien Mutter erzeugt, auch gleichsam frei sein möchten. Diese sind es, o Himmel, o Erde«, lamentiert der Papst, »welche gegen die Kirche sich auflehnen. Keine schlimmern Feinde der Kirche gibt es als diese. Niemand ist mehr bereit zu Nachstellungen gegen die Kirche und Christus als sie. Während so die Söhne der Knechte, wie sie fälschlich vorgeben, in der Freiheit verbleiben, verliert die Kirche beides, die Knechte und die Güter. So ist die ehemals so reiche Kirche arm geworden[75].«

Hier steht exakt, worum es geht. Kein schlimmrer Feind der Päpste als der Mindrer ihres Reichtums. Denn Reichtum garantiert Macht, die Macht Herrschaft, und Herrschaft ist da alles. Nachdem Christi Stellvertreter die unfolgsamen Kleriker noch mit Springhengsten und den Schweinen Epikurs verglichen sowie als Beweis höchsten Verderbens angeführt hatte, daß sie – wie charakteristisch! – nicht »vorsichtig« (caute), sondern »öffentlich« (publice) Unzucht trieben (vgl. S. 199 ff.), verfügte er: »Alle Söhne und Töchter der Kleriker, sie mögen von einer Sclavin oder Freien, von einer Ehefrau oder Concubine – weil keines erlaubt ist, noch erlaubt war (!), noch erlaubt sein wird – erzeugt sein, *sollen Sclaven sein der Kirche in alle Ewigkeit«* (servi suae erunt ecclesiae in saecula saeculorum)[76].

Die Beschlüsse von Pavia wurden 1019 auf der Synode von Goslar auch für Deutschland verbindlich gemacht, wobei sie der fromme, von Papst Benedikt gekrönte (und noch heute in Bamberg hochverehrte) Kaiser Heinrich II. zu Reichsgesetzen erhob und verschärfte. So mußten Richter, die Priesterabkömmlinge für frei erklärten, ihres Vermögens beraubt und auf immer verbannt, die Mütter solcher Kinder auf dem Markt ausgepeitscht und dann gleichfalls exiliert werden, Notare, die Klerikern freie Geburt und Analoges attestierten, die rechte Hand verlieren[77]. Heinrich der Heilige!

Dagegen sprach ein sizilisches Gesetz Friedrichs II., des großen Freigeistes und Papstgegners, den Priesterkindern ausdrücklich die Erbberechtigung zu[78]. Und als sich in Spanien, etwa vom 9. Jahrhundert an, während der blühenden maurischen Kultur das Konkubinat, die Barragania, beim Klerus sehr verbreitete, waren die Söhne aus solch eheähnlichen Verbindungen vielfach bis zum 13. Jahrhundert frei. Gegebenenfalls konnten sie ihre Eltern beerben und in die geistliche Stellung ihres Vaters nachrücken[79].

Mit dem vierten Laterankonzil von 1215, dem Erstarken des papalen Zentralismus und der fortschreitenden Reconquista aber begann in Spanien eine scharfe Reaktion. So erklärte 1228 die erste Synode von Valladolid unter Leitung eines päpstlichen Legaten alle nach dem vierten Laterankonzil geborenen Klerikerkinder ihrem Vater gegenüber wieder für erbunfähig und schloß sie vom geistlichen Stand aus[80]. Und während des ganzen Mittelalters eiferte man gegen die Priesterkinder fort, wobei man nicht zwischen legitimer und illegitimer Abkunft unterschieden, ja noch die Enkel einbezogen, wie überhaupt die gesamte Nachkommenschaft auch durch das bürgerliche Recht schwer geschädigt hat[81]. Verweigerte man jedoch, wie in Schweden, der Kirche ein Erbrecht, jammerte man in Rom über die »ungebändigte Roheit des schwedischen Volkes« (so – der unentwegt Kreuzzüge fordernde – Papst Honorius III.)[82].

Die Catholica hat den Klerikern aber auch jedes familiäre, jedes menschliche Verhältnis zu ihren Kindern unmöglich gemacht. Sie verbot den Vätern, ihre Söhne und Töchter bei sich zu haben und daheim zu erziehen, verbot den Geistlichen die Teilnahme am Verlöbnis, an der Hochzeit oder dem Begräbnis ihrer Kinder und Enkel[83]. Sie verbot,

Töchter einem Priester oder dessen Sohn zur Frau zu geben. Und kein
Laie durfte die Tochter eines Klerikers heiraten[84]. Mitte des 16. Jahrhunderts untersagte das Tridentinum Priestersöhnen, die Pfründen
ihrer Väter zu besitzen, und erklärte selbst deren Verzicht zugunsten
der Söhne für nichtig[85]. 1567 verordnete man, Geistliche mit ihren
Söhnen nicht mehr am gleichen Ort zu begraben und jeden Vermerk
über einen Sohn auf dem Grabstein eines Klerikers auszumerzen[86].
Noch im 17. Jahrhundert befiehlt die Synode von Tyrnau, die Söhne
und Töchter von Priestern sollen »auf immer verunehrt« sein und sie
selbst »auf immer ins Gefängnis gestoßen« werden[87].

»Dieser Einsatz von . . . Rücksicht«

Man muß schon katholischer Theologe sein, um angesichts solch
beispielloser Barbarei schreiben zu können: »Dieser Einsatz von Klugheit und Festigkeit, von Verständnis und Rücksicht ist auch heute
noch der Beachtung wert[88].« Und Papst Johannes XXIII. konnte all
das der Kirche sogar als »Ruhm« anrechnen[89].

Andere Apologeten räumen zwar ein, daß Synoden und Päpste in der
Zölibatsfrage »unerbittlich«, daß sie »mitleids- und rücksichtslos«
waren, entschuldigen oder rechtfertigen sie aber: man habe im Mittelalter »viel strenger« gedacht, sei »an eine gewisse Härte in Liebesangelegenheiten gewöhnt« gewesen[90], was ja stimmt – weil man an die Kirche
gewöhnt war! Der Geist der Zeit war doch ihr Geist! Oder herrschte sie
nicht gerade damals wie nie zuvor und danach? Sie erzog doch die Jugend. Sie prägte die Moral. Sie beeinflußte oft maßgeblich die weltlichen
Fürsten. Sie bestimmte auch die staatliche Rechtsprechung mit. In
Deutschland besaß jeder neunte Mensch die geistlichen Weihen. Ein
Drittel des gesamten europäischen Bodens war Kirchenbesitz. Und alle
Welt kannte – das Evangelium der Liebe . . .

Die jahrhundertelange Flut der Dekrete, Sanktionen und Strafen
hatte die Zustände im Klerus nirgends entscheidend zu ändern vermocht.
Das ganze erste Jahrtausend hindurch waren Priesterehen und -konkubinate weit verbreitet. Mit forciertem Terror ging deshalb das »erneuerte«
Papsttum dagegen vor, unterstützt von zwei einflußreichen Mönchen,
dem Benediktiner Damiani und dem Benediktiner Hildebrand, der selbst
als Gregor VII. den römischen Stuhl bestieg. »Beide verkörperten das
Ideal der Reform von Cluny[91].«

»... bis zur völligen Vernichtung«

Unermüdlich attackierte der zelotische Damiani (1007–1072), Berater mehrerer Päpste, Kardinal, Heiliger und Kirchenlehrer, die Klerikerehe, »die verfluchte Gemeinschaft«, »diese schändliche Pest«. Er appellierte, alarmierte, intrigierte, er bestürmte geistliche und profane Potentaten, schrieb Bücher und Aufsätze, er reiste, erschien auf Synoden, beschwor die Päpste, Gregor VI., Leo IX., Nikolaus II.

»Das widernatürliche Laster schleicht wie der Krebs«, hetzte er, »es wütet wie eine blutdürstige Bestie im Schafstall Christi.« Und da »lässige Milde zweifellos nur den Zorn Gottes herausfordert«, will er lieber, alte priesterliche Praxis übend, ein wenig das Prävenire spielen und dem »göttlichen Racheschwert« zuvorkommen. »Werde ich also die Wunden der Seele mit ansehen und deren Heilung durch das Messer des Wortes versäumen?« Gott bewahre! Da trieb er schon eher den Mailänder Pöbel, die Pataria (S. 170), gegen den dortigen Klerus, damit noch das Messer der Gosse dazukam. Und weil Damianis dröhnende Tiraden doch manchen kaltließen, wie etwa den prominenten Turiner Bischof – »Bei mehreren ausgezeichneten Tugenden, mit denen, ehrwürdiger Vater, deine Heiligkeit geschmückt ist, mißfällt mir eins gar sehr ...« –, rief er die ohnedies ganz von Mönchen abhängige Herzogin Adelheid auf (»denn Männerkraft herrscht in der weiblichen Brust«), die Geistlichen, deren Frauen man nur Konkubinen oder Huren heißen könne, im Verein mit den Bischöfen zu verfolgen »bis zur völligen Vernichtung« (usque ad internecionem). Das wäre, weiß der Heilige und Kirchenlehrer, eine Freude für Gott. Seien aber die Hirten lässig, solle sie, Adelheid, selbst die unsittlichen Priester vertilgen[92].

Mönchsfanatiker wie Damiani oder Hildebrand verfehlten ihren Eindruck auf die Päpste nicht. Man forderte jetzt nicht nur Enthaltung, sondern Scheidung und erklärte gleichzeitig Kleriker für unfähig, eine Ehe einzugehen.

Offenbar befahl bereits Papst Leo IX. (1049–1054), ein Deutscher, der die Zölibatsbewegung der gregorianischen Reform gewissermaßen einleitet, bei Strafe des Pfründenverlustes und dauernden Ausschlusses vom Altardienst, die Entlassung der Priesterfrauen[93]. Ferner verboten er, der Franzose Nikolaus II. (1059–1061) und der Italiener Alexander II. (1061–1073) den Besuch der Messe bei einem notorischen Concubinarius[94] – während einst die alte Kirche jeden mit dem Bann bedroht hatte, der bei einem beweibten Priester die Messe *nicht* hören wollte! (S. 152.) Ja, Alexander II. stachelte die Gläubigen auf, die verehelichten Geistlichen »bis zur Vergießung des Blutes« zu verfolgen, worauf man regelrecht Jagd auf sie machte[95].

Zwölf Jahre Zölibatskrieg in Mailand

Das Testfeld für die Zölibatskampagnen wurde Mailand. Sein Metropolit war, wie fast alle oberitalienischen Prälaten, rom- und reformfeindlich, und da seine Kirche, gestützt auf die alte ambrosianische Tradition, seit langem eine starke Selbständigkeit erstrebte und gefährlich mit der Kurie konkurrierte, steckten sich die Päpste nur um so lieber hinter die Pataria, die Mailänder Taglöhner, Lumpensammler, Eseltreiber, die natürlichen Gegner des mit dem Adel oft verwandten und sie beherrschenden dortigen Klerus[96].

Als Anführer der vom Papst benutzten Masse fungierten vor allem Mönche: Ariald – 1066 von zwei Klerikern schauderhaft verstümmelt und getötet und bald darauf als »Märtyrer« heiliggesprochen – und Landulph, der die Kirchen der verehelichten Priester »Viehställe«, ihre Gottesdienste »Hundescheiße« (canina stercora) genannt haben soll, sowie der eben vom Heiligen Land heimgekehrte Rebellenführer Herlembald, ein, wie Gregor VII. später sagte, überaus tatkräftiger »Soldat Christi«, mit dessen Braut es ein Pfaffe getrieben hatte[97].

1063 gab Papst Alexander II. das Signal zum »offenen Bürgerkrieg«, worauf der aufgeputschte Pöbel zusammen mit rasenden Mönchshaufen die verheirateten Geistlichen aus ihren Kirchen vertrieb. Man riß sie von den Altären, prügelte oder tötete sie, ihre Frauen und Kinder. Selbst der Bischofspalast wurde zerstört, Erzbischof Guido entkam, mißhandelt und halbnackt, mit knapper Not. Raub und Mord waren alltäglich[98].

Als Herlembald, der 1075 mitten in Mailands Straßen erstochen wurde, seinem Heer beutelüsterner Heloten und Handwerker jeden Kleriker restlos zu enteignen erlaubte, der nicht mit zwölf Zeugen aufs Evangelium seine Enthaltung beschwöre, konnte man noch die Unschuldigsten schröpfen. Man steckte nachts heimlich Frauenkleider in die Priesterhäuser, stürmte diese dann und bewies aus den vorgefundenen Gewändern den Beischlaf. Das genügte, um die Plünderung zu rechtfertigen[99].

Vergeblich betonte der Presbyter Andreas 1065 bei einer Disputation zwischen beiden Parteien, daß man die Geistlichen durch das Verbot des einen, rechtmäßigen Weibes zu hundert Huren und vielen Ehebrüchen treibe. Vergeblich nannte er Ariald Kleriker seines Anhangs, die zwar mit erheuchelter Keuschheit ihre Frauen entlassen hätten, wegen abscheulicher Unzucht aber gebrandmarkt worden seien ... »Schrecken müßten Dich die Bürgerkriege, Mordtaten, die unsagbaren Meineide, die Menge der vielen ohne Taufe hingewürgten Kinder [der Priester], deren Gebeine erst vor kurzem bei Reinigung eines Wasserbehälters in großer Menge aufgefunden wurden[100].« Bis 1075 wütete in Mailand der Bürgerkrieg.

Noch unter Alexander II. hatte die durch seinen Legaten geleitete Synode von Gerona 1068 beschlossen: »Wer vom Priester bis zum Subdiakon eine Frau oder eine Konkubine hat, soll aufhören Kleriker zu sein, jede kirchliche Pfründe verlieren und unter den Laien in der Kirche bleiben. Wenn sie ungehorsam sind, so soll kein Christ sie grüßen, keiner mit ihnen essen und trinken, keiner in der Kirche mit ihnen beten; wenn sie krank sind, sollen sie nicht besucht werden, und sofern sie ohne Buße und Kommunion sterben, *nicht begraben werden*[101].«

Papst Gregor VII.:
»Verflucht ist der Mann, der sein Schwert vom Blutvergießen abhält!«

Eine dominierende Rolle spielte im Zölibatsstreit Alexanders Nachfolger, Gregor VII. (1073–1085), ein Mann, den Luther »Höllebrand«, den selbst Damiani »heiliger Satan« nannte[102]. Ohne die Priesterehe ausdrücklich zu annullieren, verbot er 1074 allen Geistlichen, Gattinnen zu haben oder mit Frauen zusammenzuwohnen, andernfalls er mit Absetzung ab officio und a beneficio drohte, ja den »Unenthaltsamen« sogar das Betreten der Kirche untersagte[103].

Im Grunde zwar brachte auch Gregor nichts Neues, weder an Motiven noch Strafen. Neu war nur die Härte, mit der er den bestehenden, doch vordem so oft ignorierten Gesetzen Geltung zu verschaffen suchte, neu, wie unnachsichtlich er das Ansehen der verheirateten Priester als »Konkubinarier« untergrub. Selbst die Frau eines Bischofs verunglimpfte er als »Kuh«, auf welcher der Bischof »geackert«, bis sie dann »geworfen« habe[104].

Gregors Aktionen kannten kaum noch Grenzen. Er verdammte alles, was ihm nicht ins Konzept paßte, beschwor einzelne ebenso wie ganze Völker, schrieb an Gemeinden, Fürsten, Bischöfe und Äbte. Überallhin schickte er seine Legaten, reichlich versehen mit Suspensionen und Bannflüchen; wobei man sich erinnern mag, daß gerade der Kirchenbann damals als fürchterlichste Strafe galt, weil er vom irdischen und, wie man glaubte, himmlischen Leben ausschloß und jeden direkt in die Hölle stürzte, ja noch jene traf, die sich aus Mitleid der Verfluchten annahmen.

Da der Papst der eigenen Prälaten oft nicht sicher war – einige Episkopen, wie die von Reims und Bamberg, setzte er ab[105] –, wiegelte er nicht nur weltliche Herrscher, sondern auch die Masse auf, von deren Mithilfe er eine »heilsame Wirkung« erhoffte[106]. Er entband sie vom Gehorsam, erklärte, der Segen verehelichter Kleriker verwandle sich in Fluch, ihr

Gebet in Sünde, worauf viele keine Messen der »Götzen- und Teufelsdiener« mehr besuchten, keine Sakramente von ihnen empfingen, statt Öl und Chrysam schmutziges Ohrenschmalz nahmen, ihre Kinder selbst tauften, »das Blut des Herrn« verschütteten, seinen »Leib« mit Füßen traten und sich von solchen »Heiden« nicht einmal mehr begraben lassen wollten[107].

Jedes Mittel zur Erreichung seines Zieles war Gregor recht, auch der Mord. So bekannte er dem Bischof Burkhard von Halberstadt, ihn dränge jenes Wort bei Jeremias 48, 10: »Verflucht ist der Mann, der sein Schwert vom Blutvergießen abhält![108]« Das Killen selbst der eignen Geistlichen war kein Verbrechen, doch deren Liebe zu ihren Ehefrauen!

». . . von der Hölle ausgespien«

Der Klerus rebellierte damals weithin. Er sah die »Hildebrandischen Befehle« im Gegensatz zur Bibel und zur Tradition, nannte sie dumm, gefährlich und unnütz, Häresie; sie öffneten Tür und Angel dem Meineid und vielfachem Ehebruch[109]. »Ein törichter Mensch nur«, schrieb Lambert von Hersfeld, »kann die Menschen mit Gewalt zwingen, wie Engel zu leben[110].« Und der Trierer Scholastikus Wenrich meldete Gregor VII. selbst: »Sooft ich die von Euch ausgegangenen Befehle verkündige, so sagen sie, jenes Gesetz sei von der Hölle ausgespien, die Torheit habe es verbreitet und der *Wahnsinn suche es zu befestigen*[111].«

Doch wurde der Streit nicht nur literarisch geführt. Bischof Heinrich von Chur, die Erzbischöfe Johann von Rouen und Siegfried von Mainz sowie diverse päpstliche Gesandte konnten sich nur unter Lebensgefahr vor den Geistlichen retten[112]. Der heilige Bischof Altmann, den sie am liebsten »mit Händen zerrissen« hätten, mußte für immer aus Passau fliehen, und in Cambrai soll 1077 ein gregorianischer Emissär verbrannt worden sein[113].

Die Zölibatsapostel freilich trieben es viel toller. »Die Kleriker«, berichtet der Bischof von Gembloux, »sind der Verhöhnung auf offener Straße ausgesetzt; wo sie sich zeigen, empfängt sie wüstes Geschrei, man zeigt mit Fingern auf sie, man greift sie tätlich an. Manche sind um Hab und Gut gekommen... Andere sind verstümmelt worden... Wieder andere hat man in langen Martern hingeschlachtet, und ihr Blut schreit zum Himmel um Rache[114].«

Tatsächlich ergriff man wieder die Waffen, focht selbst in den Kirchen (nachher reinigte man sie mit Weihwasser!), Geistliche wurden während des Gottesdienstes ermordet und ihre Frauen *auf* den Altären geschändet[115]. Kurz, ähnlich wie in Mailand ging es in Cremona zu, in Pavia und Padua; auch in Deutschland, Frankreich und Spanien kam es zu

Tumulten. Das Chaos war derart, daß man das Weltende erwartete[116]. Um 1212 soll allein der Bischof von Straßburg annähernd einhundert Zölibatsgegner verbrannt haben[117].
Eine Art letzten Schritt in der Etablierung der Unnatur tat dann die Pisaner Synode 1135. In Anwesenheit von Papst Innozenz II. sowie vieler Bischöfe und Äbte aus Italien, Spanien, Frankreich und Deutschland beschloß sie die Annullierung der Priesterehe. Etwas völlig Neues; hatte man sie doch bisher zwar mit Strafen bedroht, ihre Gültigkeit selbst aber nicht angezweifelt. Indes erklärte bald darauf auch das zweite Laterankonzil 1139 unter Innozenz II.[118] alle Klerikerehen für nichtig und daraus hervorgegangene Kinder für unehelich und irregulär[119]. Das Zölibatsgesetz Gregors hatte damit noch eine Steigerung und gewissermaßen seinen Abschluß gefunden. 1180 bestätigte Papst Alexander III., 1198 Papst Cölestin III. das Konzilsdekret. Nicht bloß Enthaltsamkeit in der Ehe, sondern die Ehelosigkeit schlechthin war jetzt für jeden Geistlichen obligatorisch.

Statt Ehefrau nun Konkubinen und »Hurenzins«

Trotz der definitiven Durchsetzung des Zölibats im 12. Jahrhundert sah die Praxis aber weiterhin ganz unzölibatär aus – nur daß die Priester jetzt oft wirkliche Konkubinen oder andere Allianzen hatten. Deshalb dauern auch im Hoch- und Spätmittelalter die Zölibatskampagnen an.

Immer mehr kam es dabei in Schwang, den beweibten Klerus materiell, vor allem durch Entzug des Einkommens, zu strafen. Denn man wollte zwar den Pfarrer ernähren, nicht aber seine Familie oder gar Sippe, von der Vererbung seiner Pfründe ganz zu schweigen[120].

Das Kohabitieren mit fremden Frauen kostete die (degradierten) Kleriker unter Leo IX. eine Geldbuße, das mit ihren eigenen unter Nikolaus II. und Alexander II. alle Einkünfte aus den kirchlichen Gütern[121]. Die Synode von London vermachte 1108 die bewegliche Habe von Priestern, die sich nicht besserten, samt deren Frauen den Bischöfen[122]. Die Synode von Valladolid bestimmte 1322 unter dem Kardinallegaten Papst Johannes XXII. (eines skandalösen Steuerpolitikers, der, in heutiger Währung, fast 45 Millionen DM hinterließ[123]): Ein Kleriker, der seine »Konkubine« nicht in zwei Monaten entläßt, verliert ein Drittel seiner Einkünfte; nach zwei weiteren Monaten ein weiteres Drittel und nach abermals zwei Monaten das Ganze. Schwerere Strafen treffen jene, die eine oder mehrere Nichtchristinnen, eine Maurin oder Jüdin bei sich haben[124].

Derartige Erlasse reißen bis in die Neuzeit nicht ab, waren freilich oft nicht so ernst gemeint. Im Gegenteil. Viele Prälaten erlaubten das Klerikerkonkubinat, bildeten die darauf stehenden Geldstrafen doch eine verlockende Einnahmequelle. Zwar verboten die Konzilien den Bischöfen das Dispensieren gegen einen »Hurenzins«. Doch sah man gern durch die Finger, duldete für bestimmte Taxen das Zusammenleben mit Frauen, ja befestigte diese Praxis bis in den höchsten Norden hinauf, wo noch in Island jeder Priester eine Kebse halten konnte, zahlte er bloß dem Bischof für jedes mit ihr erzeugte Kind acht bis zwölf Taler – was nur dann und wann durch Taxerhöhung gestört worden ist[125].

»Keusche Pfaffen sind dem Bischof nicht zuträglich . . .«

Die oberhirtliche Ausbeutung ging aber weiter. So registrieren 1520 die »100 Beschwerden der deutschen Nation«: »Ebenso dulden vielerorts die Bischöfe und ihre Offizialen nicht nur den Konkubinat der Priester, sofern eine gewisse Geldsumme bezahlt wird, sondern sie zwingen auch die enthaltsamen Priester, welche ohne Konkubinen leben, den Konkubinenzins zu entrichten, indem sie sagen, der Bischof sei des Geldes bedürftig; sei es bezahlt, so stünde es den Priestern frei, entweder enthaltsam zu bleiben oder Konkubinen zu halten[126].«

Diese Erpressungen grassierten derart, daß es, wie Agrippa von Nettesheim mitteilt, geradezu sprichwörtlich hieß: *»Er habe oder habe nicht, er muß Geld zahlen für die Konkubine und mag eine haben, wenn er will.«* In anderer Version: »Wenn du keine Konkubine hast, so nimm dir eine, dieweil der Bischof Geld haben will.« Oder: »Keusche Pfaffen sind dem Bischof nicht zuträglich und sind demselben auch feind[127].« Nicht zuträglich waren der Kirche übrigens auch die Armen. »Merke wohl (!), daß derartige Gnaden und Dispense den *Armen nicht* verliehen werden, *weil sie nicht mitzahlen; daher* können sie nicht getröstet werden[128].« Die Armen haben ihren Lohn im Himmel. Merke wohl!

Den Gipfel solcher Seelsorge erklomm man vielleicht in Norwegen und Island, wo schließlich Priester, die ohne Ehefrau oder Mätresse lebten, als »Übertreter der väterlichen Sitte« den Bischöfen (die stets in Begleitung ihrer eigenen Geliebten visitierten) die doppelte Summe zu geben hatten wie die Beweibten[129].

Der Angriff der Protestanten

Die Reformatoren prangerten den »Hurenzins« scharf an. So verfocht Zwingli 1523 im Züricher Rathaus gegen den Generalvikar des Konstanzer Bischofs erfolgreich den Satz: »Er kenne kein größeres Ärgernis, als daß man den Pfaffen nicht erlaubt, Eheweiber zu haben, aber ihnen um Bezahlung Huren zu halten gestattet[130].«

Schon ein Jahr zuvor hatte Zwingli dem Bischof Hugo von Landenberg geschrieben: »Wenn wir der Fleischeslust frönen wollten, so würden wir uns besser darein befinden, keine Eheweiber zu nehmen. Wir wissen wohl, wie viel Mühe, Sorgen und Beschwerden mit der Ehe verbunden sind.« Darauf verlangte der Bischof für jedes Priesterkind einen Gulden Strafgeld mehr[131].

Ein Kommentar von Zwinglis Freunden erklärt, warum es der Bischof »nicht leiden« wolle, »daß die Pfaffen Weiber nehmen. Es ginge ihm ein großes jährliches Einkommen ab. In einem Jahr sollen wohl 1500 Pfaffenkinder in dem Constanzer Bistum geboren werden; ... von jedem 5 G, macht 7500 G[132].« (Zum Vergleich: Der Jahresertrag eines mittleren Benefiziums betrug etwa 40 Gulden[133].) »Auch die Konkubinen«, meldet Zwingli, »müssen ihm jährlich abgekauft werden ... Habe nun einer eine Konkubine oder nicht – das Geld muß gleichwohl erlegt sein ... Wenn einer ein reines Mädchen beschläft, so kostet dies 16 G Strafe« (etwa der Kaufpreis für zwei gute Ochsen)[134]. »... auch die *Nonnen* und *Beguinen* haben je eine besondere Taxe ... Will man einen Bastard *taufen* lassen, so kostet dies wiederum Geld, so auch, wenn man legitimieren will« und so weiter[135].

Das Zölibat verwarfen die Protestanten fast sofort, persönliche Reaktionen folgten. Zwingli heiratete als erster 1524, Luther 1525, schließlich Calvin, der freilich weder Mönch noch Priester, jedoch der prüdeste von allen war.

Luther, dem zufolge Keuschheitspraktiken wie Fasten, hartes Liegen und dergleichen »schier allemal auch ein Hund und eine Sau täglich üben kann«, der schlicht erklärte, daß nichts sein Ohr mehr beleidige als der Name Nonne, Mönch, Priester und daß er die Ehe für ein Paradies halte, wenn auch die Eheleute in der höchsten Armut schmachteten[136], sprengte mit aller Vehemenz das Verbot der Priesterehe oder, wie Scherr sagt, »die aus Unnatur, Elend, Zuchtlosigkeit und Verbrechen zusammengeringte Kette des Cölibats«[137]. Und mag des Reformators Behauptung, daß »fast kein greulicher Ding auf Erden ist, denn das man heißet Cölibatum«, übertrieben sein, mitten ins Schwarze trifft seine Sentenz: »Es ist weder gemeine Frauenhäuser noch keine Reizung so schädlich als diese Gebote und Gelübde, vom Teufel selbst erfunden[138].«

Konzilsfluch über jede Antizölibatsbestrebung

Ungeachtet aller äußeren und inneren Attacken aber hielt der Katholizismus an Zölibat und Profeß fest. Nachdem man, in Fortsetzung der antizölibatären Reaktion des 13. und 14. Jahrhunderts, schon auf den

Konzilien von Konstanz (1414–1418) und Basel (1431–1439) mit Unterstützung Kaiser Sigismunds vergeblich dafür gekämpft hatte, wenigstens dem Weltklerus die Ehe zu ermöglichen, blieben auch auf dem Tridentiner Konzil (1545–1563) analoge und wieder von einigen Fürsten geförderte Versuche erfolglos. Nach langen Beratungen votierte man schließlich gegen die Priesterehe und verfluchte nudis verbis am 11. November 1563 jeden, der sie verteidigte[139].

Weiterhin galt sie als »abscheuliche Ehe«, die Erbfolge der Klerikerposterität als »große Gottlosigkeit« und »großes Verbrechen«, weshalb man auch betroffenen Geistlichen immer noch mit Exkommunikation und Beraubung des kirchlichen Begräbnisses drohte und über nachsichtige Visitatoren dieselben Strafen verhängte, die sie zu verhängen unterließen[140]. Selbstverständlich wurden den Priestern erneut Kebsen sowie andere suspekte Damen verweigert und die Oberhirten beauftragt, Übertretungen ohne alle gerichtliche Form (sine strepitu et figura judicii) zu ahnden[141].

Hatte aber ein Bischof selbst Frauen, sollte er erst durch eine Provinzialsynode ermahnt, besserte er sich nicht, suspendiert, hurte er auch dann fort, dem heiligsten römischen Papst angezeigt werden, der, je nach Beschaffenheit der Schuld, mit Entziehung der Pfründe, falls nötig, strafen konnte[142]. War also ein gewöhnlicher Geistlicher »ohne alle gerichtliche Form« fertigzumachen, schonte man Prälaten in auffälligster Weise und wollte sie, nach allerlei Vorwarnungen, schlimmstenfalls finanziell büßen lassen – »wenn es nötig ist«.

Antizölibatskampf in der Neuzeit

Nach dem Tridentiner Konzil traten Kaiser Ferdinand I., Herzog Albert von Bayern und schließlich auch Ferdinands Sohn, Kaiser Maximilian II., energisch für eine Dispens des Weltklerus vom Verbot der Priesterehe ein. Doch blieb das Papsttum ebenso unerbittlich wie im 17. und 18. Jahrhundert, wo dann die Angriffe mehr von außen her, durch die Aufklärung kamen; durch die, wie Gregor XVI. in seiner Enzyklika »Mirari vos« 1832 schimpfte, »verkommensten Philosophen« (perditissimi philosophi), womit er einige der hervorragendsten Denker nicht nur ihres Jahrhunderts zu charakterisieren meinte, tatsächlich aber bloß sich selbst charakterisierte – ganz unnötig, nebenbei, denn ein Papst ist genug charakterisiert durch sein Amt (ein Bischof desgleichen).

Am 13. Februar 1790 löste die französische Nationalversammlung die Orden auf, verbot das Tragen der Kutten, erklärte die Gelübde für unvernünftig und den Menschen für frei. Auch das Zölibatsgesetz galt in Frankreich nicht mehr, der »Code Napoléon« schaffte es ab. Und da viele

Kleriker sogleich heirateten – sorgfältigen Forschungen zufolge etwa zweitausend (und fünfhundert Nonnen) –, erkannte Papst Pius VII. 1801 diese Ehen an, nachdem schon 1554 Julius III. die in England verheirateten Geistlichen vom Zölibat entbunden, ja bereits im Hochmittelalter Innozenz III. dem orientalischen Klerus entsprechende Zugeständnisse gemacht hatte[143]. Stets wie es die Opportunität erheischt, Roms oberstes Gesetz.

Durch den Einfluß Frankreichs begann auch in Deutschland im frühen 19. Jahrhundert wieder der Kampf für die Priesterehe. Der stark von der Aufklärung geprägte Konstanzer Generalvikar von Wessenberg (1774–1860) dispensierte zahlreiche Kleriker vom Keuschheitsgelübde, wurde sogar Bischof in Konstanz, vom Papst aber nicht anerkannt und exkommuniziert[144].

In Freiburg verfaßte eine Gruppe von Anwälten, Richtern, Professoren, darunter der Theologe Reichlin-Meldegg, eine »Denkschrift für die Aufhebung des Zölibates«, die man mit der Bitte um Solidarität auch dem Erzbischof schickte. Doch der ersuchte (1830) den Großherzog um Reichlins Entfernung von seinem Lehrstuhl, weil der Gelehrte »die Kirchengeschichte und die heiligen Schrifturkunden *auf die unwürdigste Weise behandelt,* indem er immer die Gebrechen und von uns allen schon längst mißbilligten Handlungen auf die schmählichste, jedes reine Ohr« – sehr schön – »beleidigende Weise heraushebt und zur Schau stellt«[145].

Antizölibatsvereine bildeten sich auch in vielen anderen deutschen Diözesen, wurden aber als »unkirchlich, ruhestörend, revolutionär« abgetan, ja man riet »diesen wollüstigen Kameraden, zum Protestantismus überzugehen«[146]. Nur die nach dem Ersten Vatikanum von Rom sich lossagende altkatholische Kirche ermöglichte ihren Priestern die Ehe.

Von den Brüdern Theiner zu Papst Paul

Den literarisch markantesten Ausdruck aber fand seinerzeit die Zölibatsopposition in dem noch heute fortwirkenden, eminent faktenreichen dreibändigen Werk »Die Einführung der erzwungenen Ehelosigkeit bei den christlichen Geistlichen und ihre Folgen« der Brüder Johann Anton und Augustin Theiner. Die katholische Kirche hat es weitgehend aufgekauft und vernichtet[147]. Anton Theiner enthob man seiner Professur, woraufhin er Dorfpfarrer wurde, bis er schließlich, eben vor dem Verhungern geschützt, als Sekretär der Breslauer Universitätsbibliothek starb. Theiners jüngerer Bruder Augustin (»Ich habe über 30 Jahre, die schönste Zeit meines Lebens, Rom und seiner Curie gedient. Die Jesuiten beben vor keiner Gewalttat und keiner Rache zurück . . .«) versöhnte sich mit der Kirche und wurde Präfekt am vatikanischen Archiv. Als er aber beim Ersten Vatikanum in Verdacht geriet, aufsässige Bischöfe durch Quellenmaterial zu unterstützen, setzte man ihn ab und vermauerte in seiner Wohnung noch die Tür zum Archiv[148].

Um die letzte Jahrhundertwende gab es antizölibatäre Strömungen vor allem in Frankreich und Südamerika. Im frühen 20. Jahrhundert muckte der böhmische Klerus auf. Das Libell von Vogrinec »Nostra maxima culpa« wurde von den Bischöfen verboten. In Süddeutschland kursierte Mertens Schrift: »Die Sklaverei des katholischen Geistlichen«. Ist es nicht merkwürdig, daß katholische Theologen selbst vom Theologiestudium abraten, dringend warnen davor? Daß sie den Eltern zurufen: *»Haltet eure Söhne fern vom Priestertum«*? Daß sie den Nachwuchs beschwören: »Studenten, ich sage euch, bleibt unbedingt fern«? »Und ihr, die ihr schon in den ersten Gefängnissen sitzet, *tretet rücksichtslos aus*«[149]?

Als im Hinblick auf das Zweite Vatikanum der Dominikaner Spiazzi 1959 »äußerst behutsam« das Zölibat kritisierte, kam es zu einem Skandal[150]. Bald darauf gab Johannes XXIII. zu erkennen, daß mit einer Dispens nicht zu rechnen sei[151]. Beim Konzil unterblieb dann auf ausdrückliche Weisung die offizielle Erörterung des Zölibats; doch sprach man sich wiederholt für dessen Beibehaltung aus[152]. Und 1965 ließ auch Paul VI. keinen Zweifel über seine Absicht, »dieses alte und heilige Gesetz nicht nur mit allen Unseren Kräften zu bewahren, sondern seine Bedeutung noch zu stärken«[153] – unter anderem durch ein weihevolles kultisches Gelöbnis der Ehelosigkeit, einen gänzlich neuen rituellen Akt, der Kandidaten noch fester fesseln und ihre Skrupel noch vergrößern soll[154].

Das damals feierlich gutgeheißene Dekret über den Dienst und das Leben der Priester stellt zwar fest, das Zölibat werde nicht notwendig von der Natur des Priestertums gefordert (es ist nur ein Teil des positiven Kirchenrechts, und man hält sich die Möglichkeit einer endgültigen Liquidation offen), sei aber dringend erwünscht, könne doch der Geistliche sich so »*leichter* Gott ungeteilten Herzens widmen«. Wiederholt heißt es: »leichter«, »freier«, »ungehinderter«, »mehr befähigt«[155]. Das Machtmotiv ist zentral – und vom antisexuellen Motiv, von der »kultischen Reinheit«, dem »Wahnsinn«, wie einst Gregor VII. eiferte, »zugleich den Leib einer Dirne und den reinsten Leib Christi im Meßopfer zu berühren«, keine Rede mehr. Das hat gewirkt, jahrhundertlang. Wer glaubt es noch? Also fort damit! (Bald wird man auch die Dogmen demoskopisch ermitteln; denn die Masse darf nicht verlieren, wer die Macht behalten will.)

1967 bekräftigte Paul VI. in seiner Enzyklika »Sacerdotalis coelibatus« dann wiederum den traditionellen Standpunkt – trotz des »besorgniserregenden Mangels« an Priestern, womit sich allerdings, wie die katholische Herderkorrespondenz bemerkte, die Auseinandersetzungen eher verschärft haben[156]. Es kam zu weltweiten Protesten. Tausende von Priestern traten zurück oder aus, obwohl damit auch jetzt noch öffentliche Diskriminierungen und oft schwere psychosoziale Pressionen verbunden sind[157]. Namhafte Theologen sträubten sich. In Holland sprachen katholische Seminaristen dem »Bischof von Rom« das Recht ab, sich um Dinge außerhalb seiner Diözese zu kümmern. »Die Kirche Roms scheint ein Irrenhaus zu sein[158].« Doch ist auch den Laien heute die »Würde« des Geistlichen meist weniger wichtig als seine menschliche Existenz. Sogar im katholischen Bayern sind drei Viertel der Bürger für Abschaffung des Zölibats, im übrigen Bundesgebiet mehr als vier Fünftel[159].

»Zölibatskrise« oder Agonie des Christentums?

Indes ist die gegenwärtig so viel beredete »Zölibatskrise« eine Krise des Katholizismus, ja des längst unglaubwürdig gewordenen[160] Christentums überhaupt. Das Zölibat hat der Catholica, unter ungeheuren Menschenopfern, sehr genützt, aber es hat ihr auch geschadet. Es trug wesentlich zur Abspaltung der Ostkirche und des Protestantismus mit bei, die an der Priesterehe festhielten. Und heute sind die Nachteile ihres Verbots kaum geringer als die Vorteile.

Gleichwohl warnen nicht nur die Stockkonservativen vor Änderungen. Auch der eher als »fortschrittlich« geltende Karl Rahner S. J. verteidigt in puncto coelibatus die mittelalterliche Tradition. In einem »offenen Brief« an einen »Lieben Mitbruder« rutschte der inzwischen auch pro piis meritis mit dem Sigmund-Freud-Preis Prämierte (difficile est satiram non scribere) noch derart unter sein Niveau, daß er selbst »unzufrieden« war[161]. Alles, was er nach vielen flauen Ausreden im Grunde dem »lieben Mitbruder« zu sagen hatte, lief auf die fromme Plattheit hinaus: »Lesen Sie selbst die Schrift, beten Sie sich selbst immer aufs neue in die Nachfolgeworte Jesu hinein, stellen Sie sich selbst mit Ihrer ganz konkreten Existenz vor das Kreuz Christi. Stellen Sie sich wirklich und offen dem Kreuz und dem Tod Ihres Herrn. Nehmen Sie die Einsamkeit an... Denken Sie nicht bloß (!) an sich und Ihr Glück, sondern zuerst an die anderen, denen Sie dienen sollen als Priester[162].«

Einsamkeit, Kreuz und Tod: dem Priester. Und den »anderen«, denen er »dienen soll«: Ehre und Macht! (Oder dient er gar – dem Volk?)

Gefährlicher indes als die antiquierten Predigten der Zölibatspatrone sind die Argumente ihrer Gegner. Denn steigt der Priestermangel weiter – durch kritische Aufklärung (oder, pastoral verdummend gesagt, durch »die weitverbreitetete religiöse Unwissenheit«)¹⁶³ –, dann gibt Rom, zu seinem abermaligen Vorteil, gewiß ein Institut preis, mit dem es so viele Jahrhunderte hindurch regiert, mit dem es Generationen (nicht nur) von Klerikerfamilien ins Elend gerissen hat und Ungezählte in lebenslange Heuchelei.

17. Kapitel
Die Zölibatsmoral

»Wir bedauern..., daß da jemand daherfaselt von der Absicht oder dem Vorteil der katholischen Kirche, auf das zu verzichten, was durch Jahrhunderte ihren Ruhm und den ihrer Priester ausgemacht hat: das kirchliche Zölibatsgesetz.«   *Papst Johannes XXIII.*[1]

»Es ist schwer, irgendeinen Schriftsteller des Mittelalters oder der Renaissance zu finden, welcher es nicht für ausgemacht hält, daß vom höchsten Prälaten bis zum niedersten Klosterbruder die Mehrheit der Geistlichen durch und durch verderbt ist.«   *Aldous Huxley*[2]

»So kamen sie ins Diakonat und halten sich in demselben vier, fünf, auch noch mehr Konkubinen nachts im Bette.«   *Der heilige Bonifatius*[3]

»Daß Gott die Domherren Böcke nennt, tut er darum, weil ihr Fleisch vor Unkeuschheit stinkt...«   *Mechthild von Magdeburg*[4]

»Sie sind sittenloser als Laien.«
Papst Innozenz III.[5]

»... verfaulen wie das Vieh im Miste.«
Papst Honorius III.[6]

... daß »die ganze Masse des Klerus sich in den Lastern des Saufens und der Unzucht herumwälzt«.
Der bayerische Gesandte Baumgärtner 1562 vor dem Konzil von Trient[7]

»Inzwischen nahm katholischerseits das Zölibat oder die Ehelosigkeit ruhig ihren Fortgang: Auf einer 1563 abgehaltenen Visitation der Klöster in Niederösterreich fand man bei den 9 Mönchen des Benediktinerklosters Schotten 7 Konkubinen, 2 Eheweiber, 19 Kinder; bei den 7 Chorherren zu Kloster Neuburg 7 Konkubinen, 3 Eheweiber, 14 Kinder; bei den 40 Nonnen zu Aglar 19 Kinder usw. Man nannte dies Zölibat.«   *Oskar Panizza*[8]

Kasteiung im gemeinsamen Bett

Die unumgänglichen Folgen des zum Zölibat führenden Asketentums zeigten sich früh und geradezu institutionalisiert in einer ebenso kuriosen wie dauerhaften Partnerschaftsform, dem sogenannten Syneisaktentum: dem Zusammenleben eines unverheirateten Mannes, meist eines Klerikers oder Mönchs, mit einer Gottgeweihten Jungfrau, einer »gynä syneisaktos« oder »mulier subintroducta«, einer »geistlichen Ehefrau«. Die Einrichtung, im 3. und 4. Jahrhundert weit verbreitet[9], ermöglichte den frommen Asketen jene verführerische Verbindung, die auch die engste Gemeinschaft, die des Bettes, einschloß, nicht zuletzt, wie sie gern betonten, um desto glorreicher siegen zu können, wobei auch sie sich auf die Bibel beriefen[10].

Die Heiden amüsierten sich bald[11]. Und auch den Christen waren diese Kämpfer schließlich nicht mehr geheuer[12]. Bischof Paul beispielsweise, sieben Jahre Oberhirte von Antiochien, hatte »wohl *eine* Frau entlassen, dafür aber zwei blühende und gutgebaute Mädchen« selbst auf seinen Dienstreisen bei sich[13]. Und auch die Synode von Antiochien (268) munkelte, daß schon viele durch Syneisakten gefallen seien[14].

»Überreife Jungfrauen suchten sich zu diesem Zweck mit Vorliebe junge Leute aus, wobei dann die anfangs vorgeschützten mütterlichen Gefühle für den geistlichen Sohn sich gerne in andere wandelten. Vornehme Damen gingen unter dem Vorwand frommer Enthaltsamkeit ihren Männern durch und trieben sich mit ganz gemeinen Menschen, ja mit Sklaven herum. Unter den Mönchen gab es mehr als genug, an denen die Kutte das einzige war, was an asketisches Leben erinnerte[15].«

Die Überführung dieser Heiligen war nicht immer leicht. Sie leugneten nämlich, wie Tertullian sagt, »wenn sie nicht das Geschrei ihrer Kinder verriet«[16]. Sonst aber, weiß Bischof Cyprian (gest. 258), sei auch eine leibliche Prüfung – die er gleichwohl (durch Hebammen) verlangt – kein Integritätsbeweis, da auch mit Körperteilen gesündigt würde, die nicht getestet werden könnten[17].

Kirchenlehrer Hieronymus nennt die frommen Büßerinnen »Eheweiber ohne Ehe«, »Konkubinen«, »Huren«, »Pest« und meint pikiert: »Ein Haus, ein Schlafgemach, und oft ein Bett umfaßt sie, und nennen uns argwöhnische Leute, wenn wir etwas Arges vermuten[18].« Und Kirchenlehrer Chrysostomos, Verfasser eines Doppeltraktates gegen das männliche und weibliche Syneisaktentum, stöhnt: »Jetzt hat der Teufel es dahin gebracht, daß es bald besser wäre, es gäbe keine (gottgeweihten) Jungfrauen mehr[19].«

Die Kasteiung im gemeinsamen Bett war so beliebt, daß eine unter Cyprians Namen kursierende Schrift behauptet, die Asketen zögen den

Tod einer Trennung vor[20]. Wenigstens zwanzig Synodalerlasse bedurfte es, um das – von der Kirche lang geduldete – Syneisaktentum zu beseitigen[21]. Noch 594 mußte Papst Gregor I. die früheren Verbote erneuern[22].

Notorisches Saufen als Kompensation?

Allerdings feierten schon im 3. Jahrhundert Kleriker mit Heiligen Jungfrauen auch Orgien[23]. Die Synode von Elvira berichtet 306 von unzüchtigen Bischöfen, Priestern und Diakonen, den »ehebrecherischen Frauen der Kleriker«, von »kindsmörderischen Katechumenen« und »Knabenschändern«[24]. Hieronymus erwähnt Leute seines Standes, die bloß deshalb Priester werden, »um die Weiber desto freier sehen zu können«[25]. Kirchenlehrer Basilius klagt samt zweiunddreißig Episkopen, die Schlechtigkeit der Bischöfe und Kirchenvorsteher sei derart, daß viele Christen keine Gottesdienste mehr besuchten, sondern mit Weib und Kind außerhalb der Städte für sich beteten[26].

Beging man doch schon damals nicht selten selbst die Messe im Rausch[27]. Auch Augustinus beklagt die täglich vorkommenden Ausschweifungen bei den Agapen, die Trunksucht und Schmausereien[28]. Die Konzilien rügen das Saufen des Klerus bis ins 17. Jahrhundert; es herrschte da, nach einem modernen Katholiken, »allgemein«[29]. »Mittelalter«, schreibt Nietzsche, »das heißt die Alkoholvergiftung Europas[30].« Und man fragt sich, ob nicht viele so kompensierten, was ihnen sexuell entging.

Dem Bischof Droctigisil von Soissons, der sich buchstäblich um den Verstand soff (was man freilich der Hexenkunst eines gefeuerten Archidiakons zuschrieb), rühmte der heilige Gregor von Tours nach, niemand habe ihm Ehebruch vorwerfen können[31]! Bischof Eonius von Vannes, der seinen Durst bis zur Gehunfähigkeit löschte, stürzte, während er in Paris (bekanntlich eine Messe wert) zelebrierte, mit einem wiehernden Schrei zusammen und wurde vom Altar getragen[32]. Den schluckbegierigen Bischof Cautinus mußten gewöhnlich vier Männer vom Gelage schleppen[33]. Selbst Anachoreten wurden notorische Säufer[34].

Mit fortschreitender Ausbreitung des Reiches Gottes auf Erden aber hören wir von Schenken in Kirchen, von Würfelspiel, Räuschen und Zoten dort, von Meßfeiern, bei denen »Hunde und Dirnen sich herumtreiben«, von »obszönen Grimassen am Altar«, »tollen schmutzigen Liedern« und sogar Totschlag[35].

». . . viel schlimmer als die Laien«

Die Beispiele der Bischöfe und Archidiakone, heißt es in einer altnorwegischen Quelle, sind schlecht; »sie verführen der Leute Frauen häufiger als andere unverständige, ungelehrte Leute und schämen sich nicht, falsches Zeugnis zu reden und falsche Eide zu schwören«[36]. Der bekannte Brief des Bonifatius an Papst Zacharias erwähnt Kleriker mit »vier, fünf, auch noch mehr Konkubinen nachts im Bette... In dieser Beschaffenheit werden sie Priester, ja selbst Bischöfe[37]«.

Auf der 909 tagenden Synode von Troslé, deren Leiter, Erzbischof Hervé von Reims, ausdrücklich die Bischöfe beschuldigt, gesteht man: »Die Pest der Unzucht befleckt, was nicht ohne Scham und ohne großen Schmerz gesagt werden kann, die kirchlichen Würden so sehr, daß die Priester, die von andern die Fäulnis dieser Krankheit entfernen sollten, in dem Unflat der Unzucht verfaulen[38].« Aus England versichert man im 10. Jahrhundert, »daß die Geistlichkeit in keiner Weise den Laien überlegen, sondern *bei weitem schlechter war*«[39]. Und in Italien bekennt Bischof Rather von Verona, entließe er alle Priester, die sich gegen die Keuschheit vergangen, blieben ihm nur noch die Kinder. »Um es kurz zu sagen, der Grund des Verderbens des Volkes sind die Kleriker. Unsere Geistlichen sind leider viel schlimmer als die Laien[40].«

In Rom hatte die Markgräfin von Tuscien ihren Geliebten Johannes erst zum Erzbischof, dann zum Papst (Johannes X., 914–928) erheben lassen. Ihre Tochter Marozia, durch die er im Gefängnis umkam, trieb es mit Papst Sergius III. und beförderte die Frucht ihrer gemeinsamen Bemühungen, fünfundzwanzigjährig, zum Stellvertreter Christi: Johannes XI., bald gleichfalls im Kerker liquidiert. Johannes XII., bereits mit achtzehn Jahren Papst, koitierte mit seinen Schwestern und führte eine Mätressenwirtschaft sondergleichen, bis er 964 bei einem Ehebruch starb[41]. Papst Bonifaz VII., der seinen Vorgänger Benedikt VI. 974 erdrosseln ließ und 985 selbst ermordet wurde, galt als schreckliches Vieh, das alle Sterblichen an Nichtswürdigkeit übertroffen[42]. Benedikt IX. (1032–1045), der schon als Fünfzehnjähriger durch Bestechung auf den römischen Stuhl, dann gegen viel Geld wieder davon heruntergekommen und wohl auch der Giftmörder von Papst Clemens II. war, soll mit dem Gedanken umgegangen sein, sich zu verheiraten, ja nach einer anderen Quelle geheiratet haben[43].

Statt einer Ehe ein Harem

Im Hochmittelalter aber, nachdem man den Klerus strikt an das Zölibat gebunden, lebte er weithin nur um so zuchtloser.

Die Verbote spanischer Synoden, daß Frauen nicht in der Nähe von Kirchen wohnen sollten, sprechen für sich[44]. Aus der Diözese Salzburg meldet Propst Gerhoh von den Kanonikern, sie liefen »von Haus zu Haus« und suchten, selbst ohne rechtmäßige Ehefrau, fast ungestraft den Verkehr mit den Gattinnen zahlloser anderer[45]. »Keiner zeigt den andern an«, beschuldigt der Verfasser der historia calamitatum Salisburgensis ecclesiae die Geistlichen, »da alle daselbe tun[46].« Heinrich von Melk, der österreichische Laienbruder und Dichter, schildert, wie sie »die Keuschheit, die sie in der Predigt loben, mit bösem Leben fälschen«[47]. Und in Deutschland beteuert der Zisterzienser Cäsarius von Heisterbach, kein »weibliches Wesen« sei vor den Nachstellungen der Kleriker sicher: »Die Nonne schützt nicht ihr Stand, das Judenmädchen nicht ihre Rasse, Mädchen und Frauen, Dirnen und adlige Damen sind gleich bedroht. Jeder Ort und jede Zeit ist zur Unzucht recht: der eine treibt sie auf freiem Felde, wenn er zum Filial geht, der andere in der Kirche, wenn er Beichte hört. Wer sich mit *einer* Konkubine begnügt, erscheint beinah als ehrbar[48].«

Tatsächlich liest man häufig von Geistlichen, die gleichzeitig mehrere Geliebte haben, die mit vier und fünf Frauen Kinder zeugen, tagsüber fromm daherwandeln, nachts unter der Kanzel koitieren, die Äbtissinnen und Nonnen Töchter machen, dann diesen Töchtern wieder Kinder[49]. Oft auch wird erwähnt, daß der Klerus Weiber verketzerte, die sich seinen Wünschen widersetzten, eine Methode vor allem der Ketzerjäger selbst. So drohte (im 13. Jahrhundert) der berüchtigte Inquisitor Robert le Bougre Frauen, die ihm nicht willig waren, mit dem Scheiterhaufen. Auch der Inquisitor Foulques de Saint-George ließ Widerspenstige als Ketzerinnen einkerkern, um sein Ziel zu erreichen[50].

Die Literatur des Hoch- und Spätmittelalters wimmelt von geilen Priestern und Mönchen, die scharf auf Mädchen, von Stiftsdamen und Nonnen, die nicht minder scharf auf Männer sind. Als Verführer fungieren meistens Kleriker, und am liebsten beginnen sie ihre Flirts in der Kirche, wobei man die Begehrten durch Geschenke und Moneten (zwanzig, achtzig, hundert Pfund) gefügig zu machen sucht – selbst als Bettelmönch[51]. Nicht zuletzt deshalb wurden Geistliche als Liebhaber geschätzt, ja bevorzugt; doch würdigte man auch ihre – schon im eignen Interesse gewahrte – Diskretion[52].

»... wie das Vieh im Miste«

Höhere Chargen freilich fühlten sich dazu meist weniger verpflichtet. So war im 11. Jahrhundert ein Bischof von Fiesole von einem ganzen Konkubinenschwarm nebst Kindern umgeben; hielt Bischof Iuhell von

Dol öffentlich Hochzeit und stattete seine Töchter mit Kirchengütern aus[53]. So hatte unter Innozenz III. (1198-1216) der Erzbischof von Besançon, der seinen Klerus bis zur äußersten Armut erpreßte, ein Verhältnis mit einer Blutsverwandten, der Äbtissin von Reaumair-Mont, er schwängerte eine Nonne und koitierte öffentlich mit der Tochter eines Geistlichen[54]. Zur gleichen Zeit feierte der Erzbischof von Bordeaux, der mit einer Räuberbande weit und breit Kirchen, Klöster und Privathäuser plünderte, Orgien[55].

Im gleichen Jahrhundert bekam Bischof Heinrich von Lüttich durch Gregor X. (1271—1276) – jenen Papst, nebenbei, der den Heiligen Geist beim Konklave dadurch beflügelte, daß er den wählenden Kardinälen die Nahrung entzog – folgendes Ermahnungsschreiben: »Nicht ohne große Betrübnis unseres Gemütes haben wir erfahren, daß du Simonie, Unzucht und andere Verbrechen treibst und dich ganz und gar der Wollust und den Fleischesbegierden hingibst, so daß du schon vor deiner Erhebung zum Bischof und nachher mehrere Söhne und Töchter erzeugt hast. Auch eine Äbtissin aus dem Orden des heiligen Benedikt hast du dir öffentlich zur Konkubine genommen und bei einem Gastmahle vor allen Anwesenden unverschämt bekannt, daß du innerhalb 22 Monaten 14 Söhne erzeugt hast... Um deine Verdammung desto größer zu machen, verwahrst du in einem Park eine Nonne des heiligen Benedikt, der du noch andere Weiber beigesellt hast... Als in einem Nonnenkloster deines Sprengels nach dem Tode der Äbtissin die Wahl der neuen kanonisch vorgenommen war, hast du sie vernichtet und die Tochter eines vornehmen Mannes... zur Äbtissin gemacht, welche von dir blutschänderisch geschwängert neulich zum Ärgernis der ganzen Gegend geboren haben soll. Eine andere Nonne soll von dir schwanger sein... Überdies noch hast du 3 Söhne, welche du mit jener Nonne gezeugt hast... Auch hast du die eine von den zwei Töchtern, welche du mit dieser Nonne erzeugt hast...« und so weiter[56].

»Es kommt oft vor, daß ein Bischof Kinder hat, es seien viel oder wenig«, sagt der franziskanische Bußprediger Berthold von Regensburg[57]. Ein Bischof Heinrich von Basel hinterließ im 13. Jahrhundert zwanzig Sprößlinge, der Bischof von Lüttich, der freilich abgesetzt wurde, sogar einundsechzig[58].

So gab es auch für die damaligen Kirchenversammlungen Gründe genug, das Leben des Welt- und Ordensklerus anzuprangern, Fraß, Wollust, Üppigkeit, Müßiggang und vieles andere, das »wegen des Ärgernisses, das die Laien daran nehmen« (!), gebessert werden sollte[59]. Im 13. Jahrhundert nennt Papst Innozenz III. die Priester »sittenloser als Laien«; versichert Papst Honorius III.: »sie sind zum Verderben geworden und Fallstrick den Völkern«; bestätigt auch Papst Alexander IV.,

»daß das Volk, anstatt gebessert zu werden, durch die Geistlichen vollständig verdorben wird«[60]. Confessio propria est omnium optima probatio. Sie verfaulen »wie das Vieh im Miste«, abermals ein goldenes Papstwort aus demselben Jahrhundert, in dessen Mitte der Dominikaner und spätere Kardinal Hugo von St-Cher auf dem Konzil von Lyon (1251) zum Abschied gerufen haben soll: »Freunde! Wir haben dieser Stadt viel genützt. Als wir herkamen fanden wir nur 3 oder 4 Hurenhäuser, bei unserem Abgange verlassen wir nur eines. Dieses aber reicht von einem Ende der Stadt bis zum anderen[61].«

Frilluhald klerka oder Zölibatsblüte im Norden

Der skandinavische Klerus hatte lange in anscheinend unangefochtener Ehe gelebt. Selbst die gregorianischen Dekrete blieben dort wirkungslos, falls sie überhaupt so weit gelangten[62]. Im 12. Jahrhundert aber forderte das Papsttum bis nach Island unter schweren Pressionen das Zölibat – mit den üblichen Folgen.

So trat in Norwegen, wo Bischof Arnis Kristenrecht 1275 erläuterte: »Diese Männer können keine Ehe eingehen: Klosterleute, Priester, Diakone, Subdiakone, des Verstandes beraubte Männer, verschnittene Schafböcke«, anstelle der alten Klerikerehe ein blühendes Geliebtenwesen, »frilluhald klerka« genannt – in gewisser Hinsicht ja ein Fortschritt, nur eben nicht im Sinne christlicher Moral[63].

In Schweden waren die meisten Pfarrer und Bischöfe Priestersöhne[64]. Als Rom aber das Zölibat erzwang, wurde die Lage wie überall. 1281 sah die Synode von Telge »die Krankheit der Unzucht« unter den Dienern Gottes so verbreitet, »daß wenige oder gar keine von ihr frei sind«[65].

Dasselbe Bild in Dänemark. Das klerikale Sexleben (besonders der Prälaten) gedieh nach Einführung der päpstlichen Dekrete derart, daß in Schonen die Bauern zum Schutz ihrer Frauen und Kinder mit Waffen die Wiederverehelichung der Geistlichen forderten[66].

»Solang der Bauer Weiber hat...«

Auch im übrigen Europa, wo mit der Festigung des Zölibats alle Arten sexueller Exzesse immer größere Ausmaße annahmen, unterstützten die Laienchristen häufig das Klerikerkonkubinat, forderten sie für den »Seelenhirten« eine »Seelenkuh«, eine »Lebens- und Lastergefährtin«[67]. Wie denn selbst Papst Pius II. von den Friesen meldet: »Sie dulden auch nicht, daß die Priester ohne Ehefrauen zum Amt zugelassen werden, damit anderer Leute Ehebetten sauber bleiben[68].« »Solang der Bauer Weiber hat«, lautet ein mittelalterliches Sprichwort, »braucht der Pfaffe nicht zu heiraten[69].«

Um die Wende zum 15. Jahrhundert schreibt Nikolaus von Clemanges, zuletzt Archidiakon in Lisieux: »Ist jemand heutzutage träge und zum üppigen Müßiggang geneigt, so beeilt er sich, ein Priester zu werden. Alsdann besuchen sie fleißig die Hurenhäuser und Schenken, wo sie ihre ganze Zeit mit Saufen, Fressen und Spielen zubringen, betrunken schreien, fechten und lärmen, den Namen Gottes und der Heiligen mit ihren unreinen Lippen verwünschen, bis sie endlich aus den Umarmungen ihrer käuflichen Geliebten zum Altar kommen.« Ein anderes Mal schildert derselbe Theologe, wie die Bischöfe Tag und Nacht mit Jagd, Spiel, Tanz und Diners beschäftigt sind, wie sie ausbeuten, huren und ihren Klerikern auch die größten Verbrechen für Geld nachsehen. »Sittenreine, gelehrte Leute bekommen keine hohen Würden, sie würden auf die Schäden der Kirche hinweisen. Die Bischöfe sind sittenlos... Doch am besten ist es, nicht alle Übel zu nennen, *damit unsere Nachfahren nichts von diesen Zuständen erfahren*[70].« Ganz ähnlich versichert im 15. Jahrhundert Dietrich von Münster, Vizekanzler der Kölner Universität, daß nur die verdorbensten Leute, »stinkende Menschenkadaver«, die Prälaturen suchten[71]. Auch Geiler von Kaysersberg, der gefeierte Kanzelredner, findet den geistlichen Stand »von dem höchsten bis auf den niedersten verderbt«, nicht bloß mit öffentlichen Dirnen hurend, mit Ehefrauen, Witwen und Mädchen, sondern auch mit Männern und Tieren – »wer ist der, der sich nit sudel in der Kotlachen und in dem Unflat?[72]« Sebastian Brant sagt das so:

»Und Seelsorg sieht man treiben die,
denen man vertraute kaum ein Vieh...[73]«

1403 schreibt Matthäus von Krakau, Theologielehrer und Bischof von Worms, nach einem halbjährigen Rom-Aufenthalt seinen ungewöhnlich scharfen Traktat »Vom Schmutz der römischen Kurie«. Und 1410 avanciert der Kardinallegat Baldassare Cossa, der nicht nur eindringlich die Frau seines Bruders, sondern in Bologna angeblich auch zweihundert Witwen und Jungfrauen begattet hatte[74], als Johannes XXIII. zum Papst. Auf dem Konzil von Konstanz, wo man ihn 1415 absetzte (aber schließlich als Kardinal weiter für das Reich Gottes wirken ließ), wurden von seinen Taten »aus Schonung für die Hörer« nur fünfzig verlesen[75]. Diese Rücksicht freilich auf die Ohren der abgebrühten Prälaten ist um so weniger begreiflich, als gerade bei dem großen Konzil, das Hus auf den Scheiterhaufen brachte, außer dem Papst, über dreihundert Bischöfen und dem Heiligen Geist, wie Stadtchronist Ulrich von Richenthal meldet, auch siebenhundert öffentliche Nutten zugegen waren, nicht gerechnet jene, welche die Geistlichkeit gleich selbst mitgebracht[76].

Nun soll freilich all dies ungeheuer übertrieben und schablonisiert sein, damaliger Mentalität und literarischer Gepflogenheit entsprechen. Tatsächlich aber sind solche Äußerungen des Abscheus, der Scham, des Unmuts nichts anderes, als was sie eben sein wollen. Warum auch hätten die Geistlichen sich selbst bezichtigen, warum die Laien genau das gleiche bezeugen sollen? Warum von Generation zu Generation die Synodalerlasse, die das Klerikerkonkubinat und alle Arten sexueller Spezialitäten fortgesetzt verdammen müssen, angefangen vom Verkehr mit Mutter und Tochter bis zum Vieh? Und gestehen denn die Synoden nicht selbst ständig expressis verbis das Vergebliche ihres Befehlens ein[77]?

Nur im Bistum Speyer die Unzucht eine Sünde?

Sehen wir beispielsweise nach Speyer. Der Bischof erneuert dort in vier aufeinanderfolgenden Jahren, von 1478 bis 1481, die Zölibatserlasse und setzt hohe Geldbußen auf das Konkubinat der Geistlichen, werde doch dadurch »der Allerhöchste und die unversehrte und keuscheste Jungfrau Maria, ihre Patronin, ohne Zweifel schwer beleidigt«. 1482 beschwört der Bischof seinen Klerus erneut, »bei der Barmherzigkeit Gottes und bei Christi Leiden, keusch zu leben« und droht abermals mit strengen Strafen. Dasselbe wiederholt sich in Speyer 1483, 1484, 1485, 1486, 1487, 1488 sowie jährlich von 1493 bis 1503, ausgenommen das Jahr 1495. 1504 beteuert Bischof Ludwig noch einmal, er habe die Verordnungen gegen Unkeuschheit und Konkubinat nun schon so oft eingeschärft, daß die Steine, Säulen und Wände schreien könnten, segnet darauf das Zeitliche, und sein Nachfolger fährt wie sein Vorgänger fort, hält von 1505 bis 1513 jährlich Synoden, präsentiert die alten Klagen und Befehle und muß sich von seinen Priestern sogar sagen lassen, daß »nur im Bisthume Speier die Unzucht eine Sünde sey«[78].

Wirklich, so mußte es scheinen. Zumal ja auch in Rom das Sexualleben weiter blühte. Der ehemalige Franziskanergeneral Papst Sixtus IV., der die Sixtinische Kapelle errichtet, 1476 das Fest der Unbefleckten Empfängnis eingeführt (und einen Torquemada als Inquisitor gebilligt hat), war beinah beispiellosen Ausschweifungen ergeben[79]. Sein Neffe Kardinal Pietro Riario, Inhaber von vier Bistümern und einem Patriarchat, hurte sich buchstäblich zu Tode[80].

Sixtus-Nachfolger Innozenz VIII. (1484–1492), der zwei Kinder mit in den Vatikan brachte, hat die Anordnung eines päpstlichen Vikars, jeder Kleriker habe seine Konkubinen zu entlassen, geradezu gerügt[81].

Innozenz-Nachfolger Alexander VI. (1492–1503), laut Savonarola »schlimmer als ein Vieh«, kam mit vier Kindern in den Vatikan und delektierte sich dort an Massenorgien im Familienkreis. Er ließ einmal nach einem Souper fünfzig Freudenmädchen (cortegianae, Hofhuren) zuerst in Kleidern, dann nackt tanzen, danach auf allen vieren möglichst geil herumkriechen und zuletzt, vor den Augen Seiner Heiligkeit, seines Sohnes und seiner Tochter, von Dienern begatten, wobei man Preise für diejenigen aussetzte, die die meisten Mädchen »fleischlich erkennen« würden; anschließend Siegerehrung[82]. Der Papst, der erwog, aus dem Kirchenstaat eine Erbmonarchie zu machen, hatte ein Verhältnis mit seiner Tochter Lucrezia, die es auch mit ihren Brüdern trieb und früh schon, als Halbwüchsige noch, ein Kind bekam, das Alexander in einer Bulle als sein eigenes ausgab, in einer weiteren Bulle aber seinem Sohn Cesare zuschrieb[83]. Auch ließ er eine seiner Hetären, die schöne Julia Farnese, »Braut Christi« genannt, als Mutter Gottes und sich als Papst zu ihren Füßen malen.

Die Madonnen der Prälaten oder Wer hat die größten Glieder?

Warum also sollte es der Klerus nicht ähnlich treiben? Was hätte beispielsweise Kardinal Albrecht II. von Mainz (1514–1545), den rührigen Ablaßhändler, hindern können, frei und öffentlich mit seinen Konkubinen Käthe Stolzenfels und Ernestine Mehandel zu verkehren? Dürer hat beide als Loths Töchter verewigt, Grünewald die Käthe als »heil. Katharine in der mystischen Ehe« porträtiert, Lukas Cranach die Ernestine als »hl. Ursula« und dazu den Kardinal als »hl. Martin«.

Auch andere Hierarchen ließen ihre Mätressen als Madonnen malen und die Bilder zur Erbauung des Volkes in die Kirchen hängen oder gar, wie Erzbischof Albrecht von Magdeburg, eine Kurtisane in einen Reliquienschrein stecken und in andachtsvoller Prozession als »lebendige Heilige« herumtragen[84].

Der niedere Klerus zwar hatte keine Genies zur Verewigung seiner Liebchen. Aber Weiber hatte er auch[85]. Und er tischte häufig Zoten auf, wie der protestantische Theologe und Dichter Thomas Naogeorgus erzählt, »daß das Bordell sie nicht zu ertragen imstande wäre oder doch gewiß kein Mensch aus dem gemeinen Volk sie über die Lippen brächte«[86]. Und mit den Laien wettete man sogar um den Besitz der größten Genitalien[87].

Nach eineinhalb Jahrtausenden Christentum fand der zum Katholizismus konvertierte kaiserliche Rat Friedrich Staphylus unter hundert katholischen Geistlichen »kaum einen..., der nicht heimlich oder öffentlich verheiratet ist... Die Unzucht-Ausschweifungen der Priester sind unendlich«, was der katholische Kirchenrechtler Georg Cassander fast Wort für Wort bestätigt[88].

Auch nach den tridentinischen Reformen aber koitieren die Geweihten unverdrossen fort, selbst in den gläubigsten Gebieten. So gesteht 1569 der Erzbischof von Salzburg, die Zölibatsgesetze hätten nur »*selten* Erfolg gehabt ..., so daß der Klerus im Kote der abscheulichen Wollust eingefault, daß sie ihm zur verkehrten (!) Gewohnheit geworden« sei[89]. Noch von dem »glaubensstarken Land Tirol« meldet das Visitationsprotokoll des Bischofs von Brixen 1578 aus etwa sechzig Pfarreien mehr als hundert Konkubinarier: »Domherren, Hofkapläne, Pfarrer, Hilfspriester«[90].

Im späten 16. und 17. Jahrhundert »mieten« sich die Geistlichen Mädchen, die sie »Köchinnen«, »Hausmutter« nennen oder als Blutsverwandte ausgeben[91]. Viele leben aber auch noch offen mit Frauen und wollen sie nach ihren Würden benannt wissen, als Dompropstin, Domdekanin und dergleichen[92]. In Deutschland florierte die wilde Klerikerehe in zahlreichen Diözesen, in Breslau ebenso wie in Straßburg; im Bistum Konstanz besaß fast jeder Priester eine Konkubine, ähnlich im Rheinland[93]. Bei einer Überprüfung des Bistums Osnabrück 1624/25 hatte der größte Teil des Klerus Frauen[94]. In Bamberger Visitationsberichten heißt es damals: »Keiner will Concubinarier sein, obwohl doch die Pfarrer von Pautzenfeld, Drosendorf, Reuth wie auch der Dechant selbst ihre Alte nicht weit von sich haben.« Der Bamberger Bischof verordnet: öffentliche Auspeitschung und Haft der Frauen[95].

Freilich: »Die Mehrzahl der anderen hohen Herren ließ sieben gerade sein, da sie es meistens noch toller trieben[96].« So leistete sich der Bischof von Basel Kebsen und Kinder, der Bischof von Münster eigne Weiber, lebte der Salzburger Erzbischof von Raitenau mit der schönen Salome Alt, wie man das heute ausdrückt, »wahrscheinlich in Gewissensehe« und rühmte sich seiner (sicher auch nur aus Gewissensgründen gemachten) fünfzehn Kinder. Und fast jeder Pfarrer oder Kaplan hatte 1613 im Erzstift eine Konkubine und Sprößlinge[97].

... als stünde es gut

Im 18. Jahrhundert werden die Diözesan- und Landessynoden seltener und damit auch die Erinnerungen an das Kontinenzgebot. Man verbreitet den Eindruck, als stünde es gut, und ignoriert meist Affären, die nicht von ärgerlichen Folgen begleitet sind[98].

Immerhin vermerkt noch 1806 das Salzburger Konsistorium, daß »seit einiger Zeit mehr ausgelassene und in der Moralität tiefer gesunkene Kleriker im diesseitigen Kirchensprengel sich befinden als ehedem«[99]. In Italien gab es noch im späteren 19. Jahrhundert in einer Diözese keinen einzigen Priester, den »Bischof selbst nicht ausgenommen, der nicht offenkundig sein Weib gehabt«[100]. Vom Klerus in Südamerika berichtete man damals, er überbiete alles übrige durch seine Sittenlosigkeit und handle so, »als ob der Dienst der Unzucht ihm vorzugsweise obliege«[101]. Von den Geistlichen in Peru bekannte ein katholischer Theologe 1889: »Es gibt nur wenige, die nicht im öffentlichen Konkubinat leben[102].« Und die Theologen Johann und Augustin Theiner (S. 177 f.) sammelten auch aus dem 19. Jahrhundert noch ein erdrückendes Material über Verführungen von Kindern, Sadismus, Abtreibungen, Eifersuchts- und Lustmorde durch Geistliche und Mönche[103].

Erst 1970 sprach nicht irgendein Kirchenfeind, sondern der katholische »Aktionskreis München« in einem allen Klerikern des Bistums zugeleiteten Memorandum von dem »geheimen eheähnlichen Verhältnis« und der erzwungenen »Unwahrhaftigkeit« des katholischen Priesters[104]. Als freilich 1973 Hubertus Mynarek, vormals Dekan der Theologischen Fakultät der Wiener Universität, nach seinem Kirchenaustritt diese Unwahrhaftigkeit etwas näher belegen wollte, begann unmittelbar vor Publikation seines Buches »Herren und Knechte der Kirche« ein derartiges Intrigenspiel, daß sein erster Verleger das schon gedruckte und vorverkaufte Werk wieder aus dem Handel zog, der zweite Verleger aber gerade die Zölibatspartien strich.

Doch zur gleichen Zeit, als Mynarek Schlagzeilen machte und seine meist erstaunlich harmlosen Entblößungen früherer Kollegen ihm eine Fülle einstweiliger Verfügungen und Prozeßdrohungen eintrugen, edierte der katholische Theologe und Professor für Religionsphilosophie in München Fritz Leist eine Sammlung anonymer Konfessionen von etwa siebzig noch amtierenden und ehemaligen Priestern, Mönchen, Ordensfrauen. Und dieser Band, der nahezu unbeachtet blieb, obwohl er all das enthält, was Mynareks Publikum sicher erwartet, aber nicht vorgefunden hat und auch nicht vorgefunden hätte, wäre sein Zölibatskapitel erschienen, illustriert nun überaus anschaulich und detailreich die Kontinenz des Klerus heute.

Eine glückliche rheinische Natur

Gleich an der Spitze bekennt da ein fast sechzigjähriger »Priester mit Leib und Seele« hübsch der Reihe nach erst »eine sehr schöne Liebesgeschichte«, »daneben eine mehr sexuell betonte Begegnung«, »dann relativ oft Begegnungen mit Dirnen«, schließlich »mehrere lose Verbindungen mit verschiedenen Frauen« – »ich kam aus dem Beichten nicht heraus. Mein rheinisches Temperament half über vieles hinweg.« Endlich erringt er die Freundschaft einer »moralisch sehr hochstehenden verheirateten Frau. Es wurde eine große und starke Liebe, die bereits zehn Jahre unvermindert anhält«, leider »sehr eingeengt, weil die Frau Mann und Kinder hat«. Gleichwohl: »Ich bin immer noch Priester mit

Leib und Seele«, »bin immer noch voller Eifer wie ein junger Kaplan«, »habe die Krise des Amtes persönlich nie erlebt«[105] – eine glückliche rheinische Natur.

Ein heute sechsundvierzigjähriger Pfarrer eröffnete als Kaplan seiner »Pfarrführerin« seine »Not«, und die Pfarrführerin, damals zweiunddreißig, eröffnete ihm, sie wolle ihn »erlösen«. Das dauerte dann »15 Jahre lang« und geschah offenbar immer nur »in kurzen Stunden im Auto«. Doch fand dieser Zölibatär schließlich die »Erfüllung in meiner Sekretärin«, die »zwischendurch auch einmal kurze Zeit schwanger war (Abgang). Seitdem leiden wir uns zu Tode[106].«

Ein weiterer Kleriker erfährt allein während seines Studiums »von mehr als einem Dutzend Geistlicher, die sich sexuell verfehlt hatten, einige von ihnen bekamen mehrjährige Haftstrafen«[107].

Eine junge Dame vertieft sich, ehe sie »Theologie und Religionsdidaktik« studiert, erst praktisch-propädeutisch in die Materie. »Ich bin 22 Jahre alt und habe seit vier Jahren ein Verhältnis mit einem 45jährigen Vikar[108].«

Ein fünfter Geistlicher becirct seine Auserwählte fast mit jener Hymne des Hohenliedes, die der Jesuit Peronne 1848 als Beweis für die Unbefleckte Empfängnis Mariens präsentierte: Ja, du bist schön, meine Freundin, du bist schön... und kein Fehl ist an dir... – nur ein bißchen platter: »Du bist schön – noch keine Falte«, »So ein tolles Weib...!« – »er preßte mich an sich und machte das Zeichen des Kreuzes...« »Nach jeder Liebesnacht konnte er mir unglaubliche Dinge sagen.« Noch Unglaublicheres sagte er wohl am Tag, wenn er ganz »wie ein Seelsorger« auftrat und donnernd gegen die Unsittlichkeit predigte. »Immer wieder Moral-Verurteilungen anderer...« – und flüstert ihr gleich nach der Predigt zu, »wie toll ich aussähe und welche Sehnsucht er hätte und daß er letzte Nacht schon eine Erektion gehabt hätte beim bloßen Gedanken an mich«. »Wir gingen ins Bett. Wir lasen zuerst in einem Sexbuch...« »Er war so leidenschaftlich – daß ich bei seinem Orgasmus Angst bekam, er stürbe[109].«

Ja, wie sagt doch Joseph Kardinal Höffner? »Gerade in der Welt von heute ist die um des Himmelreiches willen gelebte Ehelosigkeit des Priesters ein aufrüttelndes Zeichen, das der gläubigen Gemeinde zeigt, wohin sie eigentlich unterwegs ist[110].«

Von der Preisgabe des Gliedes – bis zu der des Lebens

Ein anderes Mädchen, heute sechsundzwanzig, trat mit fünfzehn Jahren ins Kloster ein, weil sie von den Nonnen dafür »begeistert« worden war – und »Gott schöne Frauen haben will«.

Wirklich, kaum hatte er sie, wurde sie auch schon von ihm beziehungsweise »einem Priester umarmt und mit Medaillen verschiedener Heiliger beschenkt«, Medaillen von ganz magischer Wirkung. Denn, Nummer eins: Ein dreißig Jahre älterer Pfarrer schreibt, »wie er von mir träumt, auch sexuell«, drängt, »ich solle ein Zimmer irgendwo finden, auch im Hotel, wo wir wenigstens einen Tag verbringen können«. »Er versuchte, mich zu küssen und zu streicheln und legte einmal meine Hand auf sein Glied...« Nummer zwei: Ein etwa vierzigjähriger Jesusjünger. »Ich wurde von ihm am Abend in einem Garten vor dem Kloster angegriffen, ohne daß wir uns kennengelernt haben..., er wollte, daß wir die Nacht zusammen verbringen... Später ist dieser Priester ausgetreten, weil er mit einer Schwester ein Kind gehabt hat.« Nummer drei: »Er nützte jede Gelegenheit, mit mir zusammen zu sein... Einmal wurde ich von ihm in sein Zimmer eingeladen... Er wollte mit mir ins Bett gehen... Er flüsterte, er liebt mich, er gibt sein Leben für mich... Er sollte nachher Messe halten...[111]«

Eine weitere Herrenbraut, gleichfalls schon fünfzehnjährig ins Kloster gegangen, war tief unglücklich dort, konnte »alles sein außer Mensch«, mußte ihr »eigenes Ich ganz unterdrücken«, »alles hinunterschlucken«. 1971 endlich einmal zu Hause, will sie einem ihr bekannten Kleriker ihr Herz ausschütten. »Kaum hatte ich den Mund aufgemacht, habe ich angefangen zu weinen, er hat mich umarmt, geküßt und im Nu hat er mich ausgezogen und war über mir. Nach zwei Stunden seines tierischen Auslebens hat er mich gefragt, ob ich zum Orgasmus gekommen sei[112].«

Nun kommt all dies – »stellvertretend für unzählige geheimgehaltene ›Vorfälle‹«, wie der katholische Herausgeber betont[113] – wohl nur jener Katholikenschicht unglaublich vor, deren Mentalität die kaum beschreibbaren Schmähbriefe enthüllen, die der Theologe Mynarek nach seinem Kirchenaustritt bekam[114]. Jeder sonst wird das geistliche Sexgetümmel bloß für natürlich halten (weshalb ich selbst gar nicht erst reagierte, als mir unlängst eine Dame dramatisch ihre lange intime Korrespondenz mit einem sehr populären, auch hier flammend für Keuschheit plädierenden Jesuiten anbot).

Stoßseufzer der Zölibatäre und kanonisches Alter

Einigermaßen grotesk aber mutet es an, klagt in der Leist-Enquete (deren zahlreiche Hinweise auf neurotische Störungen, Dauerdepressionen, Krämpfe, Magengeschwüre und Selbstmordversuche übergangen seien)[115] ein Kleriker über eine »Hausgehilfin (48), die zwar fleißig ist und sich bis jetzt noch nicht zu einem Drachen entwickelt hat, aber (leider!) keine erotische Anziehungskraft besitzt«. Ähnlich kurios der

Stoßseufzer: »Sehen Sie: seit nahezu drei Jahren muß ich mit einer Haushälterin zusammenleben – meine Schwester hat geheiratet –, die mich geschlechtlich direkt abstößt, so daß ich sie fliehe, wo ich nur kann ...[116].«
 Duldet die Kirche solche Beziehungen vielleicht nicht nur, sondern unterstützt sie diese indirekt auch noch? Jene Rechtsvorschrift jedenfalls widerspricht dem nicht, die dem Geistlichen zwar verbietet, »weibliche Personen« in seinen Haushalt aufzunehmen, »gegen die (z. B. wegen ihrer Vergangenheit, Jugend, körperlicher Reize) Verdacht entstehen könnte«, ihm aber das Zusammenwohnen nicht nur mit Verwandten, einschließlich der Nichte, erlaubt, sondern auch mit solchen, bei denen »wegen ihrer ehrbaren Lebensführung in Verbindung mit einem *vorgerückteren Alter (etwa 35 bis 40 Jahre)* kein Argwohn entstehen kann«[117].
 Wer da glaubte, die Kirche kenne keinen Humor! Und keine Generosität! Und keine Offenheit, bedenkt man die Äußerung jenes südamerikanischen Bischofs kürzlich auf dem Katholikentag in Essen, derzufolge von den fünfzehn Priestern seiner großen Diözese vierzehn mit ihrer Haushälterin wie mit einer Ehefrau lebten ...[118] Ja – »Zeichen und Ansporn der Hirtenliebe«, nannte Paul VI. erst jüngst das Zölibat, »und eine besondere Quelle der Fruchtbarkeit in der Welt«[119].

Mit Müttern, Schwestern, Töchterlein

Die von der Kirche so verdammte Unzucht wurde beim Klerus nicht verhindert. Im Gegenteil. Selbst seltenere Arten, wie beispielsweise der intime Umgang mit nächsten Blutsverwandten, die allein man doch zeitweise den Priestern ließ, kamen in Schwang.
 Die Synode von Metz verordnet deshalb 753: »Wenn Geistliche Unzucht treiben mit Nonnen, Müttern, Schwestern etc., sollen die in den höheren Weihen befindlichen abgesetzt, die in den niedern durchgeprügelt werden[120].« Eine Mainzer Synode bekennt 888, »sehr viele Verbrechen« seien begangen worden, indem »Priester mit ihren eigenen Schwestern Beischlaf gepflogen und mit ihnen Kinder erzeugt haben«[121]. 1208 bemerkt der in Frankreich umherziehende Legat Golo, Geistliche gebrauchten ihre »*Mütter* und andere verwandte Personen ... *häufig auf Antrieb des Teufels*«[122]. Und Analoges behaupten noch Synoden der Neuzeit[123]. Auch gilt all das für den hohen Klerus, für Papst Johannes XII. etwa oder Papst Alexander VI. Unter Innozenz III. für den Erzbischof von Auxitanum und den Erzbischof von Besançon. Und schon lange vorher koitierte der deutsche Bischof Landfredus mit seinem Töchterchen[124].

»Ein Kurtisan ist ein Bube . . .«

Oft hielten sich die Priester auch an ihresgleichen, an Männer und Knaben, ist Homosexualität da doch »gang und gäbe«[125]. Das begann in der Antike[126] und endete nie. Im Mittelalter sprechen die Bußbücher immer wieder von der »Sodomie« der Geistlichen und bedrohen sie mit jahre- und jahrzehntelangen Bußen[127].

1513 brandmarkt Graf della Mirandola vor Leo X. und dem Laterankonzil vergebens, daß man durch widernatürliche Unzucht geschändete, schon von den Eltern als »Huren« abgerichtete Jugendliche für den Kirchendienst erziehe, bis sie schließlich selbst als Priester der »homosexuellen Hurerei« dienten[128]. »Mit dreierlei Ware«, höhnt Ulrich von Hutten, »handelt der Römer: mit Christus, geistlichen Lehen und Weibern. Wollte Gott, allein mit Weibern und wichen nicht oft von ihrer Natur ab[129]!«

An der Kurie waren die mit Pfarrpfründen besoldeten Schreiber, Türhüter und Köche häufig »Kurtisanen«. Gefragt, was das Wort bedeute, definierte ein Trierer Bischof: »Ein Kurtisan ist ein Bube und eine Kurtisanin eine Bübin; das weiß ich sehr wohl, denn ich bin auch einer zu Rom gewesen[130].« Wirklich, verdankt da nicht mancher seine Karriere mehr einem gefälligen Hintern als einem begabten Kopf? Innozenzo del Monte vielleicht, Papst Julius' III. Affenwärter, der, trotz erregter Proteste ringsum, mit siebzehn Jahren Kardinal geworden ist[131]? Auch Bischof Johannes von Orléans war der Lustknabe des Erzbischofs von Tours. Man sang auf den Gassen davon und Johann sang mit[132].

Nicht immer freilich ging's so lustig zu. Den niederen Klerus strafte man, drang die Sache unters Volk, oft gnadenlos. »1409 wurden am Samstag den 2. März zu Augsburg vier Priester, Jörg Wattenlech, Ulrich von Frey, Jakob der Kiss und Hans Pfarrer zu Gersthofen wegen Sodomie in einem ›Fagelhaus‹ am Perlachturm angeschmiedet, leben noch am folgenden Freitag und verhungern dann.« Ein beteiligter Laie, der Lederer Hans Gossenloher, wird verbrannt[133].

Intim mit Tieren

Diesbezügliche Drohungen begegnen besonders in den Pönitentialien des Mittelalters immer wieder. Hurt ein Bischof mit einem vierfüßigen Tier: zwölf Jahre Buße, ein Priester zehn, ein Mönch sieben, drei Jahre davon jeder bei Wasser und Brot; außerdem sollten Bischof und Priester abgesetzt werden[134]. Auch der in Rom zu weihende Episkopus, so belehrte, stolz offensichtlich auf die strengen Sitten seiner Kirche, 791 Papst Hadrian I. Karl den Großen, werde nicht nur nach seinem Glauben

befragt, dem Verkehr mit einer Ehefrau, einem Knaben, sondern auch, ob er sich mit einem Vieh (pro quadrupedibus) vermischt[135].
Von den nächsten Blutsverwandten über die Hauskatze oder Kuh bis zur armen Nonne war dem Klerus somit alles versagt, wie schon, gerafft gleichsam, jene Bußvorschrift der englischen Kirche für Bischöfe und Priester zeigt, die mit vierfüßigen Tieren koitieren, mit Mutter, Schwester oder Nonnen »durch ein Instrument«[136].
Im Osten waren die Popen wegen ihrer Sodomie geradezu berüchtigt. Und kein Geringerer als Zar Peter der Große, der 1721 als Oberster Hirte und Richter der russischen Kirche den Heiligen Synod geschaffen, wurde wiederholt mit seiner Lieblingshündin Finette »in überraschender Intimität« gesehen[137].

Die Sollizitation oder Eros im Beichtstuhl

Ein beliebtes Mittel der Seelsorger, sich für ihre Ehelosigkeit etwas schadlos zu halten, war seit je die Sollizitation, wie das Kunstwort lautet, bei der Beichte. Sie bietet in der Tat mannigfache Möglichkeiten mit Frevlern beiderlei Geschlechts, zumal doch gerade die Sünden in puncto sexti mandati da beinah pausenlos ins angestrengt lauschende priesterliche Ohr rieseln – allzu pauschal leider oft und laienhaft undifferenziert.

Manch erfahrenes Beichtkind zwar mag bereits von sich aus sein Bestes oder vielmehr Schlechtestes geben und schon im ersten Run rückhaltlos bloßlegen, worum immer es geht. Aus vielen verschämten schönen Seelchen aber gilt es erst allmählich, kundig und vorsichtig, mit schonsamer Hand sozusagen, alles herauszuholen, was herauszuholen ist: wann, wo, mit wem, wie oft, auf welche Weise... Und so entdeckt man mit den Anfälligkeiten auch Ansätze, Bedürfnisse, Vorlieben, und schon, wie es bei Thomas von Aquin, der dringend vor langen Dialogen zwischen Beichtiger und Beichtkind warnt, so geistreich heißt, »kommen sie dahin, daß sie einander nicht mehr, wie anfangs gleichsam als Engel anreden und ansehen, sondern wie mit Fleisch umkleidet sich gegenseitig betrachten....«[138]

Die Quellen verschweigen viel, gestehen dies aber ein oder meinen, man brauche nichts aufzudecken, da die Verbrechen dem Himmel, der Erde und allen Menschen bekannt seien.

Bischof Pelagius, der im 14. Jahrhundert von den häufigen Ehebrüchen bei der Beichte spricht, versichert auch, daß in den Provinzen »der Spanier und Reichsbewohner... die *Söhne der Laien in nur wenig größerer Zahl vorhanden sind als die Söhne der Kleriker*«[139]. Und 1523 schreibt der zu Luther übergetretene Franziskaner Heinrich von Kettenbach in seiner

»Neuen Apologia und Verantwortung Martini Luthers wider der Papisten Mordgeschrei«: »Die erste Frucht, die aus dem Beichten kommt, ist die Frucht des Leibs, denn daher kommt viel schöner Kindlein, die man Banckert oder Hurenkinder nennt, die die Heiligen Beichtväter sind mit ihrer Beichttochter überkommen; denn etlich haben die Vogelsucht hart, so doch der Mann wenig nutz ist, da muß der Beichtvater helfen. Also mag etwan ein Beichtvater fleißig trösten zu Zeiten und läuft ranken unter den Weibern, wie ein Farr unter einer Herde Kühe[140].«

Die Kirche griff zu allen erdenklichen Präventionen. Sie befahl, die Beichte, besonders bei Frauen, nicht im Dunklen, sondern an einem »unverdächtigen Ort« abzunehmen, bloß in der Kirche, und dort nur, wo man von allen gesehen werden könne, nie bei einer Frau allein. Auch sollten die Beichtväter den Frauen nicht ins Gesicht schauen und die Frauen sich nicht vor den Priester, sondern neben ihn stellen[141]. Kranke aber durfte der Zölibatär nur mit zwei oder drei Zeugen besuchen und das Sakrament nicht bei verschlossener Tür spenden[142].

Doch all diese Vorkehrungen halfen so viel oder wenig wie die nicht abreißenden Strafandrohungen und Strafen selbst: Exkommunikation, fünfzehnjährige Verbannung und anschließend lebenslanger Klosteraufenthalt[143]. Der Reiz war eben stärker. Und so reizte, sollizitierte man vor der Beichte, während derselben und danach, im Beichtstuhl und außerhalb. Man reizte durch Fragen nach Lüsten, von denen viele sich nichts träumen ließen. »O Unheil auf dein Haupt«, fluchte eine (undankbare) Brabanter Beghine ihrem geistlichen Gewissenserforscher, der »unbekannte Schändlichkeiten« bei ihr erkundet, einige jener »wälschen Laster« vielleicht, die sich, nach Cäsarius von Heisterbach, gerade durch die Beichte eingeschlichen[144]. Man reizte gelegentlich auch durch stimulierende Literatur. Ja, man reizte die lieben Beichtkinder, so altruistisch war man manchmal, zugunsten Dritter an. Schließlich, zur Ehre aller Pfaffen sei's gesagt, sie wurden auch selber angereizt[145]. Und all dies Reizen soll sogar geblieben sein ...

Ausgeburt einer gewissen »Schmutzliteratur«?

Nachdem schon die mittelalterliche Kirche die Sollizitation häufig zu erörtern hatte[146], entstand deshalb in der Neuzeit eine eigene, genau ausgebildete Gesetzgebung[147]. Und noch im 17. und 18. Jahrhundert sehen wir Synoden und Päpste mit diesen die Phantasie so außerordentlich beflügelnden »Verbrechen« befaßt – wenn man auch katholischerseits gar nicht »auf die Märchen einzugehen«. braucht, »die eine gewisse Schmutzliteratur über angeblichen Mißbrauch des Bußsakramentes von seiten der Beichtväter verbreitet«[148].

Dabei setzte man doch Strafen sogar für Bischöfe fest, die ihren Beichtkindern oder geistlichen Töchtern zu nahe traten[149]. Dabei ventiliert die Moraltheologie selbst die Sollizitation »*während der Beichte*«, »*unmittelbar vor oder unmittelbar nach der Beichte*«, »*gelegentlich der Beichte*«, »*unter dem Vorwande der Beichte*«, »*im Beichtstuhl* oder an einem Ort, der beständig zum Beichthören *bestimmt* ist, oder...« und so weiter. Man fragt doch selbst, ob »der Priester das Beichtkind... verleiten will«, »das Beichtkind mit der Sollizitation anfängt«, »ob der Pönitent, der sollizitiert wird, eine männliche oder weibliche *Person* ist..., ob der Pönitent zu einer Sünde mit dem Beichtvater oder einer anderen Person oder mit sich selbst verführt werden soll, ob die Sünde später oder sofort geschieht«, »der Beichtvater eine Kranke besucht und ihr sagt, er wolle sie beichthören, in Wirklichkeit sie aber sollizitiert« und so weiter und so weiter.[150] Und dann soll alles, was über den Mißbrauch der Beichte grassiert, Ausgeburt einer gewissen »Schmutzliteratur« sein? Doch nicht gar der Moraltheologie?

»*... nur was schreit, ist eine Sünde*«

Seit langem freilich, zugegeben, ist man sehr diskret geworden in der Kirche. Nicht mehr nahezu allmächtig wie im Mittelalter, möchte man die Gesellschaft sowenig wie möglich skandalisieren. »Das Vertuschungssystem«, erklärt Ex-Jesuit Hoensbroech, »ist vollendet ausgebildet, die pharisäische Rechtfertigung: nur kein Ärgernis! ist eisernes Gesetz[151].« Auch der Katholik Curci schrieb 1883 »von der größeren Vorsicht, die man gebraucht, und die man der fortgeschritteneren Kultur schuldet«[152].

Im Grunde freilich war das – seit der Aufklärung forcierte – Verbergen klerikaler Sexualdelikte, gemäß der Devise si non caste caute, alte katholische Tradition (vgl. auch S. 166 f.).

Die mittelalterlichen spanischen Synoden zum Beispiel handeln stets bloß von den öffentlichen Konkubinen; die geheimen werden nicht erwähnt[153]. Entsprechend belehrt Papst Alexander II. 1065 den Patriarchen von Grado: Es gehe immer nur um die bekannten öffentlichen Fälle; was geheim geschehe, wisse allein Gott, der solle darüber befinden[154]. Und ganz in diesem Sinne erbost sich seinerzeit auch Kirchenlehrer Damiani: »Das Übel wäre vielleicht erträglicher, wenn es die Verborgenheit aufsuchte, aber nein! Alle Scham ist dahin, die Unzuchtpest drängt sich frech an die Öffentlichkeit, im Munde der Leute sind die Stätten der Unzucht, die Namen der Konkubinen, der Schwäger, der Schwiegermutter, der Verwandten überhaupt. Dazu die Boten der Liebe, die Geschenke, das Gekicher und Scherzen, die heimlichen Rendez-vouz; postremo, ubi omnis dubietas tollitur, uteri tumentes et pueri vagientes[155].«

Diese typische Sentenz, wonach die heimlichen Amouren der Priester wohl noch ertragbar, die dicken Bäuche und quäkenden Kinder ihrer Kebsen aber der eigentliche Skandal seien, provozierte bereits Panizzas Spott: »Dieser Damiani hatte schon den echten katholischen Geist: was geheim geschieht, ist nicht geschehen; nur was schreit, ist eine Sünde[156].«

Als im 12. Jahrhundert geistliche Kreise in Rom nach der Vereinbarkeit jener beiden Papstbefehle forschten, von denen der eine verbiete, Messen bei Konkubinariern zu hören, der andere aber behaupte, daß die Sakramente durch keinen noch so sündigen Kleriker verunreinigt würden und daher unbedenklich zu empfangen seien, reskribierte Papst Lucius III. (Einführer der Inquisition in Verona): »Ein anderes Verbrechen ist das, was *notorisch* ist, und ein anderes, was *heimlich* ist. Ein notorisches ist ein solches, wegen dessen der Priester *canonisch verurteilt* wird; ein *geheimes*, welches von der Kirche noch geduldet wird... Glaubt daher unbezweifelt, daß man bei Geistlichen und Priestern, obgleich sie Hurer sind, so lange sie von der Kirche geduldet werden, den Gottesdienst erlaubt anhören und auch die kirchlichen Sakramente empfangen kann[157].«

So liegt es ganz auf der Linie des »nur was schreit, ist eine Sünde«, daß mittelalterliche Bußbücher die Strafen erhöhen, verdreifachen etwa, wenn die Nonne schwanger wird[158]. Die Synode von Longes (1278) formuliert sogar wörtlich, daß »die Fleischeslust den Klerikalstand vielfältig entehrt, besonders wenn es zum Kinderzeugen kommt«[159]. Und um die Wende zum 14. Jahrhundert verlangt die Konstanzer Kirchenversammlung: »vor allem zuerst« festzustellen, ob öffentlich oder heimlich gefrevelt wurde[160]. 1676 bestätigt Papst Clemens X. die Satzungen der unbeschuhten Trinitarier in Spanien, die unter anderem verordnen: »Wenn ein Religioser wider das Gelübde der Keuschheit sich versündigt, so soll er *6 Monate eingesperrt* und nach Gutdünken des Obern *gegeißelt* werden... Wenn aber sein Verbrechen *ruchbar* geworden, soll er im Convente *Spießruten laufen und ein ganzes Jahr im Kerker schmachten*[161].«

»Aber man achte darauf, daß es heimlich geschehe...«

Nicht erst der Franziskaner Johann Eberlin von Günzburg, einer der ersten Anhänger Luthers, verrät: »Ein Sprichwort unter uns ist, es schadet nit, was man tut, wann es allein die Weltleut nit sehen[162].« Kein Geringerer als der 1363 geborene Theologe Jean de Gerson, Kanzler der Sorbonne, Dr. christianissimus (einer der schärfsten Gegner von Hus), wies schon den Klerus an: »Aber man achte darauf, daß es *heimlich* geschehe, an keinem Feste oder heiligem Orte und mit *unverehelichten*

Personen[163].« Und genau dies ist die (ungeschriebene) moralische Maxime noch heute, wo man beispielsweise die Unzucht mit einem Beichtkind nur dann mit immerwährender Buße und Deposition des Priesters bestraft, »wenn das Verbrechen öffentlich bekanntgeworden ist«[164].

Ging diese Kirche doch sogar so weit, daß sie einerseits zwar den Bischöfen Zeugen ihrer Keuschheit oktroyierte, andererseits aber verfügte, so 829 die Synode von Paris, es sei »einem Priester *nicht* erlaubt, die Sünde des Bischofs zu verraten, weil er über ihm ist«[165].

Die Heuchelei gehört zu den typischen Charakterzügen des Christentums. Sie bestimmt, neben seinen Gewaltverbrechen, seinen Kriegen und seiner Ausbeutung, wie nichts sonst seine Physiognomie, den Inbegriff seines Wesens. Da nämlich die neutestamentlichen Gebote teils zu rigoros, teils zu pervers sind, um befolgt werden zu können, bleibt nur noch die Theologie des Als-ob, die frömmlerische Verschlagenheit, die Doppelmoral. »Viele«, gesteht schon Origenes, der größte christliche Theologe in vorkonstantinischer Zeit, »lehren Keuschheit, sie haben sie aber nicht beobachtet. Sie lehren anders öffentlich und handeln anders im geheimen und im verborgenen; alles tun sie aus Rücksicht auf die Menschen und wegen eitlen Ruhmes[166].«

Man hat diesen Trend oft, indirekt und direkt, gefördert. Denn da die Kirche praktisch weit weniger einen reinen als ehelosen Klerus brauchte (und braucht), da ihr ein noch so schwer sexuell sich »vergehender« Priester, der seine Verhältnisse zu verbergen wußte (und weiß), allemal lieber war (und ist) als einer, der niemanden täuscht, der offen »sündigt«, trieb (und treibt) sie immer aufs neue in Verstellung hinein. Und so genehm ihr gewiß die Heimlichtuer, die Scheinheiligen sind, so sehr haßt sie Kleriker, die, wie 1435 die Synode von Brandenburg schimpft, sich zu ihren Taten bekennen. »Denn wenn, aus Schwachheit des Fleisches, ihre Köchinnen und Mädchen von ihnen oder vielleicht von anderen geschwängert sind, so leugnen sie die Sünde nicht ab, sondern achten es sich zur hohen Ehre, die Väter aus so verdammlichem Beischlaf erzeugter Kinder zu sein[167].«

Sie leugnen – vor der Öffentlichkeit – nicht ab: das ist der Skandal für die Kirche! Denn dies rüttelt an ihrem Nimbus und damit an ihrer Macht. Dagegen schadet ihr das interne, den Laien verborgene Sexualleben der Geistlichen nicht im geringsten und ist ihr deshalb im Grunde auch absolut gleich.

Dies bestätigt die ganze Geschichte des Zölibats. Auch lehrte der »allerchristlichste« Dr. Gerson wieder: »Das Gelübde der Keuschheit bezieht sich nur auf die Unterlassungen der Ehe, wodurch man sich zur Keuschheit verbindet. Wer daher sich nicht verehelicht, bricht sein Gelübde nicht, *wenn er auch noch so schwer sündigt*[168].«

Keine »lahmen Enten« oder »Das versteht Gott sicher auch . . .«

Und man lehrte dies nicht nur, man praktiziert es vor allem bis auf den heutigen Tag – dachte und denkt doch wohl der größte Teil des Klerus wie der ungläubige infulierte Abt Monsignore Galiani: »Es ist eine schwere Krankheit, ein Leben, das so kurz ist und nicht zweimal kommt, nicht zu genießen[169].«

So wurde ein ehemals römisch-katholischer Geistlicher – nun Pfarrer der Altkatholiken – nach der Eröffnung seines Austrittsvorhabens gegenüber einigen Kollegen von demjenigen »mit dem höchsten Titel« folgendermaßen zum Bleiben bewegt: »Schau, wenn du dich nach einer Frau sehnst, deswegen brauchst du doch nicht alles hinzuwerfen. Gerade solche Leute wie du und ich, die sexuell nicht steril sind, braucht die Kirche. Von lahmen Enten hat sie nichts. Wenn dich's halt einmal zu stark drückt, dann gehst du eben zu einer Frau, das kannst du doch wieder ehrlich bereuen und beichten . . . Das versteht Gott sicher auch.« Daran schloß sich noch der Hinweis auf einen Mitbruder an, der jedes Jahr ein Mädchen mit in Urlaub nehme und dann sage – immerhin: »Jetzt kann ich es wieder ein Jahr lang aushalten[170].«

»Mehr als einmal«, versichert Ex-Katholik Mynarek, »hörte ich von Theologieprofessoren den zynischen Satz, der Zölibat bestehe nur darin, daß man keine Frau heiratet; das, was man sonst mache, sei zwar auch Sünde, aber zu deren Tilgung gebe es ja so etwas wie die Beichte[171].«

Das letzte, was solche Kirchendiener dann manchmal der benutzten »Höllenpforte« präsentieren, sind – »Anti-Ehe-Argumente«[172].

Gefördert jedenfalls wurde durch das Zölibat nicht die Virginität, sondern eine enorme Verachtung der Frau.

FÜNFTES BUCH
DIE LAIEN

»Der ›Gläubige‹ gehört *sich* nicht, er kann nur Mittel sein, er muß *verbraucht* werden, er hat jemand nötig, der ihn verbraucht.«

Friedrich Nietzsche

18. Kapitel
Die Diffamierung der Frau

»In keiner Religion oder Weltanschauung ist die Frau so geachtet und geehrt wie im Christentum.«
Der katholische Theologe Häring[1]

»Aber, wie nun die Gemeinde ist Christo untertan, also auch die Weiber ihren Männern in allen Dingen.«
Ephes. 5, 24[2]

»Lehret sie, sich in den Schranken der Unterordnung zu halten.«
1. Clem 1, 3[3]

»Nach deinem Manne soll dein Verlangen gehen, und er soll dein Herr sein ... so steige denn zur Untertänigkeit hinab ... so sei denn eine von den Untergeordneten.«
Johannes Chrysostomos[4]

»Wenn die Menschen das, was unter der Haut steckt, sehen könnten..., würde es nur Erbrechen verursachen, Weiber anzuschauen ... Da wir nicht einmal mit den äußersten Fingerspitzen Schleim und Kot anrühren mögen, warum begehren wir so eifrig das Schmutzgefäß (!) selbst zu umfassen.«
Der heilige Odo (878–942), Abt von Cluny und Organisator der cluniacensischen Klosterreform[5]

»Das Weib verhält sich zum Mann wie das Unvollkommene und Defekte (imperfectum, deficiens) zum Vollkommenen (perfectum).«
Thomas von Aquin[6]

»Wenn du eine Frau siehst, denke, es sei der Teufel, sie ist eine Art Hölle.«
Enea Silvio/Papst Pius II. (1458—1464)[7]

»Alle Bosheit ist klein gegen die Bosheit des Weibes. Besser ist die Gottlosigkeit des Mannes als ein wohltuendes Weib.«
Die Synode von Tyrnau 1611 (unter Kardinal Forgats und im Beisein des päpstlichen Nuntius)[8]

»... daß ein schönes und aufgeputztes Weib ein Tempel sei, welcher über eine Mistelachen (super

Cloacam) aufgebauet...« »Wer wird den Koth für einen Gott anbeten wollen?«
Abraham a Sancta Clara (1644–1709)[9]

»Der katholischen Kirche und ihr allein verdankt die christliche Frau ihre wahre Würde.« »Es ist darum billig und recht, daß die *Frau sich auch der Kirche dankbar erweist.*«
Der katholische Theologe Ries[10]

1.
DIE BESCHIMPFUNG DURCH DIE THEOLOGEN

Erst als Priesterin geschätzt...

Die mutterrechtlichen Kulturen hatten kaum Weiberhaß gekannt. Vielmehr galt die Frau als Trägerin der Lebenskraft, der Fruchtbarkeit, ja ihre größere Sensibilität und Suggestibilität machte sie zum kultischen Dienst geeigneter als den Mann. So wurde sie Medizinfrau, Zauberin, war vor allem mit Musik und Orakeltum verbunden und stieg in den antiken Götterkulten manchmal selbst zu höchsten Ämtern auf[11].

Im alten China spielten die Schamaninnen eine wichtige Rolle[12]. Ein ausgedehntes weibliches Priestertum hatte der japanische Schintoismus, zeitweilig auch die vedische Religion[13]. Die Ägypter nannten die Opferpriesterinnen »Sängerinnen Gottes«, die Sumerer »Dame Gottes« oder »Gottesfrau«. Bei den Kelten waren die Druidinnen besonders geachtet, bei den Germanen die Seherinnen, die Veleda der Brukterer, die Gamma der Semnonen, deren Ruhm bis zu den Römern reichte. Eine Fülle von Priesterinnen gab es in Griechenland (S. 58 f.), wo in der Mantik die Frauen führten: die Pythia, Kassandra, Sibylle.

Der Haß auf das Weib soll erst mit der Niederringung der mutterrechtlichen Gesellschaften entstanden sein, aus dem schlechten Gewissen des Mannes vielleicht, seinen Minderwertigkeitskomplexen, seiner Furcht vor einer Rache der Frau, aus Angst auch wohl vor ihren generativen Funktionen[14]. Es ist bemerkenswert, daß in fast allen indogermanischen Sprachen die Worte Mann und Mensch aus derselben Wurzel stammen, nicht aber das Wort Frau.

... dann von den Priestern verdammt

Früh schon zogen sich die Frauen vor allem die Feindschaft der Priester zu, was mit jenen mehr parapsychologischen, magisch-numinosen

Kräften zusammenhängen wird, jenen zauberhaften Fähigkeiten, die man melanesisch »Mana«, in der Sprache der Irokesen und Huron-Indianer »Orenda«, in der der Sioux »Wakanda«, der Algonkin »Manitu«, der Malagassen »Hasina« nennt, was auf altnordisch »hamingja« (Glück), »megin« (Kraft), »mattr« (Macht), germanisch »heill« hieß und der Frau offenbar mehr eignete als dem Mann, sie oft zur Helfenden, Heilenden, zur Wissenden und Weisen werden ließ, zur Trägerin des »Heiligen«, »Göttlichen«, zum Vorläufer und Konkurrenten also des Medizinmannes, des Schamanen, des Priesters, der sie dafür als Zauberin in Verruf brachte, als Hexe verteufelte oder gar ihre Ausmerzung betrieb.

Gerade in den sogenannten Hochreligionen wurde die Geschlechtsfunktion der Frau häufig suspekt gemacht und ihr die Gottesdienstbarkeit geraubt: im persischen Mazdaismus, im Brahmanismus, in der israelitischen Religion, dem Islam und nicht zuletzt im Christentum, das den Antifeminismus aufs Perfideste perfektioniert, fast ins Unerträgliche gesteigert hat, mehr als jede andere frauenfeindliche Religion, was protestantische Theologen oft zugegeben[15], katholische aber bis in die Gegenwart geleugnet haben und oft weiter leugnen.

Alle drei Gottheiten des Christentums gelten als männlich, und seine theologische Symbolik wird von der Vorstellung des Männlichen beherrscht. Nur dem Heiligen Geist gestanden gewisse Sekten eine weibliche Natur zu[16]. Die Frau aber war für die Kirche stets das der Erde besonders verhaftete Geschöpf, das tellurische Wesen katexochen, das Verschlingende, Vampirhafte, in dem sich die irdischen Verlockungen, die Versuchungen der Sünde auf ganz besonders verdammte Weise verkörperten. Auch die Hölle dachte man sich doch tief im Erdinnern lokalisiert, heiß und schlammig und grauenhaft. Strikt entgegengesetzt aber, weit über den Wolken noch, der hygienisch-keimfreie, ganz geschlechtslose, ewig und entzückend keusch von Hallelujas widerhallende Himmel, jener von buschigen Gottvaterbrauen überschattete Paradiesesgarten aus Allgäuer Mattengrün und Feigenblättern, dem die schlechte Eva eben, worauf alle Kirchenväter insistieren, die Menschen entriß (S. 52 f.). Deshalb drohte ihr der liebe Himmelvater doch auch gleich: »Ich will dir viel Elend machen...«[17], eine der wenigen biblischen Prophezeiungen, die sich erfüllten.

Zweifellos resultiert der Antifeminismus ungezählter Theologen aus einer verkappten Form der Frauenangst, aus Komplexen vor allerlei Tabuvorstellungen, der Abwehr einer vermeintlichen Gefahr; schwingt da mit, was Friedrich Heer einmal eine »Junggesellenideologie« nannte oder Patriarch Maximos in der Konzilsaula des Zweiten Vatikanums eine »Psychose von Zölibatären«[18].

Die früheste Geringschätzung der Frau im Christentum stammt von Paulus (S. 67 f.), der sich dabei nirgends auf Jesus beziehen kann[19]. Und dann ist es häufig Paulus, auf den man sich beruft und dessen Frauenfeindschaft man durch Fälschungen fortsetzt[20]. Entsprechend werden nachträglich auch Jesu Jünger zu Propagandisten von Virginität und Weiberhaß gemacht[21]. Ja, von Petrus, dem ersten »Papst« und Familienvater, behauptet man später, er habe jeden Ort geflohen, der eine Frau barg, und läßt ihn geradezu erklären: »Die Frauen sind des Lebens nicht würdig[22].«

Weiberverachtung bei Mönchen und antiken Kirchenvätern

Besonders gelästert, gemieden – und gefürchtet wurde die Frau von den Mönchen, zergehn sie doch, nach einem sehr alten Gleichnis schon, in der Nähe eines Weibs wie Salz im Wasser[23]. (»Mönche brauchen nur eine Frau zu sehen«, wie ein wahrhaft teuflischer Druckfehler in einer Pressemitteilung des Deutschen Katholikentages 1968 lautet, »dann grunzen sie wie echte Schweine[24].«)

Manche Eremiten sahen vierzig Jahre und länger kein Weib[25]. Andere wiesen – offenbar unter dem Einfluß verdrängter Inzestwünsche – selbst die nächsten Verwandten zurück, zuweilen mit dem Trost, man werde einander doch bald im Paradiese wiedersehen[26]. Als ein ägyptischer Mönch seine alte Mutter über einen Fluß tragen soll, wickelt er sich Tücher um die Hände: quia corpus mulieris ignis est[27]. Symeon, der Säulenheilige, blickte seine Mutter aus asketischen Gründen zeitlebens nicht an[28]. Und Theodor, ein einstiger Lieblingsschüler und später Nachfolger des Pachomius, erklärte, er würde sogar, befehle es Gott, die eigene Mutter töten[29]. Wer den Schmerz einer Mutter verachten könne, heißt es in der Vita des heiligen Fulgentius, ertrage alles, was ihm sonst auferlegt werde, mit Leichtigkeit[30]. – Noch im 20. Jahrhundert aber belehrt ein Ordensoberer einen Pater, der seine Mutter zum (einmal im Jahr gestatteten) Besuch erwartet, er habe auch ihr gegenüber sich zurückzuhalten, denn: »Alle Frauen sind gefährlich![31]«

Besonders in der katholischen Kirche erscheint die Frau von Anfang an nur als Hindernis der Vollkommenheit, als fleischliches, niedriges, den Mann verführendes Subjekt, als Eva und Sünderin schlechthin[32]. Immer wieder berufen sich die Theologen dabei auf die Bibel, das alte Märlein von Schöpfung und Sündenfall, die Bildung des Weibes aus dem Mann und seine Verführung durch das Weib, und machen es so zur Magd des Mannes, zur Erzeugerin von Sünde und Tod (vgl. S. 52 f.).

Kirchenvater Tertullian, katholischerseits als »Herold« eines »neuen Frauenideal(s)« gefeiert, »einer höheren Seite der Ehegemeinschaft«[33], degradiert die Frau zur »Einfallspforte des Teufels« und gibt ihr die Schuld an Jesu Tod. »Du bist es«, bezichtigt er die Frau ganz generell, »die dem Teufel Eingang verschafft hat, du hast das Siegel jenes Baumes gebrochen, du hast zuerst das göttliche Gesetz im Stich gelassen, du bist es auch, die denjenigen betört hat, dem der Teufel nicht zu nahen vermochte. So leicht hast du den Mann, das Ebenbild Gottes, zu Boden geworfen. Wegen deiner Schuld, das heißt um des Todes willen, mußte auch der Sohn Gottes sterben, und da kommt es dir in den Sinn, über deinen Rock von Fellen Schmucksachen anzulegen!?« Tertullian gesteht Frauen nur Trauerkleidung zu und befiehlt schon jedem Mädchen, sobald es dem Kindesalter entwachsen, bei Gefahr des Verlustes der ewigen Seligkeit »ihr so gefahrbringendes Antlitz« zu verhüllen[34].

Kirchenlehrer Augustinus, lumen ecclesiae, erklärt das Weib für ein minderwertiges Wesen, das Gott nicht nach seinem Ebenbild geschaffen (mulier non est facta ad imaginem Dei)[35] – eine schwerwiegende Diffamierung, die bis ins Hochmittelalter, bis zu den Rechtssammlungen des Ivo von Chartres und Gratian, bei maßgeblichen Theologen wiederkehrt. Nur dem Mann attestierte man die Gottebenbildlichkeit; sie der Frau zuzusprechen, galt als »absurd«[36]. Nach Augustinus entspricht es sowohl »der Gerechtigkeit« als »der natürlichen Ordnung unter den Menschen, daß die Frauen den Männern ... dienen«[37]. »Die rechte Ordnung findet sich nur da, wo der Mann befiehlt, die Frau gehorcht[38].«

Kirchenlehrer Johannes Chrysostomos sieht die Weiber »hauptsächlich« dazu bestimmt, die Geilheit der Männer zu befriedigen[39]. Und Kirchenlehrer Hieronymus, der angeblich »so viel für die Frauen getan«[40], dekretiert: »Wenn sich die Frau ihrem Mann, der ihr Haupt ist, nicht unterwirft, ist sie desselben Verbrechens schuldig wie ein Mann, der sich nicht seinem Haupt (Christus) unterwirft«[41], was über Gratian sogar ins Kirchenrecht eingeht.

Berüchtigt wurde ein Vorfall auf der Synode von Mâcon (585), wo man die Frage verhandelte, ob verdienstvolle Frauen bei der Wiederauferstehung des Fleisches nicht zuerst in Männer verwandelt werden müßten, ehe sie das Paradies betreten könnten, und ein Bischof mit der Erklärung brillierte, Weiber seien keine Menschen (mulierem hominem vocitari non posse)[42].

»Tota mulier sexus«

Im Mittelalter, als Männer und Frauen abends beteten, »in Schuld bin ich gezeugt worden, und in Sünde hat mich meine Mutter empfangen«, wurde die Frau von der Kirche als bös und teuflisch diffamiert, als Ursprung allen Übels. Der Fromme sollte sie fliehen, die Häuser von

Frauen meiden, weder essen mit ihnen noch sprechen. Sie galten als »Schlangen und Skorpione«, »Gefäße der Sünde«, das »verdammte Geschlecht«, dessen »verruchte Aufgabe« es war, die Menschheit zu verderben[43]. »Vom Mittelalter an bedeutete es für die Frauen eine Art Schande, einen Körper zu haben«, schreibt Simone de Beauvoir[44]. Und Eduard von Hartmann resümiert: »Im ganzen christlichen Mittelalter gilt das Weib als Inbegriff aller Laster, Schlechtigkeiten und Sünden, als der Fluch und das Verderben des Mannes, als der teuflische Fallstrick auf dem Pfade der Tugend und Heiligkeit[45].«

Der theologische Antifeminismus ergriff nun sämtliche Gesellschaftsschichten. Gemäß der Typologie schon des Kirchenlehrers Ambrosius: Adam gleich Seele, Eva gleich Leib[46], gemäß der alten abendländischen Parole »tota mulier sexus« wurde die Frau für geschlechtlich unersättlich gehalten[47] und mit aller Entschiedenheit die jüdisch-christliche Doktrin von der weiblichen Inferiorität weiter verfochten, ja in der Scholastik geradezu theoretisch ausgebaut.

Nach Honorius Augustodunensis gefällt keine Frau Gott[48]. Laut Franz von Assisi ist jeder, der mit Weibern verkehrt, »der Befleckung seines Geistes so sehr ausgesetzt, wie derjenige, der durchs Feuer geht, einer Versengung seiner Sohlen«[49]. Und Kirchenlehrer Albertus Magnus weiß, eigentlich dürften nur vollkommene Menschen, das heißt Männer, geboren werden. Doch: »Damit das Werk der Natur nicht gänzlich zunichte wird, formt sie ein Weib«, was sogar am Mann liegen, Folge nämlich einer »corruptio instrumenti« sein könne, einer fehlerhaften Bildung seines Penis[50].

Thomas von Aquin: ». . . ein verfehltes Männchen«

Und wie urteilt hier die maßgebende katholische Autorität überhaupt? Thomas von Aquin (gest. 1274), Fürst der Scholastik, Doctor communis, Doctor angelicus, von Leo XIII. 1879/80 zum *ersten* Lehrer der Catholica, zum Patron auch aller katholischen Hochschulen und Schulen erhoben, erblickt den wesentlichen Wert der Frau in ihrer Gebärfähigkeit und ihrem hauswirtschaftlichen Nutzen[51]. Noch immer finden wir sie sozusagen in jenem Kreis, den 2. Mos. 20, 17 umreißt: Weib, Knecht, Ochs, Esel[52]!

Nach Thomas muß die Ehefrau dem Mann untertan sein, denn er ist ihr Haupt (vir est caput mulieris) und an Leib und Seele vollkommener als sie, ja er war vollkommener schon vor dem Sündenfall[53]. Die Unterordnung der Frau geht hervor aus dem göttlichen Recht und dem Naturrecht, nämlich der Natur der Frau selbst, weshalb Thomas ihren Gehorsam im häuslichen und öffentlichen Leben fordert[54]. »Das Weib verhält sich zum Mann wie das Unvollkommene und Defekte (imperfectum, deficiens) zum Vollkommenen (perfectum)[55].« Die Frau ist körperlich minderwertiger und geistig, wobei ihre geistige Minderwertigkeit aus der körperlichen resultiert, genauer aus ihrem »Feuchtigkeitsüberschuß« und ihrer »Untertemperatur«[56]. Sie ist geradezu ein Mißgriff der Natur, eine Art »verstümmelter«, »verfehlter«, »mißlungener Mann« (Femina est mas occasionatus)[57] – eine schon auf Aristoteles zurückgehende, von Thomas häufig wiederholte[58] und dann von seinen Schülern übernommene Schmähung[59].

Auch nach Thomas dürfte, wie nach seinem Lehrer Albert, ein Mann nur Knaben zeugen, schon weil »die volle Verwirklichung der menschlichen Art männlich ist«[60]. Werden trotzdem, Gott sei's geklagt, Mädchen geboren, so ist, nach dem Patron der katholischen Hochschulen, lux theologorum, entweder der männliche Samen defekt (Alberts »corruptio instrumenti«) oder das Gebärmutterblut, oder es gehen »die feuchten Südwinde« (venti australes) und verursachen mit dem vielen Regen Kinder von größerem Wassergehalt, also Mädchen[61].

Nur zur Zeugung jedenfalls bedarf es, laut Thomas, der Frau. Sonst aber zieht diese die Seele des Mannes von ihrer erhabenen Höhe herab und bringt seinen Leib in »eine Sklaverei, die bitterer ist als jede andere«[62].

Sogar die »Zeitschrift für katholische Theologie« rühmt dem Aquinaten nach, daß er, neben der Vollwertigkeit des Mannes, der Frau eine »dreifache Minderwertigkeit« bescheinige: »die Minderwertigkeit im Werden (*biogenetische* Minderwertigkeit), im Sein (*qualitative* Minderwertigkeit) und im Tätigsein (*funktionelle* Minderwertigkeit)«[63].

Von der Predigt zum Scheiterhaufen

Die verheerende Frauenfeindschaft der Theologen führte über zahllose Predigten in Dorfkirchen, Kathedralen, Schloßkapellen auch zu einer umfassenden misogynen Literatur. Die Frau erscheint darin als Tod für Körper und Seele, als Drache und Teufelsschlinge, Lockvogel und Giftspritze, als Hure schlechthin. In einer Dichtung des französischen Bischofs Marbod de Rennes (1035—1123) subsumiert der Kirchenfürst unter dem Begriff »Hure« das gesamte weibliche Geschlecht[64].

Einem italienischen Dominikaner verdankt die Kulturgeschichte das berüchtigte Weiberalphabet: Avidissimum animal, bestiale baratrum, concupiscentia carnis, duellum damnosum und so weiter..., worin die Frau als Pest figuriert, Schiffbruch des Lebens, Tier und derartiges mehr[65].

Schließlich trieb diese fortgesetzte Verteufelung zur Verbrennung der Frau als Hexe. Zwar hatte der große Progressist Innozenz VIII.

anno 1484 in seiner Bulle »Summis desiderantes affectibus« von »sehr vielen Personen beiderlei Geschlechts« gesprochen (quamplures utriusque sexus personae), die »mit buhlerischen Nachtgeistern sich leiblich vermischen...66«. Doch der Kommentar gewissermaßen dazu, der 1489 erschienene, fast dreißig Auflagen erreichende »Hexenhammer« der beiden Beauftragten des Papstes, der Dominikaner Institoris und Sprenger, richtete sich fast nur gegen die Frau. Sei »den Verständigen«, wie diese »geliebten Söhne« des Heiligen Vaters formulieren, doch völlig klar, »wenn von der Ketzerei der Hexer mehr Weiber als Männer besudelt gefunden werden. Daher ist auch folgerichtig die Ketzerei nicht zu nennen die der *Hexer*, sondern der *Hexen*, damit sie den Namen bekomme a potiori; und gepriesen sei der Höchste, der das männliche Geschlecht vor solcher Scheußlichkeit bis heute so wohl bewahrte[67].« Den Mann bedrohen die beiden Hexenjäger nur nebenbei und vor allem dann, wenn er, als Gatte, Sohn oder Anwalt, einer Angeklagten beistand[68].

Der pathologische Frauenhaß dieses Buches – das sich unentwegt auf die prominentesten Kirchenväter beruft, von Augustinus bis zu Bonaventura und Thomas von Aquin – führt unter anderem zu der Behauptung, das Weib sei nicht nur dümmer und fleischlicher gesinnt als der Mann, sondern stets auch glaubensschwächer. Beweis: die Etymologie des Wortes Frau, femina, bestehend aus fe und minus, fe = fides, Glaube, minus = weniger, »also femina = die weniger Glauben hat«. Ja, die Frau ist »nur ein unvollkommenes Tier«[69].

Jahrhundertelang verdächtigte, folterte und verbrannte man nun vor allem Frauen, auch in protestantischen Ländern, war doch Luther mit der Einäscherung der »Teufelshuren« nicht weniger einverstanden als das Papsttum[70].

Schimpfexzesse im Barock

Im 17. Jahrhundert, wo der heilige Johannes Berchmanns S. J. (S. 95) »den Anblick der Frauen zu fliehen« lehrt »wie den Anblick des Basilisken«[71], strotzen die christlichen Predigten nur so von Verleumdungen der Frau. Ob der bayerische Hofkanzlist Ägidius Albertinus sie »ein ganz besonderes Instrument des Teufels« nennt[72], der Augustinereremit Ignatius Ertl sich fragt: »Was ist blöder von Kopf und schwächer von Herzen als ein Weib?« oder der Münchner Prinzenerzieher Georg Stengel, einer der tonangebenden Jesuiten seiner Zeit, den Frauen Frömmigkeit ebenso abspricht wie Verstand, »da sie doch so wenig Hirn haben als ein Strohbutz auf dem Acker«; ob er schreibt, »im Lügen und Betrügen hat das Weib den Vorzug über alles« und mit »einem heiligen Vater und Kirchenlehrer, dem heiligen Chrysostomos«, die Frau als »Übel über alle Übel« schmäht, »ein Schlangen und Gift wider welches keine Arznei klecket«, »ein Pein und Marter«, oder mit dem heiligen Ambrosius sie »die Tür« schimpft, »durch welche der Teufel zu uns kommet« und so fort[73], es ist immer dieselbe dummdreiste Satanei, Geifer, Gift und Galle des Zölibatärs, das Ressentiment der Verhinderten und der Verhinderer.

Um die Wende zum 18. Jahrhundert verunglimpft der sprachgewaltige Kanzelredner Abraham a Sancta Clara die Frau unter Aufbietung der Weltliteratur von Salomo bis zu Petrarca[74]. Und noch im frühen 19. Jahrhundert erscheinen Schriften zu dem berüchtigten scholastischen Disput »Habet mulier animam?« (»Hat das Weib eine Seele?«)[75].

Auch in der Gegenwart keinerlei »Gleichmacherei«

1919 trat zwar Papst Benedikt XV. – vom Klatsch (nicht der bösen Welt, sondern der Kurienkardinäle) des Giftmordes an einem Konkurrenten beschuldigt[76] – für das Frauenstimmrecht ein, aber nur, weil er, mit Recht, Frauen für konservativ und kirchlich hielt[77]. Im übrigen wandte sich der Klerus noch immer gegen ihre Emanzipation, forderte er weiter ihre »Unterordnung«, die notwendige »Ungleichheit und Abstufung«, ja schrieb: »Die Heilige Schrift macht uns auf zwei der schlimmsten Gelegenheiten besonders aufmerksam: ›Wein und Weiber...‹[78].«

Und läßt auch heute, wo die Rolle der Frau sich mehr verändert haben soll als in den vorausgegangenen fünftausend Jahren[79] (so daß selbst Paul VI. dies bereits »bemerkenswert« findet)[80], die Kirche des »Aggiornamento«, der opportunistischen Pseudoanpassung, den alten Antifeminismus scheinbar fallen: im Prinzip beharrt sie darauf. So lehrt man noch immer, daß es »hauptsächlich« Pflicht der Gattin sei, »in Unterordnung unter den Mann das Hauswesen zu besorgen«[81], und räumt ihr im Grunde keinerlei Gleichberechtigung ein. Ist sie nicht gerade in einem Spezialbereich kompetenter, steht dem Mann »das letzte Wort zu in allen wirtschaftlichen und häuslichen Fragen«, muß die Frau »in allen erlaubten Dingen zum Gehorsam bereit sein«. »Ihr Platz ist vor allem im Haus.« Ausdrücklich heißt es: »Die Bestrebungen jener (meist sozialistisch inspirierten) *Frauenrechtlerinnen*, deren Ansprüche auf eine weitgehende *Gleichmacherei* zwischen Mann und Frau hinausgingen, sind zu verwerfen.« Dafür verweist man im Kursivdruck auf die gute alte Tradition, Epheser 5,23: »Der Mann ist das Haupt der Familie[82].« Wie auch der »Osservatore Romano« noch 1965 unwidersprochen die gottgewollte »Vorrangstellung« des Mannes verkündet[83].

Doch gleichzeitig feiern die Katholiken (mit der ihnen seit je eigenen Unverschämtheit) ihre Kirche als Befreierin der Frau und erheben sich hoch über alles, »was das Alt- und Neuheidentum über die Natur und Stellung der Frau Niedriges und Gemeines gesagt hat«[84].

Während sie so einerseits »das traurige, drückende, entwürdigende Los der Frau bei den vor- und außerchristlichen Völkern« beklagen, während sie schreiben: »Wir finden damals das Weib in einer Verachtung und Schmach, wie sie tiefer nicht denkbar ist«, während sie behaupten, »daß die Geschichtsschreiber der Frau bis hart an die Tore des 20. Jahrhunderts meist Dilettanten waren von Marx und Bebel bis Johannes Scherr«[85], wittern sie andererseits das »Aufbrechen einer neuen Zeit für die Frauenseele« bereits seit dem Wirken des Heiligen Geistes im Unterleib der Maria (»In der Werkstatt ihres jungfräulichen Schoßes aber schafft die Kraft des Allerhöchsten nun ihr Meisterwerk«) und lügen: »die *Kirche*« habe »mit aller Macht das drückende Frauenlos zu verbessern« gesucht, die Frau »von den Sklavenketten« befreit, ihr »eine ganz neue Würdigung«, »einen gewaltigen Zuwachs an Wertschätzung« gebracht, ja die christliche »Hochschätzung der Jungfräulichkeit« die Ebenbürtigkeit des Weibes mit herbeigeführt[86], obwohl doch gerade die Virginitätskampagne dauernd mit der Diffamierung der Frau negativ korreliert gewesen ist. Nicht genug: man bezichtigt jeden, der den klerikalen Antifeminismus beim Namen nennt, ungenügender historischer Kenntnisse[87] und wälzt die ganze jahrtausendlange katholische Unterjochungspraxis auf die »Häretiker«[88].

Frauenachtung und -verachtung bei »Ketzern«

Schon die antike Gnosis und der Manichäismus aber räumten den Frauen eine bevorzugtere Stellung ein. Die Montanistin konnte Priester und Bischof werden. Bei den Katharern durfte die perfecta das Brot brechen, Beichte hören und Sünden vergeben[89]. Auch bei den bulgarischen Bogomilen und den Waldensern hatte die perfecta Zugang zum engeren Kreis der Vollendeten. Die Verwerfung der fleischlichen Ehe bedeutete hier keine Abwertung des Weibes, das vielmehr dem Mann weitgehend paritätisch war[90]. Und ebenso schwanden in italienischen Ketzerkreisen mit libertinistischen Bräuchen nicht nur die Standesunterschiede zwischen Herrin und Magd, sondern die Frau wurde auch dem Mann gleichgestellt[91].

Dagegen lebte auf protestantischer Seite die katholische Frauendiskriminierung fort. Wie irgendein Kirchenvater legte Luther die paradiesische Sündenfallstory zum Vorteil des Mannes aus, dem das »Regiment« gehöre, während die Frau sich »bücken« müsse. Der Mann ist

»höher und besser«, »Wächter eines Kindes«; die Frau »ein halbes Kind«, »ein Toll Thier«, »die größte Ehre, die es hat, ist, daß wir allzumal durch die Weiber geboren werden«[92].

1591 erörterten lutherische Theologen in Wittenberg, ob die Frauen Menschen seien. Und 1672 erscheint ebenda die Schrift »Foemina non est homo«. Es ist dasselbe Jahrzehnt, in dem man in Wittenberg auch über »Die Möglichkeit, daß ein Kamel wirklich durch ein Nadelöhr gehen könne« disputiert und eine »Naturwissenschaftliche Abhandlung über die Thränen der Hexen« veröffentlicht[93].

2.
DIE MARIENVERHIMMELUNG –
AUSDRUCK DER VERTEUFELUNG DER FRAU

> »Marianische Bewegung und Verdammung der Frau, des sündhaften Fleisches, der ›bösen Frau Welt‹ gehören vom 12. bis zum 20. Jahrhundert eng zusammen.«
> *Friedrich Heer*[94]

Die biblische Maria und das Kirchenidol

»In keiner Religion oder Weltanschauung ist die Frau so geachtet und geehrt wie im Christentum«, behauptet ein wohlbestallter Verteidiger desselben. »Das kommt in der katholischen Kirche besonders mächtig zum Ausdruck in der Mariologie und der tatsächlichen Verehrung Marias, der Frau, die der Sohn Gottes selbst als seine Mutter ehren sollte. Höher hätte Gott die Frau und Mutter nicht ehren können[94a].« In Wirklichkeit aber hat die Absurdität dieser Religion in keiner Figur mehr sich verdichtet als in der schließlich leibhaft zum Himmel aufgefahrenen Madonna, in diesem mit frommen Legenden und faustdicken Lügen hochstilisierten Produkt archaischer Mythologie. Mit dem biblischen Urbild, zumal der ältesten Überlieferungsschichten, hat das spätere Idol nichts mehr zu tun.

Die klerikale Erziehungskunst ließ nun freilich vergessen, daß Maria im Neuen Testament kaum eine Rolle spielt; daß das Buch der Bücher äußerst selten und ohne besondere Verehrung von ihr spricht; daß sie Paulus, der älteste christliche Autor, so wenig nennt wie das älteste Evangelium; daß sie auch das Johannesevangelium, der Hebräerbrief und die Apostelgeschichte ignorieren; daß die Schriften aber, die sie erwähnen, von Widersprüchen wimmeln; daß Jesus selbst über seine

Erzeugung durch den Heiligen Geist und die Geburt aus der Jungfrau völlig schweigt; sie auch nie Mutter nennt, nie von Mutterliebe redet, Maria vielmehr hart anfährt, während sie ihn für verrückt hält; daß vor dem 3. Jahrhundert kein Kirchenvater eine dauernde Jungfrauschaft Mariens kennt; keiner bis ins 6. Jahrhundert etwas von ihrer leiblichen Himmelfahrt weiß; der später dogmatisierte Glaube an ihre Unbefleckte Empfängnis von den größten Leuchten der Ecclesia, den Kirchenlehrern Bernhard, Bonaventura, Albertus Magnus und Thomas von Aquin, mit Berufung auf Kirchenlehrer Augustinus, als Aberglaube bekämpft worden ist und dergleichen marianisch Merkwürdiges sehr viel mehr[95].

Wichtig war auch nur, daß man durch all dies großzügige Übersehen und noch viel großzügigere Hinzudichten endlich ein weitestgehend entsexualisiertes Geschöpf hatte, das sich der ganzen Welt als Ideal präsentieren ließ, die Verkörperung nicht des Inbegriffs, sondern des Zerrbilds jeder Frau.

Weißer als weiß oder Defeminierung einer Madonna

Mit staunenswerter Konsequenz entfernte man die leisesten Symptome noch von aura seminalis. Schon vor ihrer Geburt, just als der Same ihres Vaters in ihre Mutter Anna drang, war Maria ganz erbsündenrein, weißer als weiß sozusagen, und von der fürchterlichen Sünde, an der alle Menschen leiden, frei: Marias Unbefleckte Empfängnis, der Welt, dogmatisch, allerdings erst fast neunzehnhundert Jahre später zugemutet, am 10. Dezember 1854.

Nur logisch also, daß ein so wunderbar gezeugtes Geschöpf auch ein höchst wunderbares Leben führen muß. Und wirklich, als dann Maria ein Kind empfängt und gebiert, bleibt sie gleichwohl Jungfrau, keine Lust befleckt, kein Penis und gewöhnliches Sperma besudeln sie, sondern Gott bewerkstelligt all dies sehr diskret und ohne Verletzung des Mutterschoßes[96]. Der Zimmermannssohn der Bibel ist gar nicht der Zimmermannssohn, und seine biblisch so wohlbezeugten Brüder und Schwestern[97] sind ebenfalls nicht seine Brüder und Schwestern. Vielmehr war alles wunderbar – wie freilich schon bei einem Dutzend anderer jungfräulich geborener Gottessöhne zuvor[98]. Doch nur Maria, die Makellose, Reine, die Jungfrau ante partum, in partu, post partum, wurde schließlich in allem der gloriose Antagonist der Eva, der Sündigen, Schuldigen, der Schlangen- und das heißt eben Phallus-Partnerin, der Frau. Und je höher man die Jungfrau rühmte, desto tiefer degradierte man jedes (natürlich lebende) Weib. Dort Hyperdulie ohnegleichen, da fast grenzenlose Diffamation. Das stand in unentwegter Wechselwirkung.

Maria kontra Eva

Nach schon alter Tradition kontrastierte im 7. Jahrhundert der gallische und germanische Klerus die Eva als Urbild der Frau und die »jungfräuliche Gottesgebärerin« Maria aufs drastischste. Während des Gottesdienstes sprach da der Bischof: »Ihr Leben entstand nicht durch Begierlichkeit, ihr Leichnam ward nicht aufgelöst durch die Gewalt der Natur... Die Verdienste dieses Mägdleins werden am besten (!) gepriesen, wenn man sie mit den Taten *der alten Eva vergleicht:* sie hat nämlich der Welt das Leben hervorgebracht, jene das Gesetz des Todes erzeugt; jene hat durch ihre Sünde uns verdorben, sie durch ihre Mutterschaft uns gerettet. Jene durch den Apfel des Baums uns in der Wurzel selbst getroffen... Jene hat den Fluch in Schmerzen geboren... Die Treulosigkeit jener stimmte der Schlange zu, täuschte den Mann, verdarb das Kind; der Gehorsam dieser versöhnte den Vater, verdiente den Sohn, erlöste die Nachkommenschaft. Jene reicht Bitterkeit im Safte des Apfels, diese stete, von der Stirne des Sohnes träufelnde Süßigkeit. Jene...« und so fort[99].

Das war der Tenor einer ständigen Erniedrigung. Und während im Mittelalter die Marienverhimmelung immer mehr florierte, es von Marienliedern, Marienandachten, Marienkirchen, Marienbruderschaften wimmelte[100], wurde die Frau geschmäht, gedemütigt, unterdrückt (S. 218 ff.). Indes Maria (als Produkt patriarchalischer Ideologie zwar trotz allem »Magd des Herrn«, Dienerin Gottes, das heißt des Priesters) immerhin zur »Pforte des Himmels« werden konnte, wurde jede andere Frau, zumal wenn sie nicht Nonne, nicht direkt Instrument des Klerus war, die »allzeit offne Höllenpforte«.

Es ist bemerkenswert konsequent, daß Marias Zurücksetzung bei gewissen Ketzern durchaus keine Zurücksetzung der Frau nach sich zog, sondern im Gegenteil verbunden war mit deren kirchlicher Parität. Auch in adamitischen Kulten wurde sie nicht herabgewürdigt. Der freie Geschlechtsverkehr, gelegentlich bei Katharern oder Waldensern zwischen perfecti und perfectae, Gottessöhnen und Gottestöchtern, geübt, bedingte keinerlei Diskriminierung der weiblichen Partner, was übrigens ganz natürlich ist. Dagegen folgte der späteren Hinneigung dieser Kreise zur katholischen Marienauffassung bezeichnenderweise auch wieder eine Abwertung der Frau[101].

3.
DIE BENACHTEILIGUNG DER FRAU
IM KIRCHLICHEN LEBEN

Der Mohr hat seine Schuldigkeit getan ...

Von Jesus den Männern gleichgestellt, konnten Frauen im Christentum zunächst Missionare werden und lehren. Die christlichen Prophetinnen sind vielleicht älter als die Propheten. Es gab Frauen, die Gemeinden gründeten oder an ihrer Spitze standen. Man kannte schon in apostolischer Zeit das Amt der Gemeindewitwen und Diakonissen, das zum Teil dem der Priester entsprach[102]. Kurz, Frauen hatten prophetische, katechetische, karitative und liturgische Funktionen, Frauen überwogen bald in der neuen Religion, waren oft deren »Führer« und wurden auch am leichtesten bekehrt[103]. Celsus nennt das Christentum die Religion der Frauen, und Porphyrius behauptet gar, die Kirche sei von Frauen beherrscht. Gerade sie gewannen die Gebildeten und schließlich auch das Kaisertum[104].

Noch in der Frühzeit aber hat man die Frau immer mehr verdrängt, für unfähig erklärt, kirchliche Ämter zu übernehmen und Weihen zu empfangen, ein Kampf, der mit dem des Klerus gegen das Laienvolk überhaupt zusammenhängt[105]. Und nach ihrem endgültigen Ausschluß aus der Hierarchie kompromittierte man sie weiterhin.

Menstruierende und Schwangere unrein

So durften im Mittelalter Frauen das Haar nicht offen tragen, bei einem Gastmahl nicht zwischen Geistlichen sitzen, nicht den Chor betreten, nicht dem Altar nahen, geweihte Gegenstände berühren, die Eucharistie in die bloße Hand nehmen, was man zuweilen noch ausdrücklich mit weiblicher Schwäche und Unreinheit begründete, mit »Besudelung der göttlichen Sakramente durch Frauenhände«[106]. Und konnte der männliche Laie notfalls taufen, war dies der Frau untersagt[107].

Auch in den mittelalterlichen Bußbüchern steht sie immer tiefer als der Mann[108].

Zu Beginn des 10. Jahrhunderts verbietet Regino von Prüm in seinen Anweisungen für die Pfarrvisitation, einer der bedeutendsten Quellensammlungen des kanonischen Rechts vor Gratian, allen Weibern in der Kirche den Gesang[109]. Ließ man doch jahrhundertelang Knaben kastrieren (S. 100 f.), nur um in den Chören der Kathedralen die Sopranstimmen der Frauen ersetzen zu können[110].

Wie sehr man das Weib als Geschlechtswesen treffen wollte, zeigt auch die Tatsache, daß Menstruierende und Schwangere in der Kirche als unrein galten. Gerade die spezifisch femininen Funktionen (Monatsblutung, Empfängnis, Geburt), welche die Frau ursprünglich oft zum religiösen Dienst befähigten (S. 206), disqualifizierten sie im Christentum[111]. So lehrte der heilige Hieronymus: »Nichts ist unreiner als eine Frau in ihrer Periode; was sie anrührt, macht sie unrein[112].« Darum bestrafte man in der Frühkirche Menstruierende, die einem Priester die Hand küßten[113]. Ja man verweigerte ihnen fast im gesamten Orient das Betreten der Gotteshäuser und die Kommunion bis in die beginnende Neuzeit hinein. Zuwiderhandelnde traf gelegentlich eine siebenjährige Buße[114]. Priester aber, die ihnen die Eucharistie gaben, wurden an manchen Orten ihres Amtes entsetzt[115].

Auch im Westen schloß man Menstruierende, selbst Nonnen, lange von Kirchgang und Kommunion aus[116]. Noch um die Wende zum 15. Jahrhundert traten manche Moraltheologen erfolgreich dafür ein, und noch im 16. und 17. Jahrhundert kam es deshalb zu öffentlichen Erniedrigungen. Ein Kirchenprotokoll aus dem Schwarzwald meldet 1684: »Mulieres menstrua patientes stellen sich für die kirchtür, und gehen nit würklich hinein, stehen gleichsam am pranger[117].«

Auch die Geburt beschmutzt

Wie die Kirche aber Menstruierende und Schwangere als verunreinigt ansah, so auch die Gebärenden und zuweilen sogar die Geburtshelfer. Zählte der im antiken »Heidentum« hoch angesehene Hebammenstand im christlichen Abendland doch überhaupt mehr oder minder zu den unehrlichen und verachteten Berufen[118].

Eine wichtige Kirchenordnung des 3. Jahrhunderts untersagte allen, die bei einer Geburt geholfen, die Teilnahme »an den Mysterien«, und zwar – abermals ein Ausdruck klerikaler Frauenverachtung – für zwanzig Tage, wenn es ein Knabe, für vierzig Tage jedoch, wenn es ein Mädchen war. Die Reinigungszeit für die Mutter selbst betrug vierzig Tage bei der Geburt eines Knaben, aber achtzig bei der eines Mädchens[119]. Im späten 5. Jahrhundert weigerten sich Priester sogar, sterbende Wöchnerinnen vor Ablauf der Reinigungsfrist zu taufen[120]. Und noch im 11. Jahrhundert strafte man jede Frau, die während dieser Zeit eine Kirche betrat[121].

Erst seit Mitte des 12. Jahrhunderts gestattete der Klerus den Wöchnerinnen wenigstens theoretisch den Kirchenbesuch. Praktisch freilich verließen sie durch das ganze Mittelalter meist erst dreißig oder vierzig Tage nach der Geburt ihr Haus, nicht ohne sich, zwecks Vergebung der genossenen Lust (»In Sünden hat mich meine Mutter empfangen[122]«!),

»heraussegnen« zu lassen – und nicht ohne dafür »Reichnisse«, Gebühren zu zahlen (um die Pfarrer und Ordensleute sich häufig stritten), die bei unehelichen Geburten oft erhöht und mancherorts nach der Sünde abgestuft worden sind[123].

Im 20. Jahrhundert aber – denn man »segnet« auch heute noch »aus« – deutet Erzbischof Gröber (»Mit Empfehlung des deutschen Gesamtepiskopates«) die Sache um: »Die Aussegnung der christlichen Mutter nach der Geburt ist ein Akt des Dankes und keine Zeremonie der Reinigung und Verzeihung[124].«

Das Zweite Vatikanum und die Frau

Das Zweite Vatikanum hat die Stellung der Frau in Kirche und Gesellschaft zwar nicht ganz übergangen, doch auffallend kurz behandelt – und ganz nach Art jener billigen Pseudolamentationen, mit denen die Päpste in sogenannten Sozialenzykliken von Zeit zu Zeit die Reichen zur Barmherzigkeit gegenüber den Armen ermahnen.

Denn was heißt es schon, tritt das Konzil mit matten Worten ein für »das Recht der freien Wahl des Gatten und des Lebensstandes« oder für die »Teilnahme der Frau am kulturellen Leben«[125]? Zu viel mehr nämlich schwang man sich nicht auf. Wobei die an Lauheit kaum zu unterbietenden Formulierungen um so unverbindlicher sind, als ja noch die gegenwärtige Erscheinungsform der Catholica die eklatanteste Zurücksetzung der Frau beweist.

War doch die heilige Versammlung selbst fast ein reines Männergremium. Zweieinhalbtausend Kirchenfürsten gesellten sich allenfalls fünfzig Frauen zu, »Laienhörerinnen« (vgl. S. 237), meistens Nonnen, die zudem niemals auftraten, vielmehr ganz das paulinische mulier taceat in ecclesia zu demonstrieren, eben nur Hörende zu sein hatten, auch erst als letzte, von der dritten Sitzungsperiode an, auf lehnenlosen Bänken sitzen durften[126]. (Und wie noch mag man erschauert sein vor Erhobenheit und Glück!) Strotzt doch auch der Codex Juris Canonici, das geltende Gesetzbuch der katholischen Kirche, von indirekter und direkter Diskriminierung der Frau[127].

Dabei stehen den männlichen Katholiken mindestens ebenso viele weibliche, ja rund 370 000 Mönchen und Weltgeistlichen 1 250 000 Nonnen gegenüber[128].

19. Kapitel
Die Unterdrückung der Frau

»Die christliche Ideologie hat nicht wenig zur Unterdrückung der Frau beigetragen.«
Simone de Beauvoir[1]

»Die Prämisse vom Weib als Trägerin der Sünde, die für das Christentum unerschütterlicher Glaubenssatz ist, mußte naturnotwendig auch ihre soziale und rechtliche Stellung aufs schlimmste beeinflussen.«
J. Marcuse[2]

»In allen Lebensgewohnheiten hat sich die Grausamkeit der bürgerlichen Gesetze gegen die Frauen mit der Grausamkeit der Natur vereint. Sie sind behandelt worden wie Wesen, die ihres Verstandes nicht mächtig sind.« *Denis Diderot*[3]

»Die große Masse der Frauen in der Geschichte existierte fast auf der Ebene von Tieren.«
Kate Millett[4]

1.
DIE BESSER SITUIERTE

Die Geschichte der Frau wurde von Männern gemacht, somit gegen sie seit den frühesten Zeiten des Patriarchats.

Stellung bei Römern und Germanen

Schon im Imperium Romanum waren allerdings die Tage längst vorbei, wo der Römer seine Gattin wie ein Stück Vieh kujonieren, sie verkaufen oder töten konnte. Vielmehr begünstigte das Recht der Kaiserzeit ihre Emanzipation und erlaubte ihr eine beträchtliche persönliche und gesellschaftliche Selbständigkeit[5]. Zweihundert Jahre vor Augustinus steht da die Mutter gleichberechtigt neben dem Vater, die Tochter als Erbin gleichberechtigt neben dem Sohn, kann die Frau sich ebenso scheiden lassen wie der Mann, wofür eine einfache Willenserklärung genügt. Auch spielen weder Jungfräulichkeit noch eheliche Treue eine besondere Rolle. Properz, Horaz, Ovid (dessen »ars amatoria« man als einzige antike Dichtung auf den Index setzte) verherrlichen die freie Liebe[6].

Bei den Germanen dominierte zwar ganz der Mann. Er durfte seine Frau züchtigen, verkaufen, die Ehebrecherin straflos töten[7]. Doch war diese Herrschaft zugleich eine Schutzherrschaft, auch die Germanin nirgends das berüchtigte »Gefäß der Sünde«, sondern »sanctum aliquid et providum«, wie Tacitus sagt, ein Wesen, das Anspruch nicht nur auf Schonung, sondern selbst auf Ehrerbietung hatte[8].

Den hohen Respekt vor der germanischen Frau zeigt auch das Strafrecht, das ihr bei den meisten Stämmen ein höheres Wergeld zuerkannte als dem Mann. (Die jeweiligen Sätze, als Sühne für ein Verbrechen der Sippe von Geschädigten oder Getöteten zu zahlen, signalisieren bis ins hohe Mittelalter die juristische und soziale Einstufung einer Person[9].) Im alemannischen und bayerischen Recht überstieg das Wergeld der Frau das des Mannes um das Doppelte, bei den Franken betrug es für die Gebärfähige das Dreifache; im christlichen Mittelalter aber sank es auf den halben Betrag des männlichen Wergeldes herab[10]! »Die Geistlichkeit, geneigt die Frau nach fremder Vorstellung als ein unreines und niedriges Wesen zu betrachten, wobei Evas Sündenfall als Hauptgrund dienen mußte, konnte sich mit der germanischen hohen Schätzung nicht vereinen und wirkte darauf, daß das Weib rechtlich allmählich an Wert verlor[11].«

Dagegen resultierte die Ehrfurcht der Germanen vor der Frau gerade aus ihrer Religion[12]. Schon deshalb übrigens mag der Germanin die Bekehrung nicht so leichtgefallen sein. Denn ihr war zwar der christliche »Personfaktor« nicht neu, fremd und schwer verständlich aber die sekundäre Erschaffung des Weibes, die Funktion als Teufelspartnerin beim Sündenfall und die kirchenväterliche Verleumdung als fons et caput mali, was ja die frauliche Unterordnung im gesamten Leben religiös begründet hat. Seltsam und neu mußte ihr weiter die Lehre von der Virginität als höherer Daseinsform erscheinen, ihr Ausschluß von Priesterweihe und Priesterehe sowie das kanonische Recht, das die Interessen von Gattin und Tochter bei der Erbfolge preisgab[13]. Auch eine Katholikin konzediert heute: »Die hohe Achtung, die die Frau bei den heidnischen Völkern nördlich der Alpen zu jener Zeit noch genoß, stand in schroffem Gegensatz zu der Geringschätzung, die von den Kirchenlehrern ganz unverblümt ausgesprochen wurde[14].«

Ohne Erbrecht und Vermögen

Die dauernde Beschmutzung des Weibes durch die christlichen Priester konnte bei deren Macht, ihrem enormen Einfluß auf alle Lebensbereiche, nicht ohne juristische, ökonomische, soziale und bildungspolitische Folgen sein.

Vergegenwärtigen wir uns, daß im Mittelalter weltliche Fürsten oft wenig galten neben geistlichen, dem Stellvertreter Gottes auf Erden zumal; daß das kanonische Recht, als Recht der größten Gemeinschaft des Abendlandes und dessen bedeutendste Justizordnung, weit über innerkirchliche Belange hinausgriff; daß christliche Grundsätze entscheidend auch die Politik, Erziehung, Wissenschaft bestimmten[15]. So wird rasch klar: die eingefleischte Frauenfeindschaft der Catholica mußte den tradierten Patriarchalismus noch fatal verstärken[16].

Nicht nur in Italien sank die Frau nun weit tiefer als im heidnischen Kaiserreich, verlor sie ihr Erbrecht bis auf die Höhe des Mittelalters und bekam, als gänzlich handlungsunfähig, einen Muntwalt (monovaldo; ein Schutz- und Vertretungsverhältnis, mittelhochdeutsch: munt, latinisiert: mundium)[17]. Auch in Deutschland ging es ihr vermögensrechtlich sehr viel schlechter als der römischen in früher Zeit. Strenge Verordnungen machten ihr ein irgendwie nennenswertes Eigentum unmöglich und ließen ihr fast nur die Wahl zwischen Ehe und Kloster. Heiratete sie, gehörte dem Mann ihr gesamtes bewegliches und unbewegliches Gut. Er verwaltete es, vertrat es vor Gericht und hatte allein den Nutzen davon.

Wurde sie (auch schuldlos) geschieden, entfiel oft jeder Anspruch auf Rückerstattung ihrer verkauften Mitgift. »Ist ez verloren...«, heißt es im Schwabenspiegel, »si muoz ez mangeln[18].« Veräußerte sie dagegen selbst etwas davon, konnte ihr Mann den Handel annullieren. Auch durfte sie ohne seine Erlaubnis keine letztwillige Verfügung treffen, außer, nach einigen Stadtrechten, über »ihr verschnitten gewand ... und ihr kleinod die ihr bracht sind«[19].

»... sie sol nach seinem willen leben«

Sogar zur Zeit der höfischen Liebe beeinflußten die Huldigungen der Troubadours die gesetzliche und wirtschaftliche Lage der Frau nur wenig[20]. Sie bekam die Illusion, der Mann behielt das Recht. Er war ihr Vogt und Haupt, wie eine bekannte Quelle dekretiert, »und sie sol nach seinem willen leben und unterthenig und gehorsam sein, denn sie ist ihres selbes nicht gewaltig ohne ihren man weder zu thun noch zu lassen«[21]. Ähnlich sichern andere Rechtsbücher die männliche Suprematie, was in Friesland so weit ging, daß ein siebenjähriger vaterloser Knabe sich mündig erklären lassen konnte, worauf er Vormund seiner Mutter wurde[22]. »Nichts gebührt« für die Frau, lautet ein spätmittelalterliches Frauenwort, »denn ein gottesfürchtiger, züchtiger und eingezogener Lebenswandel«[23]. Und noch 1833 rühmt ein bischöflich approbiertes »Erbauungsbuch für gebildete Katholiken« der Katholikin nach: »Religiosität verbreitet Holdseligkeit über alle ihre Handlungen... Was ihr der Gatte für ein Loos bereitet, sie klaget nicht...[24]«

Gefühle entschieden selten eine Eheschließung. Die Heirat war nicht Herzens-, sondern Familien- und Vermögenssache, und die Frau auch eine Art Sache des Mannes. Sie mußte den lieben, der sie heiratete, und konnte nur ausnahmsweise heiraten, wen sie liebte. Der nächste männliche Verwandte vergab ihre Hand. Als Gattin aber war sie fast versklavt, ja durfte, aus Lust oder Not, verschenkt und verkauft werden, in Deutschland bis ins 13. Jahrhundert hinein, anderwärts oft viel länger[25].

Weithin galt die doppelte Moral. Der Mann konnte ins Bordell gehn, tun und lassen, was er wollte, die Frau durfte nur lieben, wenn es der Mann wollte, ob es ihr dann paßte oder nicht[26]. Sie hatte ihm Treue zu halten ohne Gegenseitigkeit. Der Barbarei der »Gottesurteile«, der Wasser- oder Feuerprobe, waren deshalb auch meist Frauen ausgesetzt – und häufig aus nichtigen Gründen[27].

Im 16. Jahrhundert schreibt der italienische Dichter Matteo Bandello: »Wenn man doch nur nicht täglich hören müßte: Dieser hat seine Frau ermordet, weil er Untreue vermutete (!), jener hat die Tochter erwürgt, weil sie sich heimlich vermählt hatte, jener endlich hat seine Schwester töten lassen, weil sie sich nicht nach seinen Ansichten vermählen wollte! Es ist doch eine große Grausamkeit, daß wir alles tun wollen, was uns in den Sinn kommt und den armen Weibern nicht dasselbe zugestehen. Wenn sie etwas tun, was uns mißfällt, so sind wir gleich mit Strick, Dolch und Gift bei der Hand«[28] – oder mit dem Keuschheitsgürtel, den Christen seit dem 13. Jahrhundert zur Erleichterung der ehelichen Treue ihren Gattinnen verpaßten: ein wohlerdachtes Instrument, das Urinieren und Defäkieren erlaubte, den Zugang zur »dämonischen Pforte« aber verhinderte oder doch verhindern sollte. Denn während die Männer verreisten oder, mit Assistenz vieler Huren (S. 369), auf fernen Kreuzzügen fochten, gingen die Schlüssel zum »Harem der Christen« von Hand zu Hand[29]. Im 15. und 16. Jahrhundert bürgerte sich das Requisit im Abendland ein, wurde technisch immer mehr vervollkommnet, von Kunstfreunden manchmal mit kostbaren Goldschmiedearbeiten versehen, und im frommen Spanien bis ins 19. Jahrhundert getragen[30].

Peitschen der Gattin – kanonisch verbrieft bis 1918

Durch das ganze Mittelalter hatte der Mann ferner das Züchtigungsrecht über die Frau. Er galt als ihr Richter, der noch die äußersten Strafmittel anwenden[31], der sie, wie auch die zeitgenössische Literatur illustriert, schlagen, peitschen, mit Sporen traktieren durfte, bis »das Blut aus hundert Wunden fließt« oder sie »wie tot zusammenbricht« – wohingegen sie ihn fürchten, ehren und herzlich lieben sollte[32].

Selbst während der Ära der »courtoisie«, der höfischen Minne, die das Los wenigstens der adligen Frau gemildert, doch rechtlich gar nicht gebessert hat, durfte der Ritter seine Frau schinden fast wie er wollte, wenn er ihr nur kein Glied brach[33]. Seelenruhig erlaubt im 13. Jahrhundert ein Statut der Stadt Villefranche, die Gattin zu züchtigen, »solange sie nicht daran stirbt«[34]. Ja in Bayern, wo man das »Kleine Züchtigungsrecht« gegenüber der Ehefrau bis 1900 beibehält, will das Stadtrechtsbuch Rupprechts von Freising (1328) den Gattenmörder nur dann bestraft sehen, wenn er sein Hauskreuz »unverdientermaßen« totgeschlagen[35].

Oft mischte sich die profane Justiz bloß ungern ein. »Was ein Mann mit seiner Hausfrau zu handeln hat, dahin gehört kein weltlich Gericht, nur geistliche Buße«, bestimmt ein Passauer Rechtsbuch des späteren Mittelalters[36]. Und in Breslau mußte im 14. Jahrhundert ein wegen Grausamkeit verklagter Gatte geloben, seine Ehehälfte »nur noch mit Ruten zu züchtigen und zu strafen, wie es ziemlich ist und einem Biedermann zusteht nach Treu und Glauben«[37] – nach dem Glauben vor allem!

Denn nicht nur war es die communis opinio der Moraltheologie noch in der Neuzeit, daß es rechtlich bloß einen »Gewalthaber« in der Familie gebe, nämlich den Vater, sondern man hatte das Peitschen der Ehefrauen auch kanonisch verbrieft und goutierte dies Recht des Mannes in vollem Umfang[38]. Nur wenn es um ihre Entlassung oder Tötung ging, mußte er, nach Thomas von Aquin (vgl. S. 210 f.), gerichtlich klagen[39]. Zwang doch noch das Corpus Juris Canonici, das bis 1918 gültige Gesetzbuch der Catholica, die Frau, ihrem Gatten überallhin zu folgen, er durfte ihr Gelübde für unwirksam erklären, konnte sie schlagen, einsperren, binden und fasten lassen[40].

». . . äußerstes Erziehungsmittel« oder Rücksicht auf Folklore?

Selbst heute noch verstünde ein römischer Moralist, der dem Mann zwar grundsätzlich verbietet, seine Frau zu schlagen, die Züchtigung »bei sehr derben Volkssitten, wo dem Gatten ein solches ›Recht‹ zugebilligt wird und er es als äußerstes Erziehungsmittel gebraucht«. Dagegen soll bei Klagen »besonders der Frau« der Beichtvater nicht leicht darauf »hereinfallen«, sondern »besonders die Frau« mahnen, »sie solle zuerst einmal alles tun, um es dem Mann zu Hause schön und angenehm zu machen«[41].

Etwas Prügel gestattet man hier also notfalls noch immer – und sei es als Zugeständnis sozusagen an die Folklore. Nicht allzu erstaunlich wohl bei einer Institution, die jahrhundertelang die Frauen krumm und lahm hauen, die sie lebendig verbrennen, ersaufen, begraben, pfählen oder von Pferden zerreißen ließ. (Nur am Galgen sterben durfte sie nicht – aus Schicklichkeitsgründen[42]!) Sonst aber war beinah jede Barbarei und Demütigung recht. Was dagegen erscheint noch heute unserem Moralanwalt als die »äußerste Entwürdigung der Frau«[43]? Nun, was wohl! Ein »anomaler« Geschlechtsverkehr[44].

Daß auch Luther sich für das Versohlen der Weiber verwandt, sie für nicht ordinationsfähig erklärt und streng aufs Heim verwiesen hat, wen wundert's? »Drängt die Frauen von ihrer Hausarbeit, und sie taugen zu nichts[45].«

In Frankreich aufs Schafott

Die Gewalt des Vaters war durch das ganze Mittelalter so groß, daß ihm weltliches Recht und Moraltheologie in Notzeiten erlaubten, seine Kinder zu verschachern. »Ein man verkoufet sin kint wol mit rehte, ob in ehaft not daz zuo twinget«, befindet der im späten 13. Jahrhundert auf der Grundlage des Deutschenspiegels verfaßte Schwabenspiegel[46]. Ein mütterliches mundium kannte das mittelalterliche deutsche Recht nicht. Auch beim Tod des Vaters erhielten die Kinder einen männlichen Vormund, da sie die selbst zeitlebens unter Kuratel stehende Mutter nach außen nicht vertreten konnte[47]. Ihr sich anbahnender größerer Einfluß im späteren deutschen Recht aber wurde durch die Rezeption des tief frauenfeindlichen römischen Rechts, des Begriffs der »patria potestas«, verhindert und die Gewalt des Vaters über die Familie wieder unbeschränkt. »Er war das Schattenbild Gottes . . .[48]«

Die unverheiratete Tochter kam entweder ins Kloster oder blieb bis zum Tod im Haus ihres Erzeugers und völlig abhängig von ihm. Im Gegensatz zum Sohn wurde sie nie selbst mündig und war zu Lebzeiten des Vaters auch nie über Vermögen verfügungsberechtigt[49].

Noch in der beginnenden Neuzeit sind die Rechte der Frau in allen Ländern gleich Null[50]. Auch die Revolution von 1789 bessert ihre Lage nicht. Vergebens lehnt sie sich auf, vor allem in Frankreich. Olympe de Gouges stirbt auf dem Schafott. Andere, wie die Fürstin Salm, Flora

Tristan, George Sand, setzen, unterstützt von den Saint-Simonisten, deren extremste sich zum Kult der »Großen Mutter« bekennen, den Kampf fort; man verhöhnt, verfolgt, verleumdet sie, die Frauenbefreiung scheitert[51].

In Frankreich, wo der Staatsmann und Historiker Guillaume Guizot erklärt: »Die Vorsehung hat die Frau für die häusliche Existenz bestimmt« (die Vorsehung waren Paulus und Luther), werden alle Frauenklubs 1848, im »Schicksalsjahr der Frau«, verboten. Und der Code Napoléon, das seit 1804 gültige Zivilgesetzbuch, verhindert ihre Emanzipation für den ganzen Rest des Jahrhunderts. Weder sie noch das Mädchen haben Staatsbürgereigenschaften, in der Ehe besteht das mundium fort[52]. Erst 1945 erhalten die Französinnen das aktive und passive Wahlrecht.

In England billiger als ein Pferd

Eher noch schlimmer stand es im protestantischen England. Die Misere erhellen schon wenige Zeilen William Blackstones (gest. 1780) zum Common Law. »Durch die Ehe«, schreibt der Jurist, wegen seiner »Kommentare« noch heute eine Autorität in Fragen des englischen Rechts, »werden Mann und Frau vor dem Gesetz eine (!) Person: das heißt, die gesetzliche Existenz der Frau ist während der Ehe aufgehoben (!) oder zumindest in die Existenz ihres Mannes aufgenommen und darin konsolidiert... sie ist ihm unterlegen und handelt nur auf seinen Impuls[53].«

Manchmal freilich handelte sie auch aus eigenem, was indes ihren Wert nicht erhöht zu haben scheint. Ein Pächter, der um die Wende zum 19. Jahrhundert in einer Londoner Zeitung den Verlust seines Pferdes und, einen Tag später, den seiner gleichfalls entsprungenen Frau anzeigte, versprach dem Finder des Tieres fünf Guineen, dem Entdecker seiner besseren Hälfte aber – vier Shilling[54]. Sogar Frauenverkäufe, wodurch eine Frau rechtmäßige Gattin des Käufers wurde, sind in England bis 1884 geschichtlich beglaubigt[55].

Nach dem im 19. Jahrhundert geltenden Common Law unterzog sich, wie jüngst Kate Millett gezeigt hat, die Angelsächsin bei der Ehe dem »Ziviltod«, gab sie damit »praktisch jedes Menschenrecht auf, wie Verbrecher, wenn sie ins Gefängnis gesteckt werden«, sie war so »tot« vor dem Gesetz »wie Wahnsinnige oder Idioten«[56]. Sie stand damals noch, schreibt auch Kit Mouat, auf einer Stufe »mit Schwerverbrechern, Geisteskranken und Bankrotteuren«[57]. Sie konnte weder wählen noch einen freien Beruf ausüben, weder Papiere unterzeichnen noch Zeuge sein, weder ihr Einkommen kontrollieren noch ihren

Besitz verwalten. Alles, was sie während der Ehe erwarb, wurde Eigentum des Mannes, den das Gesetz ausdrücklich ermächtigte, auch »physischen Zwang« oder »Gewalt« gegen sie anzuwenden. Bis 1923 hatte die Gattin keinen Anspruch auf Klage wegen Untreue und der Vater bis 1925 ein größeres Vormundschaftsrecht gegenüber dem Kind als die Mutter. Ja bis dahin wurde der Engländerin gesetzlich weniger Unabhängigkeit garantiert als der Babylonierin im Gesetzbuch König Hammurapis um 1700 v. Chr.[58]

Bertha von Suttner und die »dicke Berta«

Noch im ganzen 19. Jahrhundert hingen die sozialen und ökonomischen Befugnisse der Frauen weithin von den Stellungen ihrer Gatten, Väter oder Brüder ab. Und die politischen Rechte lagen, von wenigen Regentinnen abgesehen, ausschließlich in den Händen der Männer. In Bayern beispielsweise wurden die Frauen erst 1898 legitimiert, an Versammlungen über öffentliche Angelegenheiten teilzunehmen[59].

Diese dauernde Unterjochung der Frau aber und der Sieg des »starken Geschlechts« nach 1848 beeinflußten verheerend auch das allgemeine Schicksal, nicht zuletzt, wie Friedrich Heer betont, die zunehmende Neurotisierung des politischen Klimas. Die Ideologien der Männer, »ihr Nationalismus, ihr Imperialismus, ihre Angst und ihr Haß bestimmen Europas Expansionen, seine inneren und äußeren Kriege bis 1950«[60]. Wie man auf französischer Seite George Sand verlachte und verleumdete, so auf deutsch-österreichischer Bertha von Suttner – die »Friedensberta«, »Friedensvettel«, »Friedensfurie«; Friedensnobelpreis 1905. »Deutsche Männer haben dieser Frau nichts anderes entgegenzustellen vermocht als die ›dicke Berta‹, die große Kanone auf Paris, 1914...[61]«

2.
DIE PROLETARIERIN

Noch katastrophaler behandelte das christliche Abendland natürlich die Frauen der untersten Klassen.

»... wie Vieh und Grundbesitz«

Durch das ganze Mittelalter haben geistliche und weltliche Grundherren ihre Leibeigenen nach Belieben verkauft, vertauscht, verschenkt[62]. Geißelung war hier alltäglich. Nach der im 6. Jahrhundert von Mönchen aufgezeichneten »Lex Salica« schwanken die Schläge für eine »ancilla« zwischen 120 und 240[63]. In den Frauenhäusern, die es auch in Klöstern gab, hatten die Mägde jederlei Arbeit, selbst die schwerste, zu verrichten, angefangen von Schafschur und Flachsgewinnung bis zum Stallreinigen, Waschen, Getreidemahlen, Feldbestellen. »Sie waren das Kapital ihres Herrn, ähnlich wie Vieh und Grundbesitz, und ihre Arbeitsleistung stellte gewissermaßen die Zinsen dar, von denen der Herr unter anderem lebte[64].«

In der Frühzeit erhielten diese Frauen als Vergütung oft nur die kümmerlichste Ernährung[65]. Und dann lag ihr Entgelt stets weit unter dem des selbst schlecht genug bezahlten Mannes. 1420 bekam in Ostpreußen ein Knecht drei Mark, eine Magd eine Mark Jahreslohn. Auf einem fränkischen Gut des ausgehenden Mittelalters gab man männlichen Dienstboten 5 bis 8 Florin, weiblichen 3 Florin. Die Pfarrkirche »Unser Lieben Frau« zu Ingolstadt zahlte im frühen 16. Jahrhundert einem gewöhnlichen Arbeiter 10 bis 14 Pfennig am Tag, einem Steinmetz 16 bis 24 Pfennig, einer Taglöhnerin 8 bis 10 Pfennig (ein mageres Schwein kostete damals 1 Pfund = 8 Schilling = 240 Pfennig)[66].

Auch geschlechtlich waren diese Frauen oft buchstäblich leibeigen. An den christlichen Königshöfen des frühen Mittelalters beschränkte man ihre Freiheit fast wie in den mohammedanischen Harems. Ebenfalls diente das »Weiberhaus« großer Gutshöfe zugleich als privater Puff für den Grundherrn, seine Gefährten und Gäste[67]. Später verließen viele Mägde die Latifundien und bildeten die Schicht der »fahrenden Frauen«, der verfemten Huren des Hochmittelalters. Doch wurde auch das kasernierte Bordellwesen (S. 370 ff.) mit diesen Frauenhäusern eingeleitet, wie denn die Bordelle meist »Frauenhäuser« hießen[68].

Eine sexuelle Entwürdigung der Abhängigen war schließlich das »jus primae noctis«, das dem Grundherrn für seine Heiratserlaubnis den ersten Koitus mit der Braut zusprach. Viele Bürger der Neuzeit hatten immer noch ihr Dienstmädchen, als »Nachttopf des Hausherrn« diffamiert, da es ihm zur Verfügung stand wie der Nachttopf fürs Urinieren. Manche Französinnen nannten ihre Zofen deshalb auch »les pissepots de nos maris«[69].

In der Stadt gab es im Grunde nur drei Existenzmöglichkeiten für die Töchter der unteren Klassen: Dienstmagd, Freudenmädchen oder Klosterfrau[70]. Keine solche Möglichkeit aber erlaubte ein erträgliches Leben. Auch nicht eine eventuelle vierte, die Lohnarbeit im städtischen Handwerk, überdies selten und nicht gern gesehen, zumal von der Kirche[71].

Im Frühkapitalismus: mit Händen und Füßen zugleich

Nach der Reformation wurde die Frau aus dem städtischen Gewerbe fast ganz verdrängt und im Frühkapitalismus wiederum besonders ausgebeutet. Man spielte ihre Leistung als Lieferung »zusätzlichen« Familieneinkommens herab und konnte das durch die alte christliche Idee, daß die Frau ins Haus gehöre, jederzeit rechtfertigen[72].

Im 19. Jahrhundert zogen die Industriellen weibliche Kräfte oft sogar vor. Zynische Erklärung: »Sie arbeiten sorgfältiger und bekommen weniger Lohn[73].« Deshalb starben sie auch früher. Die Hälfte der jungen Seidenarbeiterinnen wurde lungenkrank, ehe sie ausgelernt hatte! 1831 rackerten sich diese Frauen täglich siebzehn Stunden ab. In den Besatzwerkstätten Lyons schufteten manche »fast hängend in Riemen gleichzeitig mit Händen und Füßen«[74].

Die Folge solcher Fron war das Sinken des männlichen Arbeitslohnes. Häufig hat die Frau den Mann auch ganz verdrängt, so daß er entlassen zu Hause saß, während sie, für noch weniger Geld, statt seiner zur Fabrik ging[75].

In England, wo Engels in den Arbeitervierteln von Manchester Scharen zerlumpter Kinder und Weiber fand, »ebenso schmutzig wie die Schweine, die es sich auf den Aschenhaufen und in den Pfützen wohl sein lassen«[76], wurden die Frauen oft weit schlimmer geschunden als die antiken Sklaven. Waren die Bergwerksstollen für Pferde zu niedrig, schleppten »Zieherinnen« die Waggons oder trugen Lasten von einem halben bis eineinhalb Zentner, täglich zwölf, vierzehn, sechzehn Stunden lang, in Ausnahmefällen sechsunddreißig Stunden[77]. Die Zeugenaussage einer Zieherin in den Kohlengruben von Little Bolton beginnt: »Ich habe einen Gürtel um meine Taille, eine Kette zwischen meinen Beinen hindurch, und ich gehe auf meinen Händen und Füßen.« Im Schacht, in dem die Siebenunddreißigjährige arbeitet, steigt das Wasser über ihre Holzschuhe, manchmal sogar bis zu den Oberschenkeln. »Ich bin jetzt nicht mehr so kräftig, wie ich es einmal war, und ich kann die Arbeit nicht so gut ertragen wie früher. Ich habe gezogen, bis mir die Haut abging; der Gürtel und die Kette sind schlimmer, wenn wir in anderen Umständen sind. Mein Mann schlägt mich oft, wenn ich nicht fertig bin[78].«

Diese Frauen, die meistens an einer Verbildung des Beckens litten, mußten, wie 1847 Heinrich Wilhelm Bensen festhält, fast bis zur Stunde der Entbindung schuften. »Nach acht Tagen gewöhnlich geht die Mutter wieder an die volle Arbeit. Das Kind, daheim in der unreinlichen, überfüllten Stube ohne Luftzug, versiecht bei schlechter, ganz unpassender Nahrung, mit Branntwein oder Opium zur Ruhe gebracht.

Viele Kinder der Arbeiter werden demgemäß frühzeitig weggerafft...[79]«
In einer Fußnote seines »Kapitals« bringt Marx folgendes Zitat: »Herr E., ein Fabrikant, unterrichtete mich, daß er ausschließlich Weiber bei seinen mechanischen Webstühlen beschäftigt; er gebe *verheirateten* Weibern den Vorzug, besonders solchen mit Familie zu Hause, die von ihnen für den Unterhalt abhängt; sie sind viel aufmerksamer und gelehriger als unverheiratete und zur äußersten Anstrengung ihrer Kräfte gezwungen, um die notwendigen Lebensmittel beizuschaffen[80].« Freilich ließ man bald anstelle der Frauen nicht selten die noch weit billigeren Kinder treten, die dann durch Überforderung oft genug umkamen[81].

Selbst ein Bericht vom preußischen Reichsamt des Innern resümiert 1887: »Ein sehr großer Teil der Arbeiterinnen unserer Großstädte erhält Löhne, welche nicht hinreichen, die notwendigsten Bedürfnisse des Lebens zu befriedigen, und befindet sich aus diesem Grunde in der Zwangslage, entweder einen ergänzenden Erwerbszweig in der Prostitution zu suchen oder den unabwendbaren Folgen körperlicher und geistiger Zerrüttung zu verfallen[82].«

3.
FRAU UND BILDUNG

Da die Herrschenden nicht zuletzt von der Ignoranz der Massen lebten, hielt man die meist so unwissend wie möglich, besonders die Frauen, was seltene Ausnahmen nur erhärten. Bis ins 20. Jahrhundert haben Männer die Geistesgeschichte gemacht.

Selbstverständlich erzog man die Mädchen an Fürstenhöfen besser, lehrte man die der Oberschicht Lesen und Schreiben; doch auch sie – die überdies oft bloß Nonnen wurden – kaum mehr als Gebete, Katechismus und Bibellegenden. Die allermeisten aber hüteten Gänse, arbeiteten im Haus und auf dem Feld, lebten und starben als Analphabeten. Selbst wo man, wie falsch und irreführend auch immer, noch mit der Bildung der Frau im Mittelalter protzt, gibt man zu, daß »von den Frauen... da doch nur vereinzelt die Rede« sei, daß die christliche Religion das Frauengeschlecht »natürlich (!) nur... bis zu einer bestimmten Stufe« erziehen wollte »und in der ausgesprochensten und zuerst alleinigen Absicht, religiös-moralisch zu bilden« oder, wie man auch sagt, »rein klerikal«[83].

Franciscus Barberinus, der zur Zeit König Philipps des Schönen sich fragt, ob es wohl ratsam sei, Töchter im Lesen und Schreiben zu unterweisen, antwortet mit einem glatten »Nein«[84]. Und auch Luther, der so entschieden für die Beschränkung der Frau aufs Haus plädiert, meint, eine Unterrichtsstunde am Tag genüge für sie[85].

Erst in der Renaissance, mit der Wiedererweckung des klassischen Altertums und der Bewußtwerdung der Persönlichkeit, gewannen die Frauen, besonders in Italien, etwas mehr Parität, konnten sie studieren, gelegentlich sogar dozieren. »Das gepriesene Bildungsideal«, schreibt ein Katholik, »war aber nicht mehr das christliche Ideal des Mittelalters...[86]« Eben.

Die Kirche freilich hielt dieses »Ideal« auch weiter hoch. Die Erziehung der Mädchen – selbst durch weibliche Schulorden – wurde von ihr hintertrieben oder grob vernachlässigt, wobei man sich gut auf die Bibel berufen konnte: »Dem Weibe erlaube ich nicht zu lehren[87].« Bis ins 19. Jahrhundert riegelte man die Frau vom kulturellen Leben ebenso ab wie vom politischen. Noch Wilhelm Busch konnte witzeln:

> »Bei eines Strumpfes Bereitung
> sitzt sie im Morgenhabit,
> er liest die Kölnische Zeitung
> und teilt ihr das Nötigste mit.«

In manchen westlichen Ländern waren Frauen noch im 20. Jahrhundert von höheren Lehranstalten ausgeschlossen[88]. 1849 promovierte die erste Ärztin in New York; erst in den siebziger Jahren des 19. Jahrhunderts ließ man in England, Schweden, Holland, Rußland und der Schweiz Frauen zum Medizinstudium mit folgender Approbation zu; und erst 1899 in Deutschland, vorausgesetzt hier immer noch eine Sondererlaubnis des Kultusministers, des Rektors und der jeweiligen Professoren[89]. Bis 1920 gewährte Oxford Frauen nicht dieselben Titel wie Männern[90]. Und noch 1960 standen in Deutschland 2328 männlichen Ordinarien nur 13 weibliche gegenüber[91].

4.
FRAU UND MEDIZIN

Sogar auf die Naturwissenschaften, vor allem auf die Medizin, wirkte sich die christliche Diffamierung der Frau und ihres Körpers aus. Lange wurde dadurch dessen Erforschung behindert, was ungezählte Opfer gekostet hat, zumal die Frau, kein Zufall, anfälliger war als der Mann. Schon im 17. Jahrhundert führte der hervorragende Mediziner François de le Boë ihre spezielle Neigung zu nervösen Allgemeinerkrankungen ebenso lakonisch wie richtig darauf zurück, »daß ein

Wesen, welches in ständiger Unterordnung unter dem Mann lebt, einfach traurig und furchtsam sein und daher besonders leicht erkranken muß«[92].

Geburtshilfe durch einen Mann galt im Mittelalter als »unschicklich«[93]. Die entsprechende Praxis lag fast ausschließlich in den Händen von Hebammen, die Lehrbücher für sie aber stammten von Männern. Derart waren, aus Gründen der christlichen Scham, Theorie und Praxis bis zum 17. Jahrhundert getrennt. Erst danach wurden allgemein Hebammenschulen und auch Lehrstühle für Geburtshilfe geschaffen[94].

Das Zeitalter der Aufklärung führte die moderne staatliche Gesundheitsfürsorge ein, die individuelle Gesundheitspflege und die Verbesserung der sozialen Stellung der Frau, weshalb man es geradezu »das Jahrhundert der Frau« nennen konnte.

Auch die Gynäkologie profitierte davon. Erst jetzt erforschte man eingehender Anatomie und Physiologie der Frau, machte man die ersten grundlegenden Untersuchungen über die Verschiedenheit des männlichen und weiblichen Körperbaus, prägte John Hunter den Begriff der »sekundären Geschlechtsmerkmale«[95].

Doch gab es noch immer religiös geprägten Aberwitz genug, glaubten sogar Ärzte häufig, Sterilität sei durch Zauber verursacht, ließ selbst Linné – der Sohn eines Predigers – in seinem Traktat über die Natur die weiblichen Sexualorgane als etwas »Grauenhaftes« fort[96]. Noch Mitte des 19. Jahrhunderts vergleicht der angesehene Meininger Hofarzt Ferdinand Jahn die pathologische Infektion mit der geschlechtlichen Zeugung, mit jenen Prozessen, die nach der Befruchtung an den weiblichen Genitalien beginnen[97], worin deutlich etwas vom Sexualekel Augustins fortlebt: Inter faeces et urinam nascimur (S. 304 f.).

Im viktorianischen England war die ordnungsgemäße Untersuchung einer Frau so gut wie ausgeschlossen. An Puppen, die in den Konsultationszimmern standen, zeigten die Patientinnen, wo sie Schmerzen hatten. Die entsprechenden Stellen durfte dann der Arzt allenfalls über dem Hemd berühren und selbstverständlich nur in Anwesenheit des Ehemannes oder der Mutter[98]. 1891 schildert der Engländer William Goodell seinen Kampf gegen die Tradition, Menstruierende nicht zu operieren, da man seit undenklichen Zeiten glaubte und lehrte, die Gegenwart solcher Frauen »beflecke religiöse Feiern, könne Milch säuern, die Gärung des Weins im Faß unterbrechen und allenthalben viel Unheil anrichten«[99] (vgl. S. 218 f.). Und war ein geschlechtskranker Mann in den vergangenen Jahrhunderten (das tolerantere 18. bis zu einem gewissen Grad ausgenommen) eine Tragödie für sich, war eine geschlechtskranke Frau bereits kriminell[100].

5.
BEGINNENDE FRAUENBEFREIUNG

Inzwischen hatte freilich Johann Jakob Bachofen (1815-1887) das Matriarchat entdeckt. Der bis dahin fast unangefochtene Primat patriarchalischer Lebensordnung wurde erschüttert und die soziologische Forschung nicht unbeträchtlich beeinflußt[101]. Eine zunehmende Besinnung auf die Situation der Frau setzte ein, man bemerkte mehr und mehr ihren Eigenwert, und allmählich bahnte sich ein tiefgehender Wandel an, eine starke Mehrung ihrer politischen, sozialen, ökonomischen und sexuellen Rechte, alles nicht zufällig in einer Zeit stetig schwindender Kirchenmacht.

Rückschlag unter dem Faschismus

Rückläufig war diese Tendenz unter dem Faschismus mit seiner eindeutig männlichen Suprematie. Die Emanzipation der Frau wurde rigoros gedrosselt, sie selbst wieder doppelt dienstbar gemacht, der öffentlichen Gewalt und dem Ehemann, und dies: »Im Bestreben nach Wiederanschluß an die Kirche, aus altem Respekt vor der Familie und in Befolgung einer langen Tradition weiblichen Sklaventums«[102].

Die Sexualpolitik der Nazis, die Kommunismus und Judentum für die »geschlechtliche Freiheit« in der Weimarer Republik verantwortlich machten, entsprach weithin christlichen Moralmaximen. Man verwies die Frau wieder aufs Haus: verbot ihr, als Richter zu amtieren, untersagte ihr 1936 jedes Amt in der Justiz, entfernte sie auch aus dem Reichstag[103] und degradierte sie gewissermaßen zur Zuchtstute. Und beides, Verdrängung aus dem öffentlichen Leben sowie phrasenreiche Propaganda für die Mutterschaft, setzte nur die analoge mystische Idealisierung der Kirche fort: – gläubige Gebärmaschine hier wie dort (vgl. S. 247 ff.).

Dagegen gab der Kommunismus, von allen antiklerikalen Bewegungen des 20. Jahrhunderts der Ecclesia vorläufig noch am meisten verhaßt, der Frau wenigstens die wirtschaftliche Ebenbürtigkeit: sie bekommt in Rußland den gleichen Lohn wie der Mann[104]. Die sowjetische Sexualmoral freilich ist in manchem prüd wie die katholische. Gibt es doch überhaupt auch zwischen diesen Systemen Affinitäten und keine tatsächliche Gleichberechtigung der Geschlechter weder da noch irgendwo.

Benachteiligt auch in der Gegenwart

Denn noch heute ist nicht nur die psychologische Situation der Frau viel konfliktgeladener als die des Mannes[105]. Noch heute gründet auch die Familie, wie einst zu Engels Zeiten, weithin auf der »Haussklaverei der Frau«, repräsentiert der Mann daheim den »Bourgeois«, die Frau »das Proletariat«[106]. Noch heute wirkt ihre frühere Einstufung als bewegliche Habe fort in der Tatsache, daß sie bei der Hochzeit ihren Namen verliert, oder in der Verpflichtung, den Wohnsitz des Mannes anzunehmen. Noch heute kann die Ehefrau in Ländern wie Portugal und Spanien ohne Bestätigung ihres Gatten weder in Zivilsachen prozeßfähig sein noch etwas entgeltlich oder auch unentgeltlich erwerben[107]. Noch heute darf sie in Spanien vor dem 25. Lebensjahr ihr Elternhaus nur verlassen, wenn sie ins Kloster geht oder heiratet, wonach Kirche oder Ehemann sie absolut beherrschen.

Noch immer nimmt die Frau in zahlreichen Ländern auch in der Gesellschaft einen geringeren Rang ein, zeigt sich ihre sozial niedere Stellung fast überall, in Wirtschaft, Politik und Religion.

Noch jetzt ist die Frau auf dem Arbeitsmarkt meist stark unterbezahlt. Selbst in Schweden, wo sie im großen und ganzen die gleichen Rechte hat wie der Mann, verdient sie ein Drittel, in vielen anderen westlichen Ländern, besonders in Spanien und den USA, aber die Hälfte, ja zwei Drittel weniger[108].

Der westdeutsche Bundestag hat sechs Prozent weibliche Mitglieder, das Zentralkomitee der KP der Sowjetunion etwa drei Prozent, der amerikanische Kongreß ein bis zwei Prozent[109], der Senat ist gegenwärtig ein reines Männergremium. Und selbst in der UNO, die überall die Benachteiligung der Frau bekämpft und 1968 einstimmig deren fortbestehende »erhebliche Diskriminierung« feststellte, werden von 245 Spitzenpositionen bloß sieben von Frauen besetzt[110].

Die einzigen Länder, die in letzter Zeit weibliche Regierungschefs hatten oder sie noch haben, sind nichtchristlich: Indien, Ceylon, Israel.

Noch weniger aber als in Wirtschaft und Politik gilt die Frau nur in der Kirche. Sie bekommt hier keinerlei Zugang zur Hierarchie, ja ihre notwendige »Befreiung« wird, laut einer Katholikin, überhaupt »nur von wenigen Theologen gesehen«, was heißen soll: gewünscht[111]. Rügt und höhnt man da doch noch, daß bereits viele Mädchen »sich zu gut für die Hausarbeit halten. Ist ihnen zu wenig geistig, wichtig, vornehm, einträglich. Möchten mit ihren (dummen) Gedanken höher hinauf: wissenschaftlich, künstlerisch, schöpferisch, wenigstens kaufmännisch.« Und dabei ist doch »vor Gott ... ein Putzlappen genauso kostbar wie die Seide auf dem Zuschneidetisch. War nicht auch die Mutter Christi ›bloß‹ eine Hausfrau, ungelernt und ungeachtet?[112]«

Ja, so hätten viele das Weib noch immer am liebsten. Dazu enge Stuben voller Kinder. Und ab dreißig am besten lauter Josefsehen ...

20. Kapitel
Die Ehe

>»Eifersucht, Mord, Selbstmord, Perversionen jeglicher Art, Heuchelei, zahlreiche Frustrationen und Aggressionen, totale Verdinglichung der Frau ... Entwertung der Lebensgemeinschaft von zwei Personen zu lebenslänglichem Gefängnis und Vernachlässigung der *Hauptaufgaben* der Ehe und der Familie bzw. der verantwortungsvollen Sorge für die Kinder sind einige der zahllosen Früchte der sexualfeindlichen Moral der Kirchen, die ihr destruktives Werk im sexuellen Bereich des Menschen *noch heute* im Namen Christi und mit allen Mitteln gegen alle Menschen verteidigen ...«
>
> *Der Theologe Demosthenes Savramis*[1]

1.
DIE HERABSETZUNG DER EHE

>»Auch sie basiert auf demselben Akt wie die Hurerei. Darum ist es das Beste für den Menschen, kein Weib zu berühren.« *Kirchenvater Tertullian*[2]

>»Denn wo der Tod ist, da ist die Ehe; und wo keine Ehe, da auch kein Tod.«
> *Kirchenlehrer Johannes Chrysostomos*[3]

>»Wenn jemand sagt ..., es sei nicht besser und seliger, in der Jungfräulichkeit oder Ehelosigkeit zu bleiben als zu heiraten, der sei im Bann.«
> *Konzil von Trient*[4]

Von Jesus gibt es kein Wort gegen die Ehe. Auch waren seine Brüder und ältesten Jünger verheiratet (S. 64 f.). Das Neue Testament betont, daß »doch niemand sein eigenes Fleisch zu hassen pflegt«, die Frauen »selig werden durch Kindergebären«, und ordnet an, »daß die Jüngeren heiraten, Kinder bekommen, ihr Haus verwalten«[5]. Freilich rühmt das widerspruchreiche[6] Buch der Bücher auch den, der »sich mit Weibern nicht befleckt«[7]. Wie überhaupt die Herabsetzung der Ehe bereits bei Paulus begann (S. 68) und dann häufig mit Berufung auf ihn oder Fälschungen unter seinem Namen fortgesetzt worden ist[8]. Befiehlt doch in späteren Falsifikaten selbst Jesus: »der Unverheiratete schließe keine Ehe«, ja, er verkündet, gekommen zu sein, um »die Werke des Weiblichen aufzulösen«[9].

Nirgends etwas »sonderlich Gutes vom Ehestand«

Auch innerhalb der Großkirche bekämpfte man die Ehe, hielt man Keuschheit und Trennung der Gatten für unumgänglich bei der Bekehrung, verachtete Verheiratete und sprach ihnen die Hoffnung auf das ewige Heil ab[10]. Zwar schritt der Klerus gegen Extremisten ein, rang sich gelegentlich sogar positive, bewundernde Äußerungen über die Ehe ab, doch gehen sie unter in der gegenteiligen Tendenz, und Luther hat, aufs Ganze gesehen, recht, stellt er fest, »keiner von den Vätern« habe »etwas merklichs und sonderlich Gutes vom Ehestand geschrieben«, was man indes als Zugeständnis an den »Zeitgeist« erklärt – womit sich freilich alles entschuldigen läßt: Heidenmassaker, Judenpogrome, Kreuzzüge, Inquisition, Hexenprozesse, Kollaboration mit dem Faschismus und so weiter[11] (vgl. S. 168).

Es ist doch kein Zufall: daß alle Kirchenväter die Jungfräulichkeit preisen, viele selbst in speziellen Traktaten, aber keiner je ein Buch zum Ruhm der Ehe schreibt; daß sie auch die Verheirateten zur Askese überreden und erbauliche Histörchen ersinnen zur Nachahmung von Leuten, die einander noch vor der Hochzeitsnacht ewige Enthaltung schwören; daß man es im Mittelalter den Eltern nicht verdachte, wenn sie ihre Kinder, mit deren Zustimmung, verkauften, um ins Kloster zu gehn; daß man infolge der pausenlosen Propagierung des ehelosen Lebens schließlich den außerehelichen Umgang für verzeihlicher hielt als den ehelichen, wogegen sogar Synoden vorgehen mußten[12]. Es ist doch kein Zufall, daß die Kirche zwar Scharen von Witwen und Jungfrauen kanonisiert hat, aber keine einzige Frau (und auch keinen Mann) unter dem Aspekt »heiliger« Eheführung.

Noch 1964 duldete man in der Laienstatisterie des Zweiten Vatikanums nur Ledige und Witwen. (Von ihnen aber gelte, witzelte damals ein katholisches Blatt, was man in Italien von einer Frau sage, die von der Natur vernachlässigt worden sei und diese ihrerseits vernachlässige: »Sie ist häßlich wie eine Frau der katholischen Aktion[13].«)

Von Justin bis Origenes: Besser Eunuch als Ehemann?

Nach Justin, dem namhaftesten Apologeten des 2. Jahrhunderts, ist jede Ehe gesetzwidrig, da mit der Stillung einer bösen Lust verknüpft. (Sogar den Entschluß eines Jünglings zur Entmannung berichtet der Heilige beifällig[14].)

Ähnlich lobt Tertullian jene, »die sich dem Eunuchentum um des Gottesreiches willen weihen«; er vergleicht die Ehe mit Hurerei und preist das Meiden der Weiber[15].

Clemens von Alexandrien macht zwar, als erster Christ, das Kinderfabrizieren zur patriotischen Pflicht[16], Verhängnisse so ganz anderer Art initiierend, wünscht aber ein völlig affektloses Zeugen und dann dauernd Abstinenz. (Sieht er doch überhaupt im Koitus eine unheilbare Krankheit, eine »kleine Epilepsie«[17].)

Clemens' Nachfolger Origenes, »der erste katholische Theologe im Vollsinn des Wortes«, der »Wegbereiter der Scholastik«[18], nennt alles Geschlechtliche, sogar das Gebet im Schlafraum der Eheleute, »unanständig« (inhonestum), was wahrscheinlich zu der kirchlichen Vorschrift führte, unterhalb von ehelichen Schlafzimmern keine Kapellen einzurichten[19]. Weiter lehrt Origenes, während des Sexualkontaktes entweiche der Heilige Geist; und schließlich schuf dieser Mann, der sich selbst kastrierte, um ganz keusch sein zu können, die noch heute in den Meßbüchern stehende Abstufung: 1. Märtyrer, 2. Jungfrauen, 3. Witwen, 4. Verheiratete[20].

Hieronymus, Augustin, Ambrosius

Nach Kirchenlehrer Hieronymus macht Geschlechtsverkehr überhaupt unfähig zum Gebet. »Entweder wir beten immer und sind jungfräulich oder wir hören auf zu beten, um ehelich zu leben.« Eheleute schätzt dieser Heilige nur als Erzeuger von Jungfrauen. »Wenn es gut ist, ein Weib nicht zu berühren«, doziert er mit Berufung auf Paulus, »so ist es böse, sie zu berühren«; Verheiratete leben »nach Art des Viehes«, die Menschen unterscheiden sich durch den Beischlaf mit Frauen »in nichts von den Schweinen und unvernünftigen Tieren«[21].

Und Kirchenlehrer Augustin? Er inspiriert die mittelalterliche Meinung, die Kopula behindere den Kommunionempfang[22]. Er behauptet, »die Keuschheit der Ehelosen« sei »besser als die der Verheirateten«; eine Mutter werde »im Himmelreich einen geringeren Platz einnehmen, weil sie verheiratet ist, als ihre Tochter, weil sie Jungfrau ist«; er nennt nur die völlig abstinente Ehe »wahre Ehe« und Eheleute, die der »fleischlichen Verbindung« sich enthalten, »um so heiligere Ehegatten« – nicht mehr zu überbietende Begriffsverdrehungen; wie es ihm denn am liebsten wäre, die Nachkommenschaft würde »mit der Hand gesät wie das Korn«[23]. Und mit alldem ist Augustinus »*der* Theologe der christlichen Ehe«[24].

Trotz solcher – beinah beliebig zu vermehrenden – Belege sehen die Apologeten die Ehe durch die »Väter« aber nicht diffamiert, sondern verteidigt. Zum Beweis will ein Theologe »nur an *einem*« (von ihm gesperrt) »Beispiel zeigen, wie historisch unzutreffend und ungerecht es ist, allen (!) Kirchenvätern Einseitigkeiten wie die erwähnten zur Last zu legen«. Darauf zitiert er vom heiligen Ambrosius unter anderem: »Ehrenvoll ist die Ehe, aber ehrenvoller die Enthaltsamkeit; denn wer seine Jungfrau zur Ehe gibt, handelt gut, wer die nicht zur Ehe gibt, besser.« »Gut ist die Fessel der Ehe, aber es ist doch eine Fessel; gut ist das coniugium, aber es ist doch von iugum hergeleitet – von einem Joch der Welt.« ». . . wir verbieten die zweite Ehe nicht, aber wir raten sie nicht an«. Die Ehe ist schließlich gar eine »Bürde«, »Knechtschaft«, »Trübsal des Fleisches«. Und zuletzt meint selbst unser Theologe, daß »heute mancher Ausdruck altchristlicher Lehrer fremdartig und hart« erscheine. Er macht dafür (schamhaft in Fußnote) die »Antithesen und Übertreibungen« liebende »Eigenart der damaligen Rhetorik« verantwortlich und schreibt: »Die Väter sind von ihr stark beeinflußt . . .«[25], womit er im Grunde zugibt, was er doch eben bestritt.

In Wirklichkeit duldete die Kirche die Ehe lange nur als notwendiges Übel, was auch die Geschichte der Eheschließung zeigt.

Zivilehe bis ins 16. Jahrhundert anerkannt

Zwar erfolgte die Stiftung des Sakraments bereits »im Paradies«[26], tatsächlich aber übernahm man die Monogamie aus dem Heidentum und kümmerte sich jahrhundertelang nicht um die Trauung[27]. Im Osten wird der Hochzeitssegen erst im 9. Jahrhundert obligatorisch (und schon bekommt der Bischof das Recht auf die Taxe dafür!). Im Westen indes hält auch damals noch Papst Nikolaus I. eine entsprechende kirchliche Zeremonie nicht für notwendig[28]. Erst im 11. und 12. Jahrhundert, als die Idee vom »Ehe-Sakrament« entsteht, erfolgt die Konsenserklärung der Gatten vor dem Priester. Doch erkennt man auch die ohne ihn eingegangene Ehe bis ins 16. Jahrhundert an, bis zum Konzil von Trient[29]. Erst seitdem gilt sie als reguläres Sakrament.

Gerade das Tridentinum aber bannte noch jeden, der Zölibat und Jungfräulichkeit nicht »besser und seliger« (melius ac beatius) nannte[30], der prinzipielle katholische Standpunkt bis heute, der die Abwertung von Ehe (und Sexualität) klar impliziert. Denn zollte man nicht dem Standesdünkel vieler Kleriker seinen Tribut[31], erklärte man Priester und

Ordensleute nicht für besser als die »Sklaven des Ehebetts«, wie noch das Corpus Juris Canonici formuliert[32], was hätten sie vor diesen voraus? So lästert denn nicht nur im 17. Jahrhundert der bekannte bayerische Hofkanzlist Ägidius Albertinus: »... die uneheliche Unzucht treibt man nicht täglich, aber die Unzucht der Eheleute geschieht täglich, stündlich und unaufhörlich«[33], sondern man rühmt auch im 20. Jahrhundert, freilich mit stets geringerem Echo, die »Gnadengabe der Ehelosigkeit«, »die Jungfräulichkeit als höhere Lebensform«, behauptet »den objektiven Vorrang der Virginitas vor der Ehe« und der »Mutterschaft« »oder gar nur der Lusterfüllung des Mannes«[34]; kurz, man steht noch immer beim Virginitätskomplex der Antike – auch nach dem Zweiten Vatikanum, das bei aller nun der Ehe vindizierten »Würde« doch im Hinblick auf die künftigen Kleriker dekretiert: »Sie sollen aber klar den Vorrang der Christus geweihten Jungfräulichkeit erkennen ... .[35]«

Die Zivilehe indes, die einzelne Provinzen im 16. Jahrhundert einführten, die meisten Staaten jedoch erst im 19., war für die Katholiken noch zu Beginn dieses Säkulums (mit kirchlicher Autorisation) »ein gar ekelhaftes, häßliches Ding..., eine grausige Entwürdigung des Menschen und noch mehr des Christen, indem sie die Fortpflanzung des Menschengeschlechts auf die ganz gleiche Linie mit der Fortpflanzung der Tiere stellt«[36]. Gleichwohl wird heute jedes dritte Brautpaar in Westdeutschland nur von einem Standesbeamten getraut[37].

>»Und fehlt der Pfaffensegen dabei,
> Die Ehe wird gültig nicht minder –
> Es lebe Bräutigam und Braut
> Und ihre zukünftigen Kinder[38]!«

2.
DIE ERSCHWERUNG DER EHESCHLIESSUNG

Entsprechend ihrer asketischen Ideologie erschwerte die Kirche das Heiraten von früh an durch eine Fülle von Verboten. Dabei unterschied sie zwischen »trennenden Ehehindernissen«, die eine Ehe überhaupt ausschlossen, wie Impotenz, Blutsverwandtschaft oder Religionsverschiedenheit, und »aufschiebenden Ehehindernissen«, die eine Ehe unerlaubt machten, etwa gesetzliche Verwandtschaft oder Konfessionsverschiedenheit. All dies aber hatte um so größere Bedeutung, als es oft auch in die staatlichen Jurisdiktionen einging[39].

Eine besondere Rolle spielte hierbei die Blutsverwandtschaft.

In nichtchristlichen Gesellschaften war die Verwandtenehe manchmal häufig; vor allem bei den alten Peruanern, die offenbar hemmungslos Mutter, Schwester und Tochter heirateten[40]. In Ägypten wurden die Pharaonen generationenlang zur Hochzeit mit ihren Schwestern förmlich gezwungen – Kleopatra beispielsweise ging aus einer solchen Verbindung hervor. Die heilige Schrift der alten Perser, das »Avesta«, empfiehlt die Geschwisterehe als »frommes Werk«, und auch bei den Germanen war sie nicht ungewöhnlich[41].

Je ferner der Gefahr ...

Das Christentum aber untersagte die Ehe zwischen natürlichen Verwandten bis in die entferntesten Grade[42], im Höchstfall bis in den vierzehnten Grad römischer Rechnung, dem Grundsatz gemäß: je ferner der Gefahr, desto sicherer vor dem Untergang[43]. Man hat errechnet, daß die Mittelzahl derer, die im vierzehnten Grad unter Lebenden verwandt sind, 16 000 Personen beträgt. Werden jedoch *alle* Arten der Verwandtschaften berücksichtigt, kommt man zu einer Zahl von 1 048 576 Menschen[44].

Im 4. Jahrhundert belegt Kirchenlehrer Basilius eine Inzestehe mit fünfzehnjähriger Sühne[45]. Ein frühmittelalterliches Pönitentiale der römischen Kirche bedroht das Heiraten einer bis zum siebten Grad verwandten Person mit einer Buße von sieben Jahren, die Ehe im fünften Verwandtschaftsgrad mit einer Buße von zwölf, im dritten sogar von fünfzehn Jahren[46]. Und die weltliche Gewalt strafte durch Entziehung der Ämter und des Vermögens[47] (Näheres S. 318 ff.).

Im 11. Jahrhundert wurde das Verbot der Ehen bis zum siebten Grad oft wiederholt und »gemeines Recht«[48]. Geht doch noch heute das in der (religiös angeblich neutralen) deutschen Bundesrepublik im Widerspruch zu ihrer Verfassung geltende Eheverbot der Schwägerschaft auf das kanonische Recht zurück, demzufolge eine Ehe noch immer ungültig ist bei Blutsverwandtschaft in gerader Linie zwischen allen Vorfahren und Nachkommen – Sohn (Tochter), Vater (Mutter), Großvater und so weiter – sowie in der Seitenlinie bis zum dritten Grad einschließlich – Geschwister, Geschwisterkinder und so weiter[49].

Die Begründungen der Kirche für ihr Inzesttabu waren der Sache adäquat. So erklärte Papst Leo III. (795—816) den bayerischen Bischöfen das Eheverbot bis zur siebten Generation durch Hinweis auf den Herrn, der sich am siebten Tag von allen seinen Taten ausgeruht[50].

Selbst für »geistliche« Verwandtschaft heckte der Klerus Ehehindernisse aus. Man konnte dabei sogar geltend machen, daß »die geistliche Verwandtschaft höher stehe als die leibliche«[51]. Und auch diese Erlasse gingen gelegentlich ins weltliche Recht ein[52]. 721 drohte die Synode von Rom unter Papst Gregor II. dem, der seine Mitpatin (commater) heirate, den Kirchenbann an[53]. Bald darauf erneuerte Papst Zacharias das Verbot und bezeichnete die Ehe mit der Mitpatin oder ihrer Tochter in einem Brief an Pipin als »Verbrechen und eine schwere Sünde gegen Gott und seine Engel«[54]. Schließlich durften sogar die beiden Taufzeugen desselben Kindes nicht mehr einander heiraten[55]. Und noch heute macht nach kirchlichem Recht »geistliche Verwandtschaft« eine Ehe zwischen dem Getauften einerseits und dem Taufspender sowie Taufpaten andererseits ungültig[56]. – Aber die Millionen Konkubinatskinder, die das Verbot der Ehescheidung in Italien zur Folge hatte, gelten mit ihrem Erzeuger nicht einmal als verwandt, so daß ein Vater die eigene Tochter heiraten kann[57]!

Die Zweitehe

Schon die Römer hatten Zweitehen mißbilligt und Witwen, die sie mieden, hochgeachtet, ja nicht selten auf Grabsteinen mit Ehrenprädikaten – univira, uninupta – bedacht[58].

Um 180 gab es katholische Stimmen, die eine Wiederverheiratung prinzipiell verboten[59]. Doch sah man in der ganzen alten Kirche eine zweite oder dritte Ehe nach dem Tod des Gatten nur ungern[60]. Sie wurde als »fornicatio honesta« betrachtet, eine ehrbare Hurerei, schließlich als »Hochzeit von Bigamisten«, und schwer bestraft[61]. »Wozu willst du wieder tun, was dir schädlich war?« attackiert Kirchenlehrer Hieronymus eine Witwe. »Der Hund kehrt zurück zu seinem Gespei, und die Sau wälzt sich nach der Schwemme wieder im Kot[62].«

Länger als ein Jahrtausend wurde vielerorts der zweiten Ehe der priesterliche Segen versagt[63]. Und noch 1957 erklärte Papst Pius XII. die Wiederverheiratung eines hinterbliebenen Ehepartners als unerwünscht[64].

Die Kirche erschwerte aber nicht nur Eheschließung und Wiederverheiratung nach dem Tod des Gatten, sondern sie unterband auch, ganz konsequent, in der Ehe den Geschlechtsverkehr immer mehr.

3.
DIE RIGOROSE EINSCHRÄNKUNG
DES EHELICHEN GESCHLECHTSVERKEHRS

> »Die Ehe kann, die Ehe soll ein Himmel auf Erden sein, aber unter der Voraussetzung, daß jeder sich darauf verpflichte, sich selber abzusterben.« – *Merksätze für Ehestandskandidaten*[65].

> »*Ich* bin der *Herr*, dein *Gott* und ich werde dich einmal zur Verantwortung ziehen, wie du in deiner Ehe gelebt hast! Eine von *mir* geschaffene Einrichtung muß nach *meinem* Willen gelebt werden!!!«
> *Der liebe Gott. (Mit kirchlicher Druckerlaubnis.)*[66]

»... tatsächlich nicht mehr viel freie Zeit«

Die Keuschheitstage waren zwar nicht generell geregelt, doch überall üblich und dermaßen zahlreich, daß selbst Katholiken heute zugeben müssen, es blieb »tatsächlich nicht mehr viel freie Zeit«[67].

Der eheliche Verkehr wurde untersagt an allen Sonn- und Festtagen, deren es damals nicht wenige gab (in Köln feierte man an hundert Tagen im Jahr!), an allen Mittwochen und Freitagen oder Freitagen und Samstagen, nach manchen Frühscholastikern aber sogar an jedem Montag, Donnerstag, Freitag, Samstag und Sonntag[68]. Weiter mußte man sich enthalten an Buß- und Bittagen, in der Oster- und Pfingstoktav, der vierzigtägigen Fastenzeit, der Adventszeit. Ferner, zumindest im Frühmittelalter, während der Schwangerschaft oder doch in den letzten drei Monaten und, dies durch das ganze Mittelalter, nach der Niederkunft, und zwar bei der Geburt eines Knaben oft sechsunddreißig, bei der eines (minderwertigeren) Mädchens jedoch sechsundfünfzig Tage[69].

Endlich verbot man den ehelichen Akt im ganzen Frühmittelalter noch einige Tage vor der Kommunion, meist drei, aber auch mehr[70], nach einem Bußbuch der römischen Kirche des 8. Jahrhunderts sieben Tage zuvor und sieben Tage danach[71]. Verlangte doch noch das Konzil von Trient wenigstens drei Tage vorher sexuelle Abstinenz – was praktisch fortwirkt bis ins 20. Jahrhundert[72]. Seele und Leib waren eben durch den Koitus und die damit verbundene Lust befleckt, weshalb Eheleute danach auch nicht zur Messe durften, ohne sich gewaschen zu haben. Selbst dann aber blieben sie oft noch eine Weile fern, in der römischen Kirche eine jahrhundertelange Gepflogenheit[73].

Hiermit hängt auch die alte, zuerst in Gallien bezeugte Sitte zusammen, wonach Neuvermählte dreißig Tage das Gotteshaus meiden, darauf vierzig Tage Buße tun und kommunizieren sollten[74]. Denn die Flitterwochen waren natürlich besonders reich an Lust und gerade darum auch an Sünden (S. 252 ff.).

In Rußland durften Ehepaare nach ihrer Vereinigung nicht ins Kircheninnere; sie mußten den Gottesdienst stehend in der Vorhalle hören. Noch im 18. Jahrhundert gingen selbst der Zar und die Zarin nach dem

Beischlaf am Morgen nicht am Kreuz vorbei, weil sie nun »unrein« und »sündig« waren[75].

Bis weit ins Mittelalter verbot man schließlich auch den Sexualverkehr mit Menstruierenden, hatte doch das Alte Testament darauf sogar die Todesstrafe gesetzt[76].

Infolge all dieser Verfügungen sollten katholische Eheleute an etwa acht Monaten im Jahr nicht geschlechtlich verkehren. Und im Hochmittelalter und später immer noch nicht fast während der Hälfte des Jahres[77]!

Die Enthaltsamkeitsverpflichtungen wurden durch Prediger, Beichtväter, Bußbücher und Synoden oft und streng eingeschärft und selbstverständlich bestraft[78].

Außerdem erwarteten Zuwiderhandelnde schreckliche Racheakte Gottes. Die Heiligen Cäsarius von Arles und Gregor von Tours prophezeiten allen, die an den obligatorischen Keuschheitstagen durch ehelichen Umgang sich befleckten, aussätzige, epileptische, verwachsene oder vom Teufel besessene Kinder als Folge ihres bösen Tuns[79]. Auch den Verkehr mit der Menstrua gaben die Kirchenväter als Ursache kranker, mißgestalteter Nachkommen an – ein »naturwissenschaftliches« Argument, das viele Jahrhunderte lang Glauben fand[80].

Die »Josefsehe« oder Viermal in einer Nacht?

Glücklich waren die Theologen nur, wenn die Gatten überhaupt nicht verkehrten. Die »Josefsehe« – die Maria und Josef laut Bibel freilich gar nicht führten[81] – wurde in dieser so vieles verkehrenden Religion das Ideal. Hatte man auch die Ehe zum Sakrament erklärt, feierte man dessenungeachtet die Scheinehe als hehres Werk mit höchsten Lohnerwartungen im Jenseits und sprach einige »zölibatär« lebende verheiratete Fürstinnen und Fürsten heilig: Kaiser Heinrich II., seine Gemahlin Kunigunde oder Hedwig, die Gattin Herzog Heinrichs I. von Schlesien, die dortige Landespatronin, die sich freilich erst nach zweiundzwanzigjähriger Ehe zur Enthaltsamkeit entschließen konnte[82].

Allmählich bestrafte man dann nur die Forderung der ehelichen Pflicht an Keuschheitstagen, verlangte aber die Leistung. Und schließlich setzte man die zahlreichen Verkehrssperren ganz außer Kraft. Man wurde immer progressiver. Im Jahrhundert der Aufklärung kann Kirchenlehrer Alfons de Liguori sich bereits fragen, ob es Sünde sei, nach dreimaligem Koitus in einer Nacht einen vierten zu verweigern[83]. Im 20. Jahrhundert allerdings braucht nach einem bekannten Moralisten mehr als »einer einmaligen Forderung in vierundzwanzig Stunden ... gewöhnlich sicher nicht stattgegeben werden«[84].

4.
WARUM MAN DIE EHE ÜBERHAUPT GEDULDET HAT

> »Drumb hat das Meidlein ihr Punzlein, daß es ihm (dem Manne) ein Heilmittel bringe, damit Pollutionen und Ehebrüche vermieden werden.«
> *Martin Luther*[85]

> »... der Kirche Christi Nachkommenschaft zuzuführen, die Mitbürger der Heiligen und die Hausgenossen Gottes zu mehren, damit das dem Dienste Gottes und unseres Erlösers geweihte Volk von Tag zu Tag zunehme...«
> *Papst Pius XI.*[86]

Die Streichung der ehelichen Keuschheitszeiten geschah nun keinesfalls aus Liberalität, humaner Einsicht, Güte. Vielmehr verhielt es sich so: Da die Beichtväter nur zu gut wußten, daß oft das Glück des verheirateten Mannes, um es mit Oscar Wilde zu sagen, von Frauen abhängt, die er nicht geheiratet hat[87], erlaubte man mehr Freiheit in der Ehe bloß, um Seitensprünge möglichst zu verhindern. Und eben dies: die Unterdrückung der Kopula mit außerehelichen Partnern war der erste Grund für die Duldung der Ehe im Christentum.

Bereits Paulus, der älteste christliche Autor, hielt die Ehe nur »um der (Vermeidung der) Hurerei willen« für tragbar (S. 68). Bloß zum Beten durften Verheiratete, im beiderseitigen Einverständnis, einander sich entziehen, doch dann sollten sie gleich wieder zusammenkommen, damit Satan sie nicht in Versuchung führe[88].

Dies paulinische Motiv, Sicherung des Seelenheils durch Verhütung außerehelicher Unzucht, erneut besonders von Augustinus aufgegriffen[89], gewinnt bis zur Hochscholastik ständig an Bedeutung. Immer strenger forderte die Kirche das dauernde Zusammensein der Gatten, weil man den Ehevollzug jederzeit gewährleistet, das heißt Eskapaden vermieden wissen wollte. Notfalls sollte die eheliche Hausgemeinschaft durch die weltliche Gewalt erzwungen werden.

Auch hatte die Frau dem Mann, auf dessen Wunsch jedenfalls, überallhin zu folgen, auf Geschäftsreisen, Wallfahrten, ins Gefängnis und Exil. Das galt selbst, wenn er ein Vagabund war oder das »unehrliche«, schwer sündhafte Handwerk eines Schauspielers trieb[90].

Um ein Delikt seiner Gattin zu verhindern, durfte der Mann sich auch nicht durch Fasten derart abtöten, daß er nicht mehr verkehren konnte. Gelegentlich gestattete man, stand kein anderer Ort zur Verfügung, selbst die Kopulation in der Kirche, vor allem wieder, »wenn die Gefahr der Unzucht dräut«[91]. Sogar bei Aussätzigen drang man auf die Erfüllung der ehelichen Pflicht. Denn die stete Gefahr der Sünde war schlimmer als die Ansteckung der Kinder. Besser allemal »ein aussätziges Kind zu zeugen als keines«[92]!

Kardinal Huguccio, der bedeutendste Kanonist des 12. Jahrhunderts, nimmt den Fall an, ein Gatte sei gegen den Willen seiner Frau Papst geworden. Muß er ihr die eheliche Pflicht leisten? Der Experte bejaht es, kann die Gattin nicht zur Enthaltsamkeit überredet werden[93]. Ehe ist hier eben »Heilmittel gegen die Begehrlichkeit« (medicina contra concupiscentiam), wie Albertus Magnus schreibt, oder, wie Luther sagt, »Arznei für Hurerei«[94].

So früh wie möglich

Eine Prophylaxe gegen außereheliche Freuden und den Verlust der kindlichen »Unschuld« war auch die Frühehe. Schon eine Anweisung der antiken Kirche an die Geistlichen lautet: »Vor allem sollen sie die Jüngeren (möglichst) rasch ehelich verbinden, um gegen die Schlingen der jugendlichen Leidenschaft vorzubeugen[95].« Später gestatteten kirchliches und profanes Recht auch Kinderverlöbnisse. Feststehende Regel: »Nach Vollendung des siebenten Lebensjahres haben, wie man sagt, sowohl Knaben wie auch Mädchen die Unterscheidungsgabe erlangt. Sie finden deswegen gewöhnlich von diesem Zeitpunkt an Gefallen an einer Verlobung[96].« Das galt noch im 18. Jahrhundert[97].

Bis tief ins Mittelalter aber konnte man vor Eintritt der Pubertät sogar die Ehe schließen. Dann wurde die Norm des heiratsfähigen Alters (obwohl es noch immer Ausnahmen gab, zumal bei Feststellung der Ehefähigkeit »per aspectum corporis«, die gewissenhafte Theologen in derlei Fällen forderten) für Knaben das vollendete vierzehnte, für Mädchen das vollendete zwölfte Lebensjahr[98]. Und sosehr die Kirche die Rechte des Vaters stützte und stärkte, eine Ehe seiner Kinder in diesem Alter konnte er nicht annullieren[99].

In mehreren katholischen Ländern sind solche Altersgrenzen noch heute legal[100]. Dabei werden überall die Ehen junger Leute am häufigsten geschieden; ist hierzulande ihre Scheidungsziffer mehr als doppelt so hoch wie die Durchschnittshäufigkeit aller geschiedenen Ehen. Und fast immer sind die Kinder aus Frühehen weniger ausgeglichen; sie werden oft mißhandelt und wachsen nicht selten asozial auf[101].

». . . laß sie nur todt tragen, sie sind darum da«

Neben der Vermeidung außerehelichen Geschlechtsverkehrs gab es für die Kirche aber bald einen zweiten, triftigeren Grund noch für die Anerkennung der Ehe: die Sicherung des eigenen Bestandes.

Bezeichnenderweise war dies rein machtpolitische Motiv für die fest ans nahe Weltende glaubenden ältesten Gemeinden, die durch dauernde Endzeiterwartung düpierte Urchristenheit absurd (vgl. S. 73 f.). Paulus hatte deshalb den kynisch-stoischen Satz, der ehelichen Umgang nur zur Zeugung erlaubte, verworfen[102]. Hundert Jahre später aber schreibt Justin der Märtyrer: »Wir sind von vornherein eine Ehe zu dem einzigen Zweck eingegangen, Kinder aufzuziehen[103].« Ebenso lehnten alle »Väter« der ersten drei Jahrhunderte jeden Ehevollzug, der kein Kind zum Ziel hatte, ab[104]. Denn als die Kirche wuchs, ihre Führer nicht mehr mit dem Untergang der Welt rechneten (sondern allenfalls mit der eigenen Macht), da war das Zeugen von Kindern fast die einzige religiöse Rechtfertigung für die Ehe, galt jeder Sexualkontakt ohne diese Absicht als »Sünde«[105]. Das paulinische Motiv, Rettung des Seelenheils durch Vermeiden der »Unzucht«, trat damals ganz zurück. Es kam, von wenigen Ausnahmen abgesehen, erst seit Augustinus wieder in Gebrauch, als man bereits herrschte, und gewann, da der Nachwuchs nun nicht mehr so über alles wichtig schien, in der Früh- und besonders Hochscholastik immer mehr an Bedeutung[106].

Gleichwohl behielt die procreatio prolis, die Mehrung des Menschheitsbestandes, wobei man natürlich zuerst an sich selbst, die Kirche, dachte, stets den Vorrang. Auch Augustinus kannte überhaupt »keine andere Hilfeleistung«, zu der »dieses Geschlecht« der Frauen »für den Mann erschaffen wurde, als die Erzeugung von Kindern«[107].

Bereits die Präfation des alten Sacramentarium Gelasianum nannte so, was das Weib gebiert, »eine Zierat für die Welt«, weil man, bei allem Antifeminismus, aller Ehefeindschaft, doch den Beitrag der Frau »zum Wachstum der Kirchengemeinde« schätzte[108] und nicht durch ein Eheverbot – wie Marcioniten oder Valentinianer – im Konkurrenzkampf der Konfessionen scheitern wollte.

Man glaubt deshalb durchaus, daß der Catholica die Kinder willkommen waren, daß sie schließlich die Brautkammer oder das Brautbett segnete und Gebete fabrizierte, »insbesondere gegen das, was die Begattung hindern könnte«, daß die »selige Lidwina« (gest. 1433) die ehrenvollen Beinamen »Mutter der Gebärenden« und »hl. Hebamme« erhielt[109] et cetera. Wie denn auch für Luther der Frauen wichtigstes Geschäft das Gebären, ja das zu gebärende Kind wichtiger war als die Gebärende, die er einmal apostrophiert: »Gib das Kind her und tue dazu mit aller Macht; stirbst du darüber, so fahre hin, wohl dir, denn du stirbst eigentlich im edlen Werk und Gehorsam Gottes.« Oder: »Ob sie sich aber auch müde und zuletzt todt tragen, das schadet nichts, laß sie nur todt tragen, sie sind darum da[110].«

Humanität aber, Ehefreundlichkeit, ist das kaum. Vielmehr war das typisch christliche Eheinstitut, das durch zwei Jahrtausende den Eros kaum und die Lust noch weniger geduldet hat, bis in die neueste Zeit bloß eine Art biologischer Zweckverband, eine gesellschaftliche Interessengemeinschaft, ein zwar sakramental »überhöhtes« (S. 258 f.), im Grunde aber etwas schmutziges Geschäft, wobei die Frau vor allem als Gebärmaschine fungierte, die Mutterschaft somit die Hauptrolle spielte, und dies gewiß um so mehr, als im Mittelalter die Kindersterblichkeit durchschnittlich achtzig Prozent betragen haben soll[111].

»Citoyennes, donnez des enfants à la patrie!«

Nach der Reformation propagierte man dann da und dort, auch von der Kanzel herab, sogar die Doppelehe zur Sanierung der durch Kriege und Greuel entvölkerten Gebiete[112]. Denn der Staat wünschte selbstverständlich gleichfalls Kinderreichtum, Stärkung der Wirtschaft, der Verteidigungs-, der Angriffskraft.

War darum, buchstäblich, Not am Mann, ging man noch über die Doppelehe hinaus. So erlaubte im 17. Jahrhundert die isländische Regierung nach einer Seuche jedem Mädchen »sechs Bastarde«, ohne an seiner Ehre Schaden zu leiden. Der Erfolg war derart, daß das Edikt bald wieder aufgehoben werden konnte[113]. Selbst zur Zeit der Französischen Revolution, die doch viele Sexual- beziehungsweise Ehebestimmungen hinweggefegt hat, galt das Kindermachen als vaterländische Pflicht. Durch Paris schwenkten Frauen Fahnen mit der Aufschrift: »Citoyennes, donnez des enfants à la patrie! Leur bonheur est assuré« (Bürgerinnen, gebt dem Vaterland Kinder! Ihr Glück ist gesichert[114]).

Besonders harmonierte der Klerus in dieser Hinsicht mit den Nazis (freilich auch sonst oft, herrschte doch zwischen beider Weltanschauung eine Entsprechung, wie nicht nur der Päpstliche Kammerherr und Vizekanzler Hitlers, Franz von Papen, herausfand, »in fast allen Beziehungen«)[115]. Es paßte der Kirche nur zu gut ins Konzept, daß Hitler die liberalere Phase der Weimarer Republik beendete. Man schloß die »Ehekliniken«, die vordem Antikonzeptiva ausgeteilt, die Pornographie wurde verboten, die Homosexualität bekämpft, dito die Abtreibung, und der Gebärzwang zur Staatsparole erhoben[116]. So konnten die Katholiken um so leichter »Fruchtbarkeit« als »Segen und Gebot zugleich« preisen und die »blühende Kinderschar« der »naturgetreuen« katholischen Familie als »Jungbrunnen« bejubeln für »Volk und Gesellschaft«. (Titel: »Die Verwirklichung der Nachfolge Christi«[117].)

Doch selbst in Sowjetrußland dachte man nicht sehr viel anders. Zwar waren dort 1917 Monogamie und bürgerliche Familie beseitigt worden. Aber schon Lenin hatte vor sexueller Anarchie gewarnt und entschieden die Aufrechterhaltung der Familie gefordert. Und wurde auch – nach seinem Tod – 1927 die freie Sexualgemeinschaft der Ehe gleichgestellt und die Ära der »Scheidungspostkarten« eröffnet (wobei eine einseitige Erklärung des Mannes oder der Frau beim Registeramt zur Eheauflösung genügte), 1936 führte ein neues Gesetz zur Dauerehe zurück, nachdem man schon 1935 die Hersteller obszöner Bücher und Bilder mit Gefängnis von fünf Jahren bedroht hatte[118]. Der Staat erklärte die Familie jetzt als notwendig, erlaubte nur nach Zustimmung beider Gatten die Scheidung, belegte diese noch mit einer steigenden Gebühr und erschwerte sie während des Zweiten Weltkrieges, wo man »gesunde moralische Ideen« propagierte, ganz besonders[119]. Seit 1950 sehen führende amerikanische Soziologen in der Sowjetunion sogar eine monogamere und viktorianischere Eheauffassung herrschen als in den meisten westlichen Ländern[120].

Rettung der Familie oder »Ideal des heutigen Philisters«

Der Ruf nach »Rettung der Familie«, der »heiligen Institution«, durchgellt das Abendland seit langem. Was aber macht diese Einrichtung für Kirchen und Staaten, selbst für so verschiedene Systeme wie Faschismus und Kommunismus, derart förderswert? Nun, die Familie, bereits nach einem Postulat Augustins »Anfang oder Teilchen des Staates«[121] (nach Engels freilich »das aus Sentimentalität und häuslichem Zwist zusammengesetzte Ideal des heutigen Philisters«[122]), trägt machtvoll zur Erhaltung der patriarchalischen Gesellschaftsstruktur, zur unbedingten Unterordnung bei.

Schon die Etymologie des Wortes ist lehrreich. Betraf das römische familia doch ursprünglich nur die Sklaven: Famulus hieß der Haussklave, und familia war die Gesamtheit der einem Mann gehörenden Sklaven und Sachen[123]. Und verändern sich auch Struktur und Funktionen der Familie durch die Zeiten – eine Art romantischer Leibeigenschaft ist sie mutatis mutandis geblieben, eine Hierarchie im kleinen, die erste und wichtigste Schule der Anpassung und sexuellen Repression.

Man hält den jungen Menschen in Furcht und Abhängigkeit. Da er nicht seiner Natur gemäß leben kann, stürzt er in fortwährende energieverschleißende Komplikationen – und solange er mit sich selbst kämpfen muß, kann er nicht *für* sich kämpfen, was natürlich genauso, ja mehr noch für die Eltern gilt, die von Kirche und Staat gegängelt werden, aber auch wieder vom Kind. Denn wie sie dessen Emotionalität und Motorik bremsen, es gleichschalten, kommandieren, so soll das Kind sie selbst binden.

Die Katholiken wünschen, daß der Trieb »veredelt und gemildert« werde in der Ehe, daß er »bald an Akutheit« verlieren und der Nachwuchs sich zwischen die Gatten stellen möge, um ihnen »Distanz und heilsame Ablenkung« zu geben[124]. Und normalerweise führt die Familie auch zu dieser gewünschten Schrumpfung der Vitalität. Der Mann wird ganz auf seine Frau, die Frau auf ihren Mann eingeschränkt, was den Ehebestand ebenso sichert wie die Familie, die kraft ihres patriarchalisch-autoritären Gepräges eben ständig neue Abhängige, Fügsame züchtet, zunächst gegenüber den Befugnissen der Eltern, besonders des Vaters, dann gegenüber Kirche und Staat.

»Hauskatechumenat« oder »diu zunge an daz hackel legen . . .«

Es ist kein Zufall, daß die Rolle des Vaters als Familienoberhaupt im Katholizismus eine geradezu religiöse Sanktion genießt[125].

Schon die alten Theologen, Augustinus oder Johannes Chrysostomos, mahnen immer wieder den Vater, daheim eine Art Bischofsamt zu verwalten. Nach Thomas von Aquin ist »der Vater im Hause wie ein König in seinem Reich«[126]. Und die modernen Kirchenväter, wie etwa Erzbischof Conrad Gröber von Freiburg, einst Förderndes Mitglied der SS, würdigen eher wortreicher noch die besonderen Gnadengaben der Eltern »zur Ausübung des familienseelsorgerlichen Amtes, Gnaden, die selbst den Inhabern des Weihepriestertums nicht in gleicher Weise und in gleichem Maße gegeben sind«; sie rühmen das »hauspriesterliche Amt der Eltern«, »die religiöse Bildung des kirchlichen Nachwuchses (Hauskatechumenat)«, »das königliche Amt der Disziplin«, also alles, was »schon früh den kleinen Menschenwesen eingegraben«(!) wird[127] und dann das kirchliche Stroh blühen läßt . . .

Was man neben solch geistlicher Verknechtung des kindlichen Gemüts ab incunabilis von der Familie, besonders der kinderreichen, weiter erwartet, ist vor allem Unterordnung; Gehorsam, wie ein Theologe betont, »aufs Wort«; »denn die kinderreiche Mutter kann es sich gar nicht leisten, etwas zwei- und dreimal sagen zu müssen. Gibt es aber eine wichtigere Tugend als die Tugend des Gehorsams?[128]« Für alle, die bloß durch skrupellose Gängelei herrschen können, gewiß nicht.

Nur so wird verständlich, warum man im Mittelalter Kinder, die sich in irgendeiner Weise gegen ihre Eltern vergingen, infernalisch zur

Rechenschaft gezogen, beispielsweise nach dem Stadtrecht von Passau (1299) bereits das bloße Beschimpfen von Vater und Mutter der Gotteslästerung gleichgesetzt und durch einen gräßlichen Tod gerächt hat. »Swer Got oder die heiligen schildet oder vater und muter, dem sol man diu zunge an daz hackel legen[129].« Zumindest im Frühmittelalter war es ganz gleich, ob man die Eltern schwer kränkte oder leicht, schon eine Ungezogenheit, ein böses Wort, konnte die gesetzliche Exekution bedeuten[130]. Und bis ins 17. Jahrhundert, wird uns berichtet, durften die Kinder »in Gegenwart ihrer Väter und Mütter nur im zitternden Stillschweigen dastehn oder knien und sich nicht ohne ausdrückliche Erlaubnis niedersetzen«[131].

Außer der Erziehung zum Gehorsam, zur Willfährigkeit, aber zeitigt zumal die größere Familie einen weiteren Effekt. »Kinder aus kinderreichen Familien«, weiß ein Katholik, »werden so leicht nicht verwöhnt. Sie lernen früh sich bescheiden, sie lernen früh auf etwas verzichten und manchem entsagen[132].« Und wie entscheidend ist dies bei dem sozialen Elend gerade in katholischen Ländern, in Italien, Spanien oder gar Südamerika!

Die Theologen insistieren darum stets eindringlich auf der »Bedeutung der Familie für die Verwirklichung des Reiches Gottes auf Erden«. Die Familie ist da »die Urzelle des stets sich verjüngenden Gottesvolkes«, das »Heiligtum im Gottesheiligtum der Kirche«, »ecclesiola in ecclesia«[133]. Und ausgerechnet 1942, inmitten des Zweiten Weltkrieges, als man Kanonenfutter brauchte und preisgab wie nie zuvor, forderte Pius XII. mit der ihm eigenen Kitschemphase Raum, Licht und Luft für die Familie, damit »der Friedensstern über der Gesellschaft stetig strahle...«[134] Und die Ehegatten nannte der »Stellvertreter«, womit wir auf das Hauptthema, die Vermehrung der Gläubigen, zurückkommen, »im eigentlichen Sinne die Mitarbeiter Gottes«[135].

Weniger Vermehrung, mehr Lust!

Wiederholt wies dieser Papst tolerantere Theologen zurecht, vor allem jene, »die da leugnen, daß der Hauptzweck der Ehe die Zeugung und Erziehung der Nachkommen sei«. »Die Wahrheit ist«, behauptete der zwölfte Pius, »daß die Ehe als natürliche Einrichtung nach dem Willen des Schöpfers nicht die persönliche Vollendung der Gatten zum ersten und innersten Zweck hat, sondern die Zeugung und Heranbildung neuen Lebens... Das gilt für jede Ehe...[136]«

Nach traditioneller Kirchenlehre ist die Libido nur zur Fortpflanzung bestimmt. Da kinderliebenden Eltern normalerweise jedoch zwei bis vier Kinder genügen, dürften sich Christen, wie Wilhelm Reich bemerkt, konsequent durchdacht, höchstens viermal im Leben paaren – während der gesunde menschliche Organismus dreitausend bis viertausend Geschlechtsakte in einem dreißig- bis vierzigjährigen genitalen Leben braucht[137]. Zudem hat die Forschung der letzten Jahre, besonders die Arbeit japanischer und amerikanischer Sexuologen, gezeigt, daß etwa 90 Prozent der Frauen gerade dann am erregbarsten sind, wenn die Befruchtungsmöglichkeit am geringsten ist, an den sogenannten »sicheren« Tagen also. Ein Indiz dafür, daß der Geschlechtstrieb weniger der Fortpflanzung dient als der Lust[138]. Wie übrigens auch bei Tieren Brunst und Vermehrung nicht immer zusammenfallen, vielmehr nur bei einigen Arten der Sexualakt die unmittelbare Befruchtung bewirkt. »Es gibt keinen Hinweis aus der Biologie oder der Verhaltensforschung darauf, daß das Paarungsvorspiel oder die Paarung selbst mit der Fortpflanzung untrennbar verbunden seien – ganz im Gegenteil[139].«

Nun erschwerte die Kirche aber nicht nur das Heiraten durch eine Fülle von Hindernissen, schränkte sie nicht bloß den ehelichen Verkehr radikal ein, sondern sie suchte ihn auch dort, wo sie ihn erlaubte, mit allen Mitteln zu vergällen.

5.
DIE VERPÖNUNG DER LUST IN DER EHE

> »Gott schafft im stillen Heiligtum des Mutterleibes, und du willst es durch Wollust schänden?«
> *Kirchenlehrer Ambrosius*[140]

> »Die Kirche erklärte die Ehe für unauflösbar und rottete jede Kenntnis der ars armandi aus; so tat sie alles, was in ihrer Macht stand, damit die einzige Form der Sexualität, die sie gestattete, möglichst wenig Vergnügen und möglichst viel Leid mit sich brachte.« *Bertrand Russell*[141]

Das ganz von den Begriffen Sünde und Erlösung beherrschte (paulinische) Christentum ist lustfeindlich vom Prinzip, von seinem rigorosen Dualismus her. Deshalb konnte und kann in der Religion der Liebe gar nicht wenig und flau genug geliebt werden.

Fast jeder Eheverkehr galt als sündhaft

Schon nach dem Neuen Testament hatte jeder »sein eigenes Gefäß« zu besitzen »in Heiligung und Ehre, nicht in leidenschaftlicher Begierde wie die Heiden«[142]. Laut Augustinus sündigen die Gatten, wie er unermüdlich betont, sobald sie sich der Lust ergeben, weshalb sie danach beten sollen: »Vergib uns unsere Schuld[143].« Bald darauf lehrt Papst Leo I. (440–461), daß bei allen Müttern der Erde »die Empfängnis nicht ohne Sünde geschieht«[144]. Und nach dem das Sexuelle besonders diffamierenden Gregor I. (590–604) – beide Ekklesiarchen wurden durch das Attribut »groß« und, als einzige Päpste, den Titel eines Kirchenlehrers geehrt – verkehren (!) geradezu Gatten, die sich beim Akt ergötzen, »die richtige Ordnung«, weshalb sie eifrig büßen müssen[145].

Um 610 nennt Kirchenlehrer Isidor von Sevilla die Ehe nur »in sich« gut, wegen der mit ihr verknüpften »Umstände« aber »böse«, weshalb auch Isidor »täglich« Sühne fordert für die genossene Lust[146]. Die meisten Frühscholastiker erachten jeden geschlechtlichen Umgang in der Ehe für Sünde[147]. Und im Hochmittelalter, als Papst Innozenz III. schreibt, »wer wüßte nicht, daß das eheliche Beilager niemals ohne das Jucken des Fleisches, ohne die Glut der Unzucht, ohne den Schmutz der Libido vollzogen werden kann«, gilt der Koitus fast allgemein als Frevel[148].

Nach vielen Theologen war der Geschlechtsverkehr Verheirateter nur dann sündlos, wurde dabei die Lust gehaßt[149]. Man bedenke, wozu man da erzog! Zu welcher Schizophrenie, welcher Zeugung mit schlechtem Gewissen! Konsequent galten lang Sätze wie: »Je größer die Lust, desto größer die Sünde.« Oder: »Wer seine Frau allzu heiß liebt, ist ein Ehebrecher[150].« Denn wenig war dem Klerus so zuwider wie eben das. Man erhoffte von der Ehe doch gerade einen demontierenden, desensibilisierenden Effekt, ein beständiges Abflauen, Eintrocknen, Zusammensacken, eine Entwicklung zu dem, was später William Blake »the Marriage hearse« nannte, den Leichenwagen des Ehestandes, kurz, wie selbst ein Katholik gesteht, die »möglichst vollständige Ausschaltung der geschlechtlichen Lust aus dem Bewußtsein der Gatten«[151].

Der Reformator und »die häßliche Lust«

Sogar für Luther, der doch nimmer ermüdete zu erzählen, wie »Tapfer verachtet und geschändet ... der Ehestand unter dem Papsttum« war, und sich seinerseits so ehefreundlich gab, daß er Hospitierung von andern bei Untüchtigkeit des Mannes erlaubte, daß er die bekannte Parole ausgab: »Will die Frau nicht, so komm' die Magd!«, ja lehrte, es widerstreite »auch nicht der Schrift«, wenn einer »mehrere Weiber heimführen« wolle, ob einer mit einem Weib lebe oder mit zwei Weibern, sei gerade so gleichgültig, als ob man mit einer oder zwei Schwestern lebe[152], selbst für Luther ist der eheliche Akt doch immer mit Sünde, schwerer Sünde verbunden, »in nichts sich unterscheidend vom Ehebruch und der Hurerei, soweit die sinnliche Leidenschaft und die häßliche Lust in Betracht kommt«, weil wir nun einmal »durch Adam verderbt, in Sünde empfangen und geboren« seien, so daß »*keine Ehepflicht ohne Sünden* geschieht«; »ohne Sünde können die Eheleute nicht sein«[153].

Die »häßliche Lust«, wie der Reformator rügt, beinah päpstlicher, wie so manches Mal, als der Papst (oder die »Papstsau«, »des Teuffels Saw«, wie er auch zu sagen pflegt), sie verteufelte die Kirche weit mehr als den Mord, zu dem sie, war er gleich hekatombenweise zu vollbringen, doch maniakalisch aufrief durch zwei Jahrtausende.

Sogar der Zungenkuß war Eheleuten verboten. Und weil man ihn schließlich nur für leichte Sünde zu halten begann, verdammte solche Laxheit 1666 Papst Alexander VII.[154] Später aber, fortschrittlicher geworden, gab die katholische Kasuistik genaue Anweisung, bis zu wie vielen Millimetern ein Zungenkuß züchtig und von wo an er unzüchtig sei[155].

Zeitweise untersagte die Kirche dem Ehemann auch, seine Frau nackt zu sehen[156]. (Und noch heute soll er »mit dem richtigen Takt des Herzens erfühlen, wo und in welcher Art dies tragbar ist«[157].)

Im Mittelalter aber empfahl man zur Minderung ehelicher Lust das sogenannte »Mönchshemd« (chemise cagoule), eine Spezialkreation, die bis zur großen Zehe alles bedeckte und nur ein winziges Schlupfloch in der Genitalgegend ließ, doch ausschließlich zur Zeugung weiterer Christen und Zölibatäre. In Form einer Keuschheitsdecke, mit einem dezenten Schlitz in der Mitte, diente die geistliche Schöpfung auch einigen besonders sittenstrengen Indianerstämmen. Man ging, bevor man eine Lanze brach, darüber und darunter derart in Deckung, daß keiner den andern sehen konnte. Das Requisit wurde zum Beischlaf vom Stammeshäuptling entliehen, und je seltener ein Mann es holte, desto höher war sein Ruf[158].

»*Anomale« Gattenliebe – schlimm wie Mord*

Wählte man beim Koitus – des größeren Genusses wegen – gar eine »unnatürliche« Stellung, einen situs, wie die Moralisten sagen, ultra modum, war dies, nach allgemeiner Ansicht der mittelalterlichen Theologen, schwere Sünde und wurde jahrhundertelang mit Kirchenbußen belegt[159]. Denn das konnte den Zölibatären natürlich am wenigsten passen, wenn durch die Ehe die Neigung frisch erhalten, die Lust des Fleisches noch gesteigert worden ist. Die Erlaubnis, »sich an der Frau auf verschiedene Weise zu ergötzen«, wird gelegentlich geradezu als Häresie gebrandmarkt oder doch jede von bloßer Lust diktierte »anomale« Lage »ebenso Todsünde« genannt wie »Diebstahl oder Mord«[160]! Dies vor allem, wie verschiedene Koryphäen lehren, weil ein

pervers erzeugtes Kind erblich belastet und schlimmen Sünden gegen die Natur geneigt sei. Dagegen empfiehlt man als sittliches Vorbild, als »Muster der Enthaltsamkeit«, das Kamel, das nur einmal jährlich, und besonders das Elefantenweibchen, das bloß alle drei Jahre koitiere[161].
Nach dem von Msgr. I.-B. Bouvier, Bischof von Le Mans, verfaßten Handbuch für Beichtväter (laut Vorbemerkung nur mit Genehmigung vom Superior des Priesterseminars oder Generalvikar der Diözese erhältlich) sündigen die Ehegatten schwer, wenn sie sich »obszönen und der natürlichen Scham widerstrebenden Akten hingeben«, etwa »wenn die Frau das Glied ihres Mannes in ihren Mund nimmt oder es zwischen ihre Brüste legt oder es in ihren Anus einführt«. Sie sündigen schwer, »besonders wenn der Mann, um seine Lust zu steigern« – ja immer ein »crimen capitale« –, »seine Frau von hinten nimmt, in der Art der Tiere, oder wenn er sich unter sie legt und so die Rollen vertauscht. Diese Verirrung ist häufig der Ausdruck einer verwerflichen Lüsternheit, die sich nicht damit begnügen will, den Koitus auf hergebrachte Weise zu praktizieren[162].«

Schwer begreiflich, wahrlich, warum der »hergebrachte« Akt, die Gattin auf dem Rücken also und der Gatte facies ad faciem darüber, normal, korrekt und gottgewollt, warum unter all den wechselvollen Möglichkeiten ausgerechnet er und er allein von Ewigkeit her vorbestimmt sein soll – es sei denn, diese Position, die man angeblich in keiner Kultur der Welt sonst kennt oder doch bedeutungslos bis komisch findet, wäre wirklich eine der »am wenigsten wirkungsvollen Positionen, die Menschen sich je ausgedacht«[163].

Vom Stagnieren der Gesetze . . .

Selbst heute noch, wo Psychologie und Medizin (wenn auch seit gar nicht langer Zeit erst) alle Koitusstellungen sowie oral-genitale Kontakte und Masturbation als normal betrachten[164], dehnen nicht wenige Jurisdiktionen den Begriff Unzucht auch auf Ehepaare aus, was wir zweifellos den Kirchen verdanken. Und in einigen Staaten der USA waren die Strafen dafür noch zur Zeit Kinseys so horrend, daß sie nur von denen für Vergewaltigung, Kindesraub und Mord übertroffen worden sind[165]. »Wir wissen von Fällen, wo Personen verurteilt wurden, weil einer der Partner sich beklagte oder weil irgend jemand davon erfuhr, daß orales oder anales Liebesspiel bei ehelichen Beziehungen stattgefunden hatte. Es gibt zwar auf Grund dieser Gesetze nur wenige Strafverfolgungen, aber solange diese Gesetze bestehen bleiben, sind sie Gegenstand eigensüchtiger Anwendung der Strenge des Gesetzes und werden zu Handhaben für Erpresser[166].«

... und vom Fortschritt der Moral

Im Laufe der Zeit aber, weil die Welt von der Bahn des Lasters nicht loskam, ja es gar nicht so lasterhaft mehr fand, gaben die Priester nach, wie widerwillig auch immer.

Hatte die Kirche schon in der Spätantike die Sexualität selbst als von Gott herrührend erklärt, doch die sexuelle Erregung als Folge des Sündenfalls, hatte sie dann im Hochmittelalter sogar die Lust von Gott abgeleitet, aber die »Unordnung in Lustverlangen und Lustempfinden« als »Schuld der Stammeltern« bezeichnet und als persönliches »Verschulden«[167], so erlaubte sie allmählich auch etwas Ergötzen beim Verkehr. Dann gestattete man den Koitus nicht nur *mit* Lust, sondern auch *aus* Lust und stempelte nur den aus bloßer Lust zur Sünde. Und die Theologen unseres Jahrhunderts mögen sich sehr fortschrittlich vorkommen, wenn sie in einer Zeit, in der das Liebesmotiv wichtigster Faktor der Partnerwahl wurde und selbst nach gescheiterten Ehen so gut wie nie aufgegeben wird[168], nicht mehr offen leibfeindlich sind; wenn sie ihren traditionellen Antisexualismus vorsichtig kaschieren und den persönlichen Sinn der Ehe, die personale Ebenbürtigkeit der Frau betonen. Nicht auf Grund einer sie plötzlich überströmenden besseren Einsicht oder größeren Menschlichkeit, sondern weil die Umorientierung einfach schon zu weit gediehen und, wie immer in analogen Fällen, das Adaptieren unerläßlich ist. So tritt man nun duldsamer auf, weitherziger, weiser, mokiert sich gelegentlich kollegial über Moraltheologisches früherer Zeiten und schränkt alsbald die Zugeständnisse, die man selbst macht – ein Viertel Jovialität im Sinn, drei Viertel Arglist –, wieder derart ein, daß wenig mehr bleibt als der Sand in den Augen der Dummen.

Die »dunkle Zwangsläufigkeit des Geschlechtlichen«

Konkret sieht das so aus.

Man genehmigt zunächst großzügig, daß Verheiratete die »Lust suchen und genießen«, die ihnen »der Schöpfer bestimmt hat«, denn gegen den Schöpfer will man nichts sagen, selbst als Papst, nicht direkt jedenfalls. Dann aber reduziert der Heilige Vater drastisch die gerade noch gezeigte Generosität und befiehlt, daß »die Ehegatten auch hier in den Grenzen des rechten Maßhaltens bleiben« müssen, daß sie sich »beim Geschlechtsgenuß nicht zügellos dem Antrieb der Sinne hingeben« dürfen, daß man, »selbst wenn die Substanz des Aktes unverletzt bleibt, in der Art der Ausführung sündigen kann«[169].

Der »Holländische Katechismus« nennt »das Erotische gut«. Nicht genug. Denn das wäre noch »viel zu schwach ausgedrückt. Es ist heilig.

Die Erotik ist eine heilige, schöpferische Macht in uns.« Doch nur eine Zeile nach dieser Phrase, deren spezifischer Zungenschlag schon suspekt ist und Arges ahnen läßt, heißt es: »Wenn die erotische Anziehung aus dem Gefüge der anderen menschlichen Werte losgelöst wird, und vor allem wenn ihre leibliche Seite, die organgebundene Geschlechtlichkeit, aus dem Gefüge der menschlichen Erotik losgelöst wird, können ungeahnte Tiefen des Bösen und der Brutalität aufbrechen....[170]«

Man gestattet heute Verheirateten die Freude an der Vorstellung »gottgewollten Verkehrs«. Doch diese Gedanken, so gibt man zu bedenken, sind unter Umständen recht »unnütz und gefährlich«. Die Geschlechtslust selbst sei zwar geheiligt durch das Sakrament der Ehe und insofern gut. Wo die Lust aber »für *sich allein* gesucht«, wo ihr »*ungezügelt*« nachgegeben« werde, »ist sie die Quelle unsäglicher Entartungen, Leiden und Sünden«[171].

Selbst ein Moralist, der vor Fortschrittlichkeit nicht bloß rundheraus bekennt, die Ehe sei »kein Kloster«, sondern auch einen Akt fordert »nur in der optimalen leiblichen und geistig-seelischen Frische und Kraft« (was freilich schon wieder ganz erhebliche Einschränkungen impliziert!), klagt dann doch bei jeder Verschnaufpause, die ihm sein Fortschritt läßt, über die »dunkle Zwangsläufigkeit des Geschlechtlichen und die Unverbindlichkeit des Erotischen«, »die dem Eros innewohnende Tendenz, aus der Ordnung auszubrechen und gefährlich und sogar zerstörerisch zu werden«, »den penetranten Sexualismus«[172]. Und während er, um des szientifischeren Anscheins willen (bei Gottesgelehrten nötiger als irgendwo), gar subtile Differenzierungen trifft zwischen einer causa efficiens, formalis und finalis bei der Ehe, zwischen amor complacentiae, concupiscentiae und benevolentiae, ja zwischen »Leiblichkeit« und »Körperlichkeit«, läuft die »dunkle Zwangsläufigkeit« hier (nicht des Geschlechtlichen, sondern) des Theologischen doch allemal in die alte Sackgasse hinein: »Das Zusammen und Ineinander der geschlechtlichen, erotischen und personalen Liebe bedarf jedoch beim Christen der Durchformung durch die christliche Liebe, die Agape. Sexus, Eros und Amor kommen nie über das zwielichtige Hin und Her zwischen echter Hingabe und selbstsüchtiger Befriedigung hinaus, wenn sie nicht in der Agape zur reinen Gestalt der Liebe geläutert sind. Die Agape ist die aus Gott geborene Liebe...« »Das ontologisch Niedere ist auf die Integration durch das ontologisch Höhere angewiesen. Sexus und Eros bedürfen stets...«[173] – der Moraltheologen; es ist bekannt. (Auch das Umgekehrte!)

Coitus Catholicus – »ganz . . . adelig keusch«

Nicht bloß vor fünfzig Jahren also konnte ein katholischer Theologe »die Geschlechtsbefriedigung nur mit Beherrschung des Triebes«, die Gattenliebe bloß »auf der Grundlage der Keuschheit« erlauben und Eheleuten verbieten, sich »wie Ehebrecher« zu lieben[174]. Nicht nur damals – und das heißt ja doch: nach immerhin 1900 Jahren Christentum! – konnte man (mit kirchlicher Druckerlaubnis) schreiben: »Eine Mutter, die einmal im Ehestand mit ihrem Ehemann so verkehrt wie eine feile Dirne mit ihrem Lüstling«, sie gibt »dem Kinde wohl den Keim des Bösen, die Neigung zur Sünde mit ins Blut . . ., aber nicht den Sinn für Hohes und Edles, für das Reine und Gute«[175]. Und nicht bloß in der populären Literatur der Kirche kann man noch heute »alles« Sünde nennen, »was im Übermaß sinnlicher Freude gegen das Zartgefühl verstößt«[176], kann man erwarten, daß die »reine heilige Frau . . . die Schlange der Lüsternheit« »zertritt«, daß sie »im Tiefsten . . . noch immer Jungfrau bleiben, d. h. Christi eigen«[177], das heißt der lustfeindlichen Catholica wie im Mittelalter hörig sein muß. Nicht nur in der klerikalen Populärliteratur der Gegenwart rät man für den Geschlechtsverkehr (wie für alle lichtscheuen Unternehmungen) »die Stille der Nacht« an und genehmigt ihn nur in einer Haltung, die »vor allem das Wohlbefinden der Frau berücksichtigt und die Hochachtung vor ihr«, das heißt vor der Despotie der Kirche, »nicht vergißt«[178].

Nein, auch die ganz »seriöse« Moraltheologie will noch heute den Koitus – in Herausarbeitung seiner »ekklesiologischen Perspektive« – von »ehrfürchtiger Dienstbereitschaft zur Erfüllung des Schöpferauftrags getragen« sehen, will ihn »ganz ehrfürchtig und adelig keusch«, er soll »alles durchseelen«, »auf die eigentlich menschliche Ebene erheben«[179], »den Charakter einer übernatürlichen, heiligen und immer mehr heiligenden Handlung erreichen«[180]. Die Ehe soll »heilige Ordnung«, »Heilsdienst«, »Weihedienst« sein[181], »ein immerwährender Christusdienst«[182], die Gatten müssen »füreinander Werkzeug der Heiligung« werden, »Corpus Christi mysticum«, »der lebendige Christus«[183], müssen einander »immer mehr im Hinblick auf Gott« sehen, ihre »Gottähnlichkeit« immer mehr verwirklichen, ihre »eheliche Hilfeleistung« zu einem »Teilnehmen am Erlöserhandeln« machen und so weiter[184].

Schwachsinn statt Sex

Derart wird die Liebe zwischen Mann und Frau in den aseptischen Alptraum des christlichen Himmels, ins entfleischte, enterotisierte Nichts verbannt, wird unter einem Schwall gleichermaßen hochgestochener wie sinnentleerter Tiraden Distanz zur Libido geboten, das Sexualerlebnis durch das Sakrament der Ehe also nicht geheiligt, sondern, im Gegenteil, verdrängt. Die volle Hinwendung zum Partner ist so unmöglich, was ungezählte Menschen schon in schlimme Gewissenskrisen, in Entsagung, Hysterie, Neurose oder Heuchelei gestürzt und oft genug zerbrochen hat.

Das ganze branchenübliche Moralgeraune aber will im Grunde immer nur dies: möglichst wenig Sexualität und möglichst viel Unterwerfung! Das ist wie eh und je. Spricht es doch für sich, daß der Papst zur gleichen Zeit, da seine Knechte bereits die personale Würde der Frau zu entdecken und bebabbeln beginnen, in einem Motuproprio über die Mischehe vom 31. März 1970 fast vierzigmal die Begriffe Gesetz, Recht, Norm, Pflicht oder Gehorsam gebraucht, aber kein einziges Mal das Wort Liebe[185]. Daß man ganz offen »die überragende Größe der mittelalterlichen Sexualethik« preist und eindeutig verkündet, die Würde der Frau sei »nur zu retten« durch die Rückkehr zur Offenbarung der Bibel[186].

Die Ritter im schwarzen Ornat

Das alte lustfeindliche Prinzip steckt auch in jenem plumpen Theologentrick, den selbst der Einfältigste, sollte man meinen, durchschaut haben müßte: in der so angestrengten Rücksicht des Klerus auf das körperliche Wohl der Frau.

Kaum ein moraltheologisches Opus (der Vergangenheit), worin die Geistlichen nicht als empfindungsvolle Leibwächter, als hochsinnige (doch vielleicht gar nicht so selbstlose?) Beschützer der vom geilen Gemahl überforderten Gefährtin figurieren, eben jenes Wesens, das sie selbst fortgesetzt gehaßt und herabgesetzt – und geschlechtlich gebraucht haben. Doch wie durchsichtig auch immer, ihr nobler Appell erfolgt im 20. Jahrhundert noch, erfolgt überall dort, wo man (und wo geschieht dies da nicht!) die christlichen Gatten »den eigenen, vielleicht ungestümen Trieb« so zu beherrschen lehrt, »daß er nie gegen die rücksichtnehmende Liebe verstößt«[187], wo man für »den würdigen *Ausdruck personaler ehelicher Begegnung*« plädiert, für eine Begattung in »ehrfürchtiger Liebe«, »in beseelter Liebe«, ein Kopulieren ohne »angelernte Griffe«, ohne »raffinierte Liebestechnik«, ohne »Höchstgenuß« – nur das nicht! –, sondern für »ehrfürchtige, schamhafte Liebe«, für viel »Schonung«, »Rücksichtnahme«, »Zärtlichkeit«. Denn: »Wahrhaft zärtliche Ehegatten können leichter auf die volle eheliche Vereinigung und die damit verbundene Lust verzichten . . .«[188] – womit die Katze endlich aus dem geistlichen Sack gelassen worden ist.

Darauf nämlich läuft die ganze klerikale Beschützerallüre hinaus. Das in der Tat meinen sie, wenn sie die Heiligkeit, die sakramentale

Weihe der Ehe als das »Herrlichste« feiern, was die Frauen dem Christentum verdanken: möglichst wenig Sexualverkehr! »In solch reiner, vom Hauche der Übernatur durchwehter Ehe braucht die Frau nicht für ihre Würde zu fürchten. Wie ein Cherub mit flammendem Schwert hütet der Gatte das Paradies ihres Frauentums.« Was sich schon wieder stilistisch erledigt. Der gute Katholik erwartet da von seiner Angetrauten – mit kirchlicher Druckerlaubnis –, daß die Reinheit ihr Wesen »*mit einer unsichtbaren Majestät*« umkleide und ihr »*eine Herrscherkrone aufs Haupt*« setze. Und die gute katholische Adamsrippe erwartet von ihrem Eheherrn »die Beherrschung seiner Triebe«. Einen »zügellosen« Lustmolch wird sie nicht etwa lieben, nein, sie wird ihn »verachten und selbst verabscheuen *müssen* (!)«[189]. »Welch reiche Möglichkeiten innerster Christusehrung haben doch die christlichen Gatten[190].«

Von den Kosten des Trieblebens

Nur zu begreiflich, daß es demgemäß in vielen katholischen Ehen aussieht, daß sie auch und gerade im Sexuellen Unlust beherrscht statt Lust. Daß noch junge Katholiken sich heute erinnern: »Die Jungfräulichkeit war für meine Mutter das höchste Ideal. Sie sah in der Ehe daher nur ein notwendiges Übel (diese Haltung bezog sich nur auf die sexuelle Seite der Ehe)[191].« Ein geradezu biblisches Ideal. Ganz im Sinne des heiligen Paulus! Eine weitere Stimme: »Die Mutter war immer ruhig, voller Gottvertrauen. Dem Geschlechtlichen allerdings standen meine Eltern negativ gegenüber, besonders meine Mutter. Das Körperliche in der Ehe wurde zwar in Kauf genommen, aber die Lust war Sünde, entsprechend der kirchlichen Moral[192].«

Zur Unterdrückung der teuflischen Lust warnten viele Theologen unermüdlich vor den Folgen der Ausschweifung. Und wiederum schreckten sie nicht nur im finsteren Mittelalter mit der Prophezeiung aussätziger, epileptischer und hinfälliger Kinder jeder Art. Noch im 20. Jahrhundert drohen sie mit der Überzeugungskraft eines Medizinmanns aus dem Busch: »Wo die Kraft keuscher Selbstbeherrschung beim Manne fehlt, muß *die Gattin durch schwere Nerven- und Unterleibsleiden und ebenso durch eine schwächliche, verkrüppelte, nicht selten halb idiotenhafte Nachkommenschaft die Kosten eines unbändigen Trieblebens zahlen*[193]«. Noch im 20. Jahrhundert behaupten sie nicht nur, vorehelicher Geschlechtsverkehr zeige »sexuelle *Neurasthenie*, ein Nervenleiden«, und führe in schweren Fällen zu dauernder Zeugungsunfähigkeit, sondern verbreiten auch, ein Arzt habe »an 2000 Patientinnen« als Ursache ihrer Entzündungen »Ehemißbrauch« nachgewiesen, »ganz gleich, welche Methoden dazu verwendet werden. Auch Krebs wird häufig durch den mechanischen Reiz von Verhütungsmitteln verursacht[194].«

Fast unbegrenzt orgasmusfähig ...

Die derart demonstrierte Rücksicht des Klerus auf die »allzeit offene Höllenpforte« ist freilich um so kurioser, als gerade die Frau, wie die fundiertesten Forschungen nun nahelegen, ein außergewöhnliches Sexualpotential hat, eine weit größere Kapazität für den Geschlechtsverkehr als der Mann[195]. »Wenn eine Frau, die des normalen Orgasmus fähig ist, richtig stimuliert wird, kann sie in vielen Fällen nach ihrer ersten Klimax eine zweite, dritte, vierte und sogar fünfte und sechste haben, bevor sie wirklich befriedigt ist. Im Gegensatz zum Mann, der innerhalb einer kurzen Zeitspanne gewöhnlich nur einen Orgasmus haben kann, können viele Frauen innerhalb von Minuten fünf oder sechs Orgasmen haben, ganz besonders, wenn dabei auch die Klitoris stimuliert wird[196].«

... und kaum glaublich frigid

Das ständige Suggerieren sexueller Schuldgefühle aber, die zeitweise sogar von Ärzten vertretene (doch religiös inspirierte) Betise, daß die Frau weder geschlechtliche Befriedigung haben könne noch solle, daß man sie beschmutze, mute man ihr entsprechende Empfindungen zu[197], mußte das seelische Gleichgewicht der Ehepartner gefährden. Wahrscheinlich sind besonders die Instinkte der Frau seit Jahrhunderten erschlafft, wurde in einer Welt, die zwar dem Mann Konkubinen, Mätressen und Dirnen erlaubte, das Geschlechtsleben der Gattin jedoch oft verkümmern ließ, die weibliche Sexualität drastisch deformiert und geschwächt, erlitt die Europäerin eine Art physiologischer Atrophie, den Verlust von Fähigkeiten, die es in anderen Kulturkreisen noch gibt[198].

Nur so jedenfalls versteht man, daß die Frau einerseits fast unbegrenzt orgasmusfähig ist (bei elektrischer Stimulierung zwanzig- bis fünfzigmal in der Stunde)[199], andererseits aber, wie der britische Biologe und Soziologe Alex Comfort berichtet, in den dreißiger Jahren unseres Jahrhunderts jede dritte Patientin der ambulanten gynäkologischen Abteilung eines Londoner Krankenhauses in ihrer Ehe noch keinen Orgasmus erlebt hatte; daß um dieselbe Zeit, laut Erich Fromm und Wilhelm Reich, 90 Prozent der Arbeiterfrauen neurotisch und sexuell gestört waren; daß 1963, nach einer Umfrage zur »Intimsphäre« der Westdeutschen, nur 35 Prozent der Frauen (aber 66 Prozent der Männer) »intime Beziehungen« für notwendig halten, und 52 Prozent der Frauen (aber nur 22 Prozent der Männer) darauf verzichten können; wie überhaupt noch immer, nach sorgfältigen Schätzungen, nicht weniger als 40 Prozent aller Frauen frigid sind[200]. Und hat dies auch häufig spezifisch biographische, individuelle Ursachen, verheerender wirken kollektive, besonders, wie

Josef Rattner betont, »uralte religiöse Überzeugungen, daß Sinnlichkeit Sünde sei . . ., noch liegt die Last einer mehr als tausendjährigen Tradition auf uns, die uns derartigen Widersinn eingehämmert hat«[201].

In den USA vermutet man heute noch Tausende von Verheirateten, die nie miteinander verkehrten. Ein Forscher fand mehrere Dutzend Ehefrauen, die gestanden, nicht zu wissen, wie man koitiere. Und einige Eheberater wollen sogar Paare gekannt haben, die nicht einmal ahnten, daß man dies üblicherweise tut[202].

Koitieren – aus Liebe zu Christus?

Wen wundert's, »daß die sexuelle Initiation der Christen«, wie die Französin Menie Grégoire schreibt, »solche Schwierigkeiten bereitet, daß immer mehr den Weg zum Psychiater finden, getrieben von einer unüberwindlichen Scheu vor dem, was die eigentliche Essenz des Lebens ausmacht«[203]? Wen wundert's, daß nach Kinseys umfangreichen Erhebungen die streng katholischen Frauen ihren ersten Orgasmus sechs oder sieben Jahre später erreichen als die inaktiven Katholikinnen? Daß 21 Prozent der von Kinsey befragten streng katholischen Frauen ihren ersten Orgasmus mit fünfunddreißig Jahren hatten, obwohl die meisten von ihnen verheiratet waren und regelmäßig koitierten[204]? Wen wundert's, daß die Psychotherapeuten heute »relativ streng katholisch erzogene Frauen« kennenlernen, »die niemals orgasmusfähig waren und werden« und die es ganz natürlich finden, Geschlechtsverkehr nur auszuüben, »um dem Mann einen Gefallen zu tun oder auch aus Liebe zu Christus«[205]? Daß junge Frauen »im Irrenhaus sind, weil sie in der Hochzeitsnacht erkannten, was ihr Mann eigentlich erstrebte«[206]?

Und bei alldem spricht man in Frankreich und Belgien schon wieder, wie im Mittelalter, von einem »Eheorden« (ordre du mariage), ja von einem gemeinsamen Anschluß an einen Dritten Orden oder ein Oblateninstitut[207]! Und warum auch nicht? Klagt doch 1973 selbst ein Katholik über die noch immer bestehende Einschränkung des sexuellen Umgangs in der Ehe: »Wenn katholische Eheleute der Enzyklika des römischen Bischofs Paul gehorchen, bleiben wenige Tage für den Geschlechtsverkehr übrig[208].«

Erschwerte man aber, um hier wieder knapp zu resümieren, auf der einen Seite das Heiraten, schuf man weiter eine wahrhaft erregende Menge von Keuschheitstagen in der Ehe und vergällte darüber hinaus noch die Lust, so gut es ging, so gehört es andererseits doch zur Konsequenz der Religion der Liebe, daß sie erst recht keine außerehelichen Verhältnisse duldet und noch weniger eine Scheidung.

6.
DER EHEBRUCH

> »Er ist vielfach der erste Ring in einer langen Kette von Verbrechen. Hat der Mensch einmal diesen entscheidenden Schritt gewagt..., dann halten ihn keine Schranken mehr zurück auf der abschüssigen Bahn des Verbrechens.«
> *Der katholische Theologe J. Ries –*
> *mit kirchlicher Druckerlaubnis!*[209]

Die Moraltheologie zählt den Ehebruch – man unterscheidet einfachen und doppelten, je nachdem ein Partner verheiratet ist oder beide es sind – bis in die neueste Zeit hinein zu den schwersten Vergehen.

In der Antike haben verschiedene afrikanische Kirchen Ehebrecher mit lebenslänglicher Pönitenz belegt und niemals wieder aufgenommen[210]. Im Frühmittelalter werden auf Jahrhunderte hin fünf Jahre Buße für den einmaligen Ehebruch (schon der offenkundige Versuch galt dafür) eines Unverheirateten und sieben Jahre für den eines Verheirateten die Norm in der Kirche; waren jedoch beide Gatten einverstanden, erhöhte sich die Bußzeit auf zehn Jahre[211].

Die Sühne bestand unter anderem in jahrelangem Vegetieren bei Wasser und Brot, in Verbannungen, ausgedehnten Wallfahrten, zumal nach Rom zu den angeblichen Apostelgräbern, wobei man, zur Strafverschärfung, den Sündern um Hals, Hände und Beine Ringe aus Eisen gab und glaubte, so sehr vertraute man auf Gott, sie zersprängen bei genügender Buße von selbst[212]. Alle Sonntage, später viermal im Jahr, bannte man die Frevler und peitschte sie häufig nackt durch die Straßen[213]. Laut einem Synodalbeschluß von Naplus (1120) wurde der Ehebrecher kastriert und der Ehebrecherin die Nase gekappt, was manchmal der Mitschuldige ausführen mußte[214]. Und im 14. Jahrhundert, wo der Klerus bei Ehebruch fast allein das Bestrafungsrecht hatte, durfte der Mann die auf frischer Tat ertappte Frau nebst Partner sofort töten, ohne daß ihm mehr auferlegt worden wäre als eine kirchliche Buße[215].

Todesstrafe nach weltlichem Recht

Schon Kaiser Konstantin stellte Ehebruch dem Mord gleich und verweigerte Überführten noch die Appellation. Ebenso sein Sohn Konstans, der Ehebrecher wie Vatermörder liquidieren, das heißt mit einer Schlange, einem Affen, Hahn und Hund in einen ledernen Sack nähen und ins Meer versenken oder, lag dies zu fern, verbrennen ließ[216].

Später wurde man nicht milder. Sachsen- und Schwabenspiegel bedrohten Ehebruch bei beiden Teilen mit dem Tod. Manche Stadtrechte erkannten auf Enthaupten oder lebendiges Begraben, letzteres besonders für die Frau, falls sich ihr Mann nicht mit einer anderen Strafe beschied[217]. In Berlin und bei den Dithmarschen Bauern durfte der Ehemann den Verführer und die Frau nach eigenem Ermessen verstümmeln, töten oder freigeben[218].

Um 1635 setzte Kurfürst Maximilian auf Ehebruch eine fünf- bis siebenjährige Verbannung, im Wiederholungsfall jedoch den Tod durch den Henker[219]. Und Mitte des 18. Jahrhunderts erlaubte der Codex Maximilianeus Bavaricus Criminalis noch immer dem Adeligen, seine (nicht durch ihn selbst) überführte untreue Frau in seinem Schloß oder an einem »anderen gebührlichen Ort... gentzlich zu vermauern / und in solcher fengknusz bisz in iren todt verwahrt zu enthalten«[220].

Erst seit der Aufklärung beurteilt man den Ehebruch milder[221], doch sollte er noch in den sechziger Jahren in der von CDU/CSU beherrschten Bundesrepublik – heute ist er hier straffrei – durch eine »Reform« des Strafrechts mit einem Jahr Gefängnis bedroht werden, statt mit einem halben wie zu Kaiser Wilhelms Zeiten[222].

»... der Ehebruch des Weibes schwerer«

Typisch für die Verfolgung des Ehebruchs ist die oft viel strengere Bestrafung der Frau, was sie nicht zuletzt der Kirche verdankt.

Schon in der Antike mußte jeder Christ seine ehebrecherische Gattin verstoßen[223]. Geistliche zwang man dazu sogar unter Androhung der Absetzung oder lebenslänglicher Exkommunikation[224]. Dagegen hatte die Frau den reuevoll zurückkehrenden Mann wieder aufzunehmen[225]. Auch belegte die alte Kirche den Ehebruch des Mannes mit einer siebenjährigen, den der Frau mit einer fünfzehnjährigen Buße![226]

Im Frühmittelalter setzte sich diese Tendenz im weltlichen Recht häufig fort. So machte die von einem Kleriker verfaßte, mit christlichen Gedanken ganz durchtränkte Lex Baiuvariorum (743) die eheliche Treue ausschließlich zur Sache der Frau. Der Mann aber hatte das Recht (und nahm es wohl auch immer wahr), den Ehebrecher zu töten, wie er auch seine Frau selber im ersten Zorn vermutlich umzubringen pflegte[227]. Nach der Malifizprozeßordnung der Oberpfalz von 1606 sollen zwar »beyde Ehebrecher und Ehebrecherin vom Leben zum Todt mit dem Schwert oder Wasser gericht werden«, doch bestrafte man die eheliche Untreue des Mannes bloß, wenn er es mit einer Verheirateten trieb, dachte hier also noch wie die Juden zur Zeit Jesu[228].

Selbst im Code Napoléon blieb der Ehebruch ein Delikt, sofern ihn die Frau beging. Der Mann konnte sie dafür einsperren und sich scheiden lassen, ja er durfte sie töten, faßte er sie in flagranti, während er für eine Konkubine schlimmstenfalls eine Geldstrafe bekam[229].

Noch im 20. Jahrhundert erscheint der katholischen Moraltheologie »der Ehebruch des Weibes schwerer«, reicht der frauenfeindliche Einfluß der Kirche so weit, daß das italienische und spanische Recht bloß die ehebrecherische Hausfrau und ihren Partner bestrafen, nicht jedoch den ehebrecherischen Ehemann[230]. Der Mann machte sich da nur strafbar durch das Konkubinat. Die fremdgehende Frau aber riskierte in Italien bis 1968 ein Jahr Gefängnis[231].

Übrigens traten, entgegen der üblichen Kleruspropaganda, laut umfangreichen statistischen Erhebungen bei mehr als 70 Prozent der Ehebrüche verheirateter Frauen keine ernsthaften Schwierigkeiten ein, vielmehr war häufig eine Verbesserung der Ehe die Folge[232].

7.
DIE EHESCHEIDUNG

Während Jesus bei Markus und Lukas die Scheidung strikt verbietet, erlaubt er sie, noch dazu wiederholt, bei Matthäus im Falle der Unzucht (porneia) der Frau[233]. Auch Paulus gestattet, freilich wieder mit anderer Motivation, die Scheidung, nämlich dann, wenn in einer Mischehe zwischen einem Christen und Heiden letzterer die Scheidung verlangt[234]. Und dieses Privilegium Paulinum erkennt der Katholizismus als Ausnahmestatut an; ja, er erlaubt nach einer Scheidung um des Glaubens willen eine neue Ehe mit einem christlichen Partner: das sogenannte Privilegium Petrinum.

Ferner besteht (durch die Unterscheidung von Matrimonium ratum und consummatum) eine Dispensmöglichkeit bei einer rechtlich geschlossenen, doch physisch nicht vollzogenen Ehe – gewiß ein seltener Fall. Und schließlich gestattet das kanonische Recht noch die »Trennung von Tisch und Bett«, wobei jedoch kein Teil wieder heiraten darf, die Verbindung also nicht annulliert wird[235].

Jede Ehe aber, die zwischen zwei Getauften geschlossen und durch copula carnalis vollzogen worden ist, gilt im Katholizismus als unauflöslich[236]. Hat somit der Akt auch nur ein einziges Mal stattgefunden, weil vielleicht der Mann gleich nach der Hochzeitsnacht durch einen Unfall die Fähigkeit zum Koitus verlor, wird keine Scheidung mehr erlaubt. »Weder der Fortpflanzungszweck der Ehe, das höchste Gut der Sexualtheologie, noch die Gefahr, den unbefriedigt bleibenden Partner in außereheliche Sünde zu treiben, haben dann Gewicht[237].«

Auch eine zivile Scheidung kann nach kanonischem Recht keine neue Ehe begründen. Wird sie dennoch geschlossen, handelt es sich, da kirchenrechtlich die Erstehe fortbesteht, um ein ehebrecherisches Verhältnis. Ein Mann etwa, der nach einer Scheidung heiratet, lebt, so gesehen, in Bigamie, mit seiner zweiten Frau in Ehebruch und Konkubinat, ergo, wie man jüngst höhnte, »per saldo in Unzucht hoch drei«[238].

Die »geschmeidigere Praxis« in der »konkreten Pastoral«

Nun galten die gegenwärtigen Regeln freilich nicht immer, sah die Wirklichkeit lange ganz anders aus, war man sehr viel »geschmeidiger« und »flexibler«[239]. Denn da schon das Evangelium Konträres verkündete, da weiter das römische wie germanische Recht die (auch häufige) Scheidung gestatteten, setzte die Catholica allmählich einen gewaltigen Dispensmechanismus in Gang. Hatte man das Scheidungsverbot im 2. Jahrhundert noch streng ausgelegt, im 3. schon toleranter, so kennt man aus dem ganzen 4. und 5. Jahrhundert nur zwei Kirchenväter, Augustinus und Hieronymus, die nach Ehebruch Scheidung und Wiederheirat untersagten[240]. Auch frühmittelalterliche Bußbücher erlaubten dem Hahnrei, eine andere Gattin zu nehmen – während eine Frau den treulosen Mann nur verlassen durfte, wenn sie ins Kloster ging[241].

Außer Ehebruch gab es jedoch weitere Scheidungsgründe, die eine erneute Vermählung manchmal ermöglichten: Verfolgung, Gefangennahme des Mannes oder der Frau durch den Feind, Unfruchtbarkeit, böswilliges Verlassen, Aussatz und anderes[242]. Bezeichnenderweise erlaubte die Kirche auch die Scheidung, war ein Ehepartner nicht mehr »standesgemäß« – ein offensichtliches Zugeständnis an germanisches Denken[243].

Wegjagen der Ehefrau mit kirchlichem Segen

Am leichtesten jedoch ließ sich die Ehe wegen Blutsverwandtschaft lösen. Entdeckte man sie, betrachtete der Klerus die Vermählung, als habe sie nie stattgefunden. Da das Verbot der Verwandtenehe bis zum siebten Grad reichte und gerade zahlreiche, wenn nicht die meisten mittelalterlichen Feudalfamilien tatsächlich blutsverwandt waren, konnte man solche Verbindungen jederzeit annullieren – für den Mann um so wichtiger, als häufiges Heiraten seine Güter mehrte. So wurden viele Ehefrauen mit kirchlichem Segen vier- und fünfmal verstoßen[244]. Das enthob die Männer immerhin, wie nicht selten infolge Scheidungsverbotes praktiziert, ihr Gespons entweder eigenhändig oder durch Diener abstechen zu lassen, wobei man dann, zur Rechtfertigung, Ehebruch unterstellte[245].

Im übrigen machte der Klerus bei Mächtigen oft gerne Konzessionen. Als zum Beispiel Kaiser Lothars Sohn, König Lothar II. (855—869), seine Frau Teutberga verlassen und seine Mätresse Waldrada heiraten wollte, erlaubten ihm gefügige Synoden Scheidung und neue Ehe. Papst Nikolaus I. widersetzte sich zwar, doch sein Nachfolger Hadrian II. löste Waldrada vom Bann und gab Lothar in Monte Cassino die Kommunion[246].

Duldete die Kirche doch, war sie Fürsten verpflichtet, sogar die Vielweiberei, vor allem bei Merowingern und Karolingern.

König Chlotar I. war sechsmal verheiratet, darunter mit den Schwestern Ingund und Aregund zugleich[247]. Analog verhielt es sich mit seinem Sohn Charibert. Der vom Klerus besonders geschätzte Dagobert I. (der Tausende von Bulgarenfamilien, die bei ihm Schutz vor den Hunnen gesucht, in einer Nacht ermorden ließ) hatte drei Frauen und ungezählte Kebsen; Pippin II. zwei rechtmäßige Gattinnen, Plectrud und Alpais[248]. Und Karl der Große, am 29. Dezember 1165 durch Paschalis III. (Gegenpapst zu Alexander III.) heiliggesprochen, lebte nach fünf Ehen – seine dritte Frau, die Schwäbin Hildegard, war erst dreizehn, als er sie heiratete, mit vierzehn bekam sie ein Kind – mit Kebsweibern bis zu seinem Tod; aber »Huren« ließ er auf den Marktplätzen peitschen bis aufs Blut[249]. Die Kirche duldete freilich auch das Konkubinat bis weit ins Mittelalter hinein, es durfte nur nicht neben der Ehe eingegangen werden[250].

Über Fälschungen zur Unauflöslichkeit der Ehe

Mitte des 9. Jahrhunderts förderten dann die dem Papsttum so vielfältige und ungeheure Vorteile verschaffenden pseudoisidorianischen Fälschungen unter anderem auch die Unauflöslichkeit der Ehe[251]. Und seit dem 10. und 11. Jahrhundert setzte sich mit dem Sieg der Monogamie das Scheidungsverbot im Katholizismus durch (Laterankonzil 1215) und wurde vom Tridentinum nachdrücklich wiederholt, obwohl man es, im Hinblick auf eine eventuelle Union mit den Griechisch-Orthodoxen, nicht ausdrücklich dogmatisch definierte[252].

Die Unauflösbarkeit der Ehe brachte zweifellos eine gewisse soziale Sicherung für die Frau, die bei Scheidungen meist der leidtragende Teil gewesen. Allerdings war diese Sicherung, um derentwillen vermutlich nicht wenige Frauen Christinnen wurden, die einzige Vergünstigung der neuen Religion für sie[253].

Der Papst freilich behielt sich das Scheidungsrecht vor. Und dies Recht, das alle katholischen Fürsten anerkannten, gab der Kurie oft große Trümpfe in die Hand.

Als Ende des 15. Jahrhunderts König Ludwig XII. seine Ehe lösen und die Herzogin der Bretagne heiraten wollte, handelte man in Rom einen günstigen Vertrag aus und kam dem Monarchen entgegen. Als aber etwas später König Heinrich VIII. seine Hofdame Anna Boleyn freien und deshalb seine Ehe mit Katharina von Aragón tilgen wollte, versagte sich der Vatikan, obwohl Heinrich VIII. ein treuer Sohn der Catholica war und ein entschiedener Gegner der Reformation. Doch die Boleyn entstammte unbedeutendem englischem Adel, Katharina von Aragón dem mächtigsten Herrscherhaus der Welt; überdies war sie eine Tante Kaiser Karls V., dessen der Papst dringend gegen die Reformatoren bedurfte[254].

Scheidung bei Lutheranern und Orthodoxen

Bei den Protestanten bestand das Scheidungsrecht von Anfang an. Am großzügigsten wohl hat Melanchthon geurteilt, während Luther, jedenfalls in seiner späteren Zeit, die Scheidungsgründe auf Ehebruch und böswilliges Verlassen beschränkte. Doch wurden allmählich auch hartnäckige Verweigerung der ehelichen Pflicht, Freiheitsstrafen, gefährliche Drohungen, Unfriede, Unfruchtbarkeit der Frau, Impotenz des Mannes, beständige Krankheit, Wahnsinn, Selbstschwächung, Trunksucht, Verschwendung und anderes als Scheidungsmotive anerkannt. Ohne Schuld vor Gott kann indes auch nach evangelischer Ansicht eine Ehe nicht aufgegeben werden[255].

Die griechisch-orthodoxe Kirche, die stets an einer Scheidung wegen Ehebruchs festhielt, praktiziert sie, gestützt auf antike Kirchenlehrer, in diversen Härtefällen noch heute. Und sie wurde auch auf dem Zweiten Vatikanum, zur allgemeinen Verblüffung freilich, durch den melkitischen Patriarchalvikar Elie Zoghby (Ägypten) gefordert[256].

Katholischer Fortschritt

Doch selbst innerhalb der Catholica denkt man nun um, da und dort erst, schüchtern noch und weniger aus Menschlichkeit gewiß, als um des bekannten klerikalen »Fortschritts« willen: um aus einer neuen Situation das Beste noch für sich herauszuschlagen.

Denn die Situation ist grundlegend verändert, auch in dieser Hinsicht. Das Scheidungsverbot, einst ein gewisser Schutz für die Frauen, die ergebenste Sklavengesellschaft des Klerus, ist heute eher ein Hindernis für sie. Wenigstens in Westdeutschland geht die überwältigende Mehrheit aller Scheidungsanträge nicht mehr von den Männern aus[257], so daß sich eben die Katholiken bereits fragen, »warum gerade Frauen und

Mädchen oft so leidenschaftlich für die Ehescheidung eintreten«[258]. Und während in Italien das Papsttum noch heftig die Einführung des Scheidungsrechts bekämpfte, während Kurienkardinal Garrone darin nur »Rückschritt« und »Irrweg« erkennt[259], finden anderwärts die »Progressisten« jetzt schon bei Jesus »ein gewisses Verständnis für die Scheidung« – und bei ihren Gläubigen auch! »Ohnehin ist davon auszugehen, daß auch überzeugte Katholiken eine Scheidung unter Umständen als letzte Möglichkeit akzeptieren[260].« Das ist es nämlich – und nicht Jesus!

Nur um solch opportunistischer Anpassung willen nimmt man neuestens auch eine andere Haltung ein zum außerehelichen Kind, das doch gerade die Kirche wie den letzten Dreck behandelt hat.

8.
DAS UNEHELICHE KIND

Während weder bei Griechen noch Germanen uneheliche Geburt ein Makel war, wurden »gefallene« Mädchen in christlicher Zeit bis ins 18. Jahrhundert mit öffentlicher Kirchenbuße und Ehrenstrafen belegt, in Norddeutschland sogar bis zum Beginn des 19. Jahrhunderts ausgepeitscht[261].

Entrechtet und enterbt

Vor allem aber bestrafte man die Kinder mit steigendem kirchlichem Einfluß lebenslang für das »Verbrechen« ihrer Mütter. Unehelich Geborene hatten im Hochmittelalter in Deutschland außer einem Unterhaltsanspruch keine Familienrechte gegenüber ihrem Vater mehr. Im Sachsenspiegel gehören sie zu den »Rechtlosen«, sie sind ausgeschlossen von allen Privilegien, unfähig, Richter, Schöffe, Zeuge oder Vormund zu werden und können selbst nicht einmal einen Vormund zur Vertretung ihrer Interessen vor Gericht gewinnen[262]. Ebenso wurden sie in England kraft »der Forderung der Kirche« schwer geschädigt, hatten weder an Vater noch Mutter Ansprüche, waren im Grunde outlaws, filius nullius im Rechtssinn, Niemandskind[263].

Dabei galt nach vielen, wenn nicht den meisten Rechtsbüchern jeder als unehelich (und weder mit dem Vater *noch der Mutter* verwandt), der zwar während der Ehe geboren, doch schon vorher gezeugt worden war oder dessen Eltern erst nach seiner Geburt heirateten[264]! Und wie das uneheliche Kind die Eltern nicht beerben konnte, so hatten die Eltern kein Erbrecht gegenüber dem Kind. Sein Vermögen fiel dem Fiskus zu.

In der Oberpfalz verlieh ein »Regal der Bastardtsfälle« dem Staat bis ins 19. Jahrhundert das Recht, die gesamte Hinterlassenschaft Unehelicher für sich einzuziehen[265]. Betroffen durch solche Gesetze aber waren viele. Gab es doch im katholischen Bayern während des 19. Jahrhunderts meist mehr als 20 Prozent uneheliche Kinder, in einer Stadt wie Nürnberg gelegentlich etwas über 30 Prozent[266].

Die üblichen Ausnahmen

Bei prominenten Sündenkindern konnte die Kirche allerdings, wurde sie nur hoch genug bezahlt, den Makel der Geburt beseitigen. So behob 1247 Papst Innozenz IV. die Unfähigkeit des unehelichen norwegischen Königs Hagen Hagensen zur Thronfolge und erhielt dafür 15 000 M Sterling. Ebenfalls wurde »der kundige Kardinal« Wilhelm von Sabina, der Aushändiger der päpstlichen Bulle, mit Geld und Geschenken überhäuft[267]. (Und während die Kurie den unehelich geborenen König legitimierte, entrechtete sie gleichzeitig die ehelich geborenen Priesterkinder[268]. Selbst heute noch sind die in standesamtlicher Ehe erzeugten Nachkommen eines Geistlichen nach kanonischem Recht unehelich[269].)

Unehelichen stellte die Catholica auch die (von ihr Wechselbälge, Krüppel und Lahme geschimpften) Kinder aus Verwandtenehen gleich und beraubte sie, wo es ihr möglich war, aller bürgerlichen Rechte. Freilich konnten auch solche Kinder gegen genügend Gold und Geld rehabilitiert werden – wenn nicht der Mutter Kirche ein größerer Nutzen (major utilitas in der Fachsprache) trotz allem Härte befahl[270].

Noch in der Gegenwart zurückgesetzt

Die Diskriminierung Unehelicher als »Kinder der Sünde« aber wirkt bis in die Gegenwart fort. Noch im 20. Jahrhundert schließt so das klerikale Gesetzbuch unehelich Geborene von Kardinalat, Episkopat und der Praelatura nullius aus[271]. Noch heute können in manchen Staaten Europas im Ehebruch Erzeugte *auch durch nachfolgende Ehe* nicht anerkannt werden, und dies in ausdrücklicher Übernahme einer Bestimmung des kanonischen Rechts[272]. Verweigerte doch in unseren Tagen noch ein westdeutsches Oberlandesgericht in einem solchen Fall (der niederländisches Recht betraf) die Legitimation unter besonderer Berufung auf die kirchlichen Vorschriften des 13. Jahrhunderts[273]!

Erst seit dem 1. Juli 1970 werden uneheliche Kinder (nun »Nichteheliche« genannt) in der Deutschen Bundesrepublik de jure nicht mehr kompromittiert. Praktisch freilich sind sie auch jetzt noch von der Geburt an benachteiligt; ist die Säuglingssterblichkeit bei ihnen doppelt so hoch wie bei ehelichen; kommen anderthalbmal soviel uneheliche wie eheliche Babys tot zur Welt; belastet auch der psychische Druck eine ledige Mutter (und damit zumindest indirekt das Kind) erheblich, da noch heute, laut der Frauenenquete der Bundesregierung, ledige Mütter am wenigsten angesehen sind, und zwar selbst dann, wenn sie ihre schwierige Situation vorbildlich meistern[274].

Freilich entdecken nun, nach fast zweitausend Jahren, sogar die Diener wieder der Religion der Liebe, daß auch das »unschuldige Wesen«, das uneheliche Kind, ein Recht habe, »die Sünde seiner Eltern« nicht zu entgelten, daß man das »pastorale Verhalten« gegen uneheliche Mütter »einer gründlichen Revision« unterziehen müsse. Aus Toleranz? Humanität? Gerechtigkeit? O nein. Weil »sich die soziologischen und sonstigen Verhältnisse grundstürzend verändert haben«[275].

21. Kapitel
Das Verbot der Empfängnisverhütung

»Warum gibt es nicht endlich eine freie Werbung für Verhütungsmittel? Warum werden Schüler nicht in der Schule umfassend über Verhütung aufgeklärt? Warum hängt man nicht überall leicht zugängliche Automaten für verschiedene Mittel auf? All das hätte längst geschehen können, ohne unseren Ministern der Gesundheit, der Finanzen, der Arbeit Kopfzerbrechen zu bereiten, denn es kostet nichts...«
Christa Becker[1]

»Der mündige Mensch... denkt und handelt so, daß er stets in der Lage ist, selbst die Verantwortung für seine Taten zu tragen... Vor allem denkt er daran, daß Kinder erzeugen die *verantwortungsvollste* Handlung des Menschen sein muß. Denn wer Kinder erzeugt, die nicht glücklich sein können, begeht das *größte erdenkbare Verbrechen*.« *Demosthenes Savramis*[2]

»Die Kirche sitzt nicht über die ›Pille‹ zu Gericht, vielmehr richtet die ›Pille‹ die Kirche – nach den Gesichtspunkten grundlegender menschlicher Bedürfnisse.« *Alex Comfort*[3]

Pygmäen, Buschmänner und Katholiken

Die bewußte Geburtenregelung oder Familienplanung ist nicht erst eine Erscheinung moderner »Degeneration«, sondern uralt und weltweit verbreitet, ein tiefwurzelnder Bestandteil menschlichen Lebens selbst[4]. Nur bei niederen Jägern und Sammlern, bei Pygmäen und Buschmännern (und gewissen Katholiken), kommen empfängnisverhütende Mittel selten vor oder scheinen, wie bei den Feuerländern, ganz zu fehlen. Auf höherer Kulturstufe aber sind sie sogar bei Naturvölkern ziemlich häufig[5].

Das älteste und wohl gebräuchlichste antikonzeptionelle Verfahren ist vermutlich der schon im Alten Testament bezeugte Coitus interruptus[6]. Doch haben die Ägypter bereits vor viertausend Jahren auch mit Extrakten durchtränkte Woll- und Stoffkugeln intravaginal appliziert, wurden schon bald Präservative aus Fisch- oder Tierdärmen benutzt, diverse Pflanzenprodukte eingenommen, war selbst die Enthaltsamkeit während einer bestimmten Zeit zwischen zwei Menstruationen bekannt; schon der im frühen 2. Jahrhundert in Rom lebende Grieche Soranus von Ephesus, einer der bedeutendsten Gynäkologen des Altertums, hat dies beschrieben[7]. Von den allermeisten Prophylaktika freilich scheint die Christenheit nichts gewußt zu haben – bis ins 18. Jahrhundert[8]! Die Regel war hier, jung zu heiraten und soviel Nachwuchs wie möglich zu produzieren (S. 246 ff.).

Obwohl aber Jesus nicht das geringste über den Ehezweck lehrt und auch das ganze Neue Testament über Empfängnisregulierung schweigt[9], untersagte die Kirche die Anwendung noch der simpelsten Verhütungsmittel. Sogar das wohl am häufigsten geübte und, nach Augustinus, die Frau zur Dirne degradierende[10] »Sich-in-acht-Nehmen«, das »Zurückziehn«, wird bis heute als schwere Sünde verteufelt. (Droht man doch noch immer auch mit den »verheerende[n] Wirkungen« dieser »ganz auf die Auslösung der Lust« konzentrierten Praxis[11].)

Das katholische Verbot der Kontrazeption dient natürlich zuerst der Mehrung der Kirchgänger und klerikalen Kader (S. 247). Daß es aber auch Ausdruck von Sexualneid ist und geistlicher Malice, kann ein päpstliches Breve von 1826 zeigen, das den Gebrauch von Präservativen verdammt, weil dies »die Anordnungen der Vorsehung hindert, welche die Geschöpfe an dem Gliede strafen wollte, an dem sie gesündigt haben«[12] – unter anderem also mittels der damals fast unheilbaren Syphilis. (Was für eine »Vorsehung« übrigens, die durch ein Präservativ schon das Nachsehen hat!)

Geißel Gottes und »englische Kapuze«

Die Kirche sah in der Syphilis keine Krankheit, sondern eine Geißel Gottes für die Sünde der Unzucht, besonders der Sodomie[13]. Im Mittelalter bestrafte man geschlechtskranke, »liederliche und verworfene Frauenzimmer«, indem man sie gelbe Gewänder, sogenannte »Kanarienkleider«, tragen ließ, ein Signal ihrer Verworfenheit schon von weitem. Aber noch im 19. Jahrhundert galten derartige Infektionen als äußerst sündig und degradierend. Sie mußten um jeden Preis geheimgehalten werden, das Wort »venerisch« durfte nicht einmal im Druck erscheinen[14]. Sollen doch heute noch Geschlechtskranke häufig den heftigsten Haß ihrer Nächsten, ja in Fabriken Streikdrohungen provozieren (»Man muß ihn einsperren«, »Peitscht sie aus!«, »Moralisch haltlos«)[15].

Das alles ist Folge einer Moral, deren Apostel Vorbeugung stets verboten haben. »Es ist ein schwerer Frevel«, dekretiert der Vatikan Mitte des 19. Jahrhunderts, als man selbst Ärzte wegen Empfehlung von Verhütungsmitteln noch ins Gefängnis warf[16], »sich eines solchen Überzuges zu bedienen; es ist eine Todsünde.« Und die Frage: »Darf eine Frau, wenn sie weiß, daß ihr Mann sein Glied mit einer ›englischen Kapuze‹ umgibt, sich für den Koitus zur Verfügung stellen?«, beantworten Mitte des 19. Jahrhunderts Papst und Kardinalskollegium: »Nein, sie würde an einem abscheulichen Verbrechen (!) mitschuldig sein und eine Todsünde begehen[17].«

Die »verruchten Artikel« des Jahres 1913 . . .

Im späteren 19. Jahrhundert ist die Geburtenkontrolle in Europa weit verbreitet, und von Spanien bis Deutschland führt der Klerus seine Attacken gegen den »Ehemißbrauch«, den »widernatürlichen Geschlechtsverkehr«, die »Verhütung des Kindersegens«.

Eine 1909 erteilte Instruktion der belgischen Bischöfe an die Beichtväter über den »Ehe-Onanismus«, »die sehr schlimme Sünde Onans«, die »in Belgien von Arm und Reich in Stadt und Land« verübt werde, weist die Beichtväter an: »Wenn jemand die Empfängnisverhütung treibe aus Furcht, mehr Kinder ins Leben zu rufen, als er ernähren könne, solle man ihm Mut machen, größeres Vertrauen in die Vorsehung zu setzen, die schon Sorge tragen werde, daß niemand Hungers sterbe. Wenn ein Mann die Empfängnisverhütung praktiziere aus Furcht, durch Schwangerschaft und Entbindung drohe seiner Frau Gefahr, dann solle man seine Furcht beschwichtigen. Wenn aber eine wirkliche Gefahr bestehe, solle eine heroische Enthaltsamkeit empfohlen werden[18].« In der Öffentlichkeit sollten die Priester der Sünde durch das Loben großer Familien entgegenwirken – im Beichtstuhl aber »das Übel mit besonderer Härte« bekämpfen[19].

Kurz vor Beginn des Ersten Weltkrieges verurteilten die deutschen Bischöfe jede Vereitelung von Nachkommenschaft, den angeblichen Mißbrauch der Ehe »zu bloßer Lust«, als »schwere Sünde, sehr schwere Sünde . . . Keine Not (!) kann so drückend, kein Vorteil so groß, keine Macht der Begierde so zwingend sein, daß dadurch eine solche Verletzung des natürlichen (!) göttlichen Sittengesetzes gerechtfertigt werde[20].«

Selbst die einschlägige Industrie verdammten die Hirten wegen »verbrecherische[r] Beihilfe« als »fluchwürdig«, da »ihre verruchten Artikel . . . unser armes deutsches Volk nicht mit seinem Geld allein, sondern auch mit seinem Blut, mit der Gesundheit des Leibes und der Seele, mit dem Glück der Familie bezahlen« müßte[21], obwohl doch mit Geld, Glück und Gesundheit bezahlt, wer Präventivmittel verschmäht!

... und der »heilige« Krieg

Wann im übrigen hätte die Kirche je so die Rüstungsindustrie bekämpft? Wann die »fluchwürdig« und »verbrecherisch« geschimpft? Dabei hätten 1913 gerade für *deren* »Artikel« die Bischofsworte gepaßt: »Sie muß unser armes deutsches Volk nicht mit seinem Geld allein, sondern auch mit seinem Blut ... bezahlen.« Doch nicht von Granaten, Kanonen und Gas sagten das damals die Bischöfe. Nein: von Präservativen. Granaten, Kanonen und Völkermord rechtfertigten sie, feierten sie als heilig[22]! Die Präservative aber waren des Teufels, ja sind es noch. Denn die dezimieren Verbraucher und zu Verbrauchende, Konsumenten und Kanonenfutter, die Macht und die Herrlichkeit. Und darum Krieg den Präservativen! Doch nie Krieg dem Krieg! Das ist die Moral der Kirche – alles andere Papier! Und deshalb gilt, was die Bischöfe zwar nicht von Kanonen oder Granaten, sondern von Schutzmitteln riefen, für die Bischöfe selbst: *sie* müssen die Völker mit ihrem Geld und Blut bezahlen... – wie die Geschichte beweist: von den Kämpfen Konstantins über die Metzeleien der Merowinger und Karolinger, die Kreuzzüge im Osten, Westen, Norden, Süden, die Hugenotten-, Ketzer-, Hexen-, Judenabschlachtungen, die großen Religionsmassaker des 17. Jahrhunderts bis zum Ersten und Zweiten Weltkrieg und zum Blutbad in Vietnam[23].

Völkermord nennt diese Kirche Gottesdienst! Doch Sanitätern untersagt sie die Ausgabe von Antikonzeptiva[24] – lieber soll man sich Tripper und Syphilis holen. Nach dem Ersten Weltkrieg prangte im katholischen »Hochland« der Satz: »So groß der Anteil des Krieges an der Sittenverwilderung der Nachkriegszeit angesetzt werden mag – er ist um so beträchtlicher, als die Militärbehörde selbst den jungen Leuten die Präventivmittel in die Hand gab und ›einwandfreies Bordellmaterial‹ lieferte[25].« Kurt Tucholsky seinerzeit: »Also, daß die Katholiken Menschen getötet haben, das geht ja noch an. Aber daß die Militärbehörde... dafür sorgte, zu wenig sorgte, daß sich nicht noch mehr Leute den Tripper holten..., das könnte ja wohl die Dogmen bedrohen. Eine vergnügte Christenliebe[26].«

Von christlichem Anstand und christlichem Recht

Schon jeder Verkauf von Verhütungsmitteln »ist formelle Mitwirkung mit der Sünde des Käufers«[27]. *Der Verkauf von Granaten nicht!* Das ist die Moral der Kirche; ihr Begriff von Gut und Böse, von Gewissen und gewissenlos. »Es ist zum Beispiel gegen die rechte Auffassung vom Gewissen, wenn der Staat im Namen der Gewissensfreiheit schlechte

Literatur, empfängnisverhütende Mittel und sogar die Abtreibung freigibt. *Der Staat hat die Freiheit des gesunden, guten Gewissens zu garantieren, nicht aber die Ungebundenheit des bösen Gewissens.* Sonst wäre es unvermeidlich, daß am Ende den Guten der Zwang der Bösen auferlegt würde[28].«

Und so wird den »Bösen« die »Freiheit« der »Guten« auferlegt: wird noch heute die Kontrazeption mit Hilfe des »weltlichen Armes« bekämpft; wird etwa, indes Schweden und Dänen auch Jugendlichen den Zugang zu Schutzmitteln erleichtern und dafür in wöchentlichen Inseraten werben[29], in anderen europäischen Ländern solche Reklame mit Geldstrafen und Gefängnis bedroht; stellt man noch in der zweiten Hälfte unseres Jahrhunderts (in Deutschland, Italien) Ärzte vor Gericht, die Frauen sterilisieren, ja Präventivmittel bloß empfehlen – während das nichtchristliche Indien Erwachsenen, die sich unfruchtbar machen lassen, Prämien zahlt. Während das gleichfalls nichtchristliche Japan durch die legale Abtreibung von rund dreißig Millionen Kindern in den letzten zwanzig Jahren eine Katastrophe vermied[30].

In der ganzen westlichen Welt aber, einschließlich Amerikas, leiten sich die dem Sexualverhalten geltenden Gesetze bis heute von der Kirchenmoral ab[31].

Vom »Attentat der Ehegatten«

1930 lehrte Pius XI., ein maßgeblicher Förderer Mussolinis, Francos und Hitlers[32], in seiner Enzyklika »Der keuschen Ehe Hoheit und Würde«: »Da nun aber der eheliche Akt seiner Natur nach zur Weckung neuen Lebens bestimmt ist, so handeln jene, die ihn bei seiner Tätigkeit absichtlich seiner natürlichen Kraft berauben, naturwidrig und tun etwas Schimpfliches und Unsittliches.« Gleichzeitig war der Papst – verbal – »tief erschüttert durch die Klagen der Eheleute, die unter dem Druck bitterer Armut kaum wissen, wie sie ihre Kinder aufziehen sollen«. Doch bei aller Erschütterung: die »verhängnisvolle Vermögenslage« darf nicht »Anlaß zu einem noch verhängnisvolleren Irrtum« werden! »Es kann keine Schwierigkeiten geben... Es sind keine Verhältnisse denkbar...«

Für den Papst ist alles, was gegen die – stets als »göttlich« deklarierte – kuriale Herrschsucht geht, »sündhaft«, »etwas Schimpfliches«, »Unsittliches«, »schwere Schuld«. Alle, die »aus Widerwillen gegen den Kindersegen die Last vermeiden, aber trotzdem die Lust genießen wollen«, handeln da schlicht »verbrecherisch«[33]. Denn Lust ohne Last – wohin käme da das Volk! Und wohin gar der hohe Klerus, der doch allein von der Last, die er anderen aufhalst, lebt!

Deshalb propagierte auch Pius XII. nachdrücklich dieselbe Moral. »Jedes Attentat der Ehegatten«, sagte er 1951 vor den Hebammen Italiens, »gegen den Vollzug des ehelichen Aktes oder gegen dessen natürliche Folgen, in der Absicht, den ehelichen Akt der ihm innewohnenden Kraft zu berauben und die Weckung neuen Lebens zu hindern, ist unsittlich.« Der Papst versicherte: »Diese Norm ist in voller Geltung heute wie gestern und wird es auch morgen und immer sein[34].«

Gemäß solchen Direktiven, die spätere Päpste vermutlich sehr bedauern werden, geht dann der Klerus vor. So befiehlt eine »Instruktion zur Behandlung des Ehemißbrauchs im Beichtstuhl«, erteilt vom Generalvikariat des Bischofs Keller von Münster: »Vom gutwilligen Teil ist positiver Widerstand gegen den Verkehr gefordert, ähnlich wie gegen ... Vergewaltigung eines Dritten; er darf nur dem physischen Zwang weichen«[35] – der »Vergewaltigung« sozusagen, der »Notzucht« durch den Ehemann!

Doch nicht genug: »Die Frau darf empfängnisverhütende Mittel auch nicht gebrauchen als ›Notwehr‹; etwa um sich zu schützen gegen einen Mann, der geschlechtskrank (!) ist...; der die Frau durch Schwangerschaft in offenkundige Lebensgefahr (!) brächte; der nur schwerbelasteten Kindern das Leben schenken könnte (!); der sich um Ernährung und Erziehung der Kinder in keiner Weise kümmerte[36].« Man sieht: die schrecken vor nichts zurück.

Wo die Frau aufhört, Frau zu sein

Besonders drängt man immer wieder die suggestibleren Frauen, alle antikonzeptionellen Praktiken zu meiden. »Ist es der Mann, der sie anwendet, so muß ihm die Frau ernsten Widerstand leisten und sich so lange weigern und auf alle Weise wehren, als es ihr nur möglich ist; und zwar muß die Frau *jedesmal* ihr *Möglichstes* versuchen, diese Art Verkehr zu verhindern und darf *nur* unter dem Druck *tatsächlicher rücksichtsloser Gewaltanwendung* geschehen lassen, was sie mit dem besten Willen nicht verhindern kann.« »Wir wollen doch christlich leben; wir haben kein Recht, Unfug (!) zu treiben...«[37] Derart soll die Frau den Mann bereden, der die Konzeption verhüten will. Derart setzt man, unter Vorspiegelung von Verantwortung, verantwortungslos unter Druck, fordert man, aus evidentem Egoismus, schwerste Opfer, trägt man Furcht, Zwist und Unmenschlichkeit mitten in die Familie, die Ehe, das Schlafzimmer hinein. Derart wird Unfug genannt, was Vernunft, wird Sünde und Verbrechen geschimpft, was selbstverständliches Gebot gegenüber dem Partner, den Kindern, der Gesellschaft ist – und gegenüber sich selbst.

Gleichzeitig erweckt man Angst vor Verhütungsmitteln, gibt sie als Ursache von Entzündungen, ja von Krebs aus und lügt auch dem Mann die Hucke voll: »Das ganze Blutgefäßsystem tut nicht mehr mit, Nervenreize, die abklingen müßten, werden radikal unterbunden, der Mann wird dadurch nicht von seinem Trieb erlöst, sondern ihm vielmehr versklavt... Die Frau aber hört auf, seelisch Frau zu sein, verfällt der Sinnlichkeit, ihre Mütterlichkeit wird untergraben. Unbewußt wird vom Körper her die Seele getötet[38].«

Und da der Emanzipation vom Sexualzwang der Kirche meist auch die Befreiung von ihr überhaupt folgt, suggeriert man Eheleuten stets eifrig Gewissensbisse. »Selbst wenn sie es einander nicht eingestehen, sie werden das innere unausgesprochene Gefühl der Schuld vor dem lebendigen Schöpfergott nicht los... So ist es zu verstehen, wenn sie es immer mehr vermeiden, Gott (!) in die Augen zu sehen und ihm aus dem Weg gehen. Sie sprechen von einer Einmischung der Kirche in die Privatzone. Im Tiefsten aber wissen sie, daß es nicht um eine Einmischung der Kirche, sondern um Gott und seine Ordnung geht[39].«

Die »Heiligsprechung« von Knaus-Ogino

Nur die Nutzung der unfruchtbaren Tage der Frau im Sinne der Methode Knaus-Ogino wurde schließlich durch Pius XII. als moralisch gerechtfertigt erlaubt, »ernste« Beweggründe dafür vorausgesetzt. Damit hatte der Papst einerseits zwar dem Zeitgeist ein Zugeständnis gemacht – unter Mißachtung der ganzen Tradition, andererseits aber, nicht ohne eine gewisse Konsequenz, gerade das unsicherste Verfahren freigegeben; freilich auch, wie man da gern betont, das »natürliche«, im Unterschied nämlich zu den weiter verdammten »unnatürlichen«, »künstlichen« Mitteln.

Doch nach dieser Logik ließen sich alle technischen Errungenschaften des Menschen desavouieren, die ihm das Leben erleichtern, vom Augenglas bis zur Prothese, von künstlichen Zähnen bis zum künstlichen Darm. Überdies fragt sich, ob die »künstliche« Kontrazeption vielen nicht noch wesentlich natürlicher erscheint als etwa die päpstlich genehmigte tägliche Messung der Basaltemperaturen oder die Kontrolle des Cervixschleims der Frau[40].

Wie auch immer: jede andere Präventivmaßnahme blieb nach wie vor schwer sündhaft, abgrundtief unsittlich: vom Coitus interruptus über Kondom, Pessar bis zur »Pille« – für deren Produktion, kurioserweise, die unmittelbare Vorarbeit ein gläubiger Katholik geleistet hat, der Gynäkologe der Harvard University, John Rock. Eine Ironie, die dadurch noch erhöht wird, daß die Entdeckung ein Zufallsergebnis

seiner Fertilitätsforschung ist, das ungewollte Resultat somit von Versuchen, die nicht das Verhindern, sondern Verbessern der Empfängnis bezweckten[41]. (Sind Gottes Wege nicht wunderbar?)
Die weitere Entwicklung verlief allerdings typisch. Einerseits war kaum ein anderes pharmazeutisches Präparat je so schnell populär und so erfolgreich: betrug die Versagerquote bei Gebrauch von Kondomen fast 50 Prozent, sank sie bei dem der »Pille« auf unter ein Prozent[42], womit die Angst vor Schwangerschaft entfiel, bisher der entscheidende Grund für das Vermeiden oder Einschränken vorehelichen und ehelichen Sexualverkehrs. Andererseits aber begann – eben deshalb – alsbald eine enorme Panikmache. Denn obwohl einige der bedeutendsten wissenschaftlichen Gremien der Welt (Expertenkommissionen der WHO, der britischen Regierung, die Arzneimittelbehörde der Vereinigten Staaten und andere) unabhängig voneinander 1966 die völlige Harmlosigkeit der »Pille« betonten, beschuldigten sie zahlreiche Ärzte mit bezeichnendem Zungenschlag, die »Schöpfungsordnung« zu stören, und warnten, in »bewußter Irreführung«, vor den bösen Folgen bei unsachgemäßem Gebrauch: Krampfadern, Leberschäden, Anämie, Krebs – obwohl die Medizin eher eine krebshemmende als krebsfördernde Wirkung der Pille bei Frauen für wahrscheinlich hält[43].

Vom unmenschlichen »Menschlichen Leben« . . .

Auf dem Zweiten Vatikanischen Konzil setzte die Catholica ihre alte antihumane, lustfeindliche Linie fort. Die »Väter« gestatteten es auch jetzt »den Kindern der Kirche nicht . . ., in der Geburtenregelung Wege zu beschreiten, die das Lehramt in Auslegung des göttlichen Gesetzes verbietet«[44]. »Wer den konziliaren Text«, kommentiert ein Katholik, »sorgfältig liest, wird feststellen, daß es einen *freien* Entschluß von Eheleuten, Kinder zu haben oder nicht zu haben oder auch nur zwei oder drei oder fünf Kinder haben zu wollen, nicht gibt. Der eheliche Akt muß den ›Willen zum Kind‹ *immer* einschließen[45].«
Schon 1964 hatte Paul VI. in einer Ansprache an die Kardinäle »freimütig« bekannt, »daß Wir vorerst keinen hinreichenden Grund haben, um in dieser Hinsicht die von Pius XII. erlassenen Normen für überholt und nicht mehr verpflichtend zu halten«, und gewarnt, niemand möge sich zur Stunde anmaßen, »sich in einer Weise zu äußern, die von den geltenden Normen abweicht«[46]. Und 1968 machte die paulinische »Pillen-Enzyklika« (die freilich die »Pille« gar nicht erwähnt, doch einschließt) deutlich, daß auch diesbezüglich alles beim alten bleibt. Nur die Berücksichtigung der empfängnisfreien Zeiten wurde weiter erlaubt, worüber aber selbst Katholiken höhnten: »Die Heiligsprechung von

Knaus-Ogino dargestellt durch die Schauspieltruppe des Altersheimes St. Peter zu Rom unter Anleitung Papst Pauls VI.«[47]

Auch Paul verbietet sonst alles, was die Fortpflanzung zu verhindern sucht, »entweder in Voraussicht oder während des Vollzuges des ehelichen Aktes oder darauf folgend«, und befiehlt, »daß jeder eheliche Akt an sich (per se) auf die Erzeugung menschlichen Lebens hingeordnet bleiben muß«, und zwar auch dann, »wenn für diese andere Praxis immer wieder ehrbare und schwerwiegende Gründe angeführt werden«[48]. (Nur wenn einer Nonne Vergewaltigung droht – wie manche mag's vergeblich hoffen –, darf sie mit kurialer Genehmigung Antikonzeptionsmittel verwenden[49]!)

Das päpstliche Rundschreiben »Humanae vitae«, dessen Namen vielleicht schon zölibatärer Zynismus ist[50], setzt die moraltheologische Tradition der letzten Päpste geradlinig fort. Es macht göttlichen Anspruch geltend, beruft sich »vor allem auf die Erleuchtung durch den Heiligen Geist, dessen sich besonders die Hirten der Kirche bei der Darlegung der Wahrheit erfreuen«, und zögert nicht, mit derselben Kühnheit zu behaupten, daß die Lehre (über Liebe, Ehe und Geburtenregelung) »mit der menschlichen Vernunft übereinstimmt«[51].

... und von der Last des Heiligen Geistes

»Humanae vitae« basiert auf mehreren Gutachten der Päpstlichen Kommission zur Frage der Geburtenregelung: einem Gutachten der Mehrheit und einem der Minderheit sowie einer Replik der Mehrheit auf das Gutachten der Minderheit.

Das stockkonservative Minderheitsgutachten, das die Enzyklika weitgehend bestimmt, spricht von der »Bösartigkeit der Empfängnisverhütung«, nennt sie eine schwere und unnatürliche Sünde, ein verdammenswertes Laster, sie ist »vorweggenommener Mord«[52]. Die Minderheitsgutachter, die nicht die Aussage scheuen, »alle gläubigen Christen« billigten ihre Behauptungen, führen doch glaubwürdig ins Feld, eine Änderung der Tradition brächte erhebliche Zweifel gegenüber der Kirchengeschichte, der Autorität des Lehramts in moralischen Dingen und der des Heiligen Geistes selbst, wäre er doch dann »in den Jahren 1930 (Pius XI., Enzyklika Casti connubii), 1951 (Pius XII., Ansprache an Hebammen) und 1958 (Pius XII., Ansprache an die Gesellschaft der Hämatologen) auf seiten der protestantischen Kirchen gewesen und hätte ein halbes Jahrhundert lang Pius XI., Pius XII. und einen großen Teil der katholischen Hierarchie nicht gegen einen Irrtum geschützt«[53].

Tatsächlich käme die Kirche durch die Erlaubnis der Empfängnisverhütung in eine üble, buchstäblich unselige Situation. Nicht nur wäre dann nämlich restlos verleugnet, was vordem das Verbot verlangt hat, also die gesamte katholische Tradition, was für die stets der Opportunität hörigen Hierarchen freilich noch nicht allzuviel hieße; und schon gar nicht mag sie das Schicksal jener Millionen stören, die der Gebärzwang bisher in schlimme Ehezerwürfnisse gestürzt oder oft gar in lebenslange Not. Wahrhaft fatal für die hohen Seelenhirten aber wäre folgendes: Da ein Katholik eine Todsünde nicht nur begeht, wenn er in der vollen Erkenntnis sündigt, daß es sich um eine schwere Verfehlung, eine materia gravis, handelt, sondern auch dann, wenn er etwas für eine Todsünde hält, was überhaupt keine ist, hätte sich die Kirche unwiderruflich am »ewigen Heil« ungezählter Gläubigen vergangen; wäre sie, wie es denn auch in dem von Kardinal Ottaviani Papst Paul VI. übergebenen Dokument zur Geburtenregelung heißt, »einem höchst verderblichen Irrtum für die Seelen erlegen«, hätte sie doch, bis hin zu Pius XI. und Pius XII., »höchst unklug Tausende und Tausende menschlicher Akte, die jetzt gebilligt würden, mit der Pein ewiger Strafen verdammt«[54].

Zorn und Kritik

Nach »Humanae vitae« war der Zorn gerade vieler Katholiken gewaltig, ja kaum je zuvor erregte eine Enzyklika einen solch scharfen innerkirchlichen Protest[55]. Denn kommt einer Lehrschrift auch nicht die sogenannte Unfehlbarkeit des Papstes zu, hat sie doch autoritativen Charakter, sie ist Ausdruck oberster Lehrgewalt, und Gläubige haben ihr innerlich und äußerlich zuzustimmen[56].

Eine der profundesten Repliken leistete sich der katholische Theologe Anton Antweiler. In einer umfangreichen, für seinesgleichen gänzlich ungewöhnlichen und wohl nicht zufällig im Selbstverlag erschienenen Kritik[57] hebt Antweiler unter anderem hervor, daß es über die Ehe weder ein Gebot Gottes noch Christi gebe, eine eigentliche katholische Ehelehre aber erst seit der Neuzeit; daß die Moraltheologie des Papstes sich nicht an der modernen Psychologie, Soziologie, Genetik und Medizin orientiere, sondern an veralteten scholastischen Anschauungen; daß die Enzyklika weder sachkundig noch menschenkundig, dafür aber hart und grausam sei, ohne Lösung des Problems, ohne Hilfe für Frau, Familie und Gesellschaft; vielmehr müsse den Bedrängten jeder Aufruf zu Opfer und Idealismus als reiner Hohn erscheinen[58].

Systematisch, fast Satz für Satz, hat der Theologe das Dokument seines Herrn geprüft und systematisch, fast Satz für Satz, ad absurdum geführt, mit beglückender Logik und Luzidität, mit imponierender Gelassenheit auch, und nur dann und wann, wenn es sich denn durchaus nicht vermeiden ließ, mit jener subtilen, tödlichen Ironie, wie sie der Sache angemessen ist.

». . . völlig verkalkt«

Nachdem vor dem päpstlichen Erlaß bereits zwei große Gruppen von Nobelpreisträgern Paul VI. um eine »Revision der römisch-katholischen Einstellung zur Geburtenkontrolle« ersucht hatten, versicherten später mehr als zweitausend amerikanische Wissenschaftler in einem Protestbrief, »daß wir uns nicht länger von Aufrufen zum Weltfrieden und Mitgefühl für die Armen seitens eines Mannes beeindrucken lassen werden, dessen Taten dazu beitragen, den Krieg zu begünstigen und die Armut unvermeidlich zu machen«[59].

Indes ist die Schrift des Papstes weniger seine Schuld als die des Systems[60], nimmt nicht nur die Enzyklika »einen völlig verkalkten Standpunkt« ein, wie der Vorsitzende der katholischen Ärztevereinigung, Saes, glaubt, ist nicht nur sie eine »Katastrophe«, wie der (kurzsichtige) Mediziner gleichfalls verkündete[61], sondern die Kirche, das Christentum überhaupt. Und dies schon seit Paulus, nicht erst seit Paul! Wer das heute nicht sieht, ist blind oder stellt sich so. Tertium non datur.

Eine bewußte Geburtenregelung ist für die Steuerung menschlichen Lebens unerläßlich und kaum zu überschätzen. Sie kann die Größe der Familie bestimmen, den Abstand der Geburten, kann materielle Misere und Verschleiß der Gesundheit verhindern, aber auch Ehekrisen und Fehlentwicklungen von Kindern[62]. Denn das Problem ungewollter Existenz reicht tief. »Das Kind, das nicht ausdrücklich von seinen Eltern gewünscht ist, rächt sich sein Leben lang für die Tatsache, daß es geboren worden ist. Es rächt sich an seinen Eltern, seinen Mitmenschen, der ganzen menschlichen Gesellschaft. Verbrechen ist eigentlich nichts anderes als die Rache der ungewollten Kinder[63].«

Nur nach den »Regeln der Natur« oder »als Bruder und Schwester«

Welche vernünftigen Lösungen bietet nun aber die Kirche für die Fülle von Aufgaben, die mit der menschlichen Vermehrung verbunden sind? Welche praktikablen Vorschläge macht sie in individueller und allgemeiner Hinsicht? Was tut sie zur Vermeidung physischer und psychischer Strapazierung kinderreicher Eltern, zur Vermeidung der Übervölkerung, der Hungerkatastrophen?

Nun, sie schwankt im Grunde zwischen zwei Extremen: Entweder nämlich macht sie ihren Armen, das heißt ihren Massen, die einzige Lust fast, die sie haben können, zu einer bußinstitutlich überwachten, kostspielig kümmerlichen Kür unterm Kreuz mit der obligatorischen Auflage pausenloser Katholikenproduktion. Oder sie verlangt, wird nicht »nach den Regeln der Natur« geliebt, strikte Askese, den »Weg völliger Enthaltsamkeit«, ein Leben »als Bruder und Schwester nach dem erhabenen Vorbild der Gottesmutter und des hl. Joseph«[64] – eine Alternative, wie sie doch nur den Gehirnen zölibatärer Sadisten entspringen kann.

Wer darauf aber am häufigsten hereinfällt und wem diese Kirche somit am meisten verdankt, wäre klar gewesen auch ohne die Ermittlung des Allensbacher Instituts für Demoskopie: »Je geringer die Schulbildung und je niedriger die soziale Schicht ist, um so seltener wurde die Geburtenregelung praktiziert.« Keines ihrer Kinder gewollt haben 30 Prozent der Oberschicht und der gehobenen Mittelschicht, 41 Prozent der Eltern aus der »breiten Mittelschicht« mit Handarbeitsberuf des Vaters, und 53 Prozent der Befragten, die das Institut zur »einfachsten sozialen Schicht« zählt[65]. Wächst doch, nach einer Meinungserhebung der Kirche selbst, die Distanz zu ihr mit der Bildungsstufe[66].

Nicht extreme, sondern ganz gewöhnliche Folgen des katholischen Kontrazeptionsverbotes sehen dann so aus: Eine Mutter von vier Kindern gesteht einem französischen Frauenarzt, sie fürchte eine neue Empfängnis derart, daß sie abends so lang wie möglich tätig sei und erst zu Bett gehe, wenn ihr Mann, ein Textilarbeiter, schon fest schlafe; oder daß sie manchmal, um »in Ruhe gelassen« zu werden, übergroße Müdigkeit vortäusche. »Sie sagte mir das, als ich sie – anläßlich einer fünften Schwangerschaft untersuchte, denn trotz ihrer Absicht war es ihr unmöglich, den Geschlechtsverkehr ständig zu vermeiden.« Ein anderer alltäglicher Fall. Ein junges Paar, das nach zweieinhalbjährigem Eheleben den Arzt schon gelegentlich einer dritten Schwängerung konsultiert, erklärt: »Bis zur Heirat mußten wir uns füreinander rein bewahren, jetzt müssen wir uns rein bewahren, um keine Kinder mehr zu bekommen – es ist zum Verrücktwerden![67]«

Gewissenskonflikte, Entzweiungen, Not – kümmert das den Klerus? Arbeitslosigkeit, entsetzliches Wohnungselend, Stuben voller hungernder Kinder? Wie oft doch sind sie ermordet worden, nur weil sie geboren werden mußten! Schon 589 schreibt eine spanische Kirchenversammlung: »Neben den vielen Klagen, die an die Synode kamen, ist die schrecklichste, daß in einigen Gegenden Spaniens Eltern ihre Kinder töten, um sie nicht ernähren zu müssen[68].«

Aber bewegt das Priester? Machtsüchtige Hierarchen? Stört es sie, daß heute rund zwanzig Millionen Menschen jährlich verhungern[69]? Stört es sie, daß allein in Westdeutschland jedes Jahr fast hundert Kinder zu Tode gequält und schätzungsweise 90 bis 95 Prozent sämtlicher Kindermißhandlungen überhaupt nicht bekannt werden? Daß vermutlich bei mehr als der Hälfte aller erstickten Säuglinge nachgeholfen worden ist[70]? Daß Frauen mit fünf und mehr Geburten zweimal so häufig

Kinder verlieren als Mütter mit zwei bis vier Entbindungen, ja daß die Kindersterblichkeit nach fünf und mehr Niederkünften sogar das Sechsfache beträgt im Vergleich zu Frauen, die einmal geboren haben[71]? Stört es sie, daß übermäßig fruchtbare und stets schwangere Frauen an mütterlichen Gefühlen ärmer sind als Mütter weniger Kinder[72]? Stört es sie, daß ohne antikonzeptionelle Verfahren bereits drei Monate nach einer Geburt 50 Prozent aller Frauen schon wieder schwanger sind[73]? Natürlich nicht. Im Gegenteil. »Lieber zehn auf dem Kissen als eins auf dem Gewissen!«

Was Hierarchen allenfalls irritieren mag, sind jene von Zeit zu Zeit die Welt erreichenden Horrornachrichten (nur die Nachrichten, natürlich!) über die »unglaublichen« Zustände »der sozialen Verwahrlosung und sittlichen Verkommenheit, der Grausamkeit und des Hungers in kirchlich geleiteten Kinderheimen des italienischen Großstadtmilieus«[74].

»Ständig Opfer« oder Die »Standesgnaden« der Katholiken

Das Glück einer rein menschlichen Liebe aber will die Kirche selbst in der Ehe nicht. Vielmehr verdammt man es als »die abgründigste Gefahr der ehelichen Liebe«[75], wobei fraglos auch der geistliche Neid wieder mitspielt auf die beweibten Laien. »Die kirchliche Moral lehnt die einfachen Lösungen des technischen Menschen, der zu keinem Opfer bereit ist, ab.« Sie plädiert für *»das ›agere contra‹, das heißt, den freiwilligen Abbruch auch im erlaubten Gebrauch der irdischen Dinge«*. Sie will besonders die eheliche Liebe als »eine gekreuzigte Liebe«, als »Nachfolge des gekreuzigten Heilandes«. Sie will – man nennt das wohl »Standesgnaden« im Katholizismus – »Das tägliche Kreuz der ehelichen Liebe«[76], das »tägliche ... Heldentum von aber (sic) Millionen von Eheleuten, die den gemeinsamen Herd als einen Altar betrachten, auf dem es gut und heilig ist, das eigene Leben zu opfern«[77].

Das ist es, was die Herren brauchen: das tägliche Opfer der andern! Und dies nicht nur hinsichtlich Ehe und Sex. Der Christ soll überhaupt in Kummer und Bedrängnis leben. Es muß, wie ein Theologe im Fettdruck fordert, *»das ganze Leben ... unbequem sein, wenn es zum Himmel führen soll«*[78]. Das »Kreuz gehört mit zum religiösen Alltag«, schärft 1972 auch Kardinal Garrone ein, indem er, nicht eben neu, »ständig Opfer« verlangt[79]. »Leiden ist das Los aller wahren Christen«, steht im römischen Meßbuch. Auf Leid, Last, Trüb- und Drangsal, Seelennot und Heimsuchung jeder Art basiert doch weitgehend die Dogmatik des Christentums. Nicht auf Freude und Glück. Erst das Unheil macht das Heil verlockend. Also braucht die Kirche einen geplagten, gebrochenen, unglücklichen Menschen – Krankheit, Schicksals-

schläge, Katastrophen. (In allen Kriegen sind die Tempel voll!) Also drängt und treibt sie zum Schuld- und Sündenbewußtsein, zur Entsagung, zum Opfer. Denn erst dann kann sie ihren Balsam anbieten, ihren Zuspruch und Trost, ihre Erlösung, was sie wenig kostet, ihr aber viel bringt: das Ideal aller Grossisten.
Inzwischen ist die Geburtenkontrolle jedoch nicht nur für den einzelnen von größter Bedeutung.

Den Phallus der Armen verlöten ...

Bereits im frühen 19. Jahrhundert hatte der anglikanische Geistliche Thomas Robert Malthus versucht, Massenvermehrung und Not durch sexuelle Askese (moral restraint) zu beheben, durch Empfehlung von Spätheirat und Enthaltsamkeit. Wer kein Geld hat, implizierte seine Lehre, hat im Grunde auch kein Recht auf Liebe. Denn Geschlechtsverkehr setzte nach allgemeinem Christenglauben den Willen zur Fortpflanzung voraus; das aber können sich nur Begüterte leisten und nicht Leute, wie Malthus sehr deutlich durchblicken ließ, die mit Rachitis und Schwindsucht in Kellerlöchern hausen[80].

In England wurde der »Apologet des Kapitalismus« zum Professor ernannt, in Frankreich und Deutschland durch Akademien geehrt, und die meisten europäischen Volkswirtschaftslehrer bekannten sich zu ihm, auch wenn sie nicht in allem seiner Ansicht waren[81].

Der Hallenser Karl August Weinhold aber, vom sächsischen Kompaniechirurgen zum Chirurgieprofessor aufgestiegen, ging seinerzeit kühn daran, das Malthussche Bevölkerungsproblem medizinisch zu lösen. In seiner berüchtigten Schrift »Von der überwiegenden Reproduktion des Menschenkapitals gegen das Betriebskapital und die Arbeit in den zivilisierten europäischen Ländern nebst einigen medizinal-polizeilichen Vorschlägen zur Herstellung des Gleichgewichts zwischen Armut und Wohlstand« (1828) regte der einfallsreiche Gelehrte an, die Männer, zumindest bis zu einem gewissen Alter, zu verlöten.

Eine harmlose Sache, wie Weinhold meinte, »sanft« und »beinah ganz unschmerzhaft«, auch von ihm nur mit ein bißchen Metall und Blei, mit Draht, Nadel und Lötkolben schon erfolgreich an jugendlichen Onanisten erprobt[82] (– in Parenthese: eine Methode, die bereits Juvenal und Martial belustigt hat[83]). Die »Verlötung und metallische Versiegelung« wollte der erleuchtete Akademiker aus Halle allerdings nur jenen bis zum Eintritt in die Ehe zumuten, »welche erweisbar nicht soviel Vermögen besitzen, um die außerehelich erzeugten Wesen bis zur gesetzmäßigen Selbständigkeit ernähren und erziehen zu können. Sie verbleibe bei denen zeitlebens (!), welche niemals in die Lage kommen, eine Familie ernähren und erhalten zu können[84].«

...oder ihre Kinder in den Fabriken verbrauchen

Die christliche Gesellschaft akzeptierte nun freilich weder Malthus-Propos noch Infibulation à la Weinhold. Sie verbrauchte die Kinder schnell und billig in den Fabriken.

»Schon die ersten, welche zu der Baumwollenspinnerei die Kräfte der großen Maschinen benützten«, schreibt 1847 Heinrich Wilhelm Bensen in seinem damals vielbeachteten Buch »Das Proletariat«, »spekulierten auf die Arbeit der Kinder, welche bei einer geisttötenden, mechanischen Arbeit sich weit geduldiger anstellten als Erwachsene und weit wohlfeiler zu stehen kämen (1½ Schilling in der Woche bis 3½ Schilling). In diese Baumwollenspinnereien trieb man die Kinder herdenweise (schon im Jahre 1796 soll die Familie Peel über tausend Kinder beschäftigt haben), die man besonders aus den Arbeitshäusern nahm unter dem Vorwande, sie als ›Lehrlinge‹ zu erziehen. In den niedrigen, qualmigen Sälen sah man die Kinder von dem fünften Jahre an – meistens sieben bis neun Jahre alt – die kleinen Finger rühren, um zerrissene Fäden wieder anzuknüpfen und mit gespannter Aufmerksamkeit die einförmige Arbeit der Maschine zu ergänzen. Willkürlich setzt der Gebieter die Arbeitszeit auf vierzehn, ja, bis auf sechzehn Stunden täglich an – eingerechnet die kurze Freizeit zu dem Genuß der ärmlichen Nahrung. Andere ließen Tag und Nacht in einem fort arbeiten, indem von zwölf zu zwölf Stunden frische Mannschaft eintrat. Andere setzten die Arbeit vierzig Stunden und noch länger fort, indem man nur den Ermüdetsten eine kurze Frist zum Schlaf gestattete. Übrigens vermochte ja die lange Peitsche des Aufsehers die Kleinen möglichst wach zu erhalten... Ob aber nun die Fabrikkinder verkrummen und versiechen und für immer untaugliche und halbblödsinnige Menschen werden: die Geldaristokratie findet sich nicht bewogen, um so etwas sich zu bekümmern. Für sie ist ja dieser Verbrauch der Kinder doppelt vorteilhaft. Erstlich machen sie an der wohlfeileren Arbeit größeren Gewinn, und dann schafft der Verbrauch der Kinder einen Teil der Bevölkerung weg, deren Übermaß gefährlich werden könnte[85].«

An die Stelle sexueller Askese, wodurch Malthus das Problem menschlicher Vermehrung zu lösen hoffte, setzte dann der von Francis Place 1822 propagierte Neo-Malthusianismus die Antikonzeptiva, die allein es zu lösen vermögen.

Kann die Menschheit überleben?

Die Gefahr wächst stetig. Benötigten die Völker für ihre Verdoppelung in der Frühzeit mehr als ein Jahrtausend, zu Beginn der Neuzeit noch zwei Jahrhunderte, genügen jetzt schätzungsweise bereits fünfzig Jahre. Schon im letzten Jahrhundert lebten so viele Menschen wie in den vorangegangenen sechshunderttausend Jahren zusammengenommen[86].

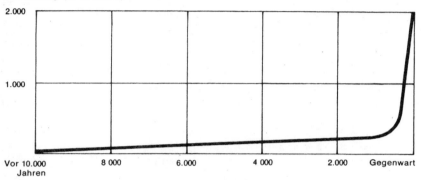

Die Kurve zeigt das Anwachsen der Menschheit während der letzten zehntausend Jahre[87].

Ohne die im 20. Jahrhundert sich hier weitgehend durchsetzende Geburtenkontrolle hätte die Deutsche Bundesrepublik heute hundertachtzig Millionen Einwohner[88]. In Südamerika, wo ein Drittel aller Katholiken lebt, das durchschnittliche Jahreseinkommen pro Kopf der Bevölkerung unter 1000 Mark liegt, existieren gegenwärtig etwa zweihundert Millionen Menschen. Schon in einer Generation, im Jahre 2000, ist dort mit sechshundert bis siebenhundert Millionen, auf der Erde überhaupt, Frieden vorausgesetzt, mit mehr als sechs Milliarden Menschen zu rechnen. Und in nur zweihundert Jahren würden ohne Familienplanung, mit der bisherigen Zuwachsrate, hundert Milliarden Menschen leben, so daß unsere Welt, ausgenommen die Meere, höchsten Gebirge und Polargebiete, eine einzige Riesenstadt wäre[89]. Die Geburtenbeschränkung wird damit zu einer ethischen Notwendigkeit.

Während aber unsere führenden Bevölkerungsexperten die Menschheit alarmieren, während etwa Kingsley Davis, Direktor des Instituts für internationale Bevölkerungswissenschaft an der Universität von Kalifornien, die Steuerbegünstigung für kinderreiche Familien geradezu »kriminell – Mord an den Kindern unserer Kinder« nennt und »die einzige Hoffnung des menschlichen Überlebens in der systematischen Besteuerung von Ehen mit Kindern, der Legalisierung von Schwangerschaftsterminierungen und Sterilisationen und in dem universellen Gebrauch von Empfängnisverhütungsmitteln« sieht[90], hält der Katholizismus unverrückbar an deren Verbot fest. Und dies um so mehr, als sein Wachstum gegenüber dem der Erdbevölkerung prozentual sinkt, ja die Kirche nicht einmal ihr eigenes Anwachsen bewältigen zu können scheint[91].

»Aufblick zu den ewigen Sternen des christlichen Sittengesetzes«

So ist die von Pius XII. und dem geltenden Kirchenrecht[92] eingeschärfte Ehelehre auch nach dem Zweiten Vatikanum noch gültig; ist weiterhin die Fortpflanzung, das Erzeugen und Erziehen von Nachkommen, der »erste Zweck« der Ehe, »gleichsam ihre Krönung«[93]; »muß« auch jetzt das »ganze eheliche Leben ... ein stetes ja sein zu dieser Schöpfungsordnung der Fruchtbarkeit« und jeder Umgang Verheirateter auf »einen naturgemäßen, seinem Vollzug nach fruchtbaren Verkehr« hinauslaufen, wolle er keine »objektive schwere Sünde gegen die eheliche Keuschheit« und »Herabwürdigung der Frau zur Dirne« sein[94]! »Das Urteil über die Kinderzahl den Eltern selbst zu überlassen ist gefährlich. Aus Achtung vor der Sache will ich darüber nicht ausführlicher sprechen«, warnte Mitte der sechziger Jahre, bemerkenswert argumentarm, Kardinal Ruffini von Palermo. »Folgen wir dem heiligen Augustin, der sich nicht fürchtete, es auszusprechen, daß die Eheleute in Vergewaltigung und Prostitution (!) stürzen, wenn sie die Ehe nicht christlich halten und die eheliche Vereinigung von ihrem Ziel abtrennen[95].«

Klar, was das heißt, wenn die normale physiologische Fruchtbarkeit der verheirateten Frau mit zehn bis zwölf Kindern angesetzt[96] und noch immer die Rückkehr zur »christlichen Volksfamilie« gefordert wird: »Acht bis zwölf Kinder, alle zwei Jahre eins[97].« (Und dann in jeder Generation ein »Kreuzzug« für ein »Volk ohne Raum«!) Überschrift: »Aufblick zu den ewigen Sternen des christlichen Sittengesetzes«[98].

Auch wenn die Welt zugrunde ginge ...

Erst unlängst soll der Papst eine heimliche diplomatische Offensive eingeleitet haben, um Finanzierung und Unterstützung der Familienplanung zu unterbinden, bei verschiedenen Regierungen, internationalen Organisationen, besonders bei den USA und der UNO. Vom Vatikan selbst wurde die Existenz eines geheimen Rundschreibens zur Geburtenkontrolle an alle vatikanischen Vertretungen bestätigt[99]. Und es signalisiert noch die letzte und schrecklichste Konsequenz dieser Politik, wenn der in Rom tätige holländische Theologe Jan Visser im Deutschen Fernsehen die Frage, ob die Kirche auch eine hoffnungslose Übervölkerung unserer Erde in Kauf nähme, so beantworten konnte: »Ja. Wenn sie wirklich überzeugt ist, daß das das Gesetz Gottes ist, würde ich das denken. Auch wenn die Welt untergehen würde, Gerechtigkeit soll geschehen[100].«

Fiat justitia et pereat mundus. Ganz ähnlich interpretierte der Jesuit Gundlach 1959 die Lehre von Papst Pius XII. zum Atomkrieg: »Die Anwendung des atomaren Krieges ist nicht absolut unsittlich[101].« Auch wenn nämlich unser Planet, wie seinerzeit Gundlach schrieb, durch einen Atomkrieg zugrunde ginge, es würde wenig bedeuten. »Denn wir haben erstens sichere Gewißheit, daß die Welt nicht ewig dauert, und zweitens haben wir nicht die Verantwortung für das Ende der Welt. Wir können dann sagen, daß Gott der Herr, der uns durch seine Vorsehung in eine solche Situation hineingeführt hat oder hineinkommen ließ, wo wir dieses Treuebekenntnis zu seiner Ordnung ablegen müssen, dann auch die Verantwortung übernimmt[102].«

»Die Herrlichkeit der Erden muß Rauch und Asche werden.« Das steht ja ohnedies fest. Ob also Fiasko durch Atomkrieg oder Übervölkerung – man hat da immer ein gutes Gewissen. Das einemal ist das globale Massaker ein »Treuebekenntnis«, das anderemal das Ende durch Raumnot »Gerechtigkeit«. Und derlei kommt von derselben Seite, die sonst fromm die Augen aufschlägt und predigt: »Lieber zehn auf dem Kissen als eins auf dem Gewissen!«

Im übrigen: wer die Empfängnisverhütung als »unnatürlich«, »amoralisch«, »gottlos« verwirft, unterstützt damit praktisch die Abtreibung. Denn dazu sind am meisten die gezwungen, die Antikonzeptiva nicht verwenden dürfen, das heißt: mehr katholische Frauen als protestantische[103].

Zwiespältige Haltung der evangelischen Kirchen

Der Protestantismus, diesseits und jenseits des Atlantik, bewertet die Familienplanung heute weitaus liberaler. Hatte die Lambeth-Konferenz der anglikanischen Kirche noch 1908 jede künstliche Empfängnisverhütung »mit Abscheu« verurteilt, erklärte sie 1958 die Erzeugung der Nachkommenschaft nicht als einzigen Ehezweck und nannte es »völlig falsch zu behaupten, wenn Kinder nicht ausdrücklich erwünscht wären, hätte der Geschlechtsverkehr den Charakter der Sünde«[104]. Und mit aller Evidenz konstatierte 1960 das Committee on Morals der Kirche von Schottland: »Ein Kind zur Welt zu bringen, nur um ein physisches Verlangen zu befriedigen, ist weniger moralisch, als in der Zeugung einen Akt der Verantwortung zu sehen[105].«

Sämtliche Formen der Geburtenkontrolle, soweit sie frei von gesundheitsschädigenden Nebenwirkungen sind, werden also erlaubt – Pessar, Kondom, Coitus interruptus und so weiter, wobei man einerseits auf die Bibel verweisen kann, die derartige Verbote nicht kennt, andererseits den logischen Standpunkt vertritt, daß die Ausnutzung der empfängnisfreien Tage prinzipiell ethisch nicht höher stehe als der Gebrauch mechanischer Mittel[106]. Auch die Anwendung der »Pille« wurde bereits 1961 sowohl vom Nationalrat der protestantischen Kirche in den USA wie von dem anglikanischen Primas, dem Erzbischof von Canterbury, als durchaus zulässig und übereinstimmend mit der christlichen Moral gebilligt[107].

Allerdings stimmt der Protestantismus insofern mit dem Papsttum überein, als er die Geburtenregelung aus bloßer Lust und Bequemlichkeit gleichfalls verwirft, insbesondere aber, grundsätzlich und entschieden, die Abtreibung[108].

Erst in den letzten Jahren zeichnet sich auf evangelischer Seite auch gegenüber dem Schwangerschaftsabbruch eine humanere Tendenz ab, freilich vorerst noch sehr vereinzelt. So gründete 1967 Howard Moody von der Judson Memorial Church in New York einen »Nationalen Geistlichen Beratungsdienst für Schwangerschaftsunterbrechung«, der inzwischen an Zehntausenden von Frauen eine Abtreibung vornehmen ließ; forderte 1968 auch der amerikanische Baptistenkonvent, einen Abortus bis zur zwölften Schwangerschaftswoche dem »freien persönlichen Ermessen« anheimzustellen[109]; und 1971 war immerhin eine evangelische Synode in West-Berlin ehrlich genug, eine Reform des Abtreibungsverbotes zu verlangen und die Beendigung der »Verlogenheit der gegenwärtigen Praxis«[110].

Die katholische Hierarchie hält geschlossen daran fest. Noch das Zweite Vatikanum nennt die Abtreibung ein »verabscheuungswürdiges Verbrechen«[111].

22. Kapitel
Das Abtreibungsverbot

»Ob es nach vierundzwanzigstündigem Quallendasein an Hunger eingeht, im ersten Jahr an Epilepsie, nach zwei Jahren an Tuberkulose, nach sechs Jahren an Erbsyphilis; ob es die Male der väterlichen Trunksucht, des mütterlichen Hungers, der außerehelichen Ächtung trägt... – ausgekeimt muß werden, vor allem ausgekeimt, § 218, so will es das Idol.« *Gottfried Benn*[1]

»Für mich sorgen sie alle: Kirchen, Staat, Ärzte und Richter. Neun Monate lang. Danach aber muß ich sehen, wie ich weiterkomme. 50 Lebensjahre wird sich niemand um mich kümmern, niemand. Neun Monate lang dagegen bringen sie sich um, wenn mich einer umbringen will. Ist das nicht eine merkwürdige Fürsorge?«
Kurt Tucholsky[2]

»Der Klerus schützt das keimende Leben. Wenn Hunderttausende junger Menschen zu Dreck und Brei zerfetzt werden, tritt der Klerus nicht dagegen auf.... Aber Fahnen und Kanonen segnen.« *Ernst Kreuder*[3]

Die ungewollte Schwangerschaft gibt es, seit es Menschen gibt, und auch der Schwangerschaftsabbruch sowie seine Bestrafung sind uralt, was einige der frühesten Schriften bezeugen[4]. Mehrere Hochreligionen kennen allerdings kein ausdrückliches Abtreibungsverbot, der Islam erlaubt sogar bis zum sechsten Monat den Eingriff[5]. Auch bei den antiken Griechen und Römern war er normal, Platon und Aristoteles befürworteten ihn, die Gesellschaft hieß ihn gut[6] – vielleicht der Grund, warum der die Sexualsünden so perhorreszierende Paulus das Problem nicht berührt.

»Auch Mütter müssen Europa retten!«

Vom 2. Jahrhundert an freilich hat die auf Mehrung des »Gottesvolkes« bedachte (S. 247 ff.) christliche Führerschaft die Abtreibung zu einem ungeheuren Verbrechen gestempelt[7]. »Jede Frau«, lehrt Augustinus, »die etwas unternimmt, um nicht so viele Kinder zur Welt zu bringen, wie sie könnte, macht sich ebenso vieler Morde schuldig, ebenso wie die Frau, die sich nach der Empfängnis zu verletzen versucht[8].«

Abtreibende galten als Mörderinnen und hatten nach der Synode von Elvira (306) lebenslänglich, nach späteren Kirchenverlautbarungen immer noch zehn Jahre öffentlich zu büßen[9], die Helfershelfer mitunter zwanzig Jahre[10]. Im Hochmittelalter, wo man schon den Versuch eines Schwangerschaftsabbruches wie Mord verfolgte, mußte der Abortus manchmal zwölf, Kindstötung fünfzehn Jahre gesühnt werden, doch konnte man für vorsätzlichen Säuglingsmord auch lebenslang ins Kloster kommen[11].

Noch heute läßt die katholische Kirche weder die eugenische Indikation zu (Schwangerschaftsabbruch bei Geisteskranken oder anderen Kranken mit vererbbaren Leiden) noch die ethische Indikation (Schwangerschaftsabbruch nach Vergewaltigung) noch die soziale (Not, Unehelichkeit, allzu große Jugend) und verhängt über alle Mitwirkenden, einschließlich der betroffenen Frau selbst, die Exkommunikation[12].

Keine Keimtötung, keine Fruchtabtreibung. Aber jede Menge Massengräber der »Ausgekeimten« dann im Krieg. Das werdende Leben wird geschützt, damit das gewordene krepieren kann. »Den Müttern gedenkt einst das Vaterland, die Erwachsenen abzutreiben«, wie Karl Kraus höhnt. Was heute bei einem Militärdekan heißt: »Auch Mütter müssen Europa retten!«[13] So eindeutig, daß man nunmehr selbst auf christlicher Seite sich empört: »Das ist eben dieser merkwürdige Schutz oder das Interesse am werdenden Leben, das sofort erlischt, sobald das Kind einmal da ist. Das kann man dann auf die oder jene Weise verrecken lassen... Das macht dann gar nichts[14].«

Aber damit der Mensch verrecken kann, muß er eben erst geboren werden. Und dafür tut man alles, spart man weder an Drohungen noch Zusprüchen, erinnern die Theologen stets beschwörend an jenes Gebot, das sie im Krieg so flink ins Gegenteil verkehren: »Du sollst nicht töten!« Bei zentimeter-, ja millimetergroßen Keimen gilt es plötzlich unumstößlich. »Wer ein solches Wesen tötet, ist ein Mörder[15].« Schlimmer noch: er begeht »einen Gottesraub größten Stils«, wie einst Kardinal Faulhaber formulierte[16], der doch die »Nicht-Gottgeraubten« in zwei Weltkriegen töten half. Das war kein Gottesraub, gefiel dem Herrn, war ihm ein wohlgefälliges Opfer[17]. »Mit Gott«, stand auf den Koppelschlös-

sern von Millionen, die irgendwo verröchelten – »gern«, wie Faulhaber als Feldpropst beteuert; »schön«, wie ein anderer Kirchenmann sagt[18].
Vor allem aber – getauft. Und getauft eben sterben die Abgetriebenen nicht, ein ewiger Jammer. Haben doch auch sie, vom frühesten Moment, von der Zeugung an, eine »unsterbliche Seele«, was man freilich nicht immer wußte. Vielmehr setzte die Mehrzahl der Väter, einschließlich des heiligen Thomas, das Hinzutreten der Seele auf den vierzigsten Tag bei männlichen Kindern, auf den achtzigsten Tag bei weiblichen fest[19] – ein weiteres Beispiel, nebenbei, der Frauendiffamierung.

»Aus tiefer Not schrei ich zu Dir . . .«
oder »die Bequemlichkeit des Wassers«

Barbarisch ging der weltliche Arm der Ecclesia gegen Abtreibung und Kindsmord vor, die man oft mit denselben Strafen belegte. Schuldige Mädchen wurden häufig gesäckt, das heißt in einem Sack – manchmal mit einem Hund, einem Hahn, einer Katze und Schlange – ins Wasser geworfen, worauf man oft, situationsgerecht, das Lied intonierte: »Aus tiefer Not schrei ich zu Dir . . .« Noch Mitte des 18. Jahrhunderts beseitigte die christliche Gesellschaft derart eindrucksvoll frevelhafte junge Mütter[20]. Fast überall in Europa wurden sie mit glühenden Zangen gequält, lebendig begraben oder gepfählt. »Kindsvertilgerin lebendig ins Grab, ein rohr ins maul, ein stecken durchs hertz«, bestimmt kurz und bündig das Brenngenborner Weistum von 1418[21].
Etwas zivilisierter, humaner schon die Constitutio Criminalis Carolina des frommen Kaisers Karl V. Peinliche Gerichtsordnung, bis zum Ende des 18. Jahrhunderts allgemein, in einzelnen deutschen Staaten sogar bis 1871 (!) gültig: »Item wenn ein Weib sein Kind, das Leben und Gliedmaßen empfangen hat, heimlich, boshaft und mit Willen tötet, so wird es gewöhnlich lebendig begraben und gepfählt. Aber um hier Verzweiflung zu verhüten, mögen diese Übeltäterinnen ertränkt werden, wenn im Ort des Gerichts die Bequemlichkeit des Wassers dazu vorhanden ist. Wo aber solche Übel oft geschehen, wollen wir die genannte Gewohnheit des Vergrabens und Pfählens, der größeren Furcht solcher böser Weiber willen, auch zulassen, oder aber daß vor dem Ertränken die Übeltäterin mit glühenden Zangen gerissen werde, alles nach Rat der Rechtsverständigen . . .«[22]
. . . Und nach der Moral der Kirche. Denn Recht oder vielmehr Unrecht und Kirchenmoral hängen eng zusammen, besonders im Bereich der Sexualität (S. 403 f.). Liegt's doch am Christentum, daß es in den meisten Staaten unseres Kulturkreises noch Gesetze gegen den Abbruch der Schwangerschaft gibt.

In Deutschland bedrohte der § 218, in seiner Urfassung von 1871, eine Schwangere wegen Abtreibung mit Zuchthaus bis zu fünf, die Beihelfer bis zu zehn Jahren – gegen Ende der Hitlerdiktatur sogar mit dem Tod[23]. Selbst der Reformentwurf des Strafrechts von 1962 aber behielt das Abtreibungsverbot mit ganz geringer Einschränkung bei. Und noch 1973 konnte nach geltendem Recht eine Frau, die »ihre Leibesfrucht abtötet oder die Abtötung durch einen anderen zuläßt«, bis zu fünf Jahren ins Gefängnis kommen.

Gewiß urteilt man nun milder, bleiben weitaus die meisten Fälle überhaupt unverhandelt, was aber die Ungerechtigkeit gegenüber jenen, die mit Geld- oder Haftstrafen belegt werden – natürlich stets die sozial Schwächeren –, nur um so größer macht. »Es hat noch nie«, erklärte der renommierte Jurist und Sozialdemokrat Gustav Radbruch, »eine reiche Frau wegen § 218 vorm Kadi gestanden[24].«

Bundesdeutsche Odyssee

Das westdeutsche Recht, das selbst bei schwerer sozialer Not die Abtreibung verbietet, erlaubt sie bloß bei medizinischer Indikation und mit Zustimmung eines Gutachtergremiums, ein extrem seltener Fall. Welche Komplikationen indes auch dies noch zeitigt und wie wenig überhaupt die desolate Lage der Geschwängerten in der Bundesrepublik ein Indikationsgesetz beheben kann, mag der folgende Bericht verdeutlichen.

»Eine Frau, die bereits mehrere Kinder hat und jahrelang krank war, begeht im 2. Schwangerschaftsmonat einen Selbstmordversuch durch Tabletten. Sie wird gerettet, erfährt aber, daß das zu erwartende Kind durch die Tabletten geschädigt sein könne; man rät ihr zu einem Schwangerschaftsabbruch. Aber wegen eines Umzuges und damit verbundenem Arztwechsel weiß sie nicht, wer den Antrag stellen könnte. Sie wendet sich an das zuständige Gesundheitsamt. Das Gesundheitsamt kann nicht helfen, es verweist auf die Ärztekammer. Zögern bei der Familie; der überlasteten Frau geht es schlechter. Sie entschließt sich, den neuen Arzt um den Antrag zu bitten. Er schreibt an die Ärztekammer. Umgehend bestätigt die Ärztekammer den Eingang des Antrages, belehrt über die Kosten für die zu erstellenden Gutachten, über den Anteil, den die Kasse zahlt, und schreibt weiter: ›Die Verwaltungsgebühr in Höhe von DM 10,– bitten wir auf das Konto der Ärztekammer zu überweisen. Danach werden Ihnen umgehend die Namen und Anschriften der Gutachter benannt.‹ (Danach!)

Die Gutachter kommen nicht zu einem einheitlichen Ergebnis. Ein Obergutachter muß bestellt werden. Und wieder heißt es: erst zahlen, dann gibt es die Adresse!

Endlich kommt der Bescheid der Gutachterstelle der Ärztekammer mit der Genehmigung des Schwangerschaftsabbruches. Ohne daß irgendwo eine schuldhafte Verzögerung vorliegt, sind inzwischen – durch die Irrwege, durch das Zögern innerhalb der Familie, durch den Schriftverkehr – fast 2 Monate vergangen. Aber der Leidensweg der Frau beginnt erst: die Suche nach einem Krankenhaus, das den erlaubten Schwangerschaftsabbruch auch ausführt. Hier weigern sich Schwestern, dort hat ein Arzt medizinische und ethische Bedenken. Vielleicht ist das 3. Krankenhaus gerade überbelegt. Die Frau sucht, die Schwangerschaft dauert an, der Embryo wächst und mit ihm die Gefahr für die Mutter und die Bedrängnis für den Arzt. Wenn weitere Indikationen erlaubt sind, kommen vermutlich noch erhebliche Wartezeiten bei den Ärzten hinzu[25].«

Strafen – »geringer als wenn jemand einen Hasen wildert . . .«

Auch in den USA, wo erst vor wenigen Jahren die »Schlacht um die Abtreibungsgesetze« begann, wurde der künstliche Abort überall mit Strafe bedroht – von einem Jahr (in Kansas) bis zu zwanzig Jahren Gefängnis (in Mississippi), freilich auch hier nur sporadisch angewandte Gesetze. Doch galt schon der Versuch einer Abtreibung meist als sträflich, selbst wenn die Frau überhaupt nicht schwanger war! Und noch zu Beginn der siebziger Jahre erlaubten einunddreißig Staaten der USA einen Abbruch bloß bei Gefahr für das Leben der Mutter[26].

Seit 1973 allerdings ist der Eingriff legal. Die Mortalität ging gewaltig zurück, in New York sank der Prozentsatz der unehelich geborenen Kinder beinah um die Hälfte, der der ausgesetzten fast um zwei Drittel und die Soziallast um Millionen Dollar infolge weniger ungewollter Geburten. Trotzdem laufen vor allem die Katholiken Sturm gegen die Abtreibung. Selbst der (sonst eher konservative) Oberste Bundesrichter Harry Blackum klagt: »Ich habe niemals so viele Haßbriefe erhalten. Man beschuldigt mich, ein Pontius Pilatus, ein Herodes und ein Metzger von Dachau zu sein[27].«

In anderen Ländern aber drohen weiter für den Abortus hohe Gefängnisstrafen, Geldbußen und Berufsverbote, ist sogar seine Befürwortung noch strafbar[28].

Gleichwohl erscheint den Katholiken das Strafmaß »in der Regel geringer, als wenn jemand einen Hasen wildert«, »viel zu gering« für ein »so furchtbares und das Gemeinwohl schwer untergrabendes Verbrechen«[29]. Nicht genug: nach dem Zweiten Weltkrieg, nach Hitlers Judenvergasung, dem Abwurf der Atombombe auf Japan und während des Völkergemetzels in Ostasien kann der Theologe Häring schreiben: »Die

Abtreibung ist das Verbrechen, das wie kaum ein anderes den moralischen Tiefstand der modernen Welt kennzeichnet[30].« Das versteht man da unter Moral!

Die eigentlichen Kriegsverbrecher

Setzt man doch Krieg und Abtreibung derart in Beziehung, daß man die Abtreibenden »die eigentlich Schuldigen« an den Kriegen nennt und deshalb »fast« an den Galgen wünscht! Denn, so argumentiert der Katholik Binder wörtlich: »Wer zerstört denn die Ehrfurcht vor dem Leben mehr als gerade jene Frauen, denen nicht einmal das Leben ihrer eigenen Kinder heilig ist? Sie sind die eigentlich Schuldigen, die Gott als den Herrn des Lebens mißachten; ich möchte fast sagen: Man hat bei den Kriegsverbrecherprozessen die Unrechten aufgehängt![31]«

Das »neue Euthanasie-Programm«

Die NS-Kriegsverbrecher also »fast« zu Unrecht verurteilt... Nicht zufällig doch kommt das aus demselben Kreis, der heute den von den Nazis so geschätzten § 218 verteidigt und seinen Gegnern »Freigabe des Mordes« unterstellt – ein neues »Euthanasie-Programm!«[32]

In der DDR, wo seit dem 9. März 1972 die Frau bis zum Ablauf von drei Monaten selbst entscheiden kann, ob sie – völlig kostenlos, einschließlich Vor- und Nachbehandlung – ihre Schwangerschaft abbrechen möchte, prophezeien (in einer von allen Kanzeln verlesenen Erklärung) die katholischen Oberhirten eine »unheilvolle Entwicklung für das ganze Volk«, und die evangelischen eine »allgemeine Abstumpfung der Gewissen«[33].

Bei der Kontroverse um Abtreibung und freiwillige Sterilisation in der Bundesrepublik aber protestieren die Prälaten noch immer, vom Freiburger Erzbischof Schäufele bis zum Berliner Erzbischof Bengsch, vom Münchner Erzbischof Döpfner bis zum Paderborner Oberhirten Jaeger, den vermutlich doch nur die Situation hindert, sich vom kalten Krieger in einen heißen zu verwandeln. Mit derselben katholischen Glut jedenfalls, mit der er einst als Divisionspfarrer Hitlers dessen russische Widersacher »fast zu Tieren entartet« sah, mit demselben heiligen Eifer, mit dem er dann die Atombewaffnung der Bundeswehr propagierte und die Erfüllung der »Ideale der Kreuzzüge... in neuzeitlicher Form«[34], verurteilt er nun das »neue Euthanasie-Programm« und »die Beseitigung des unwerten Lebens im Schoße der Mutter«[35].

Auch gemeinsam belehrten die Episkopen die Bonner Regierung, daß ein Schwangerschaftsabbruch nur bei medizinischer Indikation vertretbar, jede andere Begründung für Straffreiheit aber abzulehnen sei, selbst bei Schwangerschaft durch Notzucht. Vergewaltigten Nonnen freilich hatte man schon Jahre früher eine Ausschabung zugebilligt[36]! Doch was den Nonnen recht ist, soll anderen Frauen noch teuer zu stehen kommen. Denn nach wie vor, so forderte die 1970 in Bonn überreichte »Stellungnahme des Kommissariats der Deutschen Bischöfe zum Schutz des werdenden Lebens«, müsse der Staat die Abtreibung als »vorsätzliche Tötung menschlichen Lebens bestrafen«[37].

Führend aber im Konzert der frommen Stimmen ist der »Osservatore Romano«. Er unterstellte Anfang 1972 der reformwilligen SPD-FDP-Bundesregierung nicht nur »unmenschliche Entschlüsse«, sondern sogar Rückgriffe auf das »Gedankengut des Dritten Reiches«[38]. Andere katholische Zeitungen Italiens schrieben: »schlimmer als Hitler« oder: »Die Krankenhäuser, in denen man damals Abtreibungen und Sterilisationen vornahm, hießen Auschwitz, Dachau und Mauthausen[39].« Also: ein sozial-liberales Kabinett wird wegen einer geplanten *freiwilligen* Sterilisierung gleichgestellt eben jenen Verbrechern, die eine kriminelle *Zwangs*sterilisierung eingeführt, gerade Sozialdemokraten und Liberale ermordet, eine Sexualpolitik im Sinne des Papsttums getrieben haben (S. 234) und überhaupt selbst von diesem fast bis zuletzt intensiv unterstützt worden sind[40].

Aufforderung zum Geistersehen

Und neben Diffamierung und Lügen der Kitsch, den man den Massen in billigen Blättchen oder sogar plakativ verpaßt. »Nun denkt euch«, suggeriert ein Mönch mit Phantasie, »diese Hunderttausende von Ungeborenen ziehen durchs deutsche Volk und Land, jedes (sic) mit einem Totenkleid angetan. Ein gewaltiges Heer der Kleinsten, ein geisterhafter Zug, wohl hundert Kilometer lang. Sie ziehen durch alle deutschen Gaue, durch die Großstädte und Kleinstädte, durch die Dörfer und zu den einsamen Gehöften, und sie erheben ihre unschuldigen Händlein anklagend gegen christliche Eltern, die ihnen das Leben nicht gönnten, nicht das irdische und nicht das ewige, anklagend gegen Eheleute, an deren Türen sie pochten und im Namen des göttlichen Kindes um Einlaß baten und die sie unbarmherzig wieder hinausstießen in die finstere Todesnacht. Und dieses Geisterheer der nie Geborenen zieht hinauf zum Throne des dreieinigen Gottes, und sie erheben schwere Anklage gegen christliche Gatten, die selbstsüchtig, genußsüchtig, verweichlicht und grausam . . .« und so weiter und so weiter[41].

»Nun denkt euch diese Hunderttausende von Ungeborenen . . .« Doch die kann jeder, der kein katholischer Kitschier ist, sich gelassen denken.

Aber denkt euch, unter Ungezählten, nur jene eine vierzigjährige taubstumme Mutter, deren Antrag auf Schwangerschaftsabbruch noch 1971 in Nürnberg abgelehnt worden ist, obwohl bereits vier Kinder von ihr taubstumm in Heimen leben[42]!

»Kultur der Kirche« oder »die Mutter sterbe gottselig«

Der Katholik Schreiber, der in seinem Opus »Mutter und Kind in der Kultur der Kirche« noch die nichtigsten Zeugnisse klerikaler Fürsorge präsentiert, gibt im Anhang gerade vier Quellenbeilagen zur Demonstration. »Wenn zu besorgen«, rät da eine Hebammeninstruktion des frühen 17. Jahrhunderts, »daß Mutter oder Kind darüber gehn, soll sie«, die Hebamme, »mehr helfen, daß das Kind getauft werde, indem es besser ist, die Mutter sterbe gottselig, als daß das Kind ungetauft bliebe.« Auch steht, ganz stereotyp, an anderer Stelle, daß die Hebamme »gach taufen« soll, sieht sie auch nur »ein Glied des Kindes«, indes »die Mutter sterbe gottselig«[43].

Im Hinblick auf das 18. Jahrhundert registriert ein moderner Medizinhistoriker: »Für die unbemittelte Schwangere und Wöchnerin geschah so gut wie nichts. Um die uneheliche Schwangere kümmerten sich die Behörden, um sie zu beaufsichtigen und zu bestrafen, wozu sich leicht ein Grund fand, weniger, als um für sie zu sorgen. Wo kein Geld war, mußten die Frauen auch in diesen Zuständen, ob verheiratet oder nicht, bis zur Erschöpfung arbeiten, oft genug unter sehr gesundheitswidrigen Verhältnissen. Kinderarbeit war bei den Besitzlosen selbstverständlich[44].«

Das Austragen der Frucht auch unter Todesgefahr befahl die Catholica bis tief ins 20. Jahrhundert. »Selbst um das Leben der Mutter zu retten, ist es deshalb nicht erlaubt, das lebende Kind zu zerkleinern, z. B. durch Kraniotomie, Embryotomie usw.[45]« Nicht genug: »Direkte Fruchttötung ist auch dann verboten, wenn sie der Arzt zur Rettung der Mutter aus Lebensgefahr als ›therapeutischen Abortus‹ für nötig hält und ohne diesen Eingriff eventuell Mutter und Kind sterben[46].« »Es ist besser, die Mutter stirbt nach Gottes Willen, als daß das Kind absichtlich getötet wird durch Frevlerhand. Es ist besser, Mutter und Kind sterben nach Gottes Fügung, als daß Mörderhand nach dem Leben des Kindes greift[47].«

Der »Bescheidene Vorschlag« Jonathan Swifts

Und was geschah sonst für die Kinder?
Im Mittelalter duldete man sie in Findel- und Waisenhäusern nur, bis sie selbständig »nach dem Almosen gehen« konnten[48]; denn gelernt

hatten sie, außer etwas Religion, meist so gut wie nichts. Doch als dann, im Spätmittelalter, in der beginnenden Neuzeit, die Bettler- und Vagabundenscharen immer mehr wuchsen, als eine, mit Marx zu sprechen, »Masse vogelfreier Proletarier« entstand[49], half man zwar Alten, Gebrechlichen, Siechen, die andern aber jagte man oft nur so: peitschte sie öffentlich aus, brandmarkte sie auf Brust, Rücken und Schulter, schnitt ihnen das halbe oder ganze Ohr ab, verstümmelte sie sonstwie und richtete sie nach mehrmaligem Aufgegriffenwerden ohne Arbeit – ungeachtet, ob es die überhaupt gab – kurzerhand hin[50].

1729 macht der große Satiriker Jonathan Swift seinen »Bescheidenen Vorschlag, wie Kinder armer Leute in Irland davor bewahrt werden sollen, ihren Eltern oder dem Staat zur Last zu fallen, und wie sie dem Gemeinwesen zum Nutzen gereichen können«. Swift empfiehlt ihre Verwendung »zur Ernährung und teilweisen Bekleidung von vielen Tausenden«, zumal »ein junges, gesundes, gut gestilltes Kind im Alter von einem Jahr eine überaus delikate, nahrhafte und bekömmliche Speise sei, ob gedämpft, gebraten, gebacken oder gekocht..., als Frikassee oder Ragout«, und Kinderfleisch auch von den Armen mit geringen Kosten produziert und dann feilgeboten werden könne. Swifts Prognose: erhebliche Verbesserung der materiellen Lage der Eltern, Reduzierung von absichtlichen Fehlgeburten, Kindsmord und überhaupt allgemeiner Lieblosigkeit, Verringerung auch des Raubbaus an den Wildbeständen – und »unter den verheirateten Frauen ein ehrenvolles Wetteifern..., welche das fetteste Kind auf den Markt bringen könne«[51].

Von 740 Kindern, die zwischen 1763 und 1781 ins Findelhaus von Kassel kamen, lebten Ende 1781 nur noch 88, und kaum 10 davon erreichten das vierzehnte Lebensjahr[52].

Kinderparadiese der Gegenwart

Noch 1927 wohnten in Wien über 80 Prozent der Bevölkerung zu viert und mehr in einem Zimmer[53]! Noch Ende der fünfziger Jahre ergab eine Untersuchung der Lebensumstände von 6000 Kindern im Berliner Arbeiterbezirk Kreuzberg: Drei Viertel aller Schüler hausten in Kleinwohnungen mit ein bis zwei Wohnräumen ohne Garten und Balkon, fast 40 Prozent auch ohne Toilette und Bad. 39 Prozent lebten zu dritt, 25 Prozent zu viert, 15 Prozent zu 5, 6 und mehr Personen in einer Einzimmerwohnung. Jeder dritte Schüler hatte daheim weder einen Arbeitsplatz noch eine Spielecke, jeder achte kein eigenes Bett[54]. Und noch 1965 domizilierten in der Bundesrepublik Deutschland 850 000 Familien in Baracken, Kellern und Dachkammern[55].

Im katholischen Italien aber leben noch heute über eine Million

Menschen äußerst schlecht bezahlt und ohne Krankenversicherung von Heimarbeit; haben 50 Prozent der jungen ausgelernten (!) Industriearbeiter einen Wochenlohn von rund 5000 Lire (30 DM); sind 1,3 Millionen Italiener ganz arbeitslos, in Süditalien sogar 48,3 Prozent der Schulentlassenen[56]. Und welches Elend grassiert erst im katholischen Südamerika! Doch ausgekeimt muß werden...

Der höchste Blutzoll von den Armen gezahlt

Abtreibung macht, laut Gesetz, kriminell. Mithin wäre dies die Majorität der Bevölkerung, und zwar die aller Schichten. Denn sicherlich behauptet A. S. Neill, der weltbekannte Gründer von »Summerhill«, der das Abtreibungsproblem eines der widerlichsten und scheinheiligsten Krankheitssymptome der Menschheit nennt, mit Recht: »Es gibt kaum Richter, Pfarrer, Ärzte, Lehrer und sonstige sogenannte Stützen der Gesellschaft, die nicht für ihre Töchter Abtreibung der schändlichen Unehelichkeit vorziehen würden[57].«

Dabei sind, wie meist, die Begüterten im Vorteil. Können sie doch irgendwo in der Welt die Operation legal, medizinisch einwandfrei und so gut wie risikolos ausführen lassen, während die Unbemittelten unter Pfuscherhänden oft unfruchtbar oder krank werden (rund 30 Prozent aller Frauen!)[58] oder sterben. Nach einer kürzlich in New York gemachten Untersuchung verlief der Abortus tödlich bei Frauen aus Puerto Rico in 56 Prozent, bei Negerinnen in 50 Prozent und bei Weißen in 25 Prozent der Fälle – was »Newsweek« mit dem Satz kommentierte: »Der höchste Blutzoll wird von den Armen und Benachteiligten gezahlt[59].«

Ende der zwanziger Jahre wurden in Deutschland nach einer unangefochtenen wissenschaftlichen Statistik 875 750 Abtreibungen vorgenommen. Gottfried Benn errechnete damals im Hinblick auf Abtreibende und Beihelferinnen »zusammen über dreizehn Millionen Jahre Zuchthaus, die die Bevölkerung in einem Jahr ihrem Staat gegenüber verwirkt«[60]. Jährlich starben ca. 20 000 Frauen durch den Eingriff und 75 000 Frauen erkrankten schwer an Abortusfieber[61].

Gleichwohl beklagte seinerzeit der Pastor Legius in der Zeitschrift »Reformation«, »daß nicht die meisten bei den Abtreibungsprozeduren eingehen – als abschreckendes Beispiel für die Irregeleiteten und Leichtgläubigen. Erfreulicherweise kommt ja ein erheblicher Prozentsatz moderner Berlinerinnen zur Strafe für ihre Fruchtabtreibungen in diesen sogenannten Wochenbetten um. Es ist zu bedauern, daß immer noch viel zu viele dieser unnützen Weiber am Leben bleiben, um ihr fluchwürdiges Leben weiter zu treiben[62].«

In den fünfziger Jahren nahm man für die Deutsche Bundesrepublik pro Geburt ungefähr zwei Aborte an. Zu den entsprechenden Todesfällen aber kommen die möglichen Spätfolgen: Depression, Neurosen, Abneigung gegen den die Abtreibung anregenden Mann und nicht zuletzt Sterilität[63]. Etwa 15 bis 20 Prozent aller Abortierenden werden unfruchtbar, jährlich allein in Westdeutschland 140 000 bis 200 000 Frauen[64]. Noch vor wenigen Jahren schätzte man hier (trotz Pille) jährlich mindestens mehrere hunderttausend Abtreibungen – und Tausende von Frauen, die dabei starben[65].

In Frankreich kamen um die Mitte unseres Jahrhunderts ebenso viele Aborte wie Geburten vor; zwei Drittel der Abtreibenden waren Ehefrauen[66]. Lassen normalerweise doch nicht junge Mädchen nach einer flüchtigen Affäre eingreifen, sondern Mütter, die keine weiteren Kinder ernähren können[67]. In den sechziger Jahren trieben von zehn Französinnen acht mindestens einmal ab. Viele aber sollen mehr als fünfzehn illegale Aborte aufzuweisen haben[68].

In den USA wurden damals rund 80 Prozent aller vorehelichen, 15 Prozent aller ehelichen und über 80 Prozent aller nachehelichen Schwangerschaften abgebrochen[69]. Es spricht für sich, daß man in den Staaten vor den Studenten der Medizin zwar warnend soziale und rechtliche Probleme der Abtreibung erörterte, selten aber die Abtreibungstechniken, so daß die Ärzte darüber »nur lückenhaft« unterrichtet waren. Dabei hätten sich leicht ebenso effiziente wie sichere Methoden entwickeln lassen, doch die herrschende Moral verhinderte es[70].

Legalisierung der Abtreibung und enormer Rückgang der Sterblichkeit

Dagegen erlaubte die Sowjetunion 1920 den in der ganzen christlichen Ära verbotenen Eingriff durch Ärzte in öffentlichen Kliniken, weil vordem etwa 50 Prozent der Abtreibenden an Blutvergiftung erkrankt und 4 Prozent gestorben waren[71]. In der Stalinzeit wurde zwar der Abortus, mit einigen Einschränkungen, wieder untersagt, 1955 jedoch erneut gestattet. Auch die Schwangerschaft einer Ausländerin darf in Rußland, wo man Jahr für Jahr rund fünf Millionen legale Abtreibungen vornimmt[72], unterbrochen werden; ebenso in Polen, Jugoslawien, Japan oder, seit 1968, in England, das noch im späten 19. Jahrhundert das »Kapitalverbrechen« mit lebenslanger Haft bestrafte[73]. In Dänemark genießt die Frau bei einem illegalen Abort völlige Straffreiheit[74]. Und nirgends in diesen Staaten ist deshalb die Ehrfurcht vor dem menschlichen Leben gesunken. Wie aber stand es damit in Rußland, als Stalin die Abtreibung verbot? Wie in Deutschland, als die Nazis das »keimende Leben« durch die Todesstrafe schützten? Was ein Stalin und Hitler verfochten, das verficht casu substrato die Kirche noch heute.

Die Legalisierung des Schwangerschaftsabbruchs reduziert Sterblichkeit und Erkrankung enorm. Ein fachkundiger Abort ist nahezu harmlos, harmloser jedenfalls als eine normale Geburt. Überall, wo man ihn unter medizinischer Obhut erlaubt, gehen die üblichen Folgen ungesetzlicher Eingriffe – Fieber, Infektionen, Unfruchtbarkeit eines bestimmten Typs – sofort zurück[75]. Und auf 100 000 derartige Operationen in den Ostblockstaaten trafen in den späten fünfziger Jahren 6 Todesfälle, in der Tschechoslowakei anfangs der sechziger Jahre bereits nur 1,2, in Ungarn 1967 nur 0,8! Im Westen dagegen schätzt man noch heute die Mortalität durch verbotene Abtreibung auf das Zehnfache[76].

Millionen Frauen und Mädchen wurden so das Opfer jener kirchlichen Institutionen, die noch immer unsere Gesetze beeinflussen, noch immer das Dogma der Erbsünde predigen, noch immer jede außereheliche Geschlechtslust verdammen, noch immer die Sexualaufklärung der Jugend zu sabotieren suchen, noch immer Heuchelei, Neurosen und Aggressionen züchten – wie die folgenden Kapitel zeigen.

23. Kapitel
Die Erbsünde

»Wenn man hört, wieviel Aufhebens ein Theologe von der Handlung eines Menschen macht, der als Lüstling von Gott geschaffen ist und der mit seiner Nachbarin, die Gott so gefällig und anmutig machte, geschlafen hat: könnte man da nicht meinen, die Welt sei an allen vier Ecken in Brand gesteckt worden?«   *Denis Diderot*[1]

»An der Sexualität ist nichts Schlechtes, und die herkömmliche Einstellung dazu ist krankhaft. Ich glaube, in unserer Gesellschaft bewirkt kein anderes Übel soviel menschliches Elend...«
Bertrand Russell[2]

»Was war durch Jahrhunderte das Leitbild, in dessen Umkreis das Geschlecht, geschlechtliche Gemeinschaft und Lust gesehen wurden?... Das Leitbild war die Welt des Schmutzigen, des Analen... Die geschlechtliche Lust gilt auch heute noch vielen Menschen als so etwas wie die Lust am Urinieren und Defäzieren.«
Der Katholik Fritz Leist (1973)[3]

Der Begriff der Sündenschuld, besonders im 14. Jahrhundert in Ägypten unter Echnaton (Amenophis IV.) ausgeprägt, wurde im 7. Jahrhundert von den Hebräern übernommen und gelangte durch das Alte Testament ins Christentum. Doch gilt als Sünde hier nicht nur die »sündige« Tat, sondern allein schon das Wohlgefallen daran, die genüßliche Erinnerung an bereits begangene Frevel oder das Bedauern über noch ungetane, der bloße Wunsch, Verbotenes zu tun.

Größte Bedeutung aber unter den verschiedenen Sündenarten kommt seit je der sinnlichen Leidenschaft, der Sexuallust zu. Gibt es doch im Katholizismus, wie man in seinen eigenen Reihen schreibt, eine »lange Tradition« dafür, »daß jede Aktuierung des Geschlechtlichen Sünde oder doch von Sünde begleitet sei«, daß »alle geschlechtliche Betätigung infolge der unlöslichen Verbindung mit der Begierlichkeit konkret sich als schlecht erweist«[4]. »In jeder Predigt, bei jeder Gelegenheit wurde vielfach auf diese Sünde hingewiesen. Dabei malte man dann häufig, wie das Sprichwort sagt, den Teufel an die Wand. Man stellte es so dar, als seien diese Verfehlungen die schwersten.«

Beginn des christlichen Sündenwahns

Das sinistre Insistieren auf dem »Sexualdelikt« hat mit Jesus selber wenig oder nichts zu tun (S. 63). Bereits im Neuen Testament aber präsentiert das Apostelkonzil in seinem Dekret als Kapital- oder Todsünden die bekannte Trias: Götzendienst, Unzucht und Mord[5]. Es wurden die klassischen Vergehen im Christentum, die crimina schlechthin. (Freilich setzten die Synoden der ersten Jahrhunderte für Mord überhaupt keine Sühne fest, weil sie glaubten, er käme unter Christen nicht vor!)

Der wohl größte Prediger christlicher Sündenpsychose indes steht gleich am Beginn: Paulus. Unentwegt warnt, beschwört, ängstigt er: »Die Sünde ist in die Welt gekommen«, der Leib ist »von der Sünde beherrscht«, das »Gesetz der Sünde« steckt in den »Gliedern«, »Gott hat die Sünde im Fleische verurteilt«, die Menschen sind »Sklaven der Sünde«, »Knechte der Sünde«, »an die Sünde verkauft«, »alle haben gesündigt« und so weiter, Zitate übrigens nur aus dem Römerbrief[6].

Die christliche Lasterlehre des 3. Jahrhunderts stellte dann Völlerei und Unzucht schon an die Spitze, und schließlich hat Augustin den Sexualekel theologisch systematisiert.

Augustinus, laut Theodor Heuss »der tiefste und reinste Brunnen«, aus dem katholische Anschauung »schöpft«, Augustinus, der nicht nur ein Liebhaber von Frauen war, sondern vielleicht auch von Männern, der seine eigenen sexuellen Probleme nicht meisterte, zwischen Genuß und Frustration hin und her taumelte, der beten konnte: »Gib mir Keuschheit..., doch nicht gleich[7]!«, der erst fromm wurde, als er sich satt gehurt, als sein Faible für Frauen, wie bei manchen alternden Männern, ins Gegenteil umschlug und auch gesundheitliche, zumal für einen Rhetor lästige Beschwerden (der Lunge, der Brust) bei ihm auftraten, dieser Augustinus schuf die klassische, besonders die Konkupiszenz bekämpfende Sündenlehre der Patristik und bestimmte damit maßgeblich die christliche Moral und das Schicksal von Millionen sexuell gehemmter und verklemmter Abendländer bis heute.

Liebe ist bei Augustinus immer nur Liebe zu Gott, die andere, eigentliche aber im Grunde des Teufels. »Zwei Arten von Liebe gibt es: die eine ist heilig, die andere unheilig.« »Mit der wachsenden Liebe nimmt die Begierde ab.« »Wodurch die Liebe genährt wird, wird die sinnliche Gier geschwächt; wodurch diese getötet wird, wird jene vollendet[8].« Wahre Liebe kann deshalb immer nur keusch sein. Wahre Liebe, lispelt Cassie in Dos Passos' genialem »Manhattan Transfer«, ist keusch und lein (sic). Augustin sagt von der Liebe nicht mit einem Sprach-, aber, schlimmer, einem Denkfehler: »Mit Keuschheit umgibt sie Susanna, das eheliche Weib, mit Keuschheit Anna, die Witwe, mit Keuschheit Maria, die Jungfrau[9].«

Der Bischof von Hippo war nun durch Koitus und Orgasmus, die er in potenteren Tagen selber so genossen, tief beleidigt und schockiert, Genuß jetzt für ihn, wo er noch den Gaumenkitzel beim Essen bedauerte, des Teufels, »scheußlich«, »höllisch«, »brennende Geschwulst«, »entsetzliche Glut«, »Krankheit«, »Wahnsinn«, »Fäulnis«, »ekler Schlamm«, »ekler Eiter« und so weiter und so weiter[10]. Wie aus einer Pestbeule bricht derartiges aus ihm.

Erektion im Paradies?

Wünschte »*der* Theologe der christlichen Ehe« (S. 238 f.) doch sogar von allen Verheirateten Enthaltsamkeit, geradezu schamrot gemacht durch »ein gewisses Maß an tierischer Bewegung«; ja, er behauptet, jedermann sähe die Kinder, wie im Paradies, lieber ohne Lüsternheit erzeugt – wobei er bis zur Peinlichkeit (in einer schon an sich lachhaften Frage) hin und her schwankt, indem er vor dem »Sündenfall« zuerst nur »eine keusche Verbindung von Mann und Frau« voraussetzt; dann Körperkontakt erwägt; darauf diesen fest behauptet, doch von Geilheit ausnimmt; endlich aber, in seinen letzten Lebensjahren, Sexualgier auch im Paradies für möglich hält.

Spätere Theologen mutmaßen freilich meist, so etwa Wilhelm von Champeaux, Adam habe Eva den Penis verpaßt, »wie wenn jemand seinen Finger auf etwas legt ohne irgendwelche Lust«, und Eva, meint Robertus Pullus, »auch den männlichen Samen ohne Hitze empfangen«. Jede genitale Erregung schien da eben deplaciert, unvereinbar mit himmlischem Glück. Mechthild von Magdeburg (S. 107 ff.) und andere Keusche hielten deshalb die Stammeltern überhaupt für gliedlos.

> »Denn Gott schuf ihnen keine Glieder der Schande
> Und sie waren gekleidet im Engelsgewande.
> Ihre Kinder sollten sie gewinnen
> Im heiligen Minnen,
> Wie die Sonne spielend in das Wasser scheint
> Und das Wasser doch unzerbrochen bleibt.«

Die ganze Sache ist »ein Geheimnis der übernatürlichen Ordnung«, zwar »nicht positiv einsichtig« zu machen, doch sehr geeignet, »das

Verständnis der menschlichen Existenz« zu »vertiefen«, nicht zuletzt selbstverständlich durch Verweis auf »die radikale Erlösungsbedürftigkeit«; so daß die Erbsünde gleichsam nur negativer Ausdruck sei »der lichten Wahrheit von der Erlösung«[11]. Anders gesagt: man muß »sündig« sein, damit man »erlöst« werden kann.

Jesus und Paulus kennen noch keine Erbsündenlehre

Die Erbsünde (peccatum originale) ist nach christlichem Glauben die durch Adams Fehltritt mit Eva entstandene allgemeine Verderbtheit ringsum, gewissermaßen der Anteil aller am »Sündenfall«. Jeder Mensch, mit Ausnahme Marias, ist infolgedessen von vornherein selbst sündig, nämlich automatisch in das stammelterliche Versagen hineingezogen. Was – aus begreiflichen Gründen – unsichtbarer Makel an der Erbsünde ist, tilgt die Taufe, gleichfalls unsichtbar, versteht sich. Dagegen bleiben leider die sichtbaren Folgen: die Mühsal des Lebens, Krankheit, Tod, vor allem aber das mit der Erbsünde ganz besonders verbundene geschlechtliche Begehren.

Das abstruse Theologumenon – nach Pius XI. »unveräußerlicher Bestand der christlichen Religion«, nach Schopenhauer »Mittelpunkt und Herz des Christentums«[12] – ist, wie alles da (S. 47 ff. u. a.), nichts spezifisch Christliches. Analoge Vorstellungen kursierten in heidnischen Kulten Jahrhunderte, ja Jahrtausende früher[13].

Bei Jesus freilich gibt es keinerlei Erbsündenpredigt, weshalb man sein Schweigen durch die Unfähigkeit der Hörer erklärt, den »Sinn eines solchen Geheimnisses zu tragen«[14]. (Viel Komplizierteres aber, wie die Trinität, kapierten sie durchaus!)

Auch Paulus, der die Menschen zwar »von Natur« böse sein, samt und sonders im »Schmutz der Unsittlichkeit«, in »schandbaren Leidenschaften« verharren läßt, vertritt die später dogmatisierte und sich auf ihn (Röm. 5, 12) berufende Lehre so wenig wie irgendein anderer neutestamentlicher Autor. Deshalb wurden auch die Kinder christlicher Eltern in seiner Gemeinde in Korinth nicht getauft. Und da die älteren Kirchenväter Kinder ausdrücklich sündlos nannten[15], taufte man sie auch weiter nicht, obwohl die Taufe zur Tilgung der Erbsünde angeblich unerläßlich ist, kein Ungetaufter in den Himmel kommen kann. Noch Tertullian, dem man die Erbsündenthese gleichfalls gern zuschreiben möchte, hat die Kindertaufe energisch bekämpft[16]. Doch je mehr die neue Lehre dann in Schwang kam, desto früher taufte man.

Augustinus und »das Dynamische des sittlichen Lebens«

Erst Augustinus aber, der ungetauften Kindern mit ewigen Höllenstrafen (mildester Art!) drohte[17] und in der Adamssünde ein vielfaches Verbrechen sah, wurde der eigentliche Vater des Erbsündendogmas[18], das man freilich im 16. Jahrhundert erst zum Glaubenssatz erhob. Beeinflußt von paulinischem Sexualhaß und dem manichäischen Gedanken einer ererbten Schlechtigkeit, hielt Augustinus schließlich, von unterdrückter cupiditas total vergiftet und außerstande, über Natürliches natürlich zu denken, die gesamte Menschheit für einen »verdorbenen Klumpen« (massa perditionis), eine »verdammte Masse« (massa damnata), wobei schon er die Erbsünde so eng mit der Konkupiszenz verflocht, daß beide bei ihm so gut wie identisch sind; wird doch das Übel sogar durch den Zeugungsakt vererbt.

Gleich nach dem schrecklichen Gnadenverlust merkten die Stammeltern, so sagt Augustin, als Moralpsychologe vor allem *»das Dynamische des sittlichen Lebens«* beschreibend, daß »sich was Neues an ihrem Körper ereignete«. Ach, alles wäre gut gewesen oder, mit Dos Passos' Cassie zu sprechen, keusch und lein, »hätten die Augen der Stammeltern nicht diese unanständige Regung entdeckt«! Und so froh einst Augustins Vater über den penis erectus seines Sprößlings im Bad gewesen[19] (kein Wunder, daß die christliche Historiographie den Mann kaum je erwähnt und nur die tugendsame Mutter Monika bewundert), so deprimiert war nun der Sohn über Stammvater Adams steifen Schweif...

Der pelagianische Streit (411–431)

Entsprach solcher Sexualpessimismus dem Geist der Zeit? War das Prüde, Perverse, Absurde daran damals nicht zu erkennen?

Bereits Augustins Zeitgenosse Pelagius, ein irischer Mönch, widerlegte überzeugend den Erbsündenkomplex. Selbst Papst Zosimus trat zunächst für Pelagius ein, auch die Synode von Diospolis in Palästina sprach ihn 415 vom Irrtum frei, und noch 418 weigerten sich neunzehn italienische Episkopen, Pelagius zu verdammen. Ja, der süditalienische Bischof Julian von Eclanum trieb mit der Feststellung, der Sexualtrieb sei von Gott geschaffen und darum sittlich einwandfrei, Augustinus mächtig in die Enge. Hatte doch kurz zuvor in Rom auch der Mönch Jovinian mit starkem Anklang gelehrt, Virginität und Fasten seien keine besonderen Vorzüge und die Ehefrauen den Witwen und Jungfrauen ebenbürtig[20].

Mühsam genug replizierten Hieronymus und Augustin, bezichtigten ihre Gegner, wie üblich in derlei Fällen, der Ketzerei und appellierten, zur größeren Beweiskraft ihrer Thesen, an den Staat, der alsbald Jovinian mit Bleiknuten auspeitschen und samt seinen Anhängern auf eine dalmatinische Insel deportieren ließ[21]. Dann wurde, auf Drängen Augustins, auch Pelagius verflucht, zunächst in Karthago, danach in Rom, schließlich durch das Konzil von Ephesus 431 – obwohl Augustin die neue Ansicht vertrat und Pelagius die Tradition[22]!

Vielleicht wäre die Geschichte der westlichen Welt anders verlaufen, hätte damals die Kirche sich nicht Augustinus gebeugt. Ging es im Grunde doch um die menschliche Willensfreiheit und somit darum, ob man bereits »diese« Welt verbessern könne oder, wegen der unverbesserlichen Sündhaftigkeit des Menschen, ein schöneres Jenseits erwarten müsse, wie der Klerus lehrte.

Später spaltete die große Kontroverse auch die Protestanten, wobei Calvin und Luther, der dem Menschen Willensfreiheit rundweg absprach (ihn mit einem Reittier vergleichend, das entweder Gott oder Satan reite)[23], auf Augustins Seite standen, der integre Müntzer aber Partei für Pelagius ergriff. Zwingli, wegen seiner Toleranz von Luther Heide genannt, hat den Lehrsatz von der Erbsünde als unevangelisch verworfen, die neuere protestantische Theologie ihn weitgehend aufgegeben, Karl Barth ihn geradezu als contradictio in adjecto gekennzeichnet.

Das ganze Erbsündendogma ist längst so diskreditiert, daß man es selbst im Katholizismus nicht mehr sonderlich schätzt und beispielsweise – mit Imprimatur – schreibt, die klassische Lehre über die Erbsünde sei »schon seit Jahrhunderten an einen toten Punkt« gelangt und bedürfe »dringend einer Integration durch andere Elemente«[24]. Neue Märchen statt der alten . . .

Der augustinische Sexualhaß pflanzte sich fort von Generation zu Generation. Alles Leibliche war nun »fomes peccati«, Zünder der Sünde, alles Sexuelle nur »turpe« und »foedum«, schändlich und schmutzig, und zog den Menschen auf die Stufe des Tieres.

Für die Frühscholastiker ist der Geschlechtstrieb gänzlich verkommen und jede libidinöse Empfindung sündhaft[25]. Später nennt Kirchenlehrer Bonaventura den Akt der Liebe »verdorben und gewissermaßen stinkend«[26]. Thomas von Aquin zählt ihn zum »Niedrigsten« überhaupt, spricht von »schlüpfrigem Schmutz«, verkündet, Unkeuschheit mache »tierisch«[27]. Und Kirchenlehrer Bernhard von Clairvaux, der uns alle durch »sündigen Willen gezeugt« und »das Jucken der Begierlichkeit« verheert sein läßt, erklärt, der Mensch sinke durch die böse Lust noch unter die Schweine[28].

Bevor wir aber die Moraltheologie etwas genauer prüfen, seien wenigstens ein paar sexuelle Sünden gesondert betrachtet.

24. Kapitel
Onanie, Homosexualität, Verkehr mit Tieren und Blutsverwandten

>»Moral people, as they are termed, are simple beasts. I would sooner have fifty unnatural vices than one unnatural virtue.« *Oscar Wilde*[1]

1.
PRÜGEL UND WEIHWASSER GEGEN ONANIE

Der katholische Klerus hat sich immer mit der Selbstbefriedigung befaßt. Denn wo der Koitus unmöglich ist, wird gewöhnlich onaniert, besonders in Gefängnissen und Priesterseminaren[2] – nichts »schreit« dabei, nichts stört die Karriere. »Aufm Concilio zu Nicäa«, sagt Luther, »ist hart verboten, daß sich niemand selbs geilen soll, denn ihr viel aus großer Ungeduld, da sie die unzucht und brunst so plagte, haben sie sich selbs mit gewalt gegeilet, auf das sie geschickt und tüchtig möchten bleiben zu Kirchenämtern und die Pfründe möchten behalten[3].«

Das gilt noch immer. »Es kam zu weiterer Onanie«, gesteht ein über vierzigjähriger Priester. »Die häufige Onanie ist bis heute geblieben«, schreibt ein anderer[4]. »Mir bleibt die Not der Onanie nach wie vor täglich«, klagt ein dritter[5]. Ein vierter ist »dem Wahnsinn nahe... vor Selbstbefriedigung«[6]. Nach einer modernen Untersuchung onanierten von 232 amerikanischen Theologiestudenten 90,3 Prozent[7].

Aber auch die Laien masturbieren mächtig: in Europa, verschiedenen Forschern zufolge, 85 bis 96 Prozent aller Männer. In Amerika onanierten, laut Kinsey, 92 Prozent der Männer mindestens einmal bis zum Orgasmus, und rund ein Drittel aller verheirateten Frauen zwischen zwanzig und fünfzig wenigstens manchmal, von den Ledigen dieser Altersstufe aber beinah die Hälfte[8].

Warum Masturbieren Sünde sein muß

Das Onanieverbot mag deshalb so wichtig sein, weil der Verstoß dagegen schon früh jene Schuldgefühle weckt, von deren Vergebung die Kirche teilweise lebt (S. 380 ff.).

Die Onanie, berichtet ein Katholik im Rückblick auf seine Pubertät, »wurde für mich zum zentralen Problem dieser Jahre. Ich erlebte die eigene Geschlechtlichkeit als böse und schuldhaft.« Ein anderer: »Schwere Schuldgefühle durch häufige Onanie.« Ein dritter: »Onanie. Beschämung im Beichtstuhl, Befreiung nach der Lossprechung, Rückfall, Verzweiflung.« Ein vierter: »Von zehn Jahren ab laufend Onanie und furchtbare Gewissensbisse (wegen der Todsünde)[9].«

Solche nicht selten in Desperatheit umschlagende Angst wurde und wird von der Kirche immer wieder gezüchtet. »Durch Vorträge und erste Aufklärungsaussprachen«, erinnert sich ein Katholik, »empfand ich die ersten Schuldgefühle.« Ein heute vierunddreißig Jahre alter Religionslehrer: »Das Onanieren versetzte mich in arge Schuldgefühle, die durch eine sogenannte kirchliche ›Aufklärungsschrift‹ ... nur noch verstärkt wurden.« Ein neununddreißig Jahre alter Mönch: »In meiner Pubertät fing ich an zu onanieren ... Schuldgefühle verfolgten mich ..., weil die Patres dies als die schwerste Sünde für uns bezeichneten[10].«

Selbstverständlich gibt es zuweilen verständige Kleriker. Doch auch wenn ein Junge ausnahmsweise lauter Wohlmeinenden begegnet, bleibt das Gefühl der Sünde, der Schande. »Trotz vernünftiger Gewissensbildung durch die damaligen Jugendseelsorger bzw. Jugendführer tauchten mit Beginn der Geschlechtsreife und der Onanie starke Schuldgefühle auf, die zu einem sehr häufigen Beichten führten«[11] – ja eben Sinn der Sache.

Onanie wurde einst mit harten Strafen bedroht, sogar als eine Art »Tötung« erachtet[12]. Für Thomas von Aquin, der Masturbieren schlimmer nennt als Hurerei, für Albertus Magnus und viele andere war selbst die Schlafpollution Sünde – sie mußte in einigen Klöstern öffentlich im Kapitel gemeldet werden[13]. Nach unseren geistlichen Kennern ruft sie »dieselbe Hitze, dasselbe Jucken, dieselbe Lust« hervor wie der Geschlechtsverkehr[14].

Klosterschüler wurden auch für unfreiwillige Samenergüsse scharf verprügelt und gepeitscht[15]. War doch überhaupt für katholische Knaben im Christentum körperliche Züchtigung früh in Schwang und in den verschiedensten Landeskirchen zur Sühne unreiner Handlungen, wie Weihbischof Schmitz formuliert, »eine Specialität«[16]. Heute verdrehen etliche Moralisten die Augen: »Der arme Pollutionist braucht vor allem verstehende Güte[17].« Aber durch zwei Jahrtausende hat man ihn (oft genug unter eigener Aufgeilung) gegeißelt bis aufs Blut, wurde er derart zerschlagen, wie man nun selbst zugibt, »daß nicht selten die Verzweiflung die Überhand gewann und der junge Mensch durch Selbstmord endigte«[18].

Klingelalarm bei Erektion

Man schreckte vor keinem Zwang und keiner Ridikülität zurück[19] und nützte mit fortschreitender Technik eifrig noch deren Errungenschaften für die liebe Moral. Besonders im 19. Jahrhundert empfahl man extra lange, unterhalb der Füße knüpfbare Hemden, schnürte die Hände der Kinder fest, konstruierte rückwärts zu schließende Zwangsjacken und Onanieverhinderungsgürtel mit Leib- und Schenkelriemen und Vorhängeschlössern. Die Industrie brachte Käfige auf den Markt, die man nachts über die Genitalien der Jungen stülpte; manche Apparate, zum wirkungsvolleren Schutz, von außen noch mit Nägeln gespickt. Kulmination aller Bemühungen aber war ein Kasten, der bei spontaner Versteifung des Gliedes Klingelalarm gab[20].

Kongenial begleiteten die Kirchen dieses Wirken. Ungezählte Aufklärungsschriften sorgten für Reinheit und Bleichsucht, Hysterie und Angst.

Der Stuttgarter evangelische Theologe Karpff, Prälat und Stiftsprediger – er steht hier für viele –, startete seine »Warnung eines Jugendfreundes vor dem gefährlichsten Jugendfeind oder Belehrung über geheime Sünden, ihre Folgen, Heilung und Verhütung«, worin dann eben »der größte Feind«, »der wüste und schändliche Feind, den ich noch zu nennen habe«, eine wahrhaft fürchterliche Rolle spielt, die Onanie zu Wahnsinn und Selbstmord führt. »Sehr oft aber treten die auffallenden Folgen nicht äußerlich hervor, der Unreine läuft herum wie andere Leute, hat ein Amt, arbeitet, ist lustig, scheint ganz gesund und glücklich; aber innerlich welkt das Geistesleben ...«

»Ein Mann war durch Onanie so heruntergekommen, daß er sein Amt aufgeben mußte, und nun unaufhörlich klagte, er sei tot, er sei tot, er könne gar nichts mehr, es sei alles an ihm verloren usw. In dumpfem Müßiggang hinbrütend, war er sich und anderen zur Last, und mit Mühe gelang es einer Irrenanstalt, einige Besserung seines Zustandes herbeizuführen. Jetzt modert sein Leib unter der Erde[21].«

Wann Jucken erlaubt ist

Nachdem das Heilige Offizium noch 1929 verbot, eine Pollution hervorzurufen, um aus dem Sperma eine Krankheit erkennen zu können[22], darf man sich neuerdings sogar waschen, baden oder reiten, auch wenn man voraussieht, daß dadurch eine Pollution eintritt. Ebenso erlaubt man, »sehr lästiges Jucken in verendis«, an den »Schamteilen«, »durch Reiben zu vertreiben«, falls dies Jucken nicht das Resultat bloßer Geilheit ist. Jedoch: »Im Zweifel über die Ursache des Juckens ist Reiben erlaubt«, immer vorausgesetzt, daß man nicht einwilligt »in die unkeusche Lust«. Auch nächtliche »Zufälle« (S. 89) sind kein Verbrechen mehr; selbst »wenn jemand im Traume daran Wohlgefallen hat«. Bei »Wohlgefallen im halbwachen Zutande« beginnt aber die Sünde. Und »Direkt gewollte Pollution ist immer schwer sündhaft«[23].

Überhaupt bleibt die Onanie für Katholiken eine Perversion, ein widernatürliches Laster. Noch in der Mitte unseres Jahrhunderts ruft ein Beichtvater einem Siebzehnjährigen zu, der sich zwei- oder dreimaligen Masturbierens bezichtigt: »Mein armes Kind! Sie haben Christus gekreuzigt!«[24] Noch heute gesteht ein Katholik (Jahrgang 1932): »Im Noviziat zog ich mir ebenfalls auf Rat des Novizenmeisters nachts für den Schlaf Handschuhe an und umwickelte meine Finger mit Schuhriemen, damit nichts ›passieren‹ solle[25].« Und macht auch die »wissenschaftliche« Moraltheologie unter dem Druck kompetenter Disziplinen gewisse Konzessionen, dort wo man Krethi und Plethi indoktriniert, setzt man selbst im 20. Jahrhundert die alte Taktik fort. Da wird dann gedroht – längst nachdem andere Theologen geäußert: »Ganz verfehlt wäre es, mit starker Furcht und Angst zu arbeiten«[26] –, Onanie störe die Entwicklung der Persönlichkeit wie »kaum etwas«, verschlechtere das Blut, bewirke Neurosen, Wahnsinn, und schließlich hat der Onanist, »ehe er sich's versieht . . ., sein Lebensglück verspielt«[27]. – »Jetzt modert sein Leib unter der Erde . . .«

2.
KASTRATION ODER FEUERTOD FÜR HOMOSEXUELLE

Zu allen Zeiten hat die Kirche die Homosexualität (sodomia ratione sexus) als abscheuliche Perversität verdammt. Aber ist sie so unnatürlich? Oder nicht eher Ausdruck unserer grundsätzlich bisexuellen Natur? Ein Phänomen, das auch im Tierreich oft vorkommt, besonders unter den Primaten, den Herrentieren? Bei manchen Affen onaniert der eine, während ihn der andere begattet. Doch verkehren die Mitglieder jeder höheren Tierart gleichgeschlechtlich, sind heterosexuelle Partner nicht verfügbar oder impotent. Hunde treiben es per anum, Kühe reiten aufeinander, Löwinnen lecken sich gegenseitig die Scheide; Hühner, Gänse, Enten, Fasane haben häufig lesbische Verhältnisse. Sogar gleichgeschlechtliche Kontakte zwischen verschiedenen Tierarten sind nicht selten[28].

Nach Goethe, dem dezidierten Kirchengegner, ist Homosexualität so alt wie die Menschheit selbst und deshalb natürlich[29].

In Griechenland beherrscht die Knabenliebe seit ältesten Zeiten die gesamte Kultur: bildende Künste, Epos, Lyrik, Tragödie, die einige alte

Kritiker geradezu »Pflegestätte der Päderastie« genannt[30]. Auch in geschichtlichen, naturwissenschaftlichen, philosophischen Büchern stößt man überall darauf, die Mythologie wimmelt von pädophilen Sagen; wie denn noch das Wort »Pädagoge« einst den Mann bezeichnete, der Knaben durch die Knabenliebe führte[31].

Lykurgos, der (sagenhafte) Gesetzgeber Spartas, behauptet in seinen Gesetzen, niemand könne ein tüchtiger Bürger sein, der nicht einen Freund im Bette habe[32]. Solon und seine Nachfolger empfehlen der Jugend den gleichgeschlechtlichen Verkehr[33]. Platon weiß »für einen Jüngling kein größeres Glück zu nennen als einen wackeren Mann, der ihn liebt, und für diesen kein größeres Glück als einen Geliebten«[34]. In Theben betrieb ein dreihundert Mann starkes Eliteregiment Homosexualität, in Kreta und Sparta gehörte sie zur Ausbildung der jungen Krieger durch ihre Vorgesetzten[35]. Die Liste namhafter Homoeroten der griechischen Antike umfaßt Könige wie Hieron von Syrakus, Philipp von Makedonien, Strategen wie Alexander den Großen, Epaminondas, Pausanias, Gesetzgeber wie Minos und Solon, Philosophen wie Sokrates, Platon, Aristoteles und viele andere[36]. Noch im ausgehenden 19. Jahrhundert aber haben selbst umfangreichste Kulturgeschichten des klassischen Altertums die griechische Homoerotik gar nicht oder kaum erwähnt[37]. Und in den Schulen schweigt man darüber weithin noch heute[38].

Die Sünde, die zum Himmel schreit

Begann doch mit Hebräern und Christen dann eine erbarmungslose Jagd auf Homosexuelle, obwohl das Judentum zeitweise sogar, wie andere asiatische Kulte, männliche homosexuelle Tempelprostituierte kannte[39]. Das Alte Testament aber setzte auf Homosexualität die Todesstrafe: »Wenn jemand bei einem Mann schläft wie bei einem Weib, die haben beide einen Greuel (to'ebhah) getan, und sie sollen des Todes sterben[40].«

Später verteufelte Paulus die gleichgeschlechtliche Liebe von Männern und (an einer Stelle auch von) Frauen[41]. Und meist mit Berufung auf ihn und das Alte Testament verteufeln auch die anderen Kirchenväter Homosexualität, besonders Augustinus, heftiger Kirchenlehrer Johannes Chrysostomos, noch rabiater Kirchenlehrer Petrus Damiani, der Homosexualität für schlimmer hält als den Geschlechtsverkehr mit Tieren[42]. Später wurde der schärfste Homosexuellenverdammer Kirchenlehrer Petrus Canisius (1521-1597), der den gleichgeschlechtlichen Sexualumgang den »peccata in coelum clamantia«, den himmelschreienden Sünden, zuzählte, eine bis dahin kaum bekannte, von ihm besonders herausgestellte Gattung[43].

Länger als eineinhalb Jahrtausende ging die christliche Gesellschaft mit schweren und schwersten Strafen gegen das »Laster« vor, das die Theologen in immer neuen Wendungen verfluchten als nefanda libido, nefarium, monstrosa Venus, diabolica luxuria, horrendum scelus, execrabile und so fort.

Zu Beginn des 4. Jahrhunderts exkommuniziert die Synode von Elvira »Knabenschänder« vom Kommunionempfang selbst in Todesgefahr. Kirchenlehrer Basilius befiehlt für Homosexualität eine fünfzehnjährige, die frühmittelalterliche Theologie gewöhnlich eine zehnjährige Buße[44]. Anno 693 bestimmt die 16. Synode von Toledo, daß ein Sodomit »aus aller Gemeinschaft mit den Christen ausgeschlossen, mit Ruten gepeitscht, schmählich des Haares beraubt und exiliert werden soll«[45]. Die Synode von Nablus (1120), die den unkeuschen Lebenswandel der Gläubigen verantwortlich macht für Naturkatastrophen und Sarazeneneinfälle, fordert für freiwillige Einwilligung in (aktive oder passive) homosexuelle Akte den Flammentod[46]. Die päpstliche Bulle »Cum primum« verlangt 1566 die Auslieferung jedes Homosexuellen an den Staat, was ohne Zweifel die Hinrichtung nach sich zog[47].

Todesstrafe nach weltlichem Recht

Die heidnischen Kaiser hatten Homoerotik nicht verpönt. Bereits Konstantin aber und seine frommen Thronfolger belegten sie mit Verbrennung[48].

Das alte, aus dem 6. und 7. Jahrhundert stammende, schon christlich infizierte Gesetzbuch der Westgoten setzt auf homosexuellen Verkehr, außer einem gewissen Vermögensentzug, die Kastration; in einer späteren Bearbeitung, den »Siete Partidas«, die Todesstrafe[49]. Sendet doch um dieser furchtbaren Sünde willen, wie es hier heißt, »unser Herr Gott, da wo man ihr frönt, Hunger und Pest auf die Erde herab und Erdbeben und eine Menge anderer Übel, die kein Mensch aufzählen könnte«[50].

Gleichgeschlechtliche Liebe galt im christlichen Abendland nun lange als todeswürdiges Verbrechen. Noch die bis Ende des 18. Jahrhunderts allgemeingültige Peinliche Halsgerichtsordnung Karls V., des »weltlichen Oberhauptes der Christenheit, des Schirmvogtes der Kirche«[51], belegt Sexualverkehr zwischen Mann und Mann oder Frau und Frau mit dem Feuertod[52].

In England, wo dieser Umgang sehr verbreitet war, wurde man dafür bis ins 19. Jahrhundert öffentlich gehängt oder gesteinigt. Dann verordnete man als Höchststrafe lebenslängliches Gefängnis, gab die Opfer aber zuvor noch dem »gesunden Volksempfinden« preis, stundenlangem

Bewerfen am Pranger mit Dreck, Kot, verfaulten Hunden, Katzen, Fischen; ja man belegte schon den Versuch, dies »schreckliche Verbrechen« zu begehen, mit einer Maximalstrafe von zehn Jahren[53]. Erst seit 1957 wird einfache Homosexualität in England nicht mehr verfolgt.

Hitler und die christliche Moral

In Deutschland ließ der »Führer« den berüchtigten § 175 durch einen § 175a noch verschärfen und zwischen 1937 und 1939 etwa vierundzwanzigtausend Männer wegen Homoerotik aburteilen[54].

In der Bundesrepublik aber dauerte das Nazireich für Homosexuelle (rund 4 Prozent der Bevölkerung)[55] bis 1969. Denn so lange wurden sie durch den unter Hitler verschärften Paragraphen bedroht, wurde eine schuldlose und unschädliche Minderheit, wie Kurt Hiller schreibt, »wegen privater Handlungen zwischen zwei Erwachsenen, voll Willensfähigen, wechselseitig Unabhängigen und Einverstandenen, Handlungen, durch die keiner Fliege im Kosmos ein Haar gekrümmt wird noch dem Staat irgendein Schaden zugefügt, vom Staate wie Verbrecher verfolgt und in schwerstes Unglück gestürzt«[56].

Der eigentliche Verbrecher war freilich die dahinterstehende christliche Moral. Bezog sich doch noch in unseren Tagen das Bundesverfassungsgericht in einem Urteil zur Verfassungsmäßigkeit des § 175 nicht nur auf den Artikel 116 der Constitutio Criminalis Carolina von 1532, sondern sogar auf 3. Mose 18, 22 und 20, 13[57]!

Selbstverständlich können Homosexuelle in den katholischen Diktaturen Spanien und Portugal weiter bestraft, in Spanien seit den fünfziger Jahren auch Internierungsmaßregeln unterworfen werden[58]. Und während die amerikanische Forschung in 76 schriftlosen Stammeskulturen 49 mit einer freizügigen Einstellung zur Homoerotik fand, ist das Sexualrecht der USA noch zur Zeit Kinseys geradezu eine Art Spiegel mittelalterlicher Kirchenmoral, bedrohte es im ganzen Land einige oder alle Formen homosexueller Praktiken – in vielen Staaten wie schwerste Gewaltverbrechen[59].

In der DDR wurde der betreffende Paragraph ganz abgeschafft; nur die Jugendschutzbestimmungen blieben. Ebenso wird in Polen, Ungarn und der Tschechoslowakei einfache Homosexualität nicht mehr geahndet.

Die katholische Haltung zur gleichgeschlechtlichen Liebe aber, so stellt das einschlägige moraltheologische Opus selbst fest, ist heute noch im wesentlichen unverändert[60]. Das Buch »Christliches Leben und sexuelle Fragen« des französischen Paters Marc Oraison, das Gefängnisstrafen für Homosexuelle verwarf, kam auf den Index[61]. »Mein Kampf«

von Hitler, der in seine Konzentrationslager drei Gruppen steckte, politische Gegner, Juden und Homosexuelle, wurde nicht indiziert; denn was er zwölf Jahre verfolgte, verfolgt die Kirche bereits durch zwei Jahrtausende!

Viel milder beurteilte man meist die lesbische Liebe, die intensiv freilich erst in der Renaissance, besonders in Italien, begann (was schon der damals übliche Ausdruck »donna con donna« zeigt) und übrigens wahrscheinlich Resultat der schärferen Beobachtung und damit des größeren Risikos illegitimer Kontakte zwischen Männern und Frauen war[62]. Wurde die Homoerotik, zumindest in den letzten Jahrhunderten, doch überhaupt gefördert durch das christliche Erziehungssystem selbst und seine Tendenz, die Begegnung der Geschlechter so lang wie möglich hinauszuschieben[63].

3.
TOD FÜR SODOMITEN UND UNKEUSCHE TIERE

Die Bestialität (sodomia ratione generis), die Freude schon so vieler alttestamentlicher Frommer, ist immer wieder Objekt auch von Synoden und Bußbüchern. Bereits die Kirchenversammlung von Ancyra (314) schreibt für diejenigen, »welche mit unvernünftigen Tieren Unzucht getrieben haben oder noch treiben«, eine fünfzehnjährige Buße vor, wenn sie noch nicht zwanzig, eine fünfundzwanzigjährige Buße, wenn sie über zwanzig Jahre alt und verheiratet sind, und eine lebenslängliche Buße für verheiratete Männer von mehr als fünfzig Jahren[64]. Gleich oder ähnlich bestrafen verschiedene mittelalterliche Pönentialien[65]. Ließ sich eine Frau von einem Lasttier (jumento) verführen, drohten ihr zehn Jahre Buße[66]. Die unkeuschen Bestien aber befahl die Kirche zu töten und den Hunden vorzuwerfen[67].

Im christlichen Abendland bevorzugen die Tierfreunde vor allem Ziegen, doch auch Kälber, Kühe, Hunde; sogar Truthühner, Hühner und Gänse dienen zum Verkehr, der gelegentlich unter scheußlicher Grausamkeit verläuft[68]. Die Prozesse, bei denen man manchmal auch die »Mitschuld« der Tiere ermittelt, dauern bis tief in die Neuzeit und zeichnen sich zuweilen durch allerlei Delikatessen aus. So mußte am 6. Juni 1662 in New Haven ein Mann vor seiner eigenen Exekution erst die eben jener Kuh, jener zwei Färsen, drei Schafe und zwei Schweine ansehen, mit denen er sich allzu tief eingelassen hatte[69].

Leumundszeugnis für eine Eselin

In der Mitte des 18. Jahrhunderts hängte man in Vanvres einen gewissen Jacques Ferron wegen seiner großen Liebe zu einer Eselin. Das Tier wurde allerdings fama salva freigesprochen mit der Begründung, es sei vergewaltigt worden und habe sich nicht freiwillig beteiligt – nicht willentlich gesündigt also. Die Priorin des örtlichen Nonnenklosters und mehrere Bürger der Stadt stellten der Genotzüchtigten ein so hervorragendes Leumundszeugnis aus, daß es über ihren Ruf, ihre Reputation, ihre moralische Bonität keinen Zweifel mehr gab. Sie unterzeichneten eine Zeugenerklärung des Inhalts, »daß besagte Eselin ihnen seit vier Jahren bekannt sei und sich stets, daheim und unterwegs, als tugendhaft erwiesen und nie bei irgend jemandem Anstoß erregt habe«. Das Dokument beeinflußte, heißt es, entscheidend das Urteil des Gerichts[70].

So rücksichtsvoll verfuhr man freilich nicht immer, wie gleich das Schicksal jener Schoßhündchen beweist, die man seinerzeit ganz offen »Punzenlecker« nannte, weil sie nicht nur im Schoß ihrer Herrin saßen, sondern ihn auch besaßen, was sie oft derart öffentlich zu demonstrieren trachteten, daß 1771 die Justiz sämtliche Rüden im Pariser Raum konfiszieren und verbrennen ließ[71].

Dagegen bestrafte man Sodomie in den Ostseeprovinzen stets relativ gering, vielleicht weil die dortigen Bauern der Tiere besonders bedurften, vielleicht auch weil die östliche Kirche nie ganz so grausam war wie die westliche. Wie auch immer: Stute, Kuh und Ziege sollen in jenen Gefilden nicht sicher gewesen und selbst von glücklichsten Gatten bestiegen worden sein. Einmal ertappte man einen Mann, gleich nachdem er seine Frau befriedigt hatte, noch mit einer Ziege[72]. Überführte mußten Kirchensühne leisten und wurden ausgepeitscht; meist erhielten sie wohl »vierzig Paar Ruten«, mitunter aber auch jahrelange Zwangsarbeit oder Verbannung, sogar lebenslänglich, nach Sibirien[73]. – Ein Tierfan, von einem Propst befragt, wie er denn auf die Sünde verfallen sei: »Ich habe einen Sodomiten öffentlich abstrafen sehen; da habe ich gedacht, ein Laster, um dessentwillen ein Mensch so großen Schmerz erduldet . . ., ein solches Laster, hab' ich gedacht, muß doch wohl durch seinen Reiz und seine Vergnügungen für die Schmerzen entschädigen[74].«

Bezeichnend übrigens, daß die christliche Kirche das von den Juden übernommene Gesetz gegen Bestialität – auch auf die Juden selbst ausgedehnt hat. Galt doch der Koitus zwischen Christ und Jüdin als gleichwertig dem mit einem Tier! Manchmal auch der Verkehr mit Türken und Sarazenen, »insofern als solche Personen in den Augen des Gesetzes und unseres heiligen Glaubens sich in keiner Weise von den Tieren unterscheiden«[75]! Wurden Christen des sexuellen Umgangs mit Nichtchristen überführt, behandelte man sie darum oft wie Sodomiten: man brachte sie und ihre Partner um[76].

4.
SCHWERT UND STRANG FÜR INZEST BIS INS SPÄTE 19. JAHRHUNDERT

Wie der Sexualverkehr mit Gleichgeschlechtlichen und Tieren, gilt im Christentum auch der mit nächsten Blutsverwandten als verbrecherisch. Tatsächlich aber ist Inzest (wahrscheinlich aus »incestus«, unrein, unkeusch, entstanden) etwas ganz Natürliches. Tiere praktizieren ihn hemmungslos, und auch die Menschheit kennt ihn seit je, ging sie doch selbst aus ihm hervor[77]. Sogar Götter und Göttinnen goutierten ihn, was ja, wie schon im 2. Jahrhundert Lukian erkennt, die Sache bloß sanktionieren sollte[78]. Alle frühen Hochkulturen haben Inzest nicht nur erlaubt, sondern den Herrschern zur Pflicht gemacht. Von Sumer bis zum drawidischen Indien, von Südost-China bis nach Siam, Ceylon, Java, Bali und Hawaii gehörte er zur Norm.

In Rom ahndete man Inzest zwar streng schon in vorchristlicher Zeit, doch kamen unter den Kaisern auch unverfolgte Inzestfälle vor[79]. Die christlichen Majestäten aber verhängten darüber alsbald Feuertod nebst Vermögenseinziehung, und es ist ganz deutlich, daß sie die Strafen verschärften[80].

Die Kirche belegte auch dieses »Laster« wieder mit hoher Pönitenz. So bestimmte sie im Frühmittelalter für Geschlechtsverkehr mit der Mutter meist fünfzehn, gelegentlich einundzwanzig Jahre, für den mit Schwester oder Tochter fünfzehn, manchmal auch zwölf Jahre Buße[81]. Das »Poenitentiale Arundel« bedrohte sogar den Umgang mit der Mitpatin (commater) mit fünfzehnjähriger Sühne[82].

Nach katholischer Moral ist Inzest Sünde, weil er »die den Verwandten gebührende Ehrfurcht verletzt«[83] – ein recht fadenscheiniger Schluß. Gebührt Ehrfurcht doch nicht nur Blutsverwandten, der eignen Schwester oder Tochter, sondern auch dem eignen Ehemann, der eignen Ehefrau. Gefährdet der Koitus aber die Ehrfurcht zwischen Verheirateten nicht, warum dann die zwischen Bruder und Schwester? Viel einleuchtender ist darum der weitere Hinweis, »daß bei dem nahen Verkehr verwandter Personen die Gelegenheit zur Sünde sehr erleichtert wäre, wenn nicht ein besonderes Gesetz von der Sünde abschreckte«[84].

Der Klerus selbst ließ sich übrigens gar nicht so schrecken. Jedenfalls sollen im Spätmittelalter weit mehr Priester als Laien wegen Inzest angeklagt, jedoch nur mild bestraft worden sein[85]. Auch Papst Johannes XII. wurde der »Blutschande« mit Mutter und Schwester bezichtigt (S. 184). Papst Johannes XXIII. (Baldassare Cossa) gestand vor dem Konstanzer Kirchenkonzil und vielen anderen selbst Inzest ein (vgl. S. 188). Papst Alexander VI. koitierte mit seiner Tochter Lucrezia (S. 190). Und auch Kardinal Richelieu (gest. 1642) unterhielt zu seiner illegitimen Tochter, der Madame Rousse, jene Form inzestuöser Beziehungen, die de Sade als den Gipfel physischer Wollust bezeichnet[86].

Das kirchliche Inzesttabu wirkt weiter bis heute

Die Reformation forderte, zumindest in ihren extremsten Ausformungen, dem Puritanismus und Calvinismus, für Inzest eher noch Strafverschärfungen[87]. In Deutschland war dafür im 16. und 17. Jahrhundert der Tod, meist durch das Schwert, wohl mehr die Regel als die Ausnahme. In Frankreich wurde damals Inzest mit Erhängen bedroht. Erst die französischen Aufklärer zweifeln an seiner Strafbarkeit überhaupt[88]. In Schweden stand darauf bis 1864 die Todesstrafe. Unter den Hingerichteten sind überraschend viele Mütter, obgleich Inzest zwischen Mutter und Sohn äußerst selten ist. Offenbar erschien diese Beziehung derart kriminell, daß man glaubte, Menschen lediglich auf Grund eines Verdachts liquidieren zu können[89]. In Schottland wurde »Blutschande« als Verstoß gegen die religiöse Ordnung bis 1887 mit Enthauptung geahndet, dann mit lebenslänglichem Gefängnis[90].

Noch heute ist Geschlechtsverkehr zwischen nahen Verwandten in den meisten Staaten verboten, oft unter so absurd hohen Strafen, daß man beim Gesetzgeber ein tiefes psychologisches Trauma vermutet[91]. In der Bundesrepublik Deutschland erhält man für Inzest noch immer mehrjährige Gefängnis- oder Geldstrafen[92]. In den USA schwanken die Strafen zwischen 500 Dollar oder höchstens sechs Monaten Gefängnis in Virginia, zehn bis zwanzig Jahren in Louisiana, und bis zu fünfzig Jahren Gefängnis in Kalifornien[93]. Dagegen ist in Frankreich, Belgien und Holland Sexualkontakt zwischen Geschwistern straffrei, und einige Staaten, Luxemburg, Japan, die Türkei, bedrohen »Blutschande« in keiner ihrer Formen[94].

Auch die »naturwissenschaftliche« Begründung ist nichtig

– und übrigens gleichfalls nur verkappte Theologie. »Der Vorwand, daß Geschlechtsverkehr zwischen Verwandten strafbar sei, weil er zu ›degenerierter‹ Nachkommenschaft führe, steht in striktem Widerspruch zu den experimentell bewiesenen Resultaten der Genetiker, daß sich

Hunderte von Versuchstiergenerationen durch Verbindungen der Abkömmlinge eines einzigen Paares erzeugen lassen, ohne daß die geringsten Schädigungen zu beobachten sind. Völker wie die Juden, die durch Einschließung in Gettos gezwungen waren, Verwandte zu heiraten, haben den Degenerationsmythos längst widerlegt. Hohe Intelligenz, minimales Auftreten von Geisteskrankheiten und größte Vitalität ergaben sich gerade *wegen* des hohen Maßes an Inzucht. Die Gesundheit der Kinder hängt nicht von dem Verwandtschaftsgrad der Eltern, sondern von dem Erbmaterial ab, das sie mitbringen. Ist dieses gut, so kann Inzucht es nur besser machen. Ist es schlecht, wird es Inzucht verschlechtern[95].«

Wie kommt es überhaupt zum Verkehr mit nächsten Blutsverwandten, Tieren und zu anderen Abweichungen? Nun, vieles, was da befremdet und Erzbischof Gröber (»Mit Empfehlung des deutschen Gesamtepiskopates«) 1937 (!) mit Genugtuung »von der kirchlichen und staatlichen Disziplin als verbrecherisch und gemeingefährlich gebrandmarkt und verfolgt« sieht[96], resultiert gerade aus der christlichen Moral. Das Geständnis eines psychoanalytisch behandelten Exhibitionisten, er finde Befriedigung schon durch die Blicke der Frauen, während ihm »direkte körperliche Berührung« demgegenüber »plump und tierisch, wie eine Sünde erscheine«, zeigt dies ebenso wie die Erklärung eines Patienten mit nekrophilen Phantasien: »Wenn man mit einem lebenden Menschen so was macht – er meint einen sexuellen Kontakt haben –, dann sind da vorwurfsvolle Augen, die einen ansehen; aber ein Toter guckt einen nicht an, mit dem kann man so was machen[97].« Aufschlußreich auch, daß unter hundert untersuchten Fällen kriminellen Inzests die Mehrzahl der Tochter-Inzesttäter in geschlechtlicher Not handelte, weil ihre Frauen sich ihnen ganz oder teilweise versagten[98].

Sexuelle »Abnormitäten« sind somit häufig Resultat jener Moral, die jeden vor- und außerehelichen Geschlechtskontakt verbietet, selbst den ehelichen Umgang einschränkt, kurz, das Nächstliegende, Natürlichste anschwärzt und Sünde nennt. Deshalb sucht die Natur zwangsläufig Auswege. Auch Tiere werden »abnorm«, können sie nicht heterosexuell verkehren; sie betätigen sich gleichgeschlechtlich, masturbieren, ein Kettenhund begattete gar eine Gans[99].

Gewiß entspringen Anomalien auch freiem Antrieb, der Neugier, dem Drang nach ungewohntem Genuß, müssen sie nicht immer Proteste, Folge von Triebunterdrückung sein. Doch gibt es bei manchen Naturvölkern sexuelle »Perversionen« anscheinend erst, seit sie die Europäer dort verbreitet und christliche Missionare die Lustverpönung durchgesetzt haben[100].

Viele »Besonderheiten« aber wurden wohl auch unmittelbar durch die Beichtpraxis katholischer Moralisten bekannt.

25. Kapitel
Moraltheologische Details
oder »... diese schlüpfrige Materie«

>» § 100. Die Unkeuschheit.
> Vorbemerkung. Gleich dem hl. Alfons mahnen wir die Studierenden der Theologie, diesen Gegenstand (§ 100ff.) nicht zu studieren, bis die Notwendigkeit der unmittelbaren Vorbereitung auf die Verwaltung des Bußsakramentes drängt. Die katholische Moraltheologie kann sich der Aufgabe nicht entschlagen, gleich der Medizin und Jurisprudenz, auch diese schlüpfrige Materie zu behandeln, natürlich mit dem ganzen sittlichen Ernst, wie er der heiligen Wissenschaft gebührt.«
> *Der katholische Theologe Göpfert*[1]

> »Man soll daher das Beichtkind in minuziöser Weise befragen...«
> *Der katholische Theologe Debreyne*[2]

1.
DIE »DELECTATIO MOROSA« IN DER VERGANGENHEIT

Keine Religion der Welt erörtert sexuelle Intimitäten derart intensiv wie die katholische[3]. Und kein gläubiger Katholik befolgt das Bibelwort: »Von Unzucht und Unreinheit jeder Art soll bei euch nicht einmal die Rede sein, so ziemt es sich für Heilige«[4], weniger als ein Moraltheologe.

Bezeichnenderweise drückt ein Begriff der Moraltheologie selbst dies schwüle Schnüffeln der Kasuisten aus, die »delectatio morosa«, was etwa der skrupulöse Spaß, das sauertöpfische Genießen heißt, kurzum hinausläuft auf eine Art geistiger Onanie[5]. Die Moralisten, die betonen, daß die delectatio morosa bei andern »immer Sünde ist«, gestatten sie sich großzügig selbst, könne es doch durchaus »erlaubt ja sogar Pflicht sein, an Sündhaftes zu denken, um sich z. B. als Arzt oder Beichtvater die nötigen Kenntnisse zu erwerben«[6].

An diesen Kenntnissen war vielen Theologen gar sehr gelegen, und von Jahrhundert zu Jahrhundert dachten sie, aus purer Pflicht, immer mehr, immer gelehrter, wissenschaftlicher an das Sündhafte.

Zur »praktischen Anwendung kirchlicher Rechtsnormen«

Schon ein flüchtiger Blick in irgendwelche frühmittelalterlichen Pönitentialien ist da enthüllend. Seit dem 7. Jahrhundert mußte diese Schriften jeder Priester besitzen und verstehen. Sie waren den Laien vorzuenthalten, galten als »Geheimbücher« und sind heute eine der »vorzüglichsten Quellen« kanonischen Rechts, »die Dokumente der praktischen Anwendung kirchlicher Rechtsnormen«[7].

Da fragt man dann also: ob man zu kopulieren wünschte, doch nicht dazu imstande war; ein fremdes Weib begehrte, aber nicht sündigen konnte; einen wollüstigen Geruch (libidinoso odore) genoß; durch geile Gespräche oder Blicke oder schlafend in der Kirche polluierte[8]. Die Seelenforscher eruieren, ob man ohne oder mit Erguß küßt, eine Sterile oder Schwangere besteigt oder die Gattin während der Menstruation, ob man eine Frau durch Umarmung zum Orgasmus bringt, sein Sperma einmal hervorlockt, zweimal, öfter[9]. Sie ermitteln, ob man ein Stück Zugvieh stößt; ob es eine Mutter mit ihrem Söhnchen oder ein Knabe mit einer Maid riskiert und inwieweit es gelingt; ob Jungens miteinander huren oder mit Tieren; ob sie sich gegenseitig mit den Händen befriedigen oder zwischen den Oberschenkeln; ob Männer so verkehren, ob einmal oder wiederholt und so weiter und so weiter[10].

Und all dies und derlei sehr viel mehr hatte man zu büßen, nicht nur Taten (der Liebe), sondern selbst »unrechtmäßige« Wünsche, ja Träume[11].

Auch für Geistliche dachten sich die Moralisten alle nur möglichen Kombinationen aus: ob ein Bischof eine Ehefrau oder Jungfrau vernascht; ob der Oberhirte sich nachts gedanklich erregt (cogitavit fantasiam luxoriae) und dann im Schlaf polluiert; ob er seinen Samen beim Küssen einer Frau vergeudet oder durch bloße Phantasieekstase (per cogitationem); ob er sich freiweg einen abwichst (si manu semen excusserit, si manu tetigerit), ob er aus Geilheit gern in der Kirche spritzt[12]?

Das »Deutsche Kirchenbußbuch« oder Sexualverkehr mit einem Astloch

Das von inquisitorischen Erhebungen strotzende »Poenitentiale Ecclesiarum Germaniae« fragt fast endlos: »Hast du mit der Schwester deiner Frau geschlafen?« »Hast du mit zwei Schwestern Unzucht getrieben?« »Hast du mit deiner Tochter gehurt?« Mit deiner Stiefmutter? Mit der Frau deines Bruders? Deines Vaters? Deines Oheims? Der Braut deines Sohnes? Mit deiner Mutter? Mit deiner Tante mütterlicherseits? Deiner Tante väterlicherseits? »Hast du gegen die Natur gesündigt, das heißt mit Männern oder Tieren koitiert, mit einer Stute, einer Kuh, einer Eselin oder irgendeinem anderen Tier?[13]«

Das »Deutsche Kirchenbußbuch« erforscht nicht nur, ob man seinen Schwanz (virgam) nach Art der Sodomiten in den Hintern eines Mannes oder leiblichen Bruders einmal, zweimal oder gewohnheitsmäßig gesteckt[14], sondern auch: »Hast du, wie es einige zu machen pflegen, derart gehurt, daß du eines andern Schamglied in die Hand genommen und der andere deins in seine Hand, und habt ihr so wechselweise die Schamglieder bewegt, daß du infolge dieser Lust Samen verspritztest?« »Hast du, wie es einige zu machen pflegen, derart Fornikation getrieben, daß du dein Glied in eine durchlöcherte Holzpuppe (lignum perforatum) oder in irgend etwas Derartiges gebohrt und so durch diese Bewegung und Lust Samen verspritztest?[15]« Und so weiter und so fort.

All dies aber wird von den Experten nun genau taxiert. Für sexuellen Verkehr etwa mit einem Holzloch, Astloch oder dergleichen Delikatem zwanzig Tage Buße bei Wasser und Brot, für den Verkehr im Loch des leiblichen Bruders, den coitus per anum, Buße an den feriae legitimae, also jeweils am Montag, Mittwoch und Freitag, und zwar fünfzehn Jahre lang[16].

Sonderfälle und Kontroverses

Obwohl die Moralisten jedoch ziemlich früh schon die verschiedenartigsten Frevel eingehend bedacht, polemisch erörtert und überhaupt in jeder Weise erkundet hatten, warfen ihnen zuweilen die Späteren, Fortgeschritteneren doch noch Mangel an selbständigem Denken und Versagen gegenüber Sonderfällen vor. So sinnierte man zum Beispiel: Wären nur wenige Menschen da, dürfte man dann die Cousine oder Frau eines Impotenten stoßen (was manche Autoren gestatten, indes vorsichtigere doch erst einen göttlichen Auftrag abwarten möchten)[17].

Kontrovers war auch, ob der Grad der Lust die Schwere der Sünde bestimme. Läßt etwa Hieronymus das Vergehen gleich groß sein beim Koitus mit einer hübschen und einer häßlichen Frau, behauptet Huguccio: »Bei einem schönen Weib ist die Sünde größer, weil hier die Lust und Ergötzung größer ist[18].« Ähnlich urteilt Petrus Cantor[19]. Alanus von Lille aber meint: »Der mit dem schönen Weib verkehrt, sündigt weniger«, werde er doch durch die Schönheit bezwungen, und »wo größerer Zwang, da geringere Sünde«[20]. Weiter kompliziert indes wird das Problem durch die schon frühchristliche Erkenntnis, die zum Nachteil (richtiger natürlich Vorteil) einer Häßlichen anführt, daß besonders der Geistliche dort, wo er vom Verdacht sicher sei, »am schnellsten sündige, auch die Lust sich nicht an Häßlichkeit kehre, indem der Teufel ihr das hübsch macht, was abscheulich ist«[21].

Verwandt ist die Frage, ob der außereheliche Umgang eines Jünglings oder Greises sittlich mehr schade. Der Jüngling, nimmt man an, empfindet größere Lust, sündigt also, unter dem Gesichtspunkt des Genusses, mehr. Da ihn aber, wie man weiter unterstellt, stärkere Begierde treibe als den Greis, dieser ergo mit freierem Willen sich vergehe, frevle mehr der Greis, denn schlechter sei der, der mit größerem Willen als jener, der mit größerem Ergötzen hure[22].

Im Hochmittelalter grübeln die Theologen über Leute, die wegen ihrer Körperfülle nur »nach Art der Tiere« verkehren können; oder man erwägt, wie schwer die Sünde sei, ist »die Erregung des Mannes wie die eines Pferdes oder Maulesels«[23]. Ja, die katholischen Gelehrten fragen sich: Und stünde gar ein Toter wie Lazarus auf? Dürfte er seine Frau zurückverlangen, hätte diese inzwischen erneut geheiratet? Magister Martinus, ein furchtloser Denker, antwortet darauf: Es empfehle sich nicht, »für dermaßen seltene Fälle (!) bestimmte Regeln aufzustellen«[24].

Die »verengte Frau«

Eingehender ventiliert wurde sowohl die Ehefähigkeit der Eunuchen (ob man mit einem Hoden oder ganz hodenlos ehefähig sei, ob die virga erecta auch ohne Ejakulation genüge und so weiter)[25] als auch die »verengte Frau«, was als trennendes Ehehindernis galt.

Nach allgemeiner Ansicht ließ sich die Verengung aber nicht nur operativ beseitigen, sondern auch durch Kopula mit einem körperlich geeigneten Mann. Konnte die Frau, nach Trennung der ersten Ehe, in der zweiten koitieren und vermochte dies, infolge der Defloration, nun auch der frühere Gatte, mußte sie zu ihm zurück. Andernfalls jedoch hatte sie einer späteren Forderung des ersten Mannes zur Aufnahme der Ehe immer wieder nachzukommen. Mißgünstige Theologen gestatteten freilich nur noch einen dreimaligen Versuch. Und allmählich merkte man, daß eine Frau, die mit einem verkehre, dies auch mit einem andern könne und so manche sich nur als »verengt« ausgab, um alle Möglichkeiten der Moralexperten auszuschöpfen[26].

Alfons von Liguori oder Die »weise Maßhaltung«

Indes florierte die Moraltheologie recht eigentlich erst seit dem 18. und ganz besonders dem 19. Jahrhundert. Sie entwickelte sich, wie einer ihrer Vertreter treffend sagt, nach »ihrem eigenen Rhythmus«[27]. Allein der Kasuist Antonius Diana löste in seinen »Resolutiones Morales« mehr als zwanzigtausend »Gewissensfälle«[28]. Und das 18. Jahrhundert, in dem der Trierer Domprediger Hunolt die Keuschheit zur »Königin der Tugenden« erklärte und Unkeuschheit für schlimmer selbst als »die

Verleugnung des Glaubens«[29], bescherte der katholischen Kirche einen (wenn nicht den) Klassiker ihrer Moraltheologie, den heiligen Alfons von Liguori, ausgezeichnet nicht nur mit dem höchsten Titel der Catholica, sondern auch durch »weise Maßhaltung«[30].

Der weise Maßhalter konnte für seine Studien bereits die Werke von 815 Autoren auswerten und so »die goldene Mitte zwischen den extremen Lösungsversuchen« finden[31]. In seiner 1753–1755 erschienenen, mehr als siebzig Auflagen erreichenden »Theologia Moralis« untersucht er Sündengröße und Straffälligkeit ehelicher und außerehelicher Küsse mit und ohne Samenergüsse; das Betrachten der »unehrbaren Körperteile« (partium inhonestarum) eines andern aus der Nähe und von sehr entferntem Ort; die unbeabsichtigten Pollutionen von Ärzten, die Genitalien berühren müssen[32]. Er bestimmt »die geeignetste Lage für den Erguß des männlichen Samens und seine Aufnahme in die weiblichen Geschlechtsteile«; er fragt nach dem Koitus, der sitzend, stehend, von der Seite oder von hinten nach Art der Tiere vollzogen wird, bei dem der Mann unten und die Frau oben liegt oder der Mann »außerhalb des natürlichen Gefäßes der Frau« (extra vas naturale) sich entleert. Er erörtert die Unzucht mit einer Frauenleiche (coire cum foemina mortua), erwägt, ob es Todsünde sei, nach dem dritten Beischlaf in der gleichen Nacht einen vierten zu verweigern oder ihn dem einmal abzuschlagen, der ihn fünfmal im Monat begehrt[33].

Wer war dies katholische Genie?

1696 auf dem Lustschloß Marianella bei Neapel geboren, brach Alfonsus Maria de Liguori eine äußerst erfolgreiche Anwaltskarriere ab, als er einmal einen wichtigen Prozeß verlor. Entschlossen entsagte er der schnöden Welt und gründete die Genossenschaft unseres Heiligsten Erlösers, den Redemptoristen-Orden. Er trug nun ein Bußkleid aus Roßhaar, mischte die bittersten Kräuter in sein Essen, schlief auch in kältesten Nächten auf bloßem Boden, hatte scharfe Ketten für Hände und Füße, nägelbespickte Kreuze für Brust und Rücken und peitschte sich lange Zeit täglich viele Stunden in einer halb verfallenen Grotte mit einer vielzackigen Geißel, bis das Blut spritzte, wobei ihm häufig, jungfräulich schön, die heilige Maria erschien[34].

Wie sehr dieser Mann, dessen »Wirklichkeitssinn« man noch heute rühmt[35], aber auch jede nur mögliche Variante des Verkehrs mit Frauen theoretisch erforschte – in praxi wahrte er Distanz oder vermied zumindest jedes Alleinsein mit ihnen. »Als Bischof«, berichtet die offizielle Ordensbiographie, »gab er Frauen nur in Gegenwart eines Dieners Audienz, einer ganz alten Frau einmal in der Weise, daß sie auf dem einen Ende einer langen Bank saß, er, ihr den Rücken kehrend, auf dem andern Ende. Bei der Firmung von Frauen berührte er, wenn er den kirchlich vorgeschriebenen Backenstreich geben mußte, nie die bloße Wange, sondern die Kopfbedeckung der Firmlinge[36].«

Im 88. Lebensjahr sank er in geistige Umnachtung. »Gewissensängste, eine tiefe Finsternis des Geistes, Zweifel und Seelenschmerz, heftiger als die leiblichen Peinen, welche er jemals geduldet«, so schreibt sein Biograph, »überfielen mit voller Wucht seine Seele und drückten ihn zu Boden nieder. Sein sonst so scharfer und durchdringender Verstand ward auf einmal gehüllt in tiefes Dunkel, so daß er das Gute und Böse nicht mehr zu unterscheiden wußte. Was immer er tun wollte, erschien ihm unerlaubt; überall glaubte er, Sünde oder Gefahr zur Sünde anzutreffen, und unablässig quälte ihn der Zweifel, ob er sich noch im Stande der Gnade befinde. Dazu bestürmten ihn noch gar manche andere Versuchungen der gefährlichsten Art. Zweifel am Glauben, Hoffart, Verzweiflung, Vermessenheit, alle Sünden stritten miteinander in der Einbildungskraft und im Gefühle des Heiligen. *Selbst den Stachel des Fleisches mußte er noch empfinden, so daß er schluchzend ausrief: ›Ach ich zähle bereits 88 Jahre, und noch ist nicht erloschen das Feuer meiner Jugend!‹*[37]«

Aber sechs Bände Theologia Moralis.

1803 verkündete ein vatikanisches Dekret, »daß in sämtlichen Werken des ehrwürdigen Bischofs nach reiflicher Untersuchung sich nichts vorfinde, was der geistlichen Wohlfahrt der Gläubigen irgendwie nachteilig sein könnte«; 1816 sprach ihn Pius VII. selig, 1839 Gregor XVI. heilig, 1871 erhob ihn Pius IX. zum Kirchenlehrer, 1950 Pius XII. zum Patron der Beichtväter und Moralisten[38].

Ein solches Vorbild verpflichtet. Und so sehen wir denn die Moraltheologie noch des 20. Jahrhunderts intensiv mit der Betrachtung verschiedenster sexueller Verbrechen befaßt, taxierend die Sünde zwischen Vater und Tochter, Mutter und Sohn, Stiefvater und Stieftochter, Schwiegersohn und Schwiegermutter, Schwiegervater und Schwiegertochter, Vormund und Mündel, die Sünde »des Pfarrers mit seinem Pfarrkinde«, des »Priesters, begangen mit seinem Beichtkinde«, »begangen von oder mit einer Gottgeweihten Person« oder von einer gottgeweihten Person mit einer anderen gottgeweihten[39] und so weiter und so weiter.

Unzucht vom Kirchhof bis zur Kirchturmspitze

Was ist, fragt man, wird »der hl. Ort polluiert«, wobei »Kirche und Kirchhof nur polluiert sind, wenn diese Handlungen öffentlich, notorisch sind«[40] (vgl. S. 199 ff.). Auch gehören weder »die Sakristei, wenn sie angebaut ist, noch der Kirchenspeicher, noch die Kellerräume unter der Kirche, noch der Turm« zum heiligen Ort, werden also nicht durch ein

»lokales Sakrileg« verletzt[41]. Man ist nicht unmenschlich, läßt sich Reservate, Refugien sozusagen, auch im nächsten Umkreis der Kirche, ja darin – vom Keller bis zur Turmspitze. (Viele Theologen fordern bei öffentlicher Unzucht in Kirche oder Friedhof die Rekonzilierung durch den Bischof, bei geheimen Vergehen aber bloß Entsühnung – mit vom Bischof benediziertem Wasser, aqua exorcitata – durch den Priester, weil sonst, wie man weiß, die Bischöfe täglich zu derlei Reinigungen unterwegs sein müßten[42].)

Was weiter, wenn im Gotteshaus Eheleute koitieren, die »4, 5, 10, 20 Tage oder einen Monat darin bleiben müßten«? Wenn zum Sündigen »hl. Dinge, z. B. Sakramente, Gefäße, Kleider genommen oder gebraucht werden«[43]?

Wie schwer sündigt man, überlegen die Theologen, wenn man »ein längeres unnützes Gespräch mit einem Mädchen führt, zu dem man ohnehin eine unordentliche Zuneigung hat«; »wenn eine Frauensperson, um den Männern zu gefallen oder sie anzulocken, ihre Brüste künstlich erhöht«; wenn »Personen des nämlichen Geschlechtes beim gemeinsamen Schwimmen, Baden oder bei einer anderen Gelegenheit sich leicht und vorübergehend anschauen«[44]?

Die ehrbaren, weniger ehrbaren und unehrbaren Körperteile

Selbst das Betrachten des eigenen Körpers, zumal der »*weniger ehrbaren Teile*, wie Brust, Arme, Schenkel eines Weibes«[45], birgt Risiken, was übrigens nicht heißt, Brust, Arme, Schenkel eines Mannes seien nicht gleichfalls unehrbar, sondern wohl nur andeutet, die des »Weibes« sind es eher noch mehr. Jedenfalls unterscheiden bekannte katholische Lehrbücher auch unseres Jahrhunderts bezüglich der »unschamhaften oder unehrbaren Handlungen« allen Ernstes: »1) die *unehrbaren Körperteile* (partes inhonestae, turpes, obscenae), d. i. die Geschlechtsteile und die ihnen zunächst liegenden, 2) *die weniger ehrbaren Teile* (partes minus honestae), die Brust, Arme, Schenkel, 3) *die ehrbaren Teile* (p. honestae), jene Körperteile, die man gewöhnlich nicht mit den Kleidern bedeckt, z. B. das Gesicht, die Hände«[46]. Je näher also den Genitalien, desto »weniger ehrbar«; gänzlich »unehrbar« schließlich: die »Geschlechtsteile und Partien, die ihnen sehr nahe sind«[47].

Die »unehrbaren Teile« auch des eigenen Körpers zu beschauen, ist demnach nur ohne sexuelle Lust erlaubt. Besieht man sie aus Neugier oder Leichtsinn, sündigt man läßlich. Hält man sich aber »lange und ohne Grund (!) bei solchen Blicken auf, dann können sie leicht Todsünde werden«[48]. »Küsse und Berührungen, seien sie auch leichte, sei es an den ehrbaren oder weniger ehrbaren Teilen, sind Todsünden, wenn sie aus geschlechtlicher Lust geschehen ... So kann die leise Berührung der Hand einer Frauensperson Todsünde sein, wenn sie aus unreiner Absicht geschieht.« »Küsse in partibus minus honestis ... sind regelmäßig Todsünde«, denn sie geschehen »entweder aus Lust oder reizen wenigstens sehr stark«[49].

Wirklich ein Glück, daß der menschliche Körper – jesuitischer Auskunft zufolge doch »das größte sichtbare Kunstwerk des Schöpfers«[50] – selbst nach den Rigoristen noch ein paar anständige Ansätze hat. Gesicht und Hände sind vergeistigt, durchseelt (vgl. S. 141). Indes, die Seele belebt »nicht alle Teile in gleicher Weise«. Unterm Kopf schon wird der Leib, von den Händen abgesehn, eine trübe, triste, tierische Sache. Die Seele kann da leider »keinen weiteren veredelnden, vergeistigenden Einfluß auf ihn ausüben. Er ist Fleisch und unterscheidet sich vom Tier nur durch die Form«[51]. Hoc habet.

Vom »Kinderküzeln« bis zur Pollution beim Studium der Medizin

Wie schwer sündigt man, brüten die Theologen weiter, »wenn man kleine Kinder nackt anschaut«, »die unehrbaren Körperteile an Personen anderen Geschlechtes« betrachtet, »solche Dinge durch ein Netz oder eine sehr dünne, durchsichtige Hülle« sieht? Wie, wenn Kinder, die »noch geschlechtsunreif sind«, eine Kleidung tragen, die »das Schamgefühl, die Vormauer der Keuschheit, zerstört«; denn »viele Knaben und auch Erwachsene leiden dadurch Ärgernis«[52].

Eine Anleitung für Beichtväter junger Mädchen, »die die Sünde der Unkeuschheit nicht zu bekennen wissen oder wagen«, weist in puncto Onanie auf folgende Ver- und Vorstöße hin, »die junge Mädchen gewöhnlich auf diesem Gebiet begehen«: leichtes Streicheln der äußeren Geschlechtsteile mit der Handfläche; Einführen des Fingers in die Vagina; Einführen eines abgerundeten Holzstücks oder eines dem männlichen Glied nachgebildeten Gegenstandes und anderes. Für »gewöhnlich auf diesem Gebiet« hält man aber auch, daß »ein junges Mädchen die Geschlechtsteile gegen einen Tischfuß oder eine Mauerkante drückt, um die Pollution herbeizuführen«; daß es die Genitalien »an einem Stuhl reibt, auf dem es sitzt«; daß »es sich auf die Erde setzt und die Fußspitze gegen die Geschlechtsteile drückt« und anderes[53]. Wundert man sich, daß in »manchen Gegenden ... eine ans Krankhafte grenzende Abneigung gegen das Gefragtwerden im Beichtstuhl« besteht[54]?

Wie schlimm ist, erörtern die Moralisten, »wenn Mägde, Ammen die Geschlechtsteile der Kinder beim Waschen und Ankleiden vorübergehend und aus Neugierde«, wenn »Dienstboten die kleinen Kinder, um sie zu beruhigen, an den Geschlechtsteilen berühren«[55]? Diese Kindergenitalien kitzelnden »gewissenlosen« Haushaltshilfen beschäftigten die Diener Gottes immer wieder[56]. Fromme Eltern engagierten daher früher möglichst wollustlose Wesen, ließen sie nur »angemessen« gekleidet gehen und während der Stillperiode nicht koitieren, da sie, wie im 18. Jahrhundert Kardinal de Bernis »aus eigener Erfahrung« wußte, ihre Sinnlichkeit mit der Milch auf die Säuglinge übertrügen und sich eben überhaupt versündigten mit »Kinderküzeln und an den Geschlechtsteilen reiben«[57].

Wie groß ist der Frevel, wenn ein »Eunuche« durch Befingern seiner Geschlechtsteile »auf Pollution hinzielt«? Wenn man »mit einer toten Frau« koitiert[58]?

Aber bereits die heute »oft übervoll besetzten Verkehrmittel« bergen »eine Menge von Gefahren«, suchen doch »sinnliche Menschen ihre Sinnlichkeit in der unauffälligen engen Berührung mit dem Unbekannten zu befriedigen«[59]. Darum Vorsicht auch hier!

Wie sehr gefährden Eltern ihr Seelenheil, wenn sie »vor ihren kleinen Kindern von unreinen Dingen reden..., welche sie viele Jahre später immer noch zu frühe erfahren«[60]? Ah, die katholischen Aufklärer. Sie zeihen auch den »schwerer Sünde«, der »über die Mittel, die Zeugung zu verhindern«, spricht, »besonders wenn dies geschieht unter jungen Leuten verschiedenen Geschlechtes; denn junge Leute und Frauenspersonen (!) sind regelmäßig schwach und leicht zur Unzucht reizbar«. Auch das Nacktbaden nimmt »den Kindern, besonders den Mädchen (!), jedes Schamgefühl«[61].

Wie schwer sündigt man, grübeln die Spezialisten, wenn man obszöne Bücher liest und »infolge solcher Lektüre regelmäßig Pollution« hat; »wenn junge Leute aus Neugierde unehrbare Worte in den Lexiken oder laszive Stellen in den Klassikern aufsuchen«; wenn die Samenergießung »aus dem neugierigen Studium der Medizin oder der Anatomie vorausgesehen, aber nicht beabsichtigt wird«[62]?

Das Lesen sogenannter »schlechter« Bücher ist, »auch wenn sie nicht ganz schlecht sind«, gewöhnlich schwere Sünde. Sind sie nur »ein wenig unanständig«, begeht man eine läßliche Sünde, die freilich, liest man »aus böser Absicht«, zur Todsünde werden kann[63]. Sogar die Verheirateten warnt man »ernstlich« vor einer Literatur, »die die Vertraulichkeiten der Eheleute bis ins einzelne und ohne Ehrfurcht beschreibt«[64].

Die Notwendigkeit der Zensur und der Schmutz der Klassiker

Jahrhundertelang hat man mittels solcher Prinzipien die Literatur überwacht. Die erste Zensureinrichtung in Deutschland schuf 1486 ein Kirchenfürst, der Mainzer Erzbischof Berthold von Henneberg. Aber auch die Reichszensurvorschrift zu Beginn des 16. Jahrhunderts wurde auf Veranlassung der Catholica erlassen, wobei die Aufmerksamkeit lange freilich mehr Äußerungen über Kirche und Religion galt als »Sittenfragen«[65].

Das änderte sich wesentlich erst in neuester Zeit. So dekretierte Papst Leo XIII. (1878–1903) in seiner Konstitution »Officiorum ac minorum«: »Bücher, welche schmutzige und unsittliche Dinge planmäßig behandeln, erzählen oder lehren, sind streng verboten ... Die Bücher älterer und neuerer Schriftsteller, die als Klassiker gelten und von jenem Schmutze (!) nicht frei sind, werden mit Rücksicht auf die Eleganz und Reinheit der Sprache gestattet, doch nur solchen, deren Amt oder Lehrberuf diese Ausnahme heischt. Knaben aber und jungen Leuten dürfen nur sorgfältig gereinigte Ausgaben in die Hand gegeben und dieselben nur nach solchen unterrichtet werden[66].«

Noch in der Deutschen Bundesrepublik verfuhr man bei der Bekämpfung »unsittlicher Literatur« nach ganz ähnlichen Grundsätzen[67]. Wie denn hierzulande das Gesetz über die Verbreitung jugendgefährdender Schriften eine offizielle Institution der katholischen Kirche angeregt und vorbereitet hat – worauf es dann mehrere tausend Verfahren gab, sogar gegen Veröffentlichungen von ästhetischer Relevanz[68].

Wurden doch auf den – 1557 durch Paul IV. geschaffenen – Index der verbotenen Bücher noch 1948 sämtliche Werke von Sartre und 1952 von Gide gesetzt. Ja, in der zweiten Hälfte des 20. Jahrhunderts waren nicht nur Bücher von Ranke und Gregorovius, Heine und Flaubert noch indiziert, sondern auch Montaignes »Essais«, Kants »Kritik der reinen Vernunft«, Pascals »Pensées« und die »Provinciales«, ferner Bücher von Spinoza, Lessing und vielen anderen mehr[69].

Über das Teuflische von Theater und Kino

Auch das obszöne Theater wird von Katholiken noch an der Schwelle des 20. Jahrhunderts verdammt – fast wie in der Antike[70]. Im 5. Jahrhundert hatte die Synode von Arles jeden Christen mit dem Bann bedroht, der eine Rolle auf dem Theater übernahm[71]. Später sperrte die Zensur einzelne Worte, Sätze, ganze Szenen und Stücke, wann immer sich weltliche oder geistliche Potentaten gekränkt fühlten. (Das preußische Oberverwaltungsgericht zögerte nicht, 1903 beim Verbot der »Maria von Magdala« des nachmaligen Nobelpreisträgers Heyse, erotische Triebe »die niedrigsten, verwerflichsten menschlichen Triebe« zu nennen[72].

Bei einer Aufführung »unehrbarer« Stücke jedenfalls frevelte (dies »ist gewiß«) noch damals nahezu alles, was mitwirkte, mehr oder minder schwer, meist aber schwer: wer schreibt, spielt, finanziert, applaudiert, wer verbieten müßte, doch nicht verbietet. Auch »Ballettänze« sind »fast immer schweres Ärgernis für die Zuschauer« (»ich würde niemals eine solche«, eine Ballettänzerin nämlich, »absolvieren, wenn sie nicht vorher ihre Beschäftigung aufgegeben hätte«). »Milder kann man von denjenigen reden, deren Mitwirkung eine entfernte ist, z. B. die das Theater kehren, das Gebäude aufführen.« Man glaubt es nicht: auch Putzfrauen und Maurer waren noch im frühen 20. Jahrhundert belastet! Dagegen: »Von jeder Sünde sind frei Soldaten oder Polizeidiener . . .«[73] Und das ist klar. Denn wann wären Militärs in den Augen der Kirche schon schuldig!

Bei Eröffnung von Filmtheatern »soll alles getan werden, auf daß es durch einen verantwortungsbewußten Christen geschehe«. Film, Fernsehen und Rundfunk sollen »verchristlicht werden«. Kinobesitzer, die »schlechte« Filme vorführen lassen, sündigen. Dito Vermieter solcher Kinos, auch wenn sie gar keinen Einfluß auf das Programm haben. Und sogar wer Fernseh- und Rundfunkgeräte »wahllos« benützt, »versündigt sich«[74].

Ein junger Mann bekennt einem Jesuiten: »Eines Tages war ich ausnahmsweise mit einigen Kameraden in ein Theater gegangen, und damit (ipso facto) sind all meine schönen Vorsätze zugrunde gegangen.« Ein anderer gesteht: »Seitdem ich das Kino nicht mehr besuche, habe ich nicht wieder gesündigt[75].«

Von dem Betrachten »nackter« Bilder und anderen Perversitäten

»*Maler* und *Bildhauer*, welche obscöne Bilderwerke (d. i. Bilderwerke, auf denen die unehrbaren Teile entblößt oder nur leicht verhüllt sind) anfertigen oder ausstellen, oder auch diejenigen, welche solche Bilderwerke in ihrer Wohnung zum öffentlichen Anblicke aufstellen, sündigen schwer[76].« Schwer sündigt auch, wer solche Bilder – einmal fundamental »Nackte Bilder und Kunstwerke« genannt[77] – »anschaut, wenn das nicht geschieht für kurze Zeit, aus großer Entfernung oder das Bild selbst wegen seines Alters kaum mehr Farben hat (!). Im allgemeinen das Nämliche, jedoch mit einigen Milderungen, ist zu sagen vom Anblick von Statuen, insofern Statuen, weil diese nicht gemalt, weniger die Lust reizen als Bilder. Es ist kaum nötig zu bemerken, daß der Anblick von Bildern und Statuen nicht deswegen schon erlaubt ist, weil diese in öffentlichen Sammlungen aufgestellt sind[78].« Mit kirchlicher Druckerlaubnis.

1876 hatte der katholische Moralexperte Bouvier sogar das Onanieren vor einer Statue der heiligen Jungfrau erörtert[79]. Und noch Jahrzehnte später behandelt die Moraltheologie selbst den Geschlechtsverkehr »mit einer Statue« (Coitus cum statua)[80] – hatten doch Christen schon im frühen Mittelalter entsprechenden Umgang mit Holzpuppen und Astlöchern (S. 323), ja bereits in der Antike, laut Kirchenlehrer Chrysostomos, »viele« Asketen eine suspekte Neigung »zu Steinen und Statuen«[81].

Wie man mit Modellen und Tieren (nicht) sündigt

Selbst wenn Künstler oder Kunstschüler in Galerien »zwischen anständigen (!) Kunstwerken« auch »zweifelhafte Nuditäten und wirklich unanständige Werke« sehen, müssen sie durch »Gebet, Erneuerung des guten Vorsatzes, Vorsicht in den Blicken (!) die nächste Gelegenheit zu einer entfernteren machen«. Und ohne »triftigen Grund« hat man solche Sammlungen überhaupt »als nächste Gelegenheit zur Sünde und oft als Ärgernis für andere zu meiden«[82].

Modellstehen von Mädchen oder Frauen, bei denen nur die Genitalien bedeckt sind, wird »an sich nicht erlaubt«. Sind jedoch Künstler bei ihrer Ausbildung zum Zeichnen solcher Weiber gezwungen, sündigen sie nicht. »Sie dürfen aber selbstverständlich in die geschlechtlichen Regungen nicht einwilligen und müssen daher versuchen, durch Gebet und Erneuerung des guten Vorsatzes die Gefahr zu einer entfernteren zu machen[83].«

Gefährlich sind für Katholiken auch sich paarende Tiere: »... kein Zweifel, daß keusche Augen einen solchen unnötigen Anblick vermeiden werden«. Wo aber, aus züchterischen Gründen, der Bock die Ziege oder der Bulle die Kuh, Gott sei's geklagt, bespringen muß, da empfiehlt man noch im 19. und 20. Jahrhundert, daß dabei »eher verheiratete oder ältere Personen« sein sollten »als ledige und jüngere, weil erstere weniger erregbar sind«[84]. Mit kirchlicher Druckerlaubnis.

Selbst wer »ohne Wollust« (falls er's vermag!) »unehrbare Teile« von Tieren betrachtet oder bei deren Paarung zusieht, sündigt, wenn auch nur läßlich[85]. »Berührungen an Tieren sind ... mehr oder weniger sündhaft, je nach der Intention, aus welcher sie hervorgehen, oder nach der Gefahr der Pollution, die sie mit sich bringen[86].« Doch erwägt die Moraltheologie nicht nur den Fall, daß »die Geschlechtsteile mit einem Tiere in Berührung gebracht und an ihm gerieben werden«[87], sondern auch, daß »der Schnabel eines Huhns in die Scheide eingeführt«, daß »Speichel oder Brot in die Scheide gebracht wird, um dadurch einen Hund anzulocken, an den Schamteilen zu lecken«, daß »ein Hund masturbiert wird, um sein Glied zur Erektion zu bringen und es dann in die Scheide einzuführen«[88].

Nicht einmal Dr. Kinsey, der doch auch die mannigfachsten Arten sexueller Kontakte – von Hundeschnauze und Katzenzünglein bis zum regelrechten Koitus – erwähnt, auch Akte (meist der Männer) mit Kälbern, Eseln, Schafen, Enten, Hühnern und Gänsen, selbst im Schlachthaus, nicht einmal er meldet, wie die katholische Moraltheologie, das Einführen eines Hühnerschnabels in die weibliche Scheide. Wohl aber schreibt er von »extrem religiösen Männern«, die »praktisch ihre gesamte Triebbefriedigung von Tieren erlangten, da sie der Überzeugung waren, daß heterosexueller Koitus mit einer Frau moralisch unannehmbar sei«[89]!

2.
WANDELT SICH HEUTE DIE MORALTHEOLOGIE?

Nun ist freilich längst der Einwand da: inzwischen denkt man doch in der Kirche weit liberaler, weltoffener. Vieles, was noch jüngst (jüngst!) vertreten wurde, Konservative auch weiter vertreten, sei im Grunde überholt, von Moralisten selbst angeprangert worden, kurz, ein bemerkenswerter Wandel (»auch hier«), neue Perspektiven, Progressivität, mehr Dynamik, evolutives Denken und so weiter. Doch wie auch immer – neunzehnhundert Jahre *hat* man eben so gelehrt, so ruiniert. Und neunzehnhundert Jahre wiegen schwerer als die letzten neunzehn!

Im übrigen: ändert die Moraltheologie sich denn wirklich entscheidend? Oder haben wir es bloß mit ein paar neuen Zungenschlägen zu tun – und der alten Charakterlosigkeit? Gewiß ist man heute, wo Keuschheit wenig gilt (auch wenn manche Negermädchen noch die »Schmach« vorehelicher Defloration mit dem Leben bezahlen sollen, wenn es im Land des Papstes noch Versicherungspolicen auf die Virginität einer Tochter gibt oder im westdeutschen Wallfahrtsort Werl für DM 4,30 ein Medaillon, das, eingenäht ins Höschen, vor Entjungferung schützt[90]), gewiß ist man heute krampfhaft um ein neues Air bemüht.

Alius et idem

Ein Beispiel. »Theologie steht nicht in der Ewigkeit, sondern in der Geschichte. Sollte es je Theologen gegeben haben, die annahmen, daß sie für alle Zeiten schrieben, dann waren sie aufgrund dieser Tatsache selbst schon zeitgebunden; sie gehörten dann jener Phase der Geschichte an, in welcher der Mensch seine eigene Geschichtlichkeit nicht oder nicht genügend erfaßte. Diese Phase scheint endgültig vorbei. Wir sind uns heute bewußt, daß wir Theologie in der Situation der Gegenwart treiben. Wir versuchen, der Heilsbotschaft für alle Zeiten treu zu bleiben, indem wir sie gerade für diese, unsere Zeit übersetzen. Im Dienste einer solchen Auffassung von Theologie haben wir in diesem Buch von der Sünde gesprochen, von ihren Graden und ihren Folgen, von der Sünde der Welt und der Erbsünde. Die Treue gegenüber der bleibenden Heilsbotschaft zwang uns oft zu langen Darlegungen und zu subtil (!) erscheinenden Distinktionen zwischen dieser Botschaft und ihrer früheren Einkleidung. Sie hatten aber zum Ziel, diese Botschaft in unserem heutigen Bild von Mensch und Welt darzubieten[91].«

Hier steht exakt, wie es gemacht wird: man bleibt »der Heilsbotschaft für alle Zeiten treu«, indem man sie, je nach Bedarf, »übersetzt«. Ein weiterer Moralist drückt dasselbe im Hinblick auf das Zweite Vatikanum und dessen Pastoralkonstitution »Gaudium et spes« noch schamloser so aus: Schon die Tatsache, daß nicht mehr so sehr von »ewigen Wahrheiten« als vielmehr von »irdischen Wirklichkeiten« gesprochen werde, zeige, wie sehr man ernst zu machen gedenke mit der »Fleischwerdung des Wortes Gottes in dieser Zeit«[92].

Aber fast zwei Jahrtausende lang *hat* man von »ewigen Wahrheiten« gesprochen! *Hat* man »ewige Wahrheiten« verkündet! Fast zwei Jahrtausende lang lebten, litten und starben die Gläubigen dafür! Jetzt stehen den Exegeten solche »Wahrheiten« freilich oft im Weg, sähen sie sie am liebsten in der Rumpelkammer, der Mottenkiste, überhaupt nicht mehr, lehnen sie eine Berufung »auf einzelne Schriftstellen« bei »Fragen der heutigen Welt gegenüber« glatt ab[93] (wenn sie ihnen nicht passen!), ist es genau wie Horaz schon vom Sonnengott sagte: alius et idem[94].

Weitere Ausflüchte

Den theologischen Taktikern mangelt es zunächst nie an (etwas beiläufig abgegebenen) Selbstbezichtigungen und »fortschrittlich« klingenden Erklärungen. Nicht selten auch gesteht man zwar gewisse »dunkle Punkte« in der Vergangenheit ein, läßt aber keinen Schatten auf die Kirche fallen.

Da spricht man dann von der »Ära der Prüderie«[95], als sei das, wie die »Ära Adenauer« oder die »Ära des Faschismus«, eine Angelegenheit von ein, zwei Jahrzehnten gewesen! Da erklärt man, »nicht nur einzelne Personen, sondern auch ganze Generationen ... huldigten einem Kult des Nicht-Wissen-Wollens oder wahrten wenigstens den Anschein kindlicher Naivität«[96], als habe nicht gerade die alles bevormundende Catholica diesen Kult und den permanenten Infantilismus gezüchtet um jeden Preis! Da wird »die Haltung vieler unserer Großeltern« verworfen, »die auf Grund alter Tabu-Vorstellungen das ganze Gebiet des Sexuellen als unrein betrachteten«[97], als sei das die Haltung nur »unserer« Großeltern und vielleicht überhaupt nur die Haltung von »Großeltern« gewesen, als habe die Kirche jene »Tabu-Vorstellungen« nicht immer wieder gepredigt und eingepflanzt bei schwersten Strafen in diesem und jenem Leben! »Die gute Sitte«, heißt es, »verlangte ein vollständiges Ignorieren, und Sitte wurde oft mit Sittlichkeit gleichgesetzt«[98]. Ja durch wen wohl?

Da will man sich entlasten, indem man den Sexualpessimismus besonders Platon, der Stoa, der Gnosis zuschiebt[99], denen man doch nur entnahm, was einem selbst zustatten kam. Da wird die frühere Medizin, die Philosophie und sogar die »Volksmeinung« beschuldigt, die alle unbedacht übernommen worden seien[100]. Warum aber unbedacht? Und warum gleich zweitausend Jahre unbedacht? Und prägte man denn nicht selbst die Philosophie? Hat nur die Volksmeinung die Theologie gemacht und nicht auch die Theologie die Volksmeinung? Man möchte uns weismachen, die Diffamierung des Sexus im Mittelalter gehe lediglich auf das Konto der Ketzer, der Katharerbewegung. Deren Leib- und Ehefeindlichkeit habe die Kirche, nach dem Gesetz der Akkulturation, weit mehr beeinflußt als die eigene Theologie. Denn in »Kulturkämpfen« bedeute »die Vernichtung des Opfers zum Teil seine Assimilation«[101]. Warum aber vernichtete man? Vielleicht gar, um assimilieren zu können? Als hätte man an Leib- und Geschlechtshaß nicht schon genug durch Paulus assimiliert! (S. 66 ff.) Durch Origenes, den größten Theologen der ersten drei Jahrhunderte, der sich eigenhändig kastrierte! (S. 90.) Oder durch Augustin, der zum Klassiker des Sexualekels wurde! (S. 304 f.)

Freilich: bei Augustinus war der Manichäismus schuld; Origenes bestimmten Platon und Stoa; Paulus das Judentum und Heidentum. Doch was ist dann christlich? Alles zusammen? Oder nichts davon? Christlich ist immer, was sie gerade brauchen. Und brauchen sie darauf das Gegenteil, ist das christlich. Und brauchen sie dann etwas dazwischen, ist das christlich. Und brauchen sie nichts von allem, ist es hellenistisch, römisch, jüdisch, heidnisch, indisch...

Selbst dort, wo man zugibt, die katholische Sexualfeindschaft habe gerade in »der letzten kirchlichen Epoche« einen »unüberbietbaren Ausdruck« gefunden, ist dies nur ein Reflex »der bürgerlichen Gesellschaft viktorianisch-puritanischer Herkunft«[102].

Manche Moralisten bezichtigen immerhin ihre Vorgänger einer »theoretischen, lebensfremden Moral« und meinen nun (nach neunzehnhundertjähriger Ewiger-Wahrheit-Predigt!), »immer noch auf der Suche nach der Wahrheit« zu sein. Plötzlich kleinlaut von »einer relativen Bedeutung der den Menschen treffenden göttlichen Gebote« ausgehend, wenden sie sich – zielbewußt, dynamisch, »fortschrittlich« – eben gegen »ein Stehenbleiben, eine Erstarrung«, wobei ihre eilfertige Absicherung: »Selbstverständlich wurde uns in Christus der wahre Glaube zuteil«, ebenso verblüfft wie ihr Hinweis auf die »begrenzte Irrtumsmöglichkeit der Kirche«[103], als zeigte die Praxis nicht – von Paulus bis zu Paul VI. –, daß ihre Irrtümer unbegrenzt sind! Peinlich auch, wenn sie die bisherige Bigotterie als eine Art zeitbedingter Täuschung hinstellen und durch Verweis auf die erst jetzt gemachten großen Erfolge der Anthropologie und Psychologie entschuldigen, deren progressive Tendenzen ja gerade der Klerus schärfstens bekämpft hat. Jetzt verspricht man größeres Verständnis, gründliche Korrekturen[104], aber doch bloß um längst unhaltbar gewordene Positionen zu retten.

Zunächst also, zumindest bei den »fortschrittlichen« Apologeten, großes Paterpeccavi. Man habe »in allem (!) nur das Prinzip des Bösen« gesehen, »das Sexuelle vielfach falsch« bewertet, den »Wert der Jungfräulichkeit für die Allgemeinheit« »überspannt«, auch »die Sündhaftigkeit« »überspannt«. »Man tat vielfach so, als seien die Sünden gegen das 6. Gebot *die* Sünden« und dergleichen. Danach bedarf es dann »ernsthaftester Überlegung und Anstrengung«, um dies alles neu und wirklich modern »zu gestalten«, »muß eine vertiefte Einsicht« gewonnen werden, ein »Aufriß gesunder Sexualpädagogik«. Und wie? Nun, indem man »gerade in der Sexualpädagogik der *Ethik* wieder ihre Stelle« gibt. Wieder? Aber freilich. Denn »es wird sich zeigen, daß gerade unsere katholische Anschauung, eben weil sie mit so offenem (!) Blick und so tief in die Natur hineingeschaut hat, vieles bietet«, »daß die Auffassung, die den biologischen Gesetzen und Forderungen am weitesten entspricht, die katholische ist«[105]. Und wie sieht diese katholische, den biologischen Gesetzen am weitesten entsprechende Auffassung aus? »Das Gewöhnliche ist jedenfalls *der kämpfende Mensch*, der in heftigstem, jahrelangem Streit mit seiner Leidenschaft fertig werden muß, der einen Kampf bis aufs Blut durchzufechten hat[106].«

Da steht man also, wo man immer stand.

»Gestehen wir uns ruhig ein«, schreibt ein weiterer Katholik, »wir haben hier unendlich (!) viel nachzuholen und gutzumachen. Die Zeit liegt noch nicht allzuweit zurück, da unser sittliches Empfinden weitgehend von Prüderie und Unnatur mitbestimmt wurde, weniger im Grundsätzlichen als im praktischen Leben. Heute heißt es, sich auf das Wesentliche zu besinnen – auch in der Moral. Was eine frühere Zeit an äußeren Schutzwällen um das sittliche Leben aufgerichtet hatte, ist heute gefallen. Damit müssen wir uns abfinden. Mehr denn je liegt die Entscheidung über sein sittliches Tun und Lassen beim Einzelmenschen selbst. Je nachdem sein Leben sich praktisch gestaltet, kann er von einem Tag auf den andern vor Situationen stehen, in denen nur noch *einer* bestimmend ist: sein persönliches Gewissen. Dieses Gewissen auf dem zweifachen Grund gesunder Natürlichkeit und lebendigen, von der Gnade durchseelten Glaubens zu formen und zur Selbständigkeit (!) zu erziehen, muß darum auch in den hier besprochenen Fragen *die* Aufgabe zeitgemäßer Seelsorge sein[107].«

Zunächst also – folgen wir dem Text – schaut man erschrocken um sich und schüttelt sich, so scheint's, gelind entsetzt: unendlich viel nachzuholen, gutzumachen! Bis vor kurzem noch Prüderie und Unnatur – und nun fängt die Kunst des Umbiegens, Auf-den-Kopf-Stellens schon an: Prüderie weniger grundsätzlich als praktisch. Tatsächlich aber predigten die Priester stets weit prüder als die Laien – und sie selber lebten! Tatsächlich freut man sich ja auch heute nicht über den Fall der alten »Schutzwälle«. Man bedauert ihn doch, hätte im Grunde die alte Bigotterie, die Tugendmoral viel lieber und strebt deshalb auch, wie gehabt, zu »gesunder Natürlichkeit« und »Selbständigkeit« zurück, das heißt hier: zur extremen Unnatur und Abhängigkeit.

Der Revolutionär in der Kutte

Noch ambitiösere, »fortschrittlichere« Moralisten dehnen dies von anderen nur partienweise vorgenommene Manöver beinah über ein komplettes Opus aus.

Da werden dann selbst weitverbreitete moraltheologische Produkte fast neuester Zeit schlicht als »unbrauchbar« disqualifiziert, nicht nur Päpste wie Pius XII. und Paul VI. wegen ihrer Sittenlehren angegangen, sondern sogar Kirchenlehrer wie Augustinus und (viel schonender allerdings) Thomas von Aquin, kurz, die Auseinandersetzung reicht von einem relativ muntren Run auf das Erbsündenübel bis zu einer Ehrenrettung van de Veldes[108]. Leicht mag ein flüchtiger, phantasievoller Leser noch nach zweihundert Seiten solcher Liebesträume (mit Forderung auch vorehelicher Sexualbeziehungen, in manchen Fällen jedenfalls: »keineswegs ein Freibrief für jede Art«, »nie«[109]) bald ein ganzes Bacchanal an Sinnenseligkeit und dionysischer Sexusvergötterung im Katholizismus ausbrechen sehen.

Erst nachdem unser Propagandist »erotischer Kultur« angesichts seiner »bisher vorgetragenen Untersuchungen«, als erschräke er selbst, erklärt hat, sie »werden ohne Zweifel für viele in der Kirche oder sogar im bürgerlichen Raum bestürzend sein«, läßt er deutlicher (als freilich gelegentlich schon zuvor) durchblicken, daß es »bei dem recht verstandenen ›Aggiornamento‹« der kirchlichen Moral keinesfalls »um eine Verkürzung oder Preisgabe evangelischer Botschaft durch opportunistische Anpassung an die Bedürfnisse des Zeitgeschmacks« gehe, o nein, »gerade um das Gegenteil, nämlich um die Freilegung dessen, was das Eigentliche christlicher Botschaft für uns heute ...« et cetera.

Und beweist nun mit Hilfe von Freud und H. Marcuse (!), daß »in verschiedensten Zusammenhängen dem Lustprinzip nicht nachzugeben« sei. Vielmehr: »Unsere Frustrationsfähigkeit muß somit entwickelt werden.« Zwar seien, was die Triebe angeht, »keineswegs alle (!) als unverträglich oder ›böse‹ einzustufen«. Aber: »Die substantiellen Forderungen der Ethik, wie sie sich in unserer Kultur und Gesellschaftsgeschichte herausgebildet haben, können nicht ohne Schaden für Individuum und Gesellschaft aufgegeben werden[110].«

Denn da kommen ja leider die »Einsichten, die in diesem Zusammenhang von ärztlicher Seite gewonnen wurden«. Darauf steht unser Avantgardist, mit dem nächsten Satz, bei den »Sexualperversionen« und der »Psychiatrie«. Danach geht es rapid abwärts, stürzen wir, über den Ausbau der stets »intensiveren Lustsuche«, dem »Zusammenhang zwischen ›Sexualität und Verbrechen‹« zu. Und jetzt gewinnen wir endlich – natürlich ohne »eine grundsätzlich pessimistische Einstellung zur Geschlechtlichkeit« – sogar »vor dem Horizonz (sic) nüchterner Tatsachenwissenschaften auch ein Verständnis dafür zurück, warum man in der theologischen Tradition von einer besonderen Desintegration des sexuellen Bereichs durch die Erbsünde sprach«[111].

Sieh da: nun noch soviel Verständnis für das eingangs recht angeschwärzte Urübel. Hat der gelehrte Pater doch auch dem mild attackierten Aquinaten, seinem meritenreichen Ordensbruder, inzwischen ein höchst ehrenrettendes Kapitelchen gewidmet[112]. Fehlte nur, daß er van de Veldes Rehabilitierung widerriefe, was sich wegen dessen Unbedeutendheit jedoch erübrigt.

Zwar wurde, aus Raummangel, etwas vereinfachend zitiert und, selbstverständlich, »aus dem Zusammenhang gerissen«, weil das selten anders geht. Doch kann jeder selbst lesen und sich dann seinen Vers darauf machen, warum derselbe Autor, der zugesteht, »daß es eine tiefe Verwurzelung der Sexualfeindschaft im kirchlichen Bewußtsein gibt«, daß diese Sexualfeindschaft »im katholischen Raum einen geradezu unüberbietbaren (!) Ausdruck« gefunden und die jüdisch-christliche Religion an der »Diskriminierung des Sexuellen und der Frau« einen »überwältigenden Anteil« habe –, warum derselbe Autor inmitten solcher Feststellungen auch behauptet: »Es ist keine Übertreibung, zu sagen, das Christentum habe in unserer Kultur einen geradezu gigantischen Kampf gegen die grundsätzliche Diffamierung menschlicher Sexualität, gegen die Abwertung des Leiblichen überhaupt oder auch gegen die prinzipielle Minderbewertung der Frau geleistet[113].«

Fast stets dieselbe Bauernfängerei

Die »Progressisten« arbeiten meist nach demselben Konzept. Da gibt man zunächst beinah zweitausend Jahre lang offenkundig falsch Gemachtes zu, knapp und Schlag auf Schlag oft, so radikal mitunter und voller Weltveränderungswillen, daß man glauben könnte, eine Revolution stehe bevor, bis dann nichts kommt – als der alte Pferdefuß.

Auf derselben Seite, auf der ein zeitgenössischer Moraltheologe ohne Scham schreibt: »Die Kirche hat sich zu allen Zeiten gegen jede Verdächtigung der schöpfungsmäßigen Geschlechtlichkeit ausgesprochen«, stellt er die Stufenfolge auf: Sexus; darüber, »weiter und höher«, der Eros; endlich, »unendlich (!) mehr als beide«, die Agape[114]. Doch das diffamiert nicht den Sexus, o nein! Auch nicht die Sinnlichkeit, die Lust. »Falsch war die früher übliche Schmähung dieser Organe als ›unkeusche‹ Körperteile[115].« Denn das alles ist gut, gottgewollt. Und so erhält das vom Schöpfer Geschaffene auch bereitwillig ihre Billigung, ihr Placet – aufgeschlossen, wie sie sind.

Nur gegen das »Ausleben« sind sie. Gegen das Auskosten des Sexus, den intensiven Genuß. Denn »gewiß ist der Trieb von Gott gewollt und deshalb gut. Aber wehe, wenn der Mensch ihn nicht mehr beherrschen kann! Wenn er zügellos und ohne Hemmung seinen Trieben freien Lauf läßt, dann wird er zur Bestie! Fragt die Frauen und Mädchen, die den Osten erlebt haben: sie haben einen Schauder bekommen vor der Bestie Mensch, die keine Beherrschung kennt[116]!« Was beiläufig zeigt, daß die unbeherrschten Bestien, die »Untermenschen«, wie freilich schon aus der Ära Kirche und Faschismus bekannt, im Osten hausen und unsere abendländischen Madonnen bedrohen... Und daß der eigentliche Schrecken eines Krieges anscheinend nicht die mehr nebenbei anfallenden Toten sind, sondern die extorquierten Sexualkontakte. Das ist die Moral der Kirche.

Ja, wie gut auch immer der Trieb sein mag – »da muß der Begierde Halt geboten werden, wo die Sünde beginnt..., die unsterblichen Seelen dürfen nicht dem Triebleben geopfert werden. Wir sind nicht auf Erden, um uns hier auszuleben, sondern um uns den Himmel durch Opfer und Kampf zu verdienen[117].« Nicht ausleben, aber abtöten! (Vgl. S. 385 ff.)

Der Geschlechtstrieb erniedrigt den Menschen noch unter das Tier

Opfer und Kampf, das war der Kirche immer willkommen – Opfer und Kampf für sie natürlich. Deshalb nennt nicht nur eines der »besten Lehrbücher um die Jahrhundertwende« den Sexualverkehr eine »Sache«, die »in sich schmutzig und in den Folgen lästig ist«[118].

Auch in den zwanziger Jahren warnt der Katholik Ries vor der »blinden, tierischen Lust« und behauptet mit kirchlicher Druckerlaubnis: Der menschliche Leib ziehe »die Geistseele... nach unten dem Niederen, Tierischen entgegen«. »Absolute Keuschheit und ausnahmsloses *Reinbleiben von Anfang* an ist... eigentlich *einzig das Menschenwürdige.*« »Nur durch Zügelung des Geschlechtstriebes...«, »nur durch sieghafte Niederringung der sinnlich-niederen Begierden und Triebe vermag der Mensch die ihm vom Schöpfer verliehene Würde seiner Menschennatur zu wahren.« »Der *mächtigste aller Triebe* aber ist der *Geschlechtstrieb... er löscht den göttlichen Funken in der Menschennatur am gründlichsten aus*, schändet den Menschen an Leib und Seele, erniedrigt ihn zum Tiere, ja unter das Tier[119].«

Jedes Zitat ein Aufschrei: eigentlich ist bloß der Keusche ein Mensch.

Doch noch heute gilt schon »jede frei gewollte direkte Erregung« des Sexus außerhalb der Ehe als Todsünde[120], wird dazu selbst die zufällig entstandene Geschlechtsgier, geht man freiwillig darauf ein[121]. Die Lust ist eben weiterhin des Teufels, mag sie »noch so unbedeutend und kurz« sein. »Es gibt«, betont man, »hier keinen geringfügigen Gegenstand[122].«

Auch der Sexualverkehr von Verlobten ist »nichts weiter als ein tierisches Abrutschen«[123], bereits der bloße Gedanke an ihre Vereinigung wird Brautleuten verboten. Sie dürfen sich ihren künftigen ehelichen Kontakt so wenig vorstellen wie die Witwen ihren vergangenen[124]. Ist man doch unverfroren, nein, dumm genug zu schreiben, ein Mann könne seine Frau nicht mehr achten, habe er schon vor der Ehe »in den Armen einer feilen Dirne gelegen«[125].

Ja, die Geschlechtssünde gilt als so furchtbar, daß man »dem Nächsten auch ein Übel, sogar den Tod (!)« wünschen darf, »z. B. damit ein junger, leichtsinniger Mann nicht auf Abwege kommt«[126].

Kurienkardinal Garrone spricht vom »betäubenden Gestank des Sex«

Und trotz allen theologischen Wandels, aller neuen Akzente, Perspektiven, Zungenschläge und Phrasen klagen viele Katholiken doch heute noch über das »Evangelium des Fleisches und der sexuellen Verwilderung«, »die sexuelle Diktatur«, den »sexuellen Kannibalismus«, diese »Seuche«, den »betäubenden Gestank des Sex«, den »verfluchten Sexualismus unserer Zeit«, den »untermenschliche[n] Sexus«[127]. Noch immer lauert jenseits der Triebverdrängung das »Chaos«, sinkt der Mensch, der die Lust um ihrer selbst willen bejaht, »auf die Stufe tierischen Seins und Lebens«, verfällt er »erbarmungsloser Sklaverei«, der Sucht »ins Abwegige, Sadistische – Ende davon ist der Lustmord«, der »Untergang eines Volkes«[128].

Noch heute scheuen sie nicht die Behauptung, die »falsche Anbetung von Sexus und Eros« erzeugte und erzeuge »keine geringere Versklavung der Menschheit« als der »Mißbrauch der Macht«[129] – wobei die »falsche Anbetung« suggeriert, es gäbe für ihresgleichen überhaupt eine Anbetung von Sexus und Eros – offiziell. (Privat mögen sie da schon allerlei an Adoration verbergen.) Noch heute diffamieren sie den Trend zu mehr Frische und Freizügigkeit als »ein Abwärtsrutschen«, »ein Absinken ... vom menschlichem zu tierischem Verhalten«, was sie expressiv verbis »die Jugend aufklären« nennen[130]. Sie verunglimpfen die Sexualität selbst dort noch, wo sie sie zu verteidigen vorgeben: »Die geschlechtliche Sphäre darf nicht rein (!) negativ gesehen werden[131].« Und sehen doch alle Liebenden allein auf den Geschlechtsteil konzentriert! »So stehen wir heute vor der Tatsache: ... Die Zuneigung zwischen Mann und Frau ist auf die unterste Schicht eingeengt. Höhere Gefühle, persönliche Affekte, also eine Liebe, die von der Seele ausgeht und eine Seele sucht, bleibt unbekannt[132].« Höhere Gefühle hat offenbar nur ein Zölibatär, der Tatsache nennt, was ihn augenblicks der Lüge überführt, inhaltlich so falsch ist wie grammatikalisch, aber plastisch die Perspektive des Moralisten verdeutlicht: seine Fixiertheit auf den Spalt der Frau.

In der Antwort auf eine mehr Liberalität erbittende Denkschrift des Weltverbandes der katholischen Frauenjugend 1952 betonte Pius XII. noch einmal in aller Deutlichkeit die »grundlegenden Verpflichtungen des Sittengesetzes« und erklärte unter anderem von »Ehebruch, Geschlechtsverkehr Unverheirateter, Mißbrauch der Ehe, Selbstbefleckung«, sie seien »vom göttlichen Gesetzgeber strengstens verboten«. Barsch befahl der Papst: »Da gibt es nichts zu prüfen. Wie immer die persönliche Lage sein mag, es gibt keinen anderen Ausweg als den zu gehorchen[133].« Und unter Johannes XXIII. und Paul VI. galt und gilt genau dasselbe.

Somit wäre es falsch, darauf zu pochen, daß sich die klerikale Sittenlehre neuerdings geändert habe. Erstens, weil gegenüber einer fast zweitausendjährigen Fehlerziehung einige Jahre scheinbarer Anpassung wenig oder gar nicht zählen. Zweitens, weil, ungeachtet einer kleinen Minderheit von Theologen, die breite kirchliche »Aufklärungsliteratur« am alten Dualismus von Trieb und Geist, Geschlecht und Seele festhält wie seit je. Drittens, weil die katholische Masse (und nicht bloß sie!) von geringfügigen Zugeständnissen »Fortschrittlicherer« kaum profitiert und den Intellektuellen ein Wandel zum Besseren nur vorgetäuscht wird. Viertens, weil auch die »seriöse« Moraltheologie im Grunde noch da steht, wo sie immer stand. Und fünftens, weil die Kirche Konzessionen jederzeit zurücknehmen kann, wenn die Umstände es erlauben.

26. Kapitel
Christliche Sexualaufklärung oder Ignoti nulla cupido

»Jede Unwissenheit ist bedauerlich, aber Unwissenheit auf einem so wichtigen Gebiet wie der Sexualität ist eine ernste Gefahr.«
Bertrand Russell[1]

»Ich glaube nicht, daß die Tendenz zu einem sex-orientierten Hedonismus durch zensurierte, fromme Plattheiten rückgängig gemacht werden kann. Kirchliche Ermahnungen, entweder von der Kanzel oder im privaten Gespräch mit Ratsuchenden, sind kaum verbindlicher als die Fußabdrücke eines Dinosauriers in Colorado.«
A. L. Feinberg[2]

Beinah zwei Jahrtausende wurde der alte römische Grundsatz »Humana non sunt turpia« (Was menschlich ist, ist keine Schande) im Christentum unterdrückt. Bis ins 19. Jahrhundert bezogen die Gebildeten ihr Wissen über Sexualität hauptsächlich aus der heidnischen Antike. Noch 1882 mußte Krafft-Ebing Teile seiner »Psychopathia sexualis« lateinisch veröffentlichen. Und noch zu Beginn unseres Säkulums waren sexuologische Werke vereinzelt, gab es darüber kaum methodische und systematische Untersuchungen. Erst seitdem kann man offener über das Geschlechtsleben reden, hat zumindest die wissenschaftliche Literatur keine Zensur mehr zu fürchten[3].

Noch Mitte der dreißiger Jahre aber rügt Erich Fromm, selbst die Masse der Mediziner werde sexualwissenschaftlich nicht ausgebildet[4]. Wimmelte es da doch noch von Ärzten, die längst überholte christliche Konventionen vertraten, sich mißbrauchen ließen, als Folge von Masturbation oder regelmäßigem Geschlechtsverkehr unreine Haut, Atemnot, geschwollene Tränensäcke, Krebs und Wahnsinn nannten[5]; auch Potenzschwund immer wieder, obwohl häufiges Kopulieren nicht die Potenz schwächt, sondern sie stärkt. So ergaben neuere Untersuchungen, »daß sich die Anzahl der Orgasmen je nach Studienobjekt von einigen pro Jahr bis zu zehn oder zwölf pro Tag steigerten, ohne daß dadurch nachteilige Folgen eingetreten wären. Dieser Umstand war vielen aufmerksamen Ärzten schon seit Jahrhunderten bekannt; trotzdem konnte die Flut aufgeblähter Verallgemeinerungen nicht verhindert werden[6].« Auch leichtes, übergroßes Ermüden wurde oft auf sexuelle Ausschweifungen zurückgeführt. Tatsächlich jedoch ermüden Menschen mit starker Libido weniger als Menschen mit schwacher, und früher geschlechtlicher Verkehr kann sogar eine nützliche Vorbereitung auf das Eheleben sein[7].

Schädlich ist jedenfalls nicht sexuelle Aktivität, schädlich sind die Schuldgefühle, Depressionen, Ängste, die man auslöst. Schädlich ist die kirchliche »Aufklärungsliteratur« über »rein bleiben«, »sauber leben« und so weiter. Die berüchtigte Panikmache zwar: »Mit zwölf Jahren wurde er zum Ehemann und mit dreizehn zum Vater . . . Aber vor seinem vierzehnten Geburtstag wuchs bereits das Gras auf seinem Grabe[8]«, erzielt heute nur noch Lacheffekte – ähnlich wie »Psychopater« Leppich, der »Westentaschen-Messias«, wenn er schreit: »Nur die ausgemergelten Kerle, die mit achtzehn Jahren schon Geschlechtsverkehr hatten, sind bereits mit fünfundzwanzig . . . verlebt und abgewirtschaftet . . .[9]« Doch mehr Glauben schon mag er finden, suggeriert er seinem Publikum als Ende der Geschlechtskranken, der »angefaulten Früchte«, ein Dasein »als Idioten« in »riesigen Irrenanstalten«, obgleich dies in den seltensten Fällen noch die Folge von Geschlechtskrankheiten ist. Auch Onanie, redet Leppich seinen Hörern immer wieder ein, führe zum Wahnsinn, was schon den Hohn der Parodisten erregt[10].

Doch stimmt sogar die moderne Sexuologie, sofern sie alles geschlechtlich Andersartige, das heißt mit christlichen Normen, bürgerlicher Gewohnheit nicht Vereinbare, a priori als defekt, pervers, psychopathologisch, abnorm rubriziert und diffamiert, mit der kirchlichen Moral überein, die somit selbst dort fortlebt, wo man sich darüber längst mokiert[11]. Spricht man doch auch heute noch vom »Elend der Sexualwissenschaft«, sollen noch immer die meisten Mediziner außerstande sein, sexuell bedingte Krankheiten und Störungen zu diagnostizieren, geschweige sinnvoll zu behandeln, haben Ärzte, wie der deutsche Sexualwissenschaftler Volkmar Sigusch 1974 sagt, noch »oft unglaubliche Ansichten über Sexualität«[12].

Ahnungslose Erwachsene

Kein Wunder also, wenn das allgemeine Wissen über sexuelle Dinge weiterhin niedrig ist; wenn vor allem junge Leute mit dem weiblichen Geschlechtsorgan noch die Vorstellung des Unsauberen, des Schmutzes verbinden und glauben, durch den häufigen Verkehr büße man seine Körperkräfte, seine Geistesklarheit ein und dergleichen Unsinn mehr[13].

Der Psychiater A. Hesnard, Präsident der »Société française de Psychanalyse«, der darauf hinweist, daß die Scham vor der Sexualität, ihre Abwertung oder Verleugnung, seit langem auch breite nichtreligiöse Kreise erfasse, berichtet von dem manchmal unüberwindlichen Widerwillen vieler, über das Problem auch nur zu sprechen. Er erwähnt Frauen, die sexuell ahnungslos sind; eine Ärztin, die mit dreißig Jahren nichts von ihrer eigenen Vagina weiß; eine Akademikerin, die durch den Anblick des eregierten Gliedes in der Hochzeitsnacht einen Schock mit nachfolgender Neurose erleidet. »Häufig haben wir mit intelligenten Erwachsenen zu tun, die uns über die weibliche Sexualität befragen, da sie glaubten, die weiblichen Organe dienten ausschließlich zur Schwangerschaft. Frauen, die Literatur oder Naturwissenschaft studiert haben, wissen nicht, worin der Geschlechtsakt besteht...[14]«

Nach einem französischen Gynäkologen sprachen von zweitausend Menschen, die er 1959 behandelte, nur fünf von sich aus über sexuelle Themen – ein Prozentsatz, der allgemeine Regel sei[15]. Die Berliner Lebensmüdenhilfe fand neuerdings unter zehntausend Lebensmüden und potentiellen Selbstmördern die Hälfte geschlechtlich gestört. Und noch heute leiden, nach einer Umfrage von »Pro Familia« unter Ärzten, 25 Prozent sämtlicher Patienten an Sexualstörungen[16].

All dies aber ist weitgehend Resultat jenes »Geistes«, der nicht nur van de Veldes 1926 erschienenes Ehebuch indizieren ließ, sondern der selbst Linnés Einteilung der Pflanzen in zwitterblütige und getrenntgeschlechtliche (wobei er von Pflanzen spricht, sagt Friedell, auf denen »mehrere Staubgefäße mit einem gemeinsamen Fruchtknoten im Konkubinat« leben) als »unkeusch« angriff, als »eine Verleumdung nicht nur der Blumen, sondern auch Gottes, der nie eine solche abscheuliche Unzucht zulassen würde«[17].

Noch im frühen 20. Jahrhundert hörte man in deutschen Schulen – »unter dem Einfluß der Kirchen«, wie ein Theologe betont – von Samen und Befruchtung meist nur in der Botanikstunde. Und in den Lehrbüchern fehlten bei Abbildung des menschlichen Körpers die Genitalien einfach; man zeichnete geschlechtslose Wesen, weder Mann noch Frau[18].

Streunende Hunde informativer ...

Das war auf der ganzen christlichen Welt freilich auch später noch so. »Die Schule war keine Hilfe«, erinnert sich heute der Amerikaner A. L. Feinberg. »Gespräche über Körperbau und -funktionen hörten beim Nabel auf ... Wir paukten die lateinischen Namen der Gehirnzentren, der Knochen und sogar die wissenschaftliche Nomenklatur einiger Blumen. Über die Geschlechtsorgane wurden im Einsilben-

Angelsächsisch in Gassenecken Konferenzen abgehalten. Streunende Hunde waren informativer als unsere Lehrerinnen[19].« Der Amerikaner Vance Packard erzählt, die Sexualerziehung seiner Schule sei ein nach Geschlechtern getrenntes halbstündiges Gespräch mit dem Arzt gewesen, das dieser zumeist mit der Beschreibung der »beiden Bestien« verbrachte, die in den Schlafräumen ihrer Anstalt lauerten – »Syphilis und Gonorrhöe«[20]. Und noch in unseren Tagen mußte in England ein Junge der obersten Klasse seine Biologiearbeit über die Geschlechtsorgane eines Kaninchens verstecken, weil seine Mutter außer sich gewesen wäre, hätte sie dies entdeckt[21].

In Schweden erfolgt der seit 1956 an allen Schulen obligatorische Sexualkundeunterricht zwar durch viele Pfarrer selbst, doch geschieht dies meist konservativ, moralisierend, wird die voreheliche Beziehung überwiegend verworfen und Onanie fast nie empfohlen[22].

Immerhin räumt man auf evangelischer Seite ein, daß »die Christenheit« noch »in dem Jahrhundert, das hinter uns liegt . . ., die große und lebenswichtige Aufgabe der geschlechtlichen und damit der ehelichen Liebe oft verkannt« habe, daß vor allem auch die sexualkundliche Information der Jugendlichen »bislang ungelöst« blieb[23]. Das heißt, »es ist noch immer«, schreibt Hans-Jochen Gamm, »die jahrhundertelange christlich-abendländische Schulpraxis gültig: Der Mensch hat wohl einen Leib, aber seine Triebe sind nicht Gegenstand der Lehre . . . Durch Verschweigen glaubt man noch weithin, der Aufgabe am besten gerecht zu werden[24].«

Theologie im Courths-Mahler-Stil

Doch nun betrachte man, wie die Catholica *Jugend*aufklärung betreibt! Welch frommen Schund sie den Heranwachsenden vorsetzt, wie sie ihnen noch im 20. Jahrhundert einhämmert, daß voreheliche Beziehung die Entwicklung seelischer Liebe hemme, die eheliche Sexualität beeinträchtige, zur Prostitution verführe[25]. Daß der »Unkeusche« noch »unter das Tier« sinke, nichts ihm »mehr heilig«, seine Phantasie »nur noch ein Aasgeier« sei, »nur noch im Schmutz herum« wühle. »Auf Gottes wunderbar schöner Erde interessiert ihn nur eins: Gemeinheiten[26].« »Du hast nur *eine* Wahl«, droht der jesuitische »Aufruf an Jungmannen zu edlem Streben«: »entweder ganz keusch oder – hinein in den Sumpf[27].« Denn: ». . . der Unkeusche, der Schamlose, wie er mit Recht genannt wird, ist aller Liebe und aller Ehre bar; der wüste, bestialische Trieb hat beide ihm längst aus dem Herzen gerissen[28].«

Ohne Hemmung lügt man, vorehelicher Sexualumgang mache Mädchen gefühlskalt und sei »schon oft der Anfang vom Verfall einer Kultur« gewesen[29]. »Der heimliche, vertraute Verkehr mit einer Person des andern Geschlechtes ist ohne Zweifel die unheimlichste aller bösen Gelegenheiten[30].« Ja, er ist – und kurioser läßt sich die Wahrheit kaum auf den Kopf stellen – »eine der Hauptquellen für die Neurose (Protest der Keime gegen Verschleuderung!)«[31].

Die Unkeuschheit zeitigt also »entsetzliche Folgen«, »Nervenerschütterungen«, »Nachlassen des Gedächtnisses«, »frühes Welken«, »Fäulnis und Verwesung«. »Darf man sich wundern, daß manche diese Qualen nicht mehr ertragen konnten und in Verzweiflung Hand an sich legten? Daß zahllose den Verstand verloren und in geistiger Umnachtung endeten?[32]« Nein, wundern darf man sich da nicht. »Schon manches Mädchen ging mit einem Jungmann ahnungslos (!) aus dem Tanzsaal, um gebrochen an Leib und Seele wieder oder auch nicht mehr hereinzukommen[33].« Aber gebrochen, das steht fest, ist es dann allein wegen seiner Ahnungslosigkeit, wegen der Gruselpropaganda jener, die »Unkeuschheit« als »wahren Seuchenherd«, »wahre Volksseuche« verleumden; »verpestet Ehe und Nachkommenschaft. Zehntausende unglücklicher Kinder siechen jedes Jahr dahin an den Folgen der Sünden ihrer Väter[34].«

»Schauerliches Werk der Verführung! Da ist ein Herzensgarten, voll duftiger Blumen und Blüten. Alles grünt und blüht in üppiger Pracht, und über ihm blaut der sonnige Himmel des Wohlgefallens Gottes. Der Unkeusche sieht es und schleicht hinein wie einst die Schlange ins Paradies. Zurück, Unseliger!« Courths-Mahler ist nichts dagegen. Dahin »die ganze Maienpracht der Blüten und Knospen«, der »Frühlingszauber der jungen Liebe, des Eheglücks«. Und kommt gar noch, wie oft bei solchen Schweinen, die »Nacht des Unglaubens« hinzu, macht nie mehr »der Tau der Gnade das ausgedörrte Erdreich wieder fruchtbar«. Dabei war der katholische Jüngling einst »ein junges, edles Blut«, »ein königlicher Prinz«, »Erbprinz des Himmels!« Ja, »das Auge des keuschen Jünglings... Wie schaut es dich so klar, ruhig und freudig an, blitzt und strahlt in überirdischer Pracht.« Und, ach: »Keuscher Jüngling! Wie schön ist dein helles Lachen.« Doch der Unkeusche? »Wohl kann der Unkeusche lachen.« Aber natürlich nur »ein rohes, gemeines, wüstes Lachen, das eher dem Wiehern eines Tieres gleicht....« Und seine Seele? Bloß eines ähnelt ihr – »Satan in der Hölle«[35].

Mit solch kirchlich autorisiertem kriminellem Stuß und Stil hat man noch in unserem Jahrhundert Millionen Menschen *erzogen*, hat man ihnen Angst gemacht, buchstäblich Höllenangst. Doch in das Leben eines Kindes Angst zu bringen, schreibt A. S. Neill, ist das schlimmste Verbrechen überhaupt[36].

Hätte aber die Liebe nicht — und die Hölle!

Die Lust wurde ausgetrieben und die Furcht geschürt. Furcht vor der Onanie, dem Beischlaf, vor Verhütungsmitteln. Furcht vor »Perversionen« und Kompromittierungen. Eine unentwegte Züchtung sexueller Stauungen und Unbefriedigtheit.
»... die Liebe, das Herzstück der christlichen Moral...« Aber nein! Die Angst ist es. Die Furcht. Und allenfalls die vorgetäuschte Hoffnung. Doch wen lockt ihr Himmel noch? Aber ihre Hölle hatte Farbe von Anfang an, war noch der Schrecken ihrer klügsten Köpfe. Denn selbst sie taten alles, wie Gregor von Nazianz, »mit Rücksicht auf das andere Leben«[37]. »Wir«, meint Tertullian, »die wir aus Furcht vor dem angekündigten Gericht uns dieser Lehre in die Arme werfen[38].« Und auch Augustinus gesteht: »Nichts rief mich zurück vor dem tieferen Schlunde fleischlicher Lust als Furcht vor dem Tode und dem kommenden Gericht[39].« Fällt doch überhaupt die »Geburt« des Teufels in dem heute geläufigen Sinn mit dem Beginn des Christentums zusammen, sie ist, schrieb man erst unlängst christlicherseits, »vor allem das Werk der Verfasser des Neuen Testaments«[39a].

Fürchterlich malt schon um 135 die auf Petri Namen gefälschte Petrusapokalypse die jenseitigen Qualen für Unkeusche aus, bis nach Dante damit die Vorstellungen prägend: »Und wieder andere, Weiber, sind an Nacken und Haaren über jenem brodelnden Schlamme aufgehängt. Das sind jene, die sich kunstvolle Haargeflechte machten, nicht um der reinen Schönheit willen, sondern zum Anreiz der Lust, zum Fang von Männerseelen. Und die Männer, die sich mit ihnen niedergelegt, werden an ihren Füßen aufgehängt, und ihre Köpfe stecken im Schlamme. Da sagen sie: ›Wir glaubten nicht, an diesen Ort zu kommen‹.[40]«

Durch zwei Jahrtausende lebte man so von der Angst, herrschte man, weil andere sich fürchteten, pflegte man den Satanskult mit aller Innigkeit. Denn: »Nehmt einem Christen die Furcht vor der Hölle«, sagt Diderot, »und ihr nehmt ihm seinen Glauben[41].« Deshalb malt der Klerus auch im 20. Jahrhundert noch den Teufel an die Wand, alarmiert er das Beichtkind nach bewährtem Rezept: »Schau deinen Leib an, den du da trägst! Wie wird es ihm da unten ergehen? Deine Augen, die gesündigt, die da lüsterne Blicke getan, die weltliche Schönheit und Eitelkeit zu sehr betrachtet, sie flammen und sehen keinen Lichtstrahl mehr, nein, äußerste ewige Finsternis... Die Ohren, die hier auf Erden unkeusche Reden mit Wohlgefallen angehört oder sonst gesündigt, wie flammen sie jetzt! ... Schau deine Hände an, die vielleicht schon viel gefrevelt, mit denen du so viele Sünden begangen hast, schändliche Sünden. Soviel sie gefrevelt, soviel werden sie büßen... Dein ganzer Leib, dein Sündenfleisch,

wie kocht es im Feuer! Mit welcher Gier die Flammen daran zehren[42]!«
Und der Katechismus droht schon den Kleinsten:

>>Laß dir die schreckensvolle Pein
Der Hölle stets vor Augen sein
Und flieh den Reiz der Lüste![43]«

Es wirkt freilich immer weniger. Darum fragte sich 1972 das Oberhaupt aller Katholiken betroffen, warum man nicht mehr vom Teufel spreche, seiner »Gegenwart« selbst im christlichen Leben keine Aufmerksamkeit zolle. Existiere der Teufel doch tatsächlich. Gebe es nicht nur »einen Teufel«, sondern »eine furchtbare Vielzahl«. Gewinne das Böse an Einfluß und herrsche »über Gemeinschaften und ganze Gesellschaften«. Der Satan sei »der Versucher an sich«, »eine schreckliche Realität«, »der Feind Nummer eins«, und er bahne sich seinen Weg ins Innere des Menschen: durch Sex, Rauschgift und Irrlehren[44].

»Sexualpädagogik . . .
ohne daß auch nur ein Wort über Geschlechtliches gesagt wird«

Eine (vernünftige) Sexualaufklärung gab es in der Kirche zweitausend Jahre nicht. Sexualität war tabu, war vor der Ehe und oft genug auch in ihr schlecht, Sünde, Verbrechen. Als daher 1939 eine Fachkommission der Fuldaer Bischofskonferenz eine Eingabe über »Pflicht und Art der geschlechtlichen Aufklärung« präsentierte, fiel es den Bischöfen – damals überdies beschäftigt mit Hitlers Krieg und Sieg, mit Festgeläut, Dankgottesdiensten, Aufrufen an die katholischen Soldaten, »aus Gehorsam zum Führer ihre Pflicht zu tun und bereit zu sein, ihre ganze Person zu opfern« – nicht schwer, auch die geschlechtliche Aufklärung zu unterlassen[45]. »Ignoti nulla cupido.«
Noch im 20. Jahrhundert sind die katholischen Sexualpädagogen und Stilblütler bemüht, »die richtige Temperatur und Zusammensetzung der Luft zu finden, in der das Kind heranwächst«; fordern sie – mit Aristoteles (und Imprimatur) –: »Alles Schlechte muß der Jugend in unbekannte Ferne gerückt werden«; warnen sie davor (»mit Empfehlung des deutschen Gesamtepiskopates«), daß »ein unberufener Fuß die Nachbarschaft des Geschlechtlichen betritt«[46]. Allmächtiger! Als Heilmittel aber offeriert man: »Nicht ›sexuelle Aufklärung‹ . . ., sondern *schrittweise . . . Hinführung auf die eigentümlichen Werte, die die Ehrfurcht aufblühen lassen«*, »*zarte[s] Aufleuchtenlassen der Werte, die den starken Einsatz der heiligen Zucht mit allen ihren Opfern verdienen und verlangen*[47]«!
Noch im 20. Jahrhundert wollen sie »Sexualpädagogik« treiben »in

tiefster und umfassendster Form, ohne daß auch nur ein Wort über Geschlechtliches gesagt wird«[48]. Noch im 20. Jahrhundert möchten sie weder Koedukation noch gar »gemeinsames Baden von Knaben und Mädchen«, sondern überhaupt keine Sexualaufklärung. »Also die Belehrung darf nicht die Regel sein[49].« Noch im 20. Jahrhundert hofft man, daß die sexuelle Aufklärung der Jugend »für ein Jahrhundert wenigstens begraben«[50], daß alles Geschlechtliche dem Kinde fern bleiben möge, weil es sonst »unerwartet früh gefährliche Eindrücke aufnehmen kann, die, gleich wie Insekteneier in lebendiges Fleisch gelegt, mitwachsen und zur Qual ... zur Quelle der Versuchung werden können«[51]. (Als wüchse die Sexualität nicht aus dem eignen Leib – und zwar zur Lust!) Doch: »Je weniger sich der junge Mensch ceteris paribus mit dem sexuellen Problem zu beschäftigen hat, um so besser ist es. Daher ist es verderblich, gerade in diesen Jahren immer wieder über das Sexualproblem zu reden.«

Stets dasselbe. »Auch hier gilt das Volkssprichwort, daß man den Teufel nicht an die Wand malen soll![52]« Der Teufel ist die Sexualität.

Keine Federbetten – und eine Seele voller Ideale

Noch im 20. Jahrhundert bestand ihre Sexualaufklärung, ihr »erste[s] Grundgesetz sexueller Pädagogik«, in der »Prophylaxe«. Und worin bestand die Prophylaxe? Nicht zuviel Gewürze, nicht zu langer Schlaf, nicht zu warmes Bett (»keine Federbetten«). Oder: »Die Nahrung sei einfach. Keine Reizmittel, nur selten Süßigkeiten und Eis[53].« Statt dessen eine »mit *idealen Inhalten*« gefüllte Seele, Begeisterung für die »*religiösen* und *übernatürlichen* Ideen«, etwa »für die Weltmission« oder wenigstens für die »Vinzenz- oder Elisabethenarbeit« – »dann rührt man im Tiefsten des jungen Menschen Saiten an, die in so vollem Akkord klingen, daß die ganze Seele wie von einer Symphonie davon erfüllt wird«[54].

Nun ist das heute, fünfzig Jahre später, zahlreichen Katholiken selbst peinlich – wie deren Meinung in weiteren fünfzig Jahren so manchen Katholiken dann ... Doch verbreitet man derlei selbstverständlich auch jetzt, ersetzt bloß die »Vinzenz- oder Elisabethenarbeit« durch »die guten Kameraden bei den MCern, den Neudeutschen oder St.-Georgs-Pfadfindern«[55].

Noch 1972 sieht der deutsche Psychologe Wolfgang Metzger vom üblichen Sündenbegriff her Unschuld und Ahnungslosigkeit einander gleichgestellt, ja die Erzieher verpflichtet, den Kindern solche »Unschuld« so lang wie möglich zu erhalten. »Was dieses Bestreben für Blüten treibt, ist bekannt: Da erfahren die achtjährigen Knaben im Beichtunterricht, sie hätten gesündigt, wenn sie ihre Mutter zufällig im Bad gesehen haben, und je nachdem, wieviel sie von ihr gesehen haben, wird das Maß der Sünde genau abgestuft. Da wird es sogar als Gefährdung betrachtet, wenn Kinder des *gleichen* Geschlechtes einander beim Duschen zu sehen bekommen...[56]«

»Wenn alle Brünnlein fließen« oder »Herr Präfekt« ins Wasser geht

Konsequenterweise läßt die Kirche ihre heranwachsenden Kleriker sexuell ebenfalls unaufgeklärt. Einhellig lauten die Antworten auf eine der neuesten Umfragen unter amtierenden und nicht mehr amtierenden Priestern: »Die Sexualerziehung im Seminar war verständlicherweise minimal.« »Vom Orden her haben wir in der Ausbildungszeit so gut wie nichts über Sexualität mitbekommen.« »Nur in den Vorlesungen von Moral und Kirchenrecht hörten wir über Ehe... Sonst war alles über Sexualität ziemlich tabu.« »Über geschlechtliche Dinge wurde wenig gesprochen; auch gab es kaum eine echte Vorbereitung auf eine Sexualpastoral im Beichtstuhl.« »Aufklärungsliteratur bestand aus moraltheologischen Lehrbüchern. Das mußte wiederum geheim geschehen..., da man diese Kapitel über das ›sechste Gebot‹ an sich nur lesen durfte, wenn man sich unmittelbar auf das Amt des Beichtvaters vorbereiten mußte.« Nun, wir wissen, was Moraltheologen über Sexualaufklärung schreiben (vgl. S. 321 ff.)! Der Informant meint denn auch: »Abgesehen davon, daß diese Kapitel immer in lateinischer Sprache abgefaßt waren..., gibt es wohl nichts auf der Welt, was so ungeeignet war zu sexueller Aufklärung wie diese Kompendien aus der Feder zölibatärer Kleriker. Man findet dort im Grunde eine Verkehrung der Sexualität: Perversion[57].«

Einer der Befragten konnte zwar dank der genossenen »Sexualaufklärung« aller »teuflischen Versuchung« widerstehen, bekam aber vor und nach der Priesterweihe Magenschleimhautentzündungen und Magengeschwüre. »Im Seminar erklärte uns später der zuständige geistliche Vater, daß es ein gutes Zeichen für einen Buben wäre, wenn er meint, im 6. Gebot wäre alles schwere Sünde. Es wäre trotzdem nicht so. – Daran glaubte er wohl selbst nicht. Denn tanzen durften wir nicht, nicht rechts und nicht links schauen, kein Mädchen anschauen, auch keine Liebeslieder singen, wie z. B. ›Wenn alle Brünnlein fließen‹... Vor der Subdiakonatsweihe wurden uns handfeste Ratschläge gegeben, wie man den Zölibat halten könne: keine Damenunterwäsche anschauen – Vorsicht bei Katalogen und Schaufenstern; Mädchen die Hand nicht fest drücken und vor allem: die Schenkel nicht berühren[58].«

In gewisser Hinsicht die Krone des Ganzen: ein Badeerlebnis in einem »Bischöflichen Konvikt« mit einem eigenen, streng isolierten Strand.

»Wir stürmten ins Wasser und tollten umher. Auf einmal kam auch ›Herr Präfekt‹ ins Wasser herein, aber nicht in Badehose, wie wir alle, sondern in einen (einfachen) schwarzen Anzug gehüllt. Ich als Neuling dachte: wie komisch! Die anderen fanden nichts dabei. Schließlich kam ich zur Überzeugung, ein Priester dürfe eben nicht in einer Badehose baden. In diesem Stil war die ganze Erziehung[59].«
Nach einer neueren Umfrage über Sexualität in Deutschland wurde ein Prozent der Interviewten durch die Kirche aufgeklärt[60].

Warum man die Sexualerziehung den Eltern überlassen will

Beim Zweiten Vatikanum forderte man zwar, Jugendliche »rechtzeitig in geeigneter Weise« zu belehren – doch vor allem, wie schon die »geeignete Weise« verrät, »damit sie auf die Bedeutung der Keuschheit hingewiesen werden«[61]!
Seit der Staat regulären Sexualkunde-Unterricht gibt, wüten denn auch die Katholiken dagegen. Besonders in Bayern sprechen, laut Pressemeldungen vom Juli 1972, die katholische Elternschaft und katholische Erziehergemeinschaft von einer »Verkehrung der Kompetenzordnung«. Sie behaupten, es gebe in der Schule keine »gute« oder »schlechte« Sexualaufklärung, sondern »die Einrichtung als solche ist verfehlt«. Dementsprechend verlangen sie deren Reduzierung auf ein Minimum, schließlich ihre Preisgabe überhaupt, und der Kultusminister selbst assistiert: die sexuelle Erziehung sei »in erster Linie Recht und Aufgabe des Elternhauses«.
Man will den Eltern diese Aufgabe überlassen – weil sie dann ganz unterbleibt. So bekämpft ein Moraltheologe den »Sexualkunde-Atlas« des westdeutschen Gesundheitsministeriums: »Eine Reihe von Erörterungen sind ohnehin überflüssig, weil das Kind unauffällig im Kreis der Familie den Unterschied (!) der beiden Geschlechter lernt. Wo dann noch eine Erklärung notwendig ist, geben sie die Eltern[62].«

Unterhalb der Gürtellinie »Schweinerei« und »Pfui«

Eben nicht. Die Theologen wissen dies genau. Und ungezählte katholische Stimmen bezeugen: »Aufklärung gab es nicht.« »Sexualität als Thema war natürlich tabu.« »Von meinen Eltern erfuhr ich keine Sexualaufklärung.« »Die Eltern hatten mit mir nie ein Wort über geschlechtliche Vorgänge gesprochen.« »Über geschlechtliches Leben wurde bei uns zu Hause nie gesprochen.« »Die Mutter machte mich noch auf den Beichtspiegel aufmerksam: Über das Geschlechtliche zu reden sei ja Sünde.« »Im übrigen war das Sexuelle und alles, was damit zusammen-

hängt, wie es sich für ein ›gut‹ katholisches Milieu gehört, tabuisiert. In der Familie wurde überhaupt nicht darüber gesprochen, im Beicht- und später im Religionsunterricht wurde das 6. Gebot sozusagen als der Entscheidungs- und Zentralpunkt des ganzen Christseins hingestellt, die kleinste Übertretung wurde zur ›schweren‹ Sünde hochstilisiert[63].«
Hier nähern wir uns dem entscheidenden Punkt. Denn man sprach zwar nicht über das Thema, ließ die Kinder aber doch eindringlich fühlen, daß all dies eben höchst unsauber, frevelhaft, böse sei, wie einige weitere Bekenntnisse belegen mögen. »Eine Anfrage im Alter von sieben Jahren bezüglich der Brüste einer Frau wurde mit einer Ohrfeige beantwortet.« »Für mich bewußt wurde die Situation, als ich von unserer Wohnung in der ... Straße ein gleichaltriges Mädchen anschaute, das mir seinen Bauch gezeigt hatte, wofür ich schwer bestraft wurde.« »Ich wurde sehr streng erzogen. So erinnere ich mich genau, daß wir belehrt wurden, auch das Anschauen der Ausscheidungen auf der Toilette sei – unkeusch.« »Ja, selbst wenn erzählt wurde, daß in der Nachbarschaft ›etwas Kleines‹ angekommen war, sanken die Stimmen der Erwachsenen zum Flüstern herab, wenn wir Kinder in der Nähe waren ... Ich lernte frühzeitig begreifen, daß alles unterhalb der Gürtellinie mit ›Schweinerei‹ zu tun haben müsse.« »Alles, was mit den Genitalien zusammenhing, war ›Pfui‹!« »Betätigung des Sexualtriebes als solche war für mich Lustmolcherei und in der moralischen Bewertung gleich mit Menschenschinderei, Massenmord und Kriegsverbrechen[64].«
Zweifellos repräsentative Geständnisse für die Mehrheit der Katholiken – aus dem späten 20. Jahrhundert! Dabei fühlt man sich zurückversetzt in die Tage des heiligen Aloysius, ins Mittelalter, ja in die Zeit der Apostel und ihres Dekrets: Mord und »Unzucht« auf einer Stufe (S. 304).

Wie man Christ wird

Von der Hauptsache also darf das Kind nichts hören. Es darf nicht aufgeklärt, ihm muß alles »verklärt« werden. Der junge Mensch soll nicht erkennen, daß das Geschlechtsleben ebenso natürlich wie gut ist und der ganze sexuelle Sündenunsinn nichts als ein Druck- und Machtmittel der Kirche. Das christliche Kind hatte sich immer anders zu geben, als es war, hatte, entgegen jeder Realität, möglichst lang unschuldig zu erscheinen, und wurde folglich schon von früh an zum Heuchler gemacht[65].

»Und die zehnjährigen Kinder lernen, Gott sei Dank«, schreibt Arnulf Øverland, »daß sie nicht ehebrechen sollen ...
Endlich lernen sie auch von David und Urias und Bathseba. Doch kein Wort von Darwin.

Die vernunftswidrige, die unmoralische und unredliche Christentumskunde, die den Kindern in einem Alter, wo sie am suggestibelsten und intellektuell am wehrlosesten sind, aufgezwungen wird, trägt auch ihre Früchte.

Das Denkverbot trägt seine Früchte.

Wenn die Kinder nicht nach dem fragen dürfen, was sie interessiert, was sie seltsam oder unwahrscheinlich finden, wenn ihre Fragen ausweichend, zweideutig oder verlogen beantwortet werden... dann wirkt dies alles direkt und effektiv verdummend.

Die Kinder werden ›Arme im Geiste‹, sie werden feige, schläfrig, gehorsam: *sie werden Christen!*[66]«

Sie werden Heuchler.

Wenn aber einer nicht heuchelt? Nicht »den göttlichen Funken in der Menschennatur«, die »vom Schöpfer verliehene Würde«, den »Tau der Gnade« (S. 340 ff.) erkennen läßt? Nun, dann empfiehlt der protestantische Pfarrer Arndt, gegenüber einem »Schmutzfink« ruhig »auch einmal handgreiflich« zu werden. »Mancher unsaubere (!) Junge kommt nicht eher zur Besinnung, als bis er eine schallende Ohrfeige bekommen hat oder mit einem Jiu-Jitsu-Griff in die Ecke geflogen ist[67].« Und der katholische Theologe Teske rät knapp: »Kurz eine geknallt.« Oder: »... ich erkläre ihm unsere Haltung. Wenn das nicht hilft, dann kriegt er eins in die Schnauze... das hilft immer[68].«

Die Religion der Liebe. »... das Herzstück der christlichen Moral«! Wie sagt doch Jesuit Schröteler? »Der Erzieher ist, wenn wir es religiös ausdrücken, das Transparent Gottes.« Er soll »Gottes Wesenheit« widerspiegeln, um »den Heranreifenden durch sich hindurch Gott schauen zu lassen«[69].

So treiben sie die Sexualaufklärung ganz wie die Lage es erheischt. Mal »eins in die Schnauze« – dann wieder »fein und ehrfürchtig von diesem heiligen Bezirk«[70].

Der unvergeßliche Eheunterricht des Bischofs von Streng

Da empfiehlt beispielsweise der Bischof von Streng aus Solothurn in seinem »Eheunterricht an die Brautleute« – denn Brautleuten verraten sie bereits einiges über den »kleinen Unterschied« –, nicht von »Eierstöcken«, »Scheide« und »Hoden« zu sprechen – wer drückt sich auch so aus! –, sondern von der »Wiege unter dem Herzen der Mutter«, den »Lebensquellen« oder »Quellorganen... im Schoße des Mannes«.

Den »ehelichen Akt«, einen Ausdruck, den der Bischof dem »Seelsorger« gleichfalls nicht anraten kann, soll er folgendermaßen umschreiben: Das »Ausgangstor am Mutterschoße, das sich bei der Geburt des Kindes auftut und hernach wieder zur kleinen Pforte wird, ist das Eingangstor, durch welches die väterlichen Lebenskeime den Weg in den Schoß der Mutter finden«. Derart, meint der Bischof, würde »ein solcher Brautunterricht auch für laue Katholiken und für Andersgläubige eine unvergeßliche, wertvolle Stunde werden« . . . »Die Brautleute müssen zueinander sagen können: ›Wir staunen, wie viel Klares, Wertvolles, Großes und Beglückendes uns in so kurzer Zeit gesagt worden ist‹.« Man mag ahnen, was es heißt, wenn der Oberhirte erklärt: »Wir besitzen in unserer katholischen Literatur eine Reihe von neueren Büchern und Schriften, die im Dienste gewissenhafter und vornehmer Belehrung bewußt einen feingeprägten Wortschatz pflegen[71].«

Was schreibt John Money? »Es ist das Vermächtnis der langen Geschichte von Heuchelei in unserer Gesellschaft, daß die natürlichen Wörter für den sexuellen Bereich als gewöhnlich und schmutzig verbannt sind[72].« Und wer die Heuchelei am weitesten getrieben, leistet bei dieser Verbannung auch am meisten.

27. Kapitel
Über die Schamlosigkeit von Mode, Tanz und (Nackt-)Bad

»Die Frau muß das Haupt verhüllen, weil sie nicht das Ebenbild Gottes ist.«
Kirchenlehrer Ambrosius (4. Jh.)[1]

». . . diesen Weibern auf die entblößten Brüste scheißen.« *Abraham a Sancta Clara (17. Jh.)*[2]

»Mädchen, die Miniröcke tragen, kommen in die Hölle.« *Der Jesuitenpater Wild (20. Jh.)*[3]

»Entweder bedecke oder prostituiere dich!«

Nach einer alten, schon von Paulus stammenden Vorschrift mußten Frauen im Gotteshaus das Haar verhüllen[4] (S. 68). Dieser Beschluß, Symbol auch ihrer Abhängigkeit vom Willen des Gatten, der allein sie unbedeckten Hauptes sehen durfte, wurde bald auf das Leben außerhalb der Kirche ausgedehnt[5]. So forderte Tertullian – bei Gefahr des Verlustes der ewigen Seligkeit – bereits von allen Mädchen, die das Kindesalter überschreiten, totale Verschleierung des Gesichts, was dann ja auch im Islam wiederkehrt. »Entweder bedecke oder prostituiere dich!«[6]

Erst recht wurde auf Verhüllung des Körpers bestanden, selbst bei Männern. Die Franken, die seit dem 5. Jahrhundert in kurzen Hosen gingen, trugen nach ihrem Übertritt zum Christentum gleich wieder lange. Und im 10. und 11. Jahrhundert glich die Kleidung der feudalen Kreise sich immer mehr den Formen der geistlichen Gewänder an. Andere Tendenzen verurteilte die Kirche schärfstens[7]. Auch die Schnabelschuhe, die genau den »Schnabel« des Penis, die Eichel, imitierten, erregten jahrzehntelang die Entrüstung des Klerus und wurden schließlich in Frankreich verboten[8].

Besonders aber hatten die Frauen ihre Haut zu hüten. Denn wünschten auch die progressivsten Theologen, von den Damen nicht alles versteckt zu sehn, huldigten sie gar dem Grundsatz: »Besser nackt als schlecht bekleidet«, die offizielle Kirche verlangte das Gegenteil[9]. Noch die Verhüllung des Armes war während des ganzen Mittelalters obligatorisch[10].

Und in der höfischen Zeit galt ein Rock, der nur bis zum Knöchel reichte, schon als unschicklich und provozierte den Protest der Synoden[11]. Die Frauen, klagt Ulrich von Lichtenstein in seinem »Vrouwenbuch« (1257), verkehrten nicht mehr so unbefangen mit den Männern, trügen keine schönen Kleider mehr, vermummten das Gesicht mit dichten Schleiern und hängten sich Rosenkränze frömmelnd um den Hals[12].

»Du eingewickelter Kot ...«

Als aber zu Beginn des 13. Jahrhunderts Schleppen aufkamen, wandten sich die Priester auch gegen den »Pfauenschwanz«, den »Tanzplatz der Teufelchen«. Schmeicheleien wie »Du eingewickelter Kot« (stercus involutum), womit der Bruder des heiligen Bernhard eine modisch gekleidete Jungfrau apostrophierte[13], waren jahrhundertelang gang und gäbe. Und als die Schleppen immer länger wurden, verweigerten die Franziskaner Schleppenträgerinnen sogar die Absolution[14].

Mitte des 15. Jahrhunderts vertrieb der heilige Antoninus, Erzbischof von Florenz, »alle Weibsbilder ... mit einem unverschämten Hurenkleid« aus den Kirchen[15]. Und in Ulm sollen 1461 drei Frauen zerrissen worden sein, die über eine Predigt des berüchtigten Antisemiten Johannes Capistranus gegen die Mode spotteten[16].

Später verteufelt Abraham a Sancta Clara die Frau à la mode, weil sie »nicht nur das Angesicht (!) frech entblößet«, sondern auch ihre »zwei Brüste wie die verfluchten Berge Gilboe«, weil sie diese Brüste »mit Faschen und Binden in die Höhe« zwinge »als wie zwei Dudelsäck« und auslege »als wie die Weiber auf dem Kräutel-Markt, zwei Putzer, welche, wann sie verfaulen, den Säuen fürgeworfen werden«[17].

Protestanten freilich leisteten sich an moralischem Gewissen eher noch mehr. So entfesselten im 17. Jahrhundert in Amsterdam die Hüte und Kleider einer Pfarrersfrau ein Jahrzehnt lang die schwersten Stürme[18]. Ja, sittsame Engländer verhängten schließlich selbst die Füße eines Klaviers, da sie an Damenbeine erinnerten[19].

»Stille Gewissenserforschung« zwischen zwei Weltkriegen

In Deutschland fordert der katholische Episkopat noch 1923 von Frauen und Mädchen Kleiderärmel bis über die Ellenbogen[20]. Und 1930 beklagt ein theologischer Fatima-Experte (mit Imprimatur), »*daß jetzt so viele Seelen ewig verlorengehen infolge der beiden Hauptlaster (!) der Gegenwart, der Genußsucht und der Unzucht, zu welch letzterer nach den ausdrücklichen Worten Mariens auch die schamlose Mode gehört*«. Und schnell erlegt er seinen »erschrockenen Leserinnen« folgende »Stille

Gewissenserforschung« auf: »Erstens: Ist mein Kleid hochgeschlossen bis zur Halsgrube? Zweitens: Reichen meine Ärmel bis zum Handgelenk herab? Drittens: Geht mein Rock bis zum Fußknöchel herunter oder wenigstens bis zum Beginn des Wadenmuskels? Viertens: Ist mein Kleid unzüchtig, weil zu eng anliegend? Fünftens: Ist es durchsichtig? Sechstens: Sind meine Strümpfe fleischfarben, oder gehe ich etwa gar mit nackten Beinen? Siebtens: Bin ich schon Mitglied der ›Liga katholischer Frauen und Mädchen gegen die unsittliche Mode‹? Wenn nicht, so will ich mich heute noch anmelden – aus Liebe zu Unserer Lieben Frau vom Rosenkranz in Fatima![21]« Folgt die Adresse. Sorgen eines Theologen zwischen zwei Weltkriegen!

Und in einem Weltkrieg, was quält sie da?

Als Pius XII. im November 1939 bewegt die »Übel« der Zeit geißelte, ignorierte er zwar völlig Faschismus und Krieg, nicht aber: die Scheidung und »extravaganten modernen Kleider«[22]. »Man kompromittiert sich weniger«, schreibt Paul Ricoeur, »wenn man von der Kanzel gegen die unkeusche Bademode und gegen die Bordelle loszieht als gegen faschistische Diktatur und Konzentrationslager[23].«

Geschminkte Affen und falsche Schlangen

Bekämpft hat die Kirche auch alles, was Frauen sonst noch anziehender, verlockender macht, Schmuck, Schminke, künstliches Haar.

Selbst der besonders »weltoffene« Clemens von Alexandrien, der »Literat und Bohémien«, der »Gentleman« unter den Kirchenvätern[24], verdammte seinerzeit all die Mittelchen, die inzwischen fast jede Katholikin benutzt. Denn schönster Schmuck der Ohren sei der Gehorsam gegen Gottes Wort, einzig geziemender Schmuck der Hände die freudige Bereitschaft zum Almosengeben, die beste Salbe überhaupt das Ausduften des Wohlgeruches Christi. Eine Frau aber, die ihr Haar färbt, Gesicht pudert, die Lider untermalt und andere derartig gottlose Künste treibt, erinnert Clemens nicht an das würdevolle Abbild Gottes, sondern an das einer Dirne und Ehebrecherin, einen geschminkten Affen und eine falsche Schlange[25]. Kirchenvater Cyprian befürchtet, daß der Herr die Geputzten und Gepinselten bei der Auferstehung nicht wiedererkenne[26]. Und Tertullian mutmaßt, die Hand, die sich mit Ringen schmücke, werde die Ketten des Martyriums nicht schätzen und ein von Perlen umschlungener Hals sich nicht gern dem Beil darbieten[27].

Im Mittelalter meint Odo von Cheriton, das Werk des Schöpfers zu verbessern sei eigentlich Frevel gegen Gott[28]. Der Franziskaner Berthold von Regensburg, damals als gewaltigster deutscher Volksredner gefeiert, ruft von der Kanzel herab: »Die Gemalten und Gefärbten schämen sich ihres Antlitzes, das Gott nach sich gebildet hat, und darum wird auch er sich ihrer schämen und sie werfen in den Abgrund der Hölle[29]!« Und als man zu falschem Haar griff, schimpften die Geistlichen, die Bezopften besäßen mehr Schwänze als Satan selbst und ängstigten vor Haar, das nicht nur von Toten stammen könne, sondern sogar von Insassen der Hölle oder doch armen Seelen des Fegefeuers[30].

Wenn allerdings noch auf dem Zweiten Vatikanum ein Bischof vor verheirateten Diakonen warnte, weil deren Damen sich vielleicht puderten und schminkten[31], so machen doch die Moralisten nunmehr gewisse Konzessionen. Da dürfen denn Frauen, ist es »auch bei Anständigen (!) Landessitte... sogar künstliche Mittel zu Hilfe nehmen (Lippenstift und Make-up, falsche Haare und anderes)«[32]. Freilich soll dies »in den rechten Grenzen ihres Standes und des Herkommens« bleiben; darf die Frau nicht andern Männern, sondern bloß dem Ehemann gefallen, das Mädchen nur dem Streben nach »Verehelichung« dienen wollen. Jegliches *»Auffällige, Extravagante«* gibt schon »leicht Ärgernis«, jede *»Unanständigkeit* in der Kleidermode ist *der Art nach schwere Sünde«*[33].

Man kann und will das indes nicht mehr drohend von der Kanzel donnern, allein: »Der Prediger wird nicht umhin können, auch einmal ein Wort gegen die unanständige Mode zu sagen. Er sei jedoch vorsichtig mit näheren Angaben, wo das Unanständige beginne[34].« Denn da hat man sich zu oft blamiert und muß heute außer Lächerlichkeit völlige Unwirksamkeit fürchten.

Tanz nur nach ihrer Pfeife

Wie man aber Mode, Schmuck, Schminke befehdete, so auch andere Äußerungen der Lebensfreude, etwa den Tanz, den schon der weltoffene Clemens scharf verwarf[35]. Später ruft Kirchenlehrer Basilius entsetzt: »Du regst die Füße und springst wie wahnsinnig und tanzt unanständige Tänze[36].« Und Kirchenlehrer Chrysostomos, ein großer Gegner des »irdischen Tanzes«, erklärt: »Gott hat uns Füße gegeben, nicht um auf schimpfliche Weise sich ihrer zu bedienen, sondern damit wir mit den Engeln tanzen[37].« Denn tanzte man in der Kirche auch seit den Tagen der antiken Märtyrerfeste bis hin zu einigen noch heute üblichen Springprozessionen, und deutet manches darauf – etwa die Rock-and-Roll-Tänze zum Anlocken der Jugend in den (besonders hektisch »Modernität« mimenden) amerikanischen Kirchen –, daß man sogar wieder den Tempeltanz zelebriert[38], so will der Klerus im Grunde doch nur das Springen »in die Minne« zu Christus, den »Freudentanz in himmlischer Wonne«, den »Himmelsreigen«, wie die Mystiker dies nannten, kurz, die »Gnade iubilus«, bei der, laut Kirchberger Chronik, der ganze Mensch

derart durchgossen werde »mit unsagbarer Süßigkeit, so völlig, daß niemand so züchtig ist, daß er sich still zu halten vermöchte«[39]. Und da konnte man dann selbst neun Meter hoch springen ... (S. 110).
Doch einen andern Tanz als den zur Ehre Gottes liebt die Kirche nicht. Tanz erschien als Teufelserfindung, als besondere Veranstaltung, die Seelen für die Hölle einzufangen[40]. Im Mittelalter galt das Anschmiegen an den Partner als ungehörig, man hatte Abstand zu wahren und überdies nur mit der eigenen Ehefrau zu tanzen. Vornehme, auf ihren Ruf achtende Christen erlaubten das Tanzen in ihren Palästen und Schlössern überhaupt nicht[41]. Noch der 1823 gekrönte Leo XII., ein fanatischer Judenverfolger, hat den Walzer verboten – aber auch die Pockenimpfung, wobei ihm die zunehmende Sterblichkeit egal war[42]. Ist doch noch heute Tanzen, sobald es, durch »Berührungen« oder »Begleitmusik«, die Sinnlichkeit weckt, »für *jedermann* unstatthaft«[43].
Die Scham, die sich auf den eigenen Körper bezieht, hat wohl erst das Christentum der Welt gebracht[44]. Und wie man Mode und Tanz überwachte, so auch das Baden, zumal wenn es nackt oder nach Geschlechtern nicht getrennt geschah.

». . . weilen das Baden der jungen Menscher und Buben . . . viel schlimbes nach sich ziehet . . .«

In der römischen Kaiserzeit war gemeinsames Baden von Frauen und Männern ebenso üblich wie bei den Germanen[45], wurde aber von den Kirchenvätern für sündhaft erklärt und schließlich durch Synoden, Bußbücher und Beichtspiegel untersagt, zunächst für Kleriker und Gottgeweihte Jungfrauen, dann für alle Christen[46]. Selbst das Sitzen im heimischen Bottich verwünschten die Geistlichen[47]. Jede Unbefangenheit zwischen den Geschlechtern und im Umgang mit dem eigenen Körper wurde bekämpft. Zwar widersetzte man sich, doch blieb die Kirche unerbittlich, »weilen das Baden der jungen Menscher und Buben«, wie der Abt Gregorius von Melk 1697 seufzte, »sommerszeit sehr ärgerlich und viel schlimbes nach sich ziehet«[48]. Man verwarf das Schwimmen von Schulkindern als schädlich, ahndete es mit Rutenhieben und sperrte Erwachsene wochenlang ein bei Wasser und Brot, obschon sie, so 1541 in Frankfurt, nichts anderes getan als im Main gebadet, »wie Gott sie geschaffen, ganz nackend und blos ohne Scham«[49].
Gefahren drohen auch da vor allem wieder durch die Frau. 1895 bekannte sogar das »Amtsblatt des Deutschen Schwimmsportes«: »Wir (sind) nicht derart entnervt, um uns durch solchen sinnlichen Köder einfangen zu lassen, und wir wollen von der Damenschwimmerei absolut nichts wissen[50].« Noch 1922 verhaftete man in Amerika Frauen am Strand, entblößten sie zuviel von ihren Armen[51].

Die Fuldaer Bischofskonferenz erließ 1925 folgende »Leitsätze und Weisungen« für das Badewesen: »Die Geschlechter sind zu trennen. Bei Strandbädern (in See und Fluß) ist vollständige Trennung der Geschlechter zu fordern und auf getrennte Aus- und Ankleideräume, zu deren Errichtung die Ortsbehörden anzuhalten sind, sowie auf anständige Badebekleidung und auf beständige Aufsicht zu dringen. Dasselbe ist zu verlangen bei den immer mehr aufkommenden Freilicht-Luftbädern, und zwar für Erwachsene wie für Kinder« – Grundsätze, die »von jedem Katholiken gewissenhaft zu befolgen« waren[52].

Noch später verbot in Spanien Kardinal Pla y Daniel allen Gläubigen den Besuch eines Badestrands, wo das andere Geschlecht zugegen ist. (Auch Brautleute, die per Arm gehen, und die modernen Tänze, »bei denen man einander umarmt«, nannte der spanische Kirchenfürst eine »schwere Gefahr für die Moral, sehr nahe der Sünde«[53].)

Im Lande des Papstes aber, der noch immer Freikörperkultur und die »Zügellosigkeit« der Mode verurteilt (ebenso die ruinösen Tendenzen in Presse, Film, Fernsehen und Theater), wodurch er »einen der höchsten Werte der menschlichen Person« vernichtet sieht, wird nacktes Auftreten in der Öffentlichkeit noch heute mit Gefängnis bis zu fünf Jahren bestraft[54].

Besonders sorgt sich die Kirche um das Baden der Jugend. So warnte der frühere Regensburger Bischof Buchberger eindringlich »vor den Verheerungen, welche die modernen *Badeunsitten* in den Seelen der Kinder und Jugendlichen anrichten. Vor einiger Zeit sagte mir ein Priester, daß in einem großen Ort wohl kaum mehr ein einziges unschuldiges Kind ist wegen dieser schamlosen Badesitten.« Ganze Schulklassen waren deshalb »durch und durch verseucht«[55]. Gibt doch noch nach einem heutigen Moralmagister »die leichte Badekleidung in aller Öffentlichkeit jedenfalls viel Ärgernis, Anreiz zu vielen inneren und äußeren Sünden«[56].

Wundert man sich, daß noch immer Leute unter uns leben, die es für Frevel halten, unbekleidet in der Badewanne zu sitzen, selbst wenn es allein hinter verschlossener Tür geschieht[57]?

Nun baden freilich die allermeisten Christen wohlgemut nackt, viele sündigen sogar seelenvergnügt, und gleichfalls nicht erst seit heute. Eben deshalb aber erhebt sich die Frage nach dem eigentlichen Erfolg dieser ganzen antisexuellen Attacke. Was kam dabei heraus? Stimmten Predigt und Praxis, Moral und Wirklichkeit auch nur halbwegs überein?

Im Gegenteil. Gerade im Mittelalter, auf dem Höhepunkt klerikaler Macht, triumphierte eine deftige Sinnlichkeit.

28. Kapitel
Aus der Praxis christlicher Sexualmoral

». . . wie ist es denn nur möglich, daß die Christen, die dank einer Offenbarung . . . so klar wissen können, man müsse auf das Laster verzichten, um für ewig glücklich und nicht für ewig unglücklich zu sein; die so ausgezeichnete Prediger unterhalten . . ., die überall so viele von (religiösem) Eifer erfüllte und weise Beichtväter zur Verfügung haben und so viele fromme Bücher; wie, sage ich, ist es denn bei all diesem nur möglich, daß *die Christen in den ungeheuerlichsten Ausschweifungen leben*, wie sie tatsächlich tun?«
Pierre Bayle[1]

»In der Kirche weiß jeder die 10 Gebote, aber auf der Straße weiß er immer nur 9, dasjenige, an das er sich gerade erinnern sollte, ist vergessen.«
Friedrich Hebbel[2]

1.
DIE EHRBAREN

Orgien bereits in der antiken Kirche

Schon im Altertum tauchte mit wachsender Kasteiung der Libertinismus auf und gipfelte (angeblich) in gewissen gnostischen Kreisen, bei Antitakten, Karpokratianern, Markosiern, in wilden Orgien[3]. Auch die frühchristlichen Liebesmahle endeten nicht selten in sexuellen Schwelgereien, ebenso die Gedächtnisfeiern der Märtyrer. Basilius entsetzt sich über die Lustbarkeiten an ihren Gräbern, die vielen Ehebrüche und Deflorationen[4]. In den »geistlichen Ehen« triumphierten Lüsternheit und Heuchelei (S. 182 f.). Die Homosexualität grassierte. Nach Johannes Chrysostomos besuchten die Päderasten die Kirche nur der hübschen Knaben wegen[5]. Und selbst Jerusalem, das Hauptziel christlicher Pilger, war schon im späteren 4. Jahrhundert eine »Brutstätte sittenlosester Ausbrüche«[6]. Gregor von Nyssa warnt kurz nach einer Jerusalem-Reise vor dem Glauben, man könne durch Wallfahrten zur heiligen Stadt ein besonderes Verdienst erlangen und hält es für weit besser, zu Hause zu bleiben[7].

»Etwas Seltsames hängt dem Mann zwischen den Beinen...«

Im Mittelalter wurden die Kirchen Plätze der Geselligkeit. Man tauschte dort Neuigkeiten aus, traf Verabredungen, kokettierte[8]. Selbst ein katholischer Theologe betont, daß die Unzucht eine »ungeheure Verbreitung... unter den Laien gefunden«, »auch die schwersten und schrecklichsten Fleischessünden keineswegs zu den Seltenheiten gehörten« und »die Geistlichkeit ihren weltlichen Volksgenossen in keinem Punkte nachstand«[9] (vgl. S. 181 ff.).

Manchmal verewigte man die Sünde gar an Gotteshäusern: in der Vorhalle der englischen Kirche Isle Adam preßt ein junger Teufel seinen Kopf in den Schoß einer jungen Frau, beide in puris naturalibus; eine frühmittelalterliche Kirche im französischen Pairon präsentierte ein nackt koitierendes Paar[10]. Und nicht zuletzt stellte man derart Klosterleute und Kleriker dar (S. 148).

Auch literarisch war man nicht immer zimperlich. So enthält eines der ältesten anglo-sächsischen Sprachdenkmäler, das von einem Mönch edierte Exeter-Buch, die Charaden:

»Etwas Seltsames hängt dem Mann zwischen den Beinen
Unter seiner Kleidung. Es ist vorn gespalten,
Ist steif und hart, hat einen guten festen Platz
Wenn der Mann seine Kleidung aufmacht
Über dem Knie, wünscht das Ding zu besuchen
Mit dem Kopf des herunterhängenden Werkzeugs das bekannte Loch,
Das es, wenn es hineinpaßt, schon oft vorher gefüllt hat.
Auflösung: der Schlüssel[11].«

756 beschuldigt Bonifatius nicht nur den König Ethelbald, »sogar im Ehebruch mit Nonnen« zu schwelgen, sondern er schreibt auch, »daß fast alle Edlen des Königreichs... in sündhaftem Verkehr mit Ehebrecherinnen leben«[12]. Der von einem (Gegen-)Papst kanonisierte Karl der Große, der außer seinen Kebsen noch fünf Ehefrauen, darunter eine Dreizehnjährige, genoß bzw. verjagte, erzeugte auch uneheliche Sprößlinge. Und eine seiner Töchter, äußerst lebens- und liebesdurstige Damen, reizte einmal einen gewissen Olivier, zu beweisen, womit er geprahlt, nämlich hundertmal koitieren zu können. Als es der Schwächling aber, trotz Todesdrohung im Versagensfall, angeblich nur dreißigmal schaffte, genügte der bescheidenen Prinzessin auch das[13]. 829 erklärte die Synode von Paris das vielfache Unglück von Kirche und Staat als Strafe für die allgemeine Unzucht, die Päderastie, Bestialität, den regen Verkehr der Gläubigen selbst mit Tieren[14].

»Die Krönung ihrer Bemühungen...«

In der Moral des Adels florierten Verstellung und Frivolität. Bei der »niederen« Minne empfahlen sogar die Befürworter höfischer Liebe brutale Gewalt. Doch auch der Dienst des Herrn für eine verheiratete »Dame« war ein Verhältnis der Hörigkeit, das, so keusch verschwärmt und spirituell es schien, so sehr darin spätantike Weltverneinung, gnostischer Dualismus, manichäische Antisexualität mitschwangen, nicht zu reden von gewissen masochistischen Komponenten, häufig genug mit massivem Ehebruch endete. Denn der Ritter begnügte sich oft durchaus nicht mit den »faveurs«, »emprises d'amour«, den Gunstbeweisen und Liebespfändern seiner Domina, Teilen ihrer Kleidung oder Dessous, die er, befestigt an Helm, Schild oder Lanze, öffentlich herumtrug. Er war keinesfalls zufrieden damit, die Haare und Schamhaare seiner Schönen zu sammeln oder deren Badewasser zu trinken. Er wollte nicht nur ein Herz erobern, sondern alles. »Die Krönung ihrer Bemühungen findet allemal im Bett statt[15].«

Die Kirche war, wie meist Aristokraten gegenüber, generös, zumal die Ritter es an frommer Verbrämung ihrer Lüste nicht fehlen ließen. Wählten sie doch zur Förderung ihres Verhältnisses eine Patronin, und dieser angeflehte Geist war häufig kein anderer als die heilige Jungfrau Maria, derart geradezu »Schutzherrin des organisierten Ehebruchs«[16]. Es ist bemerkenswert, daß durch die Rittererotik, die (gleichgültig, wieviel daran literarische Erfindung, wieviel Wirklichkeit war) Minnerecht vor Eherecht gehen ließ, die herrschende Anschauung somit unterlief und die »Heiligkeit« der Ehe ad absurdum führte, die Frau mächtig wurde wie nie zuvor in christlicher Geschichte, was freilich da noch nicht allzuviel heißt (vgl. S. 223 ff.).

Der Minnedienst mit seinem Kult der Domina wirkte grosso modo weiter in der Institution des Cavaliere servente, des offiziellen Hausfreundes einer verheirateten Adligen im 16. Jahrhundert, noch in der des Cicisbeats im Italien des 17. und 18. Jahrhunderts, und darüber hinaus in der Duldung eines befreundeten Mannes mit freiem Zutritt bei der Ehefrau, wobei die masochistischen, homosexuellen und triolistischen Hintergründe des Brauchs auf gnostische Einflüsse zurückgehen sollen[17].

Ob »niedere«, ob »hohe« Minne – den Hauptgegenstand ritterlicher Konversation im Hochmittelalter bildeten weder Christus noch die Kirche noch die allerschönste Jungfrau Marie, sondern die Weiber[18].

Die Liebeshöfe des französischen Adels endeten oft in Orgien, wobei sich verlarvte Mädchen und Frauen hemmungslos preisgaben[19]. Herrscher, wie Kaiser Friedrich II., hatten einen Harem, dem selbst Eunuchen nicht fehlten. Und noch Ritter Ulrich von Berneck hielt sich zwölf hübsche junge Mädchen »zur Erleichterung seiner Witwerschaft«[20]. Auch durfte jeder mit seiner (unfreien) Magd koitieren, wann immer es ihm paßte[21]. Ja, zur höchsten Blütezeit des Rittertums gestattete das Kriegsrecht den Herren die Vergewaltigung von Frauen und Kindern eroberter Städte, wobei ihre Opfer nicht selten umkamen[22]. Schließlich bestand durch das ganze Mittelalter das Konkubinat. Die Reichen hatten, außer ihren Angetrauten, Kebsen, und nur die Armen lebten notgedrungen monogam.

Die Damen ihrerseits waren keinesfalls so spröd und inaktiv wie die späterer Zeiten. Nicht von ungefähr behauptet der »Roman de la Rose«, das große französische Liebesepos des 13. Jahrhunderts, ein anständiges Weib sei rar wie ein schwarzer Schwan[23]. Frauen übten in Burgen und Schlössern oft offenherzig Gastfreundschaft, halfen den Übernachtenden nicht nur beim Auskleiden, sondern auch im Bett. Ehebruch wurde zwar grausam gerächt (S. 263 ff.), war aber kaum seltener als heute[24].

»Probenächte« und »Aristokratenlaster«

Auch auf den Dörfern schlief man ungeniert durcheinander – angeblich wie das »liebe Vieh«, wobei die Frauen, neben Rittern und Knappen, besonders die Ortsgeistlichen schätzten[25]. Seit dem 13. Jahrhundert pflegte man die Probenächte: das Brautpaar lag nachts zusammen, bis es sich von seiner ehelichen Tauglichkeit oder Untauglichkeit überzeugt hatte. Lange waren in Bayern die Schlafstätten der Mägde und Knechte nicht voneinander getrennt; trotz strenger Strafen gab es uneheliche Kinder in Menge[26] (vgl. S. 269 ff.). Selbst Geistliche durften für ferne Brautwerber oder Gutsnachbarn die Eignung begehrenswerter Mädchen testen und trieben das »Ausprobieren« offenbar recht weit. Vermochten sie doch meist auch eine »virgo intacta«, eine unberührte Jungfrau, zu avisieren[27].

Die Homosexualität war im Mittelalter sehr verbreitet, zumal bei den höheren Klassen. In Frankreich hieß sie das Aristokratenlaster. Man hielt sich öffentlich Buben und gab ihnen einträgliche Ämter. König Philipp I. erhob seinen Lustknaben Johannes 1098 zum Bischof von Orléans[28]. Bei den Briten war der gleichgeschlechtliche Umgang noch beliebter. Die Italiener übten ihn häufig sogar in der Kirche aus[29]. Zwar belegte man im 12. Jahrhundert alle Homosexuellen jeden Sonntag mit dem Bann, reizte dadurch aber erst recht zur »Sünde«, die durch die Kreuzzüge noch besonders gedieh.

In den Frauenbädern des Orients nämlich bedienten nur Frauen, in den Männerbädern bloß Männer und Knaben, was zu ausschließlich homosexuellen Kontakten führte. Und nachdem die Kreuzfahrer das Leben in partibus infidelium genossen hatten, suchten sie die gleichen Freuden zu Hause. So spezialisierten sich die Badeknechte bald derart auf alle Formen der »Massage«, daß man 1486 in Breslau Männer nur noch von Frauen bedienen ließ[30].

Die Kreuzzüge befruchteten indes das Abendland darüber hinaus. Verbreitete sich doch nun die arabische Ansicht, der Koitus könne gefährliche Säfte im Mann ableiten und seinen Körper sanieren. Die Moralisten verboten dies Heilmittel zwar. Aber selbst dem Mainzer Oberhirten Matthias von Bucheck schmuggelte man aus gesundheitlichen Gründen eine Frau ins Bett[31].

Libertinismus im Spätmittelalter

Mit fortschreitendem Mittelalter entwickelte sich das Geschlechtsleben immer freier[32]. Im 14. Jahrhundert meint Heinrich Seuse (S. 94), »der meiste Theil der Leute sind voll Unflahts und Unkeuschheit worden, in und außer der Ehe, *Pfaffen und Layen, Nonnen und Mönche, also, daß kaum jemand ist,* er sey etwomit beflecket und vermailigt (bemakelt) in etlicher Weise«[33]. Und im 15. Jahrhundert klagt der in Italien lehrende Grieche Franziskus Philelfus: »Es ist ein pestilenzialisch Menschengeschlecht ... Das Haus des Herrn liegt danieder und ist eine Schenke der Verbrechen[34].«

Es war die Zeit, in der Boccaccio erzählte, wie ein Mönch eine junge Einsiedlerin lehrte, »den Teufel in die Hölle zu schicken« – was später Pietro Aretino poesievoll so umschrieb: »Dann hielt er mit seinen Händen sanft ihre Hinterbacken auseinander – es war, als ob er die Blätter eines Meßbuches aufschlüge – und betrachtete hingerissen ihren Arsch[35].«

Das Frauenideal jener Tage besingt ein Volkslied: »Ain Haubt von Behmer Land, zway weiße Ärmlin von Praband, ain Brust von Schwaben her, von Kernten zway Tüttlein ragend als ain Speer, ain Bauch von Oesterreich, der wär schlecht und geleich, und ain Ars von Pollandt, auch ein Bayrisch Fut daran, und zway Füßlen von dem Rein: Das möcht ain schöne Frau gesein[36].«

Selbst in der Öffentlichkeit zeigte man sich oft wenig genant, ging mancherorts unbekleidet, ja tanzte so[37]. In Wien empfingen Huren, barfuß bis zum Hals, Kaiser Sigismund, Kaiser Albrecht II., König Ladislaus Postumus und andere. In Paris wurde 1461 Ludwig XI., in Lille 1468 Karl der Kühne von splitternackten Mädchen mit Versen begrüßt; und selbst den streng katholischen Karl V. hießen 1520 in Antwerpen textilfreie Damen der Hafenbordelle willkommen, eine

Szene, die Albrecht Dürer als Augenzeuge beschreibt[38]. Ulm beleuchtete 1434 die Straßen festlich, wenn sich der Kaiser nebst Gefolge ins Bordell begab; Bern überließ drei Tage auf städtische Kosten dem Hof das Freudenhaus; Berlin bot 1410 den Herren von Quitzow während ihres Besuches »schöne Weibsbilder zur Kurzweil« an[39].

Es spricht für sich, daß die französische Sprache des 16. Jahrhunderts dreihundert Worte für Koitus und vierhundert zur Benennung der Genitalien kannte; daß Geiler von Kaisersberg schreibt: »Viele glauben, daß sie nicht mit einer Frau sprechen können, ohne ihren Busen zu berühren«; daß Eltern und Bedienstete die Kinder masturbierten, um sie stillzuhalten; daß man in Ulm dem Hurenwirt befehlen mußte, nicht mehr Knaben von zwölf bis vierzehn Jahren im Haus zu dulden[40]. In Frankfurt an der Oder steckten die jungen Patrizier tagein, tagaus im Bordell; in Lübeck gingen Bürgerinnen 1476 verschleiert in die Frauenhäuser; in Ulm mischten sich 1527 verheiratete Frauen ganz offen unter die Dirnen[41].

Das Geschäft der Kupplerinnen blühte, obwohl ihnen, vermittelten sie Ehefrauen, schwere Strafen drohten: Pranger, Steinetragen, Stadtverweisung, Lebend-begraben-Werden oder Verbrennen[42]. »Bei Nacht führt die Kupplerin ein Leben wie eine Fledermaus, die keinen Augenblick zur Ruhe kommt«, überliefert uns ein zeitgenössischer Bericht. »Ihre Haupttätigkeit beginnt, wenn die Uhus, die Käuzchen und die Schleiereulen aus ihren Löchern hervorkommen. So kommt auch die Kupplerin aus ihrem Versteck hervor und klopft Nonnen- und Mönchskloster, Höfe, Bordelle und alle Schenken ab. Hier holt sie eine Nonne ab, dort einen Mönch. Diesem führt sie eine Hure zu, jenem eine Witwe, dem einen eine Verheiratete, dem andern eine Jungfrau. Die Diener befriedigt sie mit den Dienerinnen ihrer Herrschaft. Der Haushofmeister kriegt zum Trost seine Gnädige[43].«

Die Aufzeichnungen des Nürnberger Scharfrichters Meister Franz nennen Ehefrauen, die mit zwanzig und mehr Männern kopulierten; ferner Fälle von Bigamie, Trigamie, Sodomiterei aller Arten, Notzucht an Kindern von sechs bis elf Jahren, Inzest mit Vater und Bruder[44].

Und wie sah's in den öffentlichen Bädern aus?

»... schwanger ward Mutter und Tochter, Magd und Hund«

Schon hin ging man halbnackt oder nackt, wenn auch »die eine Hand mit gebür in dem Hindern haltend«[45]. Dann entkleidete man sich gemeinsam in einem einzigen Raum und stieg gern auch zusammen in eine Wanne, die Männer manchmal mit einem Lendenschurz, die Damen meist unten ebenso »ohne« wie oben, allenfalls mit Halsketten behängt oder mit Blumen überm Ohr. Erst im 16. Jahrhundert wurde es üblich, bekleidet zu baden[46].

Die Bademägde bedienten in hauchdünnen Gewändern oder gänzlich entblößt, standen ruhig dabei, wenn die Liebespaare im Bottich saßen, ja halfen noch dem Priester beim Ausziehn[47]. Sie stärkten die Plantschenden mit Speisen und Getränken, nahmen Waschungen und vor allem auch Massagen vor, deren spezielle Art ihnen den Namen »Reiberinnen« eintrug. (Agnes Bernauer, die Herzog Albrecht III. heiratete, weshalb sie sein Vater, Herzog Ernst, als Zauberin 1435 in der Donau ertränken ließ, war eine dieser Reiberinnen.) Sie beschäftigten immer mehr die fromme Volksphantasie und erschienen schließlich so sehr als vollendete Geliebte, daß selbst die Kirche in einem geistlichen Lied die Jungfrau Maria als ideale Reiberin empfahl:

»Dîn badebule sîe
Die allerschönste Marie[48].«

Pärchen brachten manchmal, von Angestellten wohl betreut, unter dem Baderofen, einem Zelt, ganze Wochen zu und hielten das für »heilsam«. 1591 hob man in einem Esslinger Bad achtzehn Paare aus, die »in komplizierten Verbindungen« tagelang Orgien gefeiert hatten[49]. Allgemein hieß es: »Sie kehren heim, die Körper weiß gewaschen, die Herzen durch Sünde geschwärzt.« Oder: »Für unfruchtbare Frauen ist das Bad das beste. Was das Bad nicht tut, das tun die Gäste.« Und in vielen Ländern und Sprachen kursierte der Vers: »Das Bad und die Kur war allen gesund, denn schwanger ward Mutter und Tochter, Magd und Hund[50].«

Die Bäder verwandelten sich bald weithin in Bordelle. In England erließ König Heinrich II. (1154–1189) eine ganze Reihe von Gesetzen zur Einschränkung der heterosexuellen wie homosexuellen Badeprostitution[51]. Und auch in Frankreich waren viele öffentliche Bäder nichts anderes als verkappte Freudenhäuser. Paris, mit zweihunderttausend Einwohnern weitaus größte Stadt Europas, besaß im frühen 15. Jahrhundert bereits dreißig derartige Etablissements[52].

Nur an Sonn- und Feiertagen und in der Karwoche ruhte das Geschäft im Frauenhaus – offensichtlich eine Reverenz vor dem Erlöser und der Erlösung.

2.
DIE HUREN ODER PEREGRINARI PRO CHRISTO

Zwar kannte man Prostitution längst in vorchristlicher Zeit. Aber sie war nicht entwürdigt, oft sogar heilig, wurde von Tausenden von Mädchen in Tempeln ausgeübt[53]. Das Christentum dagegen verachtete Dirnen, benötigte jedoch wegen seiner asketischen Moral ein Ventil. Die Prostitution wuchs förmlich aus ihm heraus. Und je stärker sich eine Gesellschaft an der »Moral« der Theologen und der Kirche »ausrichtet«, wie der Theologe Savramis schreibt, »desto größer die Zahl der Dirnen«[54].

Der Klerus, der immer furioser jene Freuden verteufelte, die er selber so glühend genoß, drang schon bald auf Erhaltung des Hurentums. Die äußerste Verkörperung des »Lasters« war für ihn kurioserweise der stärkste Schutz dessen, was er unter Tugend verstand. Sagt doch der größte aller Kirchenlehrer, Augustinus: »Unterdrückt die öffentlichen Dirnen, und die Gewalt der Leidenschaften wird alles über den Haufen werfen[55].« Aber auch Thomas von Aquin oder der seinen Namen mißbrauchende Theologe meint, die Prostitution gehöre zur Gesellschaft wie die Kloake zum herrlichsten Palast; ohne sie werde dieser unrein und stinkend[56]. Und noch Papst Pius II. versichert dem böhmischen König Georg von Podiebrad, ohne geordnetes Bordellwesen könne die Kirche nicht existieren[57]. – Nur verheirateten Frauen und Nonnen war der Venusdienst verboten[58].

Tatsächlich hat eine Gesellschaft, die sich nicht frei ausleben darf, die sexuell frustriert ist, Huren nötig. Was es in der Natur nirgends gibt, wurde in der Unnatur Notwendigkeit.

Die ersten umherziehenden Dirnen Europas

Sogar der äußere Anlaß war ein spezifisch religiöser: der fromme Brauch zu pilgern. Schon in der Antike ist Jerusalem, der wichtigste christliche Wallfahrtsort, eng mit der käuflichen Liebe verknüpft (S. 361). Und im Abendland begründen die nach Rom wandernden Büßerinnen und Nonnen, allerlei Nöten und Lüsten während der Reise erliegend, die ambulante Prostitution[59].

Der üble Ruf der Pilgerfahrten hielt sich durch Jahrhunderte. Dringend appellierte der heilige Bonifatius an den Erzbischof von Canterbury, das Wallfahrten zu zügeln oder zu regeln, gebe es doch wenig Städte auf dem Weg nach Rom, wo englische Pilgerinnen und »verschleierte Frauen« nicht in offener Hurerei lebten[60]. Es war auch vergebens, daß schon Karl der Große dagegen vorging, daß einer seiner Nachfolger

Dirnen nackt ins Wasser werfen ließ und jede Hilfe verbot, daß man sie an den Pranger stellte, auspeitschte, ihr Haar abschnitt[61]. Gerade in den Kreuzzügen lebte das Gewerbe erst richtig auf.

Kreuzzüge und Kirchenversammlungen stets mit Scharen von Huren

Die bewaffneten Wallfahrer zogen immer mit Haufen vagabundierender Weiber in den Orient. Der erste Troubadour, Graf Wilhelm IX., reicher und mächtiger als der französische König, war bei seinem gottgefälligen Vorstoß von einem solchen Nuttenschwarm umgeben, daß der Chronist Geoffroy de Vigeois das Mißglücken der Expedition mit auf die Freuden des sexbedürftigen Ritters zurückführte[62]. 1180 sollen den Franzosen weit über tausend flotte Traber gefolgt sein. Und sogar unter Ludwig IX. (1226–1270) erhoben sich im Lager die Bordelle nahe dem Zelt des schon bald darauf (1297) heiliggesprochenen Königs[63]. Einmal wollen die Tempelritter, die Buchhalter der Kreuzfahrer, in einem Jahr dreizehntausend Strichdamen bei ihnen gezählt haben[64]. Und auch an den arabischen Höfen trieben es die Christen derart, daß die Moslems sie zurechtweisen mußten[65]. »Es scheint«, schreibt ein katholischer Theologe, »daß es sich bei der Ritter- und Kreuzfahrerfrömmigkeit um einen der beachtlichsten Versuche einer spezifischen Laienspiritualität handelte ...« »Die Ritterfrömmigkeit vollendete sich in der Kreuzzugsfrömmigkeit[66].«

Natürlich waren auch bei weniger sakralen Kämpfen »Unzuchtshäsinnen« notwendig. Als Karl der Kühne beispielsweise im Bund mit dem Kölner Erzbischof Ruprecht 1474/75 Neuß belagerte, hatte man tausend Armeematratzen im Heer[67]. Später brachte der Massenmörder Alba, der mit päpstlichem Segen ganze Städte bis auf das letzte Kind liquidierte, mit seinen Truppen auch vierhundert Lustweiber zu Pferd und achthundert zu Fuß in die Niederlande, »in Kompagnien geteilt und hinter ihren besonderen Fahnen in Reih und Glied geordnet«[68].

Florierende Prostitution auf Konzilien und in Papststädten

Bei Staatsakten und großen Kirchenversammlungen fehlten die fahrenden »Fräulein« ebenfalls nicht. Zum Reichstag in Frankfurt 1394 eilten achthundert Huren[69], zu den Konzilien in Basel und Konstanz angeblich fünfzehnhundert (vgl. S. 188). Aber auch reisende Beamte konnten die Kosten ihrer Bordellbesuche als Spesen verbuchen[70]. Führten doch selbst die strengen Ordensritter, die ganz allein im Dienst ihrer »himmlichen Dame Maria« standen und einen Schwur zu leisten hatten, der

begann: »Ich verheiße und gelobe Keuschheit meines Leibes...«
(vgl. S. 128), in Königsberg genau Buch darüber, was sie »den megdelin«
gegeben, »die uffs huws komen getanczt« – eine feinere Umschreibung
für das, was ein »Hurenweibel«, ein Beaufsichtiger der Frauenhäuser,
nach einem Bordellbesuch exakter so in seiner Spesenrechnung registrierte: »Hab' a gebickt, tut dreißig Pfennig[71].«

Kein Zufall ist es, daß die Papststädte stets besonders von Dirnen
überflutet waren. Petrarca berichtet dies von Avignon, und dann glänzte
lange Zeit Rom durch die Menge seiner Puellae publicae. 1490 weist
dort eine ziemlich zuverlässige Statistik 6800 Honorarjungfrauen nach –
bei noch nicht hunderttausend Einwohnern[72]; jede siebte Römerin war
eine Nutte. Und vielleicht entstand sogar die moderne Kurtisane (für
die man im Englischen und Deutschen – von dem vagen Begriff »Buhlerin« abgesehen – kaum ein Ersatzwort kennt, während es in den romanischen Sprachen von Synonymen wimmelt: Cortegiana, Konkubine,
Mätresse, Grande Amoureuse, Grande Cocotte, Femme entretenue und
so weiter) am päpstlichen Hof in Avignon. Es gab dort eine Fülle schöner
Frauen, und eine Frau konnte in der Umgebung eines Kirchenfürsten
immer nur Mätresse sein, was sich dann auch in Rom fortsetzte[73].

Die Bordelle standen gleich bei der Kirche

Die ersten öffentlichen Häuser kamen im ausgehenden 13. Jahrhundert
auf, im 14. Jahrhundert schossen sie überall empor. Sie standen in der
Frauengasse, im Rosenhag, Rosental, hießen Frauenhaus, Töchterhaus,
gemeines, offenes, freies Haus, Jungfrauenhof, während man die Belegschaft Freie Töchter, Gelustige Fräuleins, Offene Bübinnen, Törichte
Dirnen, Hübschlerinnen und dergleichen nannte[74]. Im späten Mittelalter besaß nahezu jede Stadt ein Bordell – oft in der erklärten Absicht,
die Moral ihrer Bürger zu schützen –, und beziehungsvollerweise lag es
meist in einer Seitengasse nahe der Kirche[75].

Bayerns Hauptstadt zum Beispiel bescherten 1433 die Herzöge Ernst
und Wilhelm »ain frawen haws« mit »gemeinen dochterlein«, auf daß
»auch alle zucht und erberchait an mannen und frawen In unser Stat
München gefurdert werde...«[76] Und 1468 legte Herzog Sigismund den
Grundstein der heutigen Frauenkirche – doch wohl in gleicher Intention...

In Würzburg hatten die Frauenwirte, die als vereidigte Stadtdiener
dem Puffe vorstanden und unter anderem die Lochvögelchen anwerben
mußten, ihren Treueid dreimal zu leisten: dem Rat, dem Bischof und
dem Domkapitel[77]. Die Frauenhausordnung Nördlingens anno 1472
begann: »Dieweil die Mutter der heiligen Christenheit, um mehrerem

Übel vorzukommen, duldet, daß man in einer Kommune ein Haus mit freien Töchtern darin haben mag . . .[78]« Selbst das kleine unterfränkische Volkach (bekannt durch seine Madonna) besaß zur Blütezeit des Katholizismus ein Bordell[79]. Eingliederung »mit Wohlwollen« nennt das die konservative Geschichtsschreibung. »Auch in dieser Beziehung brachte das Christentum wohl Veredlung, aber nicht Vergewaltigung der Natur; die ›Tochter Gottes‹ sollte nicht nur für ihre schönen Triebe, sondern auch für Ausgelassenheit und Unart Spielraum haben[80].« Tatsächlich aber brauchte nicht die »Tochter Gottes« Spielraum, jedenfalls keinen solcher Art, sondern der von der Kirche geschlechtlich gegängelte Mann. Und das Gros der Frauen, das sich nicht öffentlich preisgab, bekam überhaupt keinen »Spielraum«, sondern allenfalls Prügel und den Keuschheitsgürtel (S. 224 ff.).

Sie förderten die Unbefleckte Empfängnis und bauten Bordelle

Der Klerus aber machte sich die Prostitution rasch auch wirtschaftlich nutzbar. Nicht selten war sie mit ihm eng administrativ und finanziell verknüpft, gab es deshalb Kompetenzkonflikte mit Städten und Fürsten. Jeder wollte sich die Huren unterordnen und ihre oft hohen Abgaben kassieren, die zuweilen, wie etwa im späten 14. Jahrhundert in Augsburg, zu den bedeutendsten Beträgen zählten[81]. Auch die Papststadt Avignon hatte ein öffentliches Freudenhaus. Und in Rom errichten Stellvertreter Christi wie Sixtus IV. (1471–1484), Erbauer der Sixtinischen Kapelle und Förderer des Festes der Unbefleckten Empfängnis, oder Julius II. (1503–1513) Bordelle; Sixtus, selbst den tollsten Sexualexzessen ergeben (S. 189), bezog von seinen Huren eine Steuer von zwanzigtausend Dukaten im Jahr[82]. Papst Clemens VII. verlangte 1523 das halbe Vermögen aller Prostituierten für die Errichtung des Konvents Santa Maria della Penitenza, und selbst der Bau der St.-Peters-Basilika wurde wahrscheinlich zum Teil mit Flittchengeldern finanziert[83].

Von einem deutschen Prälaten, der als sehr gebildet galt, hieß es, er habe so viele Huren in seinen Häusern wie Bücher in seiner Bibliothek[84]. Ein englischer Kardinal kaufte ein Bordell; ein Straßburger Bischof baute selber eins; der Erzbischof von Mainz beschwerte sich, daß die städtischen Frauenhäuser seinen eigenen Unternehmen Abbruch täten. Als Oberhirte aller wollte er auch über alle Lustmädchen herrschen – »ungeschmälert«. Denn nur, wenn der Betrieb in »würdigen Händen« sei, fließe auch die Moral in die rechten Bahnen[85]. Es ist bezeichnend, daß die Inquisition im allgemeinen zwar Bordelle ignorierte, gern aber Damen verfolgte, die auf eigene Rechnung koitierten[86]. Sogar Äbte und

Oberinnen angesehener Klöster hielten sich Freudenhäuser – und daneben hatten sie »Häuser der Magdalena« für reumütige Sünderinnen[87]! Ja, die Oberin des bekannten Wiener Stifts für »Püßende Weiber« St. Hieronymus, Juliana Kleeberger, heiratete in der Reformationszeit nicht nur den Klosterpfarrer Laubinger, sondern lebte daneben auch noch selbst als Nutte[88].

Ein bißchen komisch also, wenn die moderne Moraltheologie ausgerechnet die um Päpste, Bischöfe, Klöster, Kreuzritter, christliche Soldaten und die ganze Ecclesia so hochverdiente Prostitution die »entwürdigendste und ärgerniserregendste Form der Unzucht« nennt und betont, Schuld und Schmach fielen nicht nur auf die Dirnen zurück, »sondern ebenso auf die, welche sie ausnützen«[89].

Im Mittelalter nötigte man die Freudenmädchen freilich nicht nur zum Geschlechtsverkehr, sondern auch zu regelmäßigen geistlichen Übungen. In dem »Abbaye« (Abtei) genannten Liebes-Silo der Papststadt Avignon durften sie keine Andacht versäumen[90]. Man gliederte die Berufsverbrecherinnen ganz ins Glaubensleben ein. Sie saßen in der Kirche vor dem Fronaltar, wo auch der Henker hockte, hatten eine eigene Standesheilige, die heilige Magdalena, verehrten aber nicht zuletzt die keusche Jungfrau Marie, in deren Opferkasten sie jede Woche etwas Stoßgeld legten[91]. Der Klerus berief sich dabei auf Jesu Wort an die Pharisäer: »Die Zöllner und Huren mögen wohl eher ins Himmelreich kommen, denn Ihr[92].«

Im Zarenreich strotzten die Bordelle von Reliquien und Ikonen. Jede Dirne hatte in ihrem Zimmer einen Schutzpatron hängen, betete zu ihm vor dem Akt (ora . . .), verdeckte ihn dann (. . . et labora) und enthüllte ihn schließlich wieder, wobei abermals Gott gedankt und eine Kerze oder Geld gespendet worden ist[93]. – Im frommen Spanien sollen noch heute die Straßenmädchen vor der Kirche beten, ehe sie auf den nächtlichen Strich ziehn . . .[94]

Seelsorge im Puff und Syphilis

Gelegentlich traten die Prostituierten auch direkt in den Dienst christlicher Moral: sie mußten, wie in Venedig, mit entblößter Brust am offenen Fenster hocken oder auf die Straße gehn, um die Männer vom Verkehr mit Knaben abzuhalten[95].

Mit Juden, Zigeunern, Türken und Heiden durften Freudenmädchen allerdings nicht schlafen[96]. Und auch mit Pfarrern sollten sie's nicht tun oder jene nicht mit ihnen. In Wirklichkeit freilich frequentierten Kleriker und Mönche die Bordelle – angeblich um deren Insassen zu »Reuerinnen« zu machen[97]. Manche Seelsorger opferten dafür sogar den Schlaf. 1472

untersagte ihnen Nördlingen, eine ganze Nacht im Frauenhaus zu stekken, und Schaffhausen gab 1522 dem Ratsdiener das Recht, Priestern im Puff die Kleider zu pfänden[98]. Der Wink der Kirche, die »Tiefgesunkenen« zu retten durch die Ehe, wurde kaum befolgt[99].
Viel häufiger jedenfalls, als man sie selbst holte, holte man sich von ihnen die Syphilis, die »Lustseuche«, »St.-Hiobs-Krankheit«, auch »morbus gallicus« genannt, die Europa vom Ende des 15. bis Mitte des 16. Jahrhunderts epidemieartig verheerte, nicht zufällig besonders den Klerus, der sie auch immer weiter verbreitete[100]. Zehntausende wurden dadurch getötet, hohe und höchste Kirchenfürsten angesteckt, unter anderen Papst Julius II., ein ehemaliger Franziskaner und Vater dreier »natürlicher« Töchter[101].

Man brauchte die Dirnen – und rächte sich dafür

Mit dem Anwachsen der Seuche, die man den Lustweibern zur Last legte, setzte allmählich eine regelrechte Hexenjagd auf sie ein. Sie galten freilich, so begehrt, so notwendig sie waren, so sehr sie sich sexuell, finanziell und religiös ausbeuten ließen, schon immer als Sünderinnen und ehrlos. Doch schwankt das Verhalten ihnen gegenüber, oft zur selben Zeit, zwischen Toleranz und tiefstem Abscheu. In manchen Städten gab man ihnen das Bürgerrecht, ja ein gewisses Zunftrecht, machte bei einem Turnier ein »lichtes fräwelin« zum Siegespreis oder ließ die Schönste mit dem Landvogt zweimal jährlich auf dem Marktplatz tanzen. Anderwärts aber zwang man sie zum Tragen bestimmter Trachten, verwehrte ihnen den Besuch von Gasthäusern und öffentlichen Bädern und stellte sie unter Aufsicht des Henkers oder Stadtbüttels[102].
Im Grunde waren Dirnen verachtet und verfemt. Wurden auch einige reich, wie jene Wiener Hübschlerin, die vom Konstanzer Konzil mit achthundert Goldgulden fortging, die meisten lebten elend, standen außerhalb der menschlichen Gesellschaft, dem Henker und Totengräber gleich[103]. Sie durften an keiner Gerichtsverhandlung teilnehmen, konnten ohne Widerspruchsrecht aus Stadt und Land vertrieben, konnten oft ungestraft beleidigt und mißhandelt, wenn auch nicht ungestraft getötet werden. Doch man rächte sich dafür, daß man sie brauchte. Und man brauchte sie um so mehr, je mehr man auf Enthaltsamkeit drang. »Je größer die Frustration, desto größer die Nachfrage nach Prostituierten – und desto größer die Scham des Kunden. Je größer die Scham, desto größer der Wunsch nach Rache. Statt sich selbst zu bestrafen, bestraft der Mann die Prostituierte[104].«
Bekehrte Dirnen, die ihr Beguinenkloster, ihr Büßerinnen- oder Magdalenenhaus verließen, wurden ins Gefängnis gesteckt und dann aus-

gewiesen. Übten sie ihr Gewerbe wieder aus, verfielen sie dem Henker oder man ertränkte sie[105]. Noch im späteren Mittelalter hat man Freudenmädchen wie Waren behandelt, verkauft, getauscht, verpfändet, der Hurenwirt hieß geradezu Manger (Mango), Sklavenhändler, und starben sie, scharrte man sie meist auf dem Schindanger ein[106].

Mit der umsichgreifenden Syphilis warf man sie aus den Bordellen, sie wurden wieder zu fahrenden Frauen und vielfach verfolgt. Jede Art von Prostitution bedrohte man nun mit Landverweisung, mit Pranger, Körper- und Todesstrafen, mit Auspeitschen, Brandmarken, Abschneiden von Nasen, Ohren, Händen oder Füßen und Ersäufen. Huren galten als Verbrecherinnen und schlossen sich, da ihnen nichts andres übrig blieb, auch mit Verbrechern zusammen. Bis in die Mitte des 19. Jahrhunderts wurden sie öffentlich gestäupt[107].

Heute gibt es in der Bundesrepublik mindestens zweihunderttausend gewerbsmäßige oder gelegentliche Dirnen, in den USA wenigstens eine halbe Million, in Schweden bezeichnenderweise aber kaum noch Prostitution. »Es ist so einfach«, erklärt diese Tatsache ein schwedischer Soziologe, »ein hübsches Mädchen zu bekommen...[108]«

Blicken wir zurück, so war die lange klerikale Sexualpädagogik offenbar völlig vergebens, die Christenheit im Grunde zu allen Zeiten gleich in die verdammte Sünde verstrickt – was übrigens niemand mehr bestätigt als die Bücher, Predigten und Aufschreie der Theologen selbst. Denn ob man Paulus liest, irgendeinen Gottesmann des 12. oder 20. Jahrhunderts – nie ist des Jammerns ein Ende über stets dieselben Frevel. Daß dies, infolge der menschlichen Natur, nicht nur nicht anders sein konnte, sondern, infolge der kirchlichen Moral, auch genauso sein sollte, verrät die Geschichte ihres schönsten Sakraments.

29. Kapitel
Das Bußsakrament

»Qui diable est-ce donc qu'on trompe ici?«
P. A. C. de Beaumarchais[1]

»Das Bußsakrament manifestiert wie kein anderes den Sündenfall der katholischen Kirche: die Macht des selbstherrlichen Klerus und die Ohnmacht des unterdrückten, manipulierten und betrogenen Volkes.«
Der Theologe Klaus Ahlheim[2]

»Wie der dogmatische Apparat ein Kerker für den Verstand ist, so ist die Beichte ein Kerker für den ganzen Menschen.«
Der Jesuit Alighiero Tondi[3]

»Ludwig XI., die Brinvilliers beichteten, sobald sie ein großes Verbrechen begangen hatten, und sie beichteten oft, so wie die Feinschmecker Medizin einnehmen, um größeren Appetit zu bekommen.« *Voltaire*[4]

1.
GESCHICHTLICHE ENTWICKLUNG

Die katholische Sündenlehre und Beichtsitte geht, wie so vieles in dieser Religion, nicht auf Jesus zurück, demonstriert aber drastisch den kirchlichen Umgang mit der anscheinend unbegrenzten menschlichen Dummheit[5].

Davon hatten freilich schon andere profitiert. Eine Beichte kannte man im Buddhismus, Jainismus, im Kult der Anaitis, in den samothrakischen Kabirenmysterien oder bei Isis, wo die reuigen Sünder unter den Drohungen der Priester sich auf den Tempelboden warfen, die heilige Tür mit dem Kopf rammten, die Reinen mit Küssen anflehten und Wallfahrten machten, während man im Bereich der Primitivreligion (denn das andere nennt man »hoch«) nach dem Bekenntnis Holzsplitter und Strohhalme in die Luft schleuderte und frohlockte: »Alle Sünden sind fortgegangen mit dem Wind[6].« Im Katholizismus verfliegen sie mit der Lossprechung des Priesters.

So einfach ging das allerdings nicht immer. Und gerade die Entwicklung des Beichtinstituts zeigt deutlich die hinter ihm stehende Gesinnung.

Von der einmaligen Lossprechung zur Beichte

Das Urchristentum kannte nur eine Buße, die Taufe. Danach war eine zweite Reinigung »unmöglich«; Bibelstellen, die die Kirchenväter natürlich äußerst irritierten[7]. Auch Paulus schloß Gläubige mit schweren Sünden aus[8].

Doch dieser Brauch, offenbar im irrtümlichen, von der ganzen Urchristenheit aber geteilten Glauben an die nahe Wiederkunft des Herrn entstanden (S. 73 f.), erwies sich bald als viel zu rigoros, und so unterschied man, nach dem Vorbild der Mysterienreligionen, zunächst zwischen vergebbaren, »läßlichen«, das heißt nicht zu ewiger Strafe führenden Sünden und »Todsünden«: Abfall vom Glauben, Mord und Unzucht (Ehebruch oder Hurerei)[9].

Auch die Lehre von den unvergeblichen Sünden freilich ließ sich mit dem Ausbleiben Jesu und dem Wachsen der Gemeinden nicht halten. Deshalb verkündete im frühen 2. Jahrhundert der Christ Hermas, der Bruder eines römischen Bischofs, von einem Engel des Herrn unterrichtet (!), die Möglichkeit einer *einmaligen* zweiten Buße, womit er den Ansatz zum katholischen Bußinstitut schuf.

Doch währte es noch lange, bis die Gnadenfrüchte auch nur ein zweites Mal für alle Sünden reiften und gar dauernd reifen konnten, bis man erkannte, welch Kapital aus der Barmherzigkeit zu schlagen war. Erst 217 oder 218 gewährte der römische Bischof Kallist – er hatte einen Selbstmordversuch, eine Unterschlagung und einen Sträflingsaufenthalt in Sizilien hinter sich[10] – die Möglichkeit einer zweiten Buße auch Unzuchtsündern. Bloß Abtrünnige und Mörder exkommunizierte man jetzt noch, eine verschwindende Minderheit damals und darum entbehrlich. Doch nach dem riesigen Abfall in der decischen Verfolgung, Mitte des 3. Jahrhunderts, nahm man auch die Renegaten wieder auf; und nach der Synode von Arelate (314) und dem beginnenden Kriegsdienst der Christen selbst die Mörder[11].

Die Sünder, die man einst als untragbar verdammte für immer, nun konnten auch sie in die Kirche zurück, allerdings bloß durch eine *einmalige* und deshalb meist aufs hohe Alter oder Sterbebett verschobene Sühne. Unheimliche Skrupel entstanden, übernahm diese Buße, infolge Krankheit und Todesangst, schon ein Jüngerer. Denn gesundete er und

sündigte auch nur noch einmal schwer, war keine zweite Lossprechung mehr möglich – mindestens bis zur dritten Synode von Toledo 589.
Erst im Frühmittelalter setzt die Wiederholbarkeit des Bußverfahrens ein, im 9. Jahrhundert wird ein periodisch regelmäßiger Vollzug verlangt, im 12. Jahrhundert die jährliche Beichte Pflicht[12]. Heute müssen alle Ordensleute wenigstens einmal wöchentlich, alle Laienkatholiken wenigstens einmal im Jahr »aufrichtig« beichten, auch Kinder, die noch nicht sieben Jahre alt sind, »wenn sie den Gebrauch der Vernunft bereits erlangt haben«[13].

Dem Priester ist durch das Beichtsiegel (sigillum confessionis) verboten, so führt das Vierte Laterankonzil 1215 aus, weder »durch Wort, Zeichen oder in was für einer Weise auch immer«, das in der Beichte Erfahrene zu enthüllen, selbst nicht, um sein Leben zu retten[14]. Doch gilt allein die direkte Preisgabe, der Verrat eines Ehebruchs zum Beispiel infolge Bestechung[15], als schwere Sünde, nicht unbedingt aber die indirekte, die eintritt, wenn etwa der Geistliche sagt, daß ihm heute eine Ungeheuerlichkeit gebeichtet worden sei. Auf solche schon halb legale Weise, bei der den Beichtvater keine Strafe trifft (!)[16], läßt sich zumal jedes große Verbrechen leicht mitteilen.

Zweierlei Maß für Laien und Priester

Schon um die Wende zum 2. Jahrhundert weiß Clemens Romanus, daß das Sündenbekenntnis der Christen verbunden wird mit Gebet, Trauer, Weinen, Niederfallen – »Unterwerft euch den Priestern!«[17]. Hundert Jahre später gebietet auch Tertullian den Frevlern, »in Sack und Asche zu liegen, den Körper durch Vernachlässigung der Sauberkeit zu verunstalten, den Geist in Trauer zu versenken ... zu seufzen, zu weinen, Tag und Nacht zum Herrn zu schreien, vor den Priestern niederzufallen, den Lieblingen Gottes die Knie zu umfassen ...«[18] Denn: »Die göttliche Güte«, wie dann im 5. Jahrhundert Papst Leo I. gerade betreffs Buße dekretiert, »hat ihre Gaben so geordnet, daß sie unwiderruflich an die Gebete der Priester gebunden sind[19].«

Für den Geistlichen selbst kannte die antike Kirche allerdings keine detaillierten Sühnebestimmungen, ja sie weigerte sich wiederholt, Priester und Bischöfe überhaupt einer Buße zu unterwerfen[20]. Und dann standen hohe und höchste Strafen für sie häufig nur auf dem Papier, zumal bei nicht öffentlichen Sünden. Clericus clericum non decimat. Auch brauchten sie ihre Vergehen bloß privat zu sühnen, mit Rücksicht »auf die Hoheit clerikaler Würde und das Ärgernis in den Gemeinden«[21].

Ganz anders war das bei den Laien

Kirchenbuße in Antike und Mittelalter

Ein Pönitent mußte möglichst dramatisch verdonnert werden. Zuerst empfing er allerlei Verweise vor der Kirche. Darauf folgte sein Bekenntnis und eine neuerliche Eröffnung über die Größe seiner Schuld, weshalb er sich, unter Seufzen und Tränen, niederzuwerfen hatte. Fällte der Geistliche dann seine Sentenz, mußte der Sünder nochmals in den Staub. Schließlich bekam er Asche aufs Haupt, ein Bußkleid um und wurde verstoßen »gleich wie Adam der erste Mensch aus dem Paradies«[22]. Je nach Zeit und Ort schor man Pönitenten kahl oder zwang sie, Haar und Bart wachsen zu lassen, um das Übermaß an Schmach anzudeuten, das ihr Haupt beschwerte[23].

Das Bekenntnis erfolgte nicht unbedingt öffentlich. Doch forderte dies Augustinus, war der Fehltritt ein »Skandal gegenüber anderen«, also ohnedies bekannt[24]. Als man aber zu ahnen begann, daß das öffentliche Bekenntnis ein noch viel größerer Skandal und nicht mehr opportun war, schaffte man es ab: im Osten Nestorius 390, im Westen Papst Leo I. 461, dem es nun genügte, »die Anklage des Gewissens den Priestern allein in geheimer Beichte zu machen«[25]. Seit dem 7. Jahrhundert herrschte die Privatbuße vor. Mit der karolingischen Reform kam jedoch für die schwersten Verstöße wieder die öffentliche Sühne in Übung[26].

Die kirchlichen Canones nennen bis zum 7. Jahrhundert in der Regel nur die Zeit der Buße. Man verkündete einfach dem »Verbrecher«, er habe soundsoviele Jahre *zu büßen*, was unter anderem Ausschluß von den Sakramenten bedeutete; Tragen eines besonderen Bußgewandes, eines härenen Sacks; beständiges Fasten, ausgenommen Sonn- und Feiertage; fast immer auch dauernde Enthaltung vom Geschlechtsverkehr sowie Fahr- und Reitverbot[27].

Symptomatisch für die Sühne ist nun ihre fortgesetzte Entschärfung. Noch im späten 4. Jahrhundert verlangte Papst Siricius für schwerste Verfehlungen lebenslängliche Buße, unter anderem also sexuelle Askese bis zum Tod[28]. (Man bedenke die Gewissensqual derer, die dazu nicht fähig waren! Und das Elend jener, die das aushielten!) Mancherorts strafte man im 5. und 6. Jahrhundert noch lebenslänglich, so in Spanien Mörder, Giftmischer und – das liegt hier wieder auf einer Linie (vgl. S. 352) – Priesterwitwen, die noch einmal heirateten oder auch solche, die den Bruder oder die Schwester ihres verstorbenen Gatten ehelichten[29].

Im Frühmittelalter, als die mehrmalige private Ohrenbeichte üblich wurde, erlegte man einem Laien, der koitieren wollte, doch nicht konnte oder eine Abfuhr bekam, immer noch zwei Jahre Buße auf; einer onanierenden Frau (mulier vero cum se ipsa coitum habens; sola coitum habet) drei Jahre Buße; einer Lesbierin ebenfalls meist drei, gelegentlich vier, aber sogar sieben, ja zehn Jahre[30]. Samenerguß in einen Mund hatte man mit drei, sieben Jahren oder auch mit Buße bis ans Lebensende auszubaden[31]. Mischte eine Frau die Liebestropfen ihres Mannes in die Mahlzeit – Spermatophagie galt lange als potenzsteigernd –, mußte sie sieben Jahre büßen[32]. Bestieg ein Laie eine Gottgeweihte Jungfrau, galt es acht Jahre zu sühnen, drei bei Wasser und Brot[33]. Ejakulierte jemand aus Geilheit in der Kirche, wurden ihm zehn oder, geschah dies im Verein mit einer Frau oder einem Mann, fünfzehn Jahre Buße aufgehalst[34]. Katastrophen – jahrhundertelang.

Erst in der Neuzeit wurde Gott milde

Heute sieht das alles ganz anders aus, ist Gott so human und freundlich geworden. Oktroyierte man früher Strafen, als hätte man fast die Vorstellungen dessen, vor dem tausend Jahre sind wie ein Tag, gibt man nun, für die gleichen Vergehen, oft Augenblicksbußen – nicht immer natürlich. Gehört es doch zur Taktik der Theologen, beim Strafmaß nicht nur, wie der Laie wohl meint, auf die Sünde zu sehen, sondern auch auf den Sünder! Und ist man sich dessen sicher, mag er auch jetzt noch härter büßen.»Wenn ich daran denke«, gesteht ein einstiger Priester, »wieviel seelische Not die Menschen uns ›Beichtvätern‹ anvertrauten, meist die Not verängstigter, unreifer und gequälter Sexualität, und wenn ich weiter daran denke, wie streng wir darüber urteilen, weil ›die Kirche‹ es uns so vorschrieb, wie wenig wir – im Sinne des Evangeliums – diesen Menschen Verständnis und Hilfe schenken konnten, dann schäme ich mich heute und bitte um Vergebung[35]!«

Gleichwohl verblassen auch solche Bußen neben den früheren. Und besonders glimpflich geht man mit jenen um, bei denen »die Gefahr« besteht, daß sie infolge zu schwerer Pönitenz überhaupt nicht büßen und »entfremdet« werden, anders gesagt: abspringen. Ja, wer eine Genugtuung nicht leistet, weil sie ungerechtfertigt groß ist, begeht gar keine Sünde. Und wer die auferlegte Sühne »mit oder ohne Schuld« vergißt, ist gleichfalls »*an sich* zu nichts gehalten«[36].

Reue ohne Reue

Auch was die nach wie vor unerläßliche Reue betrifft, tut die Kirche ihr möglichstes – läßt sich doch denken, daß eine Sünde, jahrzehntelang mit größter Lust begangen, den Sünder nicht so arg wird reuen können. So müssen ihm einerseits seine Frevel zwar »wirklich leid« tun, muß die Reue »*über alles groß*« sein, andererseits aber braucht nicht nur kein

»fühlbarer Schmerz« vorzuliegen, sondern – wie wunderbar – überhaupt keine Reue! Denn: »In den meisten Fällen haben die, denen es leid ist, daß sie keine Reue haben, sicherlich Reue«, weshalb man sie denn auch »unbedenklich« lossprechen kann[37].

Zu den Mysterien des Bußsakramentes gehört es, daß dasselbe zwar alle schweren Sünden tilgt, vielleicht aber nicht alle leichten. (Noch die Gereinigten sollen eben unsicher bleiben!) Auch ist eine schriftliche Absolution ungültig, selbst bei einer mündlichen die Reichweite des Sakraments begrenzt. Dem heiligen Alfons beispielsweise erscheint »eine Entfernung von 20 Schritt schon etwas zu groß«[38].

War man aber nah genug dem beichtväterlichen Ohr, verschwieg man keine schwere Sünde, bereute man »über alles« in dem Sinne, daß man bereute, überhaupt nicht zu bereuen, so konnte man getrost zehn-, hundert-, tausendmal die gleiche Sünde begehen, sie wurde immer wieder, wisperwisperwisper, augenblicklich ausgelöscht. Eine fabelhafte Sache. Wie schon Nietzsche schrieb:

>»Man lispelt mit dem Mündchen,
>Man knixt und geht hinaus,
>Und mit dem neuen Sündchen
>Löscht man das alte aus[39].«

In Prosa liest sich das, nach dem Bekenntnis eines ehemaligen katholischen Ordenspriesters, so: »Es stieß mich vollends vom Sockel, als mir junge Mädchen ganz unbefangen erzählten, mit einem Anflug von genüßlicher Reue, wie sie mit ihren Freunden schlafen gehen, daß ihnen das sehr leid täte und daß sie es auch niemals wieder tun möchten, aber mit Sicherheit spätestens am Wochenende wieder täten[40].«

Beginnt doch sogar eine katholische »Theologie der Sünde« ihre abschließende Zusammenfassung der »Botschaft von Heil, Sünde und Erlösung«: »Auf die Gefahr hin, eine Karikatur zu geben . . .[41]«

2.
ZWECK DER SACHE

Nichts ist klarer: vom Sündigen hält dieses Bußinstitut nicht ab. Und niemand natürlich wußte das besser als der Klerus selbst. Mehr noch, er wußte es nicht nur, er wollte es. »Schreien sollt ihr vor Herzweh, heulen vor zerbrochenem Geist!«, wie es schon bei Jesaias heißt[42]. Der Klerus wollte die Christen schließlich als »Sünder allzumal«. Als Reuemütige freilich bloß, war doch nicht die Sünde die Hauptsache, sondern die Unterwerfung. Und deshalb sollten die Gläubigen immer wieder sündigen, denn nur dann bedurften sie immer wieder der Lossprechung, nur dann blieben sie immer in Abhängigkeit.

Es ist bezeichnend, daß schon Paulus fast stets am meisten von der Sünde spricht, wenn er auch die Erlösung anpreist[43]. Ohne Sünde nämlich braucht niemand Erlösung. Je größer aber die Schuld, desto notwendiger die Vergebung. Von dieser plumpen Konstruktion und der Einfalt, kraft derer man sie glaubte und glaubt, lebt die Kirche in hohem Maße seit fast zweitausend Jahren.

Zunächst zwar mag da alles guten Glaubens, ohne große Hintergedanken, ohne evidente Charakterlosigkeit vor sich gegangen sein. Die Rigorosität der ursprünglichen Sühne läßt dies zumindest vermuten. Als man aber aus dem Einmal der Bußpraxis ein Zweimal und dann ein Immerwieder gemacht hatte, wurde offensichtlich, daß es nicht mehr um Sittlichkeit, eine »Besserung« des Sünders ging, sondern darum: Abhängige zu schaffen.

Deshalb gibt es für die Kirche im Grunde nur eine Sünde, die sie wirklich haßt, die sie als einzige unmittelbar betrifft und gefährdet, die Sünde entgötternder Skepsis, des selbständigen Denkens: die geistige Autonomie. Es ist, in ihrer Sprache, die Sünde der »Bosheit«, des »Hochmuts«, seit Gregor I. nicht nur eine der acht Wurzelsünden, sondern die tiefste Wurzel sozusagen, führt sie doch zum Abfall.

Für die Moraltheologie besteht darum »allerdings kein Zweifel darüber, daß die Bosheitssünden, ›Sünden des Geistes‹, die ihre Wurzel im Hochmut haben, viel schlimmer und der Reue weniger zugänglich sind als die Schwachheitssünden, die aus der Wurzel der Begierlichkeit kommen und meistens nicht den gleichen Grad an bewußter Vorsätzlichkeit erreichen wie die Sünden des Geistes«. »*Am schwersten sind die Sünden, die sich unmittelbar gegen Gott richten*, um so schwerer, je mehr sie gegen Gottes Ehre und Liebe verstoßen. Den höchsten Grad der Sündhaftigkeit haben die Sünden des Gotteshasses, der Gotteslästerung, des Unglaubens.« »Die letzte Wurzel jeglicher Sünde ist das Nicht-gehorchen-Wollen, das Selbst-Herr-sein-Wollen[44].«

Denn Herr will die Kirche sein! Und deshalb ist ihr, in Theorie und Praxis, ein achtzigjähriges Sünderleben mit tagtäglich schwerster Unzucht innerhalb ihrer Gemeinschaft immer noch unendlich lieber als eine einzige »Sünde des Geistes«, die unbotmäßig macht, von ihr weg führt, hinein in den Zweifel, den »Unglauben«, mag man da leben selbst wie ein Engel (vgl. S. 78 f.).

Das »schlechte Gewissen«, das sie ihren Geschöpfen erst anerzieht, fast mit der Muttermilch einflößt und unerbittlich bis zum Tod lebendig hält, es ist ihr sanftes Ruhekissen. Denn solang man sich ihrer Gebote wegen abquält, kasteit, solang man fällt und zu Kreuze kriecht, kann sie guten Mutes sein.

Der Theologen liebstes Kind

Die Sünde ist für den frommen Christen somit selbstverständlich wie Geburt und Tod. Sie beherrscht sein Leben, weil ihn eben die Kirche beherrscht. Und am meisten herrscht sie durch jene Sünde, die weitaus die häufigste ist: die sexuelle. Bis in die innerste Windung seines Hirns und den letzten Winkel seines Betts wird der Christ so vom Klerus reglementiert. Gerade das Insistieren auf der Sünde der Unkeuschheit ist für die Kirche einfach eine Bedingung sine qua non, eine Existenzfrage, und wenig ihr deshalb so zuwider wie die »ehrfurchtslose«, die »leichtsinnige« »Bagatellisierung des Geschlechtlichen«, die »*Ehrfurchtslosigkeit* gegenüber dem geheiligten Bezirk des Geschlechtlichen«. Denn: »Diese Sünden haben infolge der Macht der bösen Begierlichkeit eine besonders gefährliche Tendenz, den Menschen dauernd zu versklaven und ihn für die religiösen Interessen abzustumpfen[45].«

Das ist natürlich das letzte, was die Kirche wünscht. Und wenn sie auch alles andere als eine Ausrottung der Sexualsünde erstrebt, eine Erziehung der Masse zu Heiligen – am Wachhalten des Sündenbewußtseins, an der Erzeugung von Gewissenskonflikten muß ihr liegen. Denn so erst bekommt sie den zerknirschten Menschen, den Bußfertigen, der ihres Trostes, ihrer Losprechung bedarf, Hörige also, deren Gewissen sie nicht geschärft, sondern verbogen hat für ihre Zwecke.

Von klein auf wird daher die Sexualität unterdrückt, das Kind triebfeindlich erzogen, der Sündenwahn ihm suggeriert.

Die Kirche propagiert und will das Opfer, den Verzicht. Aber sie rechnet mit der Schwachheit der menschlichen Natur, die sie scheinheilig beklagt, während sie in Wahrheit ihr großer Trumpf ist. Sie rechnet mit dem Versagen gegenüber dem asketischen Ideal. Sie weiß, viele Verbote häufen die Schuld und steigern die Abhängigkeit des Gläubigen vom Priester, verschärfen das Sündenbewußtsein, den Zwiespalt, die Neurose. Ganz offen bedauert man – mit kirchlicher Druckerlaubnis: »Bei jungen Menschen, die hemmungslos geschlechtlich leben, gibt es kaum den echten Konflikt[46].« Entsprechend weist man den Jungen zur Bekämpfung der Masturbation an: »Lege die Arme über Kreuz. Bete... Solange dein Wille bei Christus ist, mag der Leib tun und lassen, was er will, du hast in die Sünde nicht eingewilligt, du hast sie nicht gewollt.« Und weiter: »Es kommt sehr darauf an..., sich nach einer Niederlage durch die Reue mit Gott zu versöhnen[47].«

Luther, oft der aufrichtigste noch seiner Zunft, hat dies viel offner, ungeschützter, unverschämter formuliert. »Sei ein Sünder und sündige wacker, aber vertraue und freue dich in Christus.« Und womöglich noch prägnanter: »*Die rechten Heiligen Christi müssen gute, starke Sünder sein und solche Heilige bleiben*[48].«

»Hasset heftig!«

Der Sündenglaube ist also ein wesentliches Machtinstrument der Kirche, weshalb er immer wieder ihren Gläubigen eingeimpft, eingebrannt, eingegraben wird. Mit welch rhetorischem Aufwand schüren doch schon die antiken Kirchenlehrer den Haß auf die »Sünde«, die »Liebe zu schlechten Dingen«, wie Johannes Chrysostomos sagt, »zum Beispiel«, wie er gleich fortfährt, »die Liebe der Unzüchtigen«. Worauf er Römer 12,9 so kommentiert: »Er sagt nicht: ›Enthaltet euch!‹, sondern: ›Hasset!‹, und nicht einfach: ›Hasset!‹, sondern ›Hasset heftig!‹ Weil es viele Menschen gibt, die zwar nichts Böses tun, aber doch das Begehren danach haben, darum sagt der Apostel: ›Hasset heftig!‹ Denn er will, daß auch unser Inneres rein gehalten werde und daß wir Feindschaft, Haß und Krieg gegen die Sünde führen. Meinet nicht, will er sagen, daß mein Gebot ›Liebet einander!‹ so weit geht, daß ihr auch mit den Schlechten zusammenarbeiten sollt! Nein, gerade das Gegenteil gebiete ich: nicht bloß von der bösen Tat, sondern auch von der Neigung zum Bösen sich freizuhalten; nein, ihr sollt euch mit allem Abscheu davon abkehren und es hassen[49].«

Und das gleiche verzehrende Eifern, das gleiche Aufputschen zum Selbsthaß natürlich bei Augustinus. »Jede Ungerechtigkeit, ob klein oder groß, muß bestraft werden, entweder von dem Sünder selbst, der durch Reue sühnt, oder von Gott, der in Gerechtigkeit straft. Denn auch wer bereut, straft sich selbst. Bestrafen wir darum, Brüder, unsere Sünden, wenn wir Gottes Barmherzigkeit suchen... Dann wird sich Gott unser erbarmen. Hassen wir an uns, was auch Gott haßt! Wir fangen an, Gott zu gefallen, wenn wir an uns strafen, was Gott mißfällt.« Ein anderes Mal: »Vernichte, was du gemacht hast, damit Gott heile, was er gemacht hat! Du mußt an dir hassen, was dein Werk ist; du mußt an dir lieben, was Gottes Werk ist.« Oder noch lapidarer: »Kein Mensch wird so, wie er zu sein wünscht, wenn er nicht haßt, wie er ist[50].«

Immer und überall, wo er eine Möglichkeit sieht, lehrt der »doctor gratiae«, der Lehrer der Gnade, den Haß des Menschen gegen sich selbst. »Wenn du an dir haßt, was Gott an dir haßt, dann schlägt dein Wille eine Verbindungsbrücke zu Gott hinüber. Wüte gegen dich, damit Gott sich deiner annimmt und dich nicht verurteilt«[51]. Das schwerste Leid für den Menschen, seine größte Not ist, laut Augustinus, »das Wissen um Sündenschuld, das böse Gewissen«[52]. »Wenn wir wirklich gesündigt haben«, suggeriert der »fortschrittliche« holländische Katechismus heute, »wissen wir tief in uns: Ich habe es getan. Ich bin schuldig[53].«

In keiner Religion der Welt wurde der Selbsthaß so gezüchtet wie im Christentum. Und mit dem Selbsthaß erst recht natürlich der Haß auf alle, die anders dachten und denken, wobei der Haß auf die andern geradezu aus dem auf sich selbst resultiert. Denn wer sich selbst derart flammend verabscheut, sollte der andere lieben? Wer sich selbst nicht annimmt, sollte der andere akzeptieren und bejahen? Wo darum die Frustration, die zwangsläufige Folge kirchlichen Askese- und Sündenwahns, nicht ins Depressive umschlägt, wird sie zur Aggression, führt die gemordete Lust – terribelste Konsequenz christlicher Moral – zur Lust am Mord.

30. Kapitel
Vom Lustmord zur Mordlust

>»... der Geschlechtsverkehr ist der gesündeste und wichtigste Sport der Menschheit«; »viele prominente Übeltäter in der Geschichte waren von einer merkwürdigen Keuschheit.«
>
> *Alex Comfort*[1]

>»Der Destruktionstrieb ist die Folge eines ungelebten Lebens.«
>
> *Erich Fromm*[2]

>»In zwei, drei Jahrhunderten wird anerkannt werden, daß die fähigen Kopfjäger alle Christen sind.«
>
> *Mark Twain*[3]

1.
FOLGEN DER VERDRÄNGUNG

Immer mehr erkennt man heute, daß sich, wie Wilhelm Reich sagt, »gehemmte Sexualenergie in Destruktivität umsetzt«[4], »die Haßbereitschaft des Menschen und seine Schuldgefühle zumindest in ihrer Intensität vom Zustand der Libidoökonomie abhängen, daß sexuelle Unbefriedigtheit die Aggression steigert, Befriedigung sie herabsetzt«[5].

Das zeigt sich nicht nur beim Menschen. Reich selbst schreibt: »Ich erkundigte mich nach dem Verhalten wilder Tiere und erfuhr, daß sie harmlos sind, wenn sie satt und sexuell befriedigt sind. Stiere sind nur dann wild und gefährlich, wenn sie zur Kuh geführt, nicht aber, wenn sie wieder weggeführt werden. Hunde sind an der Kette sehr gefährlich, weil Motorik und sexuelle Entspannung behindert sind. Die grausamen Charakterzüge im Zustande chronischer sexueller Unbefriedigtheit wurden mir verständlich. Ich konnte diese Erscheinung bei bissigen alten Jungfrauen und asketischen Moralisten sehen. Im Gegensatz dazu fiel die Milde und Güte genital befriedigbarer Menschen auf. Ich habe nie einen befriedigungsfähigen Menschen gesehen, der sadistisch sein konnte. Trat Sadismus bei solchen auf, so war mit Sicherheit auf eine Störung zu schließen, die plötzlich einsetzte und die gewohnte Befriedigung behinderte[6].«

Sexuell freizügige Völker sind friedlicher

Ähnliches beobachtete die ethnologische Forschung. Sinnenfrohe, geschlechtlich frei lebende Stämme haben nicht nur weniger seelische und soziale Schäden, sondern rauben und morden auch viel seltener als sexualfeindliche Völker.

Die polynesische Kultur des 18. Jahrhunderts kannte keine Neurose – aber alle erotischen Praktiken wurden öffentlich von den Erwachsenen gezeigt, ja schon Vier- und Fünfjährige durch Jugendliche entsprechend ausgebildet[7].

Die grönländischen Eskimos, ein »Naturvolk« ohne gesellschaftliche Unterschiede, Generationskonflikte und Psychosen, staunenswert freundlich und friedlich, Menschen, die auch ihre Kinder nicht schlugen, lebten fast ohne Kriminalität, fast ohne Diebstahl und Mord. Schimpfwörter existierten in ihrer Sprache so wenig wie das Wort Krieg[8]. Doch es gab auch keinerlei Prüderie und Unterdrückung der Sexualität, vielmehr Frauentausch und großzügigste Gastfreundschaft von Grönland bis Alaska: die Ehefrauen boten sich den Gästen an für die Nacht. Selbst der Geschlechtsverkehr zwischen Kindern und Eltern oder nahen Verwandten war nicht tabuisiert. Nach ihrer Christianisierung aber wurden die Eskimos so moralisch, so eifer-, zank- und streitsüchtig wie die übrige christliche Welt; alle Formen asozialen Verhaltens kamen auf[9].

Andere triebpsychologisch ausgeglichene, sexuell ungebrochene Gesellschaften, wie die Samoaner, Siriono-Indianer, Trobriander, waren zumindest noch in den ersten Dezennien unseres Jahrhunderts gütig, sanft, seelisch ungestört, dabei keinesfalls geschlechtlich verwahrlost[10].

Die Trobriander zum Beispiel entwickelten sich, jenseits von Verdrängung und Geheimnistuerei, von nervösen Ticks und Zwangshandlungen, ganz natürlich und voll befriedigt, jeweils entsprechend ihrem Alter: ohne sexuelle »Perversionen«, funktionelle Geisteskrankheiten, Psychoneurosen und Lustmord. Sie kannten kein Wort für Diebstahl[11]. »Homosexualität und Onanie erschienen in dieser Gesellschaft als unvollkommene und unnatürliche Mittel der sexuellen Befriedigung, als ein Beweis, daß die Fähigkeit, zu normaler Befriedigung zu gelangen, gestört ist. Dem Trobrianderkind ist die strenge, zwangsneurotische Reinlichkeitserziehung, die die Zivilisation der weißen Rasse untergräbt, unbekannt. Der Trobriander ist daher *spontan* reinlich, geordnet, ohne Zwang sozial, intelligent und arbeitsam. Als gesellschaftliche Form des Geschlechtslebens herrscht die zwanglose, freiwillige Einehe, die jederzeit ohne Schwierigkeiten gelöst werden kann, und keine Promiskuität[12].«

Aber auch im Ghotul, im Kinder- und Jugendhaus der Muria in Vorderindien, wo man sexuellem Kommunismus huldigt, gibt es keinerlei Jugendkriminalität, nicht einmal den kleinsten Diebstahl[13].

Von der Keuschheit bei Kopf- und Hodenjägern

Dagegen glänzen viele primitive Männerbünde Neuguineas, die getrennt von Frauen leben, durch Kriegslust und Grausamkeit. Sie sind Kopf- und Hodenjäger. Bei den Galla und anderen äthiopischen Gemeinschaften gilt ein Mann erst dann als heiratsfähig, wenn er die abgeschnittenen Genitalien eines Feindes, bei den Malaien und Asmats, wenn er eine Kopftrophäe vorzeigen kann[14]. Bezeichnenderweise gibt es in Melanesien, Indonesien und Südamerika Kopfjägerstämme, deren Religion vor einem Kriegs- oder Beutezug sexuelle Enthaltung befiehlt. Die Abschaffung der Kopfjagd aber führte dort alsbald zu vermehrten Ehebrüchen[15]! »Der Sieg gehört den Keuschesten«, lautet eine Devise der Bewohner des Hindukusch, die sich im Krieg niemals geschlechtlich betätigt haben sollen[16].

Den Konnex zwischen Feindfixierung und Sexualverdrängung, Aggressionsbereitschaft und Askese macht auch die Tatsache augenfällig, daß für Soldaten wie Mönche die Möglichkeit kopulativer Kontakte oft nur gering ist, daß sie ihr Handwerk kaserniert betreiben. Das klassische Beispiel: die Spartaner, eine bis ins kleinste vom Staat reglementierte Kriegerkaste, die vom siebten bis zum sechzigsten Jahr in der Kaserne haust und dort sogar die Hochzeitsnacht verbringt[17].

Doch gibt es weitere Indizien für den genannten Konnex. So sind viele neue Nationalstaaten Afrikas ziemlich prüde geworden, was bis zu Kampagnen gegen kniefreie Kleider führt. Der Revolutionsrat auf Sansibar läßt für das Tragen von Miniröcken oder kurzen Hosen jetzt sogar Prügel verpassen – beim ersten Verstoß vier Stockschläge, beim zweiten droht Einweisung in eine Besserungsanstalt; selbst Touristen sind davon nicht ausgenommen[18].

Auch die griechischen Faschisten, die als erklärte Christen bei ihren Gegnern »das Gesetz des Dschungels« dominieren sehen, ließen gleich nach ihrem Putsch die kurzen Frauenröcke verbieten[19]. Doch herrschte noch in Ho Chi Minhs Volksarmee angeblich kategorische Askese, nicht nur strenge Unterdrückung der Sexualität, sondern auch der Ersatzbefriedigungen, wie Alkohol, Spiel und Opium[20].

Je totalitärer, despotischer ein Regime, desto größer meist das sexuelle Tabu. Zwar wird die Lust nie ganz vergällt – das ertrüge keine Gesellschaft –, aber möglichst reduziert. »Verkümmert stets, doch nie zu scharf, dem Volk den sinnlichen Bedarf«, wie Lenaus Mephisto einen Minister unterweist. Das dauernde Verdrängen oder Kupieren der Geschlechtsfunktionen aber schlägt leicht in latenten Sadomasochismus um, erzeugt unkritischere und daher willigere Untertanen, deren sich die Herrschenden hemmungslos bedienen[21]. Dagegen ist ein Volk mit vitaler

Freude am Dasein, eine unverklemmte, lustbetonte, froh genießende Gesellschaft schlecht zu manipulieren, kaum zu erwärmen für Tyrannenziele noch für Jenseitsspekulationen; sie will das Glück hier und jetzt und verspürt wenig Neigung, sich oder andere abzutöten, zu entbehren, zu sterben. Gerade darauf aber wurde und wird der Christ gedrillt. Denn je erwartungs- und liebloser er ist, um so eher ist er auch bereit zu Opfer und Tod. Je mehr er den eigenen Körper versklavt, um so leichter läßt er auch sich selbst versklaven.

Das »wenig schöne Wort« Befriedigung

Nirgends wird der Zusammenhang zwischen Askese und Unmenschlichkeit, Entsagung und Barbarei so evident wie in der christlichen Welt. Zwar ist ihre Geschichte rhetorisch umdröhnt vom Evangelium der Liebe, von Gottes-, Nächsten-, Feindesliebe, man kennt den herrlichen Hymnus des Paulus »und hätte die Liebe nicht . . .« – und *hat* sie doch nicht, erlaubt sie gar nicht, zumindest nicht im natürlichen, im sexuellen Sinn. Eine Moral aber, die Liebe lehrt und zugleich deren Wesen derart einschränkt, umbiegt, verfälscht, die sich gegen die Grundwerte der Natur und des Lebens vergeht, eine solche Moral kann nur jenen trüben Dunst von Depressionen und Gewalt erzeugen, von Dogmatismen und Fanatismen, der für unsere Geschichte typisch ist. Eine solche Moral muß verquält, mißmutig, unglücklich machen, anfällig für Ressentiments, Haß und Krieg.

Der Mensch existiert nun einmal nicht geschlechtslos. Und wie er Arme und Beine hat, um sie zu benutzen, so hat er auch Phallus und Vulva, nicht um sie hinter Feigenblättern verschrumpeln zu lassen. Wie er seinen Nahrungstrieb stillt, seinen Abwechslungstrieb, so muß er auch seinen Sexualtrieb stillen. Er strebt von Natur nach Lust, und zur Liebe (englisch love, althochdeutsch liubi und luba, urverwandt mit der altindischen Wurzel lubh = begehren) gehört die Begierde, und zur Begierde notwendig die Befriedigung – um »das wenig schöne Wort« zu gebrauchen, wie der Kardinal Höffner sagt[22], Erzbischof von Köln, »einem von alters her ganz und gar durchpfafften Boden . . ., Lieblingssitz der Dunkelmänner«[23].

Denn die Kirche will keine Befriedigung – alles, was irgendwie mit Frieden kohäriert (ihre Geschichte beweist dies), mißfällt ihr. Sie treibt zur Attacke gegen den Trieb, den Hedonismus, den Kultus des Fleisches, sie zwingt zur Abstinenz, zur deformierenden Kasteiung, außerhalb der Ehe immer, und oft genug auch in ihr. Ausgerechnet der »nackte Affe«, der von allen Primaten am meisten geschlechtsbetonte, der lüsternste, der »sexyste Affe«[24], soll wider seine Natur, wider sich selber leben.

Ein Christ ist nie er selbst

So ist der Christ, sofern er wirklich Christ ist, nie er selbst. Er lebt im Grunde immer gegen sich, das heißt, er kann gar nicht »leben«, nicht voll sinnenhaft, ungebrochen, elementar jedenfalls. Denn wer entgegen seinen Bedürfnissen seine Libido einschränkt oder blockiert, schränkt auch sein Leben ein, blockiert es. Alles, was er wirklich möchte, darf er nicht; und alles, was er soll, geht gegen seine Natur.

Die christliche Religion hat den Menschen mit sich selbst entzweit, in zwei Entitäten, Leib und Seele, gespalten, hat diese zum dauernden Kampf genötigt und derart ein ewiges Hadern und Mißvergnügtsein, den Zwist und Unfrieden in ihm behaust; nicht als erste Religion, aber konsequenter als alle, gemeiner.

Von klein auf wird hier das Emotionale beschnitten, das Sexuelle verstümmelt, fast jede geschlechtliche Sehnsucht und Lust als böse oder pervers verpönt. Man verleumdet, lädiert das Ich, man unterbindet die Wißbegierde, die Entwicklung zur Freiheit, zur Autonomie. Das asketische »Versagen« aber zeitigt Scham- und Schuldgefühle, Zerknirschung, Schwermut, doch oft auch pathologische Reizbarkeit, Rachegelüste, Pogrom- und Kriegsbereitschaft; Neigung zu Desperatheit oder Despotie. Wer sexuell unbefriedigt ist, kann nicht zufrieden sein, ja häufig nicht friedfertig überhaupt.

Sündigt der Asket, überwältigt ihn das Gefühl der Schande. Beherrscht er sich, strauchelt er beim nächsten- oder übernächstenmal und sinkt so immer weiter in ein entnervendes Dilemma, in Trauer und Resignation oder Fanatismus und Haß. Denn wie Liebe Beglückung des Geliebten erstrebt, wie regelmäßiges Sexualleben befreit, der Orgasmus entkrampft, so führt seine fortgesetzte Verhinderung zu ständiger Stauung, Erregung, Gereiztheit, zu krisenhaften Erschütterungen, die zuerst das Individuum selbst verändern, verformen, dann seine menschliche Umwelt.

Welches Elend verursachten und verursachen Neurotiker, die ihre psychischen Spannungen entladen, indem sie andere durch Pedanterie, Doktrinarismus, Sittenschnüffelei schikanieren, nur weil sie selbst schikaniert werden von der herrschenden Moral. Wird doch gerade der Neurotiker in der Kindheit meist besonders rein und keusch erzogen[25].

Welche Verheerungen bewirkte allein das Onanieverbot! Welche Ängste, Skrupel löste es aus, welche Seelenerkrankungen und Verbrechen! »Ein Masturbationsverbot stellt sehr häufig den Anfang einer jugendlichen Neurose, den Grundstein einer Perversion und in vielen Fällen den eigentlichen Grund eines Mordes dar . . . Aber nicht nur das Verbot der Onanie, sondern auch das Verbot aller möglichen anderen kindlichen Aktivitäten führt zu Frustration und zur Angst, bei einer

Übertretung des Verbots entdeckt zu werden. Angst löst Aggressionen aus. Eines Tages schlägt die Aggression in Mord um. *Der Mord ist in diesem Sinne das Surrogat der verbotenen Tätigkeit*[26].«

Die Unterdrückung der eigenen Begierde, die Rücksichtslosigkeit gegen sich selbst, verschuldet so nur allzuoft auch Intoleranz und Unmenschlichkeit gegenüber anderen. Die Kasteiung rächt sich, der fehlorientierte Impuls sucht Auswege, es entstehen ganze Ketten sozialer Mißhelligkeiten, die von mangelnder Kooperationsbereitschaft über Perfidien aller Art bis zu kollektiven Katastrophen reichen. Mehr oder weniger unbefriedigt, physiologisch und seelisch geprellt, begehrt der Mensch auf. Die dauernde Sexualrepression, die unaufhörlich vom Klerus geforderte und geförderte Entfremdung vom mehr vegetativen, animalischen Sein (das hohe Intellektualität natürlich nicht ausschließt!) setzt sich schließlich in Inhumanität, die Moral der Liebe in eine des Hasses um, der häufig nichts ist als ein rauschhaftes Äquivalent für die fehlende Freude, die entbehrte Lust.

Warum man so gern die Geschlechtsteile foltert

Es ist doch kein Zufall, daß sich Grausamkeit so oft auf das Genitale konzentriert, daß man mit solcher Vorliebe Vulva und Phallus foltert, die Schamhaare ausreißt, in die Hoden tritt, auf Frauen einschlägt. Die zahlreichen Schindereien, die das christliche Mittelalter in einem Ausmaß und mit einer Roheit praktizierte wie keine Zeit zuvor – Daumenschrauben, Streckfolter, Spanische Stiefel, Eiserne Jungfrau, Gespickte Hasen, Haspel, Wippe, Schuppe, Vierteilung durch Pferde, Einflößen von siedendem Blei in Mund, Nase, After oder Scheide und so weiter –, wobei das Opfer meist nackt sein mußte, hatten fast immer eine sexuelle, sadistische Komponente[27]. Ebenso wie noch heute etwa die Verbrechen des Ku-Klux-Klan, der unter anderem für voreheliche Keuschheit, eheliche Treue streitet – und Farbige, die weiße Frauen belästigt haben (sollen), erst kastriert, zum Verzehr ihrer eigenen Genitalien zwingt, dann teert, federt und lyncht[28].

Der drangsalierte Trieb lebt sich in Pervertierung aus, die nichts ist als eine verzerrte Spiegelung christlicher Moral. »Der Häftlingskapo Bednarek von Auschwitz, der seine Opfer in die Geschlechtsteile tritt, bis sie sterben, tritt damit den Trieb, den die herrschende Moral ihn zu verachten gelehrt hat. Kollektiv geschieht das noch heute in Spanien, wo mancherorts nach dem Stierkampf die Männer und Jungen in die Arena strömen, um die Hoden des getöteten Tieres zu bespucken und zu zertrampeln: ein wahres Fest des Triumphes über das sogenannte Niedere, Animalische, ›das Böse‹ in uns selbst. Der ›moralische‹ Sinn aller Grausamkeit liegt hier bloß. Die Moral der Massenmörder, die den Juden sich zu ihrem Stier machten, ist denn auch keine andere als die der Spießer, aus deren Reihen sie sich rekrutierten: In Auschwitz wurden einmal Kinder mit Phenol ›abgespritzt‹, weil man es als unmoralisch empfand, sie ›mit Männern in den gleichen Quartieren schlafen zu lassen‹. Wer das für abgefeimte Heuchelei nimmt, hat den Sinn der Grausamkeit und den Sinn unserer Sittlichkeit noch nicht erfaßt. Ihr Zusammenklang ergibt erst die *objektive Heuchelei*, die über uns herrscht[29].«

Zwischen der Moral einer Gesellschaft und ihren Verbrechern besteht bekanntlich ein enger Zusammenhang – wobei die Tatsache, daß gerade Heranwachsende und Alternde einen erhöhten Prozentsatz der Kriminellen ausmachen, nur Folge der gesteigerten Verzichte dieser Altersgruppen ist[30].

Insbesondere gehen ungezählte Sexualmorde auf das Konto christlicher Triebunterdrückung. Der Sittlichkeitsverbrecher nämlich reagiert ab, was sich in ihm an Triebüberschuß aufgestaut hat. Er übt gewissermaßen stellvertretend im Frieden, was die frustrierte Gesellschaft dann kollektiv im Krieg begeht. Und er ermöglicht im Frieden all jenen, denen es oft selbst in den Fingern (und wo immer) juckt, einen kogitativen Mitvollzug, eine Art Befreiungsversuch quasi durch Teilnahme und Entrüstung. Nur so erklärt sich überhaupt das buchstäblich ungeheure »literarische« Interesse der Massen am Verbrechen, besonders am Sexualdelikt[31].

Aber auch insofern gehen viele »Lustmorde« zu Lasten der christlichen Moral, als diese Morde häufig gar nicht aus Lust, sondern aus bloßer Panik geschehen, zumal von Jugendlichen. In Tausenden und Abertausenden von Fällen haben Kinder oder Halbwüchsige nach geschlechtlichen Kontakten andere nur umgebracht, um durch sie nicht »verraten« zu werden, aus Angst vor Entdeckung eben eines als sündhaft, als Verbrechen geltenden Verkehrs. Die tiefere, eigentliche Schuld aber trifft dabei nicht den Tötenden, sondern die hinter dem Mord stehende Moral, deren mittelbares Produkt der Sexualverbrecher auch sonst oft ist[32].

Von der Grausamkeit der Asketen

Daß ganz besonders die zölibatär lebenden Priester und Mönche, die professionellen Verdränger, für Brutalität jeden Schlages anfällig waren, zeigt sich im Kujonieren der Gläubigen, ja untergebener Geistlicher oder Ordensleute ebenso drastisch wie im flammenden Haß gegenüber Dissidenten. Gerade die Asketen bekämpften den »Teufel« im eigenen Fleisch, indem sie unnachsichtig gegen die »Amoral« der anderen zu Felde zogen, was ihnen auch noch ein gutes Gewissen verschaffte. »Die masochistischen Orgien des Mittelalters«, schreibt Wilhelm Reich, »die Inquisition, die Kasteiungen und Peinigungen, Bußetuereien etc. der Religiösen verrieten ihre Funktion: sie waren *masochistische Sexualbefriedigungsversuche ohne Erfolg!*[33]«

Aber schon Voltaire wußte: »Feinde des Menschengeschlechts, Feinde untereinander und gegen sich selber, verhindert, die Annehmlichkeiten der Gesellschaft kennenzulernen, mußten sie diese wohl hassen. Beredt preisen sie einander eine Härte, unter der jeder von ihnen seufzt und die jeder fürchtet: Jeder Mönch schwingt die Kette, zu der er sich verurteilt hat, und schlägt damit seinen Mitbruder, wie er seinerseits damit geschlagen wird. Unglücklich in ihren Schlupfwinkeln, wollen sie auch die anderen Menschen unglücklich machen. Ihre Klöster bergen Reue, Zwietracht und Haß[34].«

Der bekannte Mönchspatriarch Schenute, der oft bis zum Extrem gefastet und sich abgetötet hat (S. 86), war immerhin noch stark genug, seine Mönche selbst barbarisch zu verprügeln und einen im frommen Eifer totzuschlagen[35]. Sich entsetzlich kasteiende Mönche vom Nitrischen Gebirge haben auch die schöne Hypatia, die letzte große Philosophin des Neuplatonismus, hinterrücks überfallen, in eine Kirche geschleppt, nackt ausgezogen und mit Glasscherben zerfetzt[36]. Und die Inquisitoren, die als Ketzerjäger sadistische Greuel ohnegleichen inszenierten, waren gleichfalls oft Asketen, Männer, die mit aller Gewalt ihre Sexualität bekämpften. Im 15. Jahrhundert klagt König Matthias von Ungarn über die Prälaten: »Sie meiden den Zorn nicht, denn indem sie gegen ihre Diener wüten, Grausamkeiten ausüben, sie peitschen und umbringen lassen, nennen sie dies bloß heilsame Strenge. Ich schäme mich, von der blutdürstigen Wut und der unmenschlichen Grausamkeit einiger Bischöfe zu reden[37].«

»Und David brachte ihre Vorhäute . . .«

Schließlich aber, schrecklichste Konsequenz christlicher Moral, stehen auch Frustration und Krieg in enger Beziehung. Wer unbefriedigt ist, wird leicht gefährlich. Systematische Sexualunterdrückung, Verdrängung der Genußfähigkeit, Forcierung des Leistungswillens führen zu erhöhter Kriegsbereitschaft. Der sittlich eingeschnürte, von widernatürlichen Zwängen malträtierte Mensch sieht in der Ausnahmesituation des Krieges seine Befreiung und ist deshalb insgeheim auch damit einverstanden. Nicht eine Verführung durch irgendwelche »Führer« liegt genaugenommen vor, sondern durch eine Moral, die ihn für gewisse »Führer« verfügbar macht[38]. Was er sich im Frieden versagt, lebt er im Krieg aus. Bezeichnenderweise gehen darin die Kriminaldelikte zurück, die privaten Gewaltverbrechen werden durch die kollektiven kompensiert.

Es ist nur konsequent, daß die im Grunde asketisch gestimmte, das Dionysische verdammende christliche Welt in weit mehr und grauenhaftere Gemetzel verstrickt war als jede andere Religion, wobei die größten Scharfmacher oft gerade Kleriker gewesen sind – von den Kreuzzügen bis zum Krieg in Vietnam. Denn wer seine Kasteiung nicht erträgt, seine Qualen und Verzichte und sich selbst nicht mehr, reagiert – anders als der genital befriedigte Mensch – seine geschlechtliche Verkrampfung und Unerlöstheit leicht in der Chaotik des Schlachtens ab wie in einem Rausch.

Historisch beeinflußt ist die Christenheit dabei von einer Tradition, die fatal an die Bräuche der bereits erwähnten Kopfjäger erinnert: die sexuelle Abstinenz der Israeliten vor einem Krieg. Schon in vordavidischer Zeit führten die Juden den für sie typischen »heiligen Krieg«, der meist mit dem Bann (hebr. ḥeräm)[39], der totalen Vernichtung des Feindes, der Tötung seiner Menschen und Tiere, endete, aber mit religiösen Weihen und geschlechtlicher Enthaltsamkeit begann[40]!

Im Alten Testament verspricht König Saul dem David seine Tochter Michal zur Frau unter der Bedingung, daß David die Philister überfalle und als Beweis seines Sieges hundert ihnen abgeschnittene Vorhäute bringe. »Da machte sich David auf und zog mit seinen Männern hin und schlug zweihundert Männer unter den Philistern. Und David brachte ihre Vorhäute, und man legte sie dem König vollzählig vor[41].«

Auch Wortbedeutung und Wesen der Askese sind von früh an mit dem Krieg verknüpft. Askesis trieb der antike Athlet ebenso wie der Krieger[42]. Und das Leben des »idealen« Christen, besonders des Klerikers, noch mehr des Mönchs, soll ein dauernder Kampf, ein ständiger Kriegszustand sein. Der sich Kasteiende wird zum Streiter gemacht, erst gegen sich, dann gegen andere.

Von Paulus bis zur »Heilsarmee«

Schon Paulus, dessen ganzes Christenleben eine einzige Agitation war, ein Exzeß an Starrsinn und Intoleranz[43], liebt das Bild vom Kampf, führt einen »Boxkampf«, leistet für Christus »Kriegsdienst« und sieht in seinen Gehilfen »Mitsoldaten«[44]. Clemens Romanus, der angeblich dritte Nachfolger des Petrus, vergleicht die Häupter der Kirche mit »Generalen« und »Heerführern«[45]. Der heilige Cyprian figuriert in der ältesten christlichen Biographie, die von militaristischen Kategorien strotzt, als »Offizier Christi und Gottes«[46]. Der »Fahneneid« wird zum Taufsymbol, die Kirche zum »Heerbann« – eine Vorstellung, die schon allgemein wurde, seit Konstantin, der erste christliche Kaiser, seine Kriege als Religionskriege führte[47]. Die Verschmelzung von Christentum und Soldatentum war nun auch in der Praxis vollzogen.

Man begreift, wie leicht schließlich gerade Soldaten Christen werden und dann die militärische Begriffswelt übernehmen: Pachomius, der erste Klostergründer, dessen Ordnung »wie ein Exerzierreglement« funktioniert, ebenso wie der heilige Ignatius, dessen zentrales Gleichnis die alte Asketenvorstellung von der »innerseelischen Schlacht« ist[48]. Die Klöster wurden zur »Himmelsburg« (coelestia castra), die unaufhörlich der böse Feind berennt[49], die Westwerke romanischer Kirchen, die man »Befehlsstellen des himmlischen Kampftruppenkommandeurs« nannte[50], zum Kastell (castellum), und überhaupt das ganze Leben und die Weltgeschichte zu einem dramatischen Gefecht zwischen Gott und dem Teufel. »Das Bewußtsein, ein Krieger zu sein«, schreibt ein Katholik, »erfüllte im ganzen Hochmittelalter die Anschauungen des Geistlichen, selbst dann, wenn er am Altar stand, um die Messe zu feiern. In der Messeerklärung des Honorius Augustodunensis, die im deutschen Gebiet weiteste Verbreitung fand, werden die Teile der heiligen Handlung als Phasen einer Schlacht ausgedeutet[51].«

Während der Kreuzzüge erklärte man offiziell den bewaffneten Kampf fürs Christentum zur geistlichen Kriegstat und setzte das Blutvergießen den Werken der Askese gleich[52]. Besonders auffällig korrelieren geschlechtliche Kasteiung und kriegerischer Sadismus beim Templerorden. Die frommen Ritter geloben Keuschheit und Armut, haben selbst im Bett mit Hemd und Hose zu schlafen, meiden, wie Bernhard von Clairvaux, einer ihrer mächtigsten Fürsprecher, hervorhebt, noch das Theater, die Spaßmacher, die Spielleute, und eifern um so verbissener wider die Feinde der Christenheit[53]. Nach Thomas von Aquin bleibt man jungfräulich nicht nur um einer geistigeren Arbeit, eines beschaulicheren Lebens willen, sondern auch, »um besser dem Kriegsdienst sich widmen zu können«[54]. Denn die keusche Seele, so schwärmt man noch im 20. Jahrhundert, ist zu allen Opfern fähig, selbst zum »Heldentum des Opfertodes«[55]. Preist man doch auch den Wahnsinn der Geißlerfahrten und der Kreuzzüge noch als »kraftvoll« und schreibt, dies freilich mit Recht, sie konnten »nur in einem keuschen Geschlecht ... mit jener Intensität sich geltend machen, wie wir sie im Mittelalter gewahren«[56]. Der Sex dagegen, meint heute die katholische Militärseelsorge, lähme den Verteidigungswillen, vernichte, wie einst bei Simson, Heere und Nationen und sei gefährlicher als der »mögliche militärische Feind von außen«[57].

Daß der evidente Zusammenhang zwischen Frustrierung, Askese und Unmenschlichkeit immer wieder auch bei Frauen sich zeigt, bedarf eigentlich kaum noch des Beweises.

Drei keusche Damen

Die Kaiserin Theodora (gest. 548), vor ihrer Ehe mit Justinian, dem berüchtigten Heidenverfolger, eine stadtbekannte Hetäre, diente nach ihrer Heirat »mit Haut und Haaren den Lehren der Tugend«. Sie wachte jetzt fanatisch über die Moral und ließ einmal fünfhundert Prostituierte Konstantinopels zusammentreiben und in ein »Haus der Buße« stecken, wo die meisten aus Verzweiflung sich ins Meer gestürzt haben sollen[58]. Wie aber Theodora vordem für ihr Leben gern koitierte, ließ sie nun für ihr Leben gern foltern. Sie ging täglich in die Schinderkammer und sah gierig den Torturen zu. »Wenn du meine Befehle nicht ausführst«, lautete ihr Lieblingsspruch, »so schwöre ich bei Ihm, der ewig ist, daß ich dir die Haut vom Rücken peitschen lassen werde[59].«

Auch bei Katharina von Medici (gest. 1589), einer Zeitgenossin Marias der Katholischen, der Bloody Mary, trat an die Stelle eines verkümmerten Geschlechtslebens schließlich unbezähmbarer Blutdurst. Aufgewachsen unter Obhut ihres päpstlichen Onkels, Clemens VII., wurde sie eine der arglistigsten Sadistinnen neuerer Geschichte – und die Urheberin der Bartholomäusnacht, der »Pariser Bluthochzeit«, mit fünfzehn- bis vierzigtausend Opfern in einer Nacht[60]. Papst Pius V. aber, der Katharina Geld und Truppen geschickt, der sie gemahnt hat: »In keiner Weise und aus keinem Grund muß man gegen Gottes Feinde Schonung üben«, der zum Kampf rief, »bis sie alle massakriert sind«[61], war zuvor Dominikaner und Großinquisitor und auch als Papst – seine erste Amtshandlung: die Entlassung des Hofnarren – ein strenger Asket und Sittenrichter, der unter den Pontifikalgewändern weiter die härene Mönchskutte trug und derart schaltete und waltete, daß es hieß, er wolle Rom in ein Kloster verwandeln[62].

Ein prächtiges Beispiel aus der Gegenwart: die südvietnamesische Politikerin Ngo Dinh Nhu, Schwägerin des 1963 liquidierten Staatspräsidenten Diem. Einerseits war die glühende Katholikin militant und mitleidlos. »Macht ist wunderbar«, pflegte sie zu sagen. »Uneingeschränkte Macht ist vollkommen wunderbar[63].« Eifrig verfolgte sie als Kommandantin der von ihr rekrutierten Frauenarmee die Buddhisten, wünschte sie »noch zehnmal mehr« zu treffen und war glücklich über jeden »gerösteten Mönch«[64]. Für einen Hauptschlag gegen die Buddhisten erwog ihre Familie den 24. August, den Gedenktag an das Massaker der Bartholomäusnacht! Und wirklich brach unter ihrer Führung im August 1963 ein offener Religionskrieg aus[65].

Andererseits hielt Madame Nhu sehr auf Moral und initiierte drakonische Sittenerlasse. Ihr Familiengesetz verbot Polygamie und Konkubinat, die Ehescheidung war äußerst erschwert. Zeigte sich ein Verheirateter zweimal hintereinander öffentlich mit einer fremden Frau, riskierten beide Gefängnis. Prostitution und Antikonzeptiva wurden untersagt, ebenso Tanzereien, auch privat. Ihre Begründung: »Es genügt, daß wir mit dem Tod tanzen« – eine klassische Illustration des Phänomenzusammenhangs[66]. Verboten waren auch die in den frühen sechziger Jahren gerade modern gewordenen Twist-Songs und sogar sentimentale Lieder. »Die Kampfmoral der Truppe sollte durch Gefühle wie Liebe, Mitleid und Heimweh nicht angenagt werden. In den Bars und Schallplattenläden waren nur noch Lobeshymnen auf den Präsidenten, die revolutionäre Jugend und die strategischen Wehrdörfer erlaubt[67].«

Wie eng Keuschheit und Grausamkeit korrelieren können, symbolisiert exemplarisch selbst die berühmteste Frauengestalt des Katholizismus, wenn auch wenig aus seiner Geschichte so unbekannt blieb wie dies.

2.
SALUS MUNDI MARIA

»Nicht will ich schweigen.
Laut will ich deine Großtaten künden.«
Östliche Liturgie

Wie man schon die Liebesgöttin Ištar zur Kampfgottheit kürte, zur »Richterin der Schlachten«, »Herrin der Waffen«[68], wie die jungfräuliche Athene bereits Göttin des Krieges war, die jungfräuliche Artemis Göttin der Jagd, so ist auch Maria nicht nur die Reine, Keusche, triumphierend Triebbeherrschte, die süße Madonna[69], deren Hyperdulie Joachim Kahl mit Recht als Produkt und Ausdruck infantiler, verstümmelter Sexualität geißelt[70]. Nein, »Maria Maienkönigin«, »Unsere liebe Frau von der Linde«, »... vom grünen Walde« ist auch die große christliche Blut- und Kriegsgöttin, Unsere Liebe Frau vom Schlachtfeld und vom Massenmord. Sie weiß stets »am sichersten, wo der Feind steht«, sie formiert »dauernd die Front des Reiches Gottes«, bietet »Satan überall die Spitze«[71].

Und zur Erinnerung an die blutigsten Gemetzel unserer Historie bedecken denn auch Maria-Sieg-Kirchen das katholische Europa – von Santa Maria da Victoria bei Fatima über Maria de Victoria in Ingolstadt, die Maria-Sieg-Kirche in Wien bis zur Gedächtniskirche »Maria vom Sieg« auf dem Schlachtfeld am Weißen Berg bei Prag.

Mit Maria zu morden war alter christlicher Brauch. In Konstantinopel wurden angebliche »Reliquien der Gottesmutter«[72] im Krieg um die Stadt getragen, ins Meer getaucht, in die Feldschlacht mitgenommen[73]. Madonnenbilder prangten am Bug der Kriegsschiffe des Kaisers Heraklius, auf den Heerfahnen von Kaiser Konstantin Pogonatus, König Alfons von Kastilien, Kaiser Ferdinand II., Herzog Maximilian von Bayern und anderen[74].

Viele der großen christlichen Heerführer waren auch große Marienverehrer: der fanatische Heidenverfolger Justinian I., der Mann der tugendsamen Theodora (S. 395); der Massenmörder Chlodwig; Karl Martell, der »Hammer Gottes«, der 732 bei Tours mit marianischer Hilfe dreihunderttausend Sarazenen erschlug; Karl der Sachsentöter[75].

Maria wurde der Kampfruf des christlichen Ritters, der oft ihr Sternbild auf seinem Schild hatte und den Ritterschlag mit den Worten erhielt: »Zu Gottes und Mariens Ehr' Empfang' dies Schwert und keines mehr[76].«

» . . . die wahrhaft marianische Dynamik der Geschichte«

Auch die ganze Kreuzzugsbewegung war, wie man noch heute rühmt, »von starken marianischen Kräften getragen«. »Als der hl. Bernhard im Dom zu Speyer seine begeisterte Kreuzzugspredigt hielt, da antworteten ihm die Massen der anwesenden Kreuzritter mit dem wunderbaren Gesang des *Salve Regina*, das machtvoll in den Gewölben des Domes widerklang. Sie wollten den Segen desjenigen auf sich herabflehn, unter deren Schutz sie sich stellten: ›O clemens, o pia, o dulcis virgo Maria – O gütige, o milde, o süße Jungfrau Maria!‹ Unter ihrer siegreichen Hilfe zogen sie bald darauf in Jerusalem ein[77]« – und stachen sogleich, bis zu den Knöcheln, ja den Knien der Pferde im Blut watend, sechzig- bis siebzigtausend Moslems ab – »O clemens, o pia . . .« Insgesamt fielen der »marianischen Dynamik« der Kreuzzüge, nach vorsichtiger Schätzung, zweiundzwanzig Millionen Menschen zum Opfer[78] – ». . . o dulcis virgo Maria«.

König Alfons von Kastilien schwenkte 1212 in der Schlacht von Naves de Tolosa ein Marienbanner am Skapulierfest Mariens: mehr als hunderttausend Mauren bissen ins Gras – wieder »einer der großen Tage Unserer Lieben Frau«[79]. 1456 schlachtete man bei Belgrad achtzigtausend Türken mit Hilfe Marias; bei Lepanto wurden unter ihrem Schutz 167 Galeeren erobert, versenkt oder verbrannt. Und noch 1935 sandte man zum faschistischen Raub- und Gasüberfall auf Abessinien »wunderwirkende« Madonnenbilder nach Afrika – und von dort Postkarten, worauf über dem Turm eines geschützrauchumwölkten, von stürmenden Grenadieren flankierten Panzerwagens gar lieblich, keusch und sternenbekränzt die Madonna mit dem Jesusknaben thronte. Unterschrift: »Ave Maria«[80].

Papst Pius XII. aber, der die Mariologie maßgeblich gefördert hat, war auch ein besonderer Förderer des Faschismus in Italien, Spanien, Deutschland und Jugoslawien, also dessen, was die Marien-Strategen »die wahrhaft marianische Dynamik der Geschichte« nennen, und hervorragend mitschuldig an den Opfern des Zweiten Weltkrieges. Seine Heiligsprechung erscheint bei dem von Rom traditionell zelebrierten Zynismus logisch, mehr noch: unerläßlich. Wie sagt Helvétius? »Wenn man ihre Heiligenlegenden liest, findet man die Namen von tausend heiliggesprochenen Verbrechern...« Und bei Jahnn steht der Satz: »Die Verwilderung der Sitten wächst auf dem Boden falscher Sittlichkeit[81].«

3.
DIE MORAL DER KIRCHE

Aber selbst Millionen Tote störten und stören diese Kirche nicht. Rief sie doch, auf beiden Seiten, auch zum Zweiten Weltkrieg auf. Verpflichtete sie doch alle Soldaten zum Fahneneid. Und ist sie doch jederzeit zu neuen und womöglich noch größeren Greueln bereit, nach ihren Moralbegriffen vielleicht nötig, gerecht und gut, ein Liebesdienst – aber Liebe außerhalb der Ehe ist Verbrechen.

Ganz unbeeindruckt offenbar vom Ersten Weltkrieg, schrieb ein Katholik zu Beginn der zwanziger Jahre: »Nirgends aber würde Unordnung, Zuchtlosigkeit und Maßlosigkeit, in welcher Richtung immer sie hervortreten würde..., nirgends und auf keinem (!) Gebiete des menschlichen Lebens wäre Anarchie und Willkür und blinder, unmächtiger Naturdrang verhängnisvoller als auf diesem *Quellgebiet des menschlichen Lebens*. Die Menschheit müßte eine solche Zügellosigkeit und Anarchie mit ihrer Existenz bezahlen[82].« – Das freilich behauptet man auch nach dem Zweiten Weltkrieg noch: »Wenn es einen Trieb gibt, der den Menschen unter die Würde seiner Vernunft und Freiheit hinabdrücken kann, so ist es sicher der Geschlechtstrieb[83].«

Vom guten Genickschuß und bösen Genuß

Hatte man einst den Sexualgenuß geheiligt, wurde er im Christentum verteufelt. Hieß es noch im Hohen Lied: »Die Liebe ist die größte aller Freuden«[84], machte das Christentum fast die größte aller Sünden daraus, die meistverdammte jedenfalls. Denn sein Ideal war eben nicht das Glück, sondern das Leid, die Kasteiung, war im Grunde, wie immer man das heute wegzuwischen sucht, tief daseinsfeindlich, rigoros asketisch, antidionysisch (S. 66 ff.). Unnatur statt Natur, Verdrängung statt Triebent-

faltung, Prozeßlust statt Lustprozessen – und wie oft doch schien der Genickschuß harmloser als der Genuß!
Im Mittelalter zog das einmalige Onanieren einer Frau gelegentlich eine Sühne von drei Jahren nach sich (S. 378 f.). So über alle Maßen barbarisch bestrafte man, was keinem Wesen im Weltall geschadet, der Onanierenden selbst nur Lust bereitet hat. Wer aber einen anderen blutig schlug, im Krieg *getötet* oder auf Befehl seines Herrn *ermordet* hatte, mußte vierzig *Tage* büßen[85]! Das ist die Moral der Kirche.
Oder *war* sie es vielleicht? Ist dies passé? Im Gegenteil. Wer heute im Krieg tötet, büßt überhaupt nicht, büßt längst nicht mehr, büßt nur noch, wenn er nicht umbringt! Wenn er seinen Fahneneid bricht! Das ist die Moral der Kirche.

Und diese Religion nimmt man noch ernst!

Siebzig Millionen Menschen – unser Jahrhundert beweist es – können gottgewollt, in »heiligen« Kriegen und »Kreuzzügen« verdienstvoll ausgelöscht worden sein! Siebzig Millionen Erschießungen, Verbrennungen, Vergasungen, siebzig Millionen schauerlichste Abschlachtungen jeder Art können sich den Vertretern des Christentums zu Akten der Pflicht, des Heldentums, der Liebe verklären. Ein einziger Liebesakt aber ohne ihren Segen ist tödliches Verbrechen...
Und diese Religion nimmt man noch ernst! Man macht sie nicht zum Gegenstand der Kabaretts, zum Objekt für Psychiater! Man steckt ihre Verkünder nicht unter die Komiker, in die Gerichtssäle, die Gummizellen! Man läßt sie weiter – die Religion der Liebe predigen! Wann geht sie unter, diese Liebesreligion – nicht durch Zorn, durch Rache, durch Folter und Scheiterhaufen, nein, in einem Sturm von Gelächter, der den Erdball erschüttert...
Bemerkenswert übrigens auch, daß man zwar die Pornographie bis vor kurzem überall verbot oder noch verbietet, Kriminalromane oder -filme aber, die Darstellung des Mordes, überall erlaubt, auch für die Jugend. Doch freizügige sexuelle Filme enthält man vor oder warnt: für Jugendliche nicht geeignet[86]. Denn das eigentliche Verbrechen in der »christlichen Kultur« ist eben durchaus nicht der Mord, sondern cum grano salis der Geschlechtsverkehr.
Damit aber sind Gut und Böse vertauscht, steht das eine arglistig anstelle des andern, nennt man gut, was schlecht, und schlecht, was gut ist, und unsere ganze Historie ist ein Spiegelbild dieser Moral. Aus jedem Geschichtsbuch grinst sie uns entgegen, in jeder Geschichtsstunde steht sie da, dreckig und traurig, übergossen von Tränen und Blut. Nicht das Töten en masse ist das Ärgernis, sondern die Liebe zweier

Menschen ohne kirchlichen Konsens. Das ist das Tierische, Teuflische, das Skandalon. Und dem Bösen kann Gott, wie Kardinal Garrone soeben sagt, »nicht die geringste Konzession machen. Er kann ihm nur den Krieg erklären – Krieg bis aufs Messer. Das ist Gottes Gerechtigkeit[87]«.

Vom Geist der Liebe in Vietnam ...

Krieg bis aufs Messer – bis auf Bomben und Giftgas und Napalm hat die Kirche immer wieder unterstützt. Das kümmert sie nicht.

Doch die Gefahr, ihr Sittenkodex könnte als unsittlich, ihre Moral als böse erkannt werden, erregt sie. Denn aus ihrer Moral resultiert ihre Macht.

So meinte unlängst Kardinal Ruffini von Palermo, Sizilien (bekanntlich Hochburg der Mafia, dort auch in den Klöstern »zu Hause«[88]) sei »nicht krimineller als irgendein anderes Land. Die wahre Gefahr aber ist der Sittenverfall im Norden[89]«. So behauptete ein Prälat des Erzbischöflichen Ordinariats München-Freising: »Der Geist der Liebe wird nicht in den mörderischen Partisanenkämpfen in Südvietnam vertrieben, sondern hier, jetzt bei uns – etwa beim ›Badehosenkrieg‹ von Loope mit all seinen Begleiterscheinungen.« (Es ging darum, ob nackt voreinander duschende Schüler sich sittlich gefährden[90].) Nein, nicht im Krieg, den sie als Gottesdienst bejubeln, sondern hier, beim »frühzeitigen Flirt- oder Poussierbetrieb« sehen sie »blutigen Ernst«[91]. »Daran, ob die Grundsätze sexueller Moral und sexueller Erziehung gewahrt bleiben, wird sich entscheiden, ob wir ein Volk sind, das dem Untergang geweiht oder von dem ein neuer Aufstieg zu erwarten ist[92].«

... und vom Unheil einer Illustrierten

Ein furchtbarer Krieg, ein Völkermord – kein Malheur für die Kirche: »Die Priester haben immer den Krieg nötig gehabt ...« (Nietzsche). Von Augustinus (»Was hat man denn gegen den Krieg? Etwa daß Menschen, die doch einmal sterben müssen, dabei umkommen?[93]«) bis heute wurde dies zynisch konzediert, ja schon im 5. Jahrhundert durch Kirchenvater Theodoret bekannt: »Die geschichtlichen Tatsachen lehren, daß uns der Krieg größeren Nutzen bringt als der Friede[94].« Aber: »Ihr wißt ja gar nicht, welch ein Unheil allein eine umherliegende Illustrierte anstiften kann, wie eine Serie geiler Bilder schon die unschuldige Seele eines heranwachsenden Kindes vergiften kann. Eine Jugend, die mit Bordell-Magazinen und schmutzigen Revuefilmen großgefüttert wird, muß eines Tages vor die Hunde gehen![95]«

Dagegen blüht sie, wo man den »innerlichen Schweinehund« beherrscht, etwa »hart wie Kruppstahl« und so weiter, »sauber« ist oder war, wie im verflossenen Nazireich, dem Kardinal Faulhaber 1934 bescheinigte, es habe »grobe Auswüchse im Buch- und Badewesen, in Film und Theater und anderen Gebieten des öffentlichen Lebens ausgeräumt und ... auch dem sittlichen Leben des Volkes einen unschätzbaren Dienst erwiesen«[96]. Doch eine einzige Serie geiler Bilder – da geht die Welt zugrunde.

Im Namen des Vaters, des Sohnes und des Heiligen Geistes

Übertreibung? Demagogie vielleicht gar? Ach nein – »es stimmt«, bestätigt prompt der Pater Leppich, »es stimmt: wir haben einen furchtbaren Krieg hinter uns, einen Krieg« – einen Krieg, vergessen wir es nie, zu dem die katholischen Bischöfe hier gemeinsam (mit dem Grafen Galen!), um sie selbst zu zitieren, »immer wieder« und »eindringlichst« aufgerufen[97], die evangelischen übrigens desgleichen – »einen Krieg«, fährt Leppich fort, »der uns zerstörte Kirchen und Häuser und ein Heer von Toten zurückgelassen hat. Aber zerstörte Kirchen und Häuser lassen sich wieder aufbauen, und Menschen werden jeden Tag genug geboren. Nein – daran geht Deutschland nicht zugrunde. Und wenn man mich fragt: geht denn unser Volk zugrunde, oder wird es noch eine Zukunft haben, dann gibt es nur eine Antwort: wir krepieren noch einmal an unseren Frauen und Mädchen, die ihr Heiligstes jeden Tag in den Dreck werfen[98].«

Ach ja: »Die Gesellschaft, mein Herr«, lautet ein, man weiß nicht recht von wem stammendes Wort, »geht schon so lang zum Teufel, daß es verteufelt eigenartig ist, sie noch nicht dort zu finden.«

Gewiß kann Deutschland untergehn, Europa, jedes Volk, schnell, über Nacht. Aber durch Frauen und Mädchen? Oder nicht eher durch eine Moral, die schon so viele in jedem Sinne ums Leben gebracht? »... Menschen werden jeden Tag genug geboren ...« »Was hat man denn gegen den Krieg?« »Der Geist der Liebe wird nicht in den mörderischen Partisanenkämpfen in Südvietnam vertrieben ...« Nein, darum geht es ihnen nicht. Denn ob sie Gott sagen oder Christus oder Maria, ob sie den Himmel beschwören oder die Hölle, das Laster oder die Tugend, Heil oder Unheil, immer geht es ihnen nur um eins, um ihr eigenes gottverdammtes Ich, ihren Vorteil, ihre Herrschaft, ihre Macht; immer waren Gott der Vater, der Sohn und der Heilige Geist, waren alle Engel und Erzengel, Cherubim und Seraphim, alle Gespenster der Höhe und der Tiefe, womit sie lockten oder schreckten, nichts anderes als sie selbst.

Das Verhältnis der katholischen Kirche zur Sexualität in der Zeit vom Zweiten Vatikanum bis zu Johannes Paul II.

»Man wartet im Schmutz.«
Papst Paul VI., 1972[1]

»Der Sexualismus ist... Ausdruck der Dekadenz. Er gleicht einem seichten abgestandenen, fauligen Gewässer, das das ganze Land überflutet hat.«
Joseph Kardinal Höffner, 1984[2]

»Vielleicht wird uns hier klar, warum wir vorhin auf den engen Zusammenhang des Weibes mit dem Tier aufmerksam machten: Sexualität führt zur Bestialität.«
Bischof Graber von Regensburg, 1980[3]

»... womit das, was in der Welt der Lebewesen *den Tieren eigen ist, auf den Bereich der menschlichen Wirklichkeit übertragen wird*«.
Papst Johannes Paul II., 1982[4]

»Und wird man etwa nicht beeindruckt von der Aufforderung, sein Auge auszureißen und seine Hand abzuhacken, wenn diese Glieder Anstoß geben.«
Papst Johannes Paul II., 1985[5]

»Die ›kluge Geschlechtserziehung‹ des Zweiten Vatikanums, Rosenkränze vor dem bayerischen Kultusministerium und ›geballte‹ hl. Messen gegen den Sexualkundeunterricht«

»Freude und Hoffnung, Trauer und Angst der Menschen von heute, besonders der Armen und Bedrängten aller Art, sind auch Freude und Hoffnung, Trauer und Angst der Jünger Christie.«[6] Diese betulich-teilnehmende Behauptung des Zweiten Vatikanischen Konzils in der Pastoralkonstitution »Gaudium et Spes« klingt gut, wie so manche Verlautbarung, zugegeben, hoher Kleriker heute. Ist sie aber auch wahr? Erstens sind diese »Jünger Christi« faktisch gar keine Jünger Christi, sondern – spätestens seit dem frühen 4. Jahrhundert – eher das Gegenteil. Zweitens waren schon damals Freude und Hoffnung, Trauer und Angst der Menschen, besonders der Christen, nicht Freude und Hoffnung, Trauer und Angst der Hierarchen. Denn sie förderten, um nur zwei markante Katastrophen herauszugreifen, die Erhaltung der Sklaverei, die sich in christlicher Zeit noch etwas verschärfte, und sie erkannten auch bald den Vorteil des Krieges für sie. Verkündete doch im 5. Jahrhundert, als sich auch Augustinus bereits sehr für den Krieg erwärmt hatte, sogar für gewisse Angriffskriege, Kirchenvater Bischof Theodoret: »Die geschichtlichen Tatsachen lehren, daß uns der Krieg größeren Nutzen bringt als der Friede.«[7] Somit wurden drittens gerade die »Armen und Bedrängten« durch Päpste und Bischöfe nicht nur arm und bedrängt gehalten, sondern oft noch ärmer, bedrängter gemacht. Ist es doch auch heute, so schrieb ich schon anderwärts, das ganze Kunststück christlicher Sozialmoral, aus den großen Opfern der Armen für die Reichen kleine Opfer der Reichen für die Armen zu machen[8].

In dem Kapitel über »Würde der Ehe und Familie« vertritt das Zweite Vatikanum weiter die Unauflöslichkeit der Ehe, die kraft »göttlicher Anordnung« bestehe, nicht aber »menschlicher Willkür« unterliege – ausgenommen die päpstliche! Wie seit eh und je werden Polygamie, Ehescheidung, freie Liebe, wird überhaupt jede Betätigung der Sexualität außerhalb der Ehe verboten. »Mehrfach fordert Gottes Wort Braut- und Eheleute auf, daß sie in keuscher Liebe ihre Brautzeit gestalten und in ungeteilter Liebe ihre Ehe leben.« Dagegen betont man Fruchtbarkeit, Erzeugung und Erziehung von Nachwuchs als wesentlichen Ehezweck, sollen doch »die Eheleute fest und bereitwillig mit der Liebe des Schöpfers und Erlösers mitwirken, der durch sie seine Familie von Tag zu Tag vergrößert und bereichert« – das heißt natürlich: die Kirche ihre Nutznießung bereichert und so vielleicht auch den Priestermangel beseitigt oder diesen wenigstens nicht weiter eskalieren läßt[9].

Geburtenkontrolle entfällt gleichfalls. Abgesehen von der schon vordem erlaubten, doch höchst prekären Methode der Ausnutzung der empfängnisfreien Tage der Frau, sind alle sonstigen Verhütungsmittel strikt untersagt[10].

Grauenhafte Überbevölkerung, entsetzliches Elend, Hungertod vieler Millionen kümmert die Prälaten mitnichten. »Seid fruchtbar und mehret euch ...!« Zwar überläßt man scheinbar den Eheleuten die Entscheidung über die Zahl ihrer Kinder – aber: »im Angesicht Gottes«. Das heißt, sie sollen dabei nicht nur das eigene Wohl berücksichtigen, sondern auch das von Staat und Kirche, sollen »nicht nach ihrer Willkür« vorgehen, sondern bestimmt »durch ein Gewissen, das sich am göttlichen Gesetz ausrichten muß, hörend auf das Lehramt der

Kirche ...« Somit geht es weniger um das Wohl der Eheleute, der Familie, als um das des hohen Klerus, der nämlich »dieses göttliche Gesetz im Lichte des Evangeliums authentisch auslegt«, was wieder heißt: so wie er es braucht[11]!

Auch in puncto Sexualaufklärung brachte das Konzil nichts Neues. Zwar forderte es »eine positive und kluge Geschlechtserziehung« (dem Kundigen bereits hoch verräterische Formulierungen). Doch was diese »positive und kluge Geschlechtserziehung« bedeutete, bekennt die Kirchenversammlung an anderer Stelle unumwunden: »Jugendliche sollen über die Würde, die Aufgabe und den Vollzug der ehelichen Liebe *hauptsächlich im Schoß der Familie selbst in geeigneter Weise zum rechten Zeitpunkt* unterrichtet werden, damit sie, an *keusche Zucht gewöhnt*, im entsprechenden Alter nach einer *sauberen Brautzeit* in die Ehe eintreten können.«[12]

Hauptsächlich im Schoß der Familie: also, wie gerade in katholischen Kreisen üblich, am besten gar nicht; in geeigneter Weise: möglichst wenig; zum rechten Zeitpunkt: möglichst spät; keusche Zucht und saubere Brautzeit: gegängelt vom Katholizismus bis zum Grabesrand.

Nicht von ungefähr wird gerade die Sexualerziehung in den Schulen von vielen Katholiken als »ganz große Gefahr« bekämpft, weil sie, schreibt 1984 Pater Werenfried van Straaten, der berüchtigte »Speckpater« und kalte Krieger, »bis jetzt in allen Ländern, in denen sie eingeführt worden ist, *verheerende Auswirkungen* gehabt hat«[13].

So agitiert man auf katholischer Seite teilweise ebenso wild wie lächerlich dagegen.

Über das 1972 im christlichen Verlagshaus Gerd Mohn erschienene Buch »Junge, Mädchen, Mann und Frau, Band 2, Für 13- bis 16jährige«, als Schulbuch zugelassen in Niedersachsen, Rheinland-Pfalz, Bremen, Hessen, Schleswig-Holstein, urteilt beispielsweise die »Freundeskreis Maria Goretti Information«: »Dieses Buch beschäftigt sich in Kolle-Mentalität auf nahezu 150 Seiten *in schamlosem Bildmaterial* ... und in *völlig unchristlich wertenden Texten* mit allen Bereichen der Geschlechtlichkeit ... 12- bis 16jährigen Schülern und Schülerinnen wird hier nichts anderes als *Dirnenwissen* beigebracht.« Obwohl sich manches »gar nicht wiedergeben« lasse, zitiert die katholische Zeitschrift ziemlich ausführlich daraus über Masturbation, Homosexualität, Pornographie, sexuelle Begegnungen und jammert dann: *»Wer vermag diese tausendfache Verführung von Kindern und Jugendlichen, denen der Sohn Gottes durch seinen Tod am Kreuz das Leben der Gnade erkauft hat, zu verantworten?«*[14]

Dieselbe Zeitschrift attackierte die dringend erforderliche Sexualaufklärung in den Schulen mit fetten Überschriften wie »Die Wüste wächst« oder »Die Apokalypse erhellt unsere Situation«. Und als der gewiß nicht unchristliche bayerische Kultusminister Hans Maier, Präsident des Zentralkomitees der Deutschen Katholiken, mit Zustimmung natürlich des Landtags, auch in den Schulen des Freistaats den Sexualkunde-Unterricht einführte, rühmte die genannte Zeitschrift im März 1981 unter der Überschrift »Rosenkranz von Kultusministerium« jene »meist kleine, aber treue Schar«, die bereits fünf Jahre lang (!) an jedem ersten und dritten Freitag im Monat um 19 Uhr in der Salvatorstraße vor dem bayerischen Kultusministerium »für unsere Kinder und die Verantwortlichen betet. Beten Sie mit!«[15]

Nicht genug. Die Zeitschrift »Information« forderte die Priester ihres Freundeskreises auf, zu Ehren der Immakulata zum Verschwinden des »Sexualunterrichts« aus den Schulen hl. Messen zu feiern. 165 hl. Messen konnte sie so für jedes Jahr bereits buchen. Nicht verwirklichen ließ sich aber der Vorschlag, »die hl. Messen alle ›geballt‹ an einem (Marienfest-)Tag zu feiern« – was den Himmel, wer weiß, vielleicht so weich gemacht hätte wie gewisse Gehirne[16]. Zurück zum Konzil, das nicht nur die Männer, die Frauen, die Laien benachteiligt hat, sondern sogar den weiter zölibatär gehaltenen Klerus. Denn immer mehr Priester möchten heute heiraten, möchten das Zölibat abgeschafft wissen, eine Einrichtung, die nach Wilfried Daim »zu einer Anreicherung von infantilen Typen im Klerus führt, »von Mutterfixierten, die aus der Not, die erwachsene Frau seelisch nicht bestehen zu können, infolge eines unbewußten Abwehrmechanismus, die Tugend der ›Reinheit‹ machen ...«[17]

Oder die Heuchelei! (S. 186 ff.) Doch nur das Diakonat wurde wieder etabliert, die unterste Stufe in der klerikalen Hierarchie, und dafür auch der verheiratete Mann »reiferen Alters« zugelassen, während junge Diakone dem Zölibatgesetz unterworfen bleiben[18]. Konservative Klerusgruppen haben sogar von dieser Neuerung, Folge lediglich des herrschenden Priestermangels, Schlimmes befürchtet. Und die Diskussion über das Zölibat selbst unterband der Papst persönlich (vgl. 154 ff.). Recht so: Wer Pfaffe werden, bleiben will, soll auch die Heuchelei ausbaden!

Die von Einsichtslosen, Einfältigen, naiven Utopisten mit so großen Hoffnungen verfolgte Bischofszusammenkunft hat in allen wesentlichen Fragen der Sexualität nichts Neues gebracht, das alte Herrschaftsstreben der Hierarchen gefestigt und die Katholiken, einschließlich des niederen Klerus, weiter gegängelt. »Die vom Konzil verkündete neue Lehre über die Ehe«, resümiert ein katholischer Theologe, »ist die alte geblieben. Sie ist in ihrer starren äußerlichen Gesetzhaftigkeit ganz und gar freigeblieben von jedem Anhauch konkreter Humanität. Die redet von Institution, nicht von Menschen. Sie überherrscht den Menschen, statt ihm zu helfen; ihm zu helfen gerade bei der humanen Bewältigung seiner drängendsten, inneren Triebkraft, seiner Sexualität.«[19]

Dies ist nicht nur die Ansicht eines kritischen katholischen Theologen. Auch die erzkonservative, in jeder Nummer wahrhaft übelerregend penetrant für »Reinheit« fechtende Zeitschrift »Information« des Freundeskreises Maria Goretti, der »Märtyrerin der Keuschheit«, stellt gegen jene, die meinen, seit dem Konzil sei man »weitergekommen«, sachlich völlig richtig fest: »Tatsächlich ist das nicht so. Das Vatikanum II hat über die Frage der SE [Sexualerziehung] keine neuen Aussagen getroffen und keine neuen Regeln aufgestellt – wie über die Geschlechtlichkeit überhaupt.«[20]

Sogar der Bischof Vekoslav Grmic (Maribor), der doch der vatikanischen Pastoralkonstitution große Achtung vor Ehe und Familie attestiert, außerordentliche Würdigung der ehelichen Akte, ja der zentralen Bedeutung der Liebe, sah sich schließlich in seiner Erwartung enttäuscht: »Die Amtskirche wird immer mehr autoritär und klerikalistisch, die Laien haben immer weniger zu sagen, die Frauen sind in mancher Hinsicht benachteiligt, was ihre Gleichberechtigung in der Kirche betrifft.«[21]

Das Lavieren der Bischöfe nach »Humanae vitae« von Europa bis Australien

Die Haltung des Konzils deckte sich natürlich weitestgehend mit der des Papstes, was bei der Abhängigkeit der Bischöfe von ihrem Herrn kaum des Beweises bedarf. In einer Ansprache Pauls VI. vom 13. September 1972 über »dieses delikate Thema«, das früher, wie er sagte, »mit viel Vorsicht behandelt wurde«, heute aber »mit geradezu provozierender Gründlichkeit« beachtet werde, zählt er in einem Atemzug als Verpester des modernen Lebens auf: die Wissenschaft der Psychoanalyse, die pädagogische Sexualerziehung, die Erotik der Literatur, die »lockende Vulgarität« der Reklame, die »unanständige Zurschaustellung« im Theater, die pornographischen Zeitschriften und schließlich die »Unterhaltung« überhaupt, in der man »immer mehr nach unsauberem und verführerischem Vergnügen« suche. »Wir müssen uns bewußt werden, daß wir in einer Zeit leben, in der die leibliche Seite des Menschen oft in zügellose Sittenlosigkeit ausartet. Man watet im Schmutz.«[22]

Nachdem Paul VI. diesen »Schmutz« etwas näher unterbreitet und verdammt hatte, wobei er die »Sexualerziehung«, wie ein katholischer Kommentar stolz konstatiert, »in einem Atemzug mit Pornographie und Obszönität!« nannte, fuhr er fort: »Wir müssen uns verteidigen, zur Wehr setzen ... Wir dürfen nicht aus Bequemlichkeit oder Menschenfurcht der Unsittlichkeit in unserer Umwelt nachgeben. Ferner müssen wir uns bewußt werden, daß die Jugend, die auf dem Weg ins Leben ist, kein Recht auf das Unreine hat, von dem hier die Rede ist, auch nicht der moderne Mensch ..., auch nicht der Mensch im reiferen Alter, als ob er immun wäre gegen die Unordnung und Ansteckung der provozierenden Sittenlosigkeit.« Und selbstverständlich versäumte der Pastor bonus nicht, den Schäfchen zu sagen, was »Unreinheit« sei, nämlich »die Vorherrschaft der Instinkte und Leidenschaften des Leiblichen im Menschen über die sittliche Vernunft in ihm«. Daß diese sittliche Vernunft indes nichts anderes ist als das angeblich »göttliche Gesetz«, das heißt die alte, gottverdammte Sexualrepression dieser Kirche, versteht sich wieder von selbst[23].

Natürlich mußten sich dem Papst die Bischöfe fügen, falls sie nicht ohnehin dachten wie er. Zwar gab es eine globale Opposition im katholischen Klerus, vor allem die Folge einer globalen Vergrämung der Gläubigen. Aber wo die Prälaten unter dem allgemeinen Druck eine gewisse »Liberalität« zumindest vortäuschten, erfolgte schließlich, offensichtlich von Rom gewünscht, ein Widerruf. So hatte die australische Bischofskonferenz nach »Humanae vitae« in einem gemeinsamen Hirtenbrief erklärt, wenn Katholiken die offizielle Lehre der Enzyklika guten Glaubens nicht annehmen könnten, begingen sie unter bestimmten Umständen keine Sünde. Doch zwei Jahre später fielen die australischen Oberhirten geschlossen um (ein in bischöflichen Kreisen seit der Antike beliebter Brauch). Nun nämlich legten diese Episkopen gemeinsam dar: Die authentische Lehre der katholischen Kirche, wie sie »Humanae vitae« enthalte, binde »ohne jede Zweideutigkeit« die Gewissen aller und schließe auch die Möglichkeit irgendeiner einleuchtenden (!), doch der Lehre der Enzyklika entgegengesetzten Ansicht aus[24].

Die Australier waren natürlich nicht allein in die Irre gegangen, sondern konnten sich bei ihrer ersten permissiven Interpretation der päpstlichen »Pillenpredigt« beispielsweise auf die »Königsteiner Erklärung« ihrer deutschen Kollegen berufen. Darin hatten diese bereits am 3. September 1968 – reichlich dunkel, gewunden, weil im Gegensatz zum Papst – dem, der sich gewissenhaft prüfe, »frei von subjektiver Überheblichkeit und voreiliger Besserwisserei«, die Verwendung künstlicher Mittel zur Empfängnisverhütung erlaubt – vorausgesetzt freilich, er könne »vor Gottes Gericht seinen Standpunkt verantworten«, er nehme Rücksicht »auf die Gesetze des innerkirchlichen Dialogs« und vermeide »jedes Ärgernis«[25].

Die Bischöfe lavierten dabei zwischen Roms Verbot und ihres Anhangs Wünschen nur halbwegs rechtens. Denn einerseits war die päpstliche Verlautbarung zwar keine Ex-cathedra-Definition, keine, so das Kunstwort, effatio infallibilis, und deshalb nicht unbedingt verpflichtend. Andererseits aber vertrat der Papst, was die Kirche, gleichsam als effatum infallibile, seit vielen Jahrhunderten verkündet – oder, wie der deutsche Moralist Gustav Ermecke bemerkte, »seit unvordenklichen Zeiten«. Weshalb dieser denn auch feststellte, »Humanae vitae« enthalte eine »untrügliche Glaubenswahrheit«, verpflichte »alle, auch die deutschen Bischöfe«, ihre Erklärung von Königstein sei »keine katholisch gültige!«. Der Theologe belehrte die Oberhirten: »Man kann nicht eine in dieser Form untrügliche Lehre der Kirche ablehnen und zugleich katholisch bleiben.« Ergo: »Die ›Königsteiner Erklärung‹ galt von Anfang nicht. Sie widersprach untrüglichen Grundlehren der Kirche ... Ehemoral gibt es nicht zu Billigpreisen!«[26]

Die Gläubigen wollten sie aber weithin billig – und die Hirten suchten die Schafe selbstverständlich zu behalten. Genau deshalb verkündete auch die Vollversammlung des österreichischen Episkopats am 6. November 1980, wer auf dem Gebiet der Empfängnisregelung »fachkundig« und zu einer »abweichenden Überzeugung gekommen« sei, dürfe ihr »zunächst folgen. Er verfehlt sich nicht ...«; vor allem freilich seine Bereitschaft vorausgesetzt, »der Kirche im übrigen Ehrfurcht und Treue entgegenzubringen« – stets die Hauptsache. Siehe oben. Der Bannerträger der katholischen Keuschheit, der »Freundeskreis Maria Goretti e. V.«, verstand dies aber »als *Affront gegen die Gesamtkirche*« und lag nicht so falsch mit der Frage: »Gibt es in Österreich zweierlei Moral: Die Fachleute dürfen etwas ohne sich zu verfehlen, alle übrigen (Dummen?) nicht?«[27]

Und wie Gustav Ermecke die deutschen Prälaten eines Besseren belehrte, so nun der Bamberger Moralist Johannes Stöhr die österreichischen. In einem anmaßend aufmüpfigen, doch sozusagen durch Rom gedeckten Brief an die »Hochwürdigsten Herren!« beschuldigte er sie – »in Christus verbunden« – »eines billigen Subjektivismus der Beliebigkeit, einer vordergründigen Situationsethik und einer relativistischen autonomen Moral«. Viele fänden in dieser bischöflichen Erklärung nur »ein Alibi für ihr sittenwidriges Tun«. Und zu solch offensichtlichen Förderern von Sittenstrolchen gehörte für Stöhr nicht nur die österreichische Bischofskonferenz, sondern auch sein eigener Ortsbischof. Brachte dessen »Heinrichsblatt« doch »folgende grob irreführende Überschriften in Fettdruck: ›Das Gewissen bleibt oberste Instanz‹ (9. 11. S. 3): ›Ehepaare sollen entscheiden. Bischöfe Österreichs: Keine Verfehlung, wenn sie der Zeitwahlmethode nicht zustimmen‹ (23. 11. 80)«. Der Bamberger Moralist sah hier wie dort bloß »ein Beispiel doppelzüngiger Dialektik und opportunistischen Taktierens« – als hätten es die

Kirchenführer je anders getrieben! -, prophezeite, »pastoral gesehen, grausame Folgen« und erklärte, »wissenschaftlich gesehen«, glatt »die österreichischen Bischöfe total hinter dem Mond«. Er betete um ihre »Umkehr« sowie um Hebung ihres pastoralen »Verantwortungsbewußtsein[s]« und war »auch gern bereit«, sie auf den Stand der Forschung zu bringen durch Hinweise auf »theologisch-wissenschaftliche Informations- und Beratungsmöglichkeiten«[28].

Vom standfesten polnischen Episkopat

Nun machten die Bischöfe natürlich nicht überall (un)gewisse Konzessionen. Im Osten etwa, im streng katholischen Polen, zeigten sie weniger Nachsicht. Im Adventhirtenbrief vom 4. Dezember 1977 forderten die Polen mit aller Entschiedenheit die »Verteidigung der Gesetze Gottes auf dem Gebiet der Mäßigkeit und Keuschheit« und beschworen »die Gefahr der sittlichen Auflösung in der Nation«. Die Liebe, so lehrten sie, habe »durch die Ursünde eine schmerzliche Umkehrung erfahren«, die »größte Gefahr«, die ihr »durch den Leib« drohe, sei »die Unreinheit, das heißt der vorsätzliche und bewußte sinnliche Genuß«. Eine »weitere große Gefahr auf diesem Gebiet«: »falsche, verlogene und verderbte Meinungen«, die »beinahe jede Sünde der Unkeuschheit« rechtfertigten, wobei »Ärzte und Psychologen« gebrandmarkt werden. »Immer weiter breiten sich eheliche Untreue und sittlicher Verfall aus. Was beispielsweise in einigen Arbeiterunterkünften, Studentenhäusern oder auch Altersheimen (!) vor sich geht, beleidigt Gott und *schreit nach Strafe.*«[29]

Ganz offenkundig attackieren die polnischen Oberhirten dabei ihren (kommunistischen) Staat. Rundfunk, Film und Fernsehen, behaupten sie, »werden immer öfter zu Mitteln für die Verbreitung der Unmoral«. Sie unterstellen geradezu »einen geheimen Plan, die Moral der Nation zu zersetzen«. Sie sprechen von »perversen Plänen«, von Versuchen, die »in eine furchtbare Sklaverei« führten. »Jeder bewußte und freiwillige Geschlechtsakt außerhalb der Ehe ist eine furchtbare Sünde.« »Der brutale Sexualkundeunterricht für Kinder und Jugendliche ... ist ein ... äußerst schädlicher Vorgang«, zumal »der Unterricht über Methoden der Empfängnisverhütung«. »Es ist leicht, eine Nation zu vernichten und zu beherrschen, die keinen Willen mehr hat ...« (das wissen die Bischöfe freilich wie niemand sonst aus eineinhalbtausendjähriger Praxis!) »... und deren moralisches Rückgrat durch Sittenlosigkeit und Sünde zersetzt und verdorben ist« - richtig: durch den Katholizismus! Die geistlichen Demagogen appellieren an die Eltern, die liebe Jugend, die lieben Lehrer und Erzieher, sogar an die Kulturschaffenden, sei doch selbst der größte Künstler »nicht von der Pflicht befreit, die moralischen Gesetze zu respektieren« – die die katholische Kirche lehrt! »Wacht über die Gesundheit eurer Familien«, rufen sie. »Verteidigt die Reinheit.« »Protestiert gegen den falschen Sexualkundeunterricht.« »Wehrt euch.« »Niemand hat das Recht von euch zu verlangen ...« – außer den Bischöfen! »Sagt allen, daß euer Leib ein Tempel des Heiligen Geistes ist, den ihr von Gott erhalten habt und der nicht mehr euch selbst gehört ...« – sondern der katholischen Kirche! Dem hohen Klerus! Seiner unbegrenzten Herrschgier, die sich auf alles erstreckt, auf den Bauch, den Kopf, das ganze Leben[30].

In einem anderen »Hirtenbrief« desselben Jahres – zum »Fest der Heiligen Familie 1977« – behaupten die klerikalen Verführer geradezu: »Das Aussterben des polnischen Volkes ist die tragische Folge der Praktiken der Empfängnisverhütung und des Schwangerschaftsabbruches.«[31] Doch sterben, leicht möglich, die Polen demnächst aus, dann, wie jeder weiß, nicht durch Empfängnisverhütung! Sondern wegen eines Krieges, den die Bischöfe prinzipiell erlauben, den sie, seit es sie gibt (!), immer erlaubt haben, sind sie doch stets die besten Zulieferer an die Schlächter dieses Volkes gewesen.

Tragisch seien die Praktiken der Empfängnisverhütung und des Schwangerschaftsabbruches auch deshalb, weil sie das Leben der Frauen »zuweilen (!) zu dauernden Krüppeln machen«. Als hätten gerade die Bischöfe das Leben der Frauen geschont, wenn diese, als reine Gebärmaschinen, ein Kind nach dem andern, buchstäblich bis zum Gehtnichtmehr, werfen mußten – »das schadet nichts, laß sie nur todt tragen, sie sind darum da«, wie Luther schrieb (vgl. S. 260). Und er hatte dieses Prinzip der Menschenverachtung und -ruinierung vom Katholizismus übernommen! »In der ganzen Welt wird heute gekämpft für den Schutz der natürlichen Umwelt.« Doch nirgends wurde sie so zerstört wie im christlichen Abendland gemäß dem alten biblischen Unterjochungs- und Vernichtungsbefehl: Machet sie euch untertan! »Furcht und Schrecken vor euch über alle Tiere ... Alles, was sich regt und lebt, sei eure Speise ...«

Die polnischen Oberpriester fahren fort: »Die allererste (natürliche) Umwelt eines jeden Menschen ist der Schoß der eigenen Mutter. Niemand darf ihn vergiften oder verletzen.« Nur die Kirche durfte Millionen Frauen auf die Scheiterhaufen schicken, in die Folterkeller, auch Schwangere, auch Greisinnen, auch Kinder, Säuglinge selbst. Denn, schreiben die polnischen Prälaten: »Dort, wo man aufhört, auch den allerkleinsten Menschen zu achten, wird die Achtung auch vor den erwachsenen Bürgern aufhören.«[32] Nun hat die Kirche zwar den »allerkleinsten Menschen« respektiert – theoretisch. Praktisch wurde wohl kaum irgendwo so systematisch abgetrieben wie in vielen

Nonnenklöstern. Und schon den »kleinsten« Menschen achtete und achtet man nicht mehr: Von der ausgehenden Antike bis heute vergewaltigt man ihn durch die Säuglingstaufe! Man muß ihn in die Kirche zwingen, täte er doch, erwachsen, diesen schauderhaften Schritt nur selten noch. Und schützt das Papsttum den Embryo nicht auch deshalb so fanatisch, um ihn, ausgekeimt, noch heranwachsend oft, schon ausbeuten oder vernichten zu können? Verbrannte man als Hexen nicht auch Kinder? Brachte man sie nicht in Kreuzzügen und ungezählten Kriegen um? Gab es nicht auch einen Kinderkreuzzug und dessen fürchterliches Ende? Hat man nicht noch in der Mitte des 20. Jahrhunderts in Konzentrationslagern des durch und durch katholischen Kroatien Kinder zu Tausenden geschlachtet? Gab es dort nicht sogar eigene Konzentrationslager für sie: in Lobor, Jablanac, Mlake, Brocie, Ustice, Sisak, Gornja, Rijeka u. a.[33]?

Verhältnismäßig ausführlich wurden diese beiden von allen polnischen Kardinälen, Erzbischöfen und Bischöfen unterzeichneten Hirtenbriefe zitiert, weil aus Polen schon ein Jahr später der seitdem regierende Papst Johannes Paul II. kam. Sein berüchtigter, einen Teil der Welt, nicht zuletzt der katholischen, entsetzender Sexualpessimismus wird so wohl verständlicher.

Johannes Paul II. als Propagandist der »Keuschheit«
und Feind der »Fleischeslust«

Kein Jahr vergeht seither, in dem nicht eine Flut päpstlicher Äußerungen zur Sexualität und Sexualerziehung die (katholische) Welt heimsucht.

Viele Monate lang sprach das Haupt von siebenhundert Millionen Katholiken bei den Generalaudienzen vom September 1979 bis zum April 1980 über nichts anderes als über Sexualität! In Fortsetzungen behandelte er – langatmig, langweilig, in lästig sich wiederholenden, vielen vermutlich ziemlich unverständlichen theologischen Seminar-Tiraden – den sogenannten Schöpfungsbericht, das Schöpfungsgeheimnis, das Wesen des schöpferischen Schenkens, die Teilhabe am göttlichen Leben, das Verhältnis von Mann und Frau, die Scham, Reinheit, Selbstbeherrschung, »die bräutliche Bedeutung des Leibes«, die »Beherrschung des fleischlichen Begehrens« usw. usw.[34]

In einer Ansprache beim ad-limina-Besuch der Bischöfe von Peru am 4. Oktober 1984 klingen die meisten Themen an, die Johannes Paul II. stets von neuem beschäftigen – »Die Zunahme der wegen *Scheidung, Ehebruch entzweiten Familien,* der *eheähnlichen Verbindungen* ohne das Band der christlichen Eheschließung«, wobei »das üble Vorbild von den höchsten Schichten der Gesellschaft« häufig »seinen verderblichen Einfluß auf die unteren Klassen« ausübe. Der Papst beklagt »die Geißel der *Abtreibung,* der *künstlichen Empfängnisverhütung,* der *vorehelichen Beziehungen«.* Er brandmarkt »die *Pornograhie* und eine *Permissivität der Sitten«,* die angeblich »*jedes Schamgefühl* zerstören«. Permissivität ist eines seiner Lieblingsworte, und gern stellt er dabei jede nicht kirchlich geknebelte Sexualität auf eine Stufe mit Drogensucht. »Sexuelle Permissivität und Drogensucht zerstören das Leben von Millionen Menschen ...« So, beispielsweise, am 29. Mai 1982 in London[35].

Der im Schlamm der Sinne watenden Welt preist der Papst Wojtyla die Märtyrerinnen der Keuschheit an: in Rom die hl. Agnes, in Zaire die Schwester Anuarite. Er spricht vom »*Ruhm der Keuschheit«,* von »*unberührter Reinheit«* (gibt es denn berührte?). Er empfiehlt, die »heroischen Tugenden« des hl. Kasimir nachzuahmen. »Sein *Leben der Reinheit* und des Gebetes ist eine Einladung an euch ...«[36]

Wenig, so könnte man fast glauben, scheint Johannes Paul II. mehr zu bekümmern als die »Begehrlichkeit«, »die dreifache Begierlichkeit«, die »Folgen der dreifachen Begierde«, »besonders«, wie er betont, »die Fleischeslust, die die Wahrheit der Sprache des Leibes entstellt«. Doch warum entstellt ausgerechnet die »Fleischeslust«, die ja unbestreitbar zur »Wahrheit der Sprache des Leibes« gehört, die Sprache des Leibes? Ganz beiseite, daß von der »Fleischeslust« ungezählte Beichtväter, Bischöfe, Päpste mehr und besser gelebt haben als von jeder anderen »Sünde« (S. 407 ff.)[37].

Die »Fleischeslust«, lehrt der Papst, mache den Menschen »blind und unempfänglich für die tieferen Werte«. Die »Sünden der Ausschweifung« bringen »eine Erniedrigung« der »menschlichen Würde mit sich, und die Folgen für die Gesellschaft sind unabsehbar«. Ergo predigt der Rufer in der Wüste immer wieder gegen »Begehrlichkeit«, immer wieder mahnt er, die »Beherrschung darüber« zu behalten, besonders über »die sinnliche Begehrlichkeit«. Sie beeinträchtige die Hingabe, sie entpersönliche den Menschen, sie mache ihn »*zum Objekt für den anderen«.* Doch was der Papst in diesem Zusammenhang immer wieder verlangt, »*die maßvolle Beherrschung der Begierden ... in der Wurzel, im rein inneren Bereich«,* die »*Reinheit«,* »*die Enthaltsamkeit von der ›Unreinheit‹ und von dem, was zu ihr hinführt«,* »*die Bewahrung des Leibes ... in Heiligkeit und Ehrbarkeit«* etc. etc.,[38] gerade dies macht den Menschen *zum Objekt für die Kirche,* es versklavt ihn ihrer Moralrepression, ihrer Sündenknechtschaft, ihrem noch immer wirkungsvollsten Herrschaftsinstrument.

Im Kampf »*vor den Folgen der dreifachen Begierde«* schützt nach dem »Heiligen Vater« die Scham. Durch sie »bleiben der Mann und die Frau gleichsam im Stand der anfänglichen Unschuld. Denn sie machen sich ständig den bräutlichen Sinn des Leibes bewußt und möchten ihn sozusagen vor der Begierde schützen ...« Womit die Scham dasselbe tut wie der Papst, der die »*Erlösung des Leibes*« predigt, »*schon jetzt schrittweise in der Geschichte ..., und zwar im ständigen Kampf gegen die Sünde, in der Überwindung der sinnlichen Begierde*«. Und die Erlösung, behauptet Johannes Paul II., heile und heilige den Menschen »*bis in seine Leiblichkeit hinein*«, helfe ihm »*gerade in seiner Geschlechtlichkeit*«. Und so, in seiner Geschlechtlichkeit geheilt und geheiligt, kann der Mensch überhaupt erst Achtung und Selbstachtung haben – mit wieder heilenden und heiligenden Folgen: »*Diese Achtung und Selbstachtung verbietet den lüsternen Blick (vgl. Mt.5,28) und was auf ihn abzielt.*«[39]

Wie viele »ekklesiogene Neurosen« – ein vor mehr als drei Jahrzehnten von dem Berliner Gynäkologen Eberhard Schaetzing geprägter Begriff – resultieren aus solcher die Lust, den Genuß verdammender, brutal menschenunterjochender Moral! Nein. Unmoral! Teufelsmoral! Ärzte, Psychologen, Psychoanalytiker könnten ein Lied davon singen, Tragödien berichten – sie berichten sie! »... und ich muß Ihnen, Herr Papst, sagen«, schreibt der katholische Theologe, Psychologe und Psychotherapeut Alfred Kirchmayr, »daß es für viele meiner Patienten mit ekklesiogenen Neurosen mühsamer, jahrelanger Arbeit bedarf, um etwas gesünder, etwas weniger neurotisch gehemmt und verängstigt am Leben teilnehmen zu lernen. Verstehen Sie, daß mich solche Erfahrungen zornig machen ... Der politische und psychologische Mißbrauch Gottes für die Unterdrückung, Verängstigung und Ausbeutung von zahllosen Menschen schreit wahrlich zum Himmel!«[40]

Selbst das Zweite Vatikanum mußte die Fortschritte der »Biologie, Psychologie und Sozialwissenschaften« anerkennen, Fortschritte, die (vielfach gegen jahrhundertealte kirchliche Ansichten und Lehren erzielt) sogar nach den Konzilsvätern »dem Menschen nicht nur ein besseres Wissen um sich selbst« geben: »Sie helfen ihm auch, in methodisch gesteuerter Weise das gesellschaftliche Leben unmittelbar zu beeinflussen.«[41] Doch im strikten Gegensatz zu der ja nicht mehr so neuen, inzwischen allgemeinen respektierten Erkenntnis der Wissenschaft, daß geschlechtliche Askese innere Spannungen auslöse, einen entnervenden Kampf des Menschen mit sich selbst, mit seinen natürlichen Bedürfnissen, behauptet der Papst: »Im Licht der von uns angestellten Analysen ist die ganzheitlich verstandene *Enthaltsamkeit* hingegen *der einzige Weg, um den Menschen von solchen Spannungen zu befreien.*« Andererseits ist Sexualiät, wie sie eine freiere, weniger von der Kirche gegängelte Gesellschaft – und ein großer Teil der Kirchengesellschaft dazu! – praktiziert, für diesen Papst offenbar weiter etwas

Tierisches. Die heutige Mentalität sei gewohnt, sagte er am 28. April 1982, »vor allem (!) an den *geschlechtlichen Instinkt* zu denken und von ihm zu sprechen, *womit das, was* in der Welt der Lebewesen *den Tieren eigen ist, auf den Bereich der menschlichen Wirklichkeit übertragen wird* ...«[42].

Johannes Paul II.
als Verfechter der postmodernen Ehe:
möglichst keusch und möglichst kinderreich

Es ist klar, daß ein solcher Papst auch energisch die mittelalterliche Ehemoral seiner Kirche vertritt, daß er sie in Amerika ebenso propagiert wie in Afrika und Europa.

In Chicago lobte er am 5. Oktober 1979 die Bischöfe der USA, weil sie die Ehe »so unauflöslich« nennten »und unwiderruflich wie Gottes Liebe für sein Volk und Christi Liebe für seine Kirche«. In Afrika, wo einst die Polygamie blühte, beschwatzte er die Jugend, sich durch Gebet, Selbstdisziplin und Keuschheit auf die Ehe vorzubereiten. »Ihr sollt keusch sein«, verlangte er am 13. Februar 1982 in Onitsha/Nigeria. »Ihr sollt allen Versuchungen Widerstand leisten, die sich gegen die Heiligkeit eures Körpers richten. Ihr sollt eure Keuschheit in das Priestertum, das Ordensleben oder die Ehe einbringen.«[43]

Darum geht es: Alle Weißen, alle Schwarzen, alle Gelben, alle Roten, sie alle, alle sollen keusch viele Kinder in der Ehe machen, auf daß es nie an Schäfchen, nie auch an klerikalen Parasiten mangle, die Macht der Bischöfe, der Päpste dauere, floriere und wachse in alle Ewigkeit.

Bei seiner Deutschlandreise 1980 trat Johannes Paul II. am 15. November in Köln mit einer Predigt zum Thema Ehe und Familie besonders beredt für die Interessen des hohen Klerus ein. Staat und Gesellschaft, unkte er, würden »ihren eigenen Zerfall« einleiten, stellten sie nichteheliche Lebensgemeinschaften der Ehe und Familie gleich. Er plädierte dafür, »die Würde und den Wert der Familie neu zu entdecken«, und bot dazu »aus dem Licht des Glaubens« den »Rat« der Kirche »und ihren geistlichen Dienst« an.

Volle Geschlechtsgemeinschaft zwischen Mann und Frau, führte er aus, habe »ihren legitimen Ort allein ... in der Ehe« – »der einzig angemessene Ort für die Zeugung und Erziehung von Kindern. Darum ist ehelich Liebe ihrem Wesen nach auch auf Fruchtbarkeit ausgerichtet ..., sind die Ehegatten Mitwirkende mit der Liebe Gottes.« Das heißt, die Eheleute, die Katholiken, haben in erster Linie Funktionäre, Knechte des Klerus zu sein. »Kirche im Kleinen«, wie der Papst sagte, »Hauskirche«, sonst hätten »Kirche und Gesellschaft nicht Bestand«.

(Die Kirche wohl kaum: die Gesellschaft sicher, um so besser, erst recht!)

Bei seiner Propagierung der ehelichen »Fruchtbarkeit« wußte Karol Wojtyla natürlich, daß heute »die Schwierigkeiten groß sind. Belastungen, zumal der Frau, enge Wohnungen, wirtschaftliche, gesundheitliche Probleme, oft sogar ausgesprochene Benachteiligungen kinderreicher Familien stehen einem größeren Kinderreichtum im Wege.« Dies Wissen hinderte ihn aber nicht, »Fruchtbarkeit« als eigentlichen Ehezweck zu erklären und Abtreibung, die »Tötung ungeborenen Lebens«, mit »großem Nachdruck« zu verdammen. Und was er schon am 31. Mai 1980 Arbeitern in Paris vorgeredet hatte, wiederholte er hier im Herbst: »Das erste Recht des Menschen ist das Recht auf Leben. Wir müssen dieses Recht und diesen Wert verteidigen. Andernfalls würde die ganze Logik des Glaubens an den Menschen . . . zusammenbrechen.« So der Führer einer Kirche, die seit der ausgehenden Antike die Todesstrafe vertritt; die seit der ausgehenden Antike den militärischen Massenmord unterstützt; die auch im Zeitalter des drohenden Atomkriegs noch ihre Feldpfaffen auf allen Seiten zur Verfügung stellt – und die Katholiken als Schlachtopfer! »Das erste Recht des Menschen ist das Recht auf Leben«: Dies rief das Oberhaupt einer Kirche, die, direkt und indirekt, Hunderte von Millionen Menschen ermordet hat, oft auf die scheußlichste Weise – auch und besonders im 20. Jahrhundert!

Wenigstens *einen* Grund für seine »Fruchtbarkeits«-Appelle angesichts von Millionen und Abermillionen Hungernder, Verhungernder, für sein Anpreisen der Ehe als »Hauskirche« und »Kirche im Kleinen«, gestand der »Heilige Vater« ein: die Sorge um den eigenen Nachwuchs, zumal um den des Klerus. »Hier ist der erste Ort christlichen Laienapostolates und des gemeinsamen Priestertums aller Getauften. Solche vom christlichen Geist geprägten Ehen und Familien sind auch die wahren Seminarien, das heißt Pflanzstätten für geistliche Berufe zum Priester- und Ordensstand.«[44]

Im Grunde möchte der Papst die Ehe auch an der Schwelle des 3. Jahrtausends noch wie im Mittelalter: möglichst keusch und möglichst fruchtbar!

Einerseits verkündet er so, die Liebe der Ehegatten und Eltern sei »ihrem Wesen nach an die Keuschheit gebunden, die sich in Selbstbeherrschung oder auch in Enthaltsamkeit äußert, insbesondere in der periodischen Enthaltsamkeit . . .« Andererseits ist die Ehe für ihn »der einzige angemessene Ort für die Zeugung und Erziehung von Kindern«, ist sie »hingeordnet auf das Leben«. Jeder eheliche Akt, lehrt er mit Pauls VI. »Humanae vitae« (11), müsse offen bleiben »für die Weitergabe des Lebens«, ist doch »eheliche Liebe *ihrem Wesen nach auf*

Fruchtbarkeit ausgerichtet . . .« Also will er, daß die Ehe »ständig Frucht bringt«[45].

In der Audienz vom 10. Oktober 1984 verwarf er ausdrücklich die Anschauung, als habe das Zweite Vatikanum die traditionelle Lehre von den sogenannten Ehezwecken (Hauptzweck: das Kind!) beseitigt. Vielmehr sieht er »die *traditionelle Lehre über die Ehezwecke (und über ihre Rangordnung) bestätigt*«[46].

Wie schrieb Magdalene Bussman, katholische Theologin und Kirchenhistorikerin, in einem offenen Brief an den Papst unmittelbar vor seiner Deutschlandvisite 1987?

»Solange in Rom zölibatäre ältere Männer zusammenkommen, um autoritativ über den Sinn und die Gestaltung der Ehe, Sexualität, Familie, Partnerschaft bestimmen zu wollen, ohne daß die Betroffenen ein Recht zum Mitreden oder Mitentscheiden hätten, ist doch all ihr Reden von Partnerschaft, Mündigkeit der Gläubigen, Freiheit der Kinder Gottes unglaubwürdig. ... Wenn Sie schon kommen wollen, dann registrieren Sie doch bitte einmal, wie sich die katholische Kirche in der Bundesrepublik präsentiert: Männer, Mitren, Macht und Management zur größeren Ehre Gottes bzw. des Heiligen Vaters, wobei mir dieses Wort kaum aus der Feder will, denn es ist für mich eine Blasphemie.«[47]

Johannes Paul II. oder Abtreibung als Vorstufe des Atomkriegs

Da die Ehe, wie schon früher, möglichst keusch und möglichst fruchtbar sein soll, kommen, wie schon früher, auch jetzt Verhütungsmittel nicht in Frage. Ehepaare, betonte der Papst in einer Audienz am 1. August 1984, könnten nicht »nach eigener Willkür« vorgehen. »Vielmehr sind die Gatten verpflichtet, ›ihr Verhalten nach dem göttlichen Schöpfungsplan auszurichten‹ (HV10).« In einer Reihe von Audienzen desselben Monats kam er auf diesen Punkt zurück, wiederholt unter Verweis auf die (von ihm auch sonst sehr oft zitierte) Enzyklika »Humanae vitae«. Ja, am 22. August äußerte er geradezu, der eheliche Akt höre auf, »ein Akt der Liebe zu sein«, werde er »künstlich seiner Kraft zur Fortpflanzung beraubt«. Nicht genug. In einer Audienz am 5. September desselben Jahres gab er zu erkennen, nicht einmal die von Paul VI. erlaubte »natürliche Methode« sonderlich zu schätzen. Zumindest warnte er: »Die Ausnützung der ›unfruchtbaren Perioden‹ im Eheleben kann zu einer Quelle des Mißbrauches werden, wenn die Ehepaare auf diese Weise ohne berechtigte Gründe die Fortpflanzung zu umgehen versuchen, indem sie sie niedriger halten als die in ihrer Familie sittlich gerechtfertigte Geburtenzahl ...«[48]

Abtreibung ist selbstverständlich ganz des Teufels, ist Verbrechen, »Mord«, »unaussprechlich ...«
Immer wieder spricht der Papst dies Unaussprechliche aus. Immer wieder predigt er »mit tiefer Überzeugung, daß jede vorsätzliche Zerstörung menschlichen Lebens durch *Abtreibung, aus welchem Grund auch immer diese vorgenommen wird, nicht mit Gottes Gebot übereinstimmt,* daß sie außerhalb der Befugnis jedes einzelnen und jeder Gruppe liegt«. Der »Heilige Vater« scheute sich jedoch nicht, solche Lehren den Bewohnern übervölkerter Gebiete einzuhämmern, ihnen vorzumachen, »daß Gottes Weisheit menschliche Berechnung aufhebt«. Indonesischen Bischöfen schärfte er diesbezüglich ein: »*Laßt uns niemals fürchten, die Herausforderung für unser Volk sei zu groß*; sie wurden vom kostbaren Blut Christi erlöst, sie sind sein Volk.« Und er flunkert, »daß, was beim Menschen unmöglich ist, bei Gott möglich ist ...«[49]

Auch überall in Afrika propagierte er nicht Geburtenbeschränkung, sondern das Gegenteil. »*Empfängnisverhütung und Abtreibung* haben euer Land nicht verschont«, klagte er am 13. Februar 1982 in Onitsha. Und in Kaduna/Nigeria eiferte er schon am nächsten Tag: »*Abtreibung ist Mord* an unschuldigen Kindern ... Euer Kampf für die katholische Kindererziehung verdient starke Unterstützung.«[50]

Ebenso verurteilte er am 2. November 1982 in Madrid die Abtreibung als »eine *schwere Verletzung* der moralischen Ordnung. *Der Tod eines Unschuldigen läßt sich niemals rechtfertigen* ...« Dazu führte er biblische Sprüche über die »Kleinen« an, ihre »Engel im Himmel«, über ein Kind, das erfreut durch Jesu »Anwesenheit im Mutterleib aufhüpfte«. Ja, er stellte sich hin und behauptete: »Ich spreche von der *absoluten Achtung vor dem menschlichen Leben*« – er, der höchste Repräsentant einer Institution, die mehr, länger und scheußlicher als jede andere der Welt menschliches Leben mißachtet, die gefoltert, geschlachtet, verbrannt, erstickt, zerhackt, den Hunden vorgeworfen, gekreuzigt hat – und fast all dies und viel mehr in der Mitte noch des 20. Jahrhunderts[51]!

Papst Johannes Paul II. zögerte nicht einmal zu äußern, »daß auch die allgemeine Verbreitung der künstlichen Empfängnisverhütung zur Abtreibung hinführt«[52], obwohl es bekanntlich fast stets umgekehrt war und ist, obwohl vor allem abtreibt, wer keine künstliche Empfängnisverhütung praktiziert.

Den Gipfel seines globalen Dunkelmanntreibens aber erklomm dieser Papst in einer Rede in Vancouver/Kanada am 18. September 1984, als er die Unverschämtheit hatte, die Abtreibung auf den Atomkrieg zu beziehen! Denn: »*Dieses unaussprechliche Verbrechen*« – von dem er dauernd spricht – »*gegen das menschliche Leben*, das das Leben schon von seinem Anfang an ablehnt und tötet, setzt den Maßstab für die

Verachtung, die Verneinung und die Beseitigung des Lebens Erwachsener und für den Angriff auf das Leben der Gesellschaft.« Und, welch pfäffische Logik, wenn der Mensch schon »*vom Augenblick der Empfängnis an*« verwundbar sei, dann »*auch im Alter*«, durch die »Gewalt eines Angreifenden«, durch die »Macht der Atomwaffen«[53]!

Nicht nur dumm; auch eine Drohung. Fährt er doch fort: »Es gibt *einen Weg für die Menschheit*, der eigenen Tyrannerei zu entrinnen und *das Gericht GOTTES abzuwenden.*«[54] Unverkennbar und in weiser Voraussicht wird also hier der Atomkrieg bereits zum Gottesgericht – weil die Welt die Moral der ach so moralischen Catholika nicht befolgt, nicht, wie der Papst gleich anschließend sagt, »wieder die Praxis der Heiligkeit menschlichen Lebens ...«

Wieder?? Aber wann praktizierte man denn diese Heiligkeit? Bei der Ketzer-, der Hexenverbrennung? Den fast zweitausendjährigen Judenpogromen? Bei der millionenfachen Vernichtung von Indios und Schwarzen? Während der Kreuzzüge? Im Dreißigjährigen Krieg, im Ersten Weltkrieg, im Zweiten, im Vietnam-Krieg?

»Hermine im Fummel ...«

Die Homosexualität wird durch Johannes Paul II. vielleicht nicht ganz so scharf attackiert, mit Paul VI. schlicht »unmoralisch« genannt, doch nicht einmal die Neigung, sondern nur die »Praxis«[55]. Manche Katholiken schimpfen seine gleichwohl gefährlichen Ausfälle fast abwiegelnd »das dumme Zeug«[56]. Seit alttestamentlicher Zeit aber wurde Homosexualität mit dem Tod bedroht, und dies bis ins 19. Jahrhundert hinein. Neuerdings erörtert sie auf kirchlicher Seite u. a. das »Arbeitspapier der Gemeinsamen Synode der Bistümer in der BRD: Sinn und Gestaltung menschlicher Sexualität« aus dem Jahr 1973 sowie die Erklärung der römischen Kongregation für die Glaubenslehre »Zu einigen Fragen der Sexualethik« vom 29. Dezember 1975, wobei man auch zu vorehelichem Geschlechtsverkehr und Masturbation Stellung nahm.

In der Erklärung der römischen Kongregation heißt es: »Nach der objektiven sittlichen Ordnung sind homosexuelle Beziehungen Handlungen, die ihrer wesentlichen und unerläßlichen Zuordnung beraubt sind. Sie werden in der Heiligen Schrift als schwere Verwirrungen verurteilt und im letzten als die traurige Folge einer Verleugnung Gottes dargestellt. Dieses Urteil der Heiligen Schrift erlaubt zwar nicht den Schluß, daß alle, die an dieser Anomalie leiden, persönlich dafür verantwortlich sind, bezeugt aber, daß die homosexuellen Handlungen in sich nicht in Ordnung sind und keinesfalls in irgendeiner Weise gutgeheißen werden können.«[57] Auch das klingt verhältnismäßig mild, vielleicht nicht zuletzt, weil durch dies »Laster« der Klerus selber stets besonders betroffen war, heute noch, ganz natürlicher- (oder unnatürlicher-)weise, betroffen ist.

Ich erinnere mich nur an einige Fälle jüngst im altehrwürdigen Erzbistum Mainz.

Der dortige Domkapellmeister und Priester Heinrich Hain hatte Jahre, vermutlich Jahrzehnte, seine Zöglinge sexuell »mißbraucht«. Mindestens – unter »unzähligen Fällen« – »21 Fälle des wechselseitigen Onanierens, 17facher versuchter Analverkehr, 56maliger Mundverkehr« trugen ihm 1984 sieben Jahre und neun Monate Zuchthaus ein. Der geistliche Virtuose hatte es noch in vollbesetzten Omnibussen, ja im Swimmingpool des erzbischöflichen Priesterseminars getrieben, und offenbar so gekonnt, daß ihm viele »Geschändete« alles nachsahen. Noch für den Angeklagten, den Verknackten, wollten sie »bitten und beten« und freuten sich »schon auf unser nächstes Wiedersehen«! Dabei waren vor Priester Hain in Mainz bereits der Stellvertretende Chorleiter und ein Vikar als »Kinderschänder« zu ähnlich hohen Freiheitsstrafen verurteilt worden. Im katholischen Klerus gibt es schließlich eine alte Tadition dafür, nicht zuletzt an der römischen Kurie (S. 204).

Aber nicht nur dort eben. Auch dem späteren Priester und Domkapellmeister Heinrich Hain, so bekannte ein Funktionär des Mainzer Domkapitels, sei schon in früher Jugend das Gefühl vermittelt worden, »in der katholischen Kirche als Homosexueller gut aufgehoben zu sein«. Denn: »Neben der ›Binsenweisheit‹, daß es im Priesterseminar nur so schwuchtelt‹, pfiffen es die Spatzen von den Dächern, daß auch Altkardinal Hermann Volk zu jener Minderheit gehörte, die im pfälzischen Hinterland immer noch ›Arschficker‹ beschimpft werden. Der Mainzer Volksmund nenne den früheren Bischof« – er ist der Vorgänger des heutigen katholischen Primas der Bundesrepublik Deutschland Karl Lehmann – »›Hermine‹, und während der Prozessionsumzüge«, so grinste der Informant, »bemühten die Schäflein nicht mal mehr die Hand vor den Mund, um ›Hermine im Fummel zu bestaunen‹.« Kurz, in »Mainz wie es singt und lacht« tuschelte man selbst unter amt- und würdetragenden Katholiken, daß »der Alte seine Nase doch lieber selbst in die Kinderärsche steckt«[58].

». . . solange Ihr Thron fest steht, wackelt auch mein Bett nicht«

Vielleicht am seltensten äußern sich kirchliche Kreise heute zur Prostitution. Erstaunt dies? Aber einst hatten nicht nur Äbte und Oberinnen sie gefördert, sondern auch Kardinäle und Bischöfe, ja, Päpste hatten Hurenhäuser gebaut oder gekauft, und kein Geringerer als

Pius II. beteuerte dem böhmischen König, sogar unter Bezug auf den hl. Augustin, ohne geordnetes Bordellwesen könne Christi Kirche nicht existieren (vgl. S. 397 ff.).

Diese Erkenntnis ist inzwischen fast Allgemeingut geworden. Erst 1987 schrieb die dreißigjährige Frankfurter Prostituierte Flori Lille dem sehr geehrten Herrn Papst: »Sehen Sie, ich weiß: Solange Sie Zucht predigen, floriert meine Unzucht, solange Sie Kenntnis über Verhütung und Abtreibung in die Dunkelheit verbannen, bleibt mein Monopol, solange Sie die Beichte und die Buße institutionalisieren, bleiben die Sünden teuer, solange Sie die Liebe erst vom Schlüsselbein an aufwärts definieren, muß ich mir nicht den Kopf zerbrechen ... mit anderen Worten: Solange Ihr Thron fest steht, wackelt auch mein Bett nicht.«[59]

Im wörtlichen Sinn freilich wackelt es dann erst recht. Und auch andere Betten wackeln so.

Von den »Werten der Keuschheit im Zölibat« und den Alimenten der Kirchenleitung für die Kinder

Heute gibt es allein in Deutschland 6000 verheiratete katholische Geistliche. Weltweit sind 80 000 Priester teils mit, teils ohne römische Dispens aus ihrem Amt geschieden und verheiratet – ein Fünftel des ganzen katholischen Klerus.

Papst Wojtyla aber verteidigt immer wieder eisern das Zölibat. »Im besonderen«, sagte er am 3. Mai 1980 zu den Bischöfen von Zaire, »müssen die Priester, die Ordensmänner und auch die Ordensfrauen feste Überzeugung von den positiven und wesentlichen Werken der Keuschheit im Zölibat haben ... um ohne Zweideutigkeit der Verpflichtung treu zu bleiben, die sie – für den Herrn und für die Kiche – auf sich genommen haben und die (sic!) in Afrika und anderswo als Zeugnis und Ansporn für das christliche Volk auf dem mühsamen Weg zur Heiligkeit große Bedeutung zukommt.«[60] So lehrt dieser Papst auch weiterhin nicht nur die Ehelosigkeit um des Himmelsreiches willen, sondern sogar noch immer, daß die Ehelosigkeit der Ehe überlegen ist, daß die freiwillig Enthaltsamen »besser« handeln. Das sei »auch die Ansicht der gesamten lehrmäßigen und seelsorgerischen Überlieferung«[61].

Ein kleines Heer verheirateter Priester streckt inzwischen dem hohen Herrn Papst submissest die Hand zur Versöhnung hin und wäre lieber heute als morgen (auch) für ihn tätig. Doch Karol Wojtyla ist zu sehr festgelegt. Es kann die Klerikerehe nicht mehr legalisieren; vielleicht tut es ein Nachfolger. Geht's gar nicht mehr anders, geschiet es jedenfalls bedenkenlos. Alles, was nützt, ist recht; hier stets oberstes Prinzip. Einstweilen aber hofft man, noch »keusch« auszukommen, mit den

»freiwillig Enthaltsamen«, und die Kirchenführung erträgt – eingedenk bewährter traditioneller Heuchelei (vgl. S. 186 ff.) – lieber heimliche Priesterehen und zahlt für die Kinder Alimente[62].
Der Masse des Klerus ist sich Seine Heiligkeit noch sicher. Wovon soll ein Pfarrer auch leben, fliegt er auf die Sraße! Die Existenzangst bindet ihn meist mehr als sein Glaube, was schon Lichtenberg wußte. Und etwas Heuchelei macht auch nicht erst heute den geistigen Wandel erträglich.
Anders steht es mit der Jugend.

Papstappelle an die Jugend oder Von der »Kultur des Todes«: »Terror, Erotismus ...«

Papst Johannes Paul II. fürchtet, die Jugend zu verlieren – und damit alles! Bei seinem Deutschlandbesuch im November 1980 konstatierte er »ein tiefes Mißtrauen gerade in der jüngeren Generation gegen Institutionen, Norm und Regelung. Man setzt die Kirche mit ihrer hierarchischen Verfassung ... gegen den Geist Jesu ab.«[63] Immer wieder sucht er so, wie alle totalitären Führer, sich die Jugend hörig zu machen. Er preist ihr Jesus an, den Freund, »der nicht betrügt« – als gehöre er zu ihm, als gehörten sie zusammen, als verkündete er, Wojtyla, wirklich »das unverfälschte Wort Gottes«.

Freundlich-perfid wünscht er in einer Botschaft an die französische Jugend am 1. Juni 1980 in Paris, »daß ihr ... alle Meister seid in der christlichen Beherrschung des Körpers ...« Und gegen die Verlockung einer »laizistischen und permissiven Atmosphäre« empfiehlt er: »das Lesen des Evangeliums«, »das Studium entsprechender Werke«, »das besinnliche Lesen der Heiligenbiographien« – »bleibt in seiner Liebe, setzt das Sittengesetz ohne Abstrich in die Praxis um, nährt eure Seele mit dem Leib CHRISTI ...«[64]

»Sagt jedem, daß der Papst auf euch zählt«, rief er am 30. September 1979 der Jugend Irlands zu und suggerierte ihr, sie werde »nur zu leicht zum Spielball der Manipulatuion« gemacht und von Kräften beherrscht, »die sie unter dem Vorwand größerer Freiheit noch mehr versklaven« – noch mehr? »Ja, liebe junge Leute, verschließt eure Augen nicht vor diesem moralischen Siechtum, das unsere heutige Gesellschaft heimsucht und vor dem euch eure Jugend nicht schützen kann. Wie viele Jugendliche haben ihr Gewissen bereits geschädigt und echte Lebensfreude durch Drogen, Sex, Alkohol, Vandalismus und bloßes Streben nach materiellem Besitz ersetzt!«[65]

Beiseite, daß niemand je erfolgreicher materiellen Besitz errafft hat als die christliche Kirche, die im Mittelalter ein Drittel des Bodens von ganz

Europa besaß und im Osten ein Drittel des riesigen russischen Reiches bis 1917 – die Sexualität siedelt der Papst hier zwischen Drogen, Alkohol und Vandalismus an!

Die Madrider Jugend beschwor er am 3. November 1982, rein zu bleiben »unter denen, *die nur nach sexuellen Begriffen, äußerem Schein oder Heuchelei urteilen*« – als werde irgendwo auf der Welt mehr geheuchelt als im katholischen Klerus! Und ausgerechnet dieser erzreaktionäre Papst rief die junge Genaration auf, *»zu wirkungsvollen und radikalen Veränderern der Welt und zu Schöpfern einer neuen Gesellschaft im Zeichen der Liebe, der Wahrheit und der Gerechtigkeit«* zu werden! Als habe nicht gerade seine Kirche alles, was man redlicherweise unter Liebe, Wahrheit, Gerechtigkeit versteht, seit der Antike kontinuierlich auf den Kopf gestellt! »Weder die Drogen noch der Alkohol, noch die Sexualität oder eine resignierte unkritische Passivität sind eine Antwort gegenüber dem Bösen . . .«[66]

Am 14. April 1984 appellierte Johannes Paul II. an die Jugend aus aller Welt: »An euch ist es, festzustellen, ob sich nicht auch *in euch ein Bazillus jener* ›Kultur des Todes‹ (z. B. Drogen, Terror, Erotismus und die vielfältigen Formen des Lasters) eingenistet hat, der – leider! – eure Jugend vergiftet und zerstört.« Der »Erotismus« steht hier, wie so oft, wieder unmittelbar zwischen Drogen und Terror sowie allen Formen des Lasters! Der Papst fuhr fort: »Ich sage euch, liebe Jugend, noch einmal: Gebt der ›Kultur des Todes‹ nicht nach. Wählt das Leben . . . Respektiert euren Leib! Er ist Teil eures Menschseins: Er ist Tempel des HEILIGEN GEISTES. Er gehört euch, weil er euch von Gott geschenkt wurde.«[67] Der Leib, hier zwischen dem Heiligen Geist und Gott plaziert, gehört eben nicht der Jugend, soll ihr jedenfalls nicht gehören, sondern der Kirche! Sie beansprucht ihn doch! Sie will darüber verfügen!

Und was versteht dieser Mann überhaupt unter »Leben«? Unter geistiger »Erneuerung«? »Buße« versteht er darunter; das »Bewußtsein des Menschen, daß er ein Sünder ist«; »die Einsicht, daß nur der vergebende Gott einen Neuanfang schenken kann . . .«[68] Das alles aber heißt nur: mehr Macht, noch mehr Macht, für die Kirche! Noch mehr Gängelung der Gläubigen! Und, so Gott will, auch der Ungläubigen! Aller!

Vor der niederländischen Jugend meinte er am 14. Mai 1985 in Amersfoort, sie sehe zu viele Schranken aufgerichtet durch die Kirche, »vor allem auf dem Gebiet der *Sexualität* . . . und was die *Stellung der Frau* in der Kirche betrifft«. Doch das Evangelium zeige einen Christus, der radikale Bekehrung verlange, »Loslösung von irdischen Gütern«! (Damit der Vatikan noch mehr bekommt!) »Auf dem Gebiet der Sexualethik fällt vor allem seine klare Stellungnahme zugunsten der

Unauflöslichkeit der Ehe auf und die Verurteilung, die er über den Ehebruch ausgesprochen hat, auch wenn er nur im Herzen gepflegt wird. Und wird man etwa nicht beeindruckt von der Aufforderung, sein Auge auszureißen und seine Hand abzuhacken, wenn diese Glieder Anstoß geben.«[69]

Erst: »Wählt das Leben ... Respektiert euren Leib!« Dann: Reißt das Auge aus! Hackt die Hand ab! Seinesgleichen straft sich doch immer selber Lügen.

Neue Prüderie oder:
»Die Wende unserer Nachbarländer«

Unter diesem Papst grassiert eine neue Prüderie, die an die fünfziger Jahre der Ära Pius' XII. erinnert. Eine Jagd gegen freizügige Filme wurde eröffnet, die Herr Wojtyla selber anheizt, etwa wenn er mit fünfhundert Gläubigen im Vatikan einen Rosenkranz betet, um Abbitte zu leisten für die »Schändung der Gottesmutter« duch den Jean-Luc-Godard-Film »Je vous salue, Maire« (deutsch, »Maria und Joseph«)[70]. Staatsanwälte beschlagnahmen Filmrollen in Porno-Kinos, ja, in Mailand und Rom hat man Filmtheater angezündet. Auch Autos freisinniger Soziologen und Politiker, die »Begegnungsparks« proponierten, wurden in Brand gesteckt, die Fenster ihrer Häuser eingeschmissen. Die begonnene Reform des Sexualstrafrechts stagniert. Freizügige Bade- und Campingzonen werden beseitigt, gelegentlich Nudisten, wie in Vernazza/Oberitalien, krankenhausreif geschlagen. In Rimini reißt ein 56jähriger Mann einem nackt duschenden Jüngling das Ohr ab, einen anderen strangulieren um ein Haar die Eltern eines »würdelos« angeredeten Mädchens. »Möglicherweise hat uns die Wende unserer Nachbarländer erreicht«, schreibt »La Repubblica«, »vielleicht schwappt auch die Bewegung von jenseits des Ozeans herüber.«[71]

Besonders unter Ronald Reagan führten rigoros bibelgläubige Fundamentalisten schon fast einen Kreuzzug für ein »sauberes Amerika«. Auf ihren Druck hin kam es zur Zensur von Schulbibliotheken, Lehrbüchern, Schallplattentexten, der selbst Bücher wie James Joyces' »Ulysses« oder Mark Twains »Huckleberry Finn« immer öfter zum Opfer fielen[72].

Selbstverständlich werden US-Jugendliche nicht richtig aufgeklärt, woraus wieder eine der höchsten Schwangerschafts- und Abtreibungsraten der Industrienationen resultiert. Die durchschnittliche Häufigkeit von Abtreibungen bei US-Jugendlichen ist so hoch wie die in England, Holland, Schweden, Frankreich zusammen, wo es an den Schulen Aufklärungsunterricht gibt und Verhütungsmittel wenig oder nichts kosten. Die USA aber waren 1985 unter 37 Industrienationen des einzige

Land, in dem die Zahl der Schwangerschaften junger Mädchen in den letzten Jahren stieg[73]. Ja, Ehebruch gefährdet in god's own country sogar die Verteidigung; in einem Land, nebenbei, von dem Thomas Jefferson, der Demokrat, der Volksfreund, sagte, er sähe darin nicht ungern alle zwanzig Jahre eine kleine Revolution[74]. Im Mai 1987 drohte das US-Verteidigungsministerium Beschäftigten bei »sexuellem Fehlverhalten« mit Entlassung. Als abnorm gelten unter anderem: Ehebruch, Partnertausch, Homosexualität und Sexorgien[75].

Seite an Seite mit dem Papst bekämpfte Ronald Reagan die Abtreibung in den Vereinigten Staaten, wo seit einem Urteil des höchsten Gerichts von 1973 der Schwangerschaftsabbruch in den ersten drei Monaten ein verfassungsmäßiges Recht der Frau ist. Der Präsident erlitt bei diesem Kampf Mitte September 1982 eine knappe, doch schwere Niederlage im Senat. Und als er bei der Weltbevölkerungskonferenz in Mexiko im August 1984 sein Verdikt verbreiten ließ, Organisationen, welche Abtreibung begünstigen, nicht mehr zu subventionieren, würdigte dies der vatikanische »Osservatore Romano« als »historische Etappe auf dem Weg der Bestätigung des Rechts jedes Menschen auf Leben von der Empfängnis an«[76].

Tatsächlich beschlossen die Delegierten der Weltbevölkerungskonferenz, die Abtreibung als Mittel der Familienplanung nicht zu fördern, womit sie einer Initiative des Vatikans folgten. Allerdings hatte dieser Abtreibung als Mittel der Familienplanung ganz »ausgeschlossen« wissen wollen, doch auf Wunsch einiger Staaten sich zu der Wendung »nicht gefördert« bereit erklärt. (Die Ostblockstaaten und China stimmten gegen den von Rom verlangten Passus[77].)

Der vatikanistischen Politik entspricht es auch, wenn Reagan im Februar 1983 die Schülerinnen aufforderte, die Pille nicht ohne Einwilligung ihrer Eltern zu nehmen (»Pille nur mit Daddys Wille«). Oder wenn der Präsident im Juli desselben Jahres für das geringe Niveau des amerikanischen Erziehungswesens u. a. zuviel Sex und zuviel Drogen verantwortlich macht[78].

Im klassischen Land der Puritaner bringen Sex-Affären selbst führende Politiker zu Fall. So verlor 1963 Kriegsminister John Profumo sein Amt, 1973 brachten Callgirls die Minister Lord Lambdon und Lord Jellicoe zur Strecke. 1986 trat aus einem ähnlichen Grund Jeffrey Archer zurück, Margaret Thatchers Parteivize.

Die Immunschwächekrankheit Aids paßt vielen und gerade einflußreichen Kreisen des katholischen Klerus nur zu sehr ins Programm. Selbst angesichts dieser fürchterlichen Bedrohung scheut man sich nicht, die entsprechende Belehrung von Jugendlichen zu behindern. Als beispielsweise Ende 1986 die britische Radiostation BBC eine Aufklärungskampagne über Aids ankündigte, protestierte die katholische Bischofskonferenz von England und Wales in einer im Dezember in London veröffentlichten Erklärung. Das »moralische Empfinden« zahlreicher Christen werde dadurch verletzt; »fundamentales Prinzip« jeder Information über sexuelle Fragen müsse es sein, »daß Geschlechtsverkehr allein Ausdruck der ehelichen Liebe ist«[79].

In Irland wurde 1983 (als dort sogar der Verkauf empfängnisverhütender Mittel noch untersagt war) in einem erbitterten ideologischen Feldzug der katholischen Kirche des generelle Abtreibungsverbot nicht beseitigt, sondern in den Rang eines Verfassungsartikels erhoben. Abtreibende sind seitdem in Irland Verfassungsfeinde – ein ungeheurer Triumph der Bischöfe über Regierungschef Garret Fitzgerald, der seine Liberalisierungsabsicht jählings in Luft sich auflösen sah[80]. Und als man 1986 um das verfassungsmäßig verbriefte Verbot der Ehescheidung zu streiten begann – außer Irland verwehrte sie in Europa nur noch Malta seinen Bürgern –, lief wieder der irische Klerus dagegen Sturm. Bischof Cassidy von Clonfert sah das Wandeln der Gläubigen »auf dem Pfad der göttlichen Gebote« bedroht. Kardinal Tomas O'Fiaich, der irische Primas, sprach von der »Seuche der Scheidung«. Und der Dubliner Erzbischof McNamara verglich die Scheidung mit der Katastrophe von Tschernobyl, die beide »die westliche Gesellschaft vergiften«, und rief zum Gebet gegen die »Zerstörung der traditionellen Grundlagen« (dabei konnten Ehen in Irland zwischen 1922 und 1937 vom Senat durchaus geschieden werden). Ja, der Pfarrer eines Dubliner Vororts schrieb in einem Gemeindebrief, die Scheidung sei eine Erfindung der Nazis und habe weit größeres Unglück über die Alliierten gebracht als die deutsche Wehrmacht und Luftwaffe! Der katholische Feldzug war wiederum siegreich, auf Heirat steht weiterhin »lebenslänglich« in Irland, und weiterhin wird die Politik der Republik »von der katholischen Kirche bestimmt« (Fitzgerald)[81].

In Holland scheiterte 1985 eine Reform des Sexualstrafrechts immerhin insofern, als der liberale Justizminister Korthals Altes von der Volkspartij voor Vrijheid en Democratie (VVD) die Verschiebung des »Schutzalters« von 16 auf 12 Jahre aus einem Reformkonzept wieder streichen mußte. Der Sexualkontakt zwischen Erwachsenen und Jugendlichen, die Sexualität mit Minderjährigen, sofern sie »vom Täter« nicht abhängig sind, bleibt auch künftig verboten, die Altersgrenze für straffreie Sexualität nach wie vor 16 Jahre[82].

In der deutschen Bundesrepublik bekämpfen hohe klerikale Kreise seit langem besonders den Schwangerschaftsabbruch und die Sexualaufklärung in den Schulen.

Zu letzterer, genauer zum Schulsexualerziehungs-Gesetz Bayerns, sagte Bischof Graber am 13. Mai 1980 bei einer Fatimafeier in Vilsbiburg: »Wieder müssen wir die Frage erheben: *Leben wir nicht in einer sexuell total verseuchten Welt?* Nun ist gerade *bei uns in Bayern etwas geschehen, was im Land der Patrona Bavariae niemals hätte geschehen dürfen,* das Gesetz zur Schulsexualerziehung.« Deshalb erinnerte Bischof Graber an »das furchtbar ernste Wort Christi« (hier offenkundig auf viele christliche Politiker des Freistaats einschließlich seines katholischen Kultusministers und Präsidenten des Zentralkomitees der Deutschen Katholiken bezogen): »*Wer einem von diesen Kleinen, die an mich glauben, Ärgernis gibt, für den wäre es besser, wenn ein Mühlstein um seinen Hals gehängt und er versenkt würde in die Tiefe des Meeres*« (Mt.18,6).

Denn man müsse ein solches Gesetz, sagte der Bischof, sehen »*auf dem Hintergrund der sexuellen Verseuchung,* also vom Weib auf dem scharlachroten Tier ...« Graber erinnerte an »die sexuelle Freizügigkeit, den Massenmord der Abtreibung, die sexuelle Emanzipation, den Ehebruch, den vorehelichen Verkehr, die Homosexualität«, kurz an alles, was schon im 1. Kapitel des Römerbriefes stehe, »wo Paulus den Schmutz der Unsittlichkeit in stärksten Ausdrücken schildert, in den wir nun zurückgefallen sind. *In dieses ganze Panorama gehört des Schulsexgesetz* – ... Vielleicht wird uns hier klar, warum wir vorhin auf den engen Zusammenhang des Weibes mit dem Tier aufmerksam machten: Sexualität führt zur Bestialität.«[83]

Wohin die Kirche führt, macht ihre durch zwei Jahrtausende in Blut und Verbrechen versinkende Geschichte deutlich. Ihre grauenhafte Sexualmoral partizipiert daran – in der Vergangenheit und in der Zukunft. Denn auch heute, da ein beträchtlicher Teil der Menschheit hungert oder gar verhungert, wendet sich diese Kirche in aller Öffentlichkeit und mit aller ihr eigenen schamlosen Brutalität gegen staatliche Verhütungsprogramme. So sagt kein anderer als Papst Johannes Paul II. (Wojtyla) in einer Ansprache an den Generalsekretär der Weltkonferenz für Bevölkerungsfragen am 7. Juni 1984: »*... die Kirche verurteilt* als schwere Beleidigung der menschlichen Würde und der Gerechtigkeit *alle Aktivitäten von Regierungen oder anderen öffentlichen Autoritäten, die in irgendeiner Weise die Freiheit der Ehegatten, über Nachkommenschaft zu entscheiden, zu beschränken versuchen.* Dementsprechend ist jede gewaltsame Maßnahme dieser Autoritäten zugunsten der *Empfängnisverhütung* oder gar der *Sterilisation* und der *Abtreibung* völlig zu verurteilen und mit aller Kraft zurückzuweisen. Auf die gleiche Weise ist die Tatsache als *schweres Unrecht* zu bezeichnen, daß in den internationalen Beziehungen die *Wirtschaftshilfe* zur Förderung der unterentwickelten Völker *von Programmen zur Empfängnisverhütung,*

Sterilisation und Abtreibung abhängig gemacht wird« (Familiaris consortio Nr.30).[84]

Die Zahl der Opfer, wie hoch auch immer, hat bei Päpsten wohl nie Barmherzigkeit bewirkt. Selbst Millionen Hungertote lassen Papst Johannes Paul II. kalt. Ob er in Fulda spricht oder in Neuguinea, stets bleibt er hart und rücksichtslos, stets besteht er darauf, »unbeirrt die Forderung Jesu [!] ohne Abstriche« zu verkünden[85]. »Laßt uns nie fürchten, die Forderungen seien zu hoch für unser Volk. Es ist erlöst durch das kostbare Blut Christi: es ist sein Volk.«[86]

Freilich weiß der hohe Seelenfänger auch: »In der heutigen Zeit ist das Leben der Völker ... von Ereignissen geprägt, die Widerstand gegen GOTT bezeugen, gegen seine Pläne, zu lieben und zu heiligen, gegen seine Gebote im Bereich von Familie und Ehe ... So kann man also sagen, *daß die heutige Gesellschaft eine breite Welle der Entzweiung mit dem Schöpfer und dem Erlöser J. CHRISTUS durchzieht.*«[87]

Gott sei Dank! möchte man fast ausrufen. Und kann nur hoffen, diese Welle möge immer breiter werden, größer, möge eines Tages diese ganze Erlösung verschlingen, an der nichts sicher ist als der Erlös daraus.

Anmerkungen

Die vollständigen Titel der wichtigsten antiken Quellenschriften stehen im Anschluß an die Anmerkungen S. 460 ff., die vollständigen Titel der angeführten Sekundärliteratur im Verzeichnis S. 463 ff. Autoren, von denen nur ein Werk benutzt wurde, werden in den Anmerkungen nur mit ihrem Namen zitiert.

Motti
[1] Nietzsche III 826
[2] Halbfaß, H., Gide, André 89
[3] Reich, Die sexuelle Revolution 22, 47 f.
[4] Comfort, Der aufgeklärte Eros 67

Vorwort
[1] Das wurde in vielen Partien dieses Buches deutlich. Vgl. hierzu noch die Feststellungen bei Stephens 259. Auch Bell 21 ff.
[2] Vgl. Packard 69. Zum Einfluß der mosaischen Gebote auf unser Recht auch Ullerstam 30
[3] Jäger 29 ff. Bauer, F., Schuld und Sühne 1 ff. Ott, Christliche Aspekte 167 ff.
[4] Vgl. Hanack 32 ff., 256 ff.
[5] Zit. bei Ott, Christliche Aspekte 183
[6] Hanack 256. Vgl. auch Ott, Christliche Aspekte 167 ff.
[7] Vgl. dazu Kap. 22, Kap. 24 Abschn. Inzest u.v.a.
[8] Vgl. Kinsey, Das sexuelle Verhalten des Mannes 418
[9] Vgl. Ahlmark-Michanek 67
[10] Prominente Politiker, Minister und Bürgermeister von Weltstädten verlieren ihr Amt wegen einer harmlosen sexuellen Beziehung. So Jack Profumo, der britische Heeresminister, 1963, und der Hamburger Bürgermeister Paul Nevermann, 1965. Politiker aber, die Ausbeutung und Unterdrückung betreiben, grauenhafte Kriege verschulden oder führen, sitzen hoch geachtet in Amt und Würden.
[11] Obwohl wir doch in erster Linie Tagwesen sind und auch unter den Tieren sich nur die Nachttiere nachts, die Tagtiere aber tagsüber paaren, jede Gruppe jeweils dann, wenn sie auch sonst am aktivsten ist. Vgl. Ford-Beach 89 f.

Einleitung
1. Kapitel
[1] Neumann, E. 157
[2] Zit. bei Stob. flor. IV. 25, 13
[3] artmann 147 f.
[4] Den Begriff Vorgeschichte kommentiert gut Pannwitz 3
[5] Varagnac, A., in: Grimal I 29
[6] Vgl. Neumann, E. 256 f., 267 ff. u. a.
[7] Die Mutter ist nie zweifelhaft, der Vater immer ungewiß.
[8] Vgl. Neumann, E. 99 ff. Bohmers. Maringer 193 ff. James, The Cult 13 ff. Schuchhardt 27 ff. Menghin 148. Müller, A. v. 29 f. Kühn, Das Erwachen 168. K. läßt diese »Urmutter«, diese weibliche »Gottheit«, »von Gott selbst, dem Vater der Dinge«, geschaffen sein.
[9] Vgl. außer den in der letzten Anmerkung genannten Werken: Grimal I 29. Barton, G. A., in: Proceedings of the American Philospical Society, Philadelphia, 1940, 134 ff. Albright, Von der Steinzeit 127 f. Heiler, Die Religionen 60 ff. Weber, A. 32. Abbildungen bei: Neumann, E. Tafel 1. Müller, A. v. Tafel 2. Hancar 93 ff. Behn Tafel 2. Leicht 27. Maringer Tafel 14. Narr 318 f. Auch der 1969 in Rheinland, in Feldkirchen/Gönnersdorf, gegenüber von Andernach, gemachte Fund von etwa dreizehntausend bis fünfzehntausend Jahre alten eiszeitlichen Venus-Statuetten (aus Knochen, Geweihen oder Mammut-Elfenbein) und viele analoge Gravierungen zeigen sämtlich keinen Kopf, sind aber durch extreme Wespentaillen und üppig ausladende Gesäßpartien charakterisiert: Schulze- Reimpell.
[10] So Heiler, Erscheinungsformen 412. Vgl. auch Bergmann 240 ff. Dreikurs 31 ff. Millett 43 f. u. a.
[11] eiler, Erscheinungsformen 457, 464. Vgl. auch 56. Aischyl. Suppl. 890 ff, 899 ff.
[12] Albright, Von der Steinzeit 134 f. Neumann, E. 101 ff. James, The Cult 22 ff.
[13] Maringer 240 f.
[14] Ebd. 235 ff. Kühn, Die Felsbilder 121, 150, 195, 205 u. a. James, The Cult 42 ff. Jettmar, K., in: Die Religionen Nordeurasiens 317
[15] Vgl. Heiler, Die Religionen 67
[16] Neumann, E. 270
[17] Vgl. hierzu die ausgezeichneten Darlegungen de Beauvoirs 73 ff. Ferner das sehr informative Werk Herrmanns 208 ff. Neumann, E. 60 ff., 268 ff. betont aber, daß »die archetypische Struktur der Großen Mutter« viel weiter zurückreiche. Zur produktiven, schöpferischen Tätigkeit der Frau in einfachen Gesellschaftsstrukturen vgl. auch Hays 28 ff.
[18] Soph. Ant. 339. Heiler, Erscheinungsformen 38 f. Vacano 166 ff., bes. 170. Zur Erdverehrung auch Clemen I 166 f. Grundlegend: Dieterich
[19] esoid, Theog. 535, 586; Fr. 216. Vgl. Hom. Il. III 243, 265. Od. III 3. Aisch, Pers. 618; Hik 890 f. Ch. 127; Pind. Nem. 6, 1 ff.; Eur. Phoin. 686
[20] Nestle I 59. Vgl. auch Wilamowitz-Moellendorff I 276
[21] Vgl. Leese 12

[22] Auch die Felsbilder Europas zeigen in den letzten vorchristlichen Jahrtausenden die Fruchtbarkeit als »Ausgang alles religiösen Erlebens«: Kühn, Die Felsbilder 103, 177
[23] Belege bei Meyer, J. J. 201
[24] Bertaux 165
[25] Albright, Von der Steinzeit 234
[26] Die große Bedeutung des Wassers in den Fruchtbarkeitskulten findet sich vielleicht schon in den Opferbräuchen eiszeitlicher Jäger angedeutet: Maringer 141. Über die uralte Vorstellung von der Heiligkeit des Wassers und seine Bedeutung in den Religionen: Heiler, Erscheinungsformen 39 ff. Über das »Wasser des Lebens« in den Märchen vieler Völker: Rohde II 390 Anm. 1
[27] Albright, Von der Steinzeit 190
[28] Bergmann 171
[29] Deschner, Abermals krähte der Hahn 365 ff.
[30] Müller, J. 12 mit Bezug auf die ägyptische »Göttermutter Neith«, die später mit Isis verschmilzt: Bertholet, Wörterbuch 11
[31] Heiler, Die Religionen 666. James, The Cult 11
[32] Vgl. Wagner 109 ff. Meyer, J. J. III 195; I 80. Auf assyrisch-babylonischen Siegeln wird der Fisch mit der die Vulva symbolisierenden Raute verbunden: Herrmann 245. Die syrische Atargatis hat heilige Fische in ihrem Tempelbezirk: Rose 59. Und bei der böotischen Großen Göttin wird ihr Unterleib geradezu als Fisch gebildet: Neumann, E. 262. Vgl. auch Maringer 274. Heiler, Erscheinungsformen 79. Leisegang 151 ff. Neumann, E. 143 ff.
[33] Grupp III 38. Heinz-Mohr 280 ff., 107 ff., 255 ff. Rothes 400. Betz 14. Deschner, Abermals krähte der Hahn 272 f. Zum Ganzen Dölger, Ichthys, passim
[34] Apul. met. 12,5. Bertholet, Wörterbuch 265, 30, 54. Bulletin of the American Schools of Oriental Research, Baltimore 77, 6 f. Bergmann 171
[35] Licht 154. Wallis 213 ff.
[36] Heiler, Die Religionen 376. Vgl. auch Gonda I 232 f.
[37] Zimmer 190
[38] Beauvoir 159
[39] Vgl. Herrmann 216. Rüstow 1 ff.
[40] Zit. nach de Beauvoir 84
[41] Neumann, E. 99 ff. James, The Cult 138 ff. Vgl. auch Kirchner 680 f. Herrmann 82 ff. de Beauvoir 80 ff.
[42] Rose 15
[43] Herrmann 127, 214. Heiler, Erscheinungsformen 62 ff., 38 f.
[44] Hom. Od. V, 125 ff. Vgl. Hesiod. theog. 969 ff.
[45] Herrmann 127 f. Vgl. auch 82. Gonda I 257
[46] Aisch, frg. 395, 25. Zit. nach V. Grønbech II 243

2. Kapitel

[1] Als Ausspruch Shivas zitiert bei Meyer, J. J. I 181
[2] Alain 120
[3] Meyer, J. J. I 202. Vgl. auch I 8
[4] Vacano 39
[5] Herrmann 214. Weitere Belege bei Meyer, J. J. I 17 f. Vgl. auch Disselhoff 197 f.
[6] Meyer, J. J. I 201 f.
[7] de Beauvoir 84
[8] Herrmann 214. Grønbech II 243. Vgl. Deubner 65 f. Jambl. myst. 1, 11
[9] Deubner 66
[10] Vgl. Heiler, Erscheinungsformen 102. Van der Leeuw, Der Mensch 157
[11] Gonda II 200
[12] Meyer, J. J. I 61
[13] Van Leeuwen 115
[14] Evola 244
[15] Ebd.
[16] Ebd. 243. Vgl. auch Stoll 664
[17] König, M. 92
[18] Maringer 200, 226, 233. Heiler, Die Religionen 61. Vgl. auch Kühn, Die Felsbilder 100
[19] James, The Cult 35 f., 103. Gonda I 6 ff. Heiler, Die Religionen 209 f.
[20] Meyer, J. J. III 163 ff., 180. Die von M. gelegentlich in Klammer beigefügten Termini der Originalsprache ließ ich im Zitat weg.
[21] Ebd. III 186
[22] Stoll 638. Heiler, Die Religionen 371
[23] Gonda II 79

[24] Ebd. I 256. Glasenapp, Glaube und Ritus 43. Ders., Die nichtchristlichen Religionen 165. Heiler, Erscheinungsformen 35, 103. Ders., Die Religionen 304. Meyer, J. J. I 68. Evola 309. Grimal II 77 f.
[25] Stoll 676 f. Grimal II 179 f. Heiler, Erscheinungsformen 102. Vgl. hierzu auch Licht 20 sowie Lewandowski 188 f. Tüllmann 199 ff.
[26] Dammann 9, 150, 211, 103. Etwas ausführlicher Stoll 673 ff.
[27] Meyer, J. J. I 15, Anm. 2. Cole 140 f.
[28] Hippol. refut. V 7
[29] Wilamowitz-Moellendorff II 379 f. Vgl. auch Licht 91. Stoll 650 f.
[30] Licht 75. Vgl. auch Wilamowitz-Moellendorff I 205
[31] Herter 10 ff., 48 ff.
[32] Vgl. Aristoph. Ach. 247 ff., 263, 276. Plut. De cupiditate Divitiarum 527 D. Deubner 141 f., 134 ff. Meyer, J. J. I 238, 71. Stoll 656 f.
[33] Firm. err. c. 10; Clem. Al. protr. II 14, 2; Arnob. adv. nat. V 19. Paus. 1, 27, 3. Deubner 16 f. Vgl. auch 10, 60 ff. Broneer, Eros and Aphrodite 49 ff. Ders., A Mycenaean Fountain 428 f.
[34] Ovid, fast. 1, 400, 415; 6, 319 ff., 334. Mart. 6, 16. Wilamowitz-Moellendorff II 320 f.
[35] Stoll 665. Vgl. auch Rose 173. Heiler, Erscheinungsformen 103
[36] Herod. II 51. Vgl. auch Paus. VI 26, 5. Rose 143, 147. Kerényi 101. Clemen I 232
[37] Aug. civ. Dei, 7, 21. Vgl. auch Varro ling. 6, 14. Ovid, fast. 3, 725 ff.
[38] Meyer, J. J. I 188. Vgl. 154. Stoll 664
[39] Evola 244 f.
[40] Bertholet, Wörterbuch 177. Stoll 668. Frischauer, Moral 8
[41] Kühn, Die Felsbilder 181 f. Vgl. Bertholet, Wörterbuch 558. Auch der slawische Gott Jarilo, die Personifikation des Lenzes, wurde ithyphallisch dargestellt: Heiler, Erscheinungsformen 103. Ja gelegentlich sogar Gott Mithras, dessen Religion ein strenges Reinheitsideal vertrat: Meyer, J. J. I 30. Deschner, Abermals krähte der Hahn 76 ff.
[42] Vgl. hierzu auch noch Meyer, J. J. I 16, 30, 230; II 111; III 228 f., 91 Anm. 1. Hier das Zitat
[43] Frischauer, Moral 23. Heiler, Erscheinungsformen 103
[44] Ronner 251
[45] Ebd. Zur umstrittenen Orthographie s. das Goldene ABC: »Das Veilchen schreibt sich stets mit V; bei Fotze weiß man's nicht genau«: Küpper II 307
[46] Schubart 62
[47] Heiler, Erscheinungsformen 103

3. Kapitel

[1] Evola 304 f.
[2] Herod. I 199. Vgl. auch Strab. XI, 532. Weniger trocken und der Wirklichkeit wohl näher kommend malt diese und andere Orgien breit und genüßlich aus Fürstauer, Sittengeschichte des Alten Orient 172 ff.
[3] Herod. II, 64
[4] Strab. XI, 14, 16
[5] James, Das Priestertum 145
[6] Vgl. Evola 304 f. Heiler, Erscheinungsformen 415. Jastrow II 387
[7] Evola 304 f. Vgl. Heiler, Erscheinungsformen 244
[8] So Pannwitz 80 f. Vgl. auch Hays 122 f.
[9] Borneman II 422
[10] Döller 12. Heiler, Erscheinungsformen 217 f. Vgl. auch ders., Die Religionen 191 f. Zur Verbreitung der Hierodulie in Ägypten: Otto, W., Beiträge zur Hierodulie 27, 29. Teilt in der letzten Zeile seines langen Aufsatzes mit: »Auch Tempelprostitution begegnet uns in Verbindung mit weiblicher Hierodulie«!
[11] Vgl. hierzu Otto, W., Beiträge zur Hierodulie 71 f., Anm. 223. Auch Farnell 74 f.
[12] Bertholet, Wörterbuch 29
[13] Zit. bei Rudeck 239. Vgl. Strab VIII, 6, 20; 12, 2, 3. Hierzu Licht 276. Etwa auch Seltman 141 f.
[14] 5. Mos. 23, 18; 2. Kön. 23, 7; Am. 2, 7. Weitere Polemik der Propheten: Hos. 4, 13 f.; Mi. 1, 7; Jer. 5, 7; Jes. 57, 9 ff. Vgl. auch Ringgren 38 f., 242
[15] Clemen I 354
[16] Gonda I 7 f., 232 f.; II 49 f. Mode 68. Evola 305, 388 ff. Meyer, J. J. passim. Glasenapp, Glaube und Ritus 43. Heiler, Die Religionen 372
[17] Langdon, St., bei: Schmökel, Heilige Hochzeit 17. Vgl. auch 35
[18] Evola 307 ff. Baumann 77, 129. Topitsch 24
[19] Heiler, Die Religionen 183 f. Schmökel, Heilige Hochzeit 11 ff. James, The Cult 50 ff. Ders. Das Priestertum 146, 149
[20] Herod. I 181 f. Vgl. Leeuwen 56. Ausführlicher über den »Turm zu Babel« Gamm, Sachkunde 29 ff.
[21] So James, Das Priestertum 146. Vgl. auch Frankfort 297
[22] Widengren 41 ff.

[23] Ringgren/Ström 50 f.
[24] de Vries 138 f., 127 ff. Vgl. auch 227 f., 239 ff.
[25] Heiler, Die Religionen 535, 531. Zur Angesehenheit der Frauen bei den Germanen: Tacitus, germ. 8. Vgl. auch S. 206 dieses Buches
[26] Ringgren 38 f. Vgl. auch James, The Cult 74 f. Heiler, Die Religionen 569. Ringgren/Ström 85
[27] Ringgren/Ström 71
[28] Schmökel, Heilige Hochzeit 36 ff. Zusammenfassung 118 ff. S. auch Ringgren 12, 180 f.
[29] Gonda II 49
[30] Heiler, Die Religionen 395 f. Ders., Erscheinungsformen 243 f. Stoll 689. Vgl. auch Gonda II 33
[31] Heiler, Erscheinungsformen 244. Vgl. auch Evola 408 ff.
[32] Findeisen. Vgl. auch Fuhrmann
[33] Heiler, Erscheinungsformen 77 ff., bes. 84. Rose 175 f. Nebel 131. Neumann, E. 140, 259 f.
[34] Maringer 246, 312. Vgl. auch Heiler, Erscheinungsformen 78 f., 82 f. Kühn, Die Felsbilder 140. Instruktiv der von Kerényi 169 f. berichtete Stierritus in Westafrika
[35] Herod. II 46. Dazu Evola 312
[36] Ov. fast. II 438 ff.
[37] Licht 99. Meyer, J. J. I 89, 116, 125, 154; III 163. Heinz-Mohr 54
[38] Rose 154, 163 f. dtv-Lexikon der Antike, Religion/Mythologie II 143
[39] 3. Mos. 16, 5 ff.; Mt. 25, 31 ff. Heinz-Mohr 54 f.
[40] de Vries 244. Vgl. auch Ringgren/Ström 389 f.
[41] Vgl. Ringgren/Ström 148, 358, 409 f., bes. 210. Ferner Heiler, Erscheinungsformen 205, 243. Herrmann 219. Clemen I 179 f.
[42] Zit. bei Meyer, J. J. III 241 ff. Die von M. gelegentlich in Klammer gesetzten Worte der Originalsprache wurden hier weggelassen.
[43] So Meyer, J. J. III 248
[44] Ringgren/Ström 320, 333. Rose 97
[45] Zit. bei Nestle I 87. Vgl. Deubner 84 ff. Evola 384 ff.
[46] Arnob. adv. nat. V 21. Clem. Al. protr. II, 16. Vgl. auch James, The Cult 148
[47] Die romanhafte Ausschmückung derartiger Massenorgien durch Fürstauer, Sittengeschichte des Alten Orient 175 ff., mag der Wirklichkeit gleichwohl näher kommen als manch trockener Gelehrtenkommentar
[48] Borneman II 148 f.
[49] Heiler, Die Religionen 521
[50] Epiph. haer. 26, 4 f. Dazu Fendt 3 ff.
[51] Vgl. Clem. Al. strom. 3, 34 ff., 3, 2, 27
[52] Evola 345 ff.
[53] Ebd.
[54] Ebd.
[55] Ebd. 302 f. Heer, Abschied von Höllen 164 ff.
[56] Evola 383 f.
[57] Vgl. zum Vorstehenden Borneman I 37, 267, vor allem aber 28 ff.
[58] Nietzsche II 869, 859, 864

Erstes Buch
4. Kapitel

[1] Fromm, Das Christusdogma 115 f.
[2] Mehnert 11. Vgl. auch de Beauvoir 85
[3] Brock 146
[4] Jes. 26, 19. Ringgren 218 ff., bes. 224 f., 293 ff. Bousset, Die Religion des Judentums 400 f.
[5] Grimal I 135 f.
[6] 1. Mos. 14, 18 ff. Vgl. auch 21, 33: El Olam; 31, 13: El von Bethel; 33, 20: El Elohé Yisrael. Ferner: 1. Mos. 16, 13; 17, 1; 28, 3; 35, 7. 11. 37; 48, 3 u. a. Ringgren 92. Vgl. auch 18 f., 52 f. Albright, Von der Steinzeit 232, Cornfeld V. 1110 ff., bes. 1112. Eissfeldt 25 ff. Ringgren 55 f. Daß man die El-Religion jedenfalls von der Jahwe-Religion prinzipiell unterscheiden muß, liegt »auf der Hand«: Alt I 4 ff., 64. Vgl. auch Beek 19 f.
[7] Beer 1, 4. Clemen I 164
[8] Vgl. Heiler, Erscheinungsformen 34 ff. Bertholet, Wörterbuch 529 f., 350
[9] Röder 15 f., 31, 55 f.
[10] Ringgren 21 f. Heiler, Erscheinungsformen 112.
[11] 1. Mos. 29, 23; 29, 28; 30, 4; 30, 9
[12] 1. Mos. 28, 11 ff. Vgl. auch Cornfeld II 297 ff. V 1110 ff.
[13] 1. Mos. 35, 12 ff. Vgl. 31, 43 ff.; 5. Mos. 16, 22.; Hos. 10, 1 f.; Mi. 5, 12; Jer. 43, 13 u. a. 2. Kön. 23, 14. Dazu Beer 12 ff.

[14] Vgl. Gressmann, Die Lade Jahwes 40. Gamm, Sachkunde 37 f. Röder 79. Vgl. auch Clem. Al. Cohort. 100, 4
[15] 1. Mos. 24, 2; 47, 29. Beer 7. Leitet allerdings nicht, wie verschiedene andere Forscher, den ganzen israelitischen Massebenkult vom Phallus-Kult ab
[16] Jes. 57, 8; 16, 17; Jer. 2, 27; Pred. 3, 5. Dazu Beer 7
[17] Vacano 148
[18] Morel I 14
[19] Ausführlich: Neumann, E. 299 ff. Vgl. auch Herrmann 130 f. Clemen 41, 90 f., 168 f., 227 f., 338 f. Heiler, Erscheinungsformen 67. Bertholet, Das Geschlecht 5 f. Meyer, J. J. I 17 f., 98 ff.
[20] 5. Mos. 12, 2 f.
[21] 1. Mos. 21, 33. Weitere berühmte und heilige Bäume oder Haine der Bibel: 1. Mos. 12, 6; 13, 18; 34, 4; Ri. 9, 37; Vgl. auch Ps. 104, 16
[22] 1. Mos. 12, 11 ff.; 20, 1 ff. Vgl. auch 1. Mos. 26, 7 ff.
[23] 16. Syn. Tol. c. 2
[24] Syn. Paderb. c. 21. Vgl. auch 2. Syn. Arles c. 23. Syn. Auxerre (585) c. 3; Syn. Nantes (658) c. 20
[25] Ausnahmen: Jes. 66, 13; 49, 15. Vgl. auch 5. Mos. 32, 11; 32, 18 sowie einige Psalmen. Dazu Bertholet, Das Geschlecht 8. Vgl. auch ders., Wörterbuch 240. Ringgren 28, 39, 41
[26] Vgl. bes. das Buch Josua, aber auch Ri. 1, 4 ff.; 1, 17; 1, 22 ff.; 4; 18 u. a.
[27] 5. Mos. 12, 2 f.
[28] 1. Mos. 9, 20 ff.; 26, 7 f. u. a. Vgl. Noth 133
[29] Ri. 1
[30] Ri. 6, 25 f. u. a. Albright, Von der Steinzeit 293 f. James, The Cult 78 ff. Noth 95 f. Cole 151 f.
[31] 1. Kön. 11, 4. Albright, Von der Steinzeit 293. Cornfeld II 417, 419
[32] Albright, Von der Steinzeit 297 ff. Vgl. Cornfeld III 667 ff.
[33] 2. Kön. 21, 3 ff.; Jer. 7, 18. Vgl. Albright, Archaeology 168 ff. James, The Cult 80. Ringgren 38 f., 42. Bertholet, Wörterbuch 49
[34] 1. Sam. 2, 22; Hos. 4, 14. Am. 2, 7 f. Vgl. hierzu etwa Gressmann, Die älteste Geschichtsschreibung 7. Döller 12. James, The Cult 81 ff. Cole 257 ff.
[35] Jer. 5, 7; 4, 30
[36] 1. Kön. 18, 40
[37] Am. 2, 7; 8, 14; 5, 5; Hos. 2, 13; 4, 12 f.; Jes. 1, 11 ff.; Jer. 2, 5; 11, 10 f. u. a. Dazu Pedersen 25. Cornfeld II 445 ff.
[38] Vgl. Ringgren 246. Albright, Von der Steinzeit 296, 315 f.
[39] 2. Mos. 34, 13; 34, 15 f.
[40] Hos. 3, 2
[41] Hos. 1, 2. Cornfeld III 648
[42] Hos. 2, 13. Vgl. auch 4, 1 ff.; 6, 8 ff.; 8, 5 ff. James, The Cult 83. Ringgren 244. Cole 13 ff. Bertholet, Wörterbuch 234
[43] Cornfeld III 647
[44] Jes. 57, 3 ff.
[45] Hes. 8, 6 ff.; 23, 20. Vgl. auch 6; 7; 23, 5 ff.; 23, 16 f.
[46] Jer. 5, 7 f.
[47] Bened. reg. 42
[48] 1. Mos. 6, 1 ff.; 7, 17 ff.
[49] 5. Mos. 27, 15 ff.
[50] So Bousset, Die Religion des Judentums 425
[51] Ehebruch: 3. Mos. 20, 10. Inzest: 3. Mos. 20, 11; 20, 17. Homosexualität: 3. Mos. 20, 13. Bestialität: 3. Mos. 20, 15 f. Vgl. auch 2. Mos. 22, 19; 3. Mos. 18, 23; 20, 15; 5. Mos. 27, 21
[52] 3. Mos. 15, 1 ff.; 12, 1 ff.; 2. Sam. 11, 4; 3. Mos. 13 u. 14; 4. Mos. 19, 11 ff.
[53] 3. Mos. 14, 18
[54] 3. Mos. 15, 16
[55] 3. Mos. 15, 3 ff.; 5, 2 f.; Hag. 2, 14
[56] 3. Mos. 19, 20 ff.; 22, 3; 1. Sam. 20, 26 u. o. Zum Ganzen: Schötz. Auch Strahtmann I 46 ff.
[57] 1. Mos. 3, 7; 3. Mos. 16, 4
[58] 2. Mos. 28, 42 f. Vgl. 20, 26. Ferner Hes. 16, 37; 16, 39; 23, 18; 23, 29; Hos. 2, 12
[59] 5. Mos. 25, 11 f.
[60] 1. Mos. 3, 16. Dazu Döller 6. Millett 66 f.
[61] Gamm, Sachkunde 16. Heiler, Erscheinungsformen 485. Vgl. 200
[62] Bousset, Die Religion des Judentums 426 f.
[63] Ebd.
[64] Belege bei Strahtmann 20 f. Vgl. auch Walter 8 f. Frischauer, Sittengeschichte I 184 ff. Schär 229 f. Jetter 93. Brock 143 ff. Horst 1068
[65] Strahtmann 19
[66] Brock 143
[67] Vgl. Döller 74 f.

⁶⁸ 2. Sam. 3, 2 ff. Walter 4
⁶⁹ 1. Mos. 4, 19; 16, 3; 29, 23; 28; 30, 4, 9. Vgl. die entsprechenden Abschnitte bei Cole. Ringeling, Bund und Partnerschaft 246 f. Weber, M. 119. Döller 43 ff.
⁷⁰ 2. Mos. 20, 17; 5. Mos. 22, 13 ff.; 5, 21
⁷¹ 1. Kön. 11, 3. Freilich erlaubten sich seinerzeit weniger gottesfürchtige Herren, wie der König von Loango oder König Mtesa von Uganda einen Harem von 7000 Frauen. Post I 307. Vgl. auch Fangauer 9. Siebenschön 87
⁷² Rade 5
⁷³ Vgl. Weber, M. 122. Bertholet, Wörterbuch 545
⁷⁴ 3. Mos. 21, 7; 21, 14
⁷⁵ Döller 39. Ri. 11, 37 ff.; 1. Sam. 1, 6; 1. Mos. 30, 1. Dazu etwa Legrand 15 ff.
⁷⁶ Vgl. Köhler 76
⁷⁷ Weber, M. 119
⁷⁸ Jes. 4, 1; 1. Sam. 1, 11
⁷⁹ Lk. 1, 48
⁸⁰ Strahtmann I 23
⁸¹ Vgl. Weber, M. 135. Borneman II 555. Positiveres betont Oyen 165
⁸² Auch das Diasporajudentum war nicht enthaltsam gestimmt. Vgl. Strahtmann I 101 ff.

5. Kapitel

¹ Rohde II 124
² Nietzsche II 881
³ Hom. Il. 16, 233
⁴ Früheste Bezeugung bei Pindar, dann bei Herod. 4, 36; Plat. Charm. 158 B. Vgl. auch Orig. Cels. 3, 31.
⁵ Herod. 4, 13 ff. Dazu Bolton
⁶ Diog. Laert. 1, 109 ff. Aristot. Ath. pol. 1. Plut. Sol. 12
⁷ Rohde 62 ff. Nestle I 60 ff., 82 ff.
⁸ Vgl. Nestle I 37 ff., 59 ff. Fehrle 222 ff. Wilamowitz-Moellendorff II 202 f. Rohde II 89. Auch Kelsen 68 f.
⁹ Plat. rep. 364 B. Krat. 400 C leg. 829 D
¹⁰ Vgl. Plat. Krat. 400 C. Gorg. 493 A
¹¹ Plat. leg. 6, 782 C
¹² Plat. rep. 2, 363 C
¹³ Nestle II 42
¹⁴ Eur. Hipp. 952. Plat. leg. 6, 782 C. D. Herod. II 81
¹⁵ Vgl. Deschner, Abermals krähte der Hahn 82 f. Zur Erlösung der Seele »vom Rad der Geburt« propagiert man hier die »Pythagoreische Lebensweise«: Askese, Reinigung, Enthaltung von Fleisch und Fischen: Plat. rep. 10, 600 B, Rohde II 163 f.
¹⁶ Zit. nach Beauvoir 85
¹⁷ Plat. rep. II 377 Aff. 414 B ff., leg. II 663 D ff. leg. X, 907 D ff. Wilamowitz-Moellendorff II 247
¹⁸ Plat. Tim. cap. 41. Phaid. 81 C. 83 C. D. Phaidr. 250 C. rep. 10, 611 C/D.
¹⁹ Clem. Al. nach Gründel, Aspekte der Ethik 80. Nietzsche II 892; III 1248. Vgl. auch II 1028, 951; III 1297
²⁰ Wächter 2 f. Zu derartigen Vorstellungen bei anderen Völkern s. ebd. 34 f. u. 63
²¹ Rohde II 72 ff. Dort zahlreiche Quellenbelege. Ebenso bei Wächter 25 ff., 55 ff., 64 ff. Vgl. auch Strahtmann 197 ff.
²² Vgl. Rohde II 74 ff. u. bes. Anhang II 405 ff. mit wiederum vielen Belegen. Wächter 35
²³ So Heiler, Erscheinungsformen 186
²⁴ Zahlreiche Belege bei Wächter 7 ff.
²⁵ Clemen 279 f. Vgl. Deubner 75 f.
²⁶ Vgl. Strahtmann I 215 ff.
²⁷ Clemen I 279
²⁸ Deubner 76, 80. Sehr ähnliches kehrt dann ja wieder in der christlichen Kommunion. Ausführlich Deschner, Abermals krähte der Hahn 268 ff.
²⁹ Belege bei Strahtmann I 201
³⁰ Demosth. in Timocr. 758. Nach Hornstein-Faller 33
³¹ Tib. eleg. 2, 11
³² Plut. Quaest. conv. 3, 6
³³ Hornstein-Faller 33
³⁴ Ov. met. 10, 434. Deubner 50 f.
³⁵ Zahlreiche Belege bei Fehrle 90 ff.
³⁶ Plut. De Pythiae oraculis 7, 589. Vgl. auch Num. 9
³⁷ p. 759 D
³⁸ Vgl. Paus. 2, 33, 2; 7, 24, 4. Deubner 12

³⁹ Paus. 9, 27, 6; 8, 13, 1
⁴⁰ Tacit. ann. 2, 86. Gell. noct. att. 7, 7, 4. Plin. nat. hist. 28, 13. Suet. Vit. 16. Vgl. Strahtmann I 159 ff., 172 ff.
⁴¹ Plin. nat. hist. 28, 39. Stoll 976
⁴² Plut. Num. 10. Liv. 12, 57, 2 f. Stoll 976
⁴³ So Heiler, Erscheinungsformen 200
⁴⁴ So Clemen I 276. Vgl. Strahtmann I 236 ff.
⁴⁵ Fehrle 110 f.
⁴⁶ Zit. bei Hays 140 f.
⁴⁷ Strahtmann I 207, 210
⁴⁸ Vgl. Deschner, Abermals krähte der Hahn 289 ff.
⁴⁹ Epict. diss. 3, 27, 1. Vgl. auch 2, 4, 1; 1, 28, 13; 2, 22, 7. Dazu Preisker, Christentum und Ehe 22 ff. Vgl. auch Plut. amat. 4, 415 ff.
⁵⁰ Vgl. Rohde, E., Der griechische Roman und seine Vorläufer 466 ff. Nach Preisker, Christentum und Ehe 152. Vgl. auch Preisker, ebd. 25 ff. Müller, J. 28 ff., 40 ff. Gab es doch sogar einige stoische und neuplatonische Denker, welche die Ehelosigkeit höher als die Ehe schätzten. Vgl. Epiktet, Diatr. 3, 22; 3, 26 f. Ferner: Oepke I 779
⁵¹ Vgl. Deschner, Abermals krähte der Hahn 289 ff., 135 ff.
⁵² Overbeck, Über die Christlichkeit unserer heutigen Theologie. Zit. nach Lampl, Overbeck 361
⁵³ Meyer, J. 8. Ketter 11 ff., 30 ff.

Zweites Buch
6. Kapitel

¹ Rade 6
² Preisker, Christentum und Ehe 110. Ausführlich Brock 139 ff. Vgl. aber auch Mächler, Der christliche Freigeist 51 ff. : »Der ›von oben herab‹ behandelte Eros . . .«
³ Seine Historizität läßt sich nicht mit Sicherheit erweisen: Vgl. bes. Raschke passim. Ebensowenig jedoch Jesu Ungeschichtlichkeit. Alle außerchristlichen Quellen des 1. Jahrhunderts jedenfalls schweigen über ihn: Dazu Deschner, Abermals krähte der Hahn 15 f.
⁴ Ausführlich Deschner, Abermals krähte der Hahn 493 ff., 410 ff.
⁵ Campenhausen v., Die Askese 26 f., 29. Vgl. auch Brock 143, 145. Savramis, Religion und Sexualität 49
⁶ Mk. 2, 15; Mt. 9, 10 ff.; Lk. 5, 30; 7, 37 ff.; Mt. 21, 31 f.
⁷ Vgl. Deschner, Abermals krähte der Hahn 361, 78, 272, 284
⁸ Mt. 1, 18 ff.; Lk. 1, 26 ff.; 2, 1 ff. Dazu Campenhausen, Die Askese 42
⁹ Mt. 19, 12
¹⁰ So Legrand 37. Vgl. auch 59 f.
¹¹ Vgl. Denzler, Zur Geschichte des Zölibats 383 ff. Zur Stelle 385 f.
¹² Boelens 74
¹³ Mk. 14, 3 ff.; Mt. 26, 6 ff.; Lk. 7, 36 ff.; 10, 38 ff. u. a. Dazu Leipoldt, Jesus und die Frauen passim. Schnackenburg, Die sittliche Botschaft 86 ff.
¹⁴ Mt. 19, 28; Lk. 22, 30 werden von der kritischen Theologie nicht als echte Jesusworte betrachtet, sondern als Gemeindebildungen. Zur Bez. auf die zwölf Stämme vgl. auch Apk. 21, 12 ff.; Barn. 8, 3; Epiph. haer. 30, 13. Ferner: Weiß 34. Bultmann 38. Bornkamm, Jesus von Nazareth 135, 138. Linton 176
¹⁵ Leipoldt, Die Frau in der antiken Welt 142 ff. Zum Schülerkreis: Mk. 15, 40 f.; Lk. 8, 2 f.; 10, 38 ff.
¹⁶ Jh. 4, 27
¹⁷ Lk. 13, 10 ff.; Mk. 1, 29 ff.; 5, 21 ff.; 7, 24 ff.; Lk. 8, 2; Mk. 15, 40; Mt. 27, 55
¹⁸ Lk. 7, 47; Jh. 8, 3 ff.
¹⁹ Jh. 8, 1 ff. Heiler, A. M. 201. Brock 236 f.
²⁰ Luther, Tischreden. Nach Borneman I 216. Koch, G. 102
²¹ Brock 241
²² Ebd. 140. Ben-Chorin, S. 120 ff. Vgl. dazu auch Savramis, Religion und Sexualität 155, wo von Briefen empörter Christen die Rede ist, die die Vermutung, Jesus habe ein Geschlechtsleben gehabt, für ein größeres Sakrileg halten als die Behauptung einiger Theologen, Gott sei tot!
²³ Mt. 5, 28. Ferner Antweiler, Ehe 70
²⁴ 1. Kor. 7, 25
²⁵ Mk. 10, 8. Brock 143
²⁶ Vgl. auch Deschner, Abermals krähte der Hahn 360
²⁷ 1. Kor. 9, 5; Mk. 1, 30; Mt. 8, 14; Lk. 4, 38; Mk. 1, 29 ff.; 10, 29; 1. Petr. 5, 13; Clem. Al. strom. 3, 6, 52; Orig. in Mt. 15, 21. Dazu Bauer, W. bei Hennecke 117 f. Bestreitungen – vgl. etwa Fischer, J., Ehe und Jungfräulichkeit 60 ff. – überzeugen nicht.
²⁸ Das Urchristentum insgesamt war rein eschatologisch und weltflüchtig gestimmt und insofern das »Asketische« in ihm von Anfang an mitgesetzt. Vgl. etwa Heussi 15 f.
²⁹ Mt. 4, 2; Lk. 4, 2. Dazu Lohmeyer, Die Versuchung Jesu 627 f. Heussi 17

30 Vgl. Schneider, Geistesgeschichte I 53. Ackermann, Jesus 70. Stauffer 63 f. Leipoldt, Der soziale Gedanke 80 f. Schniewind 12 f.
31 Lk. 18, 9 ff.; Mt. 11, 19. Gründel, Aspekte der Ethik 70 f.
32 Vgl. Lohmeyer, Das Abendmahl 218 ff. Ders., Kultus 89 ff.
33 Mk. 2, 18; Apg. 2, 46. Die Christen fasteten nun im 2. Jahrhundert am Mittwoch und Freitag – zum Unterschied von den Juden, den »Heuchlern«, die am Montag und Donnerstag fasteten: Did. 8, 1. Schon die Apostelgeschichte kennt das Fasten vor dem Gottesdienst, vor einer Aussendung oder Ordination: Apg. 13, 2 f.; 14, 23
34 Barn. c. 1. Zum Barnabasbrief vgl. Windisch

7. Kapitel

1 Bousset, Die Religion 426 mit Bez. auf 1. Kor. 5, 10 f.; 6, 9 f.; 2. Kor. 12, 21; Gal. 5, 19; Röm. 1, 29 ff.; 13, 13; Kol. 3, 5
2 Preisker, Das Ethos 180. Vgl. auch Beauvoir 100. Ringeling, Die Frau zwischen gestern und morgen 102 f.
3 Campenhausen, Die Askese 37
4 Denzler, Zur Geschichte des Zölibats 386
5 Phil. 3, 7 f.; 2. Kor. 2, 15
6 Ausführlich hierüber Deschner, Abermals krähte der Hahn 168 ff., bes. 181 ff.
7 Lindner 22
8 Askein: Apg. 24, 16. Dazu Gründel, Aspekte der Ethik 69. Zum Aussehen des Paulus: Acta Pauli et Thecl. 3. Dazu Baeck 99
9 Röm. 7, 18; 7, 24; 8, 6 f.; 1. Kor. 9, 27; Gal. 5, 24; Röm. 8, 13; Kol. 3, 5
10 Vgl. Fascher, Zeitschrift für neutestamentl. Wissenschaft, 28, 1929, 65
11 Hartmann 180
12 Röm. 13, 12 ff.; 1. Kor. 5, 9 f.; 6, 9
13 Apk. 22, 15
14 2. Kor. 12, 21
15 Gal. 5, 19 ff.
16 Kol. 3, 5; 1. Kor. 6, 18
17 Vgl. dazu Hartmann 180
18 Gal. 3, 28; 1. Kor. 11, 11 f.
19 Vgl. Delling 48. Leipoldt, Dionysos 35, 55
20 1. Kor. 14, 34; 11, 3 ff.
21 Delling 108 f. Dazu 1. Kor. 11, 3; 14, 34. Nach K. Barth 190 erinnert Paulus hier »an ihre eigene Würde, ihr eigenes Recht«
22 1. Kor. 11, 7 ff.
23 1. Kor. 11, 10. Dazu 1. Mos. 6
24 Kähler 84 f. Weissgerber 273 ff., bes. 278. Fälle derartiger dogmatischer Blindheit freilich auch bei vielen andern. Vgl. etwa Leenhardt 17 ff., 51 ff.
25 Vgl. Preisker, Christentum und Ehe 126 ff., 136 ff. Ders., Das Ethos 175. Vgl. auch Jordan 21, 24 f. Leipoldt, Jesus und die Frauen 109 ff. Weinel 192. Selbst auf katholischer Seite mußte man einräumen, daß von Paulus »die Ehe nur unter dem engen Gesichtswinkel der Geschlechtlichkeit gesehen und nicht höher gewürdigt wird« 17 (mit Imprimatur!); wird hier mit der Unvollständigkeit der paulinischen Eheausführungen erklärt – als ob das die Sache änderte!
26 1. Kor. 7, 1 ff., bes. 7, 7; 7, 26; 7, 28; 7, 40
27 1. Kor. 7, 2; 7, 36 ff.
28 Vgl. etwa Campenhausen, Die Askese 35. Delling 154, 78. Rade 17 f. Zscharnack 5, 10
29 Fangauer 36. Schumacher 78, mit Berufung auf Epheserbrief 5, 22 ff., der fast von der gesamten kritischen Theologie als Fälschung bezeichnet wird: Rhyn, M. van 112 ff. Barnikol 7. Lietzmann, Geschichte der alten Kirche I 226 f. Dibelius-Kümmel 10 f. Knopf 73, 85 f. Käsemann 138 ff. Pfannmüller 46. Goodspeed, The Meaning of Ephesians. Ders., An Introduction of the New Testament 222 ff.

Drittes Buch
8. Kapitel

1 Schjelderup 12
2 Borneman I 460
3 Nietzsche II 1234
4 Vgl. hierzu Deschner, Warum ich aus der Kirche ausgetreten bin 17. Die Nachweise sämtlich in meiner Kirchengeschichte »Abermals krähte der Hahn«, vgl. bes. 56 ff., 252 ff., 292 ff.
5 Wulf 136 f. Vgl. auch dtv-Lexikon der Antike I 124 f.
6 Wille 56. Borneman I 528. Heiler, Erscheinungsformen 198

7 Nietzsche II 873
8 Rigveda 10, 136
9 Gonda I 9 ff., 184 ff.
10 Vgl. Haas 171
11 Zöckler 39
12 Gonda I 212
13 Lanczkowski 54. Vgl. auch Lortzing 22 ff., bes. 25. Mensching, Soziologie 70 f. Bertholet, Wörterbuch 88 f.
14 Vgl. Schulemann 19. Gonda I 283 ff. Bareau III 7 f.
15 Vgl. Hamburger 80 f.
16 Er wurde damit der Stifter (oder richtiger Neubegründer) des Jinismus, auch Jainismus genannt. Die heute noch über ganz Indien zerstreute, großenteils (oft gefürchtete) Kauf- und Bankleute vereinende Religion schätzt die Askese als Haupterlösungsmittel. Eine Reihe von Berufen, besonders der des Metzgers, Jägers und dgl., ist ihren Mitgliedern verboten: Mensching, Soziologie 151 f.
17 Schubring in: Bareau III 236 ff. Vgl. auch 219 ff. Das vierte ihrer »großen Gelübde« lautet: »Ich enthalte mich jedes geschlechtlichen Tuns«, das fünfte: »Ich enthalte mich jeden Besitzes«: Bertholet, Religionsgeschichtliches Lesebuch 6 ff. Ders., Wörterbuch 338, 251 f. Vgl. auch Mensching, Soziologie 150 ff. Ausführlich Glasenapp, Der Jainismus
18 Zöckler 46. Buddha verwarf die Autorität des Veda und die der Brahmanen, was ihn zum Ketzer stempelt: vgl. Glasenapp, Buddhismus und Gottesidee. Mensching, Buddhistische Geisteswelt 326 ff. Ronner 24
19 Buddhas Pentalog: »Töte nichts Lebendes; stehle nicht; treibe nicht Unkeuschheit; lüge nicht; berausche dich nicht in starken Getränken«: Zöckler 49. Vgl. Oldenberg 319
20 Der buddhistische Mönch sollte nur einen Lendengürtel, einen Eßnapf, ein Schermesser und einen Wasserseiher besitzen (um kein lebendes Geschöpf beim Trinken zu verschlucken), nur einmal am Tag die erbettelte Nahrung essen, eventuell im Wald oder an einer Leichenverbrennungsstätte leben und im Sitzen schlafen: Vgl. Bareau III 56, 65. Bertholet, Wörterbuch 94 ff.
21 Cullavagga 10, 1. Nach Mensching, Soziologie 122
22 Vgl. Deschner, Abermals krähte der Hahn 64 ff.
23 Als sicher führt dies der Theologe Grützmacher an: 39 ff. Vgl. auch Bousset, Das Mönchtum 24 f.
24 Völter 36 ff. Vgl. auch Erman 167. Müller, J. 12
25 Reitzenstein, Historia Monachorum 1, 104 ff. Heussi 292 ff. Strathmann I 292 ff. Schmidt ,C./ Polotsky, H. J.
26 Vgl. Koch, A., Nigg, Vom Geheimnis 63
27 Ausführlich: Deschner, Abermals krähte der Hahn 17 ff.
28 Zahlreiche Quellenhinweise ebd. 24 f.
29 1. Clem. 38, 2; 35, 1 f. Herm. vis. 1, 2, 3; Ign. Polyk. 5, 2; Just. Apol. 1, 15, 6; Athen. suppl. 33; Min. Fel. dial. 31, 5
30 Krüger/Tyciak 217
31 Vgl. Heussi 39, 54. Doch noch im 3. Jahrhundert trugen die männlichen christlichen Asketen kein besonderes Gewand: Tert. virg. vel. 10
32 Beim Tod des Pachomius, um 346, dem er und hundert Mönche (nach Gottes unerforschlichem Ratschluß) durch die Pest zum Opfer fielen, gab es neun Klöster für Männer und zwei für Frauen: Schiwietz 159. Wagenmann 12
33 Vgl. Schmitz, A. L. 197. Zahlreiche Zahlenangaben 195 ff.
34 Vgl. etwa Casel 233
35 Cassian. inst. 11, 17. Vgl. Harnack, Das Mönchtum 24. Mensching, Soziologie 244. S. auch Beispiele und Belege bei Deschner, Abermals krähte der Hahn 332
36 Ambr. virg. 1
37 Zit. bei Ronner 150
38 Ign. Smyrn. 13, 1; 1. Tim. 5, 11 ff.
39 Vgl. vita Ant. 3, wo Antonius, der christliche »Mönchsvater«, seine Schwester bereits in ein Jungfrauenheim stecken kann, ehe er sein Einsiedlerleben beginnt.
40 Vgl. Feusi 22 ff., 57. Wilpert 15
41 Ebd. 22
42 Belege bei Wilpert 30 ff.
43 Athan. apol. Const. 33. Cypr. hab. virg. 3; Tert. ad uxorem 1. Vgl. auch Aug. sanct. virg. 13, 12
44 Ambr. virg. 2. Vgl. auch Wilpert 48 ff.
45 Zit. nach Rarisch, Arno Holz 60
46 Vgl. Wilpert 12
47 Steingießer 15
48 Hieron. ep. 109. Analoge Äußerungen bei Methodius symp. 7, 3, 156 (hier das letzte Zitat), Ambrosius u. a.
49 Zit. nach Steingießer 15 f.
50 Hieron. ep. 18 ad Eustochium

[51] Vgl. Steingießer 13 ff.
[52] E. A. 61, S. 196
[53] Zit. bei Dannenbauer I 161
[54] Zumkeller 203
[55] Aug. conf. 2, 2; Gen. ad litt. 9, 10
[56] Aug. bono con. 10, 10. Zumkeller 207
[57] Ambr. virg. 1. parad. 14, 72. Vgl. auch ep. 63, 112
[58] Ambr. virg. 1, 9; 3, 11. Vgl. auch Hieron. ep. 5 ad Heliod. Dazu Deschner, Abermals krähte der Hahn 450. Vgl. auch Zumkeller 99. S. Ambr. virg. 6, wo er sich gegen den Vorwurf wehrt, Neuerungen einzuführen, die Christus nicht gelehrt habe, worauf er sich auf Mt. 19, 12 beruft!
[59] Mit dem sehr vernünftigen (doch eben darum gefährlichen) Argument: »Sie mögen Christen werden, sobald sie imstande sind, Christum zu kennen.« Tert. Bapt. 18. Ausführlich über die Entstehung der Taufe gegen den Auftrag Jesu, doch nach genauem Vorbild der heidnischen Taufen: Deschner, Abermals krähte der Hahn 258 ff. Über das Aufkommen der Kindertaufe im besonderen: ebd. 265 f.
[60] Schopenhauer, Parerga und Paralipomena II. Kap. 26. Zit. nach Welter 181
[61] Wilpert 30
[62] Theresia II 208 ff., 89 ff. u. a.
[63] Zit. bei Hornstein-Faller 54
[64] Göpfert II 302. Ries 106. Thom. Aquino S. Th. 2. 2 q. 152 a. 5
[65] Vgl. dazu Baur 134 ff.
[66] Pallad. hist. Laus. 150
[67] Joh. Mosch. prat. spirit. 60
[68] Löhr 82
[69] Jone 183
[70] Ebd. 179. Häring, Das Gesetz III 216

9. Kapitel

[1] Pallad. hist. Laus. c. 38
[2] Zit. bei Heussi 231 f.
[3] Antonii regulae n. 30
[4] Viller-Rahner 83
[5] Nigg, Vom Geheimnis 22 f.
[6] Ebd.
[7] Vgl. hierzu Freud, Das Unbehagen 457 ff., 463 u. a. Ders., Jenseits des Lustprinzips 6˚ff. Ders., Massenpsychologie 90 ff. Ders., Darstellungen der Psychoanalyse 125 f. Nietzsche II 847 ff.; III 428 f. u. a.
[8] Zit. bei Packard 352. Vgl. auch Comfort, Der aufgeklärte Eros 158
[9] Vgl. Nietzsche II 245. Carrel 117. Domizlaff 204 f. Und den freilich sehr problematischen Asketbegriff bei Schirmbeck 314 ff.
[10] Zwei junge Männer nehmen zusammen eine junge Frau; ist sie verblüht, nehmen sie eine zweite junge dazu, die dann bis ins Alter für sie reicht: zwei Frauen sind versorgt, und jeder Mann bezahlt nur eine . . .
[11] Vgl. Rut. Claud. Namantianus, Itin. 1, 439 ff. S. auch 1, 519 ff.
[12] Nietzsche II 213, 849
[13] Plack 64
[14] Garrone 45 f.
[15] Sartory, T. u. G., Strukturkrise 18
[16] Gründel (Hg.), Triebsteuerung? 92, 54 u. a.
[17] Ebd. 67 ff., bes. 68 f., 71, 75, 80, 88 f., 92 f.
[18] Mausbach, Die Ethik 1, 364
[19] Rauh 23 f.
[20] Vgl. Metz, J. 171 ff.
[21] Clem. Al. paidag. 1, 7
[22] Enthaltung von Fleisch und Wein: paid. 2, 2, 20; strom. 7, 6, 33; 7, 12, 70; 3, 14, 95. Vgl. auch paid. 2, 3, 1 ff.; 2, 7, 3; 2, 12, 1; 2, 17, 3; 2, 8 ff.; 3, 2 ff. div. salv. 3, 3 ff. Zum Ganzen Völker passim
[23] Orig. in Rom. 9, 1; Euseb. h. e. 6, 3, 7 ff. Ferner die zusammenfassenden Belege bei Heussi 45 ff. Crouzel 20
[24] Auch Antonius, Cassian und später Bernhard von Clairvaux wollen zumindest den Mönch nicht lachen sehen. Vgl. Ant. reg. n. 30. Cassian. inst. 4, 39. Bernh. De gradibus humilitatis et superbiae. Fichtenau 37 f. Bas. ep. 11, 1; 2, 6. Virginität und völliger Verzicht auf irdische Güter scheinen für ihn mitunter fast die Bedingung sine qua non zur Erlangung des Heils. Vgl. Schilling 86 ff. Ferner: Dirking passim
[25] Greg. Nyssa or. 4, 3; Lact. inst. 6, 22; Zeno Tract. 5 cont.
[26] Aug. en. in ps. 70; serm. 1, 9. »Seit Ambrosius, Hieronymus und Augustin sind die Höchstgebildeten der okzidentalen Welt Männer des asketischen Ideals«: Bickel 461

[27] Der angeblich noch ältere Mönch, Paulus von Theben, ist eine Fälschung des Hieronymus, des Patrons der Gelehrten! Vgl. Völter 6. Reitzenstein, Historia Monachorum 70. Heussi 70. Lacarrière 81 ff. In die Existenz des Antonius hat man nicht mehr Vertrauen. Vgl. etwa Dörries. Das wunderreiche Leben des Antonius wurde in der um 370 verfaßten Vita Antonii vom heiligen Athanasius festgehalten. Seine Autorschaft wird seit den Arbeiten von Eichhorn, A., Athanasii de vita ascetica testimonia collecta, 1886, und Mayer, J., Über die Echtheit und Glaubwürdigkeit der dem Hl. Athanasius zugeschriebenen Vita Antonii, so gut wie allgemein anerkannt. Der berühmte Kirchenlehrer, auch als Urkundenfälscher großen Stils überführt (vgl. Deschner, Abermals krähte der Hahn, 399 ff., bes. 401), berichtet dabei von Mal zu Mal Unglaublicheres, das heißt nach theologischer Auslegung freilich nur: er hebt seinen Stoff »auf eine höhere Ebene«: Nigg, Vom Geheimnis 49. Vgl. auch v. Hertling 5

[28] Athan. vita Ant. c. 19. Benedikt allerdings nur im Hinblick auf den christlichen Kadavergehorsam: reg. c. 7

[29] Joh. Clim. scal. par. 24. Hilpisch, Die Torheit 122

[30] 1. Kor. 3, 18; 4, 10. Vgl. auch 1, 21 ff.

[31] Vgl. Reitzenstein, Historia Monachorum 48 f., 57. Hilpisch, Die Torheit 123 ff. Heussi 114. Lacarrière 120

[32] Vita Joannis Columbini c. 98; c. 15

[33] Alph. Makarios n. 41; Alph. Moses, n. 6. Alph. Paphnutius n. 5. Vgl. auch die Belege bei Ranke-Heinemann 26 ff.

[34] Cassian. coll. 24, 9

[35] Joh. Chrysost. in Mt. hom. 68, 3; Makar. hom. 10, 1. Ranke-Heinemann 66. Weitere Mönchssprüche: »Gesegnet ist der, der seine Sünde beständig sieht.« »Die richtige Lebensweise für einen Mönch ist, sich ständig zu verurteilen.« »Der Mönch muß immer trauern und immer seiner Sünde eingedenk sein.« Zit. bei Ranke-Heinemann 60 f.

[36] Zit. bei Heussi 190

[37] Vgl. Schneider, Das Frühchristentum 17

[38] Schjelderup 44

[39] Lucius 377 ff. Vgl. auch Lacarrière 154

[40] Heussi 190. Vgl. auch Schjelderup 44. Lucius 90

[41] Zit. bei Döbler, Vom Ackerbau zum Zahnrad I 146

[42] Vita Ant. c. 47

[43] Schubert II 623

[44] Hieron. ep. 125, 7. Hieronymus erwähnt auch die freiwillige Unsauberkeit der büßenden Fabiola, einer vornehmen Römerin. Anscheinend war für christliche Büßer ein verdreckter Leib zeitweise obligatorisch. Vgl. Hieron. ep. 77, 2. Sozom. h. e. 7, 16

[45] Ursprünglich bezweckte es wohl die Abwehr von Dämonen, von Tabu-Kräften, diente aber auch zur Sühne, zu Zauberkuren, zur Erlangung von »Willens-Mana« bei Kriegern, Jägern, Fischern, sowie vor allem als Vorbereitung auf Kulthandlungen, Beschneidungsriten, Opfer; und des Fleisches enthielt man sich manchmal – die einzig ethisch halbwegs qualifizierte Motivation – aus Furcht vor der Seele des getöteten Tieres

[46] Ausführlich Heiler, Erscheinungsformen 194 ff.

[47] 3. Mos. 16, 29 ff.; 23, 27 ff.; 4. Mos. 29, 7; 30, 14 u. a.; 1. Sam. 7, 6; 31, 13; 2. Sam. 1, 12; 12, 16; Ri. 20, 26; Sach. 7, 5 ff.; 8, 19 u. a. Zum Ganzen: Arbesmann

[48] Jon. 3, 7

[49] Göpfert II 289. Vgl. auch Häring, Das Gesetz III 76 f.

[50] Neumann, V., Voltaire 83

[51] Laut Did. 8, 1

[52] Die Berichte klingen, freilich nicht nur in dieser Hinsicht, wahrhaft unglaublich. Zu den berühmtesten der Frühzeit gehören die um 400 verfaßte »Historia Monachorum« des Archidiakons Timotheus von Alexandrien, und die »Historia Lausiaca«, die Palladius, Bischof von Helenopolis in Bithynien, schrieb. Freilich nimmt sich selbst für katholische Theologen die »Historia Monachorum« »in mehr als einem Zug fast wie ein Reiseroman aus«. »Viel zuverlässiger« erschien diesen Gelehrten zunächst die »Historia Lausiaca«. Doch gebe es, merken sie in Fußnote an, neuestens so gewichtige Gründe dagegen, daß sie nun die »Historia Monachorum« wieder für »zuverlässiger« halten, eben jene, die ihnen fast wie ein Reiseroman vorkommt! Viller/Rahner 111, 113

[53] Heussi 221 ff. Vgl. auch Nigg, Vom Geheimnis 55. Lacarrière 132

[54] Kühner, Gezeiten der Kirche I 235

[55] Nach Marcuse, J. 14. Ja ein gewisser Johannes lebte jahrelang nur von der Eucharistie. Hist. Mon. c. 15. Hist. Laus. c. 61

[56] Euagr. hist. 1, 21

[57] Sozom. h. e. 6, 33

[58] Cassian. inst. 4, 22

[59] Lacarrière 185

[60] Ebd. 184 f.

[61] Ebd.

[62] Theod. hist. rel. 3, 13

63 Lacarrière 196
64 Heussi 198
65 Theodor. hist. rel. c. 4, 29 u. a. Mt. 10, 38. Zur Unechtheit der Stelle vgl. Deschner, Abermals krähte der Hahn 122 f.
66 Zit. bei Heussi 207. Vgl. ferner Wagemann 9. Reitzenstein, Historia Monachorum 124, 155 u. o. Bousset, Das Mönchtum 39 ff. Lacarrière 227 ff. Doch wieder andere wagten nicht einmal, ihren eigenen nackten Körper auch nur anzusehen! Beispiele bei Lucius 358. Nur bei wenigen christlichen Gruppen kehrt die sakrale Nacktheit, die in vorchristlicher Zeit bei Gebet, Opfer, Totenkult, Tanz, Inkubation und Prophetie weithin üblich war, wieder: in mittelalterlichen Beginenkonventen, bei den Brüdern vom freien Geiste oder, vereinzelt, bei holländischen Wiedertäufern und böhmischen Taboriten. Vgl. Heiler, Erscheinungsformen 182 f. Schlafen in unbequemer Stellung oder auf bloßem Boden: Hieron. ep. 22 ad Eust. 7. Greg. Naz. or. 11. Theod. 1 u. a. Andere Mönche arbeiten auch nachts oder halten sich sonst wie schlaflos: hist. Laus. c. 20, 22. Theod. hist. rel. c. 16, 18, 21 ff., 27 ff. Sozom. h. e. 6, 29. Zur Praxis des Schweigens: hist. mon. c. 6. Hist. Laus. c. 50; 7; 9. Cyrill. Vita Joh. Silentiarii. Mensching, Das heilige Schweigen 111 f. Heiler, Erscheinungsformen 336.
67 Nietzsche II 872 f.
68 Vgl. Zöckler 268 ff. Wie sehr dabei triviale Schaustellung, allerbanalste Protzerei dominierte, veranschaulicht niemand augenfälliger als die bekannten Säulenheiligen, die, zumindest äußerlich, den unbestreitbaren Höhepunkt der christlichen Askese-Hysterie erklommen: Theod. hist. rel. 26. Zöckler 265 f. Krüger, Große Mönchsgestalten 256. Lacarrière 190 ff. Spektakulär besonders der von Johannes Moschos überlieferte Fall eines orthodoxen und eines monophysitischen Styliten, die sich von benachbarten Säulen Beschimpfungen zubrüllen. Vgl. Lacarrière 195
69 Krüger, Große Mönchsgestalten 256; hier bezogen auf das Säulenstehen. Theod. hist. rel. 26. Schiwietz I 25, 85. Franzen 102 f. Prinz 449. Krüger, Der geschichtliche Weg des Mönchtums 217 f. Holzapfel 141
70 Wilpert, Vorwort. Orthographie der heutigen angepaßt. Viller-Rahner 46
71 Schiwietz I 43. Vgl. etwa auch Wyneken 74. Ja die christliche Askese ist noch dort vornehmlich Sexualaskese, wo es um Fasten, Alkoholverzicht oder viele andere Kasteiungsarten geht. Schjelderup 1 ff., 33 ff. Allerdings wollte die Kirche nicht durch übertriebene Anforderungen zu viele Gläubige verprellen, weshalb sie die rigorosere Askese der Markioniten, Montanisten, vieler Gnostiker u. a. stets eifrig verdammte: Tert. adv. Marc. 1, 29; 5, 7; Iren. adv. haer. 1, 28, 1; Clem; Al. paidag. 2, 2, 33; Epiph. haer. 42, 3. Vgl. auch Euseb. h. e. 4, 23, 7
72 Vgl. August. Solil. 1, 17
73 Luther, Auslegung des 7. Kap. der 1. Epistel St. Pauli an die Korinther. Predigten über etl. Kap. des Ev. Matthäi. Auch Freud täuschte sich kaum, als er meinte, daß das Leben der asketischen Mönche »fast allein von dem Kampfe gegen die libidinöse Versuchung ausgefüllt war«: Über die allgemeine Erniedrigung des Liebeslebens, Jahrbuch für psychoanalytische und psychopathologische Forschungen, IV. 1912. Zit. nach Borneman II 369. Vgl. auch Carrel 117
74 Was der Benediktinerabt Ildefons Herwegen S. 36 so kommentiert: »Entsagende Gottesliebe hatte die Glut irdischen Begehrens erstickt und gesühnt. Der heilige Benedikt hatte den Kampf auf Leben und Tod, die Krisis seines Lebens, sieghaft überstanden.«
75 Hor. ep. 1, 10, 24. Dest. Le Glorieux III 5
76 Cassian, Coll. 7, 20
77 Hieron. ep ad Eustochium c. 7
78 Steingießer 22 f. Vgl. auch Schjelderup 110 f.
79 Hist. Laus. 30. Vgl. auch 95 u. 140
80 Zit. bei Günter, Psychologie 315
81 Zitate: Vita Ant. c. 5 u. Tondi 179. Vgl. ferner, Dresdner 272. Heussi 178 ff. Grützmacher 83 ff. Mehnert 39 f. Lacarrière 217 f.
82 Hieron. vita Hil. 28. Hist. mon. c. 15, 27. Hist. Laus. 86
83 Cassian, inst. 11, 17. Hist. Laus. 12
84 Hist. Laus. 29
85 Stern I 237
86 expos. fidei, cathol. Dazu Rudolfi. Vgl. auch Bauer, W. 235 ff. Campenhausen, Die Askese 27 ff.
87 So Tert. cult. fem. 2, 9. Vgl. auch Just. 2. Apol. de resurrect. carnis
88 Vgl. Schillebeeckx 22 f. dtv-Lexikon der Antike, Philosophie, Literatur, Wissenschaft IV 188
89 Theodor. h. e. 2, 24; Socrat. h. e. 2, 26; Sozom. h. e. 3. 20. Vgl. Athan. fuga sua c. 26
90 Euseb. h. e. 6, 8, 2. Morus, Eine Weltgeschichte 93
91 Stern 237. Hays 141. Vgl. auch Conc. Nic. c. 1. Syn. Arl. (452) c. 7
92 Smith, A. 72. In der Orthodoxen Kirche konnten künftige Mönche jahrhundertelang kastriert werden – weshalb die Araber gern Klöster an den Küsten der Ägäis und Anatoliens überfielen, um die Verstümmelten als Haremssklaven zu verkaufen. Auch die ersten Metropoliten von Kiew, die man aus Griechenland holte, waren Kastraten. Ronner 124

10. Kapitel

1 Zweite Regel, Regel 22. Balthasar 254
2 Zit. bei Schilgen 149
3 Theresia I 255
4 Taylor, Wandlungen der Sexualität 23. Vgl. auch Bjorneboe 207
5 Häring, Das Gesetz III 76
6 Müller, M., Grundlagen 167
7 Ebd.
8 Zweite Regel, Regel 17. Balthasar 251
9 Schubert II 623. Keller 68. Vgl. auch Boussard 108 f.
10 Grupp III 358
11 Boehn 252
12 Nietzsche II 1181
13 Ende der fünfziger Jahre besuchte ich in Linz mit dem Direktor des dortigen Amerika-Hauses das Jesuiten-Seminar, wo uns der – sehr gastfreundliche – geistliche Hausherr u. a. die Duschräume im Keller zeigte. Auf die Frage meines Begleiters, wie oft denn die jungen Leute badeten, meinte der Pater munter: »Oh, alle vier Wochen!« und setzte, die Betroffenheit des Amerikaners bemerkend, schnell hinzu: »Und im Sommer manchmal noch öfter!«
14 Müller, M., Grundlagen 19
15 Browe, Beiträge 90 f.
16 Ebd. 91. Die beiden ersten 709, Erich von Schweden 1161 gestorben.
17 Fichtenau 40. Franzen 191
18 Schjelderup 143. Ronner 183
19 Schubert II 616
20 Franzen 189. Vgl. auch Dresdner 288
21 Dresdner 288. Ebenfalls dem Anselm von Lucca u. a.
22 Heiler, Erscheinungsformen 334 ff.
23 Vgl. Dresdner 293. Ritsert 287. Heiler, Erscheinungsformen 336
24 Vgl. Häring, Das Gesetz III 78, dort die Quellenhinweise
25 Thurston 407 f. Pflicht war das Fasten seit dem 8. Jahrhundert für alle Büßer, und zwar an den drei Quadragesimen, die sich an Ostern, Weihnachten und Pfingsten anschlossen (den beiden ersten gingen sie voran, dem letzten folgten sie) sowie an den feriae legitimae: an jedem Montag, Mittwoch und Freitag, Gepflogenheiten, die aus den orientalischen Mönchsklöstern stammten. Schmitz, Die Bußbücher und Bußdisziplin 150. Vgl. Heiler, Erscheinungsformen 196 f.
26 Vgl. Häring, Das Gesetz I 417. Das Zitat: Phil. 3, 19
27 Jone 316
28 Ebd. 316 f. Die Kurie, die etwa 18 Prozent ihrer Einnahmen aus der Bundesrepublik bezieht, vgl. Deschner, Das Kapital der Kirche 302, ist auf Wahrung deutscher Kraft bedacht. Im übrigen: diese große Freßerlaubnis ausgerechnet zu einer Zeit, da die moderne Medizin herausfand, daß strenges Fasten – die Phantasie, die Libido befeuert, weshalb Sexualärzte nun sogar Hungerkuren zur Hebung der Potenz verordnen! Müller, M. Grundlagen 131
29 Dresdner 296 ff. Borneman I 141
30 Dresdner 296 ff. Neu war das nicht. Man kannte das Geißeln, wenn auch minder rabiat, längst in nichtchristlichen Kulten. So schlugen sich – offenbar ein Ersatz für frühere Menschenopfer – in Sparta die Jünglinge an den Feiern der Artemis und besprengten den Altar mit ihrem Blut; an einem Fest der Kybele, dessen letzter Tag auf den dies sanguinis, den Bluttag fiel, geißelten sich die Kybele-Priester; und auch die Anbeter der Demeter taten dies. Evola 218
31 Dresdner 296 ff.
32 Frusta 25. Vgl. auch Mehnert 56. Poschmann, Die Abendländische Kirchenbuße, 1930, 148 f.
33 Die Quellenhinweise bei Mehnert 56
34 Frusta 202
35 Zeller 23 ff.
36 Schjelderup 107 f. Gruhle 275
37 Keller 30
38 Tondi 185 ff.
39 Schröteler 150
40 Keller 30
41 Pfürtner 37
42 Tondi 180 ff.
43 Gruhle 271
44 Feckes 184
45 Tondi 198, 205
46 Häring, Das Gesetz III 77. Hervorhebung von mir.
47 Bauer, Deutsche Frauen 84 f.

[48] Zit. bei Gruhle 275 und Underhill 291 f.
[49] Underhill 291 f.
[50] Waach 107
[51] Vgl. Theresia VI 248 f., 241
[52] Frusta 164
[53] Ebd. 148
[54] Vgl. Borneman I 56 ff.; II 351 ff.
[55] So Keller 365
[56] Ronner 187. Hyde 77
[57] Ronner 186. Beauvoir 635. Günter, Psychologie 262
[58] Ronner 187
[59] Der Neue Herder, 1949, 52. Vgl. auch Ronner 187
[60] Ronner 186 f.
[61] Zit. bei Beauvoir 635
[62] Vgl. Frusta 149. S. auch Theresia II 235 f.
[63] Müller, J. 73
[64] Vgl. Der Neue Herder, 1949, 4390
[65] Theresia I 55, 197 f. 255, 431
[66] Underhill 240
[67] Ebd. 510 f.
[68] Ebd.
[69] Theresia II 236
[70] Baroja 96
[71] Kober, Die körperliche Züchtigung 63 ff.
[72] Boehn 94
[73] Frusta 33. Orthographie der heutigen angepaßt
[74] Finke 165 f.
[75] Kober, Die körperliche Züchtigung 65. Zu den Hintergründen der Geißlerbewegung vgl. das aufschlußreiche Gespräch der beiden Episkopen bei Schenk 41 ff.
[76] Stern I und II 240 ff.
[77] Ebd. Nach einer 1866 entdeckten Statistik über 5444 Skopzen waren 588 totalkastriert, 833 hodenamputiert und 62 anderweitig verschnitten, etwa durch Kürzung des Gliedes um die Eichel. 863 hatten sich selbst kastriert, darunter 160 Frauen. Mantegazza 159 ff. Stern I u. II 243
[78] Stern ebd, 244. Vgl. auch Ronner 126
[79] Stern I u. II 246 f.
[80] Ebd.
[81] Ebd.
[82] Ebd.
[83] Zit. bei Ronner 124
[84] Stoll 991
[85] Morus, Eine Weltgeschichte 191
[86] Kühner, Lexikon 213 f.
[87] So der Wiener Psychoanalytiker Wilfried Daim. Zit. bei Kahl 58
[88] Hartmann 10

11. Kapitel

[1] Zit. nach Marcuse, L. 138
[2] Bergmann 117
[3] So Quint 120. Vgl. dtv-Lexikon der Antike, Religion/Mythologie 1970 II 107
[4] Zit. nach Heiler, Erscheinungsformen 230
[5] Van der Leeuw, Phänomenologie 257
[6] Vgl. Ronner 233. Harnack, Lehrbuch der Dogmengeschichte II 12. Zum Prinzipiellen des Aspekts: Reich, Massenpsychologie und Faschismus 217 f.
[7] Fischer, L., Fatima im Lichte 104 f.
[8] Vgl. Grupp IV 331 ff.
[9] Vgl. Sombart 71
[10] Sackur I 306. Tomek 45
[11] Bauer, Deutsche Frauen 91. Vgl. Günter, Psychologie 87
[12] Deschner, Abermals krähte der Hahn 370
[13] Dresdner 289
[14] Drews 160 ff.
[15] Menzel II 248, Anm. 2. Bauer, Deutsche Frauen 91. Günter, Psychologie 87, 324
[16] An Goethe, 17. 3. 1082. Zit. nach Wollschläger 226
[17] Schjelderup 134 f.

[18] Keller 70. Günter, Psychologie 100
[19] Heiler, Erscheinungsformen 115
[20] Vgl. Schjelderup 134 f.
[21] Rudeck 272 f.
[22] Theresia I 113; II 254
[23] Mechthild 234
[24] Zit. nach Marcuse, L. 139. Vgl. selbst die Katholikin Görres 36
[25] Vgl. Dresdner 289. Wilpert 4, 41, 82 ff. u. o. Heiler, Erscheinungsformen 245 f.
[26] Vgl. Allendy 139 f.
[27] Stammler 418 f., 429 ff.
[28] Ebd.
[29] Bernh. Sermones in cantica cantorum, Sermo VII
[30] Häring, Das Gesetz III 385, 390. Dabei betont man dann meist, daß solche Brautschaft »in voller Wahrheit« nicht etwa ein Ersatz für bräutlich-eheliche Liebe sei. »Jungfräulichkeit springt (!) nicht in die schmerzliche Lücke (!) eines aufgezwungenen Verzichtes auf eheliche Liebe, sondern *aus dem Erfülltsein von der Liebe Christi* wird der Verzicht gern gebracht und froh durchgehalten.« Ebd. 385. (O Gott, den trübseligen Nonnengesichtern sieht man das nicht an! Nie betrachte ich sie ohne Traurigkeit.)
[31] Heiler, A. M. 203. Dragendorff, H. 281 ff.
[32] Heiler, Erscheinungsformen 245
[33] Iren. advers. haer. 1, 13, 2 ff., 1, 21, 3. Bousset, Hauptprobleme 315 ff. Reitzenstein, Poimandres 226 f.
[34] Heiler, Erscheinungsformen 246
[35] Hieron. ep. ad Eustochium
[36] Bauer, Deutsche Frauen 91. Ronner 233
[37] Schjelderup 126. Marcuse, L. 137 f. Vgl. auch Strauch 20 f., 87 ff.
[38] Zit. bei Schjelderup 127
[39] Steingießer 46 f.
[40] Neumann, H. 210
[41] Ebd. 174
[42] Mechthild 404 ff. Ferner Neumann, H. 216
[43] Mechthild 190
[44] Ebd. 62, 71, 237
[45] Ebd. 169
[46] Ebd. 72, 64, 181
[47] Ebd. 181, 68, 234; vgl. auch 259 u. a.
[48] Ebd. 116 f., 132, 64
[49] Ebd. 94
[50] Ebd. 182, 189
[51] Ebd. 144
[52] Ebd. 242. Vgl. auch 66
[53] Ebd. 116 f. Stark gekürzt
[54] Ebd. 80. Vgl. auch Heiler, Erscheinungsformen 246. Aster 148 f. Underhill 111
[55] Grundmann 89
[56] Gruhle 256
[57] Buchholz 22 f.
[58] Underhill 474 f. Konsequenterweise wurde sie übrigens jeweils nach der Kommunion bewußtlos, von der Katharina, ohne jede andere Speise, »jahrelang« lebte – laut einem katholischen Standardwerk eine ungewöhnlich gut bestätigte »historische Tatsache«. Ebd. 79
[59] Thurston 259 ff. Vgl. auch Steingießer 47
[60] Underhill 609, 240. Steingießer 47
[61] Underhill 243. Vgl. auch 259. Auch die 1670 verstorbene Nonne Maria Villani, ein »Ofen der Liebe«, wie ihr Biograph schon im ersten Satz eines sechshundertseitigen Opus renommiert, ist »in der Brust und im Herzen von einer feurigen Lanze der Liebe verwundet worden«. Ihre Beichtväter durften die Wunde sogar »sehen, berühren und näher prüfen«. Und noch post mortem entströmten bei der Öffnung ihres Herzens »diesem wahren Feuerofen himmlischer Liebe« so sehr »Rauch und Hitze«, daß der operierende Arzt sich die Hand verbrannte! Thurston 266 f.
[62] Steingießer 47. Thurston 256. Keller 365
[63] Thurston 31
[64] Zit. bei Beauvoir 634. Leider glückte der geistliche Koitus nicht immer. Vgl. z. B. Underhill 445
[65] Underhill 284. Man fragt sich bei dem Geständnis, das an den Appell des heiligen Bernhard erinnert, mit Füßen über Vater und Mutter zu treten und trockenen Auges zum Kreuz zu eilen (S. 75), ob nicht zumindest einige der erwähnten »Trauerfälle«, so oder so, auf das Konto dieser mystischen Bestie gehen.
[66] Theresia V 86
[67] Nigg, Vier große Heilige 146

[68] Vgl. Theresia I 48, 139, 164, 53, 71, 85, 174, 71
[69] Ebd. I 79
[70] Ebd. I 50, 270 ff. u. o. Vgl. auch Nigg, Vier große Heilige 155
[71] Theresia I 56 ff.
[72] Ebd. I 77 f.
[73] Ebd. I 49, 59, 61, 63, 77
[74] Ebd. I 50, 123. Vgl. 96 ff., 100, 170 u. a.
[75] Ebd. I 408
[76] Ebd. I 330 f., 387 f., 395 f.
[77] Ebd. IV 512 f. Zur kolossalen Geldgier – um ihres Ordens willen – vgl. etwa II 249, 317; III 349 f., 74, 379, 374, 445, 174, 398, 457, 297 f., 541, 378, 128, 622 f., 159, 471 ff.; IV 328, 279, 243 f., 477, 159 u. v. a.
[78] Ebd. I 295 f. Dabei lag es doch so nahe, einen versierten Exorzisten zu rufen, etwa ihren berühmten Mitstreiter, den heiligen Johannes vom Kreuz, dem die Teufel, wie sie versichert, »augenblicklich gehorchten«, weshalb sie ihn auch warm empfehlen kann. »Hier in Avila hat er eben von einer Person drei Legionen böser Geister ausgetrieben«. Ebd. III 118. Der Mann wurde 1926 durch den Faschistenpartner Pius XI. zum Kirchenlehrer erhoben!
[79] Ebd. I 296. Vgl. auch 299 f.
[80] Ebd. I 487, 261
[81] Ebd. VI 289; V 283; VI 285
[82] Ebd. VI 309 ff.
[83] Ebd. I 439. Wir lassen im folgenden die feinen Unterschiede, die Theresia zwischen den einzelnen Phasen ihrer mystischen Liebschaft macht, zwischen Verzückung und Vereinigung, Verzückung und Ekstase, geistiger Verlobung und mystischer Hochzeit usw., beiseite – es läuft stets aufs selbe hin ...
[84] Mackensen 118. Heinz-Mohr 102. Vgl. auch Theresia I 275 ff.
[85] Theresia I 192, 137
[86] Ebd. V 71; III 467 f.
[87] Ebd. V 89, 69, 210, 272
[88] Ebd. I 411, 413, 266, 98. Vgl. auch I 234, 253; V 93, 282
[89] Ebd. I 408; V 282
[90] Ebd. I 279 f.
[91] Hausenstein, W. Essay über den Kitsch, Die Neue Zeitung, 1950, Nr. 42. Vgl. Egenter 136 ff.
[92] Underhill 380
[93] Theresia I 280 f. Vgl. auch Allendy 140
[94] Underhill 558
[95] Theresia I 280 f.
[96] Ebd. I 418
[97] Ebd. I 406 f.
[98] Ebd.
[99] Ebd. I 295 f. Was aber immer an glühenden Spitzen und Stoßapparaten ihr zugesetzt haben mag: »Noch jetzt«, schreibt der Herausgeber ihrer Opera, »sind an dem unverwesten Herzen der heiligen Theresia, das im Kloster der unbeschuhten Karmelitinnen zu Alba de Tormes in einem sehr kostbaren Reliquiarium aufbewahrt wird, die Zeichen der durch den Engel bewirkten Verwundung, die nicht bloß eine geistige, sondern zugleich auch körperliche war, zu schauen. Man sieht nämlich an diesem Herzen ganz deutlich außer mehreren kleinen Öffnungen, die wohl von wiederholten Verwundungen herrühren mögen, eine große Wunde, die wenigstens fünf Zentimeter lang und sehr tief ist und an den Rändern mehrere Brandmale erkennen läßt. Das Kristallgefäß, worin dieses Herz verschlossen wurde ist schon einigemal zersprungen, und es entströmten ihm wunderliebliche Wohlgerüche, die heute noch durchdringend sind.« Anm. des Herausgebers I 281. Das Herz der Heiligen hatte übrigens eine Nonne herausgeschnitten, nachdem Theresia schon tagelang begraben war, aber Mönche in vier Nächten den Leichnam unter einem Berg von Steinen ausgebuddelt hatten, worauf man Stück um Stück absäbelte und sich ganze Städte um die Teile, des Pilger-Geschäftes wegen, stritten: die bekannte katholische Reliquienverehrung. Vgl. Blei 126
[100] Theresia I 187, 277. Vgl. auch Underhill 490
[101] Ebd. I 151
[102] Ebd. I 231
[103] Nigg, Vier große Heilige 160, 164. Vgl. dazu Theresia I 181 ff.
[104] Underhill 490. Das Kunststück, mit dem Herrn haltlos in der Luft zu verkehren, gelang freilich auch anderen Gottesbräuten. Und da schon in der Antike der Heide Iamblichos, wie seine Diener bezeugen, sich während des Gebetes gleich um mehr als zehn Ellen erhob (Gruhle 287), auch bereits der heilige Macarius durch sein Gebet einen Knaben zum Schweben gebracht hatte (Pall. Hist. Laus. 18, 22), konnten die christlichen Damen nicht minder erhebend gewichtslos sein. So sah die Dominikanerin Edelkint, wie die Kuglerin, die Schwester Gery vor dem Altar drei Schuh hoch schweben (Gruhle 287). Und Anna von Munzingen meldet: »Sie waren auch in der Würdigkeit, daß etliche erhoben wurden von der großen Begierde, die sie zu Gott hatten, so daß man sie schweben sah über der Erde wohl ein

halbes Klafter hoch« (bd.). Selbst noch zu Beginn des 20. Jahrhunderts flog Schwester Maria vom gekreuzigten Jesus, eine Karmelitin aus Pau, »zum Gipfel eines Lindenbaumes empor«, wovon sie erst auf Geheiß ihrer Oberin herunterkam (Thurston 49 f.). – Selbstverständlich, daß derlei Elevationen auch die männlichen Heiligen der Kirche häufig praktizierten – von den bescheidensten Anfängen etwa des heiligen Ignatius von Loyola, der »1524 mehr als einmal vier bis fünf Handbreiten über dem Boden schwebend gesehen wurde«, über die respektableren Leistungen des heiligen Franz von Assisi, der häufig »entrückt und über den Boden erhoben wurde, manchmal drei Ellen hoch, manchmal vier Ellen und manchmal sogar bis zur Höhe einer Buche«, bis hin schließlich zu den wohl selbst im katholischen (Luft-)Raum einzigartigen Leistungen des heiligen Joseph von Copertino im 17. Jahrhundert, der nicht nur »in seiner Zelle in jeder erdenklichen Lage umherschwebte«, nicht nur während des Fluges einen Mitbruder ergriff und mit ihm sozusagen eine Runde drehte, sondern der auch zu einer Statue der Maria Immaculata »etwa zwölf Schritte weit über die Köpfe der Anwesenden hinweg« glitt, ja einmal »flog er voll Eifer etwa 80 Schritte« (etwa 60 Meter) vom Klostereingang bis zu einem Kreuz (Thurston 20, 24, 32 f.). Jesuit Thurston notierte bei seiner »sehr unvollständigen und flüchtigen Durchsicht ... die Namen von über 200 Personen, die in der Ekstase vom Boden emporgehoben worden sein sollen. In etwa einem Drittel der Fälle scheinen mir, wenn nicht schlüssige(!), so allermindestens sehr achtunggebietende(!) Beweise vorzuliegen. Damit will ich nicht sagen, daß man die andern zwei Drittel als Fabeln zurückweisen müsse ... « S. 45

[105] Theresia V 141. Vgl. I 389 f.
[106] Underhill 351. Theresia IV 132. Vgl. auch I 501, 216, 265
[107] Theresia II 226
[108] Mechthild 138
[109] Bjørneboe 212
[110] Theresia I 52, 97. IV 289
[111] Ebd. V 69 f. Heer, Europäische Geistesgeschichte 316. Es überrascht, daß Heer, der doch sonst noch aus kleinsten Anzeichen die »sexualpathologische Komponente« erkennt (vgl. Europa, Mutter der Revolution 569), dies ausgerechnet hier ignoriert.
[112] Theresia I 495; II 298; I 109, 111, 170. Vgl. auch I 166
[113] Ebd. 293, 171 f. vgl. auch V 209 u. a.
[114] Reich, Die sexuelle Revolution 81
[115] Cunz I 697
[116] Zit. nach Hocke II 237
[117] Vgl. Rudeck 210
[118] Zit. ebd. 208 ff.
[119] Ebd.
[120] Ebd. 274
[121] Vgl. hierzu auch den Hinweis auf die Arbeiten des Züricher Theologen Pfister über Zinzendorf, Freud »Selbstdarstellung« 172
[122] Borneman II 38
[123] Ebd.
[124] Ronner 233
[125] Zum folgenden vgl. Stoll 682 ff.
[126] Vgl. ebd. 683. Ronner 233 f. Taylor, Sex in History 42 f.
[127] Hartmann 111 f.
[128] Stoll 685
[129] Ebd.
[130] Ebd. 684
[131] Vgl. Pfister 289. Beauvoir 635
[132] Thurston 165
[133] Ebd. 165 f.
[134] Ebd.
[135] Stoll 684 f.
[136] Steingießer 47
[137] Fahsel 43
[138] Ebd. 26. Eine klinische Beobachtung der Neumann, die, laut Pressemeldungen, dreißig Jahre lang keine Nahrung zu sich genommen – abgesehen von der obligatorischen täglichen Hostie –, wurde abgelehnt! Als der russische Mediziner V. Riis durch einen deutschen Kollegen den Fall erfuhr, schrieb er zurück: »Unsere Mitglieder waren ganz sprachlos nach Erhalt Ihres Briefes ... sie verstehen nicht, warum Ihre Ärzte nicht in der Lage sind, die Gesundheit von Therese Neumann wieder herzustellen. Meine Kursteilnehmer bitten Sie, Therese Neumann zur Heilung hierherzuschicken.« Vgl. Bohl 2. Die Kirche, die einen ungeheuren Kult mit der Stigmatisierten zuließ, hat die Erscheinungen gleichwohl nicht »anerkannt«. Sie muß vorsichtiger sein. Wie früher fallen die Heiligen nicht mehr vom Himmel ...
[139] Vgl. Bräutigam 80 f. Teschner 13
[140] Fischer ‚Fatima. Das portugiesische Lourdes 91 f.

12. Kapitel

1 Zit. bei Winter, Der Frühhumanismus 89
2 Zit. Mehnert 158
3 Theresia I 74
4 Mehnert 188
5 Heussi 114 f. Vgl. auch 301 ff. Im gleichen Sinne Leipoldt, Schenute von Atripe 70. Vgl. auch schon Vita Ant. 44
6 Grupp VI 205
7 Scheuten 27 ff.
8 Zit. bei Dhondt 242
9 Aug. ep. 78, 9
10 Salv. gub. Zit. nach Mehnert 37 f.
11 Zit. nach Mehnert 29
12 Ebd. 30
13 Epist. L. VI. ep. 15. Nach Kober, Die körperliche Züchtigung 431
14 de ruina ecclesiae c. 32
15 Kaiser, Giordano Bruno 60
16 Neumann, Voltaire 89
17 Schiwietz I 185. Hervorhebungen von mir.
18 Ebd. I 219
19 reg. c. 50 f. 53, 60 f. Auch verbot Benedikt den Mönchen strikt, zu erzählen, was sie außerhalb des Klosters gesehen oder gehört, »denn das richtet großen Schaden an«. Ebd. 67
20 Zöckler 410
21 Die Zweite Regel, Regel 12. Balthasar 247
22 Die Dritte Regel, Regel 11. Balthasar 266
23 Syn. Paris pars II, c. 3. Vgl. auch c. 10. Mitunter verordnet man freilich auch nur, »scharf« darüber zu wachen, daß der Besuch der Nonnenklöster durch die Brüder eingeschränkt werde: Scheeben 106 f.
24 Schnürer I 225
25 Poen. Egberti 5, 13; Poen. Bedae 2, 11; Poen. Valicell. II, 19
26 Kühner, Lexikon 49
27 Zu Siricius vgl. Gams 428. Boelens 43 ff. Vgl. ferner 4. Syn. Tol. (633) c. 52. Zu Zacharias: Schmitz, Die Bußbücher und das kanonische Bußverfahren, 48
28 Grupp VI 95. Frischauer, Moral 12
29 Syn. Avignon (1209) c. 17
30 Wilhelmi Abbatis vita c. 3. Syn. Mogunt. 1261, c. 52; ebd. 1310, c. 93; Syn. Biterrens. 1233, c. 23; Syn. Trvir. 1310, c. 44. Kober, Die körperliche Züchtigung 425 f.
31 Mehnert 111. Kober, Die körperliche Züchtigung 428 ff.
32 Bücher 42
33 Theresia III 340
34 Haller II 198
35 Kober, Die körperliche Züchtigung 428
36 Mehnert 82
37 Ebd. 129 f.
38 Ebd. 129 f. u. 157
39 Stern I. u. II 152
40 Mehnert 129 f.
41 Holtzmann II 412. Mehnert 80, 78. Cavové 512 f.
42 Winter, Der Josefinismus 115 f. Kaiser Josef II. löste in zwei Jahren, von 1782 bis 1784, in Böhmen, Mähren und Oberösterreich nicht weniger als 78 Männer- und Frauenklöster auf (Ebd. 119). Alte Prälaten freilich hatten es mitunter schwer. So jener greise Abt, der sich, wie Propst Felix Hemmerlin (seiner entlarvenden Schriften wegen 1458 im Kerker des Franziskanerklosters von Luzern gestorben) berichtet, in Baden bei Zürich zwei Dirnen holen ließ (viele Mönche und Nonnen pflegten dort nackt zusammen zu baden) (Menzel II 246, Anm. 1) und dann rief: »Die verfluchten Versuchungen! Gerade jetzt bleiben sie aus!« (Zit. bei Mehnert 149.) Wer weiß, wie oft schon (und noch) der alte Abt jener trefflichen Penis-Sentenz des Hugo v. S. Viktor gedacht haben mag: »Dieses Glied des Körpers folgt so wenig dem Befehl der Seele, daß es sich manchmal nicht regt, wenn sie es will, und oft sich regt, wenn sie nicht will« (de sacramentis 1, 8, 12)
43 Ausführlich Ahlheim, Kreuzzüge 339 ff.
44 Bauer, Das Geschlechtsleben 85 f. Mehnert 158 f.
45 Bauer, ebd.
46 Verordnungen bereits von Pachomius. Vgl. Schiwietz 185. Zöckler 205. Grützmacher 137, hier das Zitat.
47 Bened. reg. c. 22. Chrod. Regula canonicorum c. 3. Syn. Tours (567) c. 14. Syn. Paris (1212) c. 21. 4. Lateransyn. (1215) c. 14

⁴⁸ Schon im männlichen oder weiblichen Fürsich- und Untersichsein von Mönchen bzw. Nonnen erblickt Karl Barth eine »feine« Homosexualität und den ersten Schritt zur »groben«. Barth 197. Vgl. auch Bauer, Das Geschlechtsleben 80
⁴⁹ Heussi 228. Grützmacher 136.
⁵⁰ Leist 29 f. 33, 23
⁵¹ Vita Platonis c. 4. Hilpisch, Die Doppelklöster 19 ff.
⁵² Die Zweite Regel, Regel 15, Balthasar 249
⁵³ Bauer, Das Geschlechtsleben 86
⁵⁴ Borneman I 290, 90. Plack 110 ff. Comfort, Der aufgeklärte Eros 29
⁵⁵ Vgl. Borneman I 296, 331. Dühren II 354
⁵⁶ Borneman I 141; II 498 f. Noch im 20. Jahrhundert schlagen sich überspannte Katholikenkinder mit Brennesseln, um sich »abzutöten«. Vgl. Fonseca 130
⁵⁷ Hyde 77
⁵⁸ Frusta 158 ff.
⁵⁹ Die Satzungen der Gesellschaft Jesu, Sechster Teil, Balthasar 318
⁶⁰ Frusta 120
⁶¹ Ebd.
⁶² Borneman I 141. Ferner Schjelderup 59
⁶³ Frusta 119
⁶⁴ Ebd. 121 ff. Orthographie der heutigen angepaßt
⁶⁵ Stern I u. II 222. Vgl. auch 205 u. 149
⁶⁶ Ebd. 142 f.
⁶⁷ Ebd.
⁶⁸ Ebd. I 107
⁶⁹ Ebd. 148 f. Vgl. auch Winter, Rußland und das Papsttum I 255
⁷⁰ Stern 142

13. Kapitel

¹ Bauer, Das Geschlechtsleben 74
² de corr. eccl. c. 23. Mehnert 139
³ Frischauer, Moral 26
⁴ Weber, M. 276. Grupp II 326
⁵ Zit. bei Bauer, Das Geschlechtsleben 84
⁶ Bücher 24 f. Cook 223
⁷ Cook 222
⁸ Menzel II 247
⁹ Zit. bei Schiwietz III 274 ff.
¹⁰ Aug. mor. eccl. 68
¹¹ Nov. 133. Grupp I 140
¹² Diepgen I 173
¹³ Zit. bei Steingießer 27
¹⁴ Schubert I 61. Vgl. auch Grupp I 142
¹⁵ Bauer, Das Geschlechtsleben 28 f. Ders., Deutsche Frauen 84 f.
¹⁶ Syn. Aachen (836) c. 14. Syn. Sens. c. 4 f.
¹⁷ Syn. Valladolid (1322) c. 13
¹⁸ Syn. Paris (829) c. 46. Die Syn. Halberstadt (1408) c. 8 bedroht den Besuch von Geistlichen in Nonnenklöstern mit Gefängnis. Vgl. auch die auf der Synode von Paris 1248 erlassenen Verfügungen gegen die Ausschweifungen der Nonnen.
¹⁹ Theresia VI 218 ff.
²⁰ Vgl. Ebd. IV 345
²¹ Ebd. III 545, 547 f.; IV 346 ff.
²² Sess. XXV. c. 5 de regular
²³ Kober, Die Suspension 341 f.
²⁴ Waach 104 f.
²⁵ Bas. reg. fus. 33, 154. Zit. nach Hilpisch 11
²⁶ Ambr. Expos. in Luc. 7, 86
²⁷ Zit. bei Ries 274
²⁸ Schiwietz I 185
²⁹ Vita Alypii c. 18 ff.
³⁰ Basil. reg. brev. 220; 109 f.
³¹ Hilpisch, Die Doppelklöster 19
³² Vereinzelt wurden dort aber auch später noch Doppelklöster gegründet, das vermutlich letzte im 14. Jahrhundert: Hilpisch, Die Doppelklöster 19 ff., 24
³³ In Spanien gab es, häufiger als irgendwo, Doppelklöster vom 6. bis ins 12. Jahrhundert, und nicht

selten nahmen sie Mann, Frau und Kind auf. Die christliche Kirche Irlands, von St. Patrick Mitte des 5. Jahrhunderts gegründet, scheint während der ersten Generationen überhaupt nur aus Doppelklöstern bestanden zu haben, geleitet von verheirateten Abtbischöfen, die mit Weibern und Laien zusammenlebten, »von Ohr zu Ohr geschoren«. In England gebot dem vereinigten Mönchs- und Nonnenkonvent eine Äbtissin. In Deutschland, wo es Doppelklöster an der Mosel gab, am Bodensee, Chiemsee (hier ab 894 in ein Herren- und Frauen-Chiemsee geteilt), blühte das Institut seit dem 11. Jahrhundert mächtig auf und war so beliebt, daß es, allen kirchlichen Widerständen zum Trotz, bis ins 16. Jahrhundert existierte. Viele Mönchsorden nahmen sich seiner an, doch auch die Frauen drängten bald zu den Männerklöstern. Fast sämtliche Abteien der Benediktiner und Regularkanoniker in Süddeutschland, Österreich und der Schweiz hatten neben sich einen Frauenkonvent: Hilpisch, Die Doppelklöster 33, 54 ff., 60 f., 66, 80 ff. Zöckler 279 f., 382 ff.

[34] Regula ordinis Sempringensis VI. c. 6 ff., c. 17, 24, 20
[35] Zit. bei Dühring I 69 f.
[36] Syn. Elvira (306) c. 13. Vgl. ferner Syn. Tours (461) c. 6; Syn. Vennes (465) c. 4; Syn. Lerida (524) c. 6; Syn. Orleans (538) c. 16. Siehe auch Feusi 100, 134, 166 f.
[37] 1. Syn. Tol. c. 16 ff.
[38] Hilpisch, Die Doppelklöster 6 f. Steingießer 24. Vgl. auch Schiwietz I 241, Anm. 2. Leipoldt, Schenute 143, 155
[39] Hilpisch, Die Doppelklöster 54 ff. Vgl. auch Zöckler 279 f., 389. Syn. Rouen c. 10.
[40] Syn. German. c. 6. Zu weiteren Strafen für Sexualverkehr von Nonnen vgl. etwa Poen. Bedae 2, 10; Poen. Egberti 5, 4; 2, 3. Poen. Sang. trip. 3 – meist siebenjährige Buße
[41] 10. Syn. Tol. c. 5 f. Vgl. auch Feusi 134, 99
[42] Vgl. Frischauer, Moral 26 ff. Bauer, Das Geschlechtsleben 30 f. Marcuse, L. 248. Ferner Eppelsheimer I 141. Kindlers Literaturlexikon I 1965 39, 2039
[43] Syn. Elvira c. 13, 27
[44] Feusi 164. Dazu Bonif. ep. 53 ad Cuth.
[45] Zit. bei Mehnert 104
[46] Bauer, Das Geschlechtsleben 28 f. Ders., Deutsche Frauen 84 f. Man kam gleichwohl zusammen. So leistete sich die Äbtissin des Klosters Fraumünster von Zürich ein Liebesverhältnis mit dem Bischof Salomon von Konstanz. Die Tochter, die den beiderseitigen Bemühungen entsprang, geriet so schön, daß sich sogar Kaiser Arnulf in sie verliebte. Huch, Geschichte 2, X 128
[47] Syn. Aachen (836) Mehnert 45. Schubert II 692 f. Grupp II 300. Bauer, Das Geschlechtsleben 178 f.
[48] Bauer, Deutsche Frauen 84 f. 90
[49] Zit. bei Mehnert 73 f.
[50] Ebd. 139
[51] Cook 222. Grupp II 300
[52] Stern I u. II 150 Anm. 1
[53] Ebd. 146 f.
[54] Vgl. Borneman I 32, 49
[55] Beissel verweist auf P. Dufour IV, 181
[56] Mehnert 80 f.
[57] Ebd. 120 f.
[58] Kober, Die körperliche Züchtigung 429. Zu Vertreibungen vgl. auch Mehnert 67. Menzel II 247. Ferner S. 126 dieses Buches
[59] Mehnert 67
[60] Vgl. Bücher 24 f. Hauck IV 416. In Deutschland stieg ihre Zahl zwischen 1100 und 1250 von 150 auf 500
[61] Bauer, Das Geschlechtsleben 76 ff.
[62] Mehnert 139. Bauer, Das Geschlechtsleben 75
[63] Menzel II 247
[64] Ebd. II 245 ff.
[65] Ebd.
[66] Bauer, Das Geschlechtsleben 87 f.
[67] Menzel II 245 ff.
[68] Zit. bei Bauer, Das Geschlechtsleben 79
[69] Zöckler 543. Bauer, Das Geschlechtsleben 79
[70] Bauer, Das Geschlechtsleben 79. Zur Kritik: Grisar II 444
[71] Bauer, Das Geschlechtsleben 80. Und auch den Geistlichen dienten Schwestern, wie wir nicht nur durch die Synode von Aranda (1473) c. 9 erfahren, als öffentliche Beischläferinnen
[72] Brant 269.
[73] Zit. bei Burckhardt 434 f.
[74] Bauer, Das Geschlechtsleben 76 f.
[75] Vgl. Mehnert 74 f.
[76] Stern I u. II 151
[77] Poen. Bedae 2, 24

[78] Guardini 12
[79] Ebd. 27
[80] Max Müller, in: Schwerte/Spengler I 65
[81] Vgl. S. 144 dieses Buches
[82] Evola 309. Heiler, Erscheinungsformen 103
[83] Stoll 976
[84] Borneman II 350
[85] Ebd. I 121
[86] Ebd. 162
[87] Syn. Rouen c. 4
[88] Theresia II 554 Anm. 4
[89] Cook 225
[90] Theresia II 71
[91] Zit. bei Fetscher 46. Eine Novizin, die aus Furcht vor Klausur und strenger Askese schließlich doch wieder abspringt, nennt Theresia schlicht »sehr melancholisch«. Sie selbst leidet zwar manchmal auch an einer »peinlichen Melancholie«, aber bei ihr ist das was anderes; auch wird sie schon frei davon – durch Sirup! II 71, 214; III 137. Gelegentlich applizierte man trauernden Nonnen auch spezielleren geistlichen Trost. So schrieb der burgundische Metropolit von Vienne, Aleimus Ecdicius Avitus (494–518), selbst Sohn eines Bischofs (seines Vorgängers), für seine jüngste Schwester Fuscina, der ihr – schon bei der Geburt für sie abgelegtes - Keuschheitsgelübde schwer wurde, 666 Verse über die Herrlichkeiten des jungfräulichen Lebens. Da mochte Sirup noch besser schmecken.
[92] Bauer, Deutsche Frauen 84 f.
[93] Ebd.
[94] Mehnert 96 f.
[95] Borneman I 284. Vgl. auch Plack 206. Bräutigam 81. Gruhle 270
[96] Ronner 190
[97] Huxley 108
[98] Ebd.
[99] Ebd. Vgl. auch Ronner 195
[100] Steingießer 54 ff.
[101] Zit. ebd.
[102] Huxley 101
[103] Günter, Psychologie 318 f. mit Bez. auf M. 16, 17
[104] uxley 109 ff.; hier das Zitat, 173 ff., 225 u. a. Vgl. auch Gruhle 271
[105] Huxley 107
[106] Vgl. Baroja 163 ff.
[107] Augsb. Conf. a. 27. Art. 12 des Vierstädtebekenntnisses
[108] Luther, Von den Concil. und Kirchen, E. A. 335
[109] An Wolfgang Reissenbusch, 27. 3. 1525. W. A. 18, 270 ff.; E. A. 53, 286 ff. Vgl. Predigten über das Erste Buch Mosis, 1527. W. A. 24, 517; E. A. 34, 139 f.
[110] Wider den falsch genannten geistlichen Stand E. A. 28, 199
[111] W. A. 11, 395
[112] Amsdorf bei Kolde, Analecta Lutherana, 1883, 442
[113] Zit. bei Ries 332
[114] Ebd. 331
[115] Vgl. Rudeck 193 ff. Ronner 259
[116] Alle angeführten Sprichwörter aus Rudeck 92 f.
[117] Friedell I 138
[118] So der Mönch Johann Fernand, zit. bei Mehnert 139
[119] Wasch 106

Viertes Buch
14. Kapitel

[1] Clem. Al. strom. 3, 12, 90. Vgl. auch die wenngleich etwas weniger deutlichen Zeugnisse des Clem. Al. strom 2, 23, 40; 3, 12, 79; 7, 12, 70
[2] Athan, ep. ad Dracont.
[3] Schillebeeckx 16 f. Schnackenburg, Die sittliche Botschaft 148. Vgl. Denzler, Zur Geschichte des Zölibats 386
[4] Saltin 135
[5] Vgl. Deschner, Abermals krähte der Hahn 217 ff. u. 275 ff. Neuerdings etwa Blank 28
[6] Ausführlich: Deschner, Abermals krähte der Hahn 268 ff. u. 275 ff.
[7] Die dritte Stelle: Tit. I, 6. Warnung vor Falschlehrern 1. Tim. 4,3
[8] Die Welt, 10. 2. 1970
[9] Dies vermutet selbst Denzler, Zur Geschichte des Zölibats 396. Vgl. auch Boelens 22, 29. Schillebeeckx 16 f.

¹⁰ Denzler, Zur Geschichte des Zölibats 397
¹¹ Vgl. Hefele 123 ff. Boelens 184
¹² Apost. const. 6, 17. Dazu: Syn. Anc. 314, can. 10. Syn. Gangra 340 can. 4. Vgl. etwa Funk 143 ff. Zöckler 259. Denzler, Zur Geschichte des Zölibats 388. Boelens 41 f.
¹³ Athan. ep. ad Dracont. A. bemerkt in dem Brief an den Mönch zwar nicht, daß die Bischöfe auch noch während ihres Amtes ehelich verkehren. Doch sagt er auch nicht das Gegenteil. Und der um die Wende zum 5. Jahrhundert schreibende Hieronymus kannte Hunderte von Bischöfen (!), die mit der Kritik des Vigilantius am Zölibat durchaus einverstanden waren und verehelicht lebten: Hieron. ep. ad Oceanum. Im 5. Jahrhundert heiratete der Nestorianer Bersumas, Metropolit von Nisibi, eine Nonne und legitimierte durch einen Synodalbeschluß auch seine Priester und Mönche, Frauen zu nehmen. Ebenfalls erteilte der Nestorianer Babaus II., Patriarch von Seleucia, auf einer Kirchenversammlung im Jahre 499 dem Patriarchen, dem niederen Klerus und den Mönchen die Eheerlaubnis. Auch bei den Arianern durften Diakone, Priester und Bischöfe ehelich verkehren: Carové 409
¹⁴ Greg. v. Naz. Carm. I de vita sua. Vgl. auch den heiligen Spiridion, der als Bischof von Cypern verheiratet war und Kinder hatte: Soz. h. e. 1, 11. Socr. h. e. 112. Ferner Kirchenvater Synesius von Cyrene ep. 105
¹⁵ Nach Schillebeeckx 31, dort Quellenhinweise
¹⁶ Can. 12
¹⁷ Can. 13. Vgl. auch c. 3, 12 u. 30. Nur der Bischof mußte enthaltsam leben. War er vor der Weihe verehelicht, sollte seine Frau in ein – ferngelegenes – Kloster gehen. Can. 48. Vgl. auch Boelens 42 f. Schillebeeckx 28 f. Schiwietz I 40 f. Funk 154
¹⁸ Denzler, Zur Geschichte des Zölibats 395
¹⁹ Grupp I 425 f. Noch heute können die Priester in der griechischen Kirche heiraten, während man die Fortsetzung der Ehe weiterhin nur den Bischöfen versagt, die man deshalb meist aus den Mönchsorden nimmt.
²⁰ Boelens 102. Vgl. auch Grupp I 343
²¹ Schubert II 568 f.
²² Boelens 49. Rade 26 f.
²³ Boelens 77, 97 f. Ja, in Übereinstimmung mit der toletanischen Kirchenversammlung vom Jahre 400 bestimmte man in Mainz: »Derjenige, der keine Ehefrau hat und an ihrer Stelle mit einer Konkubine lebt, soll von der Kommunion nicht zurückgewiesen werden, wenn er nur mit einer Frau, sei es einer Ehefrau oder einer Konkubine, sich begnügt.« Zit. nach Schnürer II 67 f. Vgl. auch Denzler, Zur Geschichte des Zölibats 389 f.
²⁴ Mirbt 244
²⁵ Ebd.
²⁶ Ebd. 242 f.
²⁷ Schubert II 475. Vgl. auch Boelens 113. Sogar die berüchtigten »extraneae« waren zeitweise für Bischöfe legal. Ausführlicher über die Klosterehe in England im 11. und 12. Jahrhundert: Brooke, Gregorian Reform 1 ff. Ders., Married Men 187 f. Syn. Enh. c. 2. Zitat bei Mehnert 73
²⁸ Mehnert 66. Heiler, Erscheinungsformen 202

15. Kapitel

¹ Von einem katholischen Geistlichen, Der Zölibat in seiner Entstehung, seinen Gründen und Folgen. Eine Zeitfrage für das bevorstehende Concil 13 f.
² Vgl. Böhmer 9 ff. Boelens 43 ff. Denzler, Zur Geschichte des Zölibats 391. Ausführlich Deschner, Abermals krähte der Hahn 258 ff.
³ Böhmer 9 ff. Boelens 52
⁴ Wobei es nur um Zölibatsdispens für den Diakon ging. Hamburger 17
⁵ Cod. Just. 42, 1. Kötting, Der Zölibat 17 f.
⁶ Vgl. Perecrin 76 f. Böhmer 8
⁷ Epist. Pelagii papae Cethego patricio
⁸ c. 1 Boelens 57 f.
⁹ Was Schillebeeckx S. 47 weitgehend und grundlos leugnet, dagegen etwa, gewiß nicht als erster, Wahrmund 30 ff. mit allem Nachdruck und Recht betont. Vgl. auch Mörsdorf/Eichmann I 271
¹⁰ 1. Kor. 7, 32 f. Vgl. auch Epikt. Diatr. 3, 22. Dazu Robertson/Plummer 158
¹¹ So Kötting, Der Zölibat 22
¹² Zit. nach Gschwind 136 f. Orthographie der heutigen angepaßt.
¹³ Carové 637
¹⁴ Zit. Mehnert 141. Vgl. auch Wahrmund 20
¹⁵ Mehnert 141. Vgl. auch Marcuse, L. 18
¹⁶ Pfürtner 279 f.

16. Kapitel

1 Gschwind
2 Boelens 185 f.
3 Leist 92
4 Syn. Elvira c. 33
5 Darauf weist Hödl 333 ausdrücklich hin, um einer Überschätzung dieser Canones vorzubeugen
6 Vgl. Boelens 104, 185
7 Sir. ep. 1 ad Himer. Tarrag. episcop. c. 7. Vgl. auch Boelens 44 f.
8 Eine Fülle von Quellenhinweisen bei Böhmer 7, Anm. 3. Vgl. auch Boelens 47 ff. Schillebeeckx 29 ff. Plöchl I 70
9 2. Syn. Tours (567) c. 14, 20. Weitere Beleghinweise bei Schubert II 569
10 ep. ad Rusticum Narbonens, episc. Vgl. Schillebeeckx 30 f. Denzler, Zur Geschichte des Zölibats 388
11 c. 5
12 Syn. Elv. c. 27
13 Das Konzil von Nicaea (325) erlaubte auch noch der Mutter und Tante das Wohnen im Haus des Klerikers: c. 3
14 Syn. Agde (506) c. 10 f. Syn. Epaone (517) c. 20
15 Syn. Arles (443) c. 3 f.; 4. Syn. Orleans (541) c. 17; 5. Syn. Orleans (549) c. 3 f.
16 Greg. Tur. glor. conf. c. 75
17 Syn. Tours c. 12; c. 19. Vgl. aber auch schon Syn. Gerona (517) c. 6 f.
18 4. Syn. Tol. c. 22. Vgl. auch Syn. Paris (829) c. 20
19 Syn. Braga c. 4
20 Vgl. etwa Syn. Agde (506) c. 10; Orleans (511) c. 29; Tours (567) c. 3
21 Syn. Agde c. 10
22 Syn. Macon c. 1
23 Vgl. Syn. Friaul (796) c. 4; Syn. Mainz (888) c. 10; Syn. Metz (888) c. 5; Syn. Nantes (896) c. 3. Um 995 begegnet das Verbot in England: Liber legum ecclesiasticarum c. 12
24 Syn. Mainz (888) c. 10
25 Constitutio Riculfi c. 14
26 Syn. Nant. (um 895) c. 3
27 Frage 16. Dazu Hellinger 103
28 Vgl. die Zusammenfassung bei Boelens 115. Ferner 67, 186
29 Redire canis ad vomitum. Syn. Elusa (551). Dazu: Mirbt 328. Vgl. auch Perecrin 90
30 Schmitz, Die Bußbücher und die Bußdisziplin 128 ff.
31 Ebd. 138 ff. Vgl. auch Grupp II 259. Lebenslange Klosterhaft verfügen u. a. wegen sexueller Verfehlungen von Geistlichen: 8. Syn. Toledo (653) c. 4 f. Vgl. auch schon 3. Syn. Toledo (589) c. 5; 3. Syn. Orleans (538) c. 7. Vgl. ferner Boelens 91
32 Grupp II 259
33 8. Syn. Tol. (653) c. 7 f.
34 Perecrin 104
35 c. 31. Nach Mehnert 33
36 Schmitz, Die Bußbücher und die Bußdisziplin 331. Vgl. auch ders., Die Bußbücher und das kanonische Bußverfahren 230
37 Poen. Valic. I 14; Poen. Sang. trip. 4; Poen. Valic. II 33. Vgl. auch Valic. I 14. Poen. Sang. trip. 3. Cap. Judic. 7, 2. Nach anderen Bußbüchern bekommt ein Mönch für Hurerei mit einer ancilla Dei sieben Jahre Buße: Poen. Egberti 2, 3; 5, 4; Poen. Sang. tripart. 3
38 Reg. canon. Chrodeg. c. 15
39 Kober, Die körperliche Züchtigung 29. Vgl. auch Boelens 82
40 Schmitz, Die Bußbücher und die Bußdisziplin 796
41 Canones poenitentiales (Astesani) 1
42 Mehnert 169
43 Carové 543
44 Ebd.
45 decr. 26
46 Bauer, Das Geschlechtsleben 84
47 Boelens 103
48 Syn. Elvira c. 65. Vgl. auch Syn. Neocaesarea (314–319) c. 8
49 Vgl. Syn. Toledo (400) c. 18; Syn. Orleans (511) c. 13; Syn. Rom (743) c. 5. Einen Priester aber, der ihnen das Abendmahl reichte, traf die Deposition. Syn. Rom (743) c. 5
50 Syn. Agde (506) c. 16
51 Syn. Toledo c. 7
52 Lex Visegoth. 3, 4, 18; Fuero Juzgo 3, 4, 17. Böhmer 8. Winterer 370. Vgl. etwa auch die Syn. Augsburg (952) c. 4, wo als Alternative zum Peitschen das Scheren angeführt wird und der persönlich anwesende König Otto die Synodalbeschlüsse mit durchzusetzen verspricht.

[53] 3. Syn. Toledo (589) c. 5; Syn. Sevilla (590) c. 3; 4. Syn. Toledo (633) c. 43.
[54] 8. Syn. Tol. c. 5
[55] Boelens 92, 111 ff., 133 f. Vgl. auch Mirbt 239
[56] Denzler, Zur Geschichte des Zölibats 394 f. Mehnert 56. Boelens 135. Mirbt 280
[57] Syn. Melfi c. 10. Grupp III 166
[58] Gschwind 52. Vgl. auch Hefele 133
[59] Vgl. etwa Syn. Szaboles (1092) c. 2; Syn. London (1108) c. 10. Die Statuten der Kirche von Minden (1230) c. 10; Syn. Fritzlar (1246) c. 11; Syn. Tours (1239) c. 7; Syn. Samur (1253) c. 30; Syn. Longes (1278) c. 4; Syn. Mainz (1310) c. 75; Syn. Padua (1350) Art. de vita et honest. cler. Vgl. auch Winterer 377. Mehnert 124
[60] Syn. Rouen c. 11
[61] Legis Burgundionum addit prim Tit. 5, 4
[62] Vgl. etwa Syn. Oxford (1222) c. 35; Syn. Salamanca (1335) c. 3; Syn. York (1518) c. 1 f. Vgl. auch Winterer 375. Gschwind 89 ff. Denzler, Priesterehe und Priesterzölibat 35, 27. Löhr 30
[63] Denzler, Priesterehe und Priesterzölibat 48
[64] Vgl. selbst den Katholiken Boelens 147, 160 f.
[65] Petr. Dam. Contra intemperantes clericos 2 c. 7. Vgl. auch Mirbt 280. Mehnert 59 ff.
[66] Hamburger 95
[67] Mehnert 84
[68] Glaubensverkündigung 429
[69] Mehnert 92
[70] 9. Syn. Tol. c. 10
[71] Vgl. Winterer 370
[72] c. 3. c. 5 ff. Dazu Plöchl II 163
[73] Vgl. Perecrin 115 ff. Ich folge hier teilweise eng dem genannten Buch.
[74] Grupp III 163
[75] Zit. Perecrin 115 ff.
[76] Ebd. Vgl. auch Mehnert 48 f. Boelens 91 f., wo der Papst, wieviel harmloser das doch gleich klingt, »die rechtliche Stellung der Kinder minderte«.
[77] c. 4 u. c. 6
[78] Grupp IV 436
[79] Winterer 373 f.
[80] Vgl. ebd. 375 f.
[81] Vgl. etwa Syn. Borugas (1031) c. 8; Syn. Fritzlar (1246) c. 11; Syn. Tours (1239) c. 7; Syn. Samur (1253) c. 30; Syn. Longes (1278) c. 4; – diese Synode fällt in die Regierungszeit eines Papstes, Nikolaus III., der selbst berüchtigt wegen seines Nepotismus war! Syn. Münster (1279) c. 2; Syn. Mainz (1310) c. 75; Syn. Valladolid (1322) c. 6; Syn. Toledo (1324) c. 5; Syn. Tarragona (1329) c. 64; Syn. Salamanca (1335) c. 9; Syn. Palencia (1338) c. 2; Syn. Padua (1350) Art. de vita et honest. cler. u. a. Vgl. auch Grupp IV 437
[82] Vgl. Mehnert 119. Auch in Jütland wurde das Gesetz zur Enterbung der Priesterkinder nicht beobachtet, s. ebd. 111
[83] Vgl. etwa Syn. Sevilla (1512) c. 27; Syn. Köln (1280) c. 2. Vgl. auch Syn. Coustance (1231) c. 17; Syn. Ofen (1279) c. 26; Diöcesan-Synode Aqui (1308) c. 22; Syn. Biterre (1310) c. 87; Syn. Rouen (1445) c. 12; Syn. Lisieux (1448) c. 23 f.; Syn. Ermeland (1582) c. 3. Die Synode von Padua 1339 verbietet dies bei Strafe von 40 Venet. Solid., wobei sie die Hälfte dem Angeber verspricht! (c. 4.) Die Synode von Edimburg (1559) erlaubt den Geistlichen, ihre im Konkubinat erzeugten Kinder alle vier Monate jeweils vier Tage, jedoch nicht öffentlich, bei sich zu haben (c. 2)
[84] Denzler, Zur Geschichte des Zölibats 394 f.
[85] Conc. Trid. Sess. 25 c. 15
[86] Syn. Augsburg (1567) c. 3
[87] Anno 1629. Carové 545
[88] Hödl 335
[89] Vgl. das erste Motto des nächsten Kapitels
[90] Grupp III 166
[91] Kühner, Lexikon 81
[92] Petr. Dam. Liber Gomorrhianus praefatio; c. 25. Ders., de coelibatu c. 4. Vgl. Mehnert 59 ff. Mirbt 281, 453 f.
[93] Syn. Rom (1059) c. 3. Böhmer 19
[94] Can. 3 Rom 1059; can. 6 Tours 1060. Hefele I 132. Mirbt 448. Böhmer 20
[95] Gschwind 36
[96] Doch selbst das Volk soll zunächst den verheirateten Priestern mehr vertraut haben als den ehelosen. Der Segen der beweibten Geistlichen galt als besonders heilkräftig, und sogar die Gabe der Wunder wurde manchen verheirateten Klerikern zugeschrieben: Mirbt 245 f. Grupp III 162. Mehnert 57
[97] Gschwind 87 f. Mirbt 265, 447. Grupp III 164
[98] Vgl. Gschwind 84 ff. Mirbt 447. Mehnert 57 ff. Grupp III 165

[99] Mehnert 62
[100] Zit. ebd. 63
[101] Syn. Ger. c. 7
[102] Vgl. Mehnert 63
[103] Vgl. Boelens 142 ff. Schillebeeckx 36. Mirbt 266 ff. Mehnert 64
[104] Mehnert 82 f.
[105] An weiteren Schritten hinderte ihn der Kaiser Heinrich und dessen klerikales Gefolge: Grupp III 153 f.
[106] Denzler, Priesterehe und Priesterzölibat 23
[107] Mirbt 454. Grupp III 165. Mehnert 65. Böhmer 22
[108] Gschwind 46 f. Vgl. auch Mirbt 449
[109] Vgl. Mehnert 64 f. Boelens 150 f.
[110] Zit. bei Mehnert 64 f.
[111] Ebd.
[112] Der Zölibat in seiner Entstehung 4. Boelens 145 f. Gschwind 42. Mehnert 65. Denzler, Zur Geschichte des Zölibats 400
[113] Oswald 149. Denzler, Zur Geschichte des Zölibats 400. Mirbt 274. Mehnert 65
[114] Zit. bei Hamburger 89
[115] Gschwind 53. Carové 222. Mehnert 65
[116] Mehnert 65. Gschwind 88
[117] Mehnert 84
[118] Nach Schillebeeckx 34 präsidierte ihm Papst Alexander II., der aber schon 1073 gestorben war.
[119] c. 7, 21
[120] Boelens 126 f.
[121] Ebd. 137, 126 f. Vgl. auch 140 f.
[122] Syn. London c. 10. Vgl. auch Böhmer 19
[123] Kühner, Lexikon 123. Vgl. Deschner, Das Jahrhundert der Barbarei 31
[124] c. 7 f. Spätere spanische Synoden verschärfen diese Verfügungen noch: Syn. Toledo (1324) c. 5; Tarragona (1329) c. 64; Salamanca (1335) c. 9; Palencia (1338) c. 2. Einen Minoristen (Inhaber der unteren Weihen), der seine Konkubine innerhalb von 15 Tagen nicht entließ, auferlegte die Synode von Benevent (1331) die Zahlung von einer Unze Gold, einem Subdiakon die von zwei, einem Diakon die von drei, und einem Priester die von vier Unzen an die bischöfliche Kurie. Syn. Benev. c. 56. Ähnlich Syn. Benev. (1378) c. 55; Syn. Benev. (1545) c. 51. Ein konkubinarischer Bischof aber hatte nach der Syn. Benev. (1374) c. 11 f. zehn Unzen Gold an die erzbischöfliche Kammer zu entrichten.
[125] Mehnert 75. Carové 415, 478
[126] Wahrmund 20
[127] Mehnert 165 f. 177
[128] Lenz, M. Luther 18. Vgl. Carové 387 f.
[129] Vgl. Mehnert 117
[130] Carové 415. Zur reformatorischen Kritik der diesbezüglichen Geldtaxen vgl. auch Vasella 28
[131] Carové 413 f.
[132] Ebd.
[133] Denzler, Priesterehe und Priesterzölibat 25
[134] Carové 413 f. Denzler, Priesterehe und Priesterzölibat 25
[135] Carové 413 f.
[136] E. A. 63, 304. Grisar II 203
[137] Scherr II 13
[138] E. A. 10, 465
[139] Conc. Trid. sess. 24 c. 9
[140] Syn. Salzburg (1569) c. 22, Syn. Köln (1622) tit. 2 c. 3. Syn. Prag (1565). Vgl. Carové 484
[141] Conc. Trid. sess. 25, c. 14
[142] Ebd.
[143] Carové 698. Ries 206 ff. Boelens 43
[144] Ries 210
[145] Ebd. 211 f.
[146] Ebd. 214 ff.
[147] Zur Abfassung meiner Kirchengeschichte »Abermals krähte der Hahn« bekam ich es noch, dann aber nirgends mehr, so daß ich mich hier, wo es mir weit nützlicher gewesen wäre, mit dem knappen Auszug Mehnerts begnügen mußte.
[148] Theiner I Vorwort XLI f. Mehnert XXII.
[149] Zitate bei Ries 255. Vgl. auch 220
[150] Schillebeeckx 37
[151] Ebd.
[152] Vgl. Hampe 235 ff.
[153] Brief an Kardinal Tisserant vom 11. 10. 1965. Zit. bei Hamburger 20

¹⁵⁴ Vgl. Leist 284. S. auch Saltin 129
¹⁵⁵ Schillebeeckx 77 ff.
¹⁵⁶ Zit. nach Hamburger 28 f. Vgl. auch 25 f.
¹⁵⁷ Pfürtner 278
¹⁵⁸ Frankfurter Rundschau, 27. 7. 1967
¹⁵⁹ Vgl. Hamburger 114
¹⁶⁰ Vgl. Deschner (Hg.), Der manipulierte Glaube, passim
¹⁶¹ Rahner 134
¹⁶² Ebd.
¹⁶³ Hesse 79

17. Kapitel

¹ Zit. in Frankfurter Rundschau, 27. 7. 1967
² Huxley 10
³ ep. Bonif. ad Zachar. c. 5
⁴ Zit. Grupp IV 441
⁵ Zit. Carové 259
⁶ Mechthild 277
⁷ Mehnert 189. Vgl. auch Gschwind 138
⁸ Zit. bei Deschner, Das Christentum im Urteil seiner Gegner II 12
⁹ Sickenberger 44. Mehnert 12, 17 f.
¹⁰ So sagten sie, auch Elias habe bei einer Witwe gewohnt, Johannes auf Jesu Befehl dessen Mutter zu sich genommen, Christus mit der Samariterin am Brunnen gesessen und von Martha sich bedienen lassen, auch befehle Paulus: Traget einer des andern Last usw. Ps. Cypr. sing. cler. Dazu Mehnert 35 f. Vgl. auch Alph. Anton. n. 5
¹¹ Vgl. den anonymen Traktat De singularitate clericorum
¹² Vgl. Ps. Clem. ad virg. 1, 10
¹³ Euseb. h. e. 7, 30, 14
¹⁴ Syn. Antiochion. Vgl. Denzler, Zur Geschichte des Zölibats 387
¹⁵ Dannenbauer I 165
¹⁶ Tert. virg. vel. 14 f.
¹⁷ Cypr. ep. 4 ad Pomponium. Vgl. auch ep. 6 ad Rogat
¹⁸ Zit. bei Mehnert 25
¹⁹ Zit. bei Baur I 141
²⁰ De sing. cleric. Dazu Mehnert 35 ff. Immer wieder stößt man in den Quellen auf das Syneisaktentum. Vgl. außer den schon genannten: Tert. exh. cast. 12; monog. 16. Cypr. ep. 4; 13, 5; 14, 3. Epiph. haer. 78, 11. Euseb. h. e. 7, 30, 12 ff.; Basil. ep. 55; Greg. Naz. Praecepta ad virgines vers. 96 ff. u. a.
²¹ Vgl. außer den schon genannten etwa: Syn. Ancyra (340) c. 19. Die nordafrikanischen Synoden von Hippo (393) und Karthago (397 oder 398) c. 17; c. 25 u. a. Dazu Mehnert 12
²² ep. 4, 26 an Bischof Januarius von Cagliari
²³ de virg. 1, 10
²⁴ Syn. Elv. c. 35; 18; 63; 65; 71
²⁵ Zit. nach Mehnert 24 f.
²⁶ Basil. ep. 92
²⁷ Syn. Hippo c. 28
²⁸ August. ep. 22 ad Aurelium. Die Synoden gehen immer wieder dagegen vor, wollen vor allem (auch) kein Volk dabei zulassen: Syn. Hippo (393) c. 29; Syn. Auxerre (585) c. 9
²⁹ Mehnert 39 f. Kober, Deposition 709. Es grassierte seit der ausgehenden Antike im Klerus. Vgl. etwa Syn. Tours (460) c. 2; Syn. Agde (506) c. 41. Die Strafen der Konzilien dagegen standen meist bloß auf dem Papier. Und wenn manche Bischöfe, wie Atto von Vercelli, betrunkene Priester peitschen ließen (Kober, Die körperliche Züchtigung 9. Vgl. auch Mehnert 38), war dies wohl schlimmer noch als der Suff.
³⁰ Nietzsche II 131
³¹ Greg. Tur. hist. Franc. 9. 37; 8, 7
³² Ebd. 5, 41
³³ Ebd. 4, 12
³⁴ Der Eremit Winnoch, der sich in Tierfelle kleidete und nur von wilden Kräutern lebte, pflegte schließlich derart zu trinken und zu toben, daß man ihn in seiner Zelle anketten mußte. Grupp I 252
³⁵ Syn. Agde (506) c. 39. Syn. Auxerre (578) c. 40. Reg. v. Prüm I 58. Hellinger 52. Menzel II 249 Anm. 2. Mehnert 149. Kober, Deposition 710. Doch gab es auch Priester, die selten oder überhaupt nie Messe lasen. Vgl. Syn. Aurillac (1278) c. 1; Syn. Ravenna (1314) c. 13. Grupp IV 361
³⁶ Zit. bei Mehnert 108 f.

³⁷ Ep. Bonif. ad Zachar. c. 5
³⁸ Syn. Troslé c. 9
³⁹ Mehnert 32 f.
⁴⁰ Zit. bei Dresdner 152 f. Vgl. auch Denzler, Zur Geschichte des Zölibats, 399. Gschwind 80 f.
⁴¹ Dresdner 97 f. Gontard 193 ff.
⁴² Dresdner 97 f. Kühner, Lexikon 73. Seppelt/Schwaiger 124
⁴³ Mirbt 241. Kühner, Lexikon 78
⁴⁴ Syn. Coyaca (1050) c. 3; Syn. St. Jago di Compostella (1056) c. 3
⁴⁵ Vgl. Mehnert 73
⁴⁶ Ebd. 79
⁴⁷ Ebd. 76
⁴⁸ Ebd. 91
⁴⁹ Ebd. 67, 114 f., 85, 78 f., 83. Ackermann, Entstellung und Klärung 153. Friedenthal 153. Dresdner 102. Sexualverkehr mit Klerikern in der Kirche natürlich auch schon in der Antike: Sozom. 7. 16. Zur Neuzeit vgl. etwa Huxley 11 Anm. 1
⁵⁰ Koch, G. 153
⁵¹ Vgl. Preime 60, 65, 66 ff., 80, 122, 141, 145, 108 f., 120 f. u. a.
⁵² Ebd. 127 f.
⁵³ Haller II 198; 409 mit Beruf. auf Greg. VII. ep. coll. 16
⁵⁴ Mehnert 82
⁵⁵ Ebd.
⁵⁶ Ebd. 98 f.
⁵⁷ Ebd. 103
⁵⁸ Bauer, Das Geschlechtsleben 68 f. Bei den »Ketzern« stand es übrigens oft nicht viel anders. So wurde im Hochmittelalter der bogomilische Bischof Simeon, der Begründer der dragowitischen radikalen Kirche, mit einer Frau im Schlafzimmer ertappt. Der italienische Häretiker Bischof Garratus verlor immerhin wegen Weibergeschichten seinen Posten. Ähnlich erging es seinem Amtsbruder Petrus Gallus vom Bistum Vicenza. Und der südfranzösische Bischof Sicart de Figueiras bekannte damals ganz offen: »Wenn mir manchmal ein Gelüst nach einem Jungen oder einem Mädchen kommt, so kostet mir die Sünde nichts; ich gebe mir die Absolution selbst, wenn ich einmal gestrauchelt bin. Es gibt keine Gottlosigkeit und keine Todsünde, von denen ihr Urheber nicht gerettet werden könnte, wenn er nur zu uns kommt.« Koch, G. 119
⁵⁹ Avign. (1209) c. 18. Carové 283
⁶⁰ Grupp IV 441. Wollschläger 293 f. Mehnert 98
⁶¹ Honorius III. anno 1220 an den Erzbischof von Rouen: Carové 259. Mehnert 95
⁶² Vgl. Mehnert 107 f.
⁶³ Ebd. 112 ff.
⁶⁴ Ebd. 118
⁶⁵ Zit. bei Carové 287
⁶⁶ Mehnert 108
⁶⁷ Kober, Die körperliche Züchtigung 61. Vgl. auch Frischauer, Sittengeschichte II 125 f. Denzler Priesterehe und Priesterzölibat 46
⁶⁸ Historia Europae (1571) cap. 35. Bauer, Das Geschlechtsleben 68. Kober, Die körperliche Züchtigung 61 mit Bz. auf Syn. Valadolid (1322) c. 7. Mehnert 138. Noch um die Wende zum 20. Jahrhundert sagte ein baskischer Katholik einem deutschen Forscher: »Wir geben ihnen (d. h. den Priestern) eine Konkubine, damit sie unsere Frauen und Töchter in Ruhe lassen sollen.« Stoll 959
⁶⁹ Zit. bei Friedell I 137 f.
⁷⁰ Mehnert 138
⁷¹ Ebd. 135
⁷² Ebd. 158
⁷³ Narrenschiff, Vom Geistlichwerden c. 73
⁷⁴ Einige von ihnen sollen durch ihre Ehemänner oder Verwandte umgebracht worden sein, ohne daß dies auf den Kardinal Eindruck gemacht hätte: Mehnert 134
⁷⁵ Ebd.
⁷⁶ Schnürer III 274. Vgl. auch Mehnert 135. Ausführlicher Friedenthal 241 ff.
⁷⁷ Vgl. etwa Syn. Melfi (1284) c. 5; Syn. Würzburg (1411) c. 3; Syn. Osnabrück (1651) decr. 26. Vgl. auch Carové 490 f.
⁷⁸ Carové 383 ff.
⁷⁹ Mehnert 153. Vgl. 136. Bronder, Christentum in Selbstauflösung 24
⁸⁰ Mehnert ebd. Vgl. auch Kühner, Lexikon 153 f.
⁸¹ Gontard 329
⁸² Vgl. Stoll 573 f.
⁸³ Morus, Eine Weltgeschichte 148. Vgl. auch 155
⁸⁴ Menzel II 249 f. Anm. 4
⁸⁵ Vgl. den aufschlußreichen Bericht bei Mehnert 187

[86] Regnum papisticum, p. 164. Zit. nach Meyer, J. J. II 112 f. – Analog feierte man übrigens schon die Feste der altklassischen chthonischen Gottheiten, der Genien der Totenseelen, des Wachstums und der Ernte durch geile Gespräche oder sexuelle Handlungen. Nach Meyer ebd.
[87] Mehnert 159 f.
[88] Carové 475 f. Noch 1544 hatte im fränkischen Martinsheim der Dom-Dechant von Würzburg geradezu die »Gerechtsame« auf jährlich (im November) zwölf reisige Pferde, ein Mahl und eine »schöne Frau«. Rudeck 34. Bauer, Das Geschlechtsleben 163 f.
[89] Carové 490 f.
[90] Vgl. Wahrmund 23 f.
[91] Syn. Salzburg (1569) const. 22 c. 18; Syn. Olmütz (1591) c. 13; Syn. Ypern (1577) tit. 3. c. 3; Syn. Audomar (1583) tit. 16 c. 2; vgl. auch Syn. Ypern (1629) c. 20. Vorbeugend begrenzt man gelegentlich das Alter dieser Mägde auf über fünfzig Jahre und verlangt außerdem, daß sie keusch gelebt haben: Syn. Aqui (1585) tit. 17; Syn. Benevent (1656) tit. 27 und droht mit Geldbußen und Gefängnis: Syn. Metz c. 48; Syn. Ypern (1577) tit. 3 c. 2; Syn. Tyrnau (1560) c. 23; Syn. Olmütz (1591) c. 13
[92] Carové 484
[93] Ries 360 f. Denzler, Priesterehe und Priesterzölibat 46
[94] Denzler, Priesterehe und Priesterzölibat 48. Vgl. Carové 539 ff.
[95] Denzler, Priesterehe und Priesterzölibat 47 f.
[96] Bauer, Das Geschlechtsleben 84 f.
[97] Denzler, Priesterehe und Priesterzölibat 46 f. Carové 484.
[98] Carové 584, der dort die Brüder Theiner zitiert. Immerhin verbieten Päpste und Synoden auch der letzten Jahrhunderte dem Klerus engere Freundschaften selbst mit Mädchen und Frauen von gutem Ruf, sie verbieten ihm, Frauen und Mädchen im Schreiben und Singen zu unterrichten, öffentlich (!) in Damengesellschaft zu erscheinen, Damen zu führen, sie ins Theater zu begleiten, mit Weibspersonen auf einen Wagen zu fahren, sie verbieten den Mägden, das Schlafzimmer der Geistlichen zu betreten: Syn. Avranches (1682) c. 28; Syn. Benevent (1656) tit. 27. Vgl. auch die Edikte der Päpste Clemens XI. und Pius VI. aus dem 18. Jahrhundert: Carové 585, 615; Syn. Posen (1689) c. 1; Syn. Zagreb (1690) c. 7; Syn. Posen (1720) c. 3
[99] Ries 208
[100] Theiner III 397
[101] Ebd. 355 ff.
[102] Ebd. 358 f. Anm.
[103] Ebd. 352 ff.
[104] Die Welt 10. 2. 1970
[105] Leist 11 ff.
[106] Ebd. 45 ff.
[107] Ebd. 73
[108] Ebd. 183
[109] Ebd. 205 ff.
[110] Höffner, Um des Himmelreiches willen 5
[111] Leist 185 ff.
[112] Ebd. 208 ff.
[113] Ebd. 205
[114] Mynarek. Vgl. bes. 320 f. Ferner die Auszüge bei Deschner, Verräter leben gefährlich. Sehr viele unveröffentlichte Zuschriften dieser Art liegen vor und wurden zum Teil von mir eingesehen.
[115] Leist 23, 36, 96, 161, 195, 209 ff. u. a.
[116] Ebd. 51 ff.
[117] Mördorf/Eichmann 283
[118] Mynarek 29. Vgl. 165 f., 353
[119] Dekret vom 3. 12. 1972
[120] c. 1 f.
[121] Syn. Mainz (888) c. 10
[122] Mehnert 85. Häufige Unzucht mit Müttern und Schwestern konstatieren u. a. auch die Synodalstatuten von Würzburg 1298 und von Bayeux. Vgl. Mehnert 100
[123] Syn. Olmütz (1591) c. 13. Vgl. auch Syn. Tyrnau (1560) c. 23
[124] Mehnert 82. Vgl. auch S. 190 dieses Buches. Den Landfredus zog Nikolaus I. 865 wegen dieser »unmäßigen Vertraulichkeit« zur Rechenschaft: ad Albinum c. 1
[125] Mehnert 162. Vgl. auch Stoll 958
[126] Heussi 228
[127] Wenn ein Bischof hurt und Sodomie treibt, wird er mit 25 Jahren Buße bestraft, 5 bei Wasser und Brot, und abgesetzt; ein Priester muß 12 Jahre büßen, 3 bei Wasser und Brot; ein Mönch und Diakon 10 Jahre, ebenfalls 3 bei Wasser und Brot. Poen. Casin. 11. Für Sodomie allein bekommt ein Bischof 14 Jahre, ein Priester 12 Jahre Buße. Poen. Paris. 93. Vgl. auch Poen. Casin. 11; Poen. Valic. II 32 u. a. Ferner Lib. Gomorrh. c. 17
[128] Mehnert 154

[129] Zit. bei Mehnert 166 f.
[130] Grupp VI 206
[131] Vgl. Kühner, Lexikon 195. Gontard 398. Nach Seppelt/Schwaiger 193 war Innozenz bei seiner Ernennung zum Kardinal sogar erst fünfzehn.
[132] Mehnert 78
[133] Bauer, Das Geschlechtsleben 80 f.
[134] Poenitentiale Sangallense tripartitum I 8. Milder bestrafte das Poen. Egb. 5, 22; Poen. Valic. I 20. Vgl. auch Capitula Judiciorum 7, 4 f.
[135] Mehnert 43 f. Vgl. auch Kober, Die körperliche Züchtigung 40 Anm. 3. Schon das Alte Testament mußte ja den Gotteskindern, auch weiblichen Geschlechts, immer wieder das Verbot der Tierbegattung einschärfen, sogar unter Androhung des Todes. 2. Mos. 22, 18; 3. Mos. 18, 23; 20, 15; 5. Mos. 27, 21. Dazu Henry passim, bes. 28
[136] Beleg bei Theiner I 257
[137] Stern I u. II 559 ff. Stupperich 41
[138] Zit. bei Göpfert II 350 f.
[139] Mehnert 124. Vgl. auch Grupp IV 436
[140] Zit. bei Rudeck 323. Der Augustinereremit Ansimirio von Padua hatte fast mit allen seinen Beichttöchtern geschlafen. Als er die Genotzüchtigten angeben sollte, nannte er viele Mädchen und Ehefrauen der angesehensten Familien der Stadt, darunter auch die Frau des Sekretärs des Herzogs von Padua, der ihn vernahm. Nach Mehnert 146 f. Manche Frau betrat nur mit dem Dolch unterm Gewand den Beichtstuhl. Koch, G. 153
[141] Syn. Köln (1281) c. 8; Syn. Nimocium (1289) c. 4; Syn. Aquileja (1339) c. 19; Syn. Namur (1639) tit. 10 a. Vgl. auch Carové 385
[142] Syn. Tyrnau (1560). Syn. Cambrai (1631) tit. 10 c. 5 f.
[143] Syn. Trier (1227) c. 8. Vgl. auch Syn. Ypern (1631) tit. instr. conf. Syn. Chichester c. 3 ff.
[144] Mehnert 91
[145] Pius IV. Const. Cum sicut, 16. April 1561; Gregor XV. Const. Universi Dominici gregis, 13. 8. 1622; Benedikt XIV. Const. Sacramentum poenitentiae, 1. 6. 1741
[146] Vgl. außer den in Anm. 141 f. genannten Synoden auch Syn. Rouen 1235 c. 97 ff.; Syn. Saintes (1280) c. 40; Syn. Exeter (1287) c. 17; Syn. Lüttich (1288) c. 4; Syn. Trier (1310) c. 3; Syn. Angers (1312) c. 1 u. v. a.
[147] So Kober, Die Deposition 776
[148] Naab 34
[149] So auf der 1225 in Schottland tagenden Provinzialsynode c. 53
[150] Jone 496 ff.
[151] Zit. bei Wahrmund 25 Anm. 24
[152] Theiner III 397
[153] So Winterer 376
[154] Vgl. Boelens 141
[155] Mirbt 240
[156] Vgl. Deschner, Das Christentum im Urteil seiner Gegner II 11
[157] Zit. bei Carové 240 f.
[158] Vgl. Mehnert 31 f. Poschmann, Die abendländische Kirchenbuße im frühen Mittelalter 17
[159] Syn. Longes c. 4
[160] Syn. Konstanz (1300) c. 36
[161] Carové 568. Letzte Hervorhebung von mir.
[162] Mehnert 185
[163] Sermo contra luxuriam Dominica IV. Adventus p. 932. Zit. nach Mehnert 136 f.
[164] Göpfert II 316 f. Vgl. auch Jone 492 f.
[165] Syn. Paris c. 20
[166] Orig. Comment. ad Mt. 23
[167] Syn. Brandenburg c. 17
[168] Gers. Sermo contra luxuriam Dominica II. Adventus III 917. Zit. bei Mehnert 137 f.
[169] Schalk II 57. Dazu Saint-Beuve 386 ff., bes. 388, 395 f.
[170] Leist 79
[171] Mynarek 171
[172] Leist 208

Fünftes Buch
18. Kapitel

[1] Häring, Das Gesetz III 289
[2] Vgl. auch Eph. 5, 33: »Die Frau soll ihren Mann fürchten.«
[3] Vgl. auch 1. Tim. 2, 12; Tit. 2, 5; 1. Petr. 3, 3; 3, 5; Ephes. 5, 22; 5, 24 u. a.
[4] Chrysostomos in seiner 4. Rede über die Genesis, wobei er sich auf Paulus beruft.
[5] Odo Coll. 2, 9

[6] Zit. mit zahlreichen ähnlichen Stellen bei Mitterer, Mann und Weib 518 f.
[7] ep. 92; ep. 106
[8] can. 2
[9] Zit. bei Rudeck 237 f.
[10] Der katholische Theologe Ries 354, 407
[11] Zur Stellung der Frau in der antiken Religion vgl. außer dem früher S. 58 f. Angeführten auch die systematische Zusammenstellung von Farnell 70 ff. Morus, Eine Weltgeschichte 86 f. Heiler, Erscheinungsformen 411 ff. S. auch v. Walter 12 f.
[12] Vgl. hierzu und zum Folgenden Heiler, A. M. 193 ff.
[13] Vgl. ebd. Ferner Heiler, Erscheinungsformen 418 ff. Spuren eines weiblichen Priestertums selbst in der Religion Altisraels: 2. Mos. 38, 8; 1. Sam. 2, 22; Ri. 13, 23; 2. Kön. 22, 12 ff. u. a.
[14] Borneman I 341 f. II 78 ff. Savramis, Religion und Sexualität 67 ff.
[15] Vgl. etwa Preisker, Christentum und Ehe 152. Hartmann 89
[16] Schär 229
[17] 1. Mos. 3, 16
[18] Heer, Kirche nach Kopernikus? 13 ff. Hirschauer 212. Vgl. auch Adler, A. Über den nervösen Charakter 242 ff.
[19] Vgl. Müller, K. 6 ff.
[20] v. Walter 34 f.
[21] Bauer, W., bei Hennecke 119
[22] Ebd. 117. Thomasevangelium 112. Dazu Leipoldt, Ein neues Evangelium? Vgl. auch 1. Petr. 3, 6. Ephes. 5, 22
[23] Joh. Mosch. Prat. spirit 217
[24] Zit. in Konkret 8. Mai 1970, S. 2
[25] Nigg, Vom Geheimnis 55
[26] Belege bei Lucius 362. Vgl. auch Leipoldt, Die Frau in der antiken Welt 216
[27] Schjelderup 47
[28] Schneider, Geistesgeschichte I 665 Anm. 1
[29] Grützmacher 105
[30] Nach Schjelderup 48
[31] Leist 172
[32] Vgl. etwa Harnack, Mission und Ausbreitung I 233 Anm. 1. Zur außerordentlichen Verachtung der Frau in christlichen Kreisen vgl. auch Peterson 201 ff.
[33] Fangauer 36 ff. Fink 75
[34] Vgl. Tert. cultu. fem. 1, 1. c. 5 f. virg. vel. 7 f. 11; 17. coron. 14. Dazu Zscharnack 16. Koch, H. 66 f., 71. Es kam sogar zu öffentlichen Auseinandersetzungen zwischen virgines velatae und virgines non velatae, wobei Bischöfe und Kirchenväter in den Streit eingriffen und Tertullian, scharf für die Verschleierten Partei ergreifend, erklärte: »Entweder bedecke oder prostituiere dich!«: Tert. vel. virg. 3
[35] Haec imago Dei est in homine, ut unus factus sit ... ideoque *mulier non est facta ad imaginem Dei* ... Zit. nach Bartsch 50
[36] Quellenhinweise bei Müller, M. Grundlagen 58
[37] Aug. in Hept. 1, 153. Vgl. auch serm. Dom. 1, 34
[38] Aug. in Joan. ev. 2, 14
[39] Vgl. Zitat bei Mehnert 23. Beauvoir 100. Rudeck 236
[40] Fink 79 f.
[41] Hieron. in ep. ad Titum 2, 5
[42] Greg. Tur. hist. Franc. 8. 20 Vgl. auch Borneman I 343
[43] reg. canon. Chrodeg. c. 56. Frischauer, Moral 19 f. u. 30. Dresdner 294 f.
[44] Beauvoir 111, 101, 179
[45] Zit. bei Mächler, Eduard von Hartmann 381
[46] Müller, M., Grundlagen 57
[47] Vgl. Frischauer, Moral 38
[48] Honor. August. in eccl. 7
[49] Zit. nach v. Walter 45 f.
[50] Albert. Magn. De animalibus 16, 1, 14; 16, 2, 11
[51] Vgl. Fuchs 139, dort die Quellenhinweise
[52] Vgl. hierzu die treffenden Anmerkungen von Gmelin 119
[53] Thom. II. Sent. D. 21. q. II. a. 1; III. Contr. Gent. 123; Com. in 1. Cor. 11. 3. S. th. I. q. 92, a. 1 ad 2
[54] Wie er auch klipp und klar erklärt, daß der Vater mehr zu lieben sei als die Mutter! Per se loquendo pater magis est amandus quam mater. Summa theol. II, qu. 26, art. 10
[55] Quellenhinweis bei Mitterer, Mann und Weib 518 f. Man liest diesen Aufsatz, soweit sich der Verfasser auf die reine Analyse beschränkt, mit Respekt, weil er sich, wie ungewöhnlich bei seinesgleichen, vor jedem Euphemismus hütet.
[56] Vgl. ebd. 520 f.

[57] Thom. S. theol. I, q. 92, art. 1, woran freilich nur Aristoteles schuld sein soll. Als stünde Thomas damit nicht ebenso in der Tradition der meisten Kirchenväter!
[58] Fuchs 139. Dort Hinweise auf diesbezügliche Literatur
[59] »Ein unvollständiger Mensch« (homo incompletus) definiert z. B. Aegidius Colonna die Frau: de regimine principium 2, 1, 18.
[60] Mitterer, Mann und Weib 515 f.
[61] Ebd. 516. Vgl. auch ders., Der Wärmebegriff 720 ff. und Evola 254 f.
[62] Com. in 1. Cor. 7. Vgl. Contr. Gent. 3, 137
[63] Mitterer, Mann und Weib 514. Vgl. auch Bernath 136, demzufolge dem Denken des Thomas »eine verborgene Furcht« vor der Frau zu Grunde liegt.
[64] Vgl. dazu Hays 159 ff. Zum Ganzen: Wulff, passim.
[65] Grupp V 152
[66] Vgl. Schmidt, J. W. R. XXXII. ff.
[67] Ebd. 106 f.
[68] Baschwitz 93
[69] Schmidt, J. W. R. 98 ff.
[70] Vgl. dazu Deschner, Abermals krähte der Hahn 488 ff. Zur Zahl der Opfer vgl. etwa v. Baeyer-Katte 222. Über große Verbreitung des Hexenwahns in der Gegenwart: Auhofer 236 ff.
[71] Zit. bei Tondi 180 ff.
[72] Zit. bei Ronner 79
[73] Vgl. Lohmeier, G. 7 ff.
[74] Vgl. Rudeck 229 ff., bes. 236 ff.
[75] Herzog-Dürck 33
[76] Deschner, Das Jahrhundert der Barbarei 323 f.
[77] Noch heute steht über die Hälfte der deutschen männlichen Jugend der Kirche kritisch gegenüber, aber nur ein Drittel der weiblichen. Vgl. Schelsky, Die skeptische Generation 374 f.
[78] Manser 5. Vgl. auch 17 f. Fangauer 3. Schilgen 105
[79] So die amerikanische Soziologin Ira Reiss. Nach Packard 77
[80] Enz. Hum. vitae
[81] Jone 167
[82] Häring, Das Gesetz III 112, 287
[83] Vgl. die Übersetzung bei Heinzelmann 99 ff.
[84] Manser 9. Vgl. auch Kampmann I 76 ff. Arnold, Die Frau in der Kirche 39
[85] Fangauer S. VII, vgl. 126. Schilgen 186. Vgl. auch Berghoff 13. Finke X
[86] Ketter 168, 109, 89. Meinertz II 204. Vgl. auch Müller, Grundlagen 56, 71. Arnold, F. X., Die personale Würde 218. Ries 290. Schnackenburg, Die sittliche Botschaft 88. Ludat 300. Eberharter 176. Fischer, J., Ehe und Jungfräulichkeit 7. Andere, wie Schreiber 114, versuchen wenigstens, die ganze ungeheure klerikale Frauenverachtung als »Äußerungen temperamentvoller und zugleich in ihrem Gesichtskreis beengter Prediger« zu bagatellisieren, wozu freilich in der Kirche fast alles zählt, was da Rang und Namen hat, von Paulus über Hieronymus, Augustinus und Chrysostomos bis zu Thomas von Aquin etc.
[87] So wörtlich Müller, Grundlagen 56. Vgl. Mausbach, Altchristliche und moderne Gedanken 7 ff.
[88] Fangauer 70. Auch Bopp, L., Jugendkunde und Sexualpädagogik 26 gibt alle Schuld den Häretikern
[89] Koch, G. 129 ff.
[90] Ebd, 35, 156 ff., 169 ff.
[91] Ebd. 115 ff.
[92] W. A. 15, 420. Vgl. auch Weber, M. 285
[93] Vgl. Kahl 58. Mörsdorf 94. Schipperges 212. Zur gelegentlichen protestantischen theologischen Frauenverachtung in der Gegenwart vgl. 482. S. auch Bourbeck 221
[94] Heer, Abschied von Höllen 155
[94o] Häring, Das Gesetz III 289
[95] Ausführlich darüber Deschner, Abermals krähte der Hahn 360 ff. Neuerdings Lampl, H. E. Die Mariendogmen 183 ff.
[96] Vgl. schon Protev. Jac. 18 ff. Lucius, 426 ff. Niessen 141 ff.
[97] Vgl. dazu Deschner, Abermals krähte der Hahn 360 f.
[98] Vgl. ebd. 364 f. Heiler, Erscheinungsformen 492 f. Bergmann 179 f. Gontard 114. Siehe etwa auch die Berufungen darauf bei Aug. Civ. Dei 12, 24; 12, 27 ff.; 17, 6
[99] Zit. bei Beissel 17
[100] Ebd. 276 f.
[101] Vgl. Koch, G. 100 f. 121, 178 ff.
[102] Vgl. etwa Apg. 1, 14; 12, 12; 21, 9; 9, 36; 18, 26 u. a. Dazu Gottlieb 36 ff. Beth 530. Dannenbauer I 163
[103] Vgl. Zscharnack 19 ff. Heiler, Erscheinungsformen 421 ff.
[104] Selbst eine Hure wirkte an höchster Stelle für Christus: die »gottesfürchtige Buhle des Commodus«, Hippol. refut. 9, 12
[105] Ausführlich Zscharnack 44 ff., 94 ff. Vgl. auch L. Ott 39

[106] v. Boehn 158 f. Schnürer I 207. Browe, Beiträge zur Sexualethik 3. Grupp II 488. Friedberg, Aus deutschen Bußbüchern 47. Bächtold-Stäubli u. a. Handwörterbuch des deutschen Aberglaubens II 1929 Sp. 1756. Hier Zitat. Vgl. ferner Gschwind 74 f. Schnürer I 207. Börsinger 42. Plöchl I 355. Hellinger 93 Vgl. auch Browe, Die letzte Ölung 524. Nur wenn die Hostie (durch besondere Geschicklichkeitskünstler) »in die Kleider einer weiblichen Person« fällt, ist die Person noch heute berechtigt, ja verpflichtet, die Hostie selbst hervorzuholen: Jone 433
[107] Marcuse, J. 46. Inzwischen darf auch die Frau in Notfällen taufen, ja sogar der Häretiker oder Ungläubige: Jone 390
[108] Friedberg, Aus deutschen Bußbüchern 15 f.
[109] Hellinger 73. Vgl. 1
[110] Außer S. 100 f. dieses Buches vgl. auch Marcuse, J. 46
[111] Freilich gab es längst auch außerchristliche Menstruationstabus. So unterbrachen in Rom die Vestalinnen ihre Aufgaben während ihrer Regel. Bei den Medern, Baktriern und Parsen mußten Menstruierende sich von den heiligen Elementen, besonders dem Feuer, fernhalten. Nach dem Nitya-Karma und dem Padma-purana lautet in Indien die Vorschrift: »[während dieser Periode darf die Frau] nicht an Gott denken, noch an die Sonne, noch an Opfer oder Gebete«. Vgl. Evola 248. Ausführlich Hays 56 ff.
[112] Zit. bei Browe, P., Beiträge zur Sexualethik 2
[113] Hamburger 48
[114] Browe, Beiträge zur Sexualethik 9 f., 2. Vgl. Schepelern 137
[115] Jonkers 158
[116] Poen. Casin. 51; Poen. Cap. Jud. 10, 5. Vgl. auch Poen. Valic. I 31; Poen. Paris. 119. Browe, Beiträge zur Sexualethik 12
[117] Browe ebd. 14. Zum Fortwirken dieses Aberglaubens noch im 20. Jahrhundert vgl. die zahlreichen Beispiele bei de Beauvoir 160 ff. Auch Hays 60
[118] Schreiber 85. Döbler, Vom Amulett 223
[119] Schepelern 137
[120] Ebd. 213 Anm. 658
[121] Hamburger 47
[122] Ps. 50, 6. Dazu Müller, Grundlagen 84 f. Vgl. auch Hornstein-Faller 52
[123] Browe, Beiträge 26 ff.
[124] Gröber 403
[125] Pastoralkonstitution Nr. 29. Nr. 60
[126] Vgl. Hampe III 251
[127] Vgl. etwa CJC can. 93, 709, 813, 968, 1262, 1264, 1380, 1979 u. a.
[128] So das Verhältnis jedenfalls zu Beginn der sechziger Jahre. Vgl. Mayer 1200. Flatten 339

19. Kapitel

[1] Beauvoir 100
[2] Marcuse, J. 46 f.
[3] Zit. bei Beauvoir 119
[4] Millett 142
[5] Vgl. Marcuse, J. 47 Anm. 1
[6] Vgl. Ovids Liebeskunst 96. Es ist deshalb nicht unmöglich, daß die antifeministische Polemik der frühchristlichen Kirchenväter zumindest teilweise eine Reaktion gerade auf die Emanzipation der Frau der römischen Oberschicht war: Queen/Habenstein/Adams 185. Vgl. zum Vorstehenden auch Beauvoir 95 ff., bes. 98. Morus, Eine Weltgeschichte 64. Reiss 35 f.
[7] Scherr I 50
[8] Tac. Germ. c. 18, 8. Schubert I 6. Weinhold I 237 f. Peterich 127 ff. Hunke 437 f. v. Boehn 92. Van der Ven I 153
[9] Bayer 532
[10] Scherr I 41 f.
[11] Weinhold I 200. Vgl. Grupp II 324
[12] Vgl. etwa Kummer 231
[13] Das Vorstehende im Anschluß an Mehnert 15
[14] Dirks, R. 13
[15] Vgl. etwa Romano/Tenenti 84. Vgl. auch Badura/Deutsch/Roxin 146. v. Boehn 21. Kool/Krause II 521
[16] Vgl. Weber, M. 215
[17] Vgl. ebd. 242 ff. Marcuse J. 47. Reiss 37 f.
[18] Weber, M. 211 f., 237, 239. Marcuse, J. 47
[19] Weber, M. 237. Vgl. auch Eisenbeiß 148 ff.
[20] Millett 47
[21] Zit. bei Weinhold II 29. Vgl. auch Hess 52. Eisenbeiß 36, 148

[22] v. Boehn 92
[23] Heß 53
[24] Schreiber 154
[25] Weinhold II 12. Eisenbeiß 26. v. Boehn 93
[26] Noch zur Zeit Kinseys wird der Verkehr eines Ehemanns mit seiner Frau niemals als Vergewaltigung ausgelegt, »gleichgültig, wie sehr der Koitus ihren Wünschen widerspricht, und ungeachtet des Ausmaßes an Zwang, den er anwendet«. Kinsey u. a., Das sexuelle Verhalten der Frau 304. Allerdings kann in fast allen Staaten der Ehemann bei ungebührlicher Gewaltanwendung wegen tätlichen Angriffs gerichtlich belangt werden.
[27] v. Boehn 76
[28] Zit. bei Burckhardt 416 f.
[29] Frischauer, Moral 30 f.
[30] Borneman I 529. Morus, Eine Weltgeschichte 129. Bauer, Das Geschlechtsleben 38
[31] So Bartsch 90
[32] Preime 84 f. Vgl. auch Bartsch 90. Van der Ven II 275
[33] Frischauer, Moral 32 f. Vgl. Beauvoir 103 f. v. Boehn 101. Das ist doch angesichts der »Verehrung der Frau durch die Troubadours«, Schelsky, Soziologie der Sexualität 104, nicht zu bagatellisieren.
[34] Siebenschön 54
[35] Eisenbeiß 36, 48
[36] Weber, M. 215
[37] Zit. ebd.
[38] Bartsch 122. Grupp VI 74
[39] Mitterer, Mann und Weib 532 ff., bes. 539 mit Bez. auf Suppl. 62, 4 ad 4
[40] C. 24, qu. 1 f.; C. 33, qu. 5; qu. 2, 4; C. 7, qu. 1. Dazu Bartsch 55. Vgl. auch de Beauvoir 101
[41] Häring, Das Gesetz III 113 f.
[42] Vgl. etwa v. Boehn 82
[43] Häring, Das Gesetz III 356
[44] Ebd. Vgl. hierzu auch die Beispiele bei Deschner, Abermals krähte der Hahn 596 f.
[45] Glaser 177. Kahl 58
[46] Eisenbeiß 186. Vgl. Bartsch 122
[47] Eisenbeiß 189
[48] Van Ussel 82. Vgl. Eisenbeiß 201. Milhoffer 56
[49] Eisenbeiß 13. Vgl. auch 16
[50] Beauvoir 107 f.
[51] Vgl. Heer, Europa 252 ff.
[52] Ebd. 254 f. Vgl. Beauvoir 121 f.
[53] Zit. bei Millett 83
[54] Dühren 130
[55] Ebd. 127 ff. Vgl. auch Weinhold II 12. Scherr I 50 f.
[56] Millett 82
[57] Mouat 76
[58] Ebd. 76, 132. Millett 82
[59] Bei besonderen politischen – sozialdemokratischen – Veranstaltungen sollen deshalb manche Frauen in Männerkleidung erschienen sein: Eckert 202 f.
[60] Heer, Europa 253 ff. Vgl. auch Dreikurs 35
[61] Heer, Europa 253 ff.
[62] Heß 17
[63] Van der Ven I 138. Der Autor fügt hinzu: »Man sollte dabei aber bedenken, daß das alte Strafrecht auf Abschreckung beruhte.« Ja, schmerzten deshalb die Schläge die halb oder oft genug auch ganz Totgeprügelten weniger?
[64] Heß 5 ff. Vgl. auch 26
[65] Menschik 28 f. Vgl. auch Heß 45
[66] Heß 34, 48. Vgl. auch 46, 24. Koch, G. 20
[67] Frischauer, Moral 16 f. Borneman II 440
[68] Borneman I 161, 306 f., 341
[69] Ebd. II 107 f. Wurde das Hausmädchen schwanger, sagte man: »Der Pißtopf des Hausherrn läuft über.« Ebd.
[70] Eisenbeiß 13, 16
[71] Syn. Nant. c. 19. Grupp I 256
[72] Vgl. Kuczynski 90
[73] Beauvoir 126 f.
[74] Ebd.
[75] Vgl. Schulz, U. 251 f.
[76] Engels, F., Die Lage der arbeitenden Klasse 292
[77] Millett 85 f.

[78] Ebd.
[79] Zit. bei Jantke/Hilger 432. Ein erschütterndes, dringend zur Lektüre zu empfehlendes Buch. Vgl. zur Frauenarbeit auch Schraepler II 44, 54 u. a.
[80] Marx I 422
[81] Vgl. ebd. 266 ff., 413 ff.
[82] Zit. bei Kuczynski 90
[83] Finke 18, 25, 33. Vgl. auch Müller, Grundlagen 72 f. Weinhold I 121 ff. Scherr I 197 f. Grupp 141. Mirbt 124 ff. v. Walter 46 ff. Glaser 175 ff.
[84] v. Boehn 52
[85] Mörsdorf, Gestaltwandel 44 ff. 63
[86] Müller, M., Grundlagen 68
[87] Suenens 43
[88] Millett 53 Anm. 46
[89] Diepgen II. Bd., II. Hälfte 285
[90] Millett 53 Anm. 46
[91] Müller, Grundlagen 74. Und was heißt es schon, wenn in Frankreich und England der Anteil der Frauen doppelt so hoch sein soll! Ebd.
[92] Diepgen I 315
[93] Heß 115. Vgl. auch van der Ven I 205
[94] Königer 18, 24
[95] Vgl. Diepgen II. Bd., I. Hälfte 53 ff. Vgl. auch 61
[96] Ebd. 56. Beauvoir 179. Vgl. auch 178. Ferner: Ford/Beach 286 f.
[97] Diepgen, II. Bd., I. Hälfte 27
[98] Vgl. Morus, Eine Weltgeschichte 257
[99] Hays 60
[100] So Morton 24
[101] Vgl. hierzu Dreikurs 31 ff.
[102] Beauvoir 140
[103] Millett 190, 195
[104] Beauvoir 141. Vgl. auch Packard 253
[105] Vgl. Herzog-Dürck 31 f.
[106] Engels, Der Ursprung der Familie 62. Vgl. in neuerer Zeit auch Horkheimer 63. Ferner Glaser 173 ff., bes. 175. Millett 34
[107] Borneman I 385 f.
[108] Vgl. Bergström-Walan u. a. 185 ff. Becker, C. 218, 46. Millett 51 f. Michael 137. Vgl. auch Beauvoir 128 f.
[109] Packard 271, 96 f. Bronder, Humanistische Überlegungen zum § 218
[110] freies forum, Nürnberg, März 1969, 3. Süddeutsche Zeitung, 29. 2. 1972, S. 4. Im politischen Leben innerhalb der westlichen Welt sind wohl die finnischen Frauen am erfolgreichsten. Sie verfügen über ein Achtel der Parlamentssitze und ein Drittel der Stadtratssitze von Helsinki: Packard 97
[111] Rinser, L., in: Dirks/Stammler 147
[112] Zit. bei Schwenger 84

20. Kapitel

[1] Savramis, Religion und Sexualität 96 f.
[2] Tert. exh. cast. 9
[3] Joh. Chrysost. de virg. 14
[4] Trid. Sess. 24, c. 10. Denzinger/Schönmetzer Nr. 1810
[5] Eph. 5, 29; 1. Tim. 2, 15; 5, 14
[6] Eine lange Reihe von Widersprüchen, doch bei weitem nicht alle, stellte ich in dem von mir edierten Band Der manipulierte Glaube 20 ff. zusammen.
[7] Apk. 14, 4. Vgl. auch Harnack, Mission 609
[8] Acta Pauli et Thec. c. 12; 5. Vgl. Bergpredigt Mt. 5, 3 ff.; Lk. 6, 20 ff. Dazu etwa Karrer 168 f.
[9] Clem. Al. strom. 2, 15, 97. Ev. Ägypt. Zit. nach Campenhausen, Askese im Urchristentum 40
[10] 2. Clem. 14, 3 ff. K. Müller 17. So suchte um 170 der katholische Bischof Pinytus den Gläubigen »das schwere Joch der Jungfräulichkeit« aufzuerlegen, und ebenso wollte der Bischof von Smyrna, Polykarp, die Christen zur Ehelosigkeit verpflichten. Euseb. h. e. 4, 23, 6 f. Ign. Polyc. Ja im 4. Jahrhundert mied die nach dem katholischen Bischof Eustathius von Sebaste in Armenien benannte Partei der Eustathianer nicht nur jeden Kontakt mit Verheirateten, sondern sprach auch verehelichten Priestern wie Laien die Hoffnung auf das ewige Heil ab. Zöckler 258 f. Allerdings schritt eine Synode gegen sie ein.
[11] E. A. 61, 178. Müller, M., Die Lehre des heiligen Augustinus 10
[12] Scheuten, P., Das Mönchtum 33. Mehnert 71
[13] Zit. bei Hamburger 45

[14] Just. 1. Apol. c. 15. Vgl. 28 f. 2. Apol. de resurrect. carn. Dazu Theiner I 37
[15] Tert. apol. c. 9. cultu. fem. 2, 9. exh. cast. 9. Vgl. auch ad uxor. 1, 5; 1, 2. monog. 3. adv. Marc. 1, 29 Vereinzelte positive Eheworte von ihm sind verschwindende Ausnahmen: ad. uxor. 2, 9. anim. 27. Vgl. auch Brandt 191 ff.
[16] Clem. Al. strom. 2, 140, 1; 2, 23, 140. Dazu Preisker, Christentum und Ehe 200 ff.
[17] paid. 2, 94, 2 ff. Demokr. Fragm. 86, Diels. Weitere Belege bei Preisker, Christentum und Ehe 205 ff.
[18] Heiler, Urkirche und Ostkirche 111. Antweiler, Origenes VII 779
[19] Orig. in Lev. hom. 8, 12, 4; 9; Fragm. in 1. Cor. 34. Crouzel 29. Hamburger 44
[20] Orig. In Num. hom. 6, 288. Vgl. Ziegler 169. Hamburger 44
[21] Hieron. ep. 22 ad Eustochium. adv. Jovin 1, 4. Vgl. ep. 48, 18; 54, 4 u. a. Ferner Mehnert 26
[22] Vgl. August. ep. 49. Apol. ad. Pamm. 15. Dazu Browe, Die häufige Kommunion 6 f.
[23] Aug. serm. Dom. 1, 15; bono con. c. 22; ep. 262 ad Ecdiciam 4; Serm. 354, ad continentes 9
[24] Zumkeller 207. Vgl. auch Marcuse, L. 57 f.
[25] Mausbach, Altchristliche und moderne Gedanken 13 ff. u. 40
[26] Häring betont auf einer Seite zwar wiederholt die Stiftung der Ehe »im Paradies«, bleibt uns aber beim Hinweis auf »die Erhebung der Ehe zum Sakrament« durch Christus einen biblischen Quellenbeleg schuldig: Das Gesetz III 322
[27] Ritzer I 21 ff.
[28] Ebd. I. 44, 56. II 3, 8
[29] Friedberg, Das Recht der Eheschließung 6 ff. mit vielen Quellenbelegen bzw. Hinweisen. Vgl. auch Savramis, Religion und Sexualität 95
[30] Vgl. Fußnote 4
[31] Man kann sich davon u. v. a. noch neuestens bei May, G. 45 f. überzeugen. Vgl. dagegen die sympathische Ironie bei Einwag VII
[32] Zit. nach Hamburger 50
[33] Zit bei Ronner 79
[34] Hödl 326. Thalhammer 21, 16. Bertrams 18
[35] Dekret über die Priesterausbildung Nr. 10
[36] »Der katholische Ehemann«, Lehr- und Gebetbuch von P. Otto Bitschnau, Kapitular des Klosters Einsiedel. Mit Genehmigung der hochw. Obern (Bischof von Augsburg) 1901. Zit. nach Marcuse, J. 58
[37] Heldt 73
[38] Heine, H., Deutschland. Ein Wintermärchen. Kap. I
[39] Jone 576 ff., 583 ff. Rudloff 183 f.
[40] Maisch 14
[41] Ebd. 13. Borneman I 495 v. Boehn 93. Vgl. auch Ullerstam 53
[42] Syn. Epaon (517) c. 30; Syn. Clermont (535) c. 11; Syn. Orleans (538) c. 10; Syn. Orleans (541) c. 27; Syn. Tours (567) c. 21. Ebenso untersagten vom Ehe die Päpste, von verschwindenden Ausnahmen abgesehen, entweder die Verwandtenehen überhaupt oder doch weitgehend.
[43] Rhabanus Maurus, de consanguineorum nuptiis. Zit. bei Mehnert 50
[44] Mehnert ebd.
[45] Schmitz, Die Bußbücher und die Bußdisziplin der Kirche 42 f.
[46] Poen. Valic. II 41
[47] Schmitz, Die Bußbücher und das Kanonische Bußverfahren 123 ff.
[48] Ebd. 123
[49] Cod. Iur. Can. can. 1076 § 1 u. 2. Fischer, E. 266
[50] Maisch 17
[51] Trull. c. 53
[52] Vgl. schon Cod. Just. V, 4. Im langobardischen Recht Leg. Luitpr. c. 34
[53] Syn. Rom. c. 4
[54] Syn. Rom (743) c. 5. Schmitz, Die Bußbücher und die Bußdisziplin 405
[55] Taylor, Wandlungen der Sexualität 59
[56] Cod. Iur. Canon. 1079. Vor 1918 war das Ehehindernis der »geistlichen Verwandtschaft« noch weit ausgedehnter. Vgl. Jone 600
[57] Baranowsky, Die Sünde ist unheilbar 18
[58] Zur Mißbilligung von Zweitehen bei den Römern: Plut. Qu. Rom. 105. Vergil, Aen. 4, 24 ff. Tac. ann. 2, 86. Grabinschriften: Döller 57. Zum Gesamtproblem Kötting passim
[59] Athen. suppl. c. 33. Weitere Belege bei Achelis 287
[60] Vgl. etwa Ritzer I 34
[61] »Wenn sich eine Witwe vergangen hat und dann diesen Menschen heiratet«, bestimmt die Synode von Elvira, »so treffe sie fünfjährige Buße. Heiratet sie aber einen anderen, darf sie auf dem Totenbett nicht kommunizieren.« Syn. Elvira c. 72. Vgl. Syn. Ancyr. c. 19; Syn. Neocaes. c. 3 u. 7; Syn. Laodic. c. 1. Kirchenlehrer Basilius belegt eine zweite Ehe mit siebenjähriger Poenitenz: Basil. ep. 217, 77.
[62] Vgl. Dannenbauer I 161 ff.
[63] Ritzer I 44, 53 f.
[64] Vgl. Baranowsky, Die Sünde ist unheilbar 64

[65] Haag 233
[66] Theunis 10
[67] Hornstein-Faller 53
[68] Vgl. Schnürer III 244. Schubert II 665 ff. Ferner Browe, Beiträge 40 ff. Lindner 86. Ziegler 250
[69] Vgl. u. a. Regino v. Pr. I 339; Poenit. Bedae 2, 37; Poen. Floriacense 50; Poen. Valicell. II, 40; Valicell I, 32, 35, 42, Poen. Casin. 65; Poen. Arundel 66; Poen. Theod. v. Canterb. II. 12, 1 ff. Vgl. etwa auch Browe, Beiträge 32, 40 ff. Böhmer 22. Lindner 83 ff. Ziegler 237 ff.
[70] Poen. Casin. 65; Poen. Cumm. 14, 5; Poen. Theod. v. Canterb. II, 12, 1; Syn. Chalons (813) c. 46; Regino v. Pr. I 341. Vgl. ferner Browe, Beiträge 36, 48 ff. Lindner 87. S. auch die Belege bei Schmitz, Die Bußbücher und die Bußdisziplin 387 f. Häufig war dreimalige Kommunion im Jahr: Schubert II 658
[71] Poenit. Valicell. II, 83. Verheiratete Frauen durften im Mittelalter, da man sie für nicht rein und würdig hielt, überhaupt nur selten kommunizieren. Selbst kanonisierte Frauen gingen bloß an den drei Hochfesten Weihnachten, Ostern und Pfingsten zur Kommunion: Arnold, Die personale Würde der Frau 213. Die Osterkommunion erlaubte Kirchenlehrer Bonaventura einer Frau dann, wenn sie die eheliche Pflicht »widerwillig und mit Schmerzen« geleistet hatte. Zit. nach Ziegler 172
[72] Vgl. Savramis, Religion und Sexualität 95. Auer, Weltoffener Christ 239
[73] Lindner 78. Browe, Beiträge 39 ff. Ziegler 180. Vgl. etwa Poen. Theod. v. Canterb. II 12, 29
[74] Browe, Beiträge 118 f. Ritzer II 4 f., 27
[75] Stern I 114 f. II 505
[76] Vgl. Ziegler 232 ff.
[77] Ebd. 250 f.
[78] Browe, Beiträge 47, 59. Vgl. auch 44
[79] Ebd. 48. Vgl. auch 77
[80] Hornstein-Faller 52. Lindner 75
[81] Vgl. Deschner, Abermals krähte der Hahn 360 ff.
[82] Keller 241. Auch Kaiser Karl der Dicke und seine Gattin Richardis sollen eine keusche Scheinehe geführt haben, erst recht angeblich einige verehelichte Bischöfe der frühmittelalterlichen Kirche: Vgl. Zöckler 451 f.
[83] Vgl. S. 325 dieses Buches
[84] Häring, Das Gesetz III 366
[85] Zit. bei Grisar II 500
[86] Casti conubii
[87] Oder wie das, weniger geistvoll, doch schon im 12. Jahrhundert ein Landsmann Wildes, der Theologe und Bischof Robert von Melun, formulierte: »Der Geschlechtsverkehr ergötzt jene, die unerlaubt verkehren, viel mehr als jene, die sich legitim verbinden.« Zit. bei Müller, M., Die Lehre des hl. Augustinus 73
[88] 1. Kor. 7, 1 ff.
[89] August, nupt. et conc. 1, 16
[90] Ziegler, 109 ff. Das Vorstehende mit besonderem Bezug auf Wilhelm von Rennes
[91] Ebd. 124 f., 249
[92] Ebd. 115
[93] Ebd. 124 f.
[94] Zit. bei Mehnert 94. Vgl. VI. Zweites Zitat bei Grisar II 493. Dort der Quellennachweis
[95] Zit. nach Ritzer 29
[96] Ziegler 65
[97] Durant, Zeitalter Voltaires 311
[98] Ziegler 67 f.
[99] Eisenbeiß 186
[100] Borneman I 230
[101] Ebd. I 359 f. Vgl. auch I 230 f., 239 f.
[102] Vgl. Hamburger 64
[103] Zit. ebd. Vgl. auch Lindner 46
[104] Vgl. Stelzenberger 417 ff. Lindner 33 ff.
[105] Vgl. etwa Cole 245 ff. Herbst 188 f.
[106] Vgl. Ziegler 211 f.
[107] Aug. Gen. ad litt. 9
[108] Schreiber, G. 91
[109] Ebd. 92 ff. Franz II 198
[110] Zit. nach Ronner 109. Grisar II 492
[111] Sartory 44
[112] Menschik 31
[113] So bei Müller, J. 113. Vgl. auch Becker, C. 25
[114] Morus, Eine Weltgeschichte 216
[115] Papen 7. Vgl. auch die analogen Äußerungen der bekannten katholischen Theologen Michael Schmaus, Joseph Lortz, Joseph Pieper und Karl Adam bei Deschner, Mit Gott und den Faschisten 124 ff.

116 Vgl. Morus, Eine Weltgeschichte 332. Bes. Millett 190 ff.
117 Tillmann, F. 403 ff. Später und heute im Prinzip genauso. Vgl. etwa Mörsdorf, Die Frau 297
118 Marcuse, L. 25
119 Vgl. Morus, Eine Weltgeschichte 327 f. Packard 250 ff.
120 Vgl. Packard 252
121 Aug. civ. Dei 19, 16
122 Millett 147. Vgl. zum Folgenden auch 42 ff.
123 Rottenecker 3
124 Schmitt, A. 68
125 Millett 42 ff.
126 Mandl 202 Fußnote 10
127 Gröber 144. Vgl. auch Levy 60 f.
128 Tilmann, K. 96
129 Eisenbeiß 185
130 Ebd.
131 Müller-Lyer 227 f.
132 Hünermann 97
133 Häring, Das Gesetz III 107 ff.
134 Ebd. 110
135 Chinigo 17. Vgl. auch Hopfenbeck 58
136 Chinigo 20
137 Reich, Die Entdeckung 154
138 Vgl. Haire 145. Borneman I 336
139 Wickler 236. Vgl. auch Ricoeur 169
140 Ambr. Exp. Ev. sec. Luc. 1
141 Zit. bei Halbfaß, Bertrand Russell 136 f.
142 1. Tess. 4, 4
143 Aug. op. imperf. 4, 29. Vgl. bon. con. 6. 6; 7, 6; 11, 12; serm. 51, 13, 22. contra Jul. 9, 40. Vgl. Mausbach, Die Ethik I 321. Lindner 60 ff. Dabei war Augustinus selbst nie einem Ehemann begegnet, der von sich sagen konnte, er habe »nur in der Hoffnung auf Empfängnis verkehrt«: bono con. 13
144 Leo serm. 22, 3
145 Vgl. Lindner 67
146 Isid. eccl. off. 2, 20. Vgl. auch 2, 18. Sent. 2, 40
147 Vgl. etwa Hrabanus Maurus, enarr. in ep. Pauli 1. Cor. 7; Atto v. Vercelli, in ep. Pauli 1. Cor. 7; Rather v. Verona Praeloquium 2, 5 f. Dazu Müller, M., Die Lehre des hl. Augustinus 42 ff., zusammenf. 103. Vgl. auch Lindner 94. Ziegler 169 ff.
148 Ziegler 172. Vgl. auch Müller, M., Die Lehre des hl. Augustinus 146 f., und Lindner 100. Auch Thomas von Aquin erklärte jede Liebkosung zwischen Ehegatten nur aus sinnlicher Lust zur schweren Sünde (peccat mortaliter): Thom. S. Th. Suppl. q. 49, 6. Völlig sündlos ist der eheliche Umgang nach ihm nur, wenn beide Gatten ein Kind für Gott zu zeugen wünschen. Thom. Com. in 1. Kor. 7; Com. in 1. Thess. 4
149 Ziegler 172
150 Vgl. Müller, M. Die Lehre des hl. Augustinus 73, 151, 249. Hunt 115. Lindner 29. Vgl. auch Arnold, Die personale Würde 212
151 Ziegler 158
152 Quellenbelege bei Mehnert 173 f. u. Müller, J. 114
153 W. A. 8, 654; 20, 2, 304; 12, 114
154 Borneman I 333. Gründel, Wandelbares 53
155 Hirschauer 215
156 Vgl. etwa Poen. Theod. v. Canterb. II 12, 30
157 Bäuerle, K., Du und Dein Mädel. Zit. nach Schwenger 27
158 Borneman I 154, 529
159 Fuchs 157. Vgl. auch Ziegler 227 ff. Noonan 198
160 Vgl. Müller, M., Die Lehre des hl. Augustinus 205 ff.
161 Ebd. 207
162 Lo Duca 120 ff.
163 Borneman I 52
164 Reiss 25 f.
165 Kinsey, Das sexuelle Verhalten der Frau 305
166 Ebd.
167 Vgl. Hornstein-Faller 49
168 Vgl. Matussek 103 ff.
169 Chinigo 22 f.
170 Glaubensverkündigung 430
171 Häring, Das Gesetz I 411, 416 ff.

[172] Auer, Weltoffener Christ 212, 245, 233, 226
[173] Ebd. 216, 225 ff.
[174] Ries 80 f.
[175] Ebd. 99 f. Und unmittelbar hierauf zitiert unser Katholik bei seiner Perhorreszierung eines lustvollen ehelichen Sexualverkehrs: »›Wehe dem, der Wüsten in sich birgt!‹ (Nietzsche, Zarathustra).«
[176] Binder, J., Ich will heiraten.
[177] Kastner, J., Das siebente Sakrament. Zit. nach Schwenger 28
[178] Bäuerle, K., Du und Dein Mädel. Zit. nach Schwenger 27
[179] Häring, Das Gesetz III 346, 335, 361. Vgl. auch 283 u. a.
[180] Schmitt, A. 68
[181] Häring, Das Gesetz III 321, 368, 318
[182] Kuhaupt 108
[183] Auer, Weltoffener Christ 251 ff.
[184] Dessauer 221 ff. Analoge Wendungen sind im christlichen Sprachgebrauch absolut üblich. Vgl. etwa Hildebrand 32: Weihe an Gott »ähnlich wie die Ordensgelübde«. Ratzinger, Einführung 82. Auer, Ehe I 279 u. v. a. (Auch nach einer zeitgenössischen protestantischen Stimme ist übrigens die Ehe »ein erster Vorgeschmack himmlischer Seligkeit«. Schindler 345)
[185] Herbort
[186] Hornstein-Faller 50. Arnold, Die personale Würde 223
[187] Der Freiburger Erzbischof W. Rauch, in: Schlund 162
[188] Häring, Das Gesetz III 359 ff.
[189] Ries 82 ff. Hervorhebungen von mir
[190] Rauch, W., in: Schlund 162
[191] Leist 193. Vgl. auch 160
[192] Ebd. 143 f.
[193] Ries 96
[194] 1. Zitat ebd. 75. 2. Zitat Rödleitner 37
[195] Millett 139. Zur sexuellen Aktivität der Frau vgl. auch Savramis, Religion und Sexualität 17
[196] Zit. Millett 140. Vgl. auch Packard 226
[197] Vgl. Rattner, Der nervöse Mensch 131 . Vgl. auch Packard 62
[198] Vgl. Evola 167 f. Millett 141. Bornem n II 247. Ricoeur 231
[199] Millett 140
[200] Vgl. Comfort, Der aufgeklärte Eros 68. Fromm, Zur Geschichte der Sexpol-Bewegung 166. Reich, Die sexuelle Revolution 67. Packard 227. Rattner, Der nervöse Mensch 131 ff. Henke 7 f. Ricoeur 231
[201] Rattner, Der nervöse Mensch 131 ff.
[202] Packard 221
[203] Ricoeur 263
[204] Kinsey, Das sexuelle Verhalten der Frau 406. Vgl. auch 56, 78 f., 161 ff., 218 f., 255 ff., 413 ff.
[205] Egenter/Matussek 111
[206] Schilgen/Mertens 11
[207] Vgl. Auer, Weltoffener Christ 261
[208] Leist 242
[209] Ries 90 f.
[210] Cypr. ep. 52 ad Antonian. Die Synode von Elvira (306) bestrafte einmaligen Ehebruch mit fünfjähriger Buße, den mehrmaligen aber mit lebenslänglicher. Wurde jemand nach geleisteter Buße rückfällig, mußte er ebenfalls lebenslänglich büßen. Syn. Elv. c. 69, 47, 7. Die Synode von Ancyra (314) setzte auf Ehebruch eine siebenjährige Buße: c. 20
[211] Vgl. Syn. Nant. (658) c. 14, 12; Poen. Valic. I 15; Syn. Herford (673) c. 10; Syn. Toledo (681) c. 8. Dazu Schmitz, Die Bußbücher und die Bußdisziplin 266 ff. Ziegler 117
[212] Poschmann. Die abendländische Kirchenbuße im frühen Mittelalter 137. Vgl. auch Schmitz, Die Bußbücher und die Bußdisziplin 266 ff.
[213] Grupp IV 376. Stoll 698
[214] Grupp IV 101
[215] Vgl. Daumiller v., 26 f.
[216] Quellenhinweis bei Kober, Deposition 599
[217] Grupp IV 101. Weinhold II 26 f.
[218] Bauer, Das Geschlechtsleben 57
[219] Durch ein späteres Reskript mußte er allerdings die Strafen mildern: Bauer, Das Geschlechtsleben 116 f.
[220] Eisenbeiß 38
[221] Vgl. Rudeck 170
[222] Vgl. Leonhardt 103 f.
[223] Herm. 2, 4
[224] Syn. Elv. c. 65; Syn. Neocaes. c. 8

[225] Vgl. Hornstein-Faller 48
[226] Dies in Kleinasien. Müller, M., Ethik und Recht 37 f. Ders., Grundlagen 56. Die Synode von Friaul c. 10 verbot 796 der Ehebrecherin auch noch nach dem Tod ihres Mannes die Wiederverheiratung: c. 10
[227] Eisenbeiß 27, 181 f.
[228] Ebd. 45 f. Vgl. Schnackenburg, Die Ehe 15
[229] Vgl. de Beauvoir 121 f.
[230] Göpfert II 314. Fischer, E. 289 mit Bez. auf Art. 449 und 559 des italien. bzw. span. Strafrechts.
[231] Art. 559 des ital. StGB
[232] Borneman I 205 ff.
[233] Vgl. Mk. 1, 11; Lk. 16, 18 mit Mt. 5, 32; 19, 9. Die Versuche der Theologen, diese Stellen zu entkräften, sind vergeblich. Vgl. etwa die hilflosen Bemühungen Sartorys, T. 178 ff. oder Härings, Das Gesetz III 324 f.
[234] 1. Kor. 7, 12 ff. bes. V. 15 f. Dazu Bornkamm, Die Stellung des Neuen Testaments 283 ff. Rudloff 182
[235] Schnackenburg, Die Ehe 23 ff.
[236] C.I.C. 1018
[237] Ronner 91
[238] Wolf S. 1. Das Wort »Unzucht« dort klein geschrieben.
[239] Ratzinger, Zur Frage nach der Unauflöslichkeit 40, 46
[240] Schnackenburg, Die Ehe 28. Vgl auch Böckler, Die gescheiterte Ehe 126
[241] Poenitentiale Theodor v. Canterbury II, 12, 5 f. Cap. Judiciorum 9, 1
[242] Vgl. Grupp I 231 mit Verweis auf die Synoden von Verberie (758) und Compiègne (757). S. auch Friedberg, Aus deutschen Bußbüchern 44. Borneman I 232 f.
[243] Theod. II, 12, 8; Cap. Judic. 9, 1; Canones Gregorii Theod. c. 175 u. a. Theod. II, 13, 4; Canon. Gregorii Theod. c. 73; Ps. Egberti c. 25. Syn. Dingolfing (770) c. 10
[244] Beauvoir 103. Borneman I 233
[245] Grupp II 57. Zum Abstechen der Ehemänner durch ihre Frauen: Frischauer, Moral 30
[246] Grupp II 177 f.
[247] Weinhold II 15
[248] Ebd. Vgl. auch v. Boehn 93
[249] Bauer, Das Geschlechtsleben 10 f. Vgl. auch Schönfeldt 29. Guha, Sexualität und Pornographie 52
[250] Vgl. Scherr I 44, 64 ff. Weinhold II 15 ff. Weber, M. 209. Rudeck 171
[251] Ritzer II 50
[252] Selbst bei Lepra war Scheidung nun ausgeschlossen. Vgl. Merzbacher 38 f.
[253] Vgl. Morus, Eine Weltgeschichte 86
[254] Vgl. ebd. 159 ff.
[255] Erler 155. Vgl. auch Sartory 161 f.
[256] Wirtz 326 f.
[257] Borneman I 242
[258] Binder, Ich will heiraten 25
[259] Garrone 27
[260] Eid 154 ff.
[261] Wunderlich 313. Eisenbeiß 215 f. Borneman II 395. Rudeck 163. Frischauer, Moral 24
[262] Nach Weber, M. 213 f.
[263] Ebd. 258 f.
[264] Eisenbeiß 218
[265] Ebd. 220
[266] Eckert 42. Allerdings hatte das katholische Bayern mit Abstand den höchsten Prozentsatz unehelicher Kinder. Ebd.
[267] Mehnert 113
[268] Ebd.
[269] C.I.C. can. 1114. Vgl. Mörsdorf/Eichmann 272
[270] Mehnert 50
[271] C.I.C. 232, 320, 331. Dazu Scharnagl 39
[272] Fischer, E. 280. Can. 1116 C.I.C.
[273] Fischer ebd.
[274] Vgl. Kuthy. Borneman I 338
[275] Häring, Das Gesetz III 118

21. Kapitel

[1] Becker, C. 14
[2] Savramis, Religion und Sexualität 189
[3] Comfort, Natur und menschliche Natur 157
[4] Vgl. Frahm 10
[5] Hirschberg 2

[6] 1. Mos. 38, 8 f. Frahm 47. Morus, Eine Weltgeschichte 281
[7] Vgl. Frahm 9. Borneman I 560. Morus, Eine Weltgeschichte 279
[8] Beauvoir 130
[9] Vgl. Antweiler, Ehe 70
[10] Aug. mor. Man. 2, 65
[11] Häring, Das Gesetz III 356 f. Vgl. auch Hornstein-Faller 345
[12] Zit. bei Ronner 92
[13] Borneman II 424. Zur christlichen Krankheitsdeutung vgl. auch Szczesny, Die Zukunft des Unglaubens 146 f.
[14] Morton 24
[15] Ebd. 9
[16] Vgl. den Fall Dr. Knowlton in Amerika: Morus, Eine Weltgeschichte 274 f.
[17] Zit. bei Lo Duca 126. Entscheidung vom Juni 1842 und 25. 5. 1851
[18] Noonan 519
[19] Ebd.
[20] Zit. bei Theunis 12
[21] Zit. bei Buchberger 63 f.
[22] Vgl. Deschner, Abermals krähte der Hahn 517 ff. Ders., Kirche und Krieg 9, 17 f. u. Beutin, Neuzeit 467 f.
[23] Vgl. hierzu die Arbeiten von Poppe, Ahlheim, Wollschläger und Beutin bei Deschner, Kirche und Krieg passim.
[24] Häring, Das Gesetz II 469
[25] Tucholsky III 758
[26] Ebd.
[27] Häring, Das Gesetz II 466
[28] Ebd. I 193
[29] Becker, C. 120
[30] Fischer, E. 295. Ott, Der Fall Dr. Dohrn passim. Haire 302. Bronder, Humanistische Überlegungen. Hohe Quoten freiwilliger Sterilisation auch in China, Pakistan, Bangla Desh. Vgl. Lerchbacher 104. S. freilich auch Tiger/Fox 261 f.
[31] Chesser, Menschen auf Abwegen 160. Vgl. auch Comfort, Der aufgeklärte Eros 178 f. Ott, Der Fall Dr. Dohrn 92
[32] Ausführlich Deschner, Mit Gott 17 ff., 53 ff., 99 ff.
[33] Enz. Casti conubii. Vgl. auch Häring, Krise 48
[34] Zit. bei Ott, Der Fall Dr. Dohrn 85
[35] Zit. nach Pfürtner 140
[36] Ebd.
[37] Theunis 37 f.
[38] Zit. nach Schwenger 52
[39] Goldmann, O., Ehe – Wagnis aus Liebe. Zit. nach Schwenger 53
[40] Das betont mit Recht Wickler 237
[41] Vgl. Borneman II 231 ff. Auf Grund der Testreihen John Rocks hat kurz darauf der Biologe Gregory Pincus die erste »Pille«, es war Enovid, synthetisiert.
[42] Pincus 299
[43] Deich. Vgl. auch Borneman II 234 ff. Haensch 53 f.
[44] Zit. nach Hirschauer 220. Zur vorstehenden Überschrift »Vom unmenschlichen ›Menschlichen Leben‹«, vgl. die ausgezeichnete Glosse von sk (Edelgard Skrowronnek) in Frankfurter Rundschau 30. 7. 1968, S. 3
[45] Hirschauer ebd. 221
[46] Zit. bei Sartory T. u. G., Strukturkrise 80
[47] Zit. bei van Onna/Stankowski 53
[48] Enz. Hum. vit. Vgl. auch Sartory, T. u. G., Strukturkrise 123 ff. Haensch 65
[49] Dazu entschloß man sich im Vatikan 1967 nach der Vergewaltigung von Nonnen durch kongolesische Soldaten. Den Christusbräuten billigte man eine Ausschabung zu. Baranowsky, Die Sünde ist unheilbar 84 f. Becker, C. 10
[50] Was den Inhalt betrifft, so sagt es noch eher zu wenig, wenn die Freie Demokratische Partei Deutschlands erklärte: »Angesichts der äußeren und inneren Not von Millionen Menschen, ihres menschenunwürdigen Vegetierens gerade wegen des hier zur Debatte stehenden weithin ungelösten Problems klingen solche Worte wie humanae vitae schon fast zynisch.«: Frankfurter Rundschau, 31. Juli 1968 S. 2
[51] Enz. Hum. vit.
[52] Ausführlich darüber Antweiler, Ehe 133 ff.
[53] Ebd. 142 ff. Zum diesbezüglichen Streit der beiden Richtungen auf dem Konzil s. auch Wirtz 325 f.
[54] Zit. nach Sartory, T. u. G., In der Hölle 103
[55] Vgl. etwa Oertel

[56] Vgl. den Artikel des katholischen Theologen Sarrach, A.
[57] Antweiler, Ehe und Geburtenregelung. Zu beziehen durch: Prof. Dr. Anton Antweiler, 5414 Vallendar-Humboldthöhe, Wetterstein 1206
[58] Vgl. ebd. bes. 48, 51, 64, 69, 78, 92, 103
[59] Vgl. Kraus, H. 2
[60] Vgl. Savramis, Theologie und Gesellschaft 157. Vgl. auch ders., Entchristlichung 103 ff. Pauls Schuld, schlimm genug, ist sein Amt!
[61] Vgl. Frankfurter Rundschau, 31. 7. 1968, S. 2
[62] Vgl. vor allem Frahm 11 ff.
[63] Borneman I 368
[64] Ries 96. Vgl. auch Pius XII. bei Chinigo 69. Und die Haltung des Zweiten Vatikanums: Hirschauer 221
[65] Zit. bei Kraus, H. 2. Bemerkenswert ist auch die Beobachtung, daß vorwiegend Mädchen der unteren Kreise sich mehr für die Abtreibung als die Empfängnisverhütung zu interessieren scheinen, weil die Benutzung empfängnisverhütender Mittel ein Neinsagen zur Mutterschaft und ein Bejahen der Sexualität verlangen würde, »und so etwas tun nur Mädchen, die sich verkaufen, die Huren sind«. Kentler 199
[66] Vgl. Nüsse, R.-J.
[67] Ricoeur 235 f. Vgl. auch Packard 224
[68] Synode von Toledo (589) can. 17
[69] Das freigeistige Wort, Nürnberg, Nr. 6, Juni 1971, 5
[70] Becker, C. 111 f. Zum großen Ausmaß des Kinderprügelns und Totprügelns in den USA: Friedan 198 f.
[71] Frahm 13
[72] Ricoeur 229
[73] Frahm 12
[74] Häußler 3
[75] Häring, Das Gesetz III 340
[76] Ebd. III 68, 355, 339 f. Ebenso Hornstein-Faller 363
[77] So ein Kommentar des Vatikansenders anläßlich der Scheidung einer bekannten Filmdiva in den sechziger Jahren. Zit. nach Plack 369 Anm. 56. Der Ruf nach dem »Opfer« ist bei den christlichen Autoren obligatorisch. Vgl. z. B. Hünermann 95. Steger 15
[78] Fischer, L., Fatima. Das portugiesische Lourdes 59
[79] Garrone 169 f.
[80] Vgl. Fürstauer, Neue illustrierte Sittengeschichte 164
[81] Morus, Eine Weltgeschichte 270 ff. Vgl. auch Flechtheim 46
[82] Auch der vom bayerischen König geadelte Garnisonsmedicus und Rostocker Professor der Medizin S. G Vogel (gest. 1837) hatte die Infibulation als sicheres Mittel zur Verhütung der »Selbstbefleckung« empfohlen.
[83] Ja schon Aristophanes erwähnt (in den Vögeln) Analoges.
[84] Morus, Eine Weltgeschichte 282
[85] Vgl. Jantke/Hilger 431 f. – ein nicht genug zur Lektüre zu empfehlendes Werk!
[86] Böttcher 287. Fischer, E. 294
[87] Die Skizze aus Comfort, Natur und menschliche Natur 149
[88] Frahm 16
[89] Ebd. 17. Comfort, Natur und menschliche Natur 152. Fischer, E. 294. Bates 49
[90] Borneman I 300
[91] Siegmund 29
[92] C.I.C. c. 1013
[93] Hirschauer 217 ff. Vgl. dazu die apologetischen Bemäntelungen des Faktums bei Gründel, Wandelbares 9
[94] Häring, Das Gesetz III 320 f., 356. Vgl. Prohaska 90, 116. Katholische Theologen, die nicht nur anders denken, sondern dies auch aussprechen, sind selten, wie etwa der recht freisinnige Dominikaner Mainberger 33 f.
[95] Zit. bei Hampe III 258
[96] Ricoeur 228 Anm. 1
[97] So der Rechtslehrer A. D. Dieckhoff, zit. bei Baranowsky, Die Sünde ist unheilbar 76 f.
[98] Hegele 40
[99] Nach Savramis, Religion und Sexualität 126
[100] Busse 330
[101] Gundlach 5
[102] Ebd. 13. Vgl. auch Deschner, Abermals krähte der Hahn 593 ff.
[103] Vgl. Borneman I 259. Vgl. auch I 40 f. Ferner Gieses Vorwort, in: Gebhard/Pomeroy/Martin/Christenson 9 f. Daß nach Taylor, Die biologische Zeitbombe 47, trotz Verbots ihrer Kirche 21 Prozent der katholischen Frauen Amerikas unter fünfundvierzig Jahren Pillen zur Geburtenkontrolle einnehmen, besagt nichts dagegen, da es sich hierbei um ganz oder fast inaktive Katholikinnen handeln dürfte.

[104] Zit. bei Borneman I 260. Vgl. auch Baily 231 f. Pfürtner 109. Fagley 218
[105] Zit. nach Borneman I 260 f.
[106] Haire 301 f. Frahm 19. Ott, Der Fall Dr. Dohrn 92 ff.
[107] Morus, Eine Weltgeschichte 285
[108] Vgl. etwa den Protest der evangelischen Bischöfe gegen die neue DDR-Regelung, die einen Schwangerschaftsabbruch in den ersten drei Monaten erlaubt: Frankfurter Rundschau, 4. 2. 1972, S. 8
[109] Keil, H.
[110] Zit. nach Bronder, Humanistische Überlegungen zum § 218. Der Rat der Evangelischen Kirche Deutschlands sprach sich allerdings im gleichen Jahr gegen die Streichung des Paragraphen aus. Vgl. Becker, C. 109
[111] Pastoralkonstitution Nr. 51

22. Kapitel

[1] Benn I 56
[2] Zit. bei Bronder, Humanistische Überlegungen 1 ff.
[3] Kreuder, E., Herein ohne anzuklopfen, 1954, 79
[4] Vgl. Ebbell 109 f. Pritchard 185
[5] Borneman II 341
[6] Vgl. Hertzler 242. Morus, Eine Weltgeschichte 80. Beauvoir 131. Zur Abtreibung bei Naturvölkern u. a. Balint 124 ff.
[7] Vgl. Did. 2, 2; 5, 2; Barn. 19, 2; Min. Fel. dial. Oct. 30, 2; Tert. anim 25; Apol. 9, 8; Hippol. Elench. 9, 12, 25; Basil. ep. 118, 2; Hieron. ep. 22, 12 u. v. a.
[8] Zit. bei Beauvoir 131
[9] Syn. Elv. c. 63; Syn. Anc. (314)c. 21; Syn. Mainz (847)c. 21. Vgl. auch Poen. Cumm. 3, 23; Poen. Cassin. 55. Gelegentlich verlangt man außerdem, daß sie »an allen Tagen ihres Lebens« weinen: Poenit. Arund. 17. Das Poen. Cumm., das aus dem frühen 9. Jahrhundert stammt, belegt 6, 21 eine abtreibende Frau »nur« mit drei Jahren Buße bei Wasser und Brot. Vgl. 3, 23; 6, 11. Das Poenitentiale Valicellanum I, das in der Kirche von Rom benutzt und (nicht selten in einem barbarischen Latein) im 8. Jahrhundert entstanden ist, befiehlt:»Wer sein Kind vor der Taufe tötet, muß zehn Jahre Buße etun.« Pon. Valic. I, 7
[10] Poenit. Valic. I 24. »Si quis cum mulieribus fornicaverit et occiderit, quod nascetur aut aborsum facere festinat, XX annos peniteat.«
[11] Ziegler 132 f. Allerdings mußte man auch dem Klerus selbst immer wieder verbieten, »Gift oder schädliche Kräuter behufs Abtreibung der Leibesfrucht zu verabreichen«: Syn. Regium (1258) c. 14. Vgl. auch Avignon (1337) c. 27
[12] C.I.C. can. 2350
[13] Zit. bei Bamberg, Militärseelsorge 139
[14] Sölle/Munser 47 f.
[15] Berghoff 32
[16] Ebd.
[17] Vgl. Deschner, Mit Gott 164 ff.
[18] Die Zitate bei Deschner, Kirche und Krieg 9. Abermals krähte der Hahn 520
[19] Beauvoir 132
[20] Vgl. Rudeck 183 f. Ferner Scherr I 252
[21] Bauer, Das Geschlechtsleben 57. Vgl. auch 147. Ferner Jochimsen 14
[22] Carolina Art. 131
[23] Nach Bronder, Humanistische Überlegungen 1 ff.
[24] Jochimsen 17
[25] Becker, C. 98 f.
[26] Gebhard/Pomeroy/Martin/Christenson 188 f. Vgl. auch Fischer, E. 305 ff. Ott, Der Fall Dr. Dohrn 66. Leonhardt 267. Becker, C. 137
[27] Metzner, M.
[28] Becker, C. 142
[29] Binder, Ich will heiraten, 19. Häring, Das Gesetz III 223
[30] Häring, Das Gesetz III 219
[31] Binder, Ich will heiraten 20 f. Vgl. dagegen Antweiler, Nochmals: Über den Schutz des Lebens 73 f.
[32] Vgl. Bronder, Humanistische Überlegungen
[33] Süddeutsche Zeitung 14. 2. 1972, S. 4. Vgl. auch das Interview im DDR-Gesundheitsministerium mit Konkret, Konkret 23. 11. 1972, 18 ff.
[34] Vgl. Bamberg, Vom Divisionspfarrer 6 ff. Jochimsen 98 f.
[35] Ebd.
[36] Becker, C. 10
[37] Vgl. Jochimsen 97
[38] Süddeutsche Zeitung, 14. 2. 1972, S. 1 f.

[39] Zit. bei Becker, C. 109
[40] Dazu Deschner, Mit Gott passim
[41] Hegele 49. Zum diesbezüglichen plakativen Kirchenkitsch vgl. Deschner, Kirche des Un-Heils 100 f.
[42] Jochimsen 108
[43] Schreiber 152 ff.
[44] Diepgen II. Bd., I. Hälfte 62
[45] Jone 176. Vgl. auch Hornstein-Faller 382. Chinigo 65. Haire 334
[46] So der katholische Moraltheologe Johannes Stelzenberger, zit. bei Baranowsky, Die Sünde ist unheilbar 74. Vgl. auch Jone 176. Capellmann/Bergmann 257 f.
[47] Hegele 51 f. Noch am 28. November 1970 brachte das Deutsche Ärzteblatt (!) kommentarlos eine Publikation der Katholischen Nachrichtenagentur, worin Kardinalstaatssekretär Villot betont, selbst bei Lebensgefahr der Mutter könne die Abtreibung aus sogenannten »therapeutischen Gründen« nicht geduldet werden. – Der Münchner Mediziner Klaus Katzenberger schrieb darauf an das Deutsche Ärzteblatt u. a.: »Dem sei hiermit ausdrücklich widersprochen. Wer untätig zusieht, wie eine Frau, deren Leben durch eine Schwangerschaft bedroht ist, stirbt, verletzt als Arzt und als Mensch seine fundamentale Pflicht zu helfen. Besonders unmenschliche Folgen hat die kirchliche Empfehlung, wenn ohne Schwangerschaftsunterbrechung Mutter *und* Kind verloren sind, während mittels Interruptio wenigstens das Leben der Mutter gerettet werden könnte. Es wäre zu klären, ob hier nicht Anstiftung zu einer strafrechtlich verfolgbaren Handlung vorliegt.« Diese doch sehr diskutable Leserzuschrift aber wurde vom Deutschen Ärzteblatt nicht nur nicht veröffentlicht, sondern von der Schriftleitung erst nach vier Briefen, teils an die Redaktion, teils an den Präsidenten der Bundesärztekammer, lediglich bestätigt – unter völliger Ignorierung des Problems.
[48] Ahlheim, R., u. a. 18
[49] Marx I 756
[50] Ahlheim, R., u. a. 21
[51] Ebd. 27
[52] Diepgen II. Bd., I. Hälfte 62. Im Findelhaus landeten häufig die Kinder von Geistlichen. Vgl. Kesten, Revolutionäre 161
[53] Reich, Die Entdeckung des Orgons 155
[54] v. Werder 33 f. Vgl. auch 158 f.
[55] Frankfurter Rundschau, 10. 3. 1967
[56] Berliner Extradienst, 5. 8. 1972, 13 f.
[57] Neill 225
[58] Frahm 13 nennt mehr als 30 Prozent. Gebhard/Pomeroy/Martin/Christenson 200 ff. nennen 25 Prozent
[59] Vgl. Keil, H. 275 ff.
[60] Benn I 55
[61] Reich, Die sexuelle Revolution 52
[62] Zit. bei Jochimsen 21
[63] Vgl. Ott, Der Fall Dr. Dohrn 65, 68. Frahm 13. Baranowsky, Der Umgang 45
[64] Jochimsen 42
[65] Keil, H. 275 ff.
[66] Beauvoir 133
[67] Borneman I 40. Sölle/Munser 46
[68] Frahm 13. Vgl. auch Becker, C. 142
[69] Gebhard/Pomeroy/Martin/Christenson 7. Vgl. die entsprechenden Tabellen des Buches
[70] Ebd. 189 f.
[71] Morus, Eine Weltgeschichte 328 f. Becker, C. 146
[72] Bronder, Humanistische Überlegungen
[73] Leonhardt 273 ff. Becker, C. 140 f.
[74] Becker, C. 19
[75] Borneman I 41
[76] Becker, C. 28, 129. Ott, Der Fall Dr. Dohrn 66

23. Kapitel

[1] Zit. bei Halbfaß, W., Diderot 104 — Aus Versehen wurden fast sämtliche Anmerkungen zu diesem Kapitel vernichtet, weshalb im folgenden einige wenige Belege fehlen; die meisten konnte ich wieder eruieren.
[2] Russell 160
[3] Leist 219
[4] So Fuchs, J., S. J.
[5] Apg. 15, 1 ff., bes. 15, 20
[6] Röm. 1, 18 ff.; 3, 9 ff.; 5, 12 ff.; 6, 1 ff.; 7, 1 ff. u. a.
[7] Aug. conf. 8, 7

[8] Aug. Gen. ad litt. 11, 20., ench. 121. div. quaest. 83, 36. Vgl. etwa auch In Jo. ep. 5, 7 u. v. a.
[9] Aug. Sermo. 350, 3
[10] Aug. conf. 2, 1 f.; 3, 1 f.; 6, 12; 9, 1 u. o.
[11] Scheffczyk 336
[12] Pius XI. Enz. Mit brennender Sorge. Schopenhauer, Parerga und Paralipomena. Zur Kritik vgl. etwa Port 47 ff.
[13] Kuschke 74
[14] So Gaudel, A., nach Groß I 52
[15] Aristeid. Apol. 15; Athenag. res. mort; 14. Hermas sim. 9, 29, 1
[16] Tert. bapt. 18. Vgl. auch Greg. Naz. or. 40, 17, 28 (hier Taufe erst mit drei Jahren)
[17] Vgl. Deschner, Abermals krähte der Hahn 266
[18] Groß I 375
[19] Aug. conf. 2, 3
[20] Vgl. Dannenbauer I 164 f. Auch Deschner, Abermals krähte der Hahn 184 f., 197
[21] Dannenbauer I 163
[22] Vgl. Nigg, Das Buch der Ketzer 144. Haller I 92 ff. Grundlegend: Groß I 259 ff.
[23] De servo arbitrio, W. A. 18, 635
[24] Schoonenberger 198. Vgl. auch Pfürtner 39 f.
[25] Müller, M., Grundlagen 47
[26] Zit. bei Browe, Beiträge 124
[27] Nach Fuchs 60, 86. Vgl. auch 40 f. u. 50 ff. Dort Quellenhinweise
[28] Bernh. sermo in coena Domini 3. Denzler, Priesterehe und Priesterzölibat 27

24. Kapitel

[1] An Leonard Smithers, 28. 10. 1897. Ich verdanke dieses Zitat Herrn Dr. Schmitz, Aachen
[2] Stoll 933
[3] Zit. bei Mehnert 40
[4] Leist 43, 23
[5] Ebd. 50
[6] Ebd. 47. Vgl. auch 231 ff.
[7] Chesser, Liebe ohne Furcht 143
[8] Ford/Beach 164 f. Vgl. auch Bergström-Walan u. a. 72 ff.
[9] Leist 93, 160, 131, 45
[10] Ebd. 102, 121 f., 39
[11] Ebd. 144, 14
[12] Pfürtner 232
[13] Vgl. Kahl 53. Ronner 84. Ziegler 263. Müller, M., Grundlagen 94 mit Bz. auf In Sent. 20, 4. 5
[14] Müller, M., Die Lehre des hl. Augustinus 112. Browe, Beiträge 80 ff., 104
[15] Poen. Valic. II 22. Vgl. auch Poen. Cumm. 2, 11; Poen. Paris. 100. Browe, Beiträge 93, 101
[16] Schmitz, Die Bußbücher und die Bußdisziplin 152
[17] Häring, Das Gesetz III 309
[18] Schröteler 121. Vgl. auch Borneman II 364
[19] Vgl. auch die Beispiele bei Deschner, Abermals krähte der Hahn 203 f.
[20] Borneman II 140 f. Morus, Eine Weltgeschichte 257
[21] Zit. nach Leist 234 f.
[22] Jone 189
[23] Ebd. 189 f.
[24] Zit. bei Oraison 75, der eine solche Antwort zwanzig Jahre später, zu Beginn der siebziger Jahre, »einfach lächerlich« nennt. Aber schwere Sünde ist Onanie ja immer noch.
[25] Leist 109
[26] Schröteler 121
[27] Vgl. die Beispiele bei Schwenger 46 ff. Ferner: Graul 112. Das letzte Zitat bei Ockel. Vgl. auch Ockels Ausführungen über Onanie 20 ff.
[28] Vgl. Ford/Beach 144 ff. Morris 86. Gebhard/Raboch/Giese 38. Giese 14 ff. Borneman I 455
[29] Vgl. Ford/Beach 134. Zum Ursprung der Homosexualität vgl. etwa Adler, A., Praxis und Theorie 188 ff. Zur Kirchengegnerschaft Goethes: v. Frankenberg 153 ff.
[30] Licht 311 ff.
[31] Borneman II 154. Vgl. auch Licht 311 ff.
[32] Licht 325 f.
[33] Bernsdorf 592
[34] Licht 287
[35] So Hays 98
[36] Licht 322 ff.

[37] Ebd. 287. Dort Beispiele
[38] Auch von der durch alle Jahrhunderte reichenden langen Liste homosexueller Genies erfährt man in den Schulen nichts. Vgl. die Aufzählung bei Leonhardt 252
[39] 5. Mos. 23, 18 f.; 2. Kön. 23, 7. Vgl. auch 1. Kön. 14, 24. Ferner van de Spijker 65.
[40] 3. Mos. 20, 13. Vgl. auch 18, 22
[41] 1. Kor. 6, 9 f.; Röm. 1, 18 ff. Vgl. 1. Tim. 1, 8 ff.; Eph. 5, 10 ff. Vgl. ferner im N. T. zur Homosexualität: 2. Petr. 2, 6 ff.; Jud. 6 f. Gegen lesbische Liebe: Röm. 1, 26
[42] Vgl. Athen. de res. mort. 17; Justin, 1. Apol. 27; Hyppol. trad. ap. 2, 16, 20; Euseb. dem. ev. 4, 10; Cassian. inst. 5, 6 u. a. Aug. nupt. et conc. 2, 29; de anima et ejus origine 4, 6; contra mendacium 9, 20; 17, 34; civ. Dei 14, 23 u. a. Vgl. zu Joh. Chrysost. und Damiani van de Spijker 99 u. 102 ff.
[43] Vgl. van de Spijker 119 ff.
[44] Ebd. 113. Schmitz, Die Bußbücher und die Bußdisziplin 42 f. Poen. Valic. II 31; I, 13; Poen. Sang. trip. II 11. Vereinigte sich ein Bruder mit seinem leiblichen Bruder »per commixtionem carnis«, mußten sie fünfzehn Jahre Buße tun: Poen. Egb. 4, 5; Poen. Paris. 94; Poen. Theod. v. Cant. I, 2, 19
[45] Syn. Tol. (693) c. 3
[46] Syn. Nabl. c. 8. Dazu van de Spijker 115 f.
[47] Vgl. van de Spijker 123
[48] Die Quellenhinweise bei Kober, Deposition 769
[49] Lex Wisigothorum Lib. III, Tit. V 7. Ausgenommen von Todesstrafe lediglich Genotzüchtigte und Knaben unter vierzehn Jahren: Las Siete Partidas, Part. VII, Tit. 21. Stoll 946
[50] Zit. bei Stoll 946
[51] Pastor IV 2, 307
[52] Art. 116. Vgl. Stoll 946
[53] Chesser, Menschen auf Abwegen 151 f., 168. Ausführlich: Dühren III 32 ff. Noch im 19. Jahrhundert trugen in England Bedürfnisanstalten die Aufschrift: »Hütet Euch vor Homosexuellen«: Chesser, Menschen auf Abwegen 168
[54] Italiaander 146
[55] Allerdings nur die »Kerntruppe unter den weiteren Formen homosexuellen Verhaltens«: Giese 58
[56] Italiaander 143
[57] Fischer, E. 311 f. Durch die Strafrechtsreform von 1969 werden zwar homosexuelle Männer über 21 und unter 18 Jahren nicht mehr gesetzlich bedroht, wohl aber die zwischen 18 und 21. Wie überhaupt weite Kreise dank der fortwirkenden »Moral« Homosexuelle noch immer weder als vollwertige noch ehrenwerte Menschen ansehen. Anfang 1969 waren noch 46 Prozent der Einwohner der Bundesrepublik auch für künftige strafrechtliche Verfolgungen der Homoerotiker. Bei einer wissenschaftlichen Befragung 1966 hielten 82 Prozent der befragten Männer und 81 Prozent der befragten Frauen die Prostituierte für relativ sympathischer als den Homosexuellen: Giese 110 f. Italiaander 143
[58] Giese 92. Leonhardt 235. In Frankreich und Italien gibt es, abgesehen von den Jugendschutzbestimmungen, gegen Homosexualität keine Gesetze mehr, was freilich nicht mit dem Einfluß der Kirche zusammenhängt, sondern mit dem der liberalen französischen Gesetzgebung des 19. Jahrhunderts, die die rigorose Bestrafung im älteren Recht abgelöst hat: Giese 91, 93
[59] Reiss 21. Kinsey, Das sexuelle Verhalten der Frau 386 ff. Zu einer Verurteilung von Frauen kommt es allerdings so gut wie nicht. Vgl. auch Ford/Beach 135
[60] Buckley 146, 163 ff.
[61] Mouat 100 f.
[62] Morus, Eine Weltgeschichte 169
[63] Vgl. etwa Laqueur 77. Was hier nur im Hinblick auf das Deutschland des frühen 20. Jahrhunderts gemeint ist, gilt selbstverständlich weit darüber hinaus.
[64] Syn. Anc. c. 15
[65] Poen. Romanum 54; Poen. Valic. I 20. Das Poen. Valic. II, 31 erlegte für Fornikation mit Tieren eine zehnjährige Buße auf, fünf bei Wasser und Brot.
[66] Poen. Valic. II, 31
[67] Poen. Theod. Cant. II, 11, 9; Poen. Merseburgense 143; Canones Gregorii 139; Poen. Theod. II 11, 9 — eben jenen Tieren, auf die doch manche Theologen buchstäblich selbst kamen, jedenfalls wenn das alte Schnadahüpfl einen »Sitz im Leben« hat:
Und drobn aufm Berg
Is d' Welt kugelrund,
Da vögeln drei Pfaff'n
An' Fleischhackershund. Zit. bei Stoll 765
[68] Stoll 984 f. Vgl. auch Borneman II 204. Ausführlicher Giese/Schorsch 57 ff.
[69] Ford/Beach 155
[70] Ebd.
[71] Borneman II 335
[72] Stern I u. II 558 f.
[73] Ebd.
[74] Ebd.

⁷⁵ Ford/Beach 155 f.
⁷⁶ Ebd. Zu den Kirchenstrafen für den sexuellen Umgang zwischen Christen einerseits und Juden oder Heiden andererseits vgl. Ziegler 117
⁷⁷ Vgl. Borneman I 494 ff.
⁷⁸ Maisch 13. Ullerstam 53
⁷⁹ Maisch 16
⁸⁰ Ebd.
⁸¹ Poen. Cumm. 3, 8; Poen. Egb. 4, 3; Poen. Valic. I, 20; Poen. Casin. 18; Poen. Theod. v. Cant. 2, 16 f.; Poen. Paris. 114: hier die Buße von 21 Jahren. Poen. Casin. 18; Poen. Arund. c. 39; Poen. Sang. trip. II, 10; Poen Egb. 4, 4: hier die Buße von 12 Jahren.
⁸² Poen. Arund. c. 39
⁸³ Göpfert II 315
⁸⁴ Ebd.
⁸⁵ Maisch 18
⁸⁶ Ebd. 17 ff.
⁸⁷ Ebd.
⁸⁸ Ebd.
⁸⁹ So Ullerstam 54
⁹⁰ Maisch 21 f.
⁹¹ So Borneman I 494. Vgl. auch Hirschberg 199 f.
⁹² § 173 StGB. Zu Schweden vgl. Ullerstam 54
⁹³ Maisch 47 f.
⁹⁴ Ullerstam 56
⁹⁵ Borneman I 494 f.
⁹⁶ Gröber 325
⁹⁷ Zit. bei Plack 21
⁹⁸ Ullerstam 59
⁹⁹ Plack 226
¹⁰⁰ Ebd. 228

25. Kapitel

¹ Göpfert 304
² Zit. bei Lo Duca 120
³ Vgl. dazu Marcuse, J. 44. Comfort, Der aufgeklärte Eros 80. Onna/Stankowski 137
⁴ Eph. 5, 3
⁵ So Borneman I 177
⁶ Jone 78
⁷ Schmitz, Die Bußbücher und die Bußdisziplin 1, 162
⁸ Poen. Cummeani 2, 8; Poen. Paris. 112; Poen. Cumm. 3, 3; Poen. Valec. I, 23; Poen. Cumm. 2, 9; Cap. Judic. 10, 2; Poen. Paris. 99. Vgl. auch Poen. Arund. 70 u. 76. Poen. Valic. I, 34; Poen. Theod. Cant. I, 8, 8; Poen. Egb. 9, 11; Poen. Cumm. 2, 21; Poen. Paris. 106; Poen. Arund. 74; Poen. Egb. 9, 7 ff.; Poen. Cumm. 2, 19 f.
⁹ Poen. Arund. 71; Poen. Val. I, 36; Poen. Cumm. 2, 28; 2, 30; Poen. Paris 118; Poen. Bedae 2, 33; Poen. Sang. trip. II, 25c
¹⁰ Poen. Roman. 10; 18; Columb. 17; Poen. Bedae 2, 25; Cap. Judic. 10, 1; Poen. Cumm. 2, 11; Poen. Vallic. I, 27; Poen. Cumm. 2, 16; Poen. Paris. 103; Poen. Cummeani 2, 5; Poen. Theod. Cant. I, 2, 20; Poen. Bedae 2, 29; Poen. Valic. I, 68; Valic, II, 25; Poen. Arundel 73; Poen. Bedae 2, 22; Poen. Cumm. 2, 17; Poen. Paris. 104
¹¹ Friedberg, Aus deutschen Bußbüchern 38
¹² Poen. Valic. I, 14; Capitula Judiciorum 7, 3; 10, 4; Poen. Sang. trip. I, 32; Poen. Casin. 27; Poen. Valicell. II, 23; Poen. Arund. 75; Poen. Valic. I, 45; Poen. Egb. 9, 12. Und all dies wird dann auch gegenüber dem Priester gefragt, dem Diakon, dem Mönch und jeweils taxiert.
¹³ Poen. Eccl. Germ. 105 ff. Vgl. auch die analogen Aufzählungen der Synoden von Verberie c. 2; 10; 18 und Compiegne c. 10; 13; 17 f.
¹⁴ Poen. Eccl. Germ. 120
¹⁵ Ebd. 122 ff.
¹⁶ Vgl. ebd. 120 mit 124
¹⁷ Müller, M., Die Lehre des hl. Augustinus 145
¹⁸ Zit. ebd. 114
¹⁹ Ebd. 138
²⁰ Ebd. Vgl. auch Ziegler 171
²¹ Ps. Cypr. sing. cler. Nach Mehnert 36 f.
²² So Simon von Tournai. Vgl. Müller, M., Die Lehre des hl. Augustinus 140

[23] Roland von Cremona, ebd. 192 f.
[24] Ebd. 145
[25] Ziegler 73 ff.
[26] Ebd. 71 ff.
[27] Häring, Das Gesetz I 58
[28] Ebd.
[29] Zit. bei Schubart 245
[30] Häring, Ist die Moraltheologie des hl. Alfons aktuell?, in: Häring, Die gegenwärtige Heilsstunde 55. Der neue Herder, 1949, 63
[31] Häring, Das Gesetz I 59
[32] Vgl. Liguori III 3; 7; II 6; III 8
[33] Ebd. VI 248; III 36, 38; VI 277
[34] Steingießer 33 ff.
[35] Häring, Das Gesetz I 59
[36] Zit. bei Pfister 252
[37] Zit. bei Steingießer 35 f.
[38] Ebd. Vgl. Sartory, T. u. G., Strukturkrise 41
[39] Göpfert II 308, 315 ff. Das Werk erschien in Neuauflagen auch in späteren Jahren, in 7. A. z. B. 1913/14. »Mit kirchlicher Druckerlaubnis«
[40] Ebd. II 318; I 499 f.
[41] Jone 137
[42] Ziegler 269 ff.
[43] Göpfert II 319. Vgl. auch I 501
[44] Ebd. II 341, 345 f., 349 f.
[45] Ebd. II 342 f.
[46] Ebd. II 330. Vgl. hierzu etwa die sophistische Interpretation bei Hornstein-Faller 51, wo er diese Bewertung »richtig« nennt »vom Standpunkt der öffentlichen Ehrbarkeit, falsch aber, wenn sie eine ethische Bewertung von Körperteilen besagen will«.
[47] Jone 194
[48] Ebd. 195. Vgl. Häring, Das Gesetz III 313
[49] Göpfert II 331 f. Ähnlich auch Jone, für den Todsünde selbstverständlich »Küsse an *unehrbaren* oder weniger *ehrbaren* Teilen« sind, und gewöhnlich auch Zungenküsse: Jone 195
[50] Schilgen 167
[51] Ebd.
[52] Göpfert II 340 f., 344 ff.
[53] Lo Duca 112
[54] Häring, Das Gesetz I 503; III 314
[55] Göpfert II 330 f.
[56] Vgl. etwa Schröteler 95
[57] Van Ussel 111, 100
[58] Göpfert II 328 ff.
[59] Häring, Das Gesetz III 314
[60] Göpfert II 350
[61] Ebd. II 349, 341
[62] Ebd. II 348
[63] Jone 197
[64] Häring, Das Gesetz III 415
[65] Ott, Christliche Aspekte 187 f.
[66] Zit. nach ebd. 189
[67] Ebd. 189 ff. Vgl. etwa auch Gorsen 102 ff. Skandalöse Fälle aus der Weimarer Zeit bei Kemmerich 244 ff.
[68] Ott, Christliche Aspekte 189 ff. Zum Prinzipiellen vgl. Lawrence 17 ff.
[69] Vgl. Kühner, Index 17 f., 27, 30, 38 u. a. Siehe auch Wirtz 190 f. Zu (ketzerischen) Bücherverbrennungen: Lea 249 ff.
[70] Tat. or. 22. Tert. spec. 10. Cypr. ep. ad Donat. Vgl. auch ders., ep 61 ad Euchratium mit Bez. auf 5. Mos. 22, 5
[71] Vgl. Hefele 31
[72] Marcuse, L. 212
[73] Göpfert II 353 f.
[74] Häring, Das Gesetz II 456, 470; III 316
[75] Schilgen 103
[76] Göpfert II 346
[77] Jone 196
[78] Göpfert II 342 f.
[79] Borneman II 504

[80] Göpfert II 328 f.
[81] Zit. bei Mehnert 396
[82] Häring, Das Gesetz II 456
[83] Jone 196
[84] Göpfert II 343
[85] Jone 196
[86] Göpfert II 328
[87] Lo Duca 114
[88] Ebd.
[89] Vgl. Kinsey, Das sexuelle Verhalten des Mannes 621 ff., bes. 627. Ferner 167, 248, 268 ff., u a. Das sexuelle Verhalten der Frau 394 ff.
[90] Vgl. Rachewiltz 252. Packard 33. Der Funke, Freigeistiges Mitteilungsblatt, Bremen, Mai 1971, 3
[91] Schoonenberg 215. Treffend charakterisiert diesen Typus Krämer-Badoni 115
[92] Gründel, Wandelbares 71 f. Vgl. auch das widerliche Lavieren bei Ermecke 159 f., 172
[93] Barot 331
[94] Hor. carm. saec. 10
[95] Müller, M., Grundlagen 16
[96] Ebd. 14
[97] Vgl. Zum Problem der sexuellen Aufklärung. Ein Interview mit Prof. Dr. Michael Müller über den Sexualkunde-Atlas des Bundesgesundheitsministeriums, in: St. Heinrichsblatt, 3. 8. 1969, 3
[98] Müller, M., Grundlagen 15
[99] Ebd. 7, 25
[100] Vgl. Ebd. 14
[101] So Dewart, L., in: Roberts 145 f.
[102] Pfürtner 32
[103] Gründel, Wandelbares 15, 10, 98, 49
[104] Ebd. 50 ff.
[105] Schröteler 11 ff.
[106] Ebd. 150
[107] So Ernst Roetheli. Zit. von Hornstein-Faller 60, der sich diesen »mutigen und ernsten Worten« anschließt.
[108] Pfürtner 19, 36 f., 39 f., 46 ff., 69, 95, 104 f., 111 ff., 169 f., 198 ff. u. a.
[109] Ebd. 229
[110] Ebd. 210, 212, 234, 236
[111] Ebd. 239
[112] Ebd. 182 ff.
[113] Vgl. 35, 32, 59 mit 42 f. Pfürtner, der sich – widerspruchsreich – weiter vorgewagt hatte als andere Moralisten, verlor seinen Lehrstuhl in Fribourg, Schweiz. Er verließ darauf 1974 seinen Orden und verzichtete auf sein Priesteramt.
[114] Häring, Das Gesetz III 280
[115] Müller, M., Grundlagen 19
[116] Leppich bei Mees/Graf 47
[117] Berghoff 29.
[118] So H. Noldin. Zit. nach Müller, M., Grundlagen 9
[119] Ries 95, 9, 21, 6, 13, 11
[120] Häring, Das Gesetz III 298
[121] Ebd. 301
[122] Jone 185
[123] Leppich bei Mees/Graf 46
[124] Jone 78
[125] Zitat von Paull, Halte deine Jugend rein! 73, bei Ries 84
[126] Jone 108
[127] Arnold, Die personale Würde 224. Schasching 75. Frank-Duquesne 251. Vgl. 307. Garrone 164. Vgl. auch 14 f. Leppich bei Mees/Graf 42. Müller, M., Grundlagen 135. Vgl. auch 20
[128] Vgl. Schöllgen, W., in: Bauer, F. (Hg.), Sexualität und Verbrechen 80. Hessen, J. 117. Ratzinger, Einführung 82. Rödleitner 44 f.
[129] Ratzinger, Einführung 82
[130] Müller, M., Grundlagen 21
[131] Schasching 55
[132] Müller, M., Grundlagen 135 f.
[133] Utz/Groner Nr. 155 f.

26. Kapitel

1 Russell 170
2 Feinberg 162
3 Vgl. den französischen Psychiater Paul Balvet, in: Ricoeur 187. Auch Comfort, Der aufgeklärte Eros 23. Van Ussel 198 f.
4 Fromm, Zur Geschichte der Sexpol-Bewegung 167
5 Vgl. Comfort, Der aufgeklärte Eros 16 ff.
6 Ebd. 18
7 Vgl. ebd. Ferner Borneman I 282. Gebhard/Raboch/Giese 75
8 Zit. Comfort, Der aufgeklärte Eros 143
9 Zit. bei Graul 106 ff.
10 Vgl. ebd. 111 f. Saupe 89
11 Vgl. Ullerstam passim, bes. 46
12 Guha, Siguschs Lehrstuhl in Frankfurt
13 Ausführlicher darüber de Beauvoir 178 ff. Vgl. auch Rattner, Der nervöse Mensch 55
14 Ricoeur 181 ff. Vgl. auch Comfort, Der aufgeklärte Eros 84 ff. Bühler 165
15 Ricoeur 233 f.
16 Guha, Siguschs Lehrstuhl in Frankfurt
17 Friedell II 213 f. Ein so unkeusches System, schrieb selbst ein Botaniker, dürfe der Jugend nicht mitgeteilt werden: ebd.
18 Hartmann 98. Metzger 106
19 Feinberg 149 f.
20 Packard 341
21 Mouat 61
22 Bergström-Walan u. a. 26 ff.
23 So Joachim Beckmann und (2. Zitat) K. Lefringhausen, in: Karrenberg, F./Heyde, P. 4, 13. Vgl. auch die protestantischen Stimmen bei Glaser 181 ff.
24 Gamm, Aggression 97
25 Vgl. die Beispiele bei Schwenger 42 f.
26 Schilgen 75 ff.
27 Ebd. 82
28 Ries 35 f.
29 Ockel 51 ff.
30 Schilgen 105
31 Monakow, v., zit. bei Schmitt, A. 71. Vgl. auch die Hinweise bei Haug 68 ff.
32 Schilgen, H. 84 ff.
33 Binder, J. Tanz 10
34 Schilgen 84 ff.
35 Ebd. 84 ff., 141 ff.
36 Neill 230. Vgl. dazu die ausführliche Beschreibung einer infantilen Teufelsneurose bei Zul iger, Die Angst unserer Kinder 78 ff.
37 Greg. Naz. or. 17, 11. Vgl. auch or. 19, 11
38 Tert. anima 2
39 conf. 6, 16
39a Lacarrière 209 f. Vgl. auch Kestens geistvolle Flüchtige Anmerkungen 19
40 Apk. Petr. 7. Dazu dtv-Lexikon der Antike, Religion/Mythologie I 108 f.
41 Halbfaß, W., Denis Diderot 101. Vgl. dazu auch D. F. Strauss über den Teufelsglauben: bei Becker, David Friedrich Strauss 275
42 Zit. nach Schwenger 66
43 Ries 68
44 Süddeutsche Zeitung, 17. 11. 1972. Interessanterweise hatte der Papst seine wöchentliche Generalaudienz - unmittelbar vor der Deutschen Bundestagswahl - ganz dem Thema des Dämonischen gewidmet, womit er kaum den CDU-Kanzlerkandidaten und Jesuitenzögling Barzel gemeint haben dürfte.
45 Vgl. Deschner, Mit Gott 159 f. Bokler/Fleckenstein 23
46 Schröteler 93. Müller, M., Grundlagen 132. Gröber 325
47 Häring, Das Gesetz III 294
48 Schröteler 94
49 Ries 52 ff., 58, 49. Vgl. auch Pauleser 6
50 Ries 52. Vgl. auch die analogen Zitate anderer Autoren aus den letzten Jahrzehnten bei Schwenger 8
51 Bopp, Das ängstliche Kind 34
52 Schröteler 96
53 1. Zitat Schröteler, Grundzüge 94. 2. Zitat Pereia, Zwischen 13 und 17, 86
54 Schröteler 103

[55] Pereia, Wer sagt uns die Wahrheit? 38
[56] Metzger 106
[57] Leist 38, 24, 40, 126, 172
[58] Ebd. 91
[59] Ebd. 140
[60] Goldstein/Groeger u. a., Fragen und Aufgaben der Geschlechtserziehung heute 14
[61] Hirschauer 214
[62] So Müller, M., St. Heinrichsblatt, Kirchenzeitung für das Erzbistum Bamberg, 3. 8. 1969, 3. Vgl. auch Schwenger 58 f.
[63] Leist 43, 29, 117, 93, 37, 72, 130 f. Vgl. auch 67, 90, 154, 194 u. a.
[64] Ebd. 121, 108, 41, 22, 160, 99, 171
[65] Metzger 107
[66] Bjørneboe 209
[67] Zit. bei Schwenger 82 f.
[68] Ebd.
[69] Schröteler 98
[70] Häring, Das Gesetz III 315
[71] v. Streng, Der Eheunterricht an die Brautleute, in: Hornstein-Faller 340 ff.
[72] Money 15

27. Kapitel

[1] Zit. bei Bartsch 50
[2] Guha, Sexualität und Pornographie 51
[3] Jasmin, 5. 11. 1971, 13
[4] Vgl. S. 218 dieses Buches
[5] v. Boehn 194. Thiel 144
[6] Tert. vel. virg. 3; 11; 17. Vgl. dazu Koch, H. 66 f., 71
[7] Thiel 142, 164
[8] 1422, kamen aber erst um 1480 aus der Mode. Borneman II 335. von Boehn 216
[9] Vgl. Thiel 142. Grupp III 447
[10] Thiel 253 f.
[11] Quellenhinweise bei Weinhold 276
[12] Nach Sombart 64
[13] Rudeck 240
[14] Treue 27. v. Boehn 235
[15] So Abraham a Sancta Clara, bei Rudeck 239
[16] Bauer, Deutsche Frauen 166
[17] Zit. bei Rudeck 239
[18] Vgl. Max Weber in »Askese und kapitalistischer Geist«, zit. bei Fürstenberg 383 Anm. 2. Zur Haltung des Puritanismus gegenüber der weiblichen Mode vgl. König, R. 108 ff.
[19] Chesser, Menschen auf Abwegen 145 f.
[20] Egenter/Matussek 102. Vgl. auch Buchberger 71
[21] Fischer, Fatima. Das portugiesische Lourdes 99 f.
[22] Vgl. Scheinmann 133. Dazu auch Deschner, Abermals krähte der Hahn 596 f.
[23] Ricoeur 44
[24] Campenhausen, Die griechischen Kirchenväter 32. Enslin 213 ff.
[25] Clem. Al. paid. 2, 40, 2; 3, 69, 2; 2, 11; 2, 117, 1 f.; 3, 4, 1 ff.; 3, 5, 1 ff. Vgl. auch 3, 11, 63. So weit her kann es mit der Weltoffenheit also nicht gewesen sein. (Vgl. auch S. 83 f.) Eher glaubt man den Theologen, daß dieser Mann den ersten »großartigen Ansatz« zu einer systematischen Moraltheologie machte: Häring, Das Gesetz I 39
[26] Cypr. hab. virg. c. 16 f.
[27] Tert. cultu fem. c. 13. Vgl. 1, 1. Polemik gegen den Schmuck im übrigen schon bei den Pythagoräern. Aller weiblicher Schmuck, zumal der aus Gold und Edelsteinen, rührt von den in 1. Mos. 6 erwähnten gefallenen Engeln her: Tert. cultu fem. 1, 6 ff.
[28] Zit. bei Grupp III 447
[29] Weinhold II 24. Bauer, Das Geschlechtsleben 310. Vgl. auch Göpfert II 344
[30] v. Boehn 194 f.
[31] Hirschauer 211
[32] Häring, Das Gesetz II 454 f.
[33] Ebd.
[34] Ebd.
[35] Clem. Al. paidag. 2, 40, 2; 3, 69, 2
[36] Basil. c. ebrios. 8. Vgl. 1
[37] Zit. nach Heiler, Erscheinungsformen 242

[38] Packard 28. Vgl. Deschner, Abermals krähte der Hahn 281 f.
[39] Vgl. Heiler, Erscheinungsformen 242. Gruhle 257
[40] Weinhold 163 f.
[41] Frischauer, Knaurs Sittengeschichte II 134, 160
[42] Deschner, Das Jahrhundert der Barbarei 24. Vgl. auch Kühner, Lexikon 274. Marcuse, L. 144. Berend 100
[43] Häring, Das Gesetz III 314
[44] Döbler, Vom Ackerbau zum Zahnrad 75
[45] Caes. gall. 6, 21
[46] Vgl. u. a. Cyprian hab. virg. 19. Apost. const. 1, 9. Syn. Laodic. c. 33. Vgl. auch Fleckenstein 1183 f. Degenhart 79
[47] Borneman I 471
[48] Rudeck 22. Weinhold II 113
[49] Ebd. 22 f.
[50] Vinnai 97
[51] So Reiss 47
[52] Roetheli 20
[53] Ricoeur 182
[54] Vgl. den Artikel »Sonntags am Po: Nackter Busen und Popo«, Süddeutsche Zeitung, 7. 9. 1971. Ferner Pressemeldungen von Mitte Januar 1972
[55] Buchberger 71. Selbst das »öffentliche *Schauturnen* von Mädchen« wird von dem keuschen Buchberger verdammt. Ebd. 72. Warum nicht auch das von Knaben?
[56] Häring, Das Gesetz II 455
[57] Metzger 106

28. Kapitel

[1] Mack, Pierre Bayle 71
[2] Ahlheim, K., Friedrich Hebbel 309
[3] Vgl. Apk. Jh. 2, 6. 14 f., 20, Clem. Al. strom. 3, 34 ff.; 3, 2, 27
[4] Bas. c. ebrios 8. Vgl. auch Marcuse, J. 38
[5] Joh. Chrys. hom. in Matth. 73, 3
[6] Marcuse, J. 38
[7] Nach ebd.
[8] Vgl. Weinhold 187 f. Browe, Die Pflichtbeichte 351
[9] Kober, Deposition 707 f.
[10] Marcuse, L. 31
[11] Ebd. 48 f.
[12] Borneman I 212
[13] Frischauer, Moral 12 ff.
[14] cum pecoribus. Syn. Paris. L. III, c. 2
[15] Morus, Eine Weltgeschichte 124. Vgl. 122. Ferner Frischauer, Moral 32. Borneman II 76, 469 f.
[16] Morus, Eine Weltgeschichte 123
[17] Borneman I 156
[18] Bauer, Das Geschlechtsleben 35. Frischauer, Moral 23
[19] Bauer, Das Geschlechtsleben 36
[20] Ebd. 52
[21] Rudeck 171. Mehnert 82. Grupp II 494 ff. Weinhold II 24 f. Eisenbeiß 28
[22] Evola 324
[23] Morus, Eine Weltgeschichte 127
[24] Preime 35. Evola 324. Bauer, Das Geschlechtsleben 142
[25] Bauer, Das Geschlechtsleben 56. Frischauer, Knaurs Sittengeschichte II 140
[26] Bauer, Das Geschlechtsleben 109 ff. Vgl. auch van Ussel 125 ff.
[27] Frischauer, Moral 25 f.
[28] Grupp IV 110 ff.
[29] Beleghinweise ebd.
[30] Borneman I 101
[31] Günter, H., Deutsche Kultur 159. Bühler, J. 321 f.
[32] Bauer, Das Geschlechtsleben 134 ff.
[33] Büchlein von den 9 Felsen, Kap. 22. Zit. nach Carové 326 f.
[34] Mehnert 151
[35] Frischauer, Knaurs Sittengeschichte der Welt II 168
[36] Ebd.
[37] Borneman II 261. Bauer, Deutsche Frauen 166. Scherr I 287. Rudeck 57 f. Weinhold II 23

[38] Borneman II 261. Scherr I 190
[39] Bauer, Das Geschlechtsleben 164 f. v. Boehne 256 f.
[40] van Ussel 9, 70, 110. Guha, Sexualität und Pornographie 48. Bauer, Das Geschlechtsleben 173
[41] Bauer, Deutsche Frauen 175, 200
[42] Bauer, Das Geschlechtsleben 138 f.
[43] Zit. bei Frischauer, Knaurs Sittengeschichte der Welt II 155
[44] Scherr II 25
[45] Guaronius, Die Greuel der Verwüstung 1610, 949. Nach Rudeck 6. Vgl. van Ussel 60
[46] Rudeck 7 ff. Borneman I 101, 476. Frischauer, Knaurs Sittengeschichte der Welt II 161
[47] Preime 50
[48] Borneman I 101 f.
[49] Ebd. I 103, 471
[50] Frischauer, Moral 40 f. Ders., Knaurs Sittengeschichte der Welt II 161
[51] Borneman I 103
[52] Morus, Eine Weltgeschichte 134
[53] Vgl. S. 36 f. dieses Buches
[54] Savramis, Religion und Sexualität 100
[55] Aug. ord. 2, 4
[56] Zit. bei Bernsdorf 574. Vgl. auch de Beauvoir 108. Mouat 106. Morus, Eine Weltgeschichte 130.
[57] Winter, Der Frühhumanismus 96
[58] Vgl. Morus, Eine Weltgeschichte 132
[59] Mehnert 162. Weinhold II 22. mit Bez. auf Bonifaz. ep. 73
[60] Vgl. außer Anm. 59 auch Marcuse, J. 39
[61] Morus, Eine Weltgeschichte 130
[62] Ebd. 123
[63] Bücher 48 f. Bauer, Das Geschlechtsleben 200 f.
[64] Lo Duca 135. Morus, Eine Weltgeschichte 130
[65] Grupp II 406
[66] Auer, Weltoffener Christ 36
[67] v. Boehn 256
[68] Bücher 50
[69] v. Boehn 256
[70] Bernsdorf 575
[71] Heß 143. Frischauer, Moral 45. Das Wort »bicken« ist ein ehemaliger elsässischer Provinzialismus für das sonst übliche »ficken«.
[72] Sombart 75
[73] Ebd. 76 f.
[74] Bauer, Das Geschlechtsleben 148 f. Borneman I 350 f.; II 136
[75] Morus, Eine Weltgeschichte 134
[76] Heß 136
[77] Bauer, Das Geschlechtsleben 151 f.
[78] Rudeck 26
[79] Ebd.
[80] Huch 131 f.
[81] Borneman I 346. Heß 138
[82] Morus, Der ewige Zeus 305, 131. Gontard 326 ff. Borneman II 275. Kühner, Lexikon 167
[83] Borneman I 346. Morus, Eine Weltgeschichte 154
[84] Morus, Eine Weltgeschichte 131
[85] Frischauer, Moral 44. Morus, Eine Weltgeschichte 131
[86] Morus, Eine Weltgeschichte 132
[87] Lo Duca 135
[88] Morus, Eine Weltgeschichte 134
[89] Häring, Das Gesetz III 306. Liberaler bzw. ganz traditionell (»zu tolerierendes Übel«): Böckle, F., Glaube und Gebot, S. 2
[90] Morus, Eine Weltgeschichte 131
[91] Bauer, Das Geschlechtsleben 178. Heiler, F., Der Katholizismus 190 f. Grupp VI 31
[92] Frischauer, Moral 43
[93] Stern I 114 f.
[94] Leipoldt, Katholische Volksfrömmigkeit 42
[95] Borneman II 269
[96] Ebd. I 351
[97] Frischauer, Moral 43. Ders., Knaurs Sittengeschichte II 153
[98] Bauer, Deutsche Frauen 200 f. Mehnert 183
[99] Bücher 61. Bauer, Das Geschlechtsleben 188. Dresdner 151
[100] Mehnert 162. Vgl. auch Morton 17, 21. Morus, Eine Weltgeschichte 149 ff.

[101] Ebd. und Kühner, Lexikon 167
[102] Heß 137 f.
[103] Bauer, Das Geschlechtsleben 196 ff.
[104] Borneman I 350; II 263. Eisenbeiß 17
[105] Borneman I 140
[106] Grupp IV 84. Bauer, Das Geschlechtsleben 198. Bücher 60 f. Weinhold II 22 ff.
[107] Borneman I 307; II 263, 394. Bücher 61
[108] Zit. bei Packard 267. Ferner Plack 161

29. Kapitel

[1] Beaumarchais, Le barbier de Séville III 11
[2] Ahlheim, K., Taufe, Abendmahl und Buße 153
[3] Tondi 320
[4] Neumann, V., Voltaire 86
[5] Vgl. Deschner, Abermals krähte der Hahn 323 ff. Ausführlicher Ahlheim, K., Taufe, Abendmahl und Buße 153 ff. S. auch die Ironie von Neumann, R. 134
[6] Ahlheim, K., Taufe, Abendmahl und Buße 154 f.
[7] Hebr. 6, 4 ff.; 10, 26 ff. Vgl. etwa dazu Athan. ep. ad. Serap. 1, 22, 27; 4, 13
[8] 1. Kor. 5, 9 ff.; 5, 1 ff.
[9] 1. Jh. 5, 16. Dazu Werner 663. Vgl. auch 1. Clem. 60, 1; Did. 14, 1
[10] Vgl. Schneider, Geistesgeschichte I 561 mit Bez. auf Hipp. ref. 9, 12; Tert. pud. 1 ff.
[11] Vgl. Deschner, Abermals krähte der Hahn 325 ff.
[12] Vorgrimler 239 f. Vgl. auch Poschmann, Die abendländische Kirchenbuße im Ausgang des christlichen Altertums 65 f.
[13] Codex Iuris Canonici c. 595, 906. Jone 321. Manche Regeln der fränkischen Kirche hatten einst von den Nonnen sogar verlangt, dreimal (!) täglich der Oberin zu beichten. Schnürer I 225
[14] James, Das Priestertum 218 f.
[15] Burckhardt 416 f. Anm. 2
[16] Jone 519 ff.
[17] Clem. Rom. ad Cor. 57
[18] Zit nach Ahlheim, K., Taufe, Abendmahl und Buße 155
[19] Zit. ebd. 157
[20] Schmitz, Die Bußbücher und die Bußdisziplin 125
[21] Ebd. 143
[22] Vgl. Schmitz, Die Bußbücher und das kanonische Bußverfahren 39
[23] Vgl. Poschmann, Die abendländische Kirchenbuße im Ausgang des christlichen Altertums 285
[24] Aug. Sermo cli. 3
[25] Leo, ep. 168, 2
[26] Hellinger 81
[27] Schmitz, Die Bußbücher und die Bußdisziplin 150 f. Vgl. auch 113. Poschmann, Die abendländische Kirchenbuße im frühen Mittelalter 15 ff., 47. Ders., Die abendländische Kirchenbuße im Ausgang des christlichen Altertums 24, 166. James, Das Priestertum 214. Grupp I 296 f.
[28] Poschmann, Die abendländische Kirchenbuße im Ausgang des christlichen Altertums 24, 30
[29] 1. Syn. Tol. c. 18; Syn. Lerida c. 2; Capitula Martini Bracarensis c. 78 f. Poschmann, Die abendländische Kirchenbuße im Ausgang des christlichen Altertums 152 f.
[30] Poen. Valic. II, 37; I, 25; Poen. Cummeani 3, 34; Cap. Judic. 10, 1; Poen. Parisiense 128; Poen. Bedae 2, 23. 4 Jahre: Poen. Arundel 53. 7 Jahre: Poen. Sangallense tripartitum II, 16. 10 Jahre: Poen. Valic. II, 31
[31] Poen. Sangallense tripartitum III, 8; Poen. Paris. 94; Poen. Merseburgense 153
[32] Poen. Sang. trip. II, 26
[33] Poen. Valic. II, 33. Papst Gelasius I. (492—496), der für die rechtliche Stellung der Gottgeweihten »bahnbrechend« gewirkt hat, verhängte über ihren Verführer oder Räuber sogar Exkommunikation bis ans Lebensende, ebenfalls die dritte Synode von Orléans (538), Feusi 68 ff., 134. In Irland durften gefallene Jungfrauen nicht mehr in derselben Stadt wie ihr Verführer wohnen: Feusi 153
[34] Poen. Arund. 52
[35] Leist 137
[36] Jone 481 f.
[37] Ebd. 472 f.
[38] Ebd. 468
[39] Nietzsche, Die fromme Beppa, in: Lieder des Prinzen Vogelfrei
[40] Leist 175
[41] Schoonenberg 216
[42] Jesaja 65, 14

[43] Vgl. Schoonenberg 14
[44] Häring, Das Gesetz I 408 f., 413
[45] Ebd. III 297, 300; I 409
[46] Sommer, M., Ist es wahr, daß die Kirche zu eng ist für Liebende? 1963. Zit. bei Plack 385 Anm. 156
[47] Wisdorf, J., Muß ein Junge daran scheitern? Zit. bei Schwenger 48
[48] E. A. 26, 281; 50, 248. Zit. nach Müller, J. 112 f.
[49] Joh. Chrys. Homilien zum Römerbrief 22, 2
[50] Aug. en. in ps. 58; sermo 1, 13; de Jo. ev. tract. 12, 13; vera rel. 93
[51] Aug. Sermo 29, 6
[52] Aug. en. in ps. 45, 3
[53] Glaubensverkündigung 297

30. Kapitel

[1] Comfort, Der aufgeklärte Eros 31, 72
[2] Fromm, Psychoanalyse und Ethik 234. Vgl. auch ders., Das Menschliche in uns 21 ff.
[3] Ayck, Mark Twain 348
[4] Reich, Charakteranalyse 288
[5] Ders., Dialektischer Materialismus und Psychoanalyse 15. Vgl. auch ders., Massenpsychologie des Faschismus 87. Comfort, Der aufgeklärte Eros 71 ff.
[6] Reich, Die Entdeckung des Orgons 121
[7] Borneman I 489
[8] Nansen 136
[9] Vgl. Nansen 87, 132 ff. Guha, Sexualität und Pornographie 34 f. Savramis, Religion und Sexualität 22. Dort weitere Literatur. Sexuelle Gastfreundschaft auch bei gewissen innerasiatischen Stämmen: Zulliger, Umgang mit dem kindlichen Gewissen 12
[10] Guha, Sexualität und Pornographie 36 f. Vgl. auch Reiche, R. 32 f. Zum Einfluß der Kirche in solchen Kulturen vgl. etwa Mead, Jugend und Sexualität I 141 ff.
[11] Reich, Entdeckung 173
[12] Ebd.
[13] Plack 284
[14] Ausführlich Hays 86 f.
[15] Weyer 97. Mead, Mann und Weib 164. Hays 88 ff. Mühlmann 224
[16] Plack 279
[17] Toynbee 41 f. Vgl. auch Haensch 67
[18] Frankfurter Rundschau, 30. 4. 1973. Vgl. auch Packard 356
[19] Plack 108. Die Welt, 16. 12. 1969, S. 3
[20] Plack 280
[21] Vgl. Haensch 28 ff. Rattner, Aggressionen 153 ff.
[22] Höffner, Sexual-Moral im Licht des Glaubens 17
[23] Scherr 234
[24] So Morris 58. Vgl. dazu und zum folgenden auch Comfort, Der aufgeklärte Eros 56 f.
[25] Plack 209
[26] Borneman II 450
[27] Vgl. ebd. II 453. Demgegenüber war es eine harmlose, fast schon jovial zu nennende Abreaktion, wenn es nach einigen dänischen Stadtrechten die Ehebrecher von jeder Strafe befreite, falls die Frau den schuldigen Mann »an dem sündigen Glied« straßauf, straßab durch die Stadt zog: Weinhold II 26
[28] Plack 309
[29] Ebd. 310
[30] Vgl. Rattner, Aggression und menschliche Natur 133
[31] Ausführlich und m. E. zutreffend Plack 265 ff., bes. 298 ff.
[32] Borneman II 445 ff., 32 ff. u. a. Plack 86 ff.
[33] Reich, Entdeckung 192 f.
[34] Neumann, V., Voltaire 89. Vgl. etwa auch Zwerenz 84 f.
[35] Dannenbauer I 155
[36] Socr. h. e. 7, 15. Dazu vgl. etwa Frusta 147. Schneider, Die Christen im römischen Weltreich 322 f. Ders., Geistesgeschichte I 613. Campenhausen, Die griechischen Kirchenväter 156
[37] Mehnert 152
[38] Das hat Plack 273 ff., 295 u. a. überzeugend gezeigt.
[39] Ein Wort, das mit einer Wurzel zusammenhängt, die bei den Westsemiten »heilig« bedeutet.
[40] 1. Sam. 21, 6.; 2. Sam. 11, 11. Vgl. 5. Mos. 23, 9 f. v. Rad 6 ff. Ringgren 48 f. Albright, Von der Steinzeit 278
[41] 1. Sam. 18, 27
[42] So Fichtenau 20

[43] Deschner, Abermals krähte der Hahn 160 ff., 192 f.
[44] 1. Kor. 9, 26; 2. Kor. 10, 3; Phil. 2, 25. Vgl. auch 2. Tim. 2, 5. Harnack, Militia Christiana 93 f. Fichtenau 79
[45] 1. Clem 37
[46] Vita Cypriani 16, 2. Harnack, Das Leben Cyprians 68 ff.
[47] Fichtenau 67 f.
[48] Ebd. 66 f.
[49] Petrus Venerabilis, De miraculis 1, 12
[50] Gruber 154
[51] Fichtenau 69
[52] Ebd. 71
[53] Vgl. Hays 176 ff.
[54] Fuchs 98. Mit Bezug auf Summa contra gentes 3, 137
[55] Ries 30 f.
[56] Müller, J. 76
[57] Vgl. Bamberg, Militärseelsorge in der Bundeswehr 143. Deshalb propagiert die katholische Militärseelsorge auch »intakte Frauen«, nicht solche »wo schon andere das Beste (!) weggeknabbert (!) haben«. Deshalb verbietet sie selbst in der Brautzeit »das Berühren (!) der Organe, die der Vereinigung des Menschen in der Ehe dienen«, und dies keinesfalls nur aus den bekannten (un-) sittlichen Gründen, sondern auch »aus gesundheitlichen«. Ebd. 141 f. Gesund fürs Massengrab!
[58] Hyde 74 f.
[59] Ebd.
[60] Vgl. Morus, Eine Weltgeschichte 170. Beutin, Neuzeit 406. Die sorgfältigste Zählung ergibt 10 468 Opfer. Und in der Provinz sollen 30 000 getötet worden sein: Chambon 75
[61] Vgl. Beutin, Neuzeit 406
[62] Vgl. Kühner, Lexikon 205 f.
[63] Warner 124
[64] Ebd. 125, 243. Alsheimer 167. Beck 280 f.
[65] Warner 246. Beck ebd.
[66] Vgl. Plack 277 f.
[67] Alsheimer 126. Vgl. auch Warner 125
[68] Evola 217
[69] Am ungeheuerlichsten wird dies in dem seinesgleichen suchenden Machwerk von Höcht, J. M. offenbar, Maria rettet das Abendland ... Mit kirchlicher Druckerlaubnis. Vgl. dazu auch Deschner, Fatima
[70] Kahl 52
[71] Höcht 23 f. Vgl. auch da Fonesca 11 ff.
[72] Vgl. dazu etwa Deschner, Abermals krähte der Hahn 369
[73] Beissel 269 f.
[74] Vgl. Höcht, Maria 27 f.
[75] Ebd. 27 ff.
[76] Ebd. 35 f. Vgl. auch Beissel 269 f. da Fonesca 17
[77] Höcht, Maria 35
[78] Wollschläger 207 ff., bes. 223 f., 336
[79] Höcht, Maria 33
[80] Ausführlich Deschner, Mit Gott 38 ff., 47 f. Die Abbildung in ders., Vatikan und Faschismus.
[81] Das erste Zitat bei Höcht, Maria 21. Vgl. 23. Ausführlich Deschner. Mit Gott passim. Unter Pacellis humanem Nachfolger Johannes XXIII. spielte die Marienverehrung, die Pacelli so nötig hatte, eine weit geringere Rolle. Selbst Seppelt/Schwaiger 527 müssen zugeben: »Die Mariologie trat nach der einseitigen Betonung unter Pius XII. bei Johannes XXIII. wieder mehr zurück.« Zu deren freilich weiterhin ungeheuren und – auch rein materiell – höchst lukrativen Auswüchsen vgl. z. B. die informative, ironisch-amüsante Arbeit von Broder/Kuballa. – Das Helvétius-Zitat bei Mack, C. A., Helvétius 121. – Das Jahnn-Zitat: Jahnn I, 34
[82] Ries 15
[83] Hornstein-Faller 355
[84] Hohelied 7, 7
[85] Poen. Valicell. I, 11; II, 13. Vgl. Grupp I 297, 299. Friedberg, Aus deutschen Bußbüchern 9
[86] Dagegen schreibt Gerhard Szczesny mit Recht: »Warum sollte es schlecht sein, wenn ein Mensch auf Grund eines Filmbesuchs oder der Lektüre eines Buches Mut zu seiner Sexualität faßt. Gefährlich sind nur solche Filme und Bücher, die zu asozialen und kriminellen Taten stimulieren – zu Brutalität, Vergewaltigung, Sadismus«: Das sogenannte Gute 110
[87] Garrone 54
[88] Vgl. Plack 358 Anm. 67
[89] Zit. ebd. 79 f.
[90] Ebd. 80
[91] Schröteler 98

[92] Ebd. 157
[93] Vgl. dazu Deschner, Abermals krähte der Hahn 477 ff. und 508. Ferner ders., Kirche und Krieg 9 ff. Das Nietzsche-Zitat nach Beutin, Friedrich Nietzsche 393
[94] Theod. h. e. 5, 41
[95] Mees/Graf 42 f.
[96] Deschner, Mit Gott 165
[97] Ebd. 163
[98] Mees/Graf 41 f.

Das Verhältnis der katholischen Kirche zur Sexualität in der Zeit vom Zweiten Vatikanum bis zu Johannes Paul II.

[1] FMG Information März 1981, 17
[1] Höffner am 14. 10. 1984 in St. Ursula, Köln. FMG Information Dezember 1984, 16 f.
[3] Ebd. Juni 1980, 11
[4] Ebd. Juli 1982, 14
[5] Ebd. Juli 1985, 18
[6] Vaticanum II, Pastoralkonstitution. Die Kirche in der Welt von heute, Gaudium et Spes, 1,1
[7] Theod. h. e. 5. 41
[8] K. Deschner, Nur Lebendiges schwimmt gegen den Strom, Aphorismen, 1985, 83
[9] Pastoralkonstitution Nr. 48 ff.
[10] Ebd. Nr. 51
[11] Ebd.
[12] Vaticanum II. Erklärung über die christliche Erziehung Gravissimum Educationis Nr. 1. Pastoralkonstitution Die Kirche in der Welt von heute, Gaudium et Spes Nr. 49. Hervorhebungen von mir.
[13] FMG Information Juli 1985, 21
[14] Ebd. September 1980, 16 f.
[15] Ebd. September 1980, 26. März 1981, 8, 33
[16] Ebd. März 1981, 32
[17] W. Daim, Abschaffung des Zölibats, in: werkhefte, zeitschrift für probleme der gesellschaft und des katholizismus, 1962, XVI/1, 18
[18] Dogmatische Konstitution über die Kirche Nr. 29
[19] G. Hirschauer, Der Katholizismus vor dem Risiko der Freiheit. Nachruf auf ein Konzil, 1966, 270
[20] FMG Information März 1981, 11/12, 16
[21] V. Gemie, Die Bedeutung der Pastoralkonstitution Gaudium et Spes und ihre Verwirklichung in der nachkonziliaren Kirche, in: 20 Jahre nach dem Konzil. Analysen und Perspektiven. Kritisches Christentum. Sonderheft Nr. 93a/Dez. 1985, 16, 19
[22] FMG Information März 1981, 17
[23] Ebd.
[24] Ebd. Januar 1978, Nr. 3, 8
[25] G. Ermecke, Gilt die »Königsteiner Erklärung« heute noch? In: FMG Information 11/12. März 1981, 58 f.
[26] Ebd.
[27] Ebd. 28 f.
[28] Ebd. 59
[29] Pfarramtsblatt. Mitteilungen aus Amtsblättern für den katholischen Klerus, hrsg. vom Klerusverband München, Nr. 1, 1. Januar 1978. Unterstreichung von mir.
[30] Ebd.
[31] FMG Information Januar 1978, Nr. 3
[32] Ebd.
[33] Vgl. K. Deschner, Ein Jahrhundert Heilsgeschichte, Bd. II, 1983, 236 f.
[34] Johannes Paul II., Mann und Frau schuf er. Grundfragen menschlicher Sexualität, 2. A. 1982, passim. Vgl. auch FMG Information März 1981, 49 f.
[35] FMG Information Juli 1982, 14. Dezember 1984, 9
[36] Ebd. Juni 1980, 8. August 1984, 10
[37] Audienz am 10. Oktober 1984. Vgl. Generalaudienz am 25. 6. 1980. FMG Information Dezember 1984, 7 und September 1980, 13
[38] Papstworte vom 5. 6. 1979, 23. 7. 1980, 3. 12. 1980, 28. 1. 1981, 24. 10. 1984. FMG Information Februar 1980, 7. September 1980, 11. März 1981, 50. Dezember 1984, 8
[39] Papstworte vom 25. 6. 1980, 21. 7. 1982, 24. 11. 1982. FMG Information September 1980, 13. November 1982, 20. März 1983, 21
[40] A. Kirchmayr, Die Kirche ist krank, in: Th. Seiterich (Hrsg.), Briefe an den Papst, Beten allein genügt nicht. 1987, 66 f.
[41] Vgl. Gaudium et Spes 5 u. 54
[42] Papstworte vom 28. 4. 1982 und 31. 10. 1984. FMG Information Juli 1982, 14. Dezmber 1984, 8

[43] Verlautbarungen des Apostolischen Stuhls, 13. Predigten und Ansprachen von Johannes Paul II. bei seiner Pilgerfahrt durch Irland und die USA 29. 9. bis 8. 10. 1979. Herausgeber Sekretariat der Deutschen Bischofskonferenz, 128. Ferner: FMG Information Juli 1982, 13.
[44] Verlautbarungen des Apostolischen Stuhls, 24. Predigten und Ansprachen von Papst Johannes Paul II. bei seinem Pastoralbesuch in Deutschland, 15.-19. November 1980. Herausgeber: Sekretariat der Deutschen Bischofskonferenz, 16 ff.
[45] Papstworte vom 15. 11. 1980, 10. 10. 1984. FMG Information März 1981, 48; November 1982, 20; März 1983, 19; Dezember 1984, 8. Vgl. auch Generalaudienz vom 18. Juli 1984. FMG Information August 1984, 11
[46] Ebd. Dezember 1984, 7
[47] M. Bussmann, Männer, Mitren, Macht, in: Th. Seiterich (Hg.) Briefe an den Papst. Beten allein genügt nicht, 1987, 106 f.
[48] Papstworte vom 1. 8. 1984, 22. 8. 1984, 5. 9. 1984. FMG Information Dezember 1984, 5 ff.
[49] Am 7. 6. 1980 an indonesische Bischöfe. FMG Information September 1980, 12
[50] Ebd. Juli 1982, 13
[51] Ebd. März 1983, 19 f.
[52] Am 3. November 1979. Ebd. Februar 1980, 7
[53] Ebd. Dezember 1984, 8 f.
[54] Ebd.
[55] Ebd. Februar 1980, 9
[56] U. u. G. Wild, Der Heilige Geist setzt sich nicht nur auf Heilige Stühle, in: Th. Seiterich (Hg.) Briefe an den Papst. Beten allein genügt nicht, 1987, 133
[57] Vgl. H. G. Wiedemann, Homosexuelle Liebe. Für eine Neuorientierung in der christlichen Ethik, 1982, 103
[58] taz Juli 1984
[59] F. Lille, Solange Ihr Thron steht, wackelt auch mein Bett nicht, in: Th. Seiterich (Hg.) Briefe an den Papst. Beten allein genügt nicht, 1987, 136 f.
[60] FMG Information Juni 1980, 5
[61] Ebd. Juli 1982, 14 (am 7. 4. 1982)
[62] Vgl. H. J. Vogels, Auch verheiratete Priester stehen zum Dienst bereit, in: Th. Seiterich (Hg.) Briefe an den Papst. Beten allein genügt nicht, 1987, 115 ff.
[63] Verlautbarungen des Apostolischen Stuhls 25, Predigten und Ansprachen von Papst Johannes Paul II. bei seinem Pastoralbesuch in Deutschland sowie Begrüßungsworte und Reden, die an den Heiligen Vater gerichtet wurden. 15. bis 19. November 1980. Herausgeber: Sekretariat der Deutschen Bischofskonferenz 125
[64] Papstworte vom 13. 10. 1979, 1. 6. 1980, 30. 8. 1980. FMG Information Februar 1980, 8; Juni 1980, 7; März 1981, 49
[65] Verlautbarungen des Apostolischen Stuhls 13, Predigten und Ansprachen von Papst Johannes Paul II. bei seiner Pilgerfahrt durch Irland und die USA 29. 9. bis 8. 10. 1979. Herausgeber: Sekretariat der Deutschen Bischofskonferenz, 1979, 40 f.
[66] FMG Information März 1983, 20
[67] Ebd. August 1984, 10
[68] Joh. P. II. an eine Gruppe deutscher Bischöfe am 21. 1. 1983. FMG Information März 1983, 21
[69] Ebd. Juli 1985, 18
[70] taz 11. 10. 1986
[71] Ebd.
[72] Vgl. Kreuzzug gegen das schmutzige Amerika, taz 16. 7. 1986
[73] Washington, 3. März 1985 (Reuter)
[74] L. L. Mathias, Die Kehrseite der USA, 1964, 30
[75] Washington, 4. Mai 1987 (Reuter)
[76] dpa/AP, Mexiko-Stadt, 10. August 1984. Vgl. auch taz 8. 8. 1984
[77] Mexiko-Stadt, 12. August 1984 (AP), s. auch Frankfurter Rundschau
[78] Washington, 27. Februar 1983 (AFP). Los Angeles, 5. Juli (Reuter)
[79] London, 12. Dezember 1986 (KNA)
[80] Vgl. P Nonnenmacher, Entscheidung mit oder ohne Gottes Hilfe, in: Frankfurter Rundschau, 25. 6. 1986. R. Sotscheck, Plebiszit gegen die familienpolitische Steinzeit, in taz 24. 5. 1986. Vgl. auch taz 28. 6. 1986
[81] Ebd.
[82] Vgl. G. Jüttner, Die große Pleite des Justizministers, in: taz 27. 11. 1985
[83] FMG Information Juni 1980, 11
[84] Ebd. Dezember 1984, 9
[85] Verlautbarungen des Apostolischen Stuhls, Papst Johannes Paul II. in Deutschland, Nr. 25, 125 (Fulda am 17. 11. 1980)
[86] An Bischöfe Neuguineas 13. Oktober 1979. FMG Information Februar 1980, 8
[87] Bei der sog. Hl.-Jahr-Messe der Familien am 25. 3. 1984. FMG Information August 1984, 10

Abkürzungen antiker Literatur

Acta Pauli et Thecl. – Paulus- und Theklaakten
Aischyl. – Aischylos
  Ch. – Choephoroi
  Hik. – Hiketides
  Pers. – Persai
Ambr. – Ambrosius
  ep. – Epistulae
  parad. – De paradiso
  virg. – De virginibus
Am. – Amos
Ant. reg. – Antonii regulae
Apg. – Apostelgeschichte
Apk. – Johannesapokalypse
Apk. Petr. – Petrusapokalypse
Apost. const. – Apostolicae constitutiones
Apul. – Apuleius
  met. – Metamorphoseis
Aristeid. – Aristeides
  Apol. – Apologie
Aristoph. – Aristophanes
  Ach. – Acharnenses
Aristot. – Aristoteles
  Ath. pol. – Athenaion politeia
Arnob. – Arnobius
  adv. nat. – Adversus nationes
Athan. – Athanasius
  apol. Const. – Apologia ad Constantinum
  ep. – Epistulae
  fuga sua – Apologia de fuga sua
  vita Ant. – Vita Antonii
Athenag. – Athenagoras
  res. mort. – De resurrectione mortuorum
  suppl. – Supplicatio
Aug. – Augustinus
  bono. con. – De bono coniugali
  civ. Dei – De civitate Dei
  conf. – Confessiones
  contra Jul. – Contra Julianum haeresis Pelagianae defensorem
  div. quaest. – De diversis quaestionibus
  en. in ps. – Enarrationes in Psalmos
  ench. – Enchiridion
  ep. – Epistulae
  Gen. ad litt. – De Genesi ad litteram
  in Joan. ev. – In Joannis evangelium
  locut. in Hept. – Locutiones in Heptateuchum
  mor. eccl. – De moribus ecclesiae catholicae
  mor. Man. – De moribus Manichaeorum
  nupt. et. conc. – De nuptiis et concupiscentia ad Valerium comitem
  op. imperf. – Contra secundam Juliani responsionem imperfectum opus
  ord. – De ordine
  quaest. in Hept. – Quaestiones in Heptateuchum
  sanct. virg. – De sancta virginitate
  serm. Dom. – De sermone Domini in monte secundum Matthaeum

Solil. – Soliloquia
  vera rel. – De vera religione

Barn. – Barnabasbrief
Basil. – Basilius von Caesarea
  ep. – Epistulae
  reg. brev. – Regulae brevius tractatae
  reg. fus. – Regulae fusius tractatae
Bened. – Benedictus von Nursia
  reg. – Regula monasteriorum

Caes. – Caesar
  gall. – De bello Gallico
Cassian. – Cassianus von Massilia
  conl. – Conlationes patrum
  inst. – De institutis coenobiorum et de octo principalium vitiorum remediis
1. Clem. – 1. Clemensbrief
2. Clem. – 2. Clemensbrief
Clem. Al. – Clemens von Alexandrien
  div. salv. – Quis dives salvatur
  paid. – Paidagogos
  protr. – Protreptikos
  strom. – Stromateis
Cod. Just. – Codex Justinianus
Cod. Theod. – Codex Theodosianus
Cypr. – Cyprian von Karthago
  ep. – Epistulae
  hab. virg. – De habitu virginum

Demokr. – Demokritos
Did. – Didache
Diog. Laert. – Diogenes Laertios

Ephes. – Epheserbrief
Epict. – Epiktet
  diss. – Dissertationen
Epiph. – Epiphanios
  haer. – Panarion
Euagr. – Euagrios Pontikos
Eur. – Euripides
  Hipp. – Hippolytos
  Phoin. – Phoinissai
Euseb. – Eusebius von Caesarea
  dem. ev. – Demonstratio evangelica
  h. e. – Historia ecclesiastica

Firm. – Firmicus Maternus
  err. – De errore profanarum religionum

Gal. – Galaterbrief
Gell. – Gellius
  noct. att. – Noctes Atticae

Greg. Naz. – Gregor von Nazianz
  carm. – Carmina
  ep. – Epistulae
  or. – Orationes
Greg. Nyss. – Gregor von Nyssa
  or. – Orationes
Greg. Tur. – Gregor von Tours
  glor. conf. – In gloria confessorum
  hist. Franc. – Historia Francorum

Hag. – Haggai
Hebr. – Hebräerbrief
Herm. – Hermas
  mand. – Mandata
  sim. – Similitudines
  vis. – Visiones
Herod. – Herodotos
Hes. – Hesekiel (Ezechiel)
Hesiod. – Hesiodos
  theog. – Theogonia
Hieron. – Hieronymus
  adv. Helv. – Adversus Helvidium de Mariae virginitate perpetua
  adv. Jovin. – Adversus Jovinianum
  ep. – Epistulae
  vita Hil. – Vita sancti Hilarionis
Hippol. – Hippolyt
  refut. – Refutatio omnium haeresium
  trad. apost. – Traditio apostolica
Hom. – Homer
  Il. – Ilias
  Od. – Odyssee
Hor. – Horaz
  carm. saec. – Carmen saeculare
  ep. – Epistulae
Hos. – Hosea

Ign. – Ignatius
  Polyk. – An Polykarp
  Smyrn. – An die Smyrnaer
Iren. – Irenaeus von Lyon
  adv. haer. – Adversus haereses
Isid. – Isidorus von Sevilla
  eccl. off. – De ecclesiasticis officiis
  sent. – Sentenzen

Jambl. – Jamblichos
  myst. – De mysteriis
Jer. – Jeremia
Jes. – Jesaja
Jes. Sir. – Jesus Sirach
Jh. – Johannesevangelium
Joh. Chrysost. – Johannes Chrysostomos
  de virg. – De virginitate
  hom. – Homilien zum A. T. und N. T.
Joh. Clim. – Johannes Climacus
  scal. par. – Scala Paradisi
Joh. Mosch. – Johannes Moschus
  prat. spirit. – Pratum spirituale
Jos. – Josuabuch
Jud. – Judasbrief

Just. – Justin der Märtyrer
  1. Apol. – 1. Apologie
  2. Apol. – 2. Apologie

Kol. – Kolosserbrief
1. Kön. – 1. Buch der Könige
2. Kön. – 2. Buch der Könige
1. Kor. – 1. Korintherbrief
2. Kor. – 2. Korintherbrief

Lact. – Lactantius
  inst. – Divinae institutiones
Leo I. – Papst Leo I.
  ep. – Epistulae
  serm. – Sermones
Liv. – Livius
Lk. – Lukasevangelium
Luc. – Lukian
  Syr. Dea – De Syria Dea

Makar. – Makarius der Ägypter
  hom. – Homilien
Mart. – Martialis
  epigr. – Epigrammata
Method. – Methodios von Olympos
  symp. – Symposion
Mi. – Micha
Min. Fel. – M. Minucius Felix
  dial. oct. – Dialog Octavius
Mk. – Markusevangelium
Mt. – Matthäusevangelium

Orig. – Origenes
  Cels. – Contra Celsum
  com. ser. – Serienkommentare
  hom. – Homilienkommentare
Ov. – Ovid
  fast. – Fasti
  met. – Metamorphoses

Pallad. – Palladius
  hist. Laus. – Historia Lausiaca
Paus. – Pausanias
1. Petr. – 1. Petrusbrief
2. Petr. – 2. Petrusbrief
Phil. – Philipperbrief
Pind. – Pindar
  Nem. – Nemeae
Plat. – Platon
  Charm. – Charmides
  Gorg. – Gorgias
  Krat. – Kratylos
  leg. – Leges
  Phaid. – Phaidon
  Phaidr. – Phaidros
  rep. – De re publica (Politeia)
  Tim. – Timaios
Plin. – Plinius d. Ä.
  nat. hist. – Naturalis historia
Plut. – Plutarch

amat. – Amatorius
Num. – Numa
quaest. conv. – Quaestiones convivales
Rom. – Romulus
Sol. – Solon
Pred. – Prediger Salomo
Ps. – Psalmen
Ps. Clem. – Pseudoclementinen
  hom. – Homilien
  rec. – Recognitiones
Ps. Cypr. – Pseudo Cyprian
  sing. cler. – De singularitate clericorum

Ri. – Buch der Richter
Röm. – Römerbrief

Sach. – Sacharja
Salv. – Salvianus von Massilia
  gub. – De gubernatione dei
1. Sam. – 1. Samuelbuch
2. Sam. – 2. Samuelbuch
Sir. – Papst Siricius
  ep. – Epistulae
Socr. – Sokrates der Kirchenhistoriker
  h. e. – Historia ecclesiastica
Soph. – Sophokles
  Ant. – Antigone
Sozom. – Sozomenos
  h. e. – Historia ecclesiastica
Stob. – Stobaios
  flor. – Florilegium
Strab. – Strabon
Suet. – Suetonius
  Aug. – Divus Augustus
  Domit. – Domitianus
  Vit. – Vitellius

Synes. – Synesios von Kyrene
  ep. – Epistulae

Tac. – Tacitus
  ann. – Annales
  germ. – Germania
Tat. – Tatian
  or. – Oratio ad Graecos
Tert. – Tertullian
  adv. Marc. – Adversus Marcionem
  anim. – De anima
  apol. – Apologeticum
  bapt. – De baptismo
  coron. – De corona
  cultu fem. – De cultu feminarum
  exh. cast. – De exhortatione castitatis
  monog. – De monogamia
  pud. – De pudicitia
  spect. – De spectaculis
  virg. vel. – De virginibus velandis
1. Thess. – 1. Thessalonikerbrief
2. Thess. – 2. Thessalonikerbrief
Thuk. – Thukydides
Tib. – Tibull
  eleg. – Elegiae
1. Tim. – 1. Timotheusbrief
2. Tim. – 2. Timotheusbrief
Tim. – Timotheus, Archidiakon
  hist. mon. – Historia monachorum
Tit. – Titusbrief

Varro – M. Terentius Varro
  ling. – De lingua Latina
Verg. – Vergil
  Aen. – Aeneis

Zeno – Zeno von Verona
  cont. – Tractatus de continentia

Benutzte Sekundärliteratur

Achelis, H., Das Christentum in den ersten drei Jahrhunderten, I, 1912
Ackermann, H., Jesus: Seine Botschaft und deren Aufnahme im Abendland, 1952
– Entstellung und Klärung der Botschaft Jesu, 1961
Adler, A., Über den nervösen Charakter. Grundzüge einer vergleichenden Individual-Psychologie und Psychotherapie. Mit einer Einführung v. W. Metzger, 1972
– Praxis und Theorie der Individualpsychologie. Vorträge zur Einführung in die Psychotherapie für Ärzte, Psychologen und Lehrer. Neu ed. v. W. Metzger, 1974
Adler, G., Die Jesus-Bewegung. Aufbruch der enttäuschten Jugend, 1972
– (Hg.), Christlich – was heißt das?, 1972
Ahlheim, K., Friedrich Hebbel, in: Deschner (Hg.), Das Christentum im Urteil seiner Gegner, I, 1969
– Kreuzzüge und Ketzerkriege in Europa, in: Deschner (Hg.), Kirche und Krieg, 1970
– Taufe, Abendmahl und Buße, in: Deschner (Hg.), Der manipulierte Glaube, 1971
Ahlheim, R./Hülsemann, W./Kapczynski, H./Kappeler, M./Liebel, M./Marzahn, C./Werkentin, F., Gefesselte Jugend. Fürsorgeerziehung im Kapitalismus, 1971
Ahlmark-Michanek, K., Jungfrauenglaube und Doppelmoral. Die Streitschrift einer jungen Schwedin gegen die Vorurteile in unserer Sexualmoral und Sexualerziehung, 1965
Alain (Emile Chartier), Wie die Menschen zu ihren Göttern kamen. Eine Naturgeschichte der Religion, 1966
Albright, W. F., Archaeology and the Religion of Israel, 2. A. 1946
– Von der Steinzeit zum Christentum. Monotheismus und geschichtliches Werden, 1949
Allendy, R., Die Liebe, o. J.
Allgrove, G., Liebe im Orient. Eine Kultur- und Sittengeschichte, 1963
Alsheimer, G. W., Vietnamesische Lehrjahre, sechs Jahre als deutscher Arzt in Vietnam 1961–1967, 1968
Alt, A., Kleine Schriften zur Geschichte des Volkes Isreal, 3 Bde., 1959
Anger, H., Probleme der deutschen Universitäten. Bericht über eine Erhebung unter Professoren und Dozenten, 1960
Antweiler, A., Origenes, Lexikon für Theologie und Kirche, ed. M. Buchberger, VII, 1930 ff.
– Ehe und Geburtenregelung. Kritische Erwägungen zur Enzyklika Pauls VI. Humanae vitae, 1969
– Nochmals: Über den Schutz des Lebens, in: sog. papiere, Mitteilungsblatt der Arbeitsgemeinschaft von Priester- und Solidaritätsgruppen in der BRD und der SOG Österreich, März/April, 1972
Arbesmann, Das Fasten im alten Israel, 1927
Arnold, F. X., Die Frau in der Kirche, 1949
– Die personale Würde der Frau in katholischer Sicht, in: Bitter, W. (Hg.), Krisis und Zukunft der Frau, 1962
Aster, E. v., Die Psychoanalyse, 1930
Athanasius, Leben und Versuchungen des heiligen Antonius. Nach der im 4. Jahrhundert von Bischof Athanasius verfaßten Biographie, hg. von N. Hovorka. Mit Erläuterungen zum Urtext von E. Stein und einer kunsthistorischen Studie von H. Glück, 1925
Auer, A., Weltoffener Christ. Grundsätzliches und Geschichtliches zur Laienfrömmigkeit, 2. A. 1962
– Ehe, in: Fries, H. (Hg.), Handbuch theologischer Grundbegriffe, I, 1970
Auhofer, H., Der Hexenwahn in der Gegenwart, in: Bitter, W. (Hg.), Massenwahn in Geschichte und Gegenwart, 1965
Ayck, T., Mark Twain, in: Deschner (Hg.), Das Christentum im Urteil seiner Gegner, I, 1969

Badura, P./Deutsch, E./Roxin, C. (Hg.), Recht, 8. A. 1971
Baeck, L., The faith of Paul, Journal of Jewish Studies, Nr. 3, Cambridge 1952
Baeyer-Katte, W. v., Die historischen Hexenprozesse. Der verbürokratisierte Massenwahn, in: Bitter, W. (Hg.), Massenwahn in Geschichte und Gegenwart, 1965
Bailey, D. S., Mann und Frau im christlichen Denken, 1963
Balint, M., Die Urformen der Liebe und die Technik der Psychoanalyse, 1966
Balthasar, H. U. v. (Hg.), Die großen Ordensregeln, 1948
Bamberg, H.-D., Vom Divisionspfarrer zum Erzbischof – semper idem, Lorenz Jaeger, in: Kritischer Katholizismus, 2. 2. 1970
– Militärseelsorge in der Bundeswehr. Schule der Anpassung und des Unfriedens, 1970
Baranowsky, W., Die Sünde ist unheilbar. Sex – die natürlichste Sache der Welt, 1964
– Der Umgang mit dem anderen Geschlecht. Ein Aufklärungsbuch für Teenager 1965
Bardenhewer, O., Geschichte der altkirchlichen Literatur, 1913 ff.

Bareau, A./Schubring, W./Fürer-Haimedorf, Ch. v., Die Religionen Indiens, III, Buddhismus – Jinismus – Primitivvölker, 1964
Barnes, K. C., He and She, 1958
Barnikol, E., Mensch und Messias, 1932
Baroja, J. C., Die Hexen und ihre Welt. Mit einer Einführung und einem ergänzenden Kapitel von W. E. Peuckert, 1967
Barot, M., Die Ordination der Frau: ein ökumenisches Problem, in: Bourbeck, C. (Hg.), Zusammen, 1965
Barth, K., Kirchliche Dogmatik. Ausgewählt und eingeleitet von H. Gollwitzer, 1957
Bartsch, R., Die Rechtsstellung der Frau als Gattin und Mutter. Geschichtliche Entwicklung ihrer persönlichen Stellung im Privatrecht bis in das 18. Jahrhundert, 1903
Baschwitz, K., Hexen und Hexenprozesse. Die Geschichte eines Massenwahns und seiner Bekämpfung, 1963
Bates, M., Die überfüllte Erde, 1959
Bauer, F., Schuld und Sühne in der Bundesrepublik. Sexualtabus und Sexualethik im Spiegel des Strafgesetzes, 1967
– (Hg.) u. a., Sexualität und Verbrechen, 1963
Bauer, M., Das Geschlechtsleben in der deutschen Vergangenheit, 5. A. o. J.
– Die deutsche Frau in der Vergangenheit, 1907
Bauer, W., Matth. 19, 12 und die alten Christen, in: Neutestamentliche Studien für Georg Heinrici, 1914
Baumann, H., Das doppelte Geschlecht, 1955
Baur, C., Der heilige Johannes Chrysostomos und seine Zeit, I, 1929
Bayer, E., Wörterbuch zur Geschichte, 2. A. 1965
Beauvoir, S. de, Das andere Geschlecht. Sitte und Sexus der Frau, 1968
Beck, R., Wörterbuch der Zeitgeschichte seit 1945, 1967
Becker, C., Problem 218. Wie es die andern machen: Schweden, Dänemark, Finnland. Wie man es nicht machen sollte: Bundesrepublik Deutschland, 1972
Becker, K., David Friedrich Strauss, in: Deschner (Hg.), Das Christentum im Urteil seiner Gegner, I, 1969
Beek, M. A., Geschichte Israels. Von Abraham bis Bar Kochba, 1961
Beer, G., Steinverehrung bei den Israeliten. Ein Beitrag zur semitischen und allgemeinen Religionsgeschichte, Schriften der Straßburger Wissenschaftlichen Gesellschaft in Heidelberg, 9. Folge, 4. H. 1921
Behn, F., Aus europäischer Vorzeit. Grabungsergebnisse, 1957
Beissel, S., Geschichte der Verehrung Marias in Deutschland während des Mittelalters. Ein Beitrag zur Religionswissenschaft und Kunstgeschichte, 1909
Bell, R. R., Voreheliche Sexualität, 1968
Ben-Chorin, S., Bruder Jesus. Der Nazarener in jüdischer Sicht, 1967
Benn, G., Dein Körper gehört dir. Gesammelte Werke, I, 1959
Berend, A., Die gute alte Zeit. Bürger und Spießbürger im 19. Jahrhundert, 1966
Berg, H. v., Freudenmädchen und Freudenhaus im Mittelalter, Geschlecht und Gesellschaft, V, 1910
Berghoff, S., Frauenwürde – Frauenbürde, 1948
Bergmann, E., Erkenntnisgeist und Muttergeist. Eine Soziosophie der Geschlechter. 2. A. 1933
Bergström-Walan, M.-B./Eliasson R.-M./Frederiksson, I./Gustavsson, N./Hertoft, P./Israel, J./Lindberg, G./Nelson, A., Modellfall Skandinavien? Sexualität und Sexualpolitik in Dänemark und Schweden, 1970
Bernath, K., Anima Forma Corporis: Eine Untersuchung über die ontologischen Grundlagen der Anthropologie des Thomas von Aquin, 1969
Bernsdorf, W., Soziologie der Prostitution, in: Giese, H. (Hg.), Die Sexualität des Menschen. Handbuch der medizinischen Sexualforschung, 1953
Bertaux, P., Mutation der Menschheit. Zukunft und Lebenssinn, 1971
Bertholet, A., Religionsgeschichtliches Lesebuch, 1927 ff.
– Das Geschlecht der Gottheit. Sammlung gemeinverständlicher Vorträge und Schriften aus dem Gebiet der Theologie und Religionsgeschichte, 1934
– Wörterbuch der Religionen, 2. A. 1962
Bertrams, W., Der Zölibat des Priesters. Sinngehalt und Grundlagen, 1960
Beth, M., Die Frau und die Religion, in: Die Frau, 39. Jg. 1932
Betz, H. D., Lukian von Samosata und das Neue Testament. Religionsgeschichtliche und paränetische Parallelen – ein Beitrag zum Corpus Hellenisticum Novi Testamenti, 1957
Beutin, W., Neuzeit. Religiöse Besessenheit Europas bis zu den Weltkriegen, in: Deschner (Hg.), Kirche und Krieg, 1970
– Friedrich Nietzsche, in: Deschner (Hg.), Das Christentum im Urteil seiner Gegner, I, 1969
Bickel, E., Das asketische Ideal bei Ambrosius, Hieronymus und Augustin. Neue Jahrbücher für das klassische Altertum, 1916
Bihlmeyer, K./Tüchle, H., Kirchengeschichte, 15. A. 1951
Binder, J., Tanz, Kino, Lippenstift und Liebe, o. J.
– Ich will heiraten, o. J.

Bismarck, K. v./Dirks, W. (Hg.), Neue Grenzen. Ökumenisches Christentum morgen, I, 1966
Bitter, W. (Hg.), Massenwahn in Geschichte und Gegenwart. Ein Tagungsbericht, 1965
- (Hg.) Krisis und Zukunft der Frau. Psychotherapie, Religion, Gesellschaft. Ein Tagungsbericht, 1962
Bjorneboe, J., Arnulf Overland, in: Deschner (Hg.), Das Christentum im Urteil seiner Gegner, II, 1971
Blank, J., Kirchliches Amt und Priesterbegriff, in: Weltpriester nach dem Konzil, 1969
Blei, F., Die heilige Teresa, in: Rohner, L. (Hg.), Deutsche Essays, V., 1972
Böckle, F., Glaube und Gebot in einer sexualisierten Umwelt, in: zur debatte, Themen der Katholischen Akademie in Bayern, Dezember 1970
- Die gescheiterte Ehe, in: Henrich/Eid (Hg.), Ehe und Ehescheidung, 1972
Böckle, F./Groner, F. (Hg.), Moral zwischen Anspruch und Verantwortung. Festschrift für W. Schöllgen, 1964
Boehn, M. v., Die Mode. Menschen und Moden im Mittelalter. Vom Untergang der alten Welt bis zur Renaissance, 1925
Boelens, M., Die Klerikerehe in der Gesetzgebung der Kirche unter besonderer Berücksichtigung der Strafe. Eine rechtsgeschichtliche Untersuchung von den Anfängen der Kirche bis zum Jahre 1139, 1968
Bohl, F., Das »Wunder« von Konnersreuth, in: Mitteilungsblatt der Freireligiösen Landesgemeinde, März 1963
Böhmer, H., Die Entstehung des Zölibates, in: Geschichtliche Studien, Albert Hauck zum 70. Geburtstag, 1916
Bohmers, A., Die Aurignac-Gruppe, 1942
Bokler, W./Fleckenstein H., Die sexualpädagogischen Richtlinien in der Jugendpastoral 1967
Bolton, J. D. P., Aristeas of Proconnesus, 1962
Bónis, G., Die Entwicklung der geistlichen Gerichtsbarkeit in Ungarn vor 1526, 1965
Bopp, L., Jugendkunde und Sexualpädagogik, in: Schröteler, J. (Hg.), Die geschlechtliche Erziehung. 2. A. 1929
- Das ängstliche Kind. 15.-17. Tausend, 1953
Borchardt, G., Percy Bysshe Shelley, in: Deschner (Hg.), Das Christentum im Urteil seiner Gegner, I, 1969
Borneman, E., Lexikon der Liebe, 2 Bde. 1968
Bornkamm, G., Die Stellung des Neuen Testaments zur Ehescheidung, Evangelische Theologie, 1948
- Jesus von Nazareth, 1956
Borsinger, H. V., Die Rechtsstellung der Frau in der katholischen Kiche, 1930
Böttcher, H. M., Das Hormonbuch. Die Geschichte der Hormonforschung, 1963
Bourbeck, G. (Hg.), Zusammen. Beiträge zur Soziologie und Theologie der Geschlechter, 1965
Boussard, J., Die Entstehung des Abendlandes. Kulturgeschichte der Karolingerzeit, 1968
Bousset, W., Hauptprobleme der Gnosis, 1907
- Das Mönchtum der sketischen Wüste, Zeitschrift für Kirchengeschichte, 1923
- Die Religion des Judentums im späthellenistischen Zeitalter, Handbuch zum N. T., Bd. 21, 3., verb. A. 1926
Brandt, T. Tertullians Ethik, 1928
Brant, S., Das Narrenschiff, ed. v. H.-J. Mähl, 1964
Bräutigam, W., Reaktionen, Neurosen, Psychopathien. Ein Grundriß der kleinen Psychiatrie, 2., überarb. A. 1969
Brock, E., Die Grundlagen des Christentums, 1970
Broder, H. M./Kuballa, F., Lourdes 71. Eine Reportage, Funk-Ms., 1971
Bronder, D., Christentum in Selbstauflösung. 2., erweiterte A. 1959
- Humanistische Überlegungen zum § 218, in: Freies Denken, Sept. 1971
Broneer, O., Eros and Aphrodite on the North Slope of the Acropolis at Athens, Hesperia, American School of Classical Studies at Athens, 1, 1932
- A Mycenaean Fountain on the Athenian Acropolis, Hesperia, 8, 1939
Brooke, C. N. L., Gregorian Reform in Action. Clerical Marriage in England. 1050-1200, in: Cambridge hist. Journal 1956
- Married Men Among the English Higher Clergy 1066-1200, ebd. 1956
Browe, P., Die letzte Ölung in der abendländischen Kirche des Mittelalters, in: Zeitschrift für katholische Theologie, Bd. 55, 1931
- Beiträge zur Sexualethik des Mittelalters, 1932
- Die Pflichtbeichte im Mittelalter, in: Zeitschrift für katholische Theologie, 57. Bd., Innsbruck 1933
- Die häufige Kommunion im Mittelalter, 1938
Buchberger, M., Mutterbüchlein. Liebe Worte an christliche Mütter, o. J.
Buchholz, K., Zur Geschichte des Mönchtums, 1926
Bücher, K., Die Frauenfrage im Mittelalter, 1910
Buckley, M. J., Homosexualität und Moral. Ein aktuelles Problem für Erziehung und Seelsorge, 1962
Bühler, C., Wenn das Leben gelingen soll. Psychologische Studien über Lebenserwartungen und Lebensergebnisse, 1972
Bühler, J., Die Kultur des Mittelalters, 1931

Bultmann, R., Theologie des Neuen Testaments, 1948
Burckhardt, J., Die Kultur der Renaissance in Italien. Ein Versuch, ed. v. W. Goetz, 1947
Busse, W. (Hg.), ... wir danken Ihnen für dieses Gespräch, 24 »Spiegel«- Gespräche, 1970
Bussiek, H. (Hg.), Veränderung der Gesellschaft. Sechs konkrete Utopien, 1970
Bussmann, M., Männer, Mitren, Macht, in Th. Seiterich (Hg.), Briefe an den Papst. Beten allein genügt nicht, 1987

Campenhausen, H. v., Die Askese im Urchristentum, 1949
- Die griechischen Kirchenväter, 1955
Capellmann, C./Bergmann, W., Pastoralmedizin, 19. A. 1923
Carové, F. W., Vollständige Sammlung der Zölibatgesetze für die katholischen Weltgeistlichen von den ältesten bis auf die neuesten Zeiten, mit Anmerkungen, 1833
Carrell, A., Der Mensch. Das unbekannte Wesen, 1955
Casel, O., Mönchtum und Pneuma, in: Morgenländisches Christentum, 1940
Cassirer, E., Kultus und Opfer, in: Rohner, L. (Hg.), Deutsche Essays, V, 1972
Chambon, J., Der französische Protestantismus. Sein Weg bis zur französischen Revolution, 1938
Chesser, E., Liebe ohne Furcht. Psychologie und Praxis der Liebe, 26. A. 1960
- Menschen auf Abwegen. Die Homosexualität des Mannes und der Frau, 1961
Chinigo, M., Pius XII. sagt. Nach den vatikanischen Archiven zusammengestellt, 1958
Clemen, C., Die Religionen Europas, 1. Bd., 1926
Cole, W. G., Liebe und Sexus in der Bibel, 1961
Coler, C. (Hg.), Von den Anfängen der Menschheit bis 476 n. Chr. Ullstein-Weltgeschichte, 1965
Comfort, A., Der aufgeklärte Eros. Plädoyer für eine menschenfreundliche Sexualmoral, 1954
- Natur und menschliche Natur. Die Selbstbefreiung des Menschen aus den Zwängen der Instinke, 1970
Cook, G. H., English Monasteries in the Middle Ages, 1961
Cornfeld, G./Botterweck, G. J. (Hg.), Die Bibel und ihre Welt, 6 Bde., 1972
Crouzel, H., Die Jungfräulichkeit des Origines, in: Scholastik, Vierteljahresschrift für Theologie und Philosophie, H. 1, 1963
Cunz, F. A., Geschichte des deutschen Kirchenliedes, 1855

Dammann, E., Die Religionen Afrikas, 1963
Dannenbauer, H., Die Entstehung Europas. Von der Spätantike bis zum Mittelalter, I, 1959. Die Anfänge der abendländischen Welt, II, 1962
Daumiller, F. v., Die strafrechtliche Lehre von Ehebruch und Bigamie nach ihrer geschichtlichen Entwicklung in Altbayern, 1933
Davis, M., Die sexuelle Liebe in der Ehe. Ein modernes und vollständiges Ehehandbuch, 1965
Decker, A., Kenntnis und Pflege des Körpers bei Clemens von Alexandria, 1936
Degenhart, F., Der heilige Nilus Sinaita. Sein Leben und seine Lehre vom Mönchtum, 1915
Deich, F., In der »Pille« ist nicht nur Östrogen, in: Die Welt, 7. 11. 1970
Delling, G., Paulus' Stellung zu Frau und Ehe, 1931
Denzinger, H./Schönmetzer, A., Enchiridion Symbolorum, definitionum et declarationum de rebus fidei et morum, 1963
Denzler, G., Zur Geschichte des Zölibats. Ehe und Ehelosigkeit der Priester bis zur Einführung des Zölibatsgesetzes im Jahre 1139, in: Stimmen der Zeit, 1969
- Priesterehe und Priesterzölibat, in: Henrich F. (Hg.), Existenzprobleme des Priesters, 1969
Deschner, K., Abermals krähte der Hahn. Eine kritische Kirchengeschichte von den Anfängen bis zu Pius XI., 1. A. 1962
- Mit Gott und den Faschisten. Der Vatikan im Bunde mit Mussolini, Franco, Hitler und Pavelic, 1965
- Vatikan und Faschismus, 1968
- Das Kapital der Kirche in der Bundesrepublik, in: Szczesny, G. (Hg.), Club Voltaire, IV, 1970
- Oskar Panizza, in: Deschner (Hg.), Das Christentum im Urteil seiner Gegner, II, 1971
- Fatima, die Religionsgeschichte und die Strategie, in: Kritischer Katholizismus, 1972
- Verräter leben gefährlich. Bericht über einen Ex-Priester, der zum Skandal des Jahres für die katholische Kirche wurde: Hubertus Mynarek, in PARDON 2, 1974
- Kirche des Un-Heils. Argumente, um Konsequenzen zu ziehen, 1974
- (Hg.), Was halten Sie vom Christentum? 18 Antworten auf eine Umfrage, 1958
- (Hg.), Jesusbilder in theologischer Sicht, 1965
- (Hg.), Das Jahrhundert der Barbarei, 1965
- (Hg.), Kirche und Krieg. Der christliche Weg zum Ewigen Leben, 1970
- (Hg.), Warum ich aus der Kirche ausgetreten bin, 1970
- (Hg.), Der manipulierte Glaube. Eine Kritik der christlichen Dogmen, 1971
- (Hg.), Das Christentum im Urteil seiner Gegner, I, 1969; II, 1971
Dessauer, Ph., Erwartung der Ewigkeit, Ansprachen und Meditationen, 2. A. 1967
Deubner, L., Attische Feste, 1959
Dhondt, J., Fischer Weltgeschichte, Bd. 10,Das frühe Mittelalter, 1968

Dibelius-Kümmel, Paulus, 1951
Diepgen, P., Geschichte der Medizin. Die historische Entwicklung der Heilkunde und des ärztlichen Lebens, I, 1949. II. Bd., I. Hälfte, 1951
Dieterich, A., Mutter Erde, 3. A. 1925
Dirking, A., S. Basilii M. de divitiis et paupertate sententiae, 1911
Dirks, R., Was tun Sie, wenn Sie einen Menschen lieben?, 1967
Dirks, W./Stammler, E. (Hg.), Warum bleibe ich in der Kirche? Zeitgenössische Antworten, 2. A. 1971
Disselhoff, H. D., Geschichte der altamerikanischen Kulturen, 1953
Döbler, H. (Hg.), Vom Ackerbau zum Zahnrad. 7000 Jahre frühe technische Kultur, 1969
– (Hg.) Vom Amulett zur Zeitung. 7000 Jahre frühe technische Kultur, 1969
Doerdelmann, B. (Hg.), Minderheiten in der Bundesrepublik, 1969
Dölger, F. J., Ichthys, in: Römische Quartalsschrift, Suppl. XVII
– Ichthys, II., Der heilige Fisch in den antiken Religionen und im Christentum, 1922
Döller, J., Das Weib im Alten Testament, in: Biblische Zeitfragen, H. 7/9, 1920
Domizlaff, H., Religiöse Phänomene. Meditationen über unbewußte Bindungen, 1969
Dörries, H., Die Vita Antonii als Geschichtsquelle, in: Nachrichten der Akademie der Wissenschaften in Göttingen, 1949
Dragendorff, H., Die Amtstracht der Vestalinnen, Rhein. Museum, 51, 1896
Dreikurs, R., Die Ehe – eine Herausforderung, 1968
Dresdner, A., Kultur- und Sittengeschichte der italienischen Geistlichkeit im 10. und 11. Jahrhundert, 1890
Drews, A., Die Marienmythe, 1928
Drumond, I., The sex paradox, 1953
Dühren, E., Das Geschlechtsleben in England. Mit besonderer Beziehung auf London, I. Bd. Die beiden Erscheinungsformen des Sexuallebens. Die Ehe und die Prostitution 1901, II, 1903
Durant, W., Caesar und Christus. Eine Kulturgeschichte Roms und des Christentums von den Anfängen bis zum Jahre 325 n. Chr., 1949
Durant, W./Durant, A., Das Zeitalter Voltaires. Eine Kulturgeschichte Mittel- und Westeuropas von 1715 bis 1756 unter besonderer Berücksichtigung des Konfliktes zwischen Religion und Philosophie, 1967

Ebbell, B. (Hg.), The papyrus Ebers. The greatest Egyptian medical document, 1937
Eberharter, A., Das Ehe- und Familienrecht der Hebräer mit Rücksicht auf die ethnologische Forschung, 1914
Eckert, H., Liberal- oder Sozialdemokratie. Frühgeschichte der Nürnberger Arbeiterbewegung, 1968
Egenter, R., Kitsch und Christentum, 1958
Egenter, R./Mattusek, P., Ideologie, Glaube und Gewissen. Diskussion an der Grenze zwischen Moraltheologie und Psychotherapie, 1968
Eid, V., Staatliche Ehescheidung und katholische Kirche. Einige Anmerkungen, in: Henrich, F./Eid, V. (Hg.), Ehe und Ehescheidung, Diskussion unter Christen, 1972
Einwag, O., Werkhefte katholischer Laien (1947–1961). Ein Zeitschriftenschicksal, 1971
Eisenbeiß, E., Die Stellung der Frau in Familie und Haus in den altbayerischen Rechtsaufzeichnungen, 1935
Eissfeldt, O., El und Yawhe, Journal of Sem. Studies, 1, 1956
Engels, F., Der Ursprung der Familie, des Privateigentums und des Staats, 1918
– Die Lage der arbeitenden Klasse in England, in: Marx, K./Engels, F., Werke, 2. Bd., 1962
Enslin, M. S., A Gentleman among the Fathers, Harvard Theological Review, Nr. 4, 1954
Eppelsheimer, H. W., Handbuch der Weltliteratur, 2. Bd., 2. A. 1947
Erler, A., Kirchenrecht, 3. A. 1965
Erman, A., Die Religion der Ägypter, 1934
Ermecke, G., Zur Diskussion über aktuelle Moralprobleme in der Öffentlichkeit. Moralsoziologische und moralpädagogische Überlegungen, in: Böckle, H./Groner, F. (Hg.), Moral zwischen Anspruch und Verantwortung, Festschrift für Werner Schöllgen, 1964.
Evola, J., Metaphysik des Sexus, 1962

Fagley, N., Zuviel Menschen. Die Bevölkerungsexplosion und die Verantwortung der Christen, 1961
Fahsel, H., Konnersreuth. Tatsachen und Gedanken. Ein Beitrag zur Mystischen Theologie und Religionsphilosophie, 1932
Fangauer, G., Stilles Frauenheldentum oder Frauenapostolat in den ersten drei Jahrhunderten des Christentums, 1922
Farnell, L. R., Sociological Hypotheses Concerning the Position of Women in Ancient Religion, Archiv für Religionswissenschaft, Bd. 7, 1904
Feckes, C., Die Lehre vom christlichen Vollkommenheitsstreben, 1949

Fehrle, E., Die kultische Keuschheit im Altertum, 1910
Feinberg, A. L., Christuskiller. Trauma meines Lebens. Mit einem Vorwort von F. Heer, 1969
Fendt, L., Gnostische Mysterien, 1922
Fetscher, I., Arbeit, in: Bussiek, H., Veränderung der Gesellschaft. Sechs konkrete Utopien, 1970
Feusi, I., Das Institut der Gottgeweihten Jungfrauen. Sein Fortleben im Mittelalter, 1917
Fichtenau, H., Askese und Laster in der Anschauung des Mittelalters, 1948
Findeisen, H., Das Tier als Gott, Dämon und Ahne, 1956
Finke, H., Die Frau im Mittelalter, 1913
Fischer, E., Trennung von Staat und Kirche. Die Gefährdung der Religionsfreiheit in der Bundesrepublik, 1964
Fischer, J., Ehe und Jungfräulichkeit im Alten Testament, in: Biblische Zeitfragen, H. 3/4, 1919
– Ehe und Jungfräulichkeit im Neuen Testament, 1. u. 2. A., in: Biblische Zeitfragen, 9. Folge, H. 3/4, 1919
Fischer, L., Fatima. Das portugiesische Lourdes. Reiseeindrücke, 1930
– Fatima im Lichte der kirchlichen Autorität, 2. A. 1934
Flanagan, G. L., Die ersten neun Monate des Lebens, 1968
Flatten, H., Klerus, in: Lexikon für Theologie und Kirche, VI, 1961
Flechtheim, O. K., Futurologie – Möglichkeiten und Grenzen, 1968
Fleckenstein, H., Bad, moraltheologisch, in: Lexikon für Theologie und Kirche, I, 1957
Fonseca, L. G. da, Maria spricht zur Welt. Fatimas Geheimnis und weltgeschichtliche Sendung, 13. A. 1957
Ford, C. S./Beach, F. A., Formen der Sexualität. Das Sexualverhalten bei Mensch und Tier, 1968
Frahm, H., Empfängnisverhütung, 1968
Frank-Duquesne, A., Schöpfung und Zeugung. Philosophie und Mystik der Ehe, 1955
Frankenberg, G. v., Johann Wolfgang Goethe, in: Deschner (Hg.), Das Christentum im Urteil seiner Gegner, I, 1969
Frankfort, H., Kingship and the Gods, 1948
Franz, A., Die kirchlichen Benediktionen im Mittelalter, II, 1909
Franzen, A., Kleine Kirchengeschichte, 1965
Freud, S., Jenseits des Lustprinzips. Gesammelte Werke, VIII, 1940
– Das Unbehagen in der Kultur. Gesammelte Werke, XIV, 1948
– Massenpsychologie und Ich-Analyse (Fischer-Bücherei), 1967
– Darstellungen der Psychoanalyse (Fischer-Bücherei), 1969
– »Selbstdarstellung.« Schriften zur Geschichte der Psychoanalyse, ed. v. I. Grubrich-Sinutis, 1971
Friedan, B., Der Weiblichkeitswahn oder Die Mystifizierung der Frau, 1966
Friedberg, E., Das Recht der Eheschließung in seiner geschichtlichen Entwicklung, 1865. Neudruck 1965
– Aus Deutschen Bußbüchern. Ein Beitrag zur deutschen Culturgeschichte, 1868
Friedell, E., Kulturgeschichte der Neuzeit. Die Krisis der europäischen Seele von der Schwarzen Pest bis zum Ersten Weltkrieg, 3 Bde., 1948
Friedenthal, R., Ketzer und Rebell. Jan Hus und das Jahrhundert der Revolutionskriege, 1972
Friedrichs, J., Sexualverhalten und Einstellungen zur Sexualität, in: zur debatte, Themen der katholischen Akademie in Bayern, Dezember 1970
Fries, H. (Hg.), Handbuch theologischer Grundbegriffe, 4 Bde., 1970
Frischauer, P., Knaurs Sittengeschichte der Welt, I, Vom Paradies bis Pompeji, 1968
– Moral und Unmoral der deutschen Frau. Ein geschichtlicher Überblick von der Edda bis zur Pille: Weib, Dame, Dirne, 1970
– Knaurs Sittengeschichte der Welt, II, Von Rom bis zum Rokoko, 1974
– Knaurs Sittengeschichte der Welt, III, Von Paris bis zur Pille, 1974
Fromm, E., Psychoanalyse und Ethik, 1954
– Das Christusdogma und andere Essays, 1965
– Das Menschliche in uns. Die Wahl zwischen Gut und Böse, 1968
– Zur Geschichte der Sexpol-Bewegung, 1934/35, in: Gente, H.-P. (Hg.), Marxismus, Psychoanalyse, Sexpol, 1970
Frusta, G., Der Flagellantismus und die Jesuitenbeichte. Historisch-psychologische Geschichte der Geißelungsinstitute, Klosterzüchtigungen und Beichtstuhlverirrungen aller Zeiten, 1834
Fuchs, J., Die Sexualethik des heiligen Thomas von Aquin, 1949
Fuhrmann, E., Das Tier in der Religion, 1923
Funk, F. X., Kirchengeschichtliche Abhandlungen und Untersuchungen, I, 1897
Fürer-Haimemdorf, C. v./Bareau, A./Schubring, W., Die Religionen Indiens, III, Buddhismus – Jinismus – Primitivvölker, 1964
Fürstauer, J., Neue illustrierte Sittengeschichte des bürgerlichen Zeitalters, 1967
– Sittengeschichte des Alten Orient, 1969
Fürstenberg F. (Hg.), Religionssoziologie, 1964

Gamm, H.-J., Sachkunde zur Biblischen Geschichte, 1965
- Aggression und Friedensfähigkeit in Deutschland, 1968
Gams, Kirchengeschichte von Spanien, 2 Bde., 1. Abtl., 1964
Garrone, G.-M., Was soll ich tun? Gedanken zur christlichen Moral und ihrer Widersprüchlichkeit, 1972
Gebhard, P. H./Raboch, J./Giese, H., Die Sexualität der Frau, 1968
Gebhard, P. H./Pomeroy, W. B./Martin, C. E./Christenson, C. V., Schwangerschaft, Geburt, Abtreibung, 1969
Geibel, F., Die Harmonie in der Entwicklung der Organismen, Rede, 1920
Gente, H.-P. (Hg.), Marxismus, Psychoanalyse, Sexpol, I, 1970, II, 1972
Giese, H. (Vf. v. Vorwort und Nachwort), Homosexualität oder Politik mit dem § 175, 1967
Giese, H./Schorsch, E., Zur Psychopathologie der Sexualität, 1973
Glasenapp, H. v., Der Jainismus, 1925
- Buddhismus und Gottesidee. Akademie der Wissenschaften, Mainz 1954
- Glaube und Ritus der Hochreligionen in vergleichender Übersicht, 1960
- Die fünf Weltreligionen, 1963
- (Hg.), Die nichtchristlichen Religionen, 1959
Glaser, H., Eros in der Politik, 1967
Glaubensverkündigung für Erwachsene. Deutsche Ausgabe des Holländischen Katechismus, 1968
Gmelin, O. F., Warum ich aus der Kirche ausgetreten bin, ed. v. K. Deschner, 1970
Gonda, J., Die Religionen Indiens, I, Veda und älterer Hinduismus, 1960
- Die Religionen Indiens, II, Der jüngere Hinduismus, 1963
Gontard, F., Die Päpste. Regenten zwischen Himmel und Hölle, 1959
Goodspeed, E. J., The Meaning of Ephesians, 1933
- An Introduction to the New Testament, 1937
Göpfert, F. A., Moraltheologie, 2 Bde., 1897
Görres, F. I., Laiengedanken zum Zölibat, 1962
Gorsen, P., Das Prinzip Obszön. Kunst, Pornographie und Gesellschaft, 1969
Gottlieb, E., Die Frau in der frühchristlichen Gemeinde, 1927
Göttsberger, J., Die göttliche Weisheit als Persönlichkeit im Alten Testament, 1919
Graul, R., Psychopater Leppich, in: Contra, Politisch-literarische Flugschrift, Nr. 10, Januar/Februar 1961
Gressmann, H., Die älteste Geschichtsschreibung und Prophetie Israels, 1910
- Die Lade Jahwes, 1920
Grimal, P. (Hg.), Mythen der Völker, 3 Bde., 1967
Grisar, H., Luther, 3 Bde., 1911/12
Gröber, C., Handbuch der religiösen Gegenwartsfragen. Mit Empfehlung des deutschen Gesamtepiskopates. Neuer Abdruck 1940
Grønbech, V., Götter und Menschen. Griechische Geistesgeschichte, II, 1967
Groß, J., Entstehungsgeschichte des Erbsündendogmas. Von der Bibel bis Augustinus, I, 1960
Gruber, O., Das Westwerk, in: Zeitschrift des deutschen Vereins für Kunstwissenschaft, 3, 1936
Gruhle, H. W., Verstehende Psychologie (Erlebnislehre), 1948
Gründel, J., Wandelbares und Unwandelbares in der Moraltheologie. Erwägungen zur Moraltheologie an Hand des Axioms »agere sequitur esse«. 1967
- Aspekte der Ethik und Moraltheologie, in: Gründel, Triebsteuerung, 1972
- (Hg.), Triebsteuerung. Für und wider die Askese, 1972
Grundmann, H., Die geschichtlichen Grundlagen der deutschen Mystik, in: Ruh, K. (Hg.), Altdeutsche und altniederländische Mystik, 1964
Grupp, G., Kulturgeschichte des Mittelalters, 6 Bde., 1907-1925
Grützmacher, Lic. Dr., Pachomius und das älteste Klosterleben. Ein Beitrag zur Mönchsgeschichte, 1896
Gschwind, P., Die Priesterehe und der Cölibatszwang, 1875
Guardini, R., Von heiligen Zeichen, 1927
Guha, A.-A., Sexualität und Pornographie. Die organisierte Entmündigung, 1971
- Siguschs Lehrstuhl in Frankfurt. Noch keine Behandlung von Patienten mit sexuellen Störungen möglich, in: Frankfurter Rundschau, 12. 3. 1974
Gundlach, G., Die Lehre Pius XII. vom modernen Krieg, Stimmen der Zeit, H. 7, 1958/59
Günter, H., Deutsche Kultur, 1932
- Psychologie der Legende. Studien zu einer wissenschaftlichen Heiligengeschichte, 1949

Haag, J., Glückliche Lebensfahrt von der Wiege bis zum Grabe. Ein Buch für das christliche Volk, 5. A. 1923
Haas, W. S., Östliches und westliches Denken. Eine Kulturmorphologie, 1967
Hadas, M., Hellenistische Kultur. Werden und Wirkung, 1963
Haensch, D., Repressive Familienpolitik. Sexualunterdrückung als Mittel der Politik, 1969
Haire, N., Geschlecht und Liebe heute. Das Geschlechtsleben des modernen Menschen, 1965
Halbfaß, H., Bertrand Russell, in: Deschner (Hg.), Das Christentum im Urteil seiner Gegner, II, 1971

Halbfaß, H., André Gide, in: Deschner (Hg.), Das Christentum im Urteil seiner Gegner, II, 1971
Halbfaß, W., Denis Diderot, in: Deschner (Hg.), Das Christentum im Urteil seiner Gegner, I, 1969
Haller, J., Das Papsttum. Idee und Wirklichkeit, 5 Bde. 1965
Hamburger, G., Katholische Priesterehe oder Der Tod eines Tabus?, 1968
Hampe, J. C. (Hg.), Die Autorität der Freiheit. Gegenwart des Konzils und Zukunft der Kirche im ökumenischen Disput, 3 Bde., 1967
Hanack, E.-W., Zur Revision des Sexualstrafrechts in der Bundesrepublik. Ein Rechtsgutachten unter Mitarbeit von E. Wahle und J. v. Gerlach. Mit einem Vorwort von Hans Giese, 1969
Hancar, F., Zum Problem der Venusstatuetten im eurasischen Jungpaläolithikum, in: Prähistorische Zeitschrift 1/2, 1940
Häring, B., Das Gesetz Christi. Moraltheologie. Sechste erweiterte und gründlich bearbeitete Aufl., 3 Bde., 1961
– Die gegenwärtige Heilsstunde. Gesammelte Aufsätze, 1964
– Krise um »Humanae vitae«, 1968
Harnack, A. v., Militia Christiana, 1905
– Das Mönchtum, 7. A. 1907
– Das Leben Cyprians, 1913
– Aus der Friedens- und Kriegsarbeit, 1916
– Die Askese. Eine Skizze, in: Aus der Friedens- und Kriegsarbeit, 1916
– Mission und Ausbreitung des Christentums in den ersten drei Jahrhunderten, I, 1924
– Lehrbuch der Dogmengeschichte, 5. A. 1931
Hartmann, H., Kirche und Sexualität. Der Wandel der Erotik, 1929
Hauck, A., Kirchengeschichte Deutschlands, 3. A. IV, 1913
Haug, W. F., Warenästhetik, Sexualität und Herrschaft. Gesammelte Aufsätze, 1972
Hauser, R./Scholz, F., Der Mensch unter Gottes Anruf und Ordnung. Festgabe für Theodor Müncker, 1958
Häussler, H., Interessen-Parallelen und natürliche Komplicenschaft, in: das freigeistige wort, Nürnberg, 6, 1971
Hays, H. R., Mythos Frau. Das gefährliche Geschlecht, 1969
Heer, F., Europa, Mutter der Revolutionen, 1964
– Europäische Geistesgeschichte, 2. A. 1965
– Kirche nach Kopernikus? in: Radius, Stuttgart, 1, 1965
– Abschied von Höllen und Himmeln. Zum Ende des religiösen Tertiär, 1970
– Abendrot und Morgenröte. Zeitkritische Betrachtungen, 1972
Hefele, C. J., Die Entwicklung der Cölibates und die kirchliche Gesetzgebung über denselben sowohl bei den Griechen als Lateinern, in: Beiträge zur Kirchengeschichte, Archäologie und Liturgik, I, 1864
Hegele, G., Die Ehe, wie sie sein soll, 1953
Heiler, A. M., Die Stellung der Frau in den Religionen, in: Bitter, W. (Hg.), Krisis und Zukunft der Frau, 1962
Heiler, F., Der Katholizismus. Seine Idee und seine Erscheinung, 1923
– Urkirche und Ostkirche, 1937
– Die Religionen der Menschheit in Vergangenheit und Gegenwart, 1959
– Erscheinungsformen und Wesen der Religion, 1961
Heinzelmann, G., Die getrennten Schwestern. Frauen nach dem Konzil, 1967
Heinz-Mohr, G., Lexikon der Symbole. Bilder und Zeichen der christlichen Kunst, 1971
Heldt, J., Gott in Deutschland. Eine Reportage über Glaube und Kirche, 1963
Hellinger, W., Die Pfarrvisitation nach Regino von Prüm, in: Zeitschrift der Savigny-Stiftung für Rechtsgeschichte, Kanonistische Abtlg., 1962/63
Henke, M., Der Weg aus der Gefühlskälte, 1961
Hennecke, E., Neutestamentliche Apokryphen, 2. A. 1924
Henrich, F. (Hg.), Existenzprobleme des Priesters, 1969
Henrich, F./Eid, V. (Hg.), Ehe und Ehescheidung. Diskussion unter Christen, 1972
Henry, M. L., Das Tier im religiösen Bewußtsein des alttestamentlichen Menschen, 1958
Herbort, H. J., Der päpstliche Mischehenerlaß stößt auf Kritik. Katholische Springprozession, in: Die Zeit, 8. 5. 1970
Herbst, D., Die Synode zu Gangra. Theologische Quartalsschrift, Tübingen 1823
Herrmann, F., Symbolik in den Religionen der Naturvölker, 1961
Herter, H., De dis atticis Priapi similibus, 1926
Hertling, L. v., Antonius der Einsiedler, 1. H., Forschungen zur Geschichte des innerkirchlichen Lebens, 1929
Hertzler, J. O., The Crisis in World Population, 1956
Herwegen, I., Der heilige Benedikt. Ein Charakterbild, 4. A. 1951
Herzog-Dürck, J., Zur personalen Reifung der Frau, in: Bitter, W. (Hg.), Krisis und Zukunft der Frau, 1962
Heß, L., Die deutschen Frauenberufe des Mittelalters, 1940
Hesse, E. (Hg.), Jungfräulichkeit und Zölibat. Der ungeteilte Dienst der Kirche in unserer Zeit, 1964

Hessen, J., Der Sinn des Lebens, 3. A. 1947
Heussi, K., Der Ursprung des Mönchtums, 1936
Hildebrand, D. v., Die Ehe, 1929
Hilpisch, St., Die Doppelklöster. Entstehung und Organisation, 1928
– Die Torheit um Christi willen, Zeitschrift für Aszese und Mystik, 6. Jg. 1931
Hirschauer, G., Der Katholizismus vor dem Risiko der Freiheit. Nachruf auf ein Konzil, 1969
Hirschberg, W. (Hg.), Wörterbuch der Völkerkunde, 1965
Hoche, K., Schreibmaschinentypen und andere Parodien, 1971
Höcht, J. M., Maria rettet das Abendland. Fatima und die »Siegerin in allen Schlachten Gottes« in der Entscheidung um Rußland, 1953
– Fatima und Pius XII. Der Kampf um den Weltfrieden. Die überraschende Kriegswende 1942/43 und der kommende Triumph Mariens, 1950
Hocke, G. R., Manierismus in der Literatur, 1959
Hödl, L., Die lex continentiae. Eine problemgeschichtliche Studie über den Zölibat, in: Zeitschrift für katholische Theologie, Wien 1961
Hoehl, E., Paul Thiry d'Holbach, in: Deschner (Hg.), Das Christentum im Urteil seiner Gegner, I, 1969
Höffner, J., Um des Himmelreiches willen. Über den Zölibat der Priester, 1972
– Sexual-Moral im Licht des Glaubens. Zehn Leitsätze des Erzbischofs von Köln, Kardinal Joseph Höffner, 2. A. 1973
Holtzmann, R., Geschichte der sächsischen Kaiserzeit 900—1024, 2 Bde., 1971
Holzapfel, H., Die sittliche Wertung der körperlichen Arbeit im christlichen Altertum, 1941
Hopfenbeck, G., Frauenbeichte, 1964
Horkheimer, M. (Hg.), Studien über Autorität und Familie. Forschungsbericht aus dem Institut für Sozialforschung, 1936
Hörl, R. (Hg.), Die Zukunft unserer Kinder. Für eine moderne Erziehung, 1972
Hornstein-Faller, Gesundes Geschlechtsleben. Handbuch für Ehefragen, 1950
Horst, F., Frau, im Alten Testament, in: Die Religion in Geschichte und Gegenwart, II, 1958
Huch, R., Gesammelte Werke, ed. v. W. Emrich, IX und X, Geschichte 1 und 2, o. J.
Hultkrantz, Ä./Paulson, I./Jettmar, K., Die Religionen Nordeurasiens und der amerikanischen Arktis, 1962
Hünermann, J., In Liebe vereint. Gespräche mit jungen Menschen auf dem Weg zur Ehe, 2. A. 1962
Hunke, S., Europas andere Religion. Die Überwindung der religiösen Krise, 1969
Hunt, M. M., The natural history of love, 1959
Huxley, A., Die Teufel von Loudun, 1966
Hyde, H. M., Geschichte der Pornographie. Eine wissenschaftliche Studie, 1965

Italiaander, R., Die Homophilen, in: Doerdelmann, B. (Hg.), Minderheiten in der Bundesrepublik, 1969

Jäger, H., Strafgesetzgebung und Rechtsgüterschutz bei Sittlichkeitsdelikten, 1967
Jahnn, H. H., Werke und Tagebücher, 7 Bde., 1974
James, E. O., Das Priestertum, Wesen und Funktion. Eine vergleichende und anthropologische Studie, o. J.
– The Cult of the Mother-Goddess. An Archaeological and Documentary Study, 1959
Jantke, C./Hilger, D., Die Eigentumslosen. Der deutsche Pauperismus und die Emanzipationskrise in Darstellungen und Deutungen der zeitgenössischen Literatur, 1965
Jastrow, M., Die Religion Babyloniens und Assyriens, 2 Bde. 1905/1912
Jetter, W., Was wird aus der Kirche? Beobachtungen – Fragen – Vorschläge, 1968
Jochimsen, L. (Hg.), § 218. Dokumentation eines 100jährigen Elends, 1971
Jone, H., Katholische Moraltheologie. Unter besonderer Berücksichtigung des Codex Iuris Canonici sowie des deutschen, österreichischen und schweizerischen Rechtes, 15. vermehrte und verbesserte Aufl., 1953
Jonkers, E. J., Einige Bemerkungen über Kirche und heidnische Reinheitsvorschriften in den ersten sechs nachchristlichen Jahrhunderten, in: Mnemosyne, 1943
Jordan, H., Das Frauenideal des Neuen Testaments und der ältesten Christenheit, 1909
Jülicher, A., Die geistlichen Ehen in der alten Kirche, Archiv für Religionswissenschaft, Bd. 7, 1904

Kahl, J., Das Elend des Christentums oder Plädoyer für eine Humanität ohne Gott, 1965
Kähler, E., Die Frau in den paulinischen Briefen. Unter besonderer Berücksichtigung des Begriffes der Unterordnung, 1960
Kaiser, A., Giordano Bruno, in: Deschner (Hg.), Das Christentum im Urteil seiner Gegner, I, 1969
Kampmann, T., Anthropologische Grundlagen ganzheitlicher Frauenbildung, unter besonderer Berücksichtigung des religiösen Bereichs. I: Die Methodologie der Geschlechterdifferenz und die Physiologie des Frauenwesens. II: Die Psychologie des Frauenwesens, 1946
Karrenberg, F./Heyde, P. (Hg.), Fragen und Aufgaben der Geschlechtserziehung heute, 1965

Karrer, O., Urchristliche Zeugen. Das Urchristentum nach außerbiblischen Dokumenten bis 150 n. Chr., 1937
Käsemann, Leib und Leib Christi, 1933
Keil, H., Abtreibung im Untergrund, in: Lutherische Monatshefte, Juni 1970
Keil, S., Das Miteinander von Mann und Frau in Kirche und Gemeinde, in: Bourbeck (Hg.), Zusammen, 1965
Keller, H. L., Reclams Lexikon der Heiligen und der biblischen Gestalten, 1968
Kelsen, H., Aufsätze zur Ideologiekritik, ed. v. E. Topitsch, 1964
Kemmerich, M., Moderne Kultur-Kuriosa (Kultur-Kuriosa, 3. Bd.), 1926
Kentler, H., Sexualerziehung, 1970
Kerényi, K. (Hg.), Humanistische Seelenforschung, 1966
Kesten, H., Flüchtige Anmerkungen eines Moralisten zum Christentum, in: Deschner (Hg.), Was halten Sie vom Christentum?, 1957
- Revolutionäre mit Geduld, 1973
Ketter, P., Christus und die Frauen. Frauenleben und Frauengestalten im Neuen Testament, 1933
Kindlers Literaturlexikon, 1965 ff.
Kinsey, A. C./Pomeroy, W. B./Martin, C. E./Gebhard, P. H., Das sexuelle Verhalten der Frau, 1970
Kinsey, A. C./Pomeroy, W. B./Martin, C. E., das sexuelle Verhalten des Mannes, 1970
Kirchmayr, A., Die Kirche ist krank, in: Th. Seiterich (Hg.), Briefe an den Papst. Beten allein genügt nicht, 1987
Kirchner, H., Die Menhire in Mitteleuropa und der Menhirgedanke, 1955
Kittel, G. (Hg.), Theologisches Wörterbuch zum Neuen Testament, 1933 ff.
Knecht, A., Handbuch des katholischen Eherechts auf Grund des Codex Iuris Canonici und unter Berücksichtigung des bürgerlichen Eherechts des Deutschen Reiches, Österreichs, Ungarns, der Tschechoslowakei und der Schweiz, 1928
Knopf, R., Einführung in das Neue Testament, 3. A. 1930
Kober, F., Die Suspension der Kirchendiener, nach den Grundsätzen des canonischen Rechts dargestellt, 1862
- Die Deposition und Degradation, nach den Grundsätzen des kirchlichen Rechts historisch-dogmatisch dargestellt, 1867
- Die körperliche Züchtigung als kirchliches Strafmittel gegen Cleriker und Mönche, in: Theologische Quartalsschrift, 1875
Koch, A., Der Aufstieg der Frau im Frühchristentum, in: Stimmen der Zeit, 66. Jg., 1935/36
Koch, G., Frauenfrage und Ketzertum im Mittelalter. Die Frauenbewegung im Rahmen des Katharismus und Waldensertums und ihre sozialen Wurzeln (12.-14. Jahrhundert), 1962
Koch, H., Virgines Christi. Die Gelübde der gottgeweihten Jungfrauen in den ersten drei Jahrhunderten, 1906
Koeniger, E., Aus der Geschichte der Heilkunst, 1958
Kofler, L., Der asketische Eros. Industriekultur und Ideologie, 1967
Köhler, L., Der hebräische Mensch, 1953
König, M., Das Weltbild des eiszeitlichen Menschen, 1954
König, R., Kleider und Leute. Zur Soziologie der Mode, 1967
Kool, F./Krause, W. (Hg.), Die frühen Sozialisten, 2 Bde., 1972
Kötting, B., Die Beurteilung der zweiten Ehe im Heidentum und christlichen Altertum, 1953
- Der Zölibat in der alten Kirche, 1968
Krämer-Badoni, R., Die Last, katholisch zu sein, 1967
Kraus, H., Bildungsfeindlichkeit und Pillenverbot, in: Das freigeistige Wort, Nürnberg Nr. 6, Juni 1971
Krüger, P., Große Mönchsgestalten, in: Krüger/Tyciak, Morgenländisches Christentum, 1940
- Der geschichtliche Weg des Mönchtums in ältester Zeit, in: Krüger/Tyciak, Morgenländisches Christentum, 1940
Krüger, P./Tyciak, H. (Hg.), Morgenländisches Christentum. Wege zu einer ökumenischen Theologie, 1940
Kuczynski, J., Die Geschichte der Lage der Arbeiter unter dem Kapitalismus, 1963
Kuhaupt, H., Die Hochzeit zu Kana. Vom Mysterium der Ehe, 1952
Kühn, H., Die Felsbilder Europas, 1952
- Das Erwachen der Menschheit, 1958
Kühner, H., Index Romanus. Auseinandersetzung oder Verbot, 1963
- Gezeiten der Kirche in zwei Jahrtausenden, I, 1970
- Lexikon der Päpste von Petrus bis Paul VI., o. J.
Kummer, B., Midgards Untergang, 1927
Küpper, H., Wörterbuch der deutschen Umgangssprache, Bd. I, dritte neubearbeitete und erweiterte Auflage, 1963, Bd. II: 10 000 neue Ausdrücke von A bis Z, 1963
Kuschke, A., Altbabylonische Texte zum Thema »Der leidende Gerechte«, Theologische Literaturzeitung, 2, 1956
Kuthy, L., Bei der Geburt schon benachteiligt, in: Frankfurter Rundschau, 12.5. 1973

Lacarrièrre, J., Die Gott-Trunkenen, 1967
Lampl, H. E., Franz Camille Overbeck, in: Deschner (Hg.), Das Christentum im Urteil seiner Gegner, I, 1969
- Die Mariendogmen, in: Deschner (Hg.), Der manipulierte Glaube, 1971
Lanczkowski, G., Geschichte der Religionen, 1972
Laqueur, W. Z., Die deutsche Jugendbewegung. Eine historische Studie, 1962
Lawrence, D. H., Pornographie und Obszönität und andere Essays über Liebe, Sex und Emanzipation, 1971
Lea, H. C., The Inquisition of the Middle Ages. Its Organization and Operation, 1961
Leonhardt, F. J., Die Stellung der Frau in der urchristlichen Gemeinde, in: Kirchliche Zeitfragen, Heft 24 1949
Leese, K., Die Mutter als religiöses Symbol, 1934
Leeuw, G. van der, Der Mensch und die Religionen, 1941
- Phänomenologie der Religion, 2. A. 1945
Leeuwen, A. T. van, Christentum in der Weltgeschichte. Das Heil und die Säkularisation, 1966
Légrand, L., Jungfräulichkeit nach der Heiligen Schrift, 1966
Leicht, H., Kunstgeschichte der Welt, 1945
Leipoldt, J., Schenute von Atripe, Texte und Untersuchungen, 25, 1, 1903
- Jesus und die Frauen, 1921
- Dionysos, 1931
- Katholische Volksfrömmigkeit, 1939
- Der soziale Gedanke in der altchristlichen Kirche, 1952
- Die Frau in der antiken Welt und im Urchristentum, 2. A. 1955
- Ein neues Evangelium? Das koptische Thomasevangelium übersetzt und besprochen, in: Theologische Literaturzeitung, 7, 1958
Leisegang, H., Das Mysterium der Schlange, in: Eranos-Jahrbuch, 1939
Leist, F., Zum Thema Zölibat. Bekenntnisse von Betroffenen, 1973
Leonhardt, R. W., Wer wirft den ersten Stein? Minoritäten in einer züchtigen Gesellschaft, 1971
Lerchbacher, H., Sex im Recht. Reform des Sittenrechts, 1974
Lewandowski, H., Ferne Länder - Fremde Sitten. Eine Einführung in die vergleichende Sexualethnologie 3. A. 1960
Lewy, G., Die katholische Kirche und das Dritte Reich, 1965
Licht, H., Sittengeschichte Griechenlands. Neu herausgegeben, bearbeitet und eingeleitet von H. Lewandowski, 2. A. 1960
Lietzmann, H., Byzantinische Legenden, 1911
- Geschichte der alten Kirche, 4. A. 1953
Liguori, A. M. de, Theologia moralis, ed. v. M. Haringer, 6 Bde., 1846/47
Lille, F., Solange Ihr Thron noch steht, wackelt auch mein Bett nicht, in Th. Seiterich (Hg.), Briefe an den Papst. Beten allein genügt nicht, 1987
Lindner, D., Der Usus Matrimonii. Eine Untersuchung über seine sittliche Bewertung in der katholischen Moraltheologie alter und neuer Zeit, 1929
Linton, E., Das Problem der Urkirche in der neueren Forschung, 1932
List, J., Das Antoniusleben des hl. Athanasius d. Gr., Lit.-hist. Studie zu den Anfängen der byzantinischen Hagiographie, in: Texte und Forschungen zur Byzantinisch-neugriechischen Philologie Nr. 11, 1930
Lo Duca, J.-M., Die Geschichte der Erotik, 1965
Lohmeier, G. (Hg.), Geistliches Donnerwetter. Bayerische Barockpredigten, 1967
Lohmeyer, E., Die Versuchung Jesu, in: Zeitschrift für systematische Theologie 14, 1937
- Das Abendmahl in der Urgemeinde, in: Journal of Bibl. Literature, 56, 1937
- Kultus und Evangelium, 1942
Löhr, J., Methodisch-kritische Beiträge zur Geschichte der Sittlichkeit des Klerus, 1910
Lortzing, H., Der Ordensgedanke außerhalb des Christentums. Eine geschichtsphilosophische Studie, 1939
Lucius, E., Die Anfänge des Heiligenkultes in der christlichen Kirche, 1904
Ludat, A., Die Frau, soziologisch, in: Lexikon für Theologie und Kirche, IV, 1960
Luther, M., Werke E. A. und W. A.

Mächler, R., Der christliche Freigeist. Versuch einer wahrhaftigen Jesusbetrachtung, 1961
- Eduard von Hartmann, in: Deschner (Hg.), Das Christentum im Urteil seiner Gegner, I, 1969
Mack, V., Claude Adrien Helvetius, in: Deschner (Hg.), Das Christentum im Urteil seiner Gegner, I, 1969
- Pierre Bayle, in: Deschner (Hg.), Das Christentum im Urteil seiner Gegner, I, 1969
Mackensen, L., Reclams etymologisches Wörterbuch der deutschen Sprache, 1966
Mainberger, G., Das unterscheidend Christliche. Luzerner Karwochenpredigten zu St. Josef im Maihof, 1968
Maisch, H., Inzest, 1968

Mandl, J., Das hierarchische und solidarische Grundgesetz in der ehelichen Gemeinschaft in naturrechtlicher Sicht, in: Hauser, R./Scholz, F., Der Mensch unter Gottes Anruf und Ordnung, 1958
Mann, U., Vorspiel des Heils. Die Uroffenbarung in Hellas, 1962
Manser, G. M., Die Frauenfrage nach Thomas von Aquin, 1919
Mantegazza, P., Die Geschlechtsverhältnisse des Menschen, 9. A. o. J.
Marcuse, J., Die sexuelle Frage und das Christentum. Ein Waffengang mit F. W. Förster, dem Verfasser von »Sexualethik und Sexualpädagogik«, 1908
Marcuse, L., Obszön. Geschichte einer Entrüstung, 1962
Maringer, J., Vorgeschichtliche Religion. Religionen im steinzeitlichen Europa, 1956
Marx, K., Das Kapital. Kritik der politischen Ökonomie, 3 Bde., 1955
Matussek, P., Verfällt die Moral? Wandlungen der Sittlichkeit, dargestellt am Ehemodell, in: H. J. Schultz, Kontexte 4, 1967
Mausbach, J., Altchristliche und moderne Gedanken über Frauenberuf. 3 Aufsätze, 1.–3. A. 1906
– Die Ethik des heiligen Augustin, 1929
May, G., Demokratisierung der Kirche. Möglichkeiten und Grenzen, 1971
Mayer, S., Orden, Ordensstand, in: Lexikon für Theologie und Kirche, VII, 1962
Mead, M., Mann und Weib. Das Verhältnis der Geschlechter in einer sich wandelnden Welt, 1958
– Jugend und Sexualität in primitiven Gesellschaften, 3 Bde., 1970
Mechthild von Magdeburg, Das fließende Licht der Gottheit, 1956
Mees, G./Graf, G. (Hg.), Pater Leppich spricht. Journalisten hören den »Arbeiterpater«, 1953
Meinertz, M., Theologie des Neuen Testaments, 1950
Menghin, O., Weltgeschichte der Steinzeit, 1931
Menschik, J., Gleichberechtigung oder Emanzipation? Die Frau im Erwerbsleben der Bundesrepublik, 1971
Mensching, G., Das heilige Schweigen. Eine religionsgeschichtliche Untersuchung, 1926
– Buddhistische Geisteswelt, 1955
– Soziologie der großen Religionen, 1966
Menzel, W., Geschichte der Deutschen, 3 Bde., 1872
Merzbacher, F., Die Leprosen im alten kanonischen Recht, in: Zeitschrift der Savigny-Stiftung für Rechtsgeschichte, Kanonistisch. Abtl. 1967
Metz, J., Die Theologie der Welt und die Askese, in: Bismarck, K. v./Dirks, W. (Hg.), Neue Grenzen, I, 1966
Metz, J. B., Konkupiszenz, in: Fries, H. (Hg.), Handbuch theologischer Grundbegriffe, II, 1970
Metzger, W., Kind und Geschlecht. Über die eigene Einstellung der Eltern als Voraussetzung sexueller Erziehung, in: Hörl, R. (Hg.), Die Zukunft unserer Kinder, 1972
Metzner, M., »Die Uhr kann nicht zurückgedreht werden.« Abtreibungsgegner in den USA wollen das Urteil des Obersten Bundesgerichts annulliert sehen, in: Frankfurter Rundschau, 3. 4. 1974
Meyer, J., Die christliche Ascese. Ihr Wesen und ihre historische Entfaltung, 1894
Meyer, J. J., Trilogie altindischer Mächte und Feste der Vegetation. Ein Beitrag zur vergleichenden Religions- und Kulturgeschichte, Fest- und Volkskunde, 1937
Michael, D., The Next Generation, 1963
Milhoffer, D., Familie und Klasse. Ein Beitrag zu den politischen Konsequenzen familialer Sozialisation 1973
Millett, K., Sexus und Herrschaft. Die Tyrannei des Mannes in unserer Gesellschaft, 1971
Mirbt, C., Die Publizistik im Zeitalter Gregors VII., 1894
Mitterer, A., Mann und Weib nach dem biologischen Weltbild des hl. Thomas und dem der Gegenwart, in: Zeitschrift für katholische Theologie, 57. Bd., 1933
– Der Wärmebegriff des hl. Thomas, in: Lang/Lechner/Schmaus, Aus der Geisteswelt des Mittelalters, Festschrift für Martin Grabmann, 1935
Mode, H., Das frühe Indien, 1959
Money, J., Körperlich-sexuelle Fehlentwicklungen, 1969
Morel, G. (Hg.), Offenbarungen der Schwester Mechthild von Magdeburg oder Das fließende Licht der Gottheit, 1869
Morenz, S., Ägyptische Religionen, 1960
Morris, D., Der nackte Affe, 1970
Mörsdorf, J., Gestaltwandel des Frauenbildes und Frauenberufs in der Neuzeit, 1958
– Die Frau, theologisch, in: Lexikon für Theologie und Kirche, IV, 1960
Mörsdorf, J./Eichmann, E., Lehrbücher des Kirchenrechts, 10. A. 1959
Morton, R. S., Geschlechtskrankheiten. Tabuierte Infektionen, 1969
Morus (Lewinsohn, R.), Der ewige Zeus, 1955
– Eine Weltgeschichte der Sexualität, 1965
Mouat, K., Leben in dieser Welt. Philosophie und Moral eines nichtchristlichen Humanismus, 1964
Mühlmann, W. E., Homo creator. Abhandlungen zur Soziologie und Ethnologie, 1962
Müller, A. v., Geschichte unter unseren Füßen. Archäologische Forschungen in Europa, 1968

Müller, J., Die Keuschheitsideen in ihrer geschichtlichen Entwicklung und praktischen Bedeutung, 3. A. 1926
Müller, K., Die Forderung der Ehelosigkeit für alle Getauften in der alten Kirche, in: Sammlung gemeinverständlicher Vorträge und Schriften aus dem Gebiet der Theologie und Religionsgeschichte, 1927
Müller, M., Ethik und Recht in der Lehre von der Verantwortlichkeit, 1932
- Die Lehre des hl. Augustinus von der Paradiesesehe und ihre Auswirkung in der Sexualethik des 12. und 13. Jahrhunderts bis Thomas von Aquin, 1954
- Grundlagen der katholischen Sozialethik, 1968
Müller-Lyer, F., Die Familie, 1926
Mynarek, H., Herren und Knechte der Kirche, 1973

Naab, I., Die katholische Beicht, 1946
Nansen, F., Eskimoleben, 1903
Narr, K. J., Handbuch der Urgeschichte, 1966
Nebel, G., Die Not der Götter. Welt und Mythos der Germanen, 1957
Neill, A. S., Theorie und Praxis der antiautoritären Erziehung. Das Beispiel Summerhill, 1969
Nestle, W., Griechische Religiosität von Homer bis Pindar und Äschylos, 1930
- Griechische Religiosität vom Zeitalter des Perikles bis auf Aristoteles, II, 1933
- Griechische Religiosität von Alexander d. Gr. bis auf Proklos, III, 1934
Neumann, E., Die große Mutter, 1956
Neumann, H., Beiträge zur Textgeschichte des »Fließenden Lichts der Gottheit« und zur Lebensgeschichte Mechthilds von Magdeburg, in: Ruh, K., Altdeutsche und niederländische Mystik, 1964
Neumann, R., Von der anderen Seite gesehen, in: Deschner (Hg.), Was halten Sie vom Christentum?, 1957
Neumann, V., Voltaire, in: Deschner (Hg.), Das Christentum im Urteil seiner Gegner, I, 1969
Niessen, J., Die Mariologie des hl. Hieronymus, ihre Quellen und Kritik, 1913
Nietzsche, F., Werke, ed. v. K. Schlechta, 1956
Nigg, W., Das Buch der Ketzer, 1949
- Vom Geheimnis der Mönche, 1953
- Vier große Heilige, 1964
Noonan, J. T., Empfängnisverhütung. Geschichtliche Beurteilung in der katholischen Theologie und im kanonischen Recht, 1969
Noth, M., Geschichte Israels, 4. A. 1959
Nüsse, R.-J., »Kein Anlaß zu einer pessimistischen Prognose für die Kirche«, in: Frankfurter Rundschau, 17. 1. 1974

Ockel, G., Dein Weg zum anderen Geschlecht. Rat und Hilfe für die schulentlassene Jugend, o. J.
Oepke, A., gyné, in: Kittel, G. (Hg.), Theologisches Wörterbuch, 1933 ff.
Oertel, F. (Hg.), Erstes Echo auf »Humanae vitae«. Dokumentation wichtiger Stellungnahmen zur umstrittenen Enzyklika über die Geburtenkontrolle, 1968
Oldenberg, H., Buddha, 1921
Onna, B. van/Stankowski, M. (Hg.), Kritischer Katholizismus, Argumente gegen die Kirchengesellschaft, 1969
Oraison, M., Wie moralisch ist die Jugend? Argumente für eine dynamische Ethik, 1972
Oswald, J., St. Altmanns Leben und Wirken nach der Göttweiger Überlieferung: »Vita Altmann«, Der heilige Altmann, Bischof von Passau. Sein Leben und Werk, 1965
Ott, L., Das Weihesakrament, 1969
Ott, S., Der Fall Dr. Dohrn. Eine Dokumentation zur Frage der Schwangerschaftsverhütung und der »guten Sitten«, 1964
- Christliche Aspekte unserer Rechtsordnung, 1968
Otto, W., Beiträge zur Hierodulie im hellenistischen Ägypten, aus dem Nachlaß ed. von F. Zucker, in: Abhandlungen der Bayerischen Akademie der Wissenschaften, Phil.-hist. Kl., Heft 29, 1950
Otto, W. F., Das Wort der Antike, 1962
Ovids Liebeskunst. Ins Deutsche übertragen von A. von Gleichen-Rußwurm, 1907
Oyen, H. van, Ethik des Alten Testaments, Geschichte der Ethik, II, 1967

Packard, V., Die sexuelle Verwirrung. Der Wandel in den Beziehungen der Geschlechter, 1972
Pannwitz, R., Gilgamesch – Sokrates. Titanentum und Humanismus, 1966
Papen, F. v., Der 12. November 1933 und die deutschen Katholiken. Rede, gehalten vor der Arbeitsgemeinschaft katholischer Deutscher in der Messehalle zu Köln am 9. 11. 1933, veröffentlicht in: Reich und Kirche, 1934
Paret, R., Zur Frauenfrage in der arabisch-islamischen Welt, in: Veröffentlichungen des orientalischen Seminars der Universität Tübingen, Heft 8, Stuttgart. – Berlin 1934

Pastor, L. v., Geschichte der Päpste seit dem Ausgang des Mittelalters, 1926 ff.
Pauleser, S., Tore öffnen sich, 1956
Pedersen, J., Israel, Its Life and Culture I – II, 1926 ff.
Perecrin, Das Vatican'sche Concil und die Priesterehe. Zugleich ein Beitrag zur Cultur- und Sittengeschichte, 1870
Pereia, C., Wer sagt uns die Wahrheit? Ein offenes Wort an reifende Jungen, o. J.
– Zwischen 13 und 17. Ein Wort an die Eltern, 116.–130. Tausend, 1965
Peterich, E., Götter und Helden der Germanen, 1963
Peterson, E., Der Ursprung der christlichen Askese, Zeitschrift für Religions- und Geistesgeschichte, H. 3, 1949/50
Pfannmüller, G., Jesus im Urteil der Jahrhunderte, 2. A. 1939
Pfister, O., Das Christentum und die Angst, 1944
Pfürtner, S. H., Kirche und Sexualität, 1972
Pincus, G., The Control of Fertility, 1965
Plack, A., Die Gesellschaft und das Böse. Eine Kritik der herrschenden Moral, 1967
Plenge, I., Die heutige Frau als Mutter, in: Bitter, W. (Hg.), Krisis und Zukunft der Frau, 1962
Plöchl, W., Geschichte des Kirchenrechts, I. 1953, II, 1955
Poppe, K. H., Vom Toleranzedikt zum Kirchenstaat, in: Deschner (Hg.), Kirche und Krieg, 1970
Port, K., Warum ich aus der Kirche ausgetreten bin, ed. v. Deschner, 1970
Poschmann, B., Die abendländische Kirchenbuße im Ausgang des christlichen Altertums, in: Münchner Studien zur historischen Theologie, H. 7, 1928
– Die abendländische Kirchenbuße im frühen Mittelalter, in: Breslauer Studien zur historischen Theologie, Bd. XVI. 1930
Post, A. H., Afrikanische Jurisprudenz, 1887
Preime, A., Die Frau in den altfranzösischen Fabliaux, 1901
Preisker, H., Christentum und Ehe in den ersten drei Jahrhunderten. Eine Studie zur Kulturgeschichte der alten Welt, 1927
– Das Ethos des Urchristentums, 1949
Prinz, F., Frühes Mönchtum im Frankenreich. Kultur und Gesellschaft in Gallien, den Rheinlanden und Bayern am Beispiel der monastischen Entwicklung, 1965
Pritchard, J. P. (Hg.), Ancient Near Eastern Texts Relating to the Old Testament, 1950
Prohaska, L., Geschlechtsgeheimnis und Erziehung, 1964

Queen, S. A./Habenstein, R. W./Adams, J. B., The Family in Various Cultures, 1961
Quint, J., Mystik und Sprache. Ihr Verhältnis zueinander, insbesondere in der spekulativen Mystik Meister Eckeharts, in: Ruh, K. (Hg.), Altdeutsche und altniederländische Mystik, 1964

Rachewiltz, B. de, Schwarzer Eros. Afrikanische Sexualbräuche von der Vorgeschichte bis heute, 1965
Rad, G. v., Der Heilige Krieg im alten Israel, 1951
Rade, M., Die Stellung des Christentums zum Geschlechtsleben, 1910
Rahner, K., Der Zölibat des Weltpriesters im heutigen Gespräch. Ein offener Brief, in: Geist und Leben, Jg. 40, 1967
Ranke-Heinemann, J., Das frühe Mönchtum. Seine Motive nach Selbstzeugnissen, 1964
Rarisch, K. M., Arno Holz, in: Deschner (Hg.), Das Christentum im Urteil seiner Gegner, II, 1971
Raschke, H., Der ungeschichtliche Jesus, in: Deschner (Hg.), Jesusbilder in theologischer Sicht, 1965
Rattner, J., Der nervöse Mensch und seine Heilung. Charakterkunde und Psychotherapie der Nervosität, 1965
– Aggression und menschliche Natur. Individual- und Sozialpsychologie der Feindseligkeit und Destruktivität des Menschen, 1972
Ratzinger, J., Einführung in das Christentum. Vorlesungen über das Apostolische Glaubensbekenntnis, 1968
– Zur Frage nach der Unauflöslichkeit der Ehe. Bemerkungen zum dogmengeschichtlichen Befund und zu seiner gegenwärtigen Bedeutung, in: Henrich, F./Eid, V. (Hg.), Ehe und Ehescheidung, 1972
Rauh, F., Aspekte der Verhaltenswissenschaft, in: Gründel (Hg.), Triebsteuerung, 1972
Reich, W., Charakteranalyse. Technik und Grundlagen, 1933
– Dialektischer Materialismus und Psychoanalyse, 1934
– Massenpsychologie und Faschismus. Zur Sexualökonomie der politischen Reaktion und zur proletarischen Sexualpolitik, 1934
– Die sexuelle Revolution. Zur charakterlichen Selbststeuerung des Menschen, 1971
– Die Entdeckung des Organs. Die Funktion des Orgasmus. Sexualökonomische Grundprobleme der biologischen Energie, 1972
Reiche, R., Sexualität und Klassenkampf. Zur Abwehr repressiver Entsublimierung, 1971
Reiss, I. L., Freizügigkeit, Doppelmoral, Enthaltsamkeit. Verhaltensmuster der Sexualität, 1970

Reitzenstein, R., Poimandres, 1904
- Historia Monachorum und Historia Lausiaca. Eine Studie zur Geschichte des Mönchtums und der frühchristlichen Begriffe Gnostiker und Pneumatiker, 1916
Rhyn, M. van, Treasures of the Dust, 1929
Ricoeur, P. (Hg.), Sexualität, Wunder, Abwege, Rätsel. Eine Deutung in Form grundsätzlicher Stellungnahmen, Umfragen und Kontroversen, 1967
Ries, J., Kirche und Keuschheit. Die geschlechtliche Reinheit und die Verdienste der Kirche um dieselbe, 1922
Ringeling, H., Die Frau zwischen gestern und morgen, 1962
- Bund und Partnerschaft in der Ehe, in: Bourbeck (Hg.), Zusammen, 1965
Ringgren, H., Israelitische Religion, 1963
Ringgren, H./Ström, Ä. v., Die Religionen der Völker, 1959
Ritsert, E., Der Orden der Trappisten, 1833
Ritter/Leich, Wer ist die Kirche?, 1969
Ritzer, K., Eheschließung. Formen, Riten und religiöses Brauchtum der Eheschließung in den christlichen Kirchen des ersten Jahrtausends, 1951
Roberts, T. D. (Hg.), Empfängnisverhütung in der christlichen Ehe, 1966
Robertson, A./Plummer, A., I Epistle of St. Paul to the Corinthians, 1911
Röder, J., Pfahl und Menhir, 1949
Rödleitner, S., Reifende Liebe, 1953
Roetheli, E. W., Körperkultur und Seelsorge. Eine Aussprache um Mode, Strandbad und Sauna, in: Anima, 2, 1947
Rohde, E., Psyche. Seelencult und Unsterblichkeitsglaube der Griechen, 2 Bde., 9. und 10. A. 1925
Rohner, L. (Hg.), Deutsche Essays. Prosa aus zwei Jahrhunderten, 1972
Rolffs-Loofs, Dogmengeschichte, 4. A. 1906
Romano, R./Tenenti, A., Fischer Weltgeschichte, Bd. 12. Die Grundlegung der modernen Welt. Spätmittelalter, Renaissance, Reformation, 1967
Ronner, W., Die Kirche und der Keuschheitswahn. Christentum und Sexualität, 1971
Rose, H. J., Griechische Mythologie. Ein Handbuch, 1961
Rothes, W., Heidnisches in altchristlicher Kunst und Symbolik. Beiträge zur Geschichte des christlichen Altertums und der Byzantinischen Literatur, 1922
Rottenecker, H., Strukturwandel der Familie im industriellen Zeitalter und Jugenddelinquenz, in: Familie und Jugendkriminalität, Bd. 1, 1964
Rudeck, W., Geschichte der Öffentlichen Sittlichkeit in Deutschland, Moralhistorische Studien, 1897
Rudloff, L. v., Kleine Laiendogmatik, 9. A. 1938
Rudolfi, C. W., Die Askese und ihre Verirrungen, 1908
Ruh, K. (Hg.), Altdeutsche und niederländische Mystik, 1964
Russell, B., Warum ich kein Christ bin, 11.-20. Tausend, 1963
Rüstow, A., Die weltgeschichtliche Bedeutung des Bauerntums in Vergangenheit, Gegenwart und Zukunft, in: Zeitschrift für Agrargeschichte und Agrarsoziologie, H. 1, 1957

Sackur, E., Die Cluniacenser in ihrer kirchlichen und allgemeingeschichtlichen Wirksamkeit bis zur Mitte des 11. Jahrhunderts, 1892/94
Sainte-Beuve, Literarische Porträts, ed. v. St. Zweig, 1947
Saltin, G. (Hg.), Impulse zur Freiheit. Initiativen der Solidaritätsgruppen, 1971
Sarrach, A., Ein Hauch weltfremder Mönchs-Theologie, in: Frankfurter Rundschau, 31. 7. 1968
Sartory, T., Fragen an die Kirche. Probleme des Christen in der Gegenwart, 1965
Sartory, T. und G., In der Hölle brennt kein Feuer, 1968
- Strukturkrise einer Kirche. Vor und nach der Enzyklika »Humanae vitae«, 1969
Saupe, D., Autorenbeschimpfung und andere Parodien, 1972
Savramis, D., Entchristlichung und Sexualisierung - zwei Vorurteile, 1969
- Theologie und Gesellschaft, 1971
- Religion und Sexualität, 1972
- Jesus überlebt seine Mörder, 1973
Schalk, F. (Hg.), Die französischen Moralisten, 2 Bde., 1974
Schär, H., Das Weibliche in der Bibel - Seine anthropologischen und mythologischen Aspekte, in: Bitter (Hg.), Psychotherapie, Religion, Gesellschaft, 1962
Scharnagel, A., Das neue kirchliche Gesetzbuch, 1918
Schasching, J., Soziologische Aspekte der Jungfräulichkeit, in: Hesse (Hg.), Jungfräulichkeit und Zölibat, 1964
Scheeben, H. C., Über die Predigtweise der deutschen Mystiker, in: Ruh (Hg.), Altdeutsche und niederländische Mystik, 1964
Scheffczyk, L., Erbschuld, in: Fries (Hg.), Handbuch theologischer Grundbegriffe, 1, 1970
Scheinmann (Sejnman), M. M., Der Vatikan im Zweiten Weltkrieg, 1954

Schelsky, H., Die skeptische Generation. Eine Soziologie der deutschen Jugend, 1963
- (Hg.), Soziologie der Sexualität. Über die Beziehungen zwischen Geschlecht, Moral und Gesellschaft, 1967
Schenk, G., Panik, Wahn, Besessenheit. Die zügellose Masse gestern und heute. Neu bearbeitete Aufl. 1962
Schepelern, W., Der Montanismus und die phrygischen Kulte. Eine religionsgeschichtliche Untersuchung, 1929
Scherr, J., Geschichte der Deutschen Frauenwelt. In drei Büchern nach den Quellen, 1873
Scheuten, P., Das Mönchtum in der altfranzösischen Profandichtung 1919
Schilgen, H., Junge Helden. Ein Aufruf an Jungmannen zu edlem Streben und reinem Leben, 51.–65. Tausend, 1925
Schilgen, H./Mertens, E., An heiliger Schwelle. Ein offenes Wort an alle, die heiraten wollen, 8. A. o. J.
Schillebeeckx, E., Der Amtszölibat. Eine kritische Besinnung, 1967
Schilling, O., Reichtum und Eigentum in der altkirchlichen Literatur, 1908
Schindler, R., Das Gespräch zwischen Mann und Frau; Hilfe der Seelsorge, in: Bourbeck (Hg.), Zusammen, 1965
Schipperges, H., Moderne Medizin im Spiegel der Geschichte, 1970
Schirmbeck, H., Ihr werdet sein wie Götter. Der Mensch in der biologischen Revolution, 1966
Schiwietz, S., Das morgenländische Mönchtum, I, 1904
Schjelderup, K., Die Askese. Eine religionspsychologische Untersuchung, 1928
Schlund, R. (Hg.), Abhandlungen aus Ethik und Moraltheologie, 1956
Schmidt, C./Polotsky, H. J., Ein Mani-Fund in Ägypten, Sitzungsberichte der Berliner Akademie, phil.-hist. Klasse, 1, 1933
Schmidt, J. W. R., Der Hexenhammer. Von Jakob Sprenger und Heinrich Institoris, 1906
Schmidt, W., Zur deutschen Erbauungsliteratur des späten Mittelalters, in: Ruh (Hg.), Altdeutsche und niederländische Mystik, 1964
Schmitt, A., Ethisch-moraltheologische Grundlegung der Sexualpädagogik, in: Schröteler J. (Hg.), Die geschlechtliche Erziehung, 2. A. 1929
Schmitz, A. L., Die Welt der ägyptischen Einsiedler und Mönche, in: Römische Quartalsschrift für christliche Altertumskunde und für Kirchengeschichte, 3. und 4. H., 1929
Schmitz, H. J., Die Bußbücher und die Bußdisziplin der Kirche. Nach handschriftlichen Quellen dargestellt, 1883
- Die Bußbücher und das kanonische Bußverfahren. Nach handschriftlichen Quellen dargestellt, 1898
Schmökel, H., Heilige Hochzeit und Hoheslied, 1956
- Funde im Zweistromland, 1963
Schnackenburg, R., Die sittliche Botschaft des Neuen Testaments, 1954
- Die Ehe nach der Weisung Jesu und dem Verständnis der Urkirche, in: Henrich/Eid (Hg.), Ehe und Ehescheidung, 1972
Schneider, C., Das Frühchristentum als antisemitische Bewegung, 1940
- Geistesgeschichte des antiken Christentums, 2 Bde., 1954
- Die Christen im römischen Weltreich, in: Historia Mundi, IV, 1956
Schniewind, J., Das Gleichnis vom verlorenen Sohn, 1940
Schnürer, Kirche und Kultur im Mittelalter, 3 Bde., 2. A. 1927/29
Schönfeldt, Gräfin S., Kulturgeschichte des Herrn, 1969
Schoonenberg, P., Theologie der Sünde. Ein theologischer Versuch, 1966
Schötz, D., Schuld- und Sündopfer im Alten Testament, 1930
Schraepler, E., Quellen zur Geschichte der sozialen Frage in Deutschland, 2. A., I, 1960; II, 1964
Schreiber, G., Mutter und Kind in der Kultur der Kirche. Studien zur Quellenkunde und Geschichte der Karitas, Sozialhygiene und Bevölkerungspolitik, 1918
Schröteler, J. (Hg.), Die geschlechtliche Erziehung. Beiträge zur Grundlegung einer gesunden Sexualpädagogik, 2. A. 1929
Schubart, W., Religion und Eros, 1966
Schubert, H. v., Geschichte der christlichen Kirche im Frühmittelalter, I, 1917; II, 1921
Schuchhardt, C., Alteuropa, 1926
Schulemann, G., Die Botschaft des Buddha vom Lotos des guten Gesetzes, 1937
Schultz, H. J. (Hg.), Kontexte 4, 1967
Schulz, U., Die Deutsche Arbeiterbewegung 1848–1919 in Augenzeugenberichten, 1968
Schulze-Reimpell, Venusstatuetten aus der Eiszeit, in: Die Welt, 3. 11. 1969
Schumacher, H., Das Ehe-Ideal des Apostels Paulus, 1932
Schwenger, H., Antisexuelle Propaganda. Sexualpolitik in der Kirche, 1969
Schwerte, H./Spengler, W., Denker und Deuter im heutigen Europa, 2 Bde., 1954
Seltmann, C., Geliebte der Götter. Eine Kulturgeschichte der Frau, 1958
Seppelt, F. X./Schwaiger, G., Geschichte der Päpste. Von den Anfängen bis zur Gegenwart, 1964
Sickenberger, J., Syneisaktentum im ersten Korintherbriefe?, in: Biblische Zeitfragen, 3. Jahrg., Freibg. Br., 1905
Siebenschön, L., Ehe zwischen Trieb und Trott. Eine frivole Soziologie, 1970

Siegmund, G., Biologisch-psychologische Grundlage der Jungfräulichkeit, in: Hesse (Hg.), Jungfräulichkeit und Zölibat, 1964
Smith, A., Unser Körper. Wunder und Wirklichkeit des menschlichen Lebens. Mit einem Vorwort von E. Fromm, 1971
Sölle, D./Munser, K., Das Evangelium als Inspiration. Impulse zu einer christlichen Praxis, 1971
Sombart, W., Liebe, Luxus und Kapitalismus, 1967
Spijker, H. van de, Die gleichgeschlechtliche Zuneigung. Homotropie: Homosexualität, Homoerotik, Homophilie – und die katholische Moraltheologie, 1968
Sprandel, R., Über das Problem neuen Rechts im frühen Mittelalter, in: Zeitschrift der Savigny-Stiftung für Rechtsgeschichte, 1962
Stammler, W., Studien zur Geschichte der Mystik in Norddeutschland, in: Ruh (Hg.), Altdeutsche und niederländische Mystik, 1964
Stauffer, E., Jesus, 1957
Steger, L., Der dreifache Ehering, o. J.
Steingießer, F., Das Geschlechtsleben der Heiligen. Ein Beitrag zur Psychopathia sexualis der Asketen und Religiosen, 1901
Stelzenberger, J., Die Beziehungen der frühchristlichen Sittenlehre zur Ethik der Stoa. Eine moralgeschichtliche Studie, 1933
Stephens, W. N., The family in cross-cultural perspective, 1963
Stern, B., Geschichte der öffentlichen Sittlichkeit in Rußland. Kultur, Aberglaube, Kirche, Klerus, Sekten, Laster, Vergnügungen, Leiden, I, 1907
– Geschichte der öffentlichen Sittlichkeit in Rußland. Russische Grausamkeit. Das Weib und die Ehe. Geschlecht, Moral, Prostitution, Gleichgeschlechtliche Liebe, Lustseuche, Folkloristische Dokumente, II, 1908
Stoll, O., Das Geschlechtsleben in der Völkerpsychologie, 1908
Strathmann, H., Geschichte der frühchristlichen Askese bis zur Entstehung des Mönchtums, 1. Bd. Die Asketen in der Umgebung des werdenden Christentums, 1914
Strauch, P., Margarethe Ebner und Heinrich von Nördlingen, 1882
Stupperich, R. (Hg.), Die Russische Orthodoxe Kirche in Lehre und Leben, 1966
Suenens, L. J., Krise und Erneuerung der Frauenorden, 1962
Szczesny, G., Die Zukunft des Unglaubens. Zeitgemäße Betrachtungen eines Nichtchristen. Mit dem erweiterten Briefwechsel Friedrich Heer – Gerhard Szczesny, 1965
– Das sogenannte Gute. Vom Unvermögen der Ideologen, 1971
– (Hg.), Club Voltaire. Jahrbuch für kritische Aufklärung, IV, 1970

Taylor, G. R., Sex in History, 1953
– Wandlungen der Sexualität, 1957
– Die Biologische Zeitbombe. Revolution der modernen Biologie, 1971
Teschner, J., Krankheit und Gesellschaft. Erkenntnisse der Sozialmedizin, 1969
Thalhammer, S. J., Die biblisch-theologischen Grundlagen der Jungfräulichkeit, in: Hesse (Hg.), Jungfräulichkeit und Zölibat, 1964
Theiner, J. und A., Die Einführung der erzwungenen Ehelosigkeit bei den christlichen Geistlichen und ihre Folgen. Ein Beitrag zur Kirchengeschichte, 1893
– Cölibat und Sittlichkeit. »Die Einführung der erzwungenen Ehelosigkeit bei den christlichen Geistlichen und ihre Folgen.« Im Auszug mit bibliographischen Einführungen und Ergänzungen neu herausg. v. W. Mehnert, 1932. (Zitiert als: Mehnert)
Theresia von Jesu, Sämtliche Schriften, ed. v. A. Alkofer, 3. A. 1960 ff.
Theunis, L., Kirche und Kindersegen, 1935
Thiel, E., Geschichte des Kostüms. Die europäische Mode von den Anfängen bis zur Gegenwart, 1963
Thurston, H., Die körperlichen Begleiterscheinungen der Mystik, 1956
Tiger, L./Fox, R., Das Herrentier. Steinzeitjäger im Spätkapitalismus, 1971
Tillmann, F., Die Verwirklichung der Nachfolge Christi, 1936
Tilmann, K., Weißt du schon...? Eine Schrift von den Geheimnissen des Lebens für Jungen. Für die evangelische Jugend bearbeitet von Pfarrer F. Arndt, 5. A. 1966
Tomek, E., Studien zur Reform der deutschen Klöster im 11. Jahrhundert, 1910
Tondi, A., Die Jesuiten. Bekenntnisse und Erinnerungen, 1961
Topitsch, E., Vom Ursprung und Ende der Metaphysik. Eine Studie zur Weltanschauungskritik, 1972
Toynbee, A., Krieg und Kultur. Der Militarismus im Leben der Völker, 1958
Treue, W., Kleine Kulturgeschichte des deutschen Alltags, 1942
Tucholsky, K., Gesammelte Werke, ed. v. M. Gerold-Tucholsky und F. J. Raddatz, 3 Bde., 1961
Tüllmann, A., Das Liebesleben des Fernen Ostens, 1969

Ullerstam, L., Die sexuellen Minderheiten, 1965
Underhill, E., Mystik. Eine Studie über Natur und Entwicklung des religiösen Bewußtseins im Menschen. Mit einem Geleitwort von F. Heiler, 1928
Ussel, J. van, Sexualunterdrückung. Geschichte der Sexualfeindschaft, 1970
Utz, A. F./Groner, J.-F. (Hg.), Aufbau und Entstehung des gesellschaftlichen Lebens. Soziale Summe Pius' XII. 3 Bde., 1954–1961

Vacano, O. W., Die Etrusker, 1955
Vasella, O., Reform und Reformation in der Schweiz, 1958
Ven, van der, Sozialgeschichte der Arbeit, I, Antike und Frühmittelalter, 1972
– Sozialgeschichte der Arbeit, II, Hochmittelalter und Neuzeit, 1972
Viller/Rahner, Aszese und Mystik der Väterzeit, 1939
Vincke, J., Gesammelte Aufsätze zu Kulturgeschichte Spaniens, 1965
Vinnai, G. (Hg.), Sport in der Klassengesellschaft, 1972
Völker, W., Das Vollkommenheitsideal des Origenes, 1934
Völter, D., Der Ursprung des Mönchtums, in: Sammlung gemeinverständlicher Vorträge und Schriften aus dem Gebiet der Theologie und Religionsgeschichte, 21, 1900
Vogels, H. J., Auch verheiratete Priester stehen zum Dienst bereit, in Th. Seiterich (Hg.), Briefe an den Papst. Beten allein genügt nicht, 1987
Vorgrimler, H., Buß-Sakrament, in: Vries, H. (Hg.), Handbuch theologischer Grundbegriffe, I, 1970
Vries, J. de, Keltische Religion, 1961

Waach, M. M., Weiblicher Ordensberuf und Klerus, in: Hesse (Hg.), Jungfräulichkeit und Zölibat, 1964
Wächter, T., Reinheitsvorschriften im griechischen Kult, Religionsgeschichtliche Versuche und Vorarbeiten, Bd. IX, H. 1, 1910
Wagenmann, J., Entwicklungsstufen des ältesten Mönchtums, Sammlung gemeinverständlicher Vorträge und Schriften, 139, 1929
Wagner, M. L., Phallus, Horn und Fisch, in: Donum Natalicum. C. Jaberg, 1937
Wahrmund, L., Bilder aus dem Leben der christlichen Kirche des Abendlandes. Gesammelte Reden und Vorträge, neue Folge, H. I., Der Zölibat, 1925
Wallis, B. E. A., The Gods of the Egyptians, 1904
Walter, J. v., Frauenlos und Frauenarbeit in der Geschichte des Christentums, 1911
Warner, D., Vietnam. Krieg ohne Entscheidung, 1965
Weber, A., Weltgeschichte, 1966
Weber, L. M., Das Objektive und das Personale. Zur Gegenwartsdiskussion über Sünde und Schuld, in: Böckle, F./Groner, F. (Hg.), Moral zwischen Anspruch und Verantwortung, 1964
Weber, M., Ehefrau und Mutter in der Rechtsentwicklung. Eine Einführung, 1907
Weinel, H., Paulus, 2. A. 1915
Weinhold, K., Die deutschen Frauen in dem Mittelalter, 2 Bde., 1882
Weiss, J., Das Urchristentum, 1917
Weissgerber, H., Zuordnung und Liebe. Beispiel einer Bibelarbeit zu Eph. 5,22-32, in: Bourbeck (Hg.), Zusammen, 1965
Welter, J., Arthur Schopenhauer, in: Deschner (Hg.), Das Christentum im Urteil seiner Gegner, I, 1969
Wendt, H., Es begann in Babel. Die Entdeckung der Völker, 1959
Werder, L. v., Von der antiautoritären zur proletarischen Erziehung. Ein Bericht aus der Praxis, 1972
Werner, M., Die Entstehung des christlichen Dogmas, problemgeschichtlich dargestellt, 1941
Weyer, E., Primitive Völker heute, 1959
Wickler, W., Sind wir Sünder? Naturgesetze der Ehe. Mit einer Einführung von K. Lorenz, 1972
Wiedermann, H. G., Homosexuelle Liebe. Für eine Neuorientierung in der christlichen Ethik, 1982
Widengren, G., Die Religion Irans, 1965
Wilamowitz-Moellendorff, U. v., Der Glaube der Hellenen, 2 Bde., 1959
Wille, B., Philosophie der Liebe. Aus dem Nachlaß ed. v. E. Wille, 1930
Wilpert, J., Die Gottgeweihten Jungfrauen in den ersten Jahrhunderten der Kirche, 1892
Windisch, H., Der Barnabasbrief. Handbuch zum Neuen Testament. Erg.- Bd., 3, 1920
Winter, E., Rußland und das Papsttum. I: Von der Christianisierung bis zu den Anfängen der Aufklärung, 1960, II: Von der Aufklärung bis zur großen sozialistischen Oktoberrevolution, 1961
– Der Josephinismus. Die Geschichte des österreichischen Reformkatholizismus 1740–1848, 1962
– Der Frühhumanismus. Seine Entwicklung in Böhmen und deren europäische Bedeutung für die Kirchenreformbestrebungen im 14. Jahrhundert, 1964
Winterer, H., Zur Priesterehe in Spanien bis zum Ausgang des Mittelalters, in: Zeitschrift der Savigny-Stiftung für Rechtsgeschichte, Kanonistische Abtl., 1966
Wirtz, H., Quo vadis Ecclesia? Von Kaiser Konstantin zum II. Vatikankonzil, 1966
Wolf, H., Sakrament, in: Blätter für öffentliches Recht, Nürnberg Nr. 42
Wollschläger, H., Die bewaffneten Wallfahrten gen Jerusalem. Geschichte der Kreuzzüge, in: Deschner (Hg.), Kirche und Krieg, 1970
Wulf, F., Aszese, in: Fries, H. (Hg.), Handbuch theologischer Grundbegriffe, I, 1970

Wulff, A., Die frauenfeindlichen Dichtungen in den romanischen Literaturen des Mittelalters bis zum Ende des XIII. Jahrhunderts, 1914
Wunderlich, G. H., Wohin der Stier Europa trug. Kretas Geheimnis und das Erwachen des Abendlandes, 1972
Wyneken, G., Abschied vom Christentum, 1963

Zeller, W. (Hg.), Deutsche Mystik. Aus den Schriften von Heinrich Seuse und Johannes Tauler, 1967
Ziegler, J. G., Die Ehelehre der Pönitentialsummen von 1200 und 1350. Eine Untersuchung zur Geschichte der Moral- und Pastoraltheologie, 1956
Zimmer, Die indische Weltmutter, in: Eranos-Jahrbuch VI, 1938
Zöckler, O., Askese und Mönchtum, 2. und gänzlich neu bearbeitete undstark vermehrte Auflage der »Kritischen Geschichte der Askese«, 1. u. 2. Bd., 1897
Zscharnak, L., Der Dienst der Frau in den ersten Jahrhunderten der christlichen Kirche, 1902
Zulliger, H., Die Angst unserer Kinder. Zehn Kapitel über Angstformen, Angstwirkungen, Vermeidung und Bekämpfung der kindlichen Angst, 1969
- Umgang mit dem kindlichen Gewissen, 1969
Zumkeller, A., Das Mönchtum des heiligen Augustinus, 1950
Zwerenz, G., Warum ich aus der Kirche ausgetreten bin, ed. v. Deschner, 1970

Personenregister
(Die nur in den Anmerkungen stehenden Namen sind hier nicht erwähnt)

Abælard, Peter 164
Abaris, 55
Abraham, Erzvater 47, 49, 120
Abraham a Sancta Clara (eigtl. Ulrich Megerle), Augustinermönch 36, 206, 213, 355 f.
Adalbert von Bremen, Erzbischof 92
Adam (der alttestamentl. Stammvater) 18 f., 52 f., 210, 254, 305 ff.
Adelheid, Herzogin 169
Adenauer, Konrad 334
Adeodatus (Sohn des Augustinus) 77
Agapet I., Papst 153
Ägidius Albertinus, der bayr. Hofkanzlist 212, 240
Agrippa von Nettesheim 174
Ahlheim, Klaus 375
Ailred von Revesby, Abt 140
Aischylos 28 f.
Alain (eigtl. Emile Chartier) 30
Alanus von Lille 323
Alanus de Rupe 104
Alba, Fernando Alvarez (Herzog von Toledo) 369
Albert von Bayern, Herzog 176
Albertus Magnus (eigtl. Graf Albert von Bollstädt), Kirchenlehrer 210 f., 216, 246, 310
Albrecht II., Kaiser 365
Albrecht II., Kardinal von Mainz 190
Albrecht III., Herzog von Bayern 367
Albrecht von Magdeburg, Erzbischof 190
Aldhelm von Sherborne, Bischof 92
Alexander II., Papst 169-173, 199
Alexander III., Papst 173, 267
Alexander IV., Papst 186
Alexander VI., Papst 189 f., 195, 319
Alexander VII., Papst 254
Alexander der Große 313
Alexandrius, Clemens 56
Alfons von Kastilien, König 397
Alfonsus Maria de Liguori, Kirchenlehrer 244, 321, 324 ff., 380
Aloysius von Gonzaga, der hl. 94 f., 352
Alpais (Gemahlin König Pippins II.) 267
Alt, Salome 191
Altes, Korthals 425
Altmann von Passau, Bischof 172
Alypius von Chalkedon 135
Ambrosius, Kirchenlehrer (Bischof von Mailand) 75 f., 78, 134, 210, 213, 239, 252, 355
Amon (ägypt. Gottheit) 38
Ammonios, der Mönch 90
Amos, der Prophet 51
Anahita (sem. Göttin) 36
'Anat (kanaan. Götting) 26
Andreas von Mailand, der Presbyter 170
Angela von Foligno 97 f., 110
Anges, Jeanne des 145
Anna (die Mutter Marias) 216, 305
Anna von Bretagne (Herzogin) 268

Antonius der Große (Antonius eremita), Hlg. 80, 84 f., 89
Antonius Diana 324
Antweiler, Anton 281
Aphrodite (griech. Göttin) 26, 33, 36, 38 f., 102
Apollon (griech. Gott) 25, 28, 58
Apuleius, 27
Archer, Jeffrey 424
Ardvisura (sem. Göttin) 36
Aregund (Gemahlin König Chlotars I.) 267
Aretino, Pietro 365
Ariald von Mailand, der hl. 170
Arimathäa, Josef von 64
Aristeas von Prokonnesos 55
Aristoteles 211, 313, 348
Arndt, Pfarrer 353
Arnis Kristenrecht, Bischof 187
Arsenius, der hl. 85
Artemis (griech. Göttin) 58, 306
Athanasius, Kirchenlehrer (Bischof von Alexandria) 76, 151 f.
Aschhausen, Gottfried von (Bischof von Bamberg) 164
Ašera (kanaan. Muttergöttin) 26, 48 ff.
Askr und Embla (erstes Menschenpaar der german. Mythologie) 53
Astarte (phöniz. Göttin) 26
Atargatis (syr. Göttin) 26
Athene (griech. Göttin) 33, 58, 396
Attis (griech. Gott) 57, 86
Augustin, der hl. 88, 125, 307, 420
Augustinus, Aurelius (Kirchenlehrer; Bischof von Hippo Regius) 19, 34, 77 f., 84, 88, 111, 125, 133, 183, 209, 212, 216, 221, 233, 238 f., 245, 247, 249 f., 235, 266, 273, 288, 292, 304 f., 307 f., 313, 335, 337, 347, 368, 378, 383, 400, 402
Augustus, Gajus Julius Cäsar (röm. Kaiser) 26, 58
Auxitanum, der Erzbischof von 195

Baal (kanaan. Gottheit) 26, 38, 50 f.
Baalat (kanaan. Göttin) 26
Bacchus (griech. und röm. Gott) 33
Bachofen, Johann Jakob 234
Baiuvariorum, Lex 264
Balzac, Honoré de 80
Bamberg, der Bischof von 191
Bandello, Matteo 224
Barnabas, der hl. 65
Barth, Karl 68, 308
Basel, der Bischof von 191
Basilius von Ankyra 76
Basilius der Große, Kirchenlehrer 74, 84, 134 f., 183, 241, 314, 358, 361
Bathseba (Frau des Urias, später des David; A. T.) 352
Bayle, Pierre 121, 361
Beaumarchais, P. A. C. de 375

Becker, Christa 272
Becklin, Elisabeth 106
Beda Venerabilis, Kirchenlehrer 125
Bednarek (Häftlingskapo von Auschwitz) 390
Belti (babyl. Muttergöttin) 27
Benedikt VI., Papst 184
Benedikt VIII., Papst 166 f.
Benedikt IX., Papst 184
Benedikt XIII., Papst 125, 138
Benedikt XV., Papst 213
Benedikt von Aniane, der hl. 92
Benedikt von Nursia, der hl. 51, 74, 84, 88
Bengsch, Alfred (Erzbischof von Berlin) 296
Benn, Gottfried 291, 300
Bensen, Heinrich Wilhelm 230, 286
Berchmanns S. J., Johannes 95, 212
Bergmann, Ernst 102
Bernauer, Agnes 367
Bernhard von Clairvaux, Kirchenlehrer 75, 92, 104, 216, 308, 356, 397
Bernharius von Hersfeld, Abt 127
Bernini, Lorenzo 115
Bernis, Kardinal de 329
Berthold von Henneberg (Erzbischof von Mainz) 329
Berthold von Regensburg, Bußprediger 137, 186, 357
Besançon, der Erzbischof von 186, 195
Binder, J. 296
Bjørneboe, Jens 17
Blackstone, William 227
Blackum, Harry 295
Blake, William 253
Blannbekin, Agnes 122
Boccaccio, Giovanni 365
Bochard (Kanonikus von Tournay) 164 f.
Boë, François de le 232
Boelens, Martin 158
Boleyn, Anna 268
Bonaventura (eigtl. Johannes Fidanza), Kirchenlehrer 212, 216
Bonifatius (eigtl. Winfried), Bischof 137, 181, 184, 362, 368
Bonifaz I., Papst 153
Bonifaz VI., Papst 153
Bonifaz VII., Papst 184
Bordeaux, der Erzbischof von 186
Borgia, Cesare 190
Borgia, Lucrezia 190, 319
Borneman, Ernest 71
Bousset, W. 66
Bouvier, Msgr. I.-B. (Bischof von Le Mans) 255, 331
Brandolino Waldemarino (Abt von Nervesa) 127
Brant, Sebastian 139, 188
Brigitte von Schweden, die hl. 138
Brinvilliers, die 375
Brixen, der Bischof von 191
Brock, Erich 47
Bruno (Erzbischof von Köln) 92
Bruno, Giordano 125
Buchberger (Bischof von Regensburg) 360
Bucheck, Matthias von (Erzbischof von Mainz) 365
Buddha 38, 65, 73
Burkhard von Halberstadt, Bischof 172

Busch, Wilhelm 232
Bussmann, Magdalene 416

Calvin, Johann 175, 308
Campenhausen, H. von 66
Cani (hinduist. Muttergöttin) 27
Canisius, Petrus (Kirchenlehre) 313
Canterbury, der Erzbischof von 290, 368
Cantor, Petrus 323
Capistranus, Johannes (Antisemit) 356
Carpi, Kardinal von 156
Cäsarius von Arles 133, 244
Cäsarius von Heisterbach 165, 185, 198
Cassander, Georg 190
Cassian, Mönchsvater 89
Cassianus, von Massilia 74, 89
Cassidy von Clonfert, Bischof 425
Cautinus, Bischof 183
Celsus (griech. Philosoph) 218
Cepari, Beichtvater 110
Cernunnos (gehörnte Gottheit) 41
Champeaux, Wilhelm von 305
Charcot, Jean 146
Charibert, König der Franken 267
Chlodwig I., König der Franken 397
Chlotar I., König der Franken 267
Chrodegang von Metz, Bischof 161
Chrysostomos, Johannes (Kirchenlehrer; Patriarch von Konstantinopel bis 398) 76, 79, 132, 182, 205, 209, 213, 236, 250, 313, 332, 358, 361, 383
Cicero, Marcus Tullius 58
Clarembald von St. Augustin (Abt in Canterbury) 127
Clemens Romanus, römischer Bischof 377, 393
Clemens II., Papst 184
Clemens VII., Papst 371, 395
Clemens X., Papst 200
Clemens von Alexandrien, Kirchenvater 41, 56, 83, 151, 238, 357 f.
Climacus, Johannes 84
Cölestin III., Papst 173
Columbini, Johannes 84
Comfort, Alex 5, 261, 272, 385
Concourt, Gebrüder 105
Cossa, Kardinallegat Baldassare (Johannes XXIII.) 188
Courths-Mahler, Hedwig 345 f.
Cranach, Lukas 190
Curci, C. M. (Theologe) 199
Cuthbert von Canterbury, Bischof 137
Cyprian, Kirchenvater (Bischof von Karthago) 182, 357, 393

Dagobert I., König d. Franken 267
Daim, Wilfried 405
Damiani, Petrus (Kirchenlehrer) 94, 104, 164, 168 f., 171, 199 f., 313
Daniel, y Pla (spanischer Kardinal) 360
Dante Alighieri 347
Dantiskus, Bischof 164
Darwin, Charles 352
David (wurde König über Israel und Juda; A. T.) 352, 393
David von Thessalonike 87
Davis, Kingsley 287

Debreyne (Theologe) 321
Demeter (griech. Göttin) 28, 33, 38, 40
Demosthenes (griech. Redner) 58
Denzler, G. 66
Destouches, P. N. 88
Deusdedit, Papst 153
Diderot, Denis 221, 303, 347
Diem, s. Ngo Dinh Diem
Dietrich von Münster 188
Dionysos (griech. Gott) 33, 39, 58
Dominikus de Guzman, der hl. 94, 104
Dominikus Loricatus 94
Donatius von Besançon, Bischof 136
Döpfner, Julius Kardinal (Erzbischof von München) 152, 296
Dos Passos, John 305, 307
Dostojewskij, F. W. 99
Droctigisil von Soissons, Bischof 183
Dubjanskij, Beichtvater 131
Dürer, Albrecht 190, 366

Ea (sum. und babyl. Gott) 27
Eberlin von Günzburg, Johann 200
Ebner, Margareta 106
Echnaton (Amenophis IV.), König 303
Eckehart, Meister (dt. Mystiker) 94
Edgar von England, König 161
El (sem. Gott) 47–50
Elia, der Prophet 51
Elisa, der Prophet 51
Elisabeth von Rußland, Zarin 131
Elisabeth von Thüringen, die hl. 98
Elisabeth von Weiler 109
Engels, Friedrich 230, 235, 249
Enkidu (Gestalt im Gilgamesch) 36
Eonius von Vannes, Bischof 183
Epaminondas (theb. Feldherr) 313
Ephraem der Syrer, Kirchenlehrer 85
Epiktet (stoischer Philosoph) 60
Epikur (griech. Philosoph) 166
Epimenides (Wundermann aus Kreta) 55
Epiphanius (Kirchenvater) 90
Erich von Schweden, König 92
Ermecke, Gustav 408 f.
Ernst, Herzog von Bayern 367, 370
Ertl, Ignatius 212
Ethelbald, König 362
Euagrius Pontikus 80
Europa (griech. Sagengestalt) 38
Eusebius, Bischof (Kirchengeschichtsschreiber) 90
Eva (die alttestamentl. Stammutter) 52 f., 207, 210, 216 f., 305 ff.
Evagrius, der Asket 90
Evola, Julius 35

Fahsel, Kaplan 122
Farnese, Julia 190
Faulhaber, Kardinal Michael von 401
Faulkner, William 138
Feinberg, A. L. 342, 344
Felix III., Papst 153
Fenouil, Célestine 121
Ferdinand I., Kaiser 156, 176
Ferdinand II., Kaiser 397
Ferdinand von Paderborn, Bischof 162

Ferron, Jacques 317
Fiesole, der Bischof von 185
Fitzgerald, Garret 425
Flaubert, Gustave 330
Forgats, Kardinal 205
Foulques de Saint-George, Inquisitor 185
Franciscus Barberinus 231
Franck, Baron Jacob 42
Franco, Francisco 276
Franz von Assisi, der hl. 91 f., 126, 129, 210
Franz von Sales 95, 134
Franziskus Philelfus 365
Freud, Sigmund 179, 338
Frey, Ulrich von 196
Freyr (nord. Gott) 34, 37 f.
Friedell, E. 344
Friedrich II., Kaiser 167, 363
Fromm, Erich 47, 261, 342, 385
Frusta, G. 130
Fulbert (Abt von Paris) 164
Fulgentius, der hl. 208

Gaia (griech. Göttin) 26
Galen, C. A. Graf von (Bischof von Münster) 401
Galiani, Abt Monsignore 202
Gamm, Hans-Jochen 345
Garrone, Gabriel-Marie, Kurienkardinal 269, 284, 340, 400
Geiler von Kaysersberg, Domprediger 124, 132, 188, 366
Gembloux, der Bischof von 172
Georg von Podiebrad, König 368
Gerhoh von Reichersberg, Propst 138, 185
Gersen, S. J. 130
Gerson, Jean de 200 f.
Gersthofen, Hans Pfarrer zu 196
Gide, André 5, 330
Gilbert von Sempringham 135
Gildas Cormac 125
Göpfert, F. A. 321
Goethe, Johann Wolfgang von 36, 121, 312
Golo, Legat 195
Gomer (Ehefrau des Proph. Hosea) 51
Goncourt, Edmond Huot de 105
Goncourt, Jules Huot de 105
Goodell, William 233
Gossenloher, Hans 196
Goretti, Maria 404 f., 408
Gouges, Olympe de 226
Gourdan, Marguerite 142
Graber, Rudolf Bischof von Regensburg 402, 426
Grado, der Patriarch von 199
Graf, Nikolaus Ludwig 119
Graillot, Henri 59
Gran, der Erzbischof von 162
Grandier, Abbé Urbain 145 f.
Gratian (Kirchenrechtsgelehrter) 209, 218
Grégoire, Menie 262
Gregor I., Papst 183, 253, 381
Gregor II., Papst 242
Gregor VI., Papst 169
Gregor VII., Papst 93, 104, 168, 171 ff., 178
Gregor X., Papst 186
Gregor XVI., Papst 176, 326

Gregor von Nazianz, Kirchenlehrer 134, 152, 347
Gregor von Nyssa, Kirchenvater 76, 84, 152, 361
Gregor von Tours 183, 244
Gregorius von Melk, Abt 359
Gregorovius, Ferdinand 330
Grmic, Vecoslav, Bischof 406
Gröber, Erzbischof Conrad 220, 250, 320
Große Mutter, die frühe Fruchtbarkeitsgöttin 24-28, 35, 38, 50, 227
Grünewald, Matthias 190
Gschwind, P. 158
Guardini, Romano 141
Guido von Mailand, Erzbischof 170
Guizot, Guillaume 227
Gundlach, G. 289
Guyon, Madame 110
Guyon, René 402

Hades (griech. Gott) 27
Hadrian I., Papst 196
Hadrian II., Papst 153, 267
Hadrian, Publius Aelius (röm. Kaiser) 58
Hagen Hagensen, König von Norwegen 270
Hain, Heinrich 419
Hanack, Ernst-Walter 402
Häring, B. 205, 295
Harsa von Kashmir, König 38
Hartmann, Eduard von 210
Hartmann, Hans 101
Haydn, Joseph 101
Hebbel, Friedrich 361
Hedwig von Schlesien, die hl. 244
Hedwig von Polen, Herzogin 98
Heer, Friedrich 207, 215, 228
Heine, Heinrich 330
Heinrich der Heilige 167
Heinrich I. von Schlesien, Herzog 244
Heinrich II., Kaiser 167, 244
Heinrich II., König von England 367
Heinrich III., Kaiser 98
Heinrich VIII., König von England 268
Heinrich von Basel, Bischof 186
Heinrich von Chur, Bischof 172
Heinrich von Kettenbach 197
Heinrich von Lüttich, Bischof 186
Heinrich von Melk 185
Héloise (Ehefrau des Peter Abælard) 164
Helvétius, Claude Adrien 398
Hemingway, Ernest 80 f.
Hera (griech. Göttin) 40, 58
Herakles (griech. Gott und Sagenheld) 58, 65
Heraklius, Kaiser 397
Herburgis von Herkenheim 109
Herlembald, der Rebellenführer 170
Hermann von Steinfeld, Mönch 103
Hermas 376
Hermes (griech. Gott) 33
Herodot (»Vater der Geschichte«) 36 f., 39, 71
Hervé von Reims, Erzbischof 184
Hesekiel, der Prophet 49, 51
Hesnard, A. 344
Heuss, Theodor 304
Heyse, Paul von 330
Hieron von Syrakus, König 313

Hieronymus, Kirchenlehrer 65, 76 f., 86, 89, 106, 182 f., 209, 219, 238, 242, 266, 307, 323
Hilarion 90
Hildebrand (später Papst Gregor VII.) 168 f.
Hildegard (Gemahlin Karls des Großen) 267
Hiller, Kurt 315
Hippolyt von Rom, Bischof 32
Hitler, Adolf 248, 276, 294 ff., 301, 315 f., 348
Ho Chi Minh 387
Hoensbroech, Graf von 199
Höffner, Joseph Kardinal (Erzbischof von Köln) 193, 388
Holz, Arno 76
Homer (griech. Dichter) 28, 55 f., 71
Honorius III., Papst 167, 181, 186
Honorius Augustodunensis 210, 394
Horaz, Quintus Flaccus (Horatius) 88, 222, 334
Hormisdas, Papst 153
Hosea, der Prophet 51
Hugo von Landenberg, Bischof 175
Hugo von St-Cher, Kardinal 187
Huguccio, Kardinal 246, 323
Humbert, Kardinal 153
Hunolt von Trier, Domprediger 324
Hunter, John 233
Hus, Johannes 188, 200
Hutten, Ulrich von 196
Huxley, Aldous 146, 181
Hypatia (Philosophin) 392

Iasion (griech. Gott) 28
Ignatius von Loyola (eigtl. Iñigo Lopez de L.; Stifter des Jesuitenordens) 91, 394
Inanna (sum. Göttin) 26
Indra (vedischer Hauptgott) 32
Ingund (Gemahlin König Chlotars I.) 267
Innozenz I., Papst 158, 165
Innozenz II., Papst 173
Innozenz III., Papst 181, 186, 195, 253
Innozenz IV., Papst 270
Innozenz VIII., Papst 189, 211
Innozenz XI., Papst 91
Institoris, der Dominikaner (»Hexenhammer«) 212
Isaak, Erzvater 47
Isidor von Sevilla, Kirchenlehrer 160, 253
Isis (ägypt. Göttin) 26, 57 f., 86, 375
Ištar (babyl. Göttin) 26, 35, 40, 396
Iuhell von Dol, Bischof 185 f.
Ivo von Chartres, Bischof 138, 209
Iwan III., Zar 131
Iwan IV., Zar 131

Jaeger, Lorenz (Erzbischof von Paderborn) 296
Jahenny, Marie-Julie 121
Jahn, Ferdinand 233
Jahnn, H. H. 398
Jahwe (Name Gottes im A. T.) 37, 47-53
Jakob, Erzvater 47 f.
Jeanne, Sœur 146
Jefferson, Thomas 424
Jeremia, der Prophet 49 ff., 172
Jerobeam I., König (A. T.) 50
Jesaia, der Prophet 47, 49, 51, 380
Jesus Christus 19, 27, 31, 38, 53, 60, 63-66, 71, 73, 76 f., 83, 97, 99, 101, 103-123, 147, 151 f.,

166, 169, 178 f., 189, 196, 208 f., 215 f., 218, 235 ff., 258, 260, 262, 264 f., 269, 273, 281, 304, 306, 312, 335, 356, 363, 372, 375 f., 393, 401
Jethro (Schwiegervater des Moses; A. T.) 47
Johann von Rouen, Erzbischof 172
Johanna von Flandern, Gräfin 165
Johannes Paul II., s. Papst (s. a. Karol Wojtyla)
Johannes X., Papst 184
Johannes XI., Papst 153, 184
Johannes XII., Papst 184, 195, 319
Johannes XXII., Papst 173
Johannes XXIII., Papst (Baldassare Cossa) 188, 319
Johannes XXIII., Papst (Angelo Giuseppe Roncalli) 168, 178, 181, 341
Johannes, Abt 85
Johannes von Avila, Kirchenlehrer 91
Johannes Capistranus 356
Johannes Climacus 84
Johannes Columbini 84
Johannes der Evangelist 63, 215
Johannes vom Kreuz 117
Johannes Moschos 79
Johannes von Orléans, Bischof 196, 364
Johannes der Täufer 65
Josef (Gatte Marias) 112, 235, 244, 283
Josef von Arimathäa (Jünger Jesu) 64
Josef (Bischof von Leiria) 103
Josia, König (A. T.) 48
Josua (Nachfolger des Moses im A. T.) 51
Jovinian, Mönch 307 f.
Joyce, James 423
Julian Apostata (röm. Kaiser) 26
Julian von Eclanum, Bischof 307
Julius II., Papst 371, 373
Julius III., Papst 177, 196
Justinian I., Kaiser 156, 395
Justinus der Märtyrer, Kirchenvater 238, 247
Juvenal, Decimus Junius 59

Kahl, Joachim 396
Kali (hinduistische Muttergöttin) 27
Kallist, röm. Bischof 376
Kant, Immanuel 330
Karl V., Kaiser 268, 293, 314, 365
Karl der Große 120, 133, 137, 196, 267, 362, 368, 397
Karl der Kühne 365, 369
Karlmann, König 136
Karl Martell (Hausmeier der Franken), gen. Der Hammer 397
Karpff, Prälat 311
Kasimir, der hl. 412
Kassandra (griech. Seherin; Tochter des Priamos) 206
Kastell, der Bischof von 140
Katharina von Aragón 268
Katharina von Cardona 97 f.
Katharina von Genua 97 f., 109 f.
Katharina von Medici 142, 395
Katharina von Prato 91
Katharina von Siena 98, 109, 121
Keller (Bischof von Münster) 277
Kingsley, Davis 287
Kinsey, Alfred C. 255, 262, 309, 315, 332

Kirchmayr, Alfred 413
Kiss, Jakob der 196
Klara, die hl. 112
Kleeberger, Oberin Juliana 372
Kleopatra 241
Knaus, H. 278, 280
Konrad von Jungingen, Ordensmeister 129
Konstans (Sohn Konstantins des Großen) 263
Konstantin I., der Große, Kaiser 263, 275, 314, 393
Konstantin IV., Pogonatus, Kaiser 397
Kopernikus, Nikolaus 164 f.
Koppe, der Bürger 114
Kore (griech. Mythengestalt) 33
Krafft-Ebing, Richard Freiherr von 342
Kraus, Karl 292
Kreuder, Ernst 291
Kristenrecht, Arnis (norweg. Bischof) 187
Kunibert von Turin, Bischof 164
Kunigunde (Gemahlin Kaiser Heinrichs II.) 244
Kybele (phrygische Muttergöttin) 26, 59

Ladislaus Postumus, König 365
Laktanz, Caecilius Firmianus 84
Lambert von Hersfeld 172
Lanfredus, Bischof 195
Landulph von Mailand, Mönch 170
La Rochefoucauld, François de 84
Lateau, Louise 93
Laubinger, Klosterpfarrer 372
Lazarus aus Bethanien (Gestalt im N. T.) 324
Lazzari, Domenica 93
Legius, Pastor 300
Lehmann, Karl (Kath. Primas der Bundesrepublik Deutschland) 419
Leist, Fritz 158, 192, 194, 303
Lenau, Nikolaus (eigtl. Niembsch Edler von Strehlenau) 387
Lenin (eigtl. Uljanow), Wl. I. 249
Leo I., Papst 158, 253, 377 f.
Leo III., Papst 241
Leo IX., Papst 163, 169, 173
Leo X., Papst 196
Leo XII., Papst 359
Leo XIII., Papst 210, 330
Leonhard, der hl. 34
Leontius, Bischof 90
Leppich, Pater Johannes 343, 401
Lessing, Gotthold Ephraim 330
Liber (röm. Gott) 33
Lichtenberg, Georg Christoph 20
Lidwina, die hl. 93, 247
Lille, Flori 420
Linné, Carl von 233, 344
Lot und seine Töchter (A. T.) 54, 190
Lothar I., röm. Kaiser und König der Franken 267
Lothar II., König der Franken (Lothringen) 267
Lucius III., Papst 200
Ludwig IX., der Heilige, König 98, 369
Ludwig I., der Fromme, Kaiser 92
Ludwig XI., König 365, 375
Ludwig XII., König 268
Ludwig von Speyer, Bischof 189
Lukas der Evangelist 63 f., 77, 265
Lukian (griech. Schriftst.) 318

Luther, Martin 55, 64, 77, 88, 92, 100, 143, 147, 162, 171, 175, 197 f., 200, 214, 226 f., 231 f., 237, 245 ff., 253 f., 268, 308 f., 382, 402
Lüttich, der Bischof von 186
Lykurgos (sagenh. Gesetzgeber Spartas) 313

Mâ (kappadoz. Göttin) 36
Magna Mater (kleinasiat. Göttin) 26, 38
Magna Mater Deorum (die griech. Göttermutter) 27
Mahadevi (ind. Göttin) 26
Mahavira, Prinz 73
Maier, Hans (ehem. bayerischer Kultusminister) 404
Makarios, Abt 85, 87 f.
Malthus, Thomas Robert 285 f.
Manasse, König von Juda 50
Manasses II., Erzbischof 163
Manzolli, P. A. 124
Marbod de Rennes, Bischof 211
Marcuse, Herbert 338
Marcuse, J. 221
Margarete von Ungarn 98
Marguerite Marie Alacoque, die hl. 96 f.
Maria (die Mutter Jesu) 26 f., 38, 54, 68, 76, 95, 101, 103 ff., 108, 112, 121 ff., 128, 189, 193, 214-217, 235, 244, 283, 305 f., 325, 331, 356, 363, 367, 369, 372, 396 ff., 401
Maria du Bourg 96
Maria die Katholische 395
Maria von der Trinität 96
Maria Magdalena dei Pazzi 96 f., 110
Maria Magdalena, »die Sünderin« (N. T.) 64, 111, 372 f.
Mark Aurel, Kaiser 58
Markus der Evangelist 265
Marozia von Tuscien 184
Martha (im N. T.: Schwester des Lazarus) 104
Martial (röm. Satiriker) 285
Martin II., Papst 153
Martin von Tours, der hl. 190
Martinus, Magister 324
Marx, Karl 214, 231, 299
Masuccio, Tommaso 139
Matres (Matrae) (keltische Muttergöttinnen) 26
Matthäus der Evangelist 63, 77, 265
Matthäus von Krakau (Bischof von Worms) 188
Matthias von Ungarn, König 392
Maximilian, Herzog von Bayern 397
Maximilian I., Kurfürst von Bayern 264
Maximilian II., Kaiser 176
Maximos, Patriarch 207
McNamara, John, Erzbischof 425
Mechthild von Magdeburg 49, 102, 105, 107 ff., 117, 181, 305
Mehandel, Ernestine 190
Meister Eckehart (dt. Mystiker) 94
Meister Franz (Scharfrichter von Nürnberg) 366
Melanchthon (eigtl. Schwarzerd), Philipp 162, 268
Merten 178
Methodius von Olympos, Kirchenvater 76
Metzger, Wolfgang 349
Micaela de Aguirre 98
Michal (Tochter König Sauls) 393
Millett, Kate 221, 227
Min (ägypt. Gott) 32

Minos, König von Kreta 313
Mirandola, Graf della 196
Mithras (pers. Sonnengott) 86
Mohammed 30, 73
Money, John 354
Monika, die hl. (Mutter des Augustinus) 307
Montaigne, Michel Eyquem de 330
Monte, Innozenzo del 196
Moody, Howard 290
Moschos, Johannes 79
Moses (A. T.; Schöpfer der Jahwe-Religion) 47 f., 51, 210, 315
Moses, Abt 85
Mouat, Kit 227
Müller, A. V. 120
Münster, der Bischof von 191
Müntzer, Thomas 308
Murner, Thomas 132, 139
Mussolini, Benito 276
Mylitta (assyr. Göttin) 26
Mynarek, Hubertus 192, 194, 202

Namatianus, Rutilius Claudius 81
Naogeorgus, Thomas 190
Narbonne, der Erzbischof von 127
Neill, A. S. 300, 346
Nestorius (Patriarch von Konstantinopel) 378
Neumann, Erich 23
Neumann, Therese (von Konnersreuth) 122 ff.
Ngo Dinh Diem (südvietnam. Staatspräsident) 395
Ngo Dinh Nhu, Schwägerin Diems 395
Nietzsche, Friedrich 5, 21, 43, 45, 55 f., 60 f., 69, 71 ff., 81, 87, 92, 149, 183, 203, 380, 400
Nigg, Walter 80, 117
Niketas, Abt 153
Nikolaus I., Papst 239, 267
Nikolaus II., Papst 169, 173
Nikolaus von Clemanges 125, 132, 188
Noah (Gestalt im A. T.)

Odilo von Cluny, Abt 103
Odin (nord. Gott) 34
Odo von Cheriton 357
Odo von Cluny, Abt 205
O'Fiaich, Thomas (Kardinal) 425
Ogino, K. 278, 280
Onan (Gestalt im A. T.) 274
Oraison, Marc 315
Origenes, Kirchenschriftsteller 84, 90, 201, 238, 335
Orpheus (griech. Mythengestalt) 55 f.
Osiris (ägypt. Gott) 31 f., 39
Ottaviani, Kardinal 281
Overbeck, Franz 60
Øverland, Arnulf 117, 352
Ovid (Publius Ovidius Naso; röm. Dichter) 39, 59, 222

Pachomius der Ältere (Hlg.) 73 f., 125, 135 f., 208, 394
Pachon, der Eremit 90
Packard, Vance 345
Palladius, Bischof 79
Pan (griech. Naturgott) 39
Panizza, Oskar 181, 200

Papen, Franz von 248
Parśva (ind. Königssohn) 72 f.
Pascal, Blaise 330
Paschalis III., Papst 267
Patrick, der hl. 153
Paul IV., Papst 330
Paul VI., Papst 177 f., 195, 213, 279-282, 336 f., 341, 348, 360
Paul von Antiochien, Bischof 182
Paula, die hl. 133
Pauli, Pater 124
Paulus, der Apostel 19, 61, 63-68, 83 f., 98, 151 f., 156, 160, 205, 208, 213, 215, 227, 237 f., 245, 247, 260, 265, 282, 291, 304, 306 f., 335 f., 355, 374, 376, 381, 383, 388, 393, 402
Pausanias (spartan. Feldherr) 313
Pelagius, Bischof 197, 307 f.
Pelagius I., Papst 156
Peronne, Pater 193
Peter der Große, Zar 197
Petrarca, Francesco 213, 370
Petrus, der Apostel 65, 208, 347, 393
Petrus von Blois 125
Petrus Cantor 323
Petrus Venerabilis 125
Pez, Pater 122
Philefus, Franziskus 365
Philipp I., König 364
Philipp von Makedonien, König 313
Philipp der Schöne, König 231
Photin von Lyon, Bischof 34
Piccolomini, Enea Silvio de' (Papst Pius II.) 157, 205
Pindar (griech. Dichter) 36
Pippin II., der Jüngere, König 267
Pius II., Papst 157, 187, 205, 368
Pius IV., Papst 156
Pius V., Papst 395
Pius VII., Papst 177, 326
Pius IX., Papst 97, 326
Pius XI., Papst 245, 276, 280 f., 306
Pius XII., Papst 242, 251, 277-281, 288 f., 326, 337, 341, 357, 398
Place, Francis 286
Plato, Abt 129
Platon (griech. Philosoph) 56, 58, 71, 313, 335
Pla y Daniel, Kardinal 360
Plectrud (Gemahlin König Pippins II.) 267
Plutarch (griech. Schriftst.) 58
Plutos (griech. Gott) 28
Porphyrius (griech. Philosoph) 218
Poseidon (griech. Gott) 27, 58
Preisker, Herbert 63, 66
Priapos (griech.-röm. Gott) 33
Profumo, John 424
Properz, Sextus 222
Pythagoras (griech. myst. Philosoph umd Math.) 56
Pythia (weissagende Apollopriesterin zu Delphi) 206

Quitzow, die Herren von 366

Rahner, Hugo 80
Rahner, Karl 179

Rangi und Papa (das urerste Paar im neuseel. Mythos) 28
Radbruch, Gustav 294
Rade, Martin 63
Raitenau, von (Erzbischof von Salzburg) 191
Rahner, Karl (Jesuit)
Ranke, Leopold von 330
Ratbod (Erzbischof von Trier) 160
Rather von Verona, Bischof 184
Rattner, Josef 262
Reagan, Ronald 423 f.
Reaumair-Mont, die Äbtissin von 186
Regino von Prüm 160, 218
Reich, Wilhelm 5, 118, 251, 261, 385, 392
Reichlin-Meldegg (Theologe) 177
Reims, der Erzbischof von 165
Rekkiswinth, König der Westgoten 182
Rezzonico, Kardinal 157
Rhea (griech. Göttin) 26
Riario, Kardinal Pietro 189
Richelieu, Kardinal 219
Ricoeur, Paul 357
Ries, J. 206, 263, 340
Ritter, Johann Wilhelm 25
Robert le Bougre, Inquisitor 185
Robert von Flandern, Graf 163
Robert von Molesme, Abt 104
Robertus Pullus 305
Roboam (Gestalt im A. T.) 54
Rock, John 278
Rohde, Erwin 55
Romanus, Clemens 377
Romuald, der hl. 92
Roswitha von Gandersheim 137
Rousse, Madame 319
Ruffini (Kardinal von Palermo) 288, 400
Rupprecht von Freising 225
Ruprecht (Erzbischof von Köln) 369
Russell, Bertrand 252, 303, 342
Rusticus von Narbonne, Bischof 158

Sade, Marquis de 319
Saes (Vorsitzender der kath. Ärztevereinigung) 282
Šakti (hinduist. Muttergöttin) 38
Salm, die Fürstin 227
Salmeron, Pater 121
Salomo, König 50, 54, 213
Salvian, Kirchenvater 125
Salzburg, der Erzbischof von 191
Sand, George 227 f.
Sartre, Jean-Paul 330
Satyrn (griech. Wald- und Feldgeister) 33
Saul, König von Israel 393
Šauka (churritische Göttin) 26
Savonarola, Girolamo 189
Savramis, Demosthenes 236, 272, 368
Schaetzing, Eberhard 413
Schäufele (Erzbischof von Freiburg) 296
Schenute, Mönchspatriarch 85 f., 136, 392
Scherr, Johannes 214
Schiller, Friedrich von 102, 104
Schilling, Anna 164 f.
Schjelderup, K. 71
Schmitz, Weihbischof 310
Schopenhauer, Arthur 72, 78, 81, 306

Schreiber, G. 298
Schröteler, J. 353
Seliwanow, Sektengründer 99
Sergius III., Papst 153, 184
Seuse, Heinrich 94, 365
Sextus, der Christ 90
Shiva (hinduist. Hauptgott) 30 ff.
Sibylle (Seherin im Altertum) 206
Siegfried von Mainz, Erzbischof 172
Sigismund, Herzog von Bayern 370
Sigismund, Kaiser 176, 365
Sigusch, Volkmar 343
Silene (griech. Fruchtbarkeitsgeister) 33
Silesius, Angelus 118
Silvanus, Abt 80
Silverius, Papst 153
Simplicius von Auxerre, Bischof 159
Simson (Heldengestalt im A. T.) 394
Siricius, Papst 158, 378
Sixtus, IV., Papst 101, 189, 371
Sixtus V., Papst 101
Soissons, Bischof von 160
Sokrates (griech. Philosoph) 313
Solon (athen. Gesetzgeber) 313
Sophokles (griech. Tragiker) 25
Sophronias, der Anachoret 87
Soranus von Ephesus 273
Spellmann, Kardinal Francis Joseph 156
Spiazzi, der Dominikaner 178
Spinoza, Benedictus de (eigtl. Baruch Despinoza) 330
Sprenger, der Dominikaner (»Hexenhammer«) 212
Stalin (eigtl. Dschugaschwilij), Jossif W. 301
Staphylus, Friedrich 190
Streng, von (Bischof von Solothurn) 353
Stengel, Georg 212
Stephan von Tournay, Bischof 138
Stephanus, der Eremit 89
Stolzenfels, Käthe 190
Straaten, Werenfried van (Pater) 404
Straßburg, der Bischof von 173
Streng, von (Bischof von Solothurn) 353 f.
Sulla, Lucius Cornelius 58
Surin, Pater 146
Surius, Laurentius 98
Susanna (Gestalt im A. T.) 305
Suttner, Bertha von 228
Swift, Jonathan 298 f.
Symeon, der Säulenheilige 208
Symmachus, der Ebjonite 74

Tacitus, Cornelius 222
Tauler, Johannes 106
Taylor, G. R. 91
Terenz (Publius Terentius Afer) 137
Tertullian, Quintus Septimius Florens (Kirchenvater) 78, 182, 208 f., 236, 238, 306, 347, 355, 357, 377
Teske (Theologe) 353
Teutberga (Gemahlin König Lothars II.) 267
Thatcher, Margaret 424
Theiner, Augustin 47, 177, 192
Theiner, Johann Anton 47, 177, 192
Theodor I., Papst 153
Theodora, Kaiserin 395

Theodora von Tuscien 184
Theodoret, Bischof 87, 400
Theosebia (Ehefrau Gregors von Nyssa) 152
Theresia von Avila, die hl. 78, 91, 96 ff., 105, 111-118, 124, 134, 143
Thomas von Aquin, Kirchenlehrer 78, 93, 197, 205, 210 ff., 216, 225, 250, 308, 310, 337 f., 368, 394
Thomas von Chantimpré 143
Thor (nord. Gott) 34, 38
Thukydides (griech. Geschichtsschreiber) 71
Tibull, Albius 58
Timotheus (Begleiter des Paulus) 151 f.
Tondi, Alighiero 375
Torquemada, Inquisitor Thomas de 189
Tours, der Erzbischof von 196
Trauttmannsdorff (Abt in Tepl) 127
Tristan, Flora 226 f.
Tucholsky, Kurt 275, 291
Turin, Bischof von 169
Twain, Mark 385

Ulrich von Berneck, Ritter 364
Ulrich von Lichtenstein 356
Ulrich von Richenthal 188
Uma (hinduist. Muttergöttin) 27
Underhill, Evelyn 115
Urban II., Papst 163
Urias (A. T.: Feldherr Davids) 352
Ursula, die hl. 190

Velde, Theodor Hendrik van de 337 f., 344
Venus (röm. Göttin) 34
Vesta (griech.-röm. Göttin) 58 f., 106
Vigeois, Geoffroy de 369
Viller (Jesuit) 80
Visa (kopt. Mönch) 86
Visser, Jan 288
Volk, Hermann 419
Voltaire (eigtl. François Marie Arouet) 121, 125, 375, 392

Waldhauser, Konrad Augustinerchorherr 124
Waldrada (Mätresse König Lothars II.) 267
Wandregisilus, Abt 92
Warberg, von (Äbtissin von Gnadenzell) 139
Wattenlech, Jörg 196
Weinhold, Karl August 285 f.
Wenrich von Trier, Scholastikus 172
Wessenberg, von, Generalvikar 177
Weyer, Johannes 144
Wiclif, John 127
Wido von Ferrara 153
Wieland, Christoph Martin 76
Wild (Jesuit) 355
Wilde, Oscar 245, 309
Wilfried von York, Bischof 92
Wilhelm I., Kaiser 264
Wilhelm IX., Graf (der erste Troubadour) 369
Wilhelm von Champeaux 305
Wilhelm, Herzog von Bayern 370
Wilhelm von Sabina, Kardinal 270
Wojtyla, Karol (s. a. Johannes Paul II.) 415, 420 f., 423
Wolsey, Kardinal 132

Xenophon (griech. Schriftst.) 71

Yājnavalkya (vedischer Heiliger) 72
Yama (ind. Gott) 31

Zacharias, Papst 126, 161, 184, 242
Zarathustra 37, 65

Zeno von Verona 84
Zeus (griech. Gott) 25, 27, 40, 55, 58
Zinzendorf, Nikolaus Ludwig Graf von 102, 119
Zoghby, Patriarchalvikar Elie 268
Zosimus, Papst 307
Zwingli, Ulrich 174 f., 308